桥梁健康监测
Health Monitoring of Bridges

［奥地利］赫尔穆特·文策尔　著

伊廷华　叶肖伟　译

中国建筑工业出版社

著作权合同登记图字：01-2010-5540 号

图书在版编目(CIP)数据

桥梁健康监测/（奥）文策尔（Wenzel, H. ）著；
伊廷华，叶肖伟译. —北京：中国建筑工业出版社，
2013.10

ISBN 978-7-112-15698-6

Ⅰ.①桥…　Ⅱ.①文…　②伊…　③叶…　Ⅲ.①桥梁
结构-监测-研究　Ⅳ.①U446

中国版本图书馆 CIP 数据核字(2013)第 183713 号

责任编辑：刘婷婷　董苏华
责任设计：董建平
责任校对：张　颖　刘梦然

桥梁健康监测

［奥地利］赫尔穆特·文策尔　著

伊廷华　叶肖伟　译

＊

中国建筑工业出版社出版、发行（北京西郊百万庄）

各地新华书店、建筑书店经销

北京科地亚盟排版公司制版

北京中科印刷有限公司印刷

＊

开本：787×1092 毫米　1/16　印张：32　字数：835 千字

2014 年 3 月第一版　　2014 年 3 月第一次印刷

定价：**108.00** 元

ISBN 978-7-112-15698-6

　　　（24504）

译者的话

交通运输关系国计民生和经济命脉，而大型桥梁则是确保交通能够畅通无阻的关键载体。然而，桥梁在其长达几十年、甚至上百年的服役期间，环境侵蚀、材料老化和动静力荷载的长期效应、疲劳效应以及突变效应等不利因素的耦合作用，都将不可避免地导致结构的损伤累积和抗力衰减。为了保障大型桥梁结构的安全性、完整性、适用性和耐久性，结构健康监测技术应运而生。结构健康监测是指利用现场的、无损的、实时的方式采集结构与环境信息，分析结构反应的各种特征，获取结构因环境因素、损伤或退化而造成的改变。伴随我国结构健康监测领域第一部行业标准《结构健康监测系统设计标准》（CECS333：2012）于2013年3月开始正式实施，结构健康监测技术必将迎来更加广泛的应用前景。

《桥梁健康监测》（Health Monitoring of Bridges）一书由国际著名学者赫尔穆特·文策尔（Helmut Wenzel）教授倾注多年的心血撰写而成，本书全面系统地论述了桥梁健康监测的基本原理和方法，深入浅出地讲解了监测数据处理的理论知识与要点，简明扼要地综析了国内外著名的工程应用实例以及监测系统设计准则，是一部优秀的学术著作。赫尔穆特·文策尔教授是结构振动监测领域的国际领军者，有着深厚的桥梁监测理论知识和丰富的工程实践经验，他主持开发的"桥梁监测系统"（BRIMOS），是业界知名的大型桥梁监测软件，在世界范围内有着广泛的应用。

译者受邀承担本书的翻译工作，一方面倍感荣幸；另一方面又诚惶诚恐，唯恐自己才疏学浅而贻误了读者，纠结之余，唯有倍加努力。无奈译者水平有限，书中难免有疏漏、不足，甚至错误之处，衷心希望读者批评指正。

本书的出版得到了中国建筑工业出版社的大力支持，在此表示衷心感谢！

2013 年 11 月

To Chinese Readers

The past decade has witnessed substantial progress towards the application of structural health monitoring (SHM) technology, and a considerable amount of SHM systems have been devised and implemented on landmark large-scale civil structures worldwide. What motivated me to write the book 'Health Monitoring of Bridges' was the desire to enable extraction of information from data, to give justification for the investment and to share the state-of-the art and practice of structural health monitoring of bridges with others.

I am glad to hear that the China Architecture and Building Press has recently bought the copyright from Wiley for publication of this book in Chinese. There is no doubt that this activity will benefit professionals and students in China a lot and impel more young researchers and students to be interested in SHM. Therefore, I would like to recommend two excellent young scholars (Dr. Tinghua Yi of Dalian University of Technology, China and Dr. Xiao-wei Ye of Zhejiang University, China) to translate this book into Chinese in recognition of their outstanding achievements in the field of SHM.

Yours sincerely,

Dr. Helmut WENZEL
Professor for Structural Health Monitoring
University of Natural Resources and Life Sciences, Vienna, Austria
President of VCE-Vienna Consulting Engineers Holding GmbH
Vienna, Austria

致中国读者

在过去的十年里，结构健康监测技术的应用取得了长足的发展。在世界范围内，许多标志性的大型土木工程结构已设计并安装了结构健康监测系统。本人撰写《桥梁健康监测》一书的初衷是为从监测数据中获取有用的信息提供指导，为土木工程基础设施的投资给出判断，以及与各位同行分享桥梁结构健康监测的研究与工程实践进展。

欣闻中国建筑工业出版社从 Wiley 出版社购买了该书在中国的出版版权。毫无疑问，这一举措将为中国的业界同行和莘莘学子带来诸多益处，同时也有利于激发更多的年轻学者和学生对结构健康监测产生兴趣。我非常高兴推荐两位优秀的中国青年学者（大连理工大学的伊廷华博士和浙江大学的叶肖伟博士）将该书翻译成中文，他们在结构健康监测领域已经做了很好的研究工作。

赫尔穆特·文策尔博士

结构健康监测专业教授

自然资源与生命科学大学，维也纳，奥地利

奥地利维也纳工程顾问公司（VCE）主席

序　言

　　桥梁是社会赖以生存的交通基础设施中的重要建筑物。随着桥梁龄期的增长，其运营和维护已变得越来越复杂。结构健康监测作为一种全寿命管理手段，刚刚经历了一段非常重要的发展时期。为了维护和发展高质量、高水准的公众服务，了解结构全寿命过程中的性能以确保其能够保持较长的服役周期和耐久性是至关重要的。

　　桥梁结构健康监测涉及诸多方法和内容，单凭一部著作很难将其完全覆盖。因此，本书着重于目前动态监测中的方法和实践，研究了采用动力特性来表示结构健康状态的理论。

　　在其他领域，例如机械工程和航空领域，结构特性都是已知的且是在一种可控的条件下运行的。然而，土木工程却要面临许多非线性问题和一些能够隐藏有用信息的主要环境因素。这导致了监测结果具有一定的不确定性，而这种不确定性需要有效的解决方法。随着未来研究工作和解决方法的不断发展，某个或某些方法将极有可能被否决。因此，为了便于将来应用新的方法进行计算，或与未来监测结果进行定量比较，任何监测工作的原始数据都应该被妥善保存。

　　另外需要提到的是，桥梁管理方法易受到一些政治因素或桥梁倒塌事故的影响，这些或许会阻碍一些较好的方法的应用。必须认识到，目前关于桥梁管理措施的研究正在进行，这或许会引起一些现有方法的调整和改进。

　　桥梁结构健康监测是一种基于网络且具有用户友好界面的集成决策支持系统。它主要包括：

- 基于 GIS 环境，可通过网络报告结构实时状态的显示装置
- 带网络接口的数据库
- 长期的和可移动的监测元件
- 数据处理、传输和净化程序
- 用于统计比较的相关知识和历史数据库
- 包含自动模型修正程序的动态桥梁模拟数据库
- 通过计算用于制定决策所需建议的实例推理系统
- 与现有桥梁数据库及相关规范、标准的接口

　　桥梁监测成功的关键在于高质量的数据、可靠的识别模型以及由定量监测所得到的结构性能退化规律。监测输出的结果既可以是可靠性指标、安全级别、图形符号，也可以是桥梁业主所需要的其他输出变量。由于健康监测项目非常复杂，且存在一定的局限性，因此需与工程实际判断相结合，这说明结构健康监测系统要想超过资深桥梁工程师的经验还有很长的路要走。在土木工程领域，人力完全被计算机代替并不合理，而两者的有效结合更值得推荐。结构健康监测系统可以看作是桥梁工程师的工具和判断依据，也可以看作是桥梁业主遇到紧急情况时是否需要邀请专家的指示器。

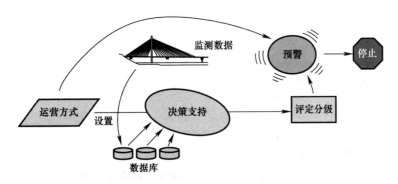

图 1　VCDECIS（决策支援与专家知识整合型系统）的系统结构图

　　在实际中，结构健康监测需要一种结构化的方法，但往往整个过程只有一部分功能被采用。下面 12 项工作所包含的问题如果都能得到解决，则健康监测将会取得理想的和令人满意的结果。

　　1. 结构健康监测的概念（明确的目标!）和设计

　　2. 优化和成本效益分析

　　3. 硬件

　　4. 软件

　　5. 通信和网络接口

　　6. 调试和启动

　　7. 报告的组成

　　8. 定期报告

　　9. 分析和专家评定

　　10. 阈值和预警值

　　11. 定期维护

　　12. 系统升级

并不是所有的事情都必须由同一位专家处理，通常来说团队合作才是成功之路。

贡献者名单

以下人员和机构对作者提供了重要的帮助和贡献：

Günther Achs, Vienna Consulting Engineers

A. Emin Aktan, Drexel Intelligent Infrastructure and Transportation

P. Barras, CETE du Sud Ouest, Laboratoire Régional des Ponts et Chaussées

Andrea Bergamini, Swiss Federal Laboratories for Materials Testing and Research

T. Bolle, Infokom

James Brownjohn, University of Plymouth

L. K. Cheng, TNO TPD

Guido DeRoeck, Katholieke Universiteit Leuven

Rainer Flesch, Arsenal Research GmbH

C. -P. Fritzen, University of Siegen

Peter Furtner, Vienna Consulting Engineers

Georg Gutenbrunner, Vienna Consulting Engineers

Karim Hariri, University of Technology at Braunschweig

Olaf Huth, Swiss Federal Laboratories for Materials Testing and Research

Daniele Inaudi, SMARTEC SA

Raid Karoumi, Royal Institute of Technology

Anne S. Kiremidjian, Stanford University

J. M. Ko, Hong Kong Polytechnic University

S. Lesoille, Laboratoire Central des Ponts et Chaussées

Andrea Mordini, Vienna Consulting Engineers

Bart Peeters, LMS International

Udo Peil, University of Technology at Braunschweig

Rolf Rohrmann, Federal Institute for Materials Research and Testing

Dominique Siegert, Laboratoire Central des Ponts et Chaussées

Hiroshi Tanaka, University of Ottawa

Robert Veit-Egerer, Vienna Consulting Engineers

Johan Wiberg, Royal Institute of Technology

GEOCISA.

Geodetic and Geophysical Research Institute of the Hungarian Academy of Sciences,

RAMBØLL.

Swedish National Road Administration,

TRL Limited.

前　言

对桥梁结构健康监测的需求是从美国 Silver Creek 大桥（1976 年）和维也纳 Reichsbrücke 大桥（1976 年）倒塌事件发生之后才逐渐得到认同。从 20 世纪 90 年代开始，随着计算机和相关硬件技术的发展，土木工程健康监测变得具有可行性，目前这一问题在桥梁工程领域得到了广泛的认同。在土木工程领域历次学术会议和论坛中，结构健康监测这一议题都令人瞩目，在美国斯坦福大学举办的两年一届的结构健康监测国际研讨会上，研究人员通过互相交流，探讨该领域取得的最新进展及未来发展的方向。

在 2005 年的斯坦福研讨会上，撰写结构健康监测各分领域书籍的想法得到了广泛的讨论。本书仅探讨土木工程结构中的重要构筑物——桥梁结构。这一领域非常具有挑战性，因为每一座桥梁的构造都是不同的，在其他领域通用的风险评估模式在桥梁上并不适用。为了展示桥梁结构健康监测应用的广泛性，本书包含了欧洲研究项目（SAMACO）收集的大量工程实例，以及一些学术论文、术语汇编和公式。

值得一提的是，该领域目前仍在快速发展，因此书中的一些内容或许已经过时。本书的目的是为桥梁集成决策支持系统的未来发展提供基础知识。

致　谢

　　本书的完成离不开同事、同行和家庭的建议、支持和理解。作者非常清楚，没有他们的帮助不可能做到这些。该书是对过去这些年实际桥梁研究和性能评估工作的总结。我特别感谢那些给我机会的欧盟的同行们，他们是 Katalagarianakis 先生，ASFINAG 的 Fink 先生、Ritzberger 先生，NÖ-LR 的 Talmann 先生，ÖBB 的 Presle 先生，BMVIT 的 Breyer 先生和 Eichinger 女士。

　　特别感谢公司研发部的同事们，他们的名字是 Peter Furtner 先生，Robert Veit-Egerer 先生，Martin Stöger 先生，Ernst Forstner 先生，Andrea Mordini 先生和 Bianca Mick 女士。Hiroshi Tanaka 教授编写了第 12 章。一些宝贵的信息和与国际该领域专家富有成效的讨论对本书的完成注入了大量的灵感和具体的建议，包括 Yozo Fujino（东京大学），Emin Aktan（爵硕大学），Dan Frangopol（理海大学），Anne Kiremidjian（斯坦福大学）和 Aftab Mufti（加拿大 ISIS 网络）。

　　本书的完成离不开科研项目的支持，特别是欧盟框架计划第五和第六期项目的支持，项目名为 SAMCO（G1RDCT-2001-05040）和 SAFE PIPES（NMP-CT-2005-013898），这两个项目资助我完成了本书中的许多工作．国家项目如 BRIMOS 和 HOT SPOT（受 BMVIT 和 FFG 支持）资助了一些工程应用方面的研究。

　　作者还要感谢那些桥梁的业主，以及从事现场工作的研究人员和同事们。没有他们的帮助和工程实践，可以说连一半的成功都无法取得。最后，我还要感谢所有那些没有提到名字的人。

目 录

第 1 章

引言和目的

桥梁是重要的土木工程基础设施，由于它们的安全冗余较低且整个结构处于公众视野范围内，因此受到了工程界的广泛关注。无论是从中国到古罗马、再到南美的印加，早期的桥梁都是这些强盛帝国的道路中枢。如今，交通基础设施更是直接关系到一个国家的经济繁荣。桥梁结构不仅因其功能受到广泛称赞，它的美学影响也甚为广泛。很难想象如果纽约没有了桥梁、日本没有了本周岛—四国岛间桥梁交通系统或者欧洲没有了大贝尔特桥，会是什么样子。本书主要为了这些重要桥梁的保护和维护而写。

1.1 健康监测

全球高速交通运输网络大约涵盖了近 250 万座的桥梁。当前的桥梁管理系统通过各种方法和途径对这些桥梁进行分级评估，于是产生了各种各样的统计数据。美国联邦公路局（FHWA）于 2005 年公布：在美国的 595000 座桥梁中，约有 28％的桥梁存在着缺陷，但只有 15％存在结构缺陷。在欧洲，存在结构缺陷的桥梁约为 10％；亚洲目前还缺乏这方面的数据统计。尽管如此，如果按照平均约 10％来计算，全球约有 25 万座桥梁需要进行结构健康诊断、改造和监测。由于结构健康监测主要是在桥梁失效前作为一种预防性的手段，因此它的应用范围远远高于所估计的约占 10％存在结构缺陷的桥梁。

结构健康监测是一种对土木工程基础设施进行损伤识别的策略。损伤是指材料性质的改变以及结构体系几何属性的改变，包括边界条件和系统连接状态的改变。因此，它会影响结构体系目前和将来的性能。

损伤识别过程通常分为以下几步：

- 损伤检测，检测是否存在损伤。
- 损伤定位，确定损伤的位置。
- 损伤定型，确定损伤的类型。
- 损伤程度，评估损伤的严重程度。

在过去 20 年间，涌现出了关于结构健康监测的大量文献资料。随着一些原理逐步得到广泛认同，该领域逐渐变得成熟起来，尽管这些原理仍在被不断地探索和研究。众所周知，机械工程和航空领域所采取的研究方法与土木工程领域并不太相同，这是由于土木工程结构都是不同的原型结构，因此必须采用不同的方法进行研究，但这两个领域的研究方法可对土木工程提供一些借鉴。

1.2 客户的需求与动机

建筑业是一个传统的行业，新技术的应用需要得到业主和经营者的认同。众所周知，目前结构健康监测技术在实践中还不能满足缩减预算和延长建筑寿命的需求，但是它们能够满足现行的规范和标准。在新技术没有得到广泛应用之前，应使客户充分了解它们的功能和目的，并能够经得起反复论证。

结构健康监测技术的推广源于三方面的驱动力，主要包括：

- 责任驱动：推动新技术使其变为规范、标准和准则所推荐的方法。
- 经济驱动：如预算不足或结构超过其设计使用年限，须使某一类的结构进行相应的改造和修复。
- 好奇心驱动：主要包括客户想要更多地了解重要且复杂的结构，因为这有助于他们未来能够更好地设计结构。

从上述结构健康监测的动机分析可以得出以下几点要求，这些也是技术人员需要提供的服务：

- 建筑物满足标准、规范和准则设计要求的证明文件可以说是主要的商机。由于一些建筑物已经考虑延长其使用年限，因此可以实施健康监测。在欧洲，工程师出具建筑物满足要求的证明文件是司空见惯的，然而世界上许多其他国家或地区并没有实施这一制度。这项制度曾在欧洲引起了桥梁技术的深刻变革，并被推向世界。此外，这项制度也为高质量工程建设创造了环境。
- 随着大规模的私有化，建筑技术与经营方面的责任和义务发生转移的情况时有发生。客户们有条不紊地把建筑物的股份转移到私人手里，而新客户一般乐于接受结构健康监测这种可提高创新和保持经济效益的新技术。
- 特殊的建筑物一般都需要进行健康监测。每个地区的顶级专家都应能提供基于最新技术（如健康监测）的解决方案，尽管并不是每位业主及经营者都能得到顶级专业技术的支持。
- 由于能够进行桥梁日常维护和评估工作的人力资源匮乏，这为健康监测带来了新的机遇。由于这些工程通常需要进行招标，因此健康监测这种新技术可能会有经济和技术上的优势。
- 遇到紧急情况或事故时，业主希望能够确保建筑物的安全。与专家的主观评估相比，业主更青睐于基于监测结果的客观评估。如果建筑物处于实时的监测和评估中，业主们就可以高枕无忧了。
- 对于不确定的和紧急情况的特定评估属于结构健康监测的应用领域。由于以往主观的和传统的评估方法会对结构产生许多负面影响，且结果难以令人信服，因此，迫切需要这种量化的评估方法。
- 维修方案的优化也需要开展结构健康监测的工作。通过监测获取的数据越多，维护方案越容易设计和实施。降低潜在的风险有助于制定出安全冗余性小的方案。
- 通过基于测量的量化指标来确定维护的优先次序，可以使得日益增长的需求和缩减的预算得到满足。这种评估措施能够给出理想结果，即最大限度地减少需要立即维护的建筑物的数目；同时，评估结果也能为投资规划提供依据。每次新的测量都能进一步完善数据库，这本身就能够提高测量结果的质量、并为制定决策提供支持。
- 确定全寿命周期的费用有助于做预算时延长其使用周期。可以按照一个建筑物或一群建筑物的整个寿命周期来估算修复或维护的费用。
- 结构健康监测有助于在建筑物性能与运营之间建立直接联系。通常情况下，交通系统中的最优速度或频率的相关信息可由交通基础设施操作人员通过监测数据来确定，并通过远程设备与司机取得联系。

- 如果结构出现了薄弱位置或严重的累积破坏，这时就需要采用热点识别技术。客户希望了解从哪里可以入手来解决问题及引发这些现象的成因是什么。

- 预测未来的承载能力也是结构对健康监测需求的一种。当预测到结构发生非线性变化时，专家的鉴定就非常必要。

- 当建筑物数量庞大时，需要采用列队观测的方式来提高评估的质量。列队观测可根据信息需求程度的不同而细分成许多等级。

如何选择合理的观测方式主要取决于外界因素，这包括待观测建筑物的数目以及经费的预算情况。为此，必须根据实际情况选择相关服务来提高质量等级。等级可细分为对建筑物进行现场定期、长期和在线评估，它们各自的特点是：

- 现场观测指仅带有少量仪器的快速观测活动。它可以提供建筑物的基本情况信息以便划分等级。

- 定期观测是指每隔一段特定时间后进行重复观测，从而可以得到建筑物的性能变化情况。定期观测可能会持续一段相当长的时间。

- 当建筑物的某些功能失效时，长期的观测和评估就显得十分必要。通过长期观测获得的数据有助于对建筑物的性能进行细致的评估，也有利于快速地制定一些决策。

- 在线观测和评估主要通过电子媒介提供预警，它可以通过手机短信的方式进行预警也可以通过互联网实时传递结构的响应。计算机可根据观测的结果对建筑物的性能作出评定，这类系统一般用于非常重要的建筑物。

总之，客户需要结构健康监测这项技术但不希望实施起来过于复杂，因此，结构健康监测这项技术需要不断改进。此外，信息政策方面的相关法规在客户—咨询顾问中也起着非常重要的作用。结构健康监测作为一种新技术，相对来说较为复杂，它需要工程师深入了解结构动力特性、物理和测量技术。由于业主所在的工程技术部门缺乏这样的专家，因此对这种新技术的应用会有所顾虑。

此外，由于客户投入了大量资金，因此他们会经常关注项目的进展情况和相关结果，这就要求我们在技术方面必须做到切实可行，客户能够随时获取他们需要的数据。目前，相对简单的报告技术已经取得了相当的成功，例如以电子邮件形式接收发送的包含单页信息的定期报告就是一种较好的选择。图1.1给出了一份典型的以星期为单位的报告。从图中可以看到，中间的窗口给出了主要的信息，并给出标准化的阈值上下限，这一周期的观测结果都分布在阈值内。客户看到这张表会非常满意，因为他们可以轻松知道所有指标是否正常并且观测是在长期进行着的。

定期观测报告需要在一页中提供下列信息：

- 一张简单且可以快速识别的结构照片和监测系统图片。

- 有一个能够显示在一定时期内周期性观测结果的窗口，该窗口能够显示相应的阈值。

- 用于显示客户特殊信息需求的第二窗口，如风速信息或其他数据信息。

- 能够根据报告期内的测量结果对结构进行评级。通过评级结果，客户可以立刻知道建筑物的性能是否发生了改变。

- 如果有充分的数据记录，可以提供一个关于建筑物剩余使用寿命的说明。

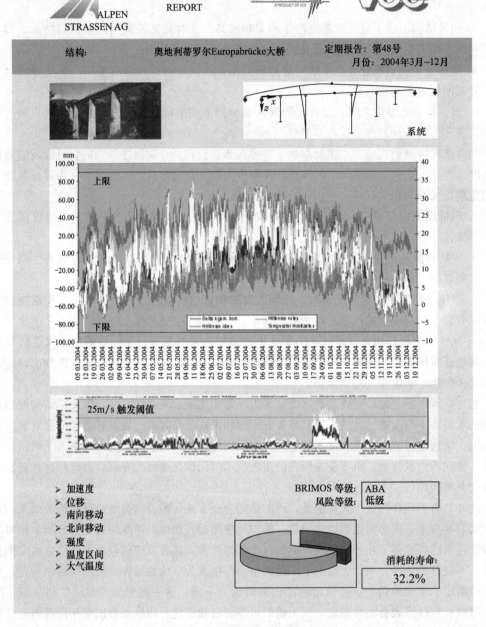

图 1.1　桥梁定期结构健康监测报告

　　除了为客户提供一份单页报告外，系统还应为专家生成一份专业的技术报告。通过技术报告，可以对所有独立的测量结果作出一个快速的评估，以便获得必要的专家评价或了解建筑物的性能。平均每年应根据获得的数据对系统进行一次校准，这样可调整评级的标准或基于现有的经验修正建筑物的剩余使用寿命。

第 2 章

桥梁管理和健康监测

所有的桥梁管理策略都是一种跨学科的研究工作，涉及结构工程学、计算机科学以及经济学等许多学科。目前运行的桥梁管理系统可以将上述学科领域和现有桥梁维护预算成本最优这一目标有效地结合起来。无论是结构工程学，还是计算机科学，或是经济学，以及社会成本和用户成本都与桥梁管理系统的良好运行有着密切的关系。

桥梁的状态一般通过状态等级或状态指数进行评估。状态指数作为同一组桥中该桥与其他桥梁状态等级比较的依据，应体现以下内容：

- 对整组桥梁的状态从最差到最好的一个排序。
- 对桥梁承载力的评估，以确定承载力减少的最终因素。
- 识别桥梁性能退化的趋势，从而通过在连续时间间隔内的状态评级来估计未来的服役年限。

监测得到的所有相关数据通常存储在数据库中；数据库也可以兼作他用，如为维护工作提供信息。尽管这种基于网络的服务发展非常缓慢，但不久的将来肯定会占领市场。

目前，桥梁业主通常使用商用软件（如 PONTIS）或者自己在桥梁管理系统中直接建立相关档案。Casas（2006）给出了它们的一些特点：

- 所有的管理部门都有系统的检测程序（通常分为三个等级），但这并不代表所有部门都能够根据检测结果全面且客观地给出状态等级，无论是数字化的评估结果（范围从 1～10，1：100 等）还是文字描述（差、一般、可接受的、好……）的评估结果。
- 目前，所有的管理部门和交通运输部门都是以目视检查作为所需数据的主要来源，来进行桥梁的状态评估。
- 只有少数国家在承载力评估规范和指南中直接采用状态评估的最终结果。丹麦最近开发的桥梁管理系统 DANPRO＋就是一个很好的例子。
- 基于对各构件状态的评估，整个结构状态的评估通常有两种方法。一种是交互式的状态评估，首先确定出每一跨桥梁上部结构、下部结构，以及行车道和其他组件中破坏最严重的构件，然后得到的最终结果就是整个结构的状态等级。另一种方法是采用桥梁构件最高（或最低，依据测量刻度）的评估结果作为整个桥梁的状态等级。
- 由于每个管理部门采用的评估方法并不相同，这会导致对同一座桥进行评估时，不同国家的工程师会得到不同的结论。
- 两种纯主观的方法存在着明显的分歧，一种采用简单的评分（依据损伤分类和评估的相关规范，对所观测的结构构件设定一定的缺陷分数）；另一种通过计算得到最终评估结果（基于检测报告，对选择的基本损伤类型赋予权重）。
- 大多数方法都是将整座桥梁分成几个部分或者构件，再将构件分成许多单元。由于没有清楚客观地指出如何由基本单元的状态评级来反馈整座桥梁的状态，因此这时通常由检测者根据工程经验给出最终结果。

对于可靠的桥梁管理来说，计算或模拟桥梁状态指数随时间的退化情况与单纯的状态指数相比同等重要甚至更重要。如今已经发展了大量可以描述桥梁状态随着时间推移而变化的模型，其中一些模型的状态退化是基于线性的，因此任何时间的状态等级都可以通过计算得出，且退化率可以用每年状态等级的降低来表示。Hearn 曾在 1995 年编辑了一份关于这些模型的详细名单，这些模型部分基于数据，部分取决于专家的意见。事实上，现有的桥梁管理系统大多数是采用马尔科夫链的方法来模拟状态退化。

这一领域未来的趋势是采用模糊逻辑和神经网络技术把定量的监测结果连同专家的定性意见和外观检测结果结合在一起。这些趋势与选择用来评估桥梁状况的概率框架有着直接的联系，Frangopol 和 Das 在 1999 年已指出使用状态指数来描述离散型状态和在现有桥梁寿命周期成本管理中采用马尔科夫方法模拟退化状况的局限性。关于如何建立退化模型已经做了大量的研究工作，如针对混凝土桥的亚氯酸盐腐蚀问题，已经有了一些解析的、半经验以及经验方法。然而，目前尚存一些非确定性的模型，经常遇到的情况是预测值与试验结果不相符。

在桥梁状态评估中，采用无损检验、监测和健康监测来替代或补充直观的外观检查是大势所趋。目前存在的几个亟需解决的问题是：如何解决不同传感器和测量技术的测量误差、不确定性和噪声问题，如何将状态等级评估中无损检测的数据与连续观测的数据进行整合。Faber 和 Sorensen（2002）、Enright 和 Frangopol（1999），以及 Rafiq（2005）曾提出，采用模型修正是最好的方法。

美国很早就有一套统一的状态评估程序，而在欧洲，目前每个国家都有不同的状态评估方法，未来非常有必要将这些方法融合到一起。

2.1   桥梁管理哲学

功能和成本的基本价值取决于桥梁管理的哲学是基于什么。美学价值是另外一个重要因素，但其一般适用于少数的大型标志性建筑。土木工程领域已认可了预防性维护的原则，即应对结构的健康进行及时投资以确保结构的长期安全。对于质量较好的结构，平均每年的投入约为新建资金的 $0.8\%\sim1\%$。另一个有效的措施是让桥梁逐步退化达到安全临界状态，然后再新建，这种策略适用于预防性维护资金不足或者功能上需要经常改变的情况。现实中，大多桥梁都是因功能不能满足要求而非结构缺陷而新建的。尽管这种策略需要的资金较少，但会对美学产生负面影响。一些典型例子如纽约的某些桥梁由于资金不足而导致没有可以选择的方案。这两种理论都需要结构健康监测，预防性维护需要通过结构健康监测找出最佳效果的介入点，而以功能性为目的的理论需要通过结构健康监测去检测桥梁何时达到安全临界状态。

2.2   结构健康监测

2.2.1   定义

结构健康监测是一种对土木工程基础设施进行损伤识别的策略。损伤是指材料性质的改变以及结构体系几何属性的改变，包括边界条件和系统连接状态的改变。因此，它会影响结构体系当前和未来的性能。

损伤识别通常分为以下几步：

- 损伤探测，检测是否存在损伤。
- 损伤定位，确定损伤的位置。
- 损伤分类，确定损伤类型。
- 损伤程度，评估损伤的严重程度。

在过去 20 年间，涌现出了关于结构健康监测的大量文献资料。随着一些原理逐步得到广泛认同，该领域逐渐变得成熟起来，尽管这些原理仍在被不断地探索和研究。众所周知，机械工程和航空领域所采取的研究方法与土木工程领域并不太相同，这是由于土木工程结构都是不同的原型结构，因此必须采用不同的方法进行研究，但这两个领域的研究方法可对土木工程提供一些借鉴。

2.2.2　结构健康监测的准则

2005 年在斯坦福大学举办的结构健康监测研讨会上，Farrar 等人明确提出了结构健康监测的一些准则，试图通过制定统一的规则和协议来支持业界一直在争论的"基本事实"。这些准则并不能代表结构健康监测的具体实施人员，但通过一些算法帮助执业人员根据数据来制定决策是十分必要的，这就是统计模式识别概念所倡导的。结构健康监测的准则包括：

准则 1：损伤评估需要对系统的两个状态进行对比。

准则 2：确定损伤是否存在以及所在位置可以在非监督学习模式下完成；而确定损伤的类型和严重程度只能在监督学习模式下完成。

准则 3：如果没有智能特征提取方法，则损伤测量的方法越灵敏，其对运营和环境状况的变化也就越敏感。

准则 4：损伤算法的敏感性和它的噪声抑制能力相平衡。

准则 5：由系统动力特性所能检测出的损伤程度与激励的频率范围成反比。

掌握了土木工程结构健康监测知识后，在后面的第 4.5 节将会一一谈到这些准则以及对这些准则的评价。

2.2.3　状态评估

获取桥梁或其各个单元的状态信息是十分必要的，结构健康监测使得量化桥梁状态和制定决策成为可能。作为结构健康监测的入门简介，这里仅选择一些最重要的状态评估实例来介绍，具体方法和措施将在第 9 章进行阐述。

在土木工程领域，各式各样的结构健康监测在该行业一直存在，然而针对桥梁监测的方法和手段发展得最好。图 2.1 给出了如何从简单的例行检测到高度复杂监测活动的发展过程。

监测的范围主要取决于需求，目前一般采用 5 个等级来确定监测的深度，它们是：

一级：评级。是基于现场外观检测的常规评估，它提供的是对结构状态的一种主观印象。为了给制定决策提供评级的依据，通常需要进行一些基本的分析和研究，这是桥梁管理系统（如 PONTIS 或 DANBRO）的一种典型应用。许多桥梁业主使用数据库来存储评估的结果。

二级：状态评估。粗略的现场外观检测是结构健康监测活动的基本组成。在这之后，就需要确定传统的观测方法是否满足要求或者是否需要采用扩展的或更加复杂的方法，并以此来确

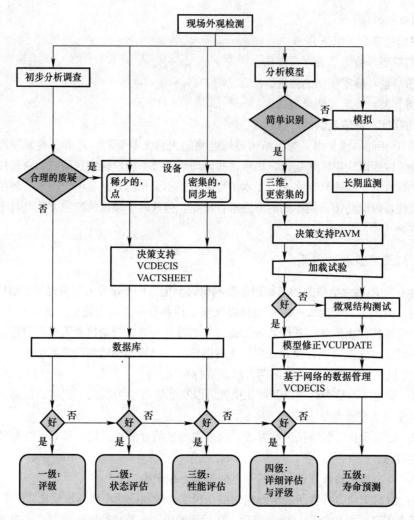

图 2.1　桥梁结构健康监测程序中典型的分层概念

定仪器的种类和数量。对于状态评估来说，一套简单的仪器再加上一套简单的决策支持系统所提供的必要附加信息就足够了。数据的存储和处理应在现有数据库中完成，并应与现有的常规工具建立链接。监测也可以仅对一个单点进行观测。

　　三级：性能评估。 这一级采用的是与第二级相同的步骤。由于对一些附加信息如振型等进行了测量，因此在决策支持过程中对评估和性能描述的要求要高很多，这为评估提供了额外的指标且能给出桥梁的性能。显然，它需要更精密的仪器和同步监测。

　　四级：详细评估与评级。 下一步就是建立一个能够模拟结构的分析模型，该模型将与监测结果进行对比。如果识别很简单，可以回到第三级。如果检测到的现象不能用现有数据进行解释，则需要采用进一步措施来弄清这一情况。最直接的方法是引入包含多个时间段的固定记录，来获取对这一特殊情形有效的现象。加载试验已经证实了能够成功得到结构的性能参数，根据这些结果，可以进行一个简单的模型修正以对结果进行评估并对结构性能进行评级。更复杂多样的监测也需要进行，为了获取环境和交通状况监测的记录，至少需要包含 24 小时的数据信息，当然包含更长时间的信息更好。

五级：寿命预测。对于严格的寿命预测，有效记录需要足够长的时间，至少要覆盖结构的三个周期，通常约为三年。首先应采用分析模型进行模拟，以获取可以用于比较的理论上的性能。为了处理大量数据，需要特殊的决策支持软件。加载试验既要有针对性又要有广泛性。此外，微观结构测试有助于获取桥梁结构某个单元的性能。模型修正过程应当多方面的且应考虑到结构的各种状态，特别是加载中和空载时的情形以及所有的非线性状态。为了避免合理的质疑，监测系统应在线操作，采用带有决策支持计算的预警系统的网络。最终的寿命预测如第7.3节所阐述。

图2.2给出了以上这些程序的成本。成本主要取决于监测所要达到的程度和对模型、模拟以及修正程序等投入工时的多少。价格受到诸如跨数、结构类型，尤其是观测活动状态等因素的影响。人们通常希望价格越低越好，这可以通过省时的建模程序和先进的监测软件得以实现，但这些都尚需进一步的发展。图2.2给出的数据是基于2006年一座跨度约为150m的典型三跨桥的费用。

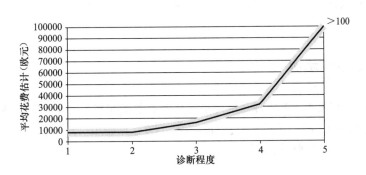

图2.2 一座典型三跨桥梁的检测成本（欧元，2006年）

2.2.3.1 全局状态

许多过了龄期的桥梁由于设计时采用的荷载标准已经不能满足其现在的要求，在性能退化或超载的情况下可能会引起损伤，因此桥梁业主非常关心桥梁是否能够继续使用。Wenzel和Pichler在2005年曾指出，通过一个简单的环境振动监测活动可以获得桥梁状态的可靠信息，其原理是将现场测得的桥梁实际性能与设计人员给出的理论模型进行对比，这种方法仅是基于结构的性能并不能提供有关结构损伤的信息。

2.2.3.2 桥梁构件的状态

桥面板作为一种整体结构，易受到众多交通荷载冲击的影响。因此，获取桥面板状态的相关信息十分必要。前面提到的方法也可以应用于桥面板的局部监测。将桥面板看作一个结构系统，监测它的状态并与期望值进行比较，就可以非常容易地找到结构的薄弱点，具体介绍可参见第7章以及Wenzel和Pichler于2005年出版的著作。

2.2.3.3 索和吊杆

索和吊杆是桥梁结构中具有不同特征的构件，其受力以轴向力为主，但是其所受的弯曲力也不能忽略。目前已经出现了一些诊断它们性能的评估方法，但由于它们易受气动力或参量激励的影响，使得了解它们的性能显得较为困难。如果不能很好地了解它们的性能，状态评估会变得更加困难。具体内容和实例参见第7.1.2节。

2.2.3.4　非结构构件

有时候，非结构构件也是引起结构缺陷的原因。一个典型的例子就是桥梁沥青路面的状态，一旦受损将会极大地影响结构的响应；而其他构件像防护栏、栏杆、桅杆和照明系统等对结构响应的影响也十分明显。此外，经过适当的分离，这些非结构构件的状态信息同样也能得到。最近，一些灯杆的破坏更加凸显了这方面的需求。

在商业领域方面更加注重工程应用，而科学则为之提供了大量适用的工具。

2.2.4　规范、标准和相关法律

结构健康监测方面最实用的标准，尤其对桥梁而言，在结构评估监测和控制（SAMCO）网络上已有了详细的阐述，鉴于篇幅较长，这里就不再赘述。

2.2.5　工具

Wiley出版社发行了《结构健康监测百科全书》一书，该书详细介绍了结构健康监测各个领域中常用的工具。

2.3　桥梁管理系统示例

国际上到2006年关于桥梁管理系统的信息已经被收集起来了。下面是一些包括当时数量和花费在内的监测系统实例，其可以被看作目前已有方法的一个信息来源。一些关于这些桥梁的最新信息可以在给出的网址链接中找到。

2.3.1　简介

桥梁是对经济和社会发展至关重要的大型建筑物，但是它们却长期处于恶劣的环境和气候条件下。为了避免桥梁倒塌或破坏对经济和社会所造成的负面影响，通常需要对桥梁进行健康监测以确保它们具备抵抗恶劣条件的能力。

由于结构损伤或材料退化，当桥梁达到使用年限时，它应当能达到一个最低可接受的性能水平。为了确定这一性能水平，需要考虑许多因素，桥梁管理系统可以确定桥梁需要进行维护的时间并能提高桥梁管理机构下所有桥梁的整体状态。

桥梁管理系统是一个决策支持工具，由详细记录（关于桥梁特征和状态的信息）、检测（检查桥梁状态）和建议（关于桥梁维护和改造等信息）组成。此外，它还能够对资金的使用进行合理配置。桥梁管理系统对桥梁全寿命中的各个时期都很重要，主要包括以下几个要素：

- 数据存储
- 成本和退化模型
- 优化和分析模型
- 修正功能

2.3.2　桥梁管理系统的结构

根据美国州公路和运输协会（AASHTO）"易于实施"的指导方针，桥梁管理系统的四个基本模块如下：

- 数据库：包含实现管理功能和用于模型输入的全部数据。
- 退化模块：用于预测未来某一指定时间内桥梁的状态和桥梁构件退化率。
- 成本模块：由于桥梁的不利状态，确定用于支付维护方案的费用、修复和替换的花费以及财务影响所需资金。
- 优化算法：分析可供选择的资金方案，以选择最佳性价比的修复和替换措施。

根据现有文献资料，桥梁管理系统被分为四个基本模块：数据库模块、修复和替换模块、维护模块和项目级模块。此外，还有两个作为前面几个模块的输入源的补充模块，即模型模块和检测模块。这些模块具体的介绍如下：

2.3.2.1　数据库模块

数据库是桥梁管理系统的核心，它包含了整个监测网络中每座桥梁的信息。由于桥梁管理系统所有的功能都源于数据库，因此数据库的质量关系到整个监测系统的质量。数据库的质量并不依赖于它所包含的数据的数量，而是取决于所包含的数据的重要性。桥梁管理系统数据库的数据因用户的需求和目的而不同，但通常可以分为几类：清单变量，桥梁状态变量，桥梁评估和维护建议的变量以及历史记录变量。

清单变量包括桥梁位置、类型和级别，而现场检测变量关注的是桥梁的状态。除了一些如维护成本变量和桥梁状态变量是由用户提供之外，桥梁评估和维护建议的变量主要从其他模块中衍生而来。不同于清单变量，桥梁评估和维护建议的变量随着系统输出的不同而会发生变化，在维护活动进行之后，关于这一活动和相关成本的历史变量就会被记入到系统中。

众所周知，由于监测数据的数据量非常庞大，因此需要高质量的数据库管理软件。此外，还需要设计一个相关的数据库方案：这可以通过设计一个实体关系模型，然后将之转化为相应的关系或图表，或者通过设计一个单一关系方案（通用关系）得以实现。

2.3.2.2　修复和替换（R&R）模块

这一模块主要用于将资金按需求的优先级进行分配。由于桥梁修复和构件替换的成本非常高，为了设定它们的优先级，需要分析众多的相关因素。修复和替换活动属于下列类别中的一种：适应度鉴定，服务水平缺陷鉴定，新增利润/成本分析和数学规划。

2.3.2.3　维护模块

维护模块不用复杂的优化程序，而是采用简单的分类排序方法，它适用于状态较好、不需要修复和替换的桥梁。之所以采用该模块，是因为桥梁维护的工作量很大且维护的成本低于修复和替换的成本。因此，所有的维护工作应被分类编码并建立一份工作标准清单，在检测时应根据清单监督和记录维护工作。

2.3.2.4　项目级模块

该模块通过成本/效益分析来对比分析各种桥梁维护方案，它的输入信息由数据库和模型模块提供，其结果可用于网络层。原始成本分析，寿命周期成本分析和增量利润/成本分析是项目级模块中通常采用的方法。

2.3.2.5　模型模块

模型模块用于预测未来的状态等级、承载能力、修复和替换工作的成本与效益以及用户成本参数。它通过统计分析数据库中的历史数据并修正预测模型。通过历史数据分析，模型模块可以为修复和替换工作建立性能标准和单位成本，当然它也能通过统计分析来预测用户成本参数。例如，它能为各类道路预测每日平均交通量（ADT）的增长率和重型车辆的百分比。此外，通过事故数据分析，它可以总结出事故率与桥面特征的关系。

2.3.2.6 检测模块

从这一模块开始，将进入检测阶段。所有关于检测的信息（检测者的数据、报告和观测结果、检测日期、检测类型和频率等）都从这一模块中获得。

检测类型

检测的类型有多种，不同的类型适用于桥梁使用寿命的不同时期，每种类型都有着不同的频率、强度水平、测试细节和程度。为了达到一个合适的检测级别，桥梁管理机构应采取以下几种检测方式：初步检测，常规检测，深入检测，损伤检测和特殊检测。

检测频率

除非以前的桥梁检测报告和历史性能记录合理可用，否则检测的频率间隔不能超过两年。

检测工具和特殊仪器

检测设备和工具从简单（照相机、直尺、錾平锤、刮漆刀、钢丝刷、20m 钢卷尺、手电筒、场地标记笔）到复杂（索具、脚手架、施工船、探测器、交通保护装置和桥底检测设备）有许多种。

检测人员

检测小组的成员须具备一定的知识和经验，如桥梁的结构特性与设计、材料及其随时间和环境改变所引起的性能变化、典型工程的实践经历，以及识别正确或错误操作的技能等。当然，最好能够与桥梁设计人员合作。

2.3.3 近来的案例和信息

从每年国际桥梁与结构工程协会（IABSE）的研讨会和学术会议上，都可以获得关于桥梁健康监测应用实例的概况。这些会议为实际工程和解决方法的选择提供了非常有用的信息，下面这些信息是从国际桥梁与结构工程协会 2006 年哥本哈根会议获得的，其中包含了一些非常有用的数据：

桥梁管理系统 DANBRO＋

丹麦公路管理局历时十年，设计开发了一套新的桥梁管理系统，该系统于 2006 年 12 月发布实施（Bjerrum 等 2006）。它涵盖了总面积 240000m²，造价达 18 亿欧元的 41 座大桥，这些桥梁每年的维护预算为 1500 万欧元。新系统包含了维护工作甚至包括了疑问解答等必要信息。

该系统设计和实施的成本如下：

- 130000 欧元用于需求和概念的界定；
- 980000 欧元用于软件开发；
- 540000 欧元用于测试、项目管理和实施。

DANBRO＋总共花费了 165 万欧元，它被认为是现今最好的桥梁管理系统。

Great Belt 桥（参见文献 Laursen 等人，2006）

Great Belt 桥于 1998 年竣工，总造价为 28.5 亿欧元。它总长 19km，四车道。该桥在建成之前，每天仅有 8100 辆车通过 Great Belt 海峡，在竣工后，每天增加到 18000 辆，而现在每天已经增加到 25400 辆（3 倍）。桥梁管理部门最近投入了 6000 万丹麦克朗（约 800 万欧元）用于购置检测设备，以对全桥的每一部位进行详细检测。

维护的主要工作由分包商完成，他们在一定程度上不得不待命工作，尽管有时更换分包商会产生一些问题，但这是最经济的解决方案。

Øresund 大桥在 2000 年竣工时每天通过车辆数为 5500 辆，到 2005 年增加到 11000 辆，是原通行量的两倍。

荷兰（参见文献 Van Beek 和 Djorai，2006）

荷兰有全长 3250km 的发达公路网，其中包括总长为 227km 的 4000 多座桥梁。公路网总价值 250 亿欧元，由 Rikswaterstat 负责管理。

克罗地亚（参见文献 Radic 等人，2006）

克罗地亚有大量旧的重要桥梁需要管理。位于 Krk 的拱桥跨度 390m，是用拉索起重机组装的预制构件（每个截面 6 个构件）建造的。这座桥的状态非常糟糕，需要翻新。该桥的桥面板仅 13cm 厚；桥墩高达 70m，却只有 30cm 厚的墙身。这座桥和其他四座拱桥是最难修复的几座桥梁。

坐落于 Dubrovnik 的新式斜拉桥有一个关于拉索振动的有趣故事。除了通常的 10.20～11.10m/s（5 年内共发生过 15 次）的风/雨致振；另一观测现象与 19.6～24.3m/s 的大风和降雪有关，所有的拉索振动都非常剧烈，从照片上可以看到拉索迎风面上的积雪。这一现象第一次发生在 2005 年 3 月，持续了 2 个小时；随后在 2006 年 3 月再次发生，并持续了 6 个小时，拉索在 200m 的位置处振幅超过了 2.5m，几乎所有的拉索都受到了影响。风的水平攻角为 34°，拉索振动非常剧烈，甚至与桥上灯柱都发生了碰撞，造成了极大的破坏。拉索的样式是 Dywidag 型，直径为 22.5cm，最大重量为 720t，最长拉索的角度为 22°。此外，固定保护套与索结构的螺栓被拔出并脱落下来，特别是靠近塔架处这一现象更为严重。为了解决这一问题，工程师给索安装了机械阻尼器，但这些装置是否有效还有待检验。

塞尔维亚（参见文献 Jensen 等人，2006）

在 1999 年的巴尔干战争中被空袭摧毁的 Novisad 地区的桥梁又被重新建造起来。在 Novisad 地区共有九座桥梁横跨多瑙河，在过去 100 年间，只有一座桥梁得以保存，其余八座都在战争中被摧毁。在一次战争中，位于 Novisad 的一座斜拉桥遭到导弹袭击，很缓慢地倒塌了，整个过程持续了近一个小时。攻向这座桥的 12 枚导弹中只有 6 枚发生了爆炸，余下的 6 枚费尽了周折才被移走。

加拿大（参见文献 Buckland 和 Matson，2006）

来自温哥华 Buckland＆Taylor 公司的 Peter Buckland 报告了关于在加拿大和美国主要桥梁的修建工作。他的信条是"最后分析—首先思考"。他在报告中阐述了一些令人印象深刻的解决方案，提出了在极大约束的情况下将结构整段替换的方法。如位于温哥华狮门的悬索桥，在晚间短短的 6 个小时之内，通过这种方法就将 12m 长的桥面结构部分进行了更换。

2.4　保护桥梁免受人为或自然灾害

2001 年的"9·11"这一灾难性事件，以及伦敦、马德里遭遇恐怖袭击之后，保护交通基础设施的需求被提上日程，且由于桥梁是最脆弱的建筑物，需要引起高度重视。监测有助于确定其最终的方案，但主要还是识别那些可以通过加固或改造而得到保护的结构最薄弱部分。

在许多情况下，地震和爆破荷载具有相似的结构反应（例如 F. Seible，加州大学圣地亚哥分校）。例如，地震和爆破荷载均导致结构逐步倒塌，一些减灾措施（如冗余和延性设计、提高混凝土约束的改造措施等）都适用于两者。此外，还应当量化这些桥梁结构在潜在威胁下的易损性，并发展新的技术，改进地震和爆炸的计算模型，以有效地预测损伤和确定减灾措施。建议评估最终爆破的影响及处理地震问题等相关事务时，使用同一个工程队。

扩展阅读

Bjerrum J, Larsen E, Bak H and Jensen F (2006) Internet-based management of major bridges and tunnels using DANPRO+. *Conference on Operation, Maintenance and Rehabilitation of Large Infrastructure Projects, Bridges and Tunnels*, Copenhagen.

Buckland P and MatsonD(2006) Increasing the load capacity of major bridges. *Conference on Operation, Maintenance and Rehabilitation of Large Infrastructure Projects, Bridges and Tunnels*, Copenhagen.

Casas JR (2006) Bridge management: Actual and future trends In *Bridge Maintenance, Safety, Management, Life-Cycle Performance and Cost* (ed. Cruz PJ, Frangopol DM and Neves LC), pp. 21-30. Taylor and Frances, London.

Enright M and Frangopol D (1999) Condition prediction of deteriorating concrete bridges using Bayesian updating. *Journal of Structural Engineering* **125**(10), 1118-1125.

Faber M and Sorensen J (2002) Indicators for inspection and maintenance planning of concrete structures. *Structural Safety* **24**, 377-396.

Farrar C, Worden K, Mansin G and Park G (2005) Fundamental Axioms of Structural Health Monitoring. *Proceedings of 5th International Workshop on Structural Health Monitoring*. Stanford, CA.

Frangopol D and Das P (1999) Management of bridge stocks based on future reliability and maintenance costs. In *Current and Future Trends in Bridge Design, Construction and Maintenance* Thomas Telford. (ed. Das PC, Frangopol DM and Nowak AS), pp. 45-58.

Hearn G, Frangopol D and Szanyi T (1995) *Report on Bridge Management Practices in the United States*. Technical Report, University of Colorado, Boulder.

Jensen J, MogensenV, Sorensen O, Dunica S and BojovicA(2006) Danube clearance and sloboda bridge reconstruction in Novi Sad. *Conference on Operation, Maintenance and Rehabilitation of Large Infrastructure Projects, Bridges and Tunnels*, Copenhagen.

Laursen E, Knudsen A and Andersen M (2006) Management of the concrete structures of the Great Belt Link. *Conference on Operation, Maintenance and Rehabilitation of Large Infrastructure Projects, Bridges and Tunnels*, Copenhagen.

Radic J, Bleiziffer J and Tkalcic D (2006) Rehabilitation of large arch bridges. *Conference on Operation, Maintenance and Rehabilitation of Large Infrastructure Projects, Bridges and Tunnels*, Copenhagen.

RafiqM(2005) *Health monitoring in proactive reliability management of deteriorating concrete bridges*. PhD thesis, School of Civil Engineering, University of Surrey.

Van Beek T and Djorai B (2006) Inspection and maintenance products for civil structures. *Conference on Operation, Maintenance and Rehabilitation of Large Infrastructure Projects, Bridges and Tunnels*, Copenhagen.

Wenzel H and Pichler D (2005)*Ambient Vibration Monitoring*. Wiley, Chichester.

第 3 章

桥梁等级与风险评估

大多数客户的数据库中都有独立的评级系统。在美国，如 BRIDGIT 和 PONTIS 这类的商业项目应用广泛，它们基于桥梁检测人员的输入信息生成一个桥梁评级的分数。有 30％的桥梁评估结果不能令人满意，这种情况主要是由于缺少量化的评估工具。检测评估非常主观且检测者也反映不愿意承担任何风险。

为了得到更好和更真实的评级结果，必须采用测量和计算数据对现有的方法进行补充。基于以下三步的评级，能得到较好的结果，即：
- 现有的常规检测；
- 从桥梁测试的测量数据中计算评级；
- 比较测量值与计算模型从而进行评级。

最终的目标是将被鉴定为有缺陷的桥梁的数量由现在的 30％减少到合理的 10％～15％，使得以修复为目标的桥梁等级划分成为可能。

需区分以下几种情况：
- 需要立即采取措施的桥梁。在有关桥梁总数中占的比例不到 0.3％。
- 需要在合理时间范围内进行采取措施的桥梁。约占有关桥梁总数的 4％～5％。
- 需要采取长期措施的桥梁。约占 10％～15％。
- 不需要采取措施的桥梁。大多数桥梁处于该状态，先前对这些桥梁的缺陷评级应当被改为"正常状态"。

3.1 检测等级

作为桥梁管理研究的起点，1967 年 12 月美国 Silver 大桥的倒塌事故应被提到。美国国家桥梁清单项目计划（NBI）于 1971 年开始实施，这标志着国家桥梁检测计划的确立。该项目致力于减少有缺陷的桥梁。美国联邦公路总署（FHWA）每年通过检测和收集约 116 个项目的信息，会对 597000 座桥给出相应的评级。评价等级是由引入这一程序的相关法规来决定的。一些已开发出的软件包，如 PONTIS，已被广泛使用。

公路桥梁维修和修复计划（HBRRP）确定桥梁是否合格主要的依据是其缺陷性。目前采用的指南是运输部颁发（1995 年）（FHWA-PO-96-501 号报告）的《结构名录与国家桥梁评估记录和编码指南》。

NBI 的评级由 0～9 的数字代码表示。对上层建筑、底层结构、桥面和涵洞进行状态评级。对航道的充足性（越顶频率）、结构性评估（荷载等级）、桥头引道接线（减速）、桥面几何形状（车道宽度）和空间的占据（纵向和横向）等进行鉴定评级。

NBI 的状态评级和评估评级如下：

状态评级	鉴定评级
9 状态极好	9 优于目前的理想标准
8 状态非常好	8 等同于目前的理想标准
7 状态好	7 优于目前最低标准
6 状态良好	6 等同于目前最低标准
5 状态一般	5 略好于照原样不予修复的最低标准
4 状态较差	4 照原样不予修复的最低标准
3 状态差	3 基本不能搁置需要优先进行修复工作
2 状态极差	2 基本不能搁置需要优先进行更换工作
1 即将失效	1 不能使用
0 已失效	0 桥梁关闭

图 3.1 和图 3.2 给出了美国 2007 年桥梁评级的概况。图中清楚地表明大多数缺陷都集中于桥面宽度（几何形状）和荷载。表 3.2 对 0~4 级的缺陷进行了更加详细的小结。由此可以看出对该课题的迫切需求。最近状态评估的可靠程度遭到质疑，在一次盲测中，只有 4% 的检测者找出了 FHWA 所给定的桥梁隐藏损伤，因此有必要提出更好和更加可信的方法。采用荷载评级的方法，即基于荷载系数计算和直观检测，共有 23817 座桥被评为有缺陷。由于被检测桥梁的总数非常少，因此其可视为 NBI 计划的一个缺点：

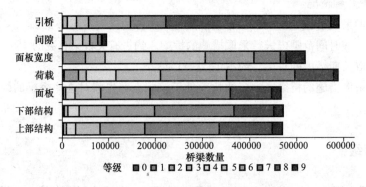

图 3.1 FHWA 全部桥梁评级信息

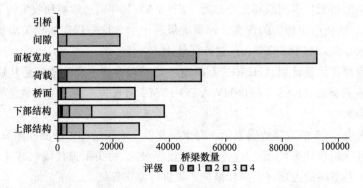

图 3.2 FHWA 全部桥梁详细评级信息 0~4 级（缺陷）

- NBI 适用于美国 HBRRP 的管理；
- 它不足以满足桥梁性能评估的需求；
- 大多数州都在增加 NBI 的数据；
- 基于外观检测的状态评级是不可靠和片面的；
- 该计划不适用于用户级的桥梁管理。

在构件级检测中，PONTIS 软件在以下几方面具有突出优势：

- 构件级的检测；
- 具有更多分散的状态数据；
- 具有更多量化的状态数据；
- 提供网络级（多用户）的决策支持。

构件检测的局限性是：

- 状态评级仅基于外观检测；
- 不能探测或测量出不可见的退化、损伤和损坏；
- 无法评估使用性能；
- 未充分考虑易损性和可信度。

这些为结构健康监测工作中的特殊检测和无损监测打开了一片宽阔领域，如冲击、超荷载、冲刷、地震、裂缝、沉降、基础、无效轴承、松动、过紧和裂缝。在退化问题上则可研究以下方面：腐蚀、疲劳、吸水率、预应力损失、意外的结构性能和土体刚度等。

为满足性能测量，需要以下数据：

为满足使用需求	为满足服务需求
平均每日交通量（ADT）	堵塞率
货运吨数	事故率
应力	有效性
应变	负载能力
挠度	
位移	

所需的附加数据如下：

- 支持寿命周期成本分析的数据；
- 测量性能的数据；
- 支持基于性能的规范的数据。

综上所述，已经明确指出了直观检测和评级的缺点。现有一些技术可为在寿命周期内更有效地管理土木工程设施提供必要的信息。然而，由于一些困难，相关技术未被使用：

- 需要的数据没有被定义；
- 没有标准；
- 每座桥都独一无二；
- 系统成本过高；
- 系统未经检验；
- 桥梁业主不相信评估值；

- 无法律约束。

为了减少这些缺点，FHWA引入了一项针对上述需求的新的研究开发计划——长期桥梁性能计划（LTBP）。此计划旨在：

- 选择有代表性的桥梁样本；
- 实施一个周期详细量化的检测和评估；
- 进行长期运作（至少20年）；
- 创建一个仪器化"智能"桥梁的子集，来改进、完善并标准化结构健康监测系统以及监测结构的使用性能；
- 对退役桥梁进行大规模的分析；
- 对桥梁失效进行辩证研究。

需要收集的数据包括：

- 桥梁状态的量化数据；
- 退化的量化数据；
- 桥梁使用性能的量化数据；
- 寿命周期的量化数据；
- 桥梁构件的辩证数据；
- 桥梁失效的辩证数据；
- 支持基于概率可靠性方法的资产管理的有效统计数据。

LTBP于2007年被授权并由FHWA负责实施。此计划里，结构健康监测的任务是：

- 探测并报告任何不安全状态；
- 探测并报告异常或非预期的事件或行为；
- 评估使用性能；
- 支持由基于性能的资产管理提供的数据。

人们期待在这项雄心勃勃计划实施的周期内可建立一套针对该项目新的国际标准。

3.2 BRIMOS 分级

桥梁监测系统（BRIMOS）的分级是一种基于若干个始于1995年的研究项目的分类方法。利用该方法共评估了大约1000座桥梁结构，相关经验已被整合到评估程序中。它是以从一系列测量工作中获得的结构的振动信号为基础的。根据测量工作的程度，可以计算出各种各样的特性从而形成BRIMOS的等级。这种分类方法（见图3.3）允许基于已测得的动态变量（特征频率、振型、纵向阻尼模式、振动强度、动静态竖向位移）、直观检测、有限元模型修正和参考数据（BRIMOS数据库和BRIMOS知识库）来快速识别结构的完整性和相关的风险等级，其输出结果是一个与预先制定的风险等级相关的参数。

该分级系统的各组成部分详见以下小节。

3.2.1 信号的质量

评估结果取决于信号的质量。信号质量主要依赖于测量过程中硬件的质量和数据记录的范围，这些都会对结果产生很大差异。因此，为了避免那些由于漏掉真实反映而获得较好评估结

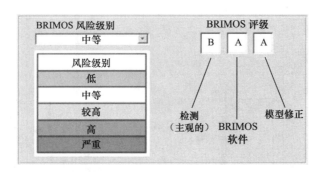

图 3.3 桥梁监测系统的分级分为以下几个级别：（A）状态良
好；（B）状态良好带有局部损伤；（C）状态有问题

果的较差的测量工作，BRIMOS 在等级测定方法中设定了一个因子（权重）用于评估信号的质量。这里需要考虑的各项要素是：

1. 记录时间的长度。 近期研究表明，最小记录长度应该约为 44min，这相当于 500Hz 采样频率下两条包含 660000 个测点的记录。可以认为这段时间记录下的环境振动具有代表性（图 3.4），然而如果没有足够多的交通流量，这段记录就不能用来代表结构的振动特性。记录的时间越长，评级的结果也就越准确；反之，记录的时间较短，会承受风险所带来的不良结果。（注：据了解，记录时间的长短对结果有重要影响。为了使测量活动具有可比性，对比长度相等的记录数据是必要的。这无需依赖于采样率。）

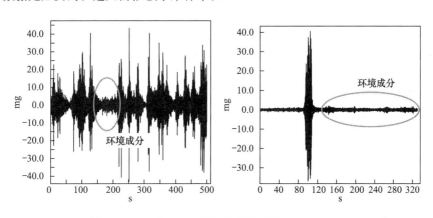

图 3.4 活载和环境记录

2. 采样率。 前面讲述的 100Hz 的采样率是一个最小值。最近研究表明，较高的采样率（图 3.5）可能会提高结果的准确性。如果数据的存储和传送并不是主要考虑的因素，建议使用 200Hz 或者 500Hz 的采样率，然而应保留 11min 的记录长度。在低采样率下得到的记录会对评级造成负面影响。采用较低采样率的一个原因是希望限制传输的数据量，这主要是能量供给的原因，例如在采用无线模式时存在这一问题。未来应该取消数据传输中的这项限制因素。

3. 能量成分。 每项记录都代表在监测期间发生的事件历史。所用的评估程序都依赖这些记录值。模式识别方法被用来识别事件并帮助选择正确的解决方法。此外，必须考虑到许多动力特性（例如阻尼）（图 3.6）依赖于振幅，因此同样也就依赖于能量（见第 4.4 节阻尼）。

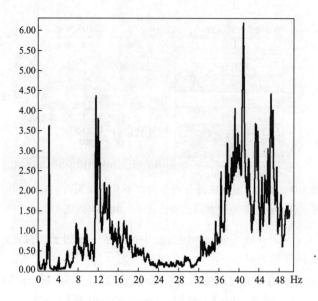

图 3.5 记录中的低频和高频分量

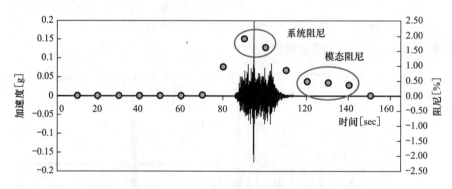

图 3.6 与能量成分相关的阻尼

4. 信号中的环境影响部分。 为了得到结构的固有频率，信号中应包含足够多的环境影响因素（图 3.7）。如果交通量很大，桥梁就会一处于被激励和有附加车辆荷载的状态，这将很难记录到自由衰减振动的情形。为了得到正确的评估结果，应考虑一些修正措施。

5. 漂移、毛刺和噪声。 在监测过程中很难完全避免这些现象。驶过的火车、桥梁照明或其他电源都会引起干扰。在许多情况下，桥梁上的监测系统由于不能正确接地而很难避免这类虚假的信息。因此，相关软件应该可以识别这些不必要的信号。在大多数情况下，信号的特征很独特，是能够被模式识别程序探测出来的。电击表现为激增信号，即指测量点的信号比正常信号的量级大很多。信号中的漂移表明传感器受桥梁位移的影响而发生了倾斜或受到了电力影响（图 3.8）。这些现象也可以通过模式识别的方法探测出来。为了评估测量活动的质量，还应当确定背景噪声。

6. 外部输入。 桥梁坐落的位置通常存在其他一些活动，这为桥梁提供了大量的外部激励源。地下管线就是一个例子，它却很难被发现但会引起结构的振动。此外，远处通过的火车也会把振动传递给桥梁，甚至旋转的机械也会产生影响。这种外部输入可以用系统的外部传感器

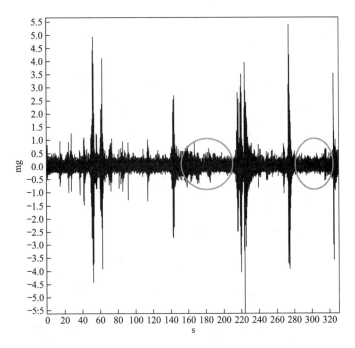

图 3.7　信号中的环境成分

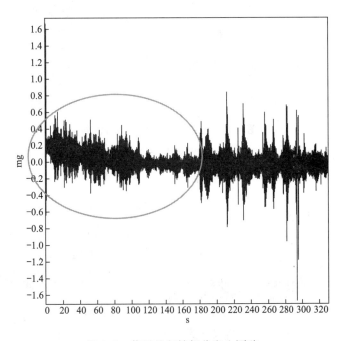

图 3.8　信号的起始部分发生漂移

探测出来。如果外部输入信号很明显、很容易区分，那么可以将其从信号中剔除（图 3.9）。

　　7. 校准。 在主要工作进行之前需要对传感器进行校准，以确保它们都工作正常。校准的结果可以作为一个校准因数加入计算中。在大多数情况下，内部校准即可，即把所有传感器放在一点、然后调整振幅（图 3.10）。

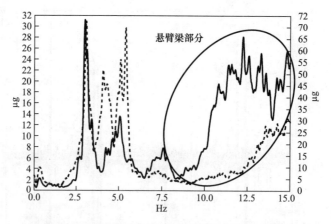

图 3.9 悬臂梁（实线）和箱形梁（虚线）谱线

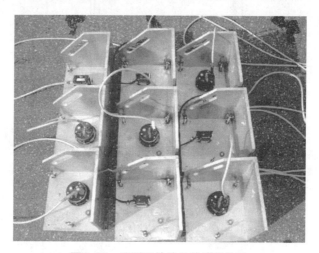

图 3.10 监测开始前的传感器校准

8. 传感器种类。在评估中用到的传感器种类很多（图 3.11）。地声检波器对低频波有很好的探测结果，但对高频信号并不适用。压电传感器的背景噪声很大，因此通常不用它采集低频

图 3.11 不同传感器类型（从左至右）：Brüel Kjaer 4514，Kistler 8393A2 和 EpiSensor FBAES-T 加速度计和 Lennartz LE-3D-5S 地震仪

信号。因此，为了对信号中发现的现象进行合理的解释，测量中所采用的传感器相关信息应做好详细记录。

9. 监测系统的种类。监测系统之间区别很大。在寻找新型无线系统时，必须解决其不稳定性，即受操作系统影响的每条记录的时间标记不同。这种现象会显著地降低特征评估的结果或其他任何重要数值的质量。评级时要考虑监测时使用的是通过电缆进行多传感器记录的先进监测系统，还是采用的低成本解决方案。

10. 监测条件。每个监测活动都是在不同监测条件下进行的，可能是有利条件、也可能是不利条件。这些条件同样需要记录下来并进行评估。测量记录中应包含监测条件（如图 3.12 和图 3.13），并储存在数据库中以备后续评估使用。

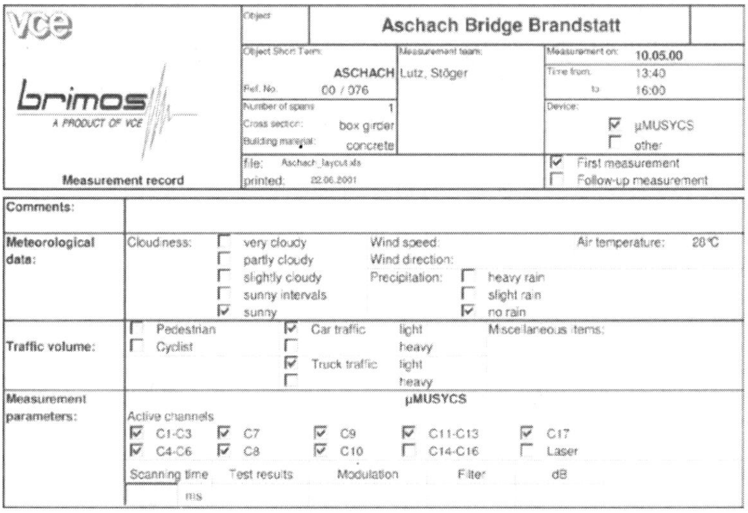
vce
brimos
A PRODUCT OF VCE
Measurement record

Object: Aschach Bridge Brandstatt
Object Short Term: ASCHACH
Ref. No.: 00 / 076
Number of spans: 1
Cross section: box girder
Building material: concrete
Measurement team: Lutz, Stöger
Measurement on: 10.05.00
Time from: 13:40 to 16:00
Device: ☑ μMUSYCS ☐ other
file: Aschach_layout.xls
printed: 22.06.2001
☑ First measurement ☐ Follow-up measurement

Comments:

Meteorological data: Cloudiness: ☐ very cloudy ☐ partly cloudy ☐ slightly cloudy ☐ sunny intervals ☑ sunny; Wind speed: ; Wind direction: ; Precipitation: ☐ heavy rain ☐ slight rain ☑ no rain; Air temperature: 28℃

Traffic volume: ☐ Pedestrian ☐ Cyclist; ☑ Car traffic light ☐ heavy; ☑ Truck traffic light ☐ heavy; Miscellaneous items:

Measurement parameters: μMUSYCS
Active channels: ☑ C1-C3 ☑ C4-C6 ☑ C7 ☑ C8 ☑ C9 ☑ C10 ☑ C11-C13 ☐ C14-C16 ☑ C17 ☐ Laser
Scanning time: ms; Test results; Modulation; Filter; dB

图 3.12　测量记录

11. 监测布局。监测活动的布局也是评估的一个主要因素。出于成本考虑，通常只能进行有限的监测活动。因此在评估中应该清楚地考虑这些限制因素。像 BRIMOS 之类的高级系统，能够为每座已知几何结构的桥梁提供最优传感器布置。在监测活动中，这种最优布置起到多大作用还有待评估（图 3.13）。

监测人员任何其他的观测结果都应被记录和考虑，因此当遇到特殊的结构或观测条件应扩充这张表单。

图 3.13　重型运输工具

3.2.2　信号调理

通过许多信号调理方法可以对信号进行改善和评估。自相关函数就是一种简单的评估工具。需要记住的是，原始信号必须存储起来，只有经过调理后的信号才能用于评估。信号调理程序可

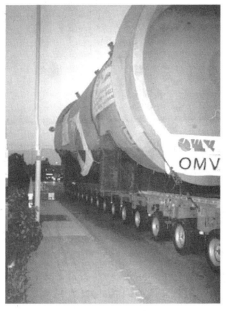

以不断变化或改进信号，使后续评估能够更好地进行。

　　需要指出的是，在许多情况下信号受到的干扰非常严重以至于影响整个监测评估过程。这种信号应该舍弃，不用进行调理。为了避免后续的评估工作中出现错误，最好删除这些信号。

　　由于把各记录合并起来相当困难，故建议进行较长时间的测量记录，并把这些记录分割成必要的片段。早前这会受到缓冲存储设备性能的限制，现在已不再是问题了。同时，文件的大小也不再是限制因素。

　　模式识别程序能够为环境影响和不同事件寻找可用的数据记录，从而创建评估必需的数据库（图 3.14 和图 3.15）。

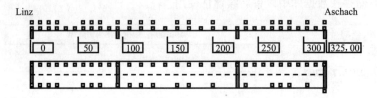

图 3.14　传感器布置实例

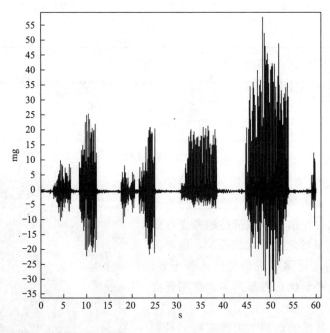

图 3.15　异常信号

3.2.3　阻尼值

　　阻尼值被认为是用于损伤和状态探测最具价值的指标。然而由于使用不同的术语解释同一现象以及很难找到某种阻尼的相关定义，这一课题已经变得比以前更加复杂（图 3.16）。鉴于此，本书将用独立的章节对阻尼进行讲解（第 4.4 节）。对于 BRIMOS 的评估要考虑以下几个值。

　　典型文件的随机减量法，不同的阻尼值要分别进行评估，这需要相当大的计算量，详见第 4.4 节。需要考虑的值是：

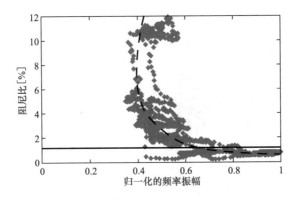

图 3.16 某一文件不同窗口中的阻尼估计（参看图 4.78）

模态阻尼

模态阻尼值（图 3.17）表示结构发生共振的可能性。在大多数情况下确定主频的阻尼值即可，然后把它与任何可能的激励频率相比较，来评估桥梁发生共振的危险。在很多情况下，共振现象发生在桥梁高频振动的结构性杆件上，如悬臂板或横梁，在这种情况下也要对频率进行研究。目前主频是通过频谱中的最大振幅来确定的。如果这代表的是一种局部模态，此时建议研究一下整体的模态。此外，还可以研究是否有其他表现异常阻尼特征的单频信号。

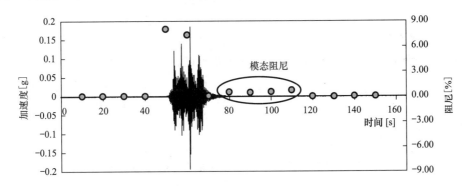

图 3.17 信号中的模态阻尼

通常确定模态阻尼的方法是把记录的数据划分为固定的窗口，提取振幅值超过最大振幅值 60% 的信号来计算出平均阻尼值。在全部记录文件中，计算出来的平均阻尼值通常小于随机减量法得到的数值。

在已有的标准和建议中都没有明确允许的或推荐的阻尼值，但通常认为 1.5% 的阻尼值足以抑制所有不利的振动。

系统阻尼

当振幅较大时，模态阻尼中将会产生系统阻尼。此时阻尼的附加源被激活。附加源可以是来自轴承摩擦、膨胀接头、桥墩压弯、桥梁装置的运动和车—桥相互作用等的能量损失。系统阻尼值是非线性的且随着振幅增加而增加。

系统阻尼可由高能量输入信号计算出来（比如火车或重型卡车通过时产生）（图 3.18）。窗口和计算方法的选择需要谨慎，因为他们会影响最终的计算结果。此时计算阻尼的方法是极大似然法而不是随机减量法。

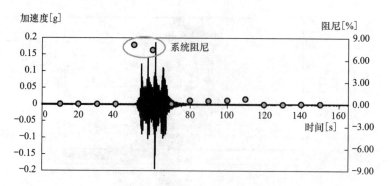

图 3.18 信号中的系统阻尼部分

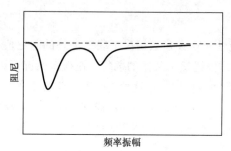

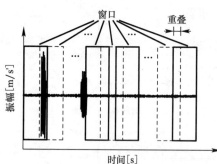

图 3.19 火车通过时阻尼的变化

通常认为系统阻尼值大约是 5%。最近研究表明，对于交通激励和特殊的铁路桥，系统阻尼值可能会高出很多。然而，也有激励频率和结构主频或次频相一致的情形。这种情况下，系统阻尼将会变为负值，应从转换的时域信号中将其清晰地识别出来。

冲击阻尼

该值与前面描述的系统阻尼密切相关。这里首先默认发生的是单一事件，然后再研究该事件发生后结构的性能。冲击阻尼可以通过对原始时域信号进行曲线拟合来确定，它也是一种非线性函数。

通常很难评估单一事件对于结构性能评估是否具有代表性。对于铁路桥而言，可以用一次次火车的通过来进行重复评估（图 3.19）。对于公路桥来说，要想记录一系列相似事件会有一定困难。记录时间越长，这种评估的效果就越好。在一定的时间段内，只有持续监测才能获取最好的评估结果。

对于冲击阻尼的评估没有相关的指南和规范。为了使之标准化，还有待发展一些新的建议。许多情况由于缺少代表性事件，使得采用该特征显得不具有可行性。

半功率带宽

确定阻尼值最容易、最快捷的方法是计算半功率带宽。这种带度是在半功率处通过截断频谱得到的，其定义是振幅除以 2 的平方根（图 3.20）。这种方法可以粗略地表示阻尼的大小，但由于一些未知的激励和结构的其他特性，使得该方法包含许多不确定因素。不过对于仅粗略地确定数值或进行结构比较来说，尤其对形如桥梁拉索之类构件的评估，这一方法还是十分有用的。

如前所述，该阻尼值是由谱中不同频率处的半功率带宽得出的，因此该方法很容易实现自动化。为了去除干扰因素，最好是把信号多次窗口化之后再进行计算。

气动阻尼

在大型结构上会出现另一个有趣的阻尼值——气动阻尼，它是由桥梁的运动而产生的。气

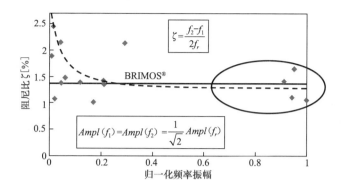

图 3. 20　半功率带宽法获得的与振幅相关的阻尼

动阻尼只有在细长、大型桥梁或者满足这些条件的桥梁构件上才能起主要作用。

关于气动阻尼的计算公式，将在第 12 章介绍。如果需要更精确的气动阻尼值，可采用风洞试验进行测量。

阻尼函数

如果能够发现作用在桥梁上哪种作用力会诱发哪种结构动力特性，那将非常理想。或许可以把上述不同的性能结合起来，形成一个阻尼函数。当前的研究和发展尚不能回答一个基本问题：即不同荷载下各种模态间的真实联系（图 3.21）。确定某根桥索某一频率的阻尼不难，难的是这些值之间如何相互联系，如何将它们相结合组成桥索的阻尼值？目前采用滤波器分离信号的方法在很大程度上依赖于滤波器的选择。只有计算出滤波后信号，并将这些单一阻尼值在阻尼函数中相互联系起来，才能得出合理的结果。

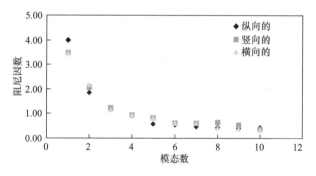

图 3. 21　不同模态上阻尼的相关性

许多工程协会都在讨论这个问题，也许不久的将来会提出相关规则。

3.2.4　振动强度

在桥梁结构的评估中，不同模态的振动强度是最重要的一个数据。将振动强度分为临界值和非临界值能够表示桥梁是否由于疲劳或者相关材料问题而遭受局部或全局损伤。图 3.22 中用于分类的值是比较保守的。在现场测试中，当采用锤子敲击等方式时，如果引起结构发生破坏，则这些值应该被调整。

在实际中，发生高振动强度的桥梁容易产生局部问题，特别是辅助设施。高强振动下桥梁的伸缩缝和支座的更换频率要远高于正常状态下更换频率。

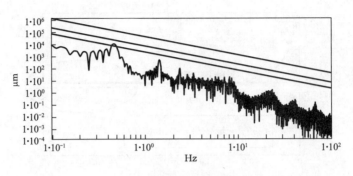

图 3.22 振动强度图

振动强度的计算结果也可用于评估某一事件对桥梁的影响，这可能会引起日后使用的限制或者特殊要求。

3.2.5 振型

如果采用同步测量，在现今的程序系统下很容易确定出相应的振型，因为它能自动计算出相关的振型图（图 3.23）。通过对这幅图进行分析，可以判断出该振型是预期的还是预料之外的。发生预料之外的振型主要与支座处的位移有关，因此，通过振型来识别有缺陷的基础或桥墩是可行的。

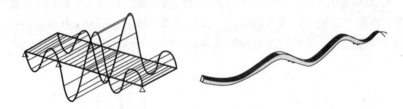

图 3.23 二阶振型，测量结果（左）和计算结果（右）

在大多数应用中，由于没能进行同步测量，因此不可能计算出振型。这种情况下，只能对加速度进行二次积分来获得单个点处的位移。

3.2.6 冗余度

在桥梁结构局部失效评估中，清楚地认识到结构的冗余度是非常重要的。这主要取决于评估单个构件的失效是否会导致结构的倒塌。单跨梁要比连续梁脆弱得多，框架通常能提供额外的承载力，预制构件结构比现场浇筑结构要脆弱得多。目前还没有明确的方法可从监测结果中评估冗余度。在这里，工程评估应取代观测量。

3.2.7 结构类型

如上所述，结构的类型在评级过程中起着主要的作用。同能够提供附加承载力的连续梁或网格梁相比，单跨梁是最脆弱的（图 3.24）。由经验可知，一些特定的结构更加脆弱，也更容易出现问题。这些经验可以被用来提高评级的质量。通常情况下，结构类型应该被纳入评级的第一类，即基于检测的方法。但是现在很多情况下并不进行检测，仅做一个快速测量。在这种情况下，最好在评级中包括评估结构类型这一步。

图 3.24 连续梁与单跨预制梁

3.2.8 环境条件

很明显，环境条件决定结构的退化率，因此需要在评级过程中对环境条件进行评估。有如下几种方法：

- 可以使用当地的气象数据评估水文状况。降雨量和降雨强度会影响到结构的整体性。
- 结构的海拔高度能够表征冬季的长度和寒冷气候持续的时间。可以根据气象记录进行此类评估。
- 影响耐久性最重要的因素是盐的存在，它作为一种腐蚀剂会导致结构劣化。
- 结构所处的风环境也应该考虑。当结构位于大风地区时，可能会发生危险的局部破坏。
- 评估中可能还要考虑周围环境典型的空气湿度。这些数据应当通过现场观测来确定。
- 通过对提供局部条件信息的卫星图像进行评估，可以确定出结构的暴露程度。
- 当结构在地理信息系统（GIS）中是与地理相关的状态时，就可以计算出太阳辐射时的暴露程度。

3.2.9 评级值的计算

评级的最佳代表值可以通过那些能够计算出阈值的数据得到，其依据是整段数据的 RDT 值，该值以百分比形式表示，对所有其他项目提供百分比的增减。单值如下：

- 信号质量，$-0.10 \sim 0.10$；
- 模态阻尼，$0 \sim 0.10$；
- 系统阻尼，$0 \sim 0.20$；
- 冲击阻尼，$0 \sim 0.05$；
- 气动阻尼，$0 \sim 0.05$；
- 阻尼函数，$0 \sim 0.10$；
- 振动强度，$0 \sim 0.20$；
- 振型，$0 \sim 0.10$；
- 冗余度，$0 \sim 0.30$；
- 结构类型，$0 \sim 0.10$；
- 环境条件，$0 \sim 0.10$。

在图 3.25 所示的典型交通信号灯图表里，所有这些值被累计为一个最终值并用来和阈值进行比较。绿色区域代表状态非常好；黄色区域代表状态基本良好，但一些局部问题应该详细研究或过一段时间后应重新解决。为了提高评级，可通过额外输入或采取如关闭结构或限制荷载的方式来立即处理所有红色区域内显示的内容。

	风险级别	原因	措施
绿	低	信息	常规操作
	中等	信息	长期措施
黄	较高	显示发展	中期措施
	高	演示风险	即时措施
红	严重	显示故障	自动报警,行动

图 3.25   评级系统

3.3   结构健康监测中的概率方法

正如前面几章所讨论的,影响桥梁结构健康评估的因素有很多。对于一个多重输入系统,获得结论的最佳方法是概率方法。从状态评估的各组成部分中,应该建立一个决策树。对于简单结构来说,确定性方法即可解决问题;但随着结构复杂程度的增加,需要引入概率方法来获取有用的结果。

目前已经出版了许多关于该主题的文献资料。它是结构健康监测的一个领域,但使用的却很少。桥梁业主对确定性方法所提供的没有内在不确定性的具体信息感兴趣。检测者的评估是主观的,这会给大量的桥梁带来许多已知的问题。成功地解决这一问题并提供令业主满意的、基于概率学的解决方案,是工程界面临的主要挑战。

分析方法

考虑所有的不确定因素(认知的和偶然的)的地震危险性概率分析(PSHA)是最复杂和最详细的分析方法。目前,地震危险性概率分析只考虑了震源和衰减效应,而没有考虑局部场地参数。对于目前大跨桥梁结构来说,根据不同的基础条件可以选择与其相适应的桥墩。因此,对地震危险性概率分析进行调整,使其不但能够考虑整体状态,而且能考虑局部场地条件。为了得到这些信息,进行现场勘测是绝对必要的。

1. 分析系统
* 震源模型(震源的定义)
   ○ 震源机制数据库(震源深度、走向、倾角、比率、震级)
   ○ 震源机制的参数研究(哪种机制诱发最终的大地震?)
* 衰减模型
   ○ 已有的衰减定律(比如 Ambraseys、Campbell、Boore 等)
   ○ 局部衰减定律(根据局部地震进行的回归分析——基于地震数据库的要点和可靠性)
* 场地模型——结构模型
   ○ 桥梁断面的有限元模型
   ○ 由地震系统识别技术(SEISMID)提取和修正桥墩的每个基础的局部地基模型
   ○ 局部辐射条件(通过阵列测量以确定主要传播方向)

地震危险性概率分析可采用逻辑树来完成(认知不确定性决策树结构,图 3.26)(例如,如果科学理解不充分，认知不确定性将增加；与之相对立的是偶然不确定性，如，回归分析中的主观输入）。因此，逻辑树的每条线路代表了一种可能的参数组合。

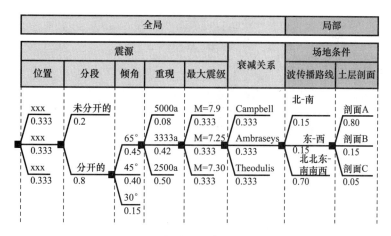

图 3.26　地震危险性概率分析——逻辑树

2. 地震系统识别技术

为了在现场获得关于场地条件的必要信息，可采用地震系统识别技术（SEISMID）。识别技术可以分为两种不同的方法：

- 测量平均剪切波速（图 3.27）；

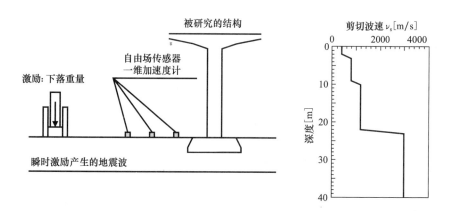

图 3.27　速度测量装置（左）和典型剪切波速的特征图（右）

- 研究主波程（图 3.28）：根据下部土层的分布情况，存在局部变化的波程是有可能的。

结果

- 考虑局部场地条件（为每一桥梁基础绘制水平加速度—重现期图）和不确定性因素的地震危险性曲线。
- 一致地震危险性谱。
- 作为详细数值研究信息的基础局部场地参数。

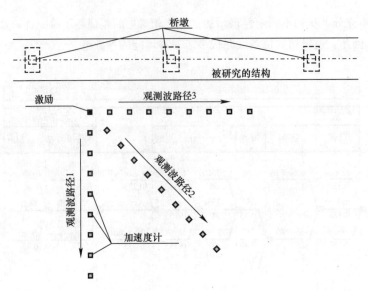

图 3.28　通过在三个不同方向安放仪器来观测动态激励下的主波程

3.4　自然灾害风险

许多研究者已经指出了气候变化与桥梁性能的关系。然而，不断增加的人口密度使一些桥梁结构不得不建在不利的地理位置上，这使得我们更应考虑两者之间的关系。这种情况在以前并不需要考虑，因为在那时没必要把桥梁建在危险地区。

另一方面，桥梁还会经受未知强度的降水。这不仅会造成桥梁排水系统出现问题，还会诱发一些地区出现滑坡。此外，根据近期地震得到的一些测量数据，地震危险性评估也发生了重大变化。研究者发现，结构的实际抗震需求大约是相关规范要求的两倍。这为桥梁的评估提供了机会，而这一评估可以与结构健康监测有效地结合起来。抗震评估这一议题在后续章节中将进行更广泛的讨论。

另外，极端温度这一情况也不能忽略。一些监测活动已经指出，现有的规范对于极端温度的考虑并不充分。目前相关规范正在不断完善以便能够包含这些新的发现，修订后的规范将会针对常规的结构健康监测进行更好的结合。

3.4.1　地震

目前，人们对地震的关注程度日益增加。自 1994 年美国的北岭地震和 1995 年日本神户地震之后，人们对于地震的了解更加深入，地震危险评估方法也发生了改变。1999 年土耳其科贾埃利地震和台湾集集地震的实际数据证实，地震作用被低估了约 1/2。因此，在桥梁设计和评估中，地震作用是主要荷载；这就是地震工程与结构健康监测密切联系的原因所在。结构健康评估和地震危险性评估这两项工作将会相互促进和发展。这是对桥梁采取有效措施进行改造的大好时机，将极大地提高桥梁抗力和使用年限。

对于桥梁而言，人们关心的两个重要课题是：

- 位移需求不断增加，这可能会导致支座失效并引起随后的倒塌；

- 局部场地效应所引起地面过度的振动。

对于第一种现象，这里仅简要描述小区划法，比如水平/竖向比（H/V）或地震波频散分析。对于第二种现象，通过遥感确定局部震源的方法已被证实非常有效。这里只做简要描述。

最近发生在人口密集地区的地震使得科学家开始重视先进的地震灾害预防措施。尤其对于主要位于软土层的城市地区，中等强度的地震波可被大幅放大。建筑结构场地效应的增强，会不断引发对真实地震易损性进行精确研究需求的增长。

除此之外，在近几年里，地震危险性预测发生了戏剧性的变化。根据近期研究，维也纳大学的科学家（Hinsch 和 Decker，2003）发现，维也纳盆地转换断层（VBTF）在不同地段不同的地震滑移率呈现出断层闭锁单元。他们预计，这里可能会产生一次强震（至少 6.1 级），使得维也纳盆地转换断层滑移率最快和最慢的地带趋于正常。

考虑到维也纳盆地地区经济和社会的重要性（大约 240 万居民，贡献了奥地利 45% 的 GDP），强烈建议确定可能的场地效应，此外要对这一地区进行地震区划，来提高地震危险性分析的标准。

除了增加安全评估，小区划的研究会带来国家建筑条例向欧洲标准转变的经济优势。与《欧洲规范 8》修订本（1998-1 EDE 2005）中目前通用的国家条例 ÖNORM B 4015（4015 OB 2002）相比，下层土分类方法更加合理也并更能适应局部场地特性。《欧洲规范 8》中定义了 5 个不同的下层土级别，它们的分辨系数是下层土最上层 30m 的平均剪切波速 $v_{s,30}$。因此，必须得到局部场地条件的详细信息；然而，目前还无法获取这些信息或者仅在一些房屋结构所处的位置处能够获取这些信息。为增强《欧洲标准 8》的基本原理并简化其应用，所建议方法的首要目标是从现场观测中获得尽可能多的信息。

3.4.1.1　预测

根据建筑规范，奥地利发生地震的可能性与它的邻国相当，近似于瑞士、远远高于德国。值得注意的是，同德国的人口密集区（柏林、慕尼黑、汉堡）和瑞士的人口密集区（苏黎世、伯尔尼）相比，奥地利的人口密集区（维也纳、格拉茨、因斯布鲁克）坐落在更加危险的区域（图 3.29）。

然而，与周边国家不同的是，在奥地利没有进行小区划的研究。近年来，德国完成了大量的地震危险性分析，主要集中在科隆地区。在波兹坦地学研究中心的领导下，学者们完成了一系列试验；这些试验基于 H/V 比率以及建筑结构与下层土固有频率之间主要的频率比，从而绘制出局部地震危险性示意图（Merz 和 Apel，2004）。

在瑞士，学者们在巴塞尔地区做了相当复杂的研究，制订和发表了大量的规范和报告，提出了高质量的标准（Kind 等人，2002；fur Wasser 和 Geologie BB，2004）。

作为国家研究工作的补充，目前几个欧洲范围内的项目（SESAME、RISK-UE、SEISMO-CARE）已经完成，其在地震危险性评估方面已达到国际标准。这些报告的目的是根据现有的研究工作，为奥地利提供一种缩小其在地震危险性评估技术上的差距的方法。在地震系统识别技术（SEISMID）中，应把这些项目的主要优势与高度复杂的技术结合起来。因此，在这里简要介绍一下这些项目的每一部分和工作包。

研究项目 SESAME

欧洲范围内（比利时、法国、德国、瑞典、意大利、挪威、葡萄牙、斯洛伐克和瑞士）的 SESAME 项目（基于环境激励的场地效应评估，研究项目 SE 2004）的目的是采用低成本技术

图 3.29　Grünthal 等人（1998）对德国、奥地利和瑞士的地震危险性评估

来估计场地效应，特别是城市地区的场地效应。该项目的目标之一是研究 *H/V* 和阵列技术的可靠性，并重点研究了试验条件对结果的影响（Duval 等人，2004）。在一份附加报告（研究项目 WP12 SE 2006）中，给出了环境振动中 H/V 波谱比的使用准则。

这些研究得出的复杂结论是环境噪声实验测量和 SEIEMID 项目数据评估有效的输入。

研究项目 RISK-UE

RISK-UE（研究项目 RUE 2004）是一个自 2001 年起 2004 年结束的欧洲项目。在该项目中，发展了对一些城市（巴塞罗那、比托拉、布加勒斯特、卡塔尼亚、尼斯、索菲亚和萨罗尼加）的当前建筑和历史建筑进行地震危险性分析的方法。

该项目基于地震危险性评估和对现有建筑物的清点，以确定城镇系统中的关键问题。在《工作包 2 报告》（研究项目 WP2 RUE 2003）中，发展了针对城市地区的确定性地震危险性评估方法，由此引入了欧洲地区的地震动衰减关系。对这些方法进行稍许改进后就可以用于维也纳盆地转换断层，进而可以获得维也纳城市地区有效的地震动。

研究项目 SEISMOCARE

SEISMOCARE 欧洲项目（研究项目 1998）利用计算机辅助技术来减轻现有城市的地震风险。其主要目标是为地震危险性评估建立起一套完整的研究方法，并开发一个能够进行地震损失可靠预测的软件包。

SEISMOCARE 研究工作得益于 SEISMID 项目中地理信息系统（GIS）的引入，它是完整的地震危险性评估软件包开发的初始阶段。

3.4.1.2　SEISMID 技术

局部场地条件可能会反过来影响所有重要的地震特征（振幅、频率、持时；见 Kramer，1996）。它对地震特征的影响程度取决于建筑结构的几何和材料特性，以及场地地形和输入的地震动。因此，为获得可靠的地震危险性区域图，需要进行大量的现场测量、对现有建筑的清点和经过调整的地震衰减关系。此外，为了从现有的场地剖面中得到放大因数，必须找到场地反应（各自的放大因数）和场地条件的关系。

现场测量方法

环境振动测试是对中等地震活动性城市地区进行观测的非常有效的方法。这是因为：一方面，低幅环境振幅与中等地震活动性具有较好的相关性（近似线弹性的材料本构特性）；另一方面，由于房屋居住者的干扰以及对建筑结构会造成损坏，很难在城市地区进行井间地震测试。

但是，就下部土层参数而言，采用已知下落重量的强迫振动测试特别具有优势。为了获得诸如土层厚度、剪切波速或动态杨氏模量的详细信息，必须有确定的输入源以便正确解释记录的反应。因此，对于 SEISMID 技术，环境振动方法和强迫振动技术都非常有价值。

图 3.30 描述了可以确定场地参数的强迫振动测试。即：通过排列在下部土表面的三维地震检波器记录折射的地震波。根据理论基础（Knodel 等人，2005），阵列中地震检波器间距的选择应与输入信号的波数相结合。图 3.30 中，地震阻抗用 I 表示，由波速 v 和土密度 ρ 计算得到。

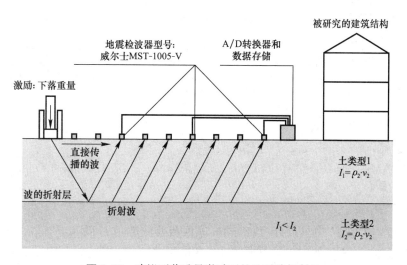

图 3.30　建议下落重量激励下的地震波折射法

图 3.31 是 H/V 测量装置示意图。在被研究的建筑结构的周围，安置了一些三维加速度计来测量环境激励引起的地面反应。在建筑物内部，也采用三维加速度计来确定其的固有频率（当采用多个传感器时也能确定振型）。

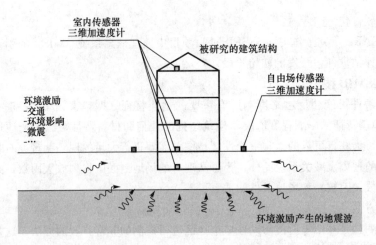

图 3.31 环境的 H/V 比测量仪器

H/V 比率技术

据 Nakamura（1989）介绍，由于 H/V 比率的方法操作简单且界面用户友好，因此可优先采用此方法来估计地震波的局部放大因数。这一方法几乎可以方便地用于欧洲每个地区，因为它曾成功应用于没有强震数据的中等地震活跃程度的国家（见 3.4.2 节）。因此，用于 H/V 比率计算的输入数据也可由瞬时激励或平稳的环境激励信号组成。

但是，对于放大因数来说采用环境激励更为有益，这是因为当采用瞬时激励方法时，需要大量的激励样本以用于统计评估，这些激励造成的干扰使得居住者难以接受。用于地震微分区的环境振动技术曾有效地应用到前面一些项目中，见 SESAME 项目（研究项目 SE2004）或者 DNFK 的科学报告（Bormann 等人，2004）。

根据 Steimen 等人（2005）建议的方法，局部场地参数可定义为：

• 下部土的基本固有频率 f_0。

• 获得基本固有频率后，如果一个或两个值已知，便可计算出剪切波速 v_s 或者土层厚度。由于这种方法不能精确定义剪切波速 v_s 和土层厚度，所以必须进行一些附加测量（见第 3.3 节）。

• 放大因数的估计。也许不能直接把 H/V 频谱的峰值转化为放大因数。在一些文献资料中，这个值被解释成剪切波放大的下限值。

根据 SESAME 项目（研究项目 SE2004）的描述，H/V 比率的计算和数值实现如下所示（见图 3.30）：

预处理

• 三维输入（北向的加速度计获取南北、东西和垂直方向的信号）。

• 对信号加窗（在示例中，只考虑环境作用范围内的；而对于瞬时激励，只考虑时间反应内的瞬时部分）。

• 消除偏移。

主要数据处理

应单独考虑信号三个不同方向上的分量。对于每个输入信号，主要数据的处理都是一样的（根据初步划分窗口的数目可分为 n 步）：

- 应用快速傅里叶变换（FFT）获取三个分量的几个频谱振幅。
- 以 6 为带宽因子平滑三个分量的频谱振幅。
- 然后根据南北、东西方向的信号分量的二次平均值来评价求得的水平信号分量。
- 得到的 H/V 比率是以 10 为底求得的水平分量与垂直分量比的对数。

后处理

- 数据处理的输出（n 个信号）是多个窗口不断累积和平均的结果。
- 考虑到实验和数值的不确定性，需要按对数计算统计标准偏差。
- 最后，平均 H/V 比率和标准偏差被重新设置为线性尺度（图 3.32）。

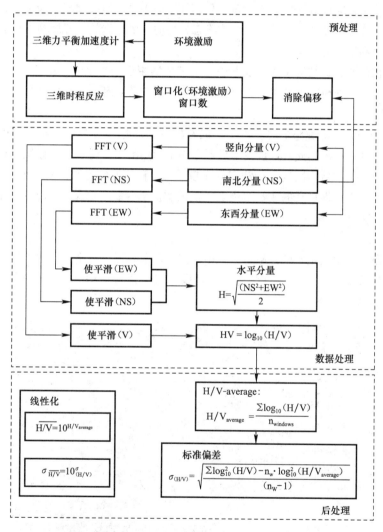

图 3.32　平均 H/V 比率（$\overline{H/V}$）和标准偏差（$\sigma_{\overline{H/V}}$）的处理流程图

剪切波速 v_s

　　根据《欧洲规范 8》，剪切波速 v_s 和下部土层厚度是精确确定场地效应和经济的抗震设计所必须的基本参数。基于当地的现有土层，可以使用不同的地震勘探方法。如果土的阻抗是 I（用波速 v 和土密度 ρ 的乘积表示），当上层土的阻抗 I_1 小于下层土的阻抗 I_2 时，可以采用震波折射法（见图 3.30）。地震波会被已确定的下落重量激励出来，并被几个安置在下部土层、按特定距离阵列排列的三维地震检波器接收到（见 3.4.1.2 节）。

在其他一些文献里（Havenith 等人，2006），也介绍了测量剪切波速的其他方法。强迫振动测试的主要优势在于它可以获得高质量的测量数据；另一方面，在建筑物内部额外布设一些加速度计，可以测得土-结动力相互作用的重要信息。由于原型测试较少，这种信息具有重要的实用性，可以用于检验动力土-结相互作用分析的数值模拟结果。

既有建筑结构的易损性

既有建筑结构的易损性是完整的地震危险性分析和小区划研究的最关键步骤之一，尤其对于既有建筑物的评估应该做到尽可能的精确和详细。关于这一研究领域中最重要的出版物是对 Basle 城的研究（Lang，2002）。基于非线性静态方法的一般概念是：开展易损性分析和计算建筑物的抗震能力和抗震需求。

由于具有相似的建筑结构布局，该方法几乎完全适用于维也纳小区划研究中的住宅建筑。其他类型的结构，例如桥梁、基建设施以及高层建筑则需要更精确的易损性分析。

3.4.1.3 应用

SEISMID 可形成一套完整的可应用于不同领域的地震危险性分析方法。其中最重要的方面之一是建立小区划地图。此外，该技术可对布局不稳定的重要建筑进行详细分析；也可获得详细的场地参数，例如剪切波速 v_s、动态杨氏模量 E_{dyn} 和其他作为数值模拟输入的土的参数。桥梁是最重要的且易损性极高的建筑结构之一，因此应被保护。在第 3.4.2 节里将介绍 SEIS-MID 技术在桥梁上的应用。

桥梁

在许多城市中，桥梁是基础设施生命线中的脆弱环节，而且通常连接多个地区。因此，它们是最重要的建筑结构之一，然而它同样也是最脆弱的建筑结构之一（见图 3.33 中维也纳 Donaustadtbrücke 桥）。

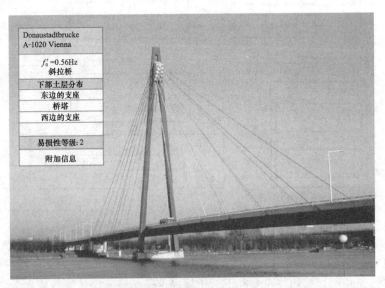

图 3.33 维也纳桥梁结构 SEISMID 技术应用示例

对第 3.4.1 节中提到的对基础观测的内容补充一点，桥梁结构需要更精细的研究，这是因为与住宅建筑相比，它们的支承单元经常暴露在外面且使用更频繁。显而易见的是这些支承单元位于不同的下部土层之上，因此在每个支座处有不同的放大因数。

一些补充的研究工作应该集中于：

- 基于已验证测量结果的各基础下部土的参数（采用井内数据比较和更新现场测量数据）；
- 桥面板的固有频率和振型；
- 辅助支承结构（索、塔架、桥墩等）的固有频率和振型；
- 每一个基础的放大因数；
- 整个结构和几个部分（测量数据或数值模拟）的承载能力。

由于大多数桥梁在水平方向上都很脆弱，因此应重视地震波所引起的水平反作用力。

3.4.2　SEISMID 方法

环境振动测试是对中等地震活动性城市地区进行观测的非常有效的方法。这是因为：一方面，低幅环境振幅与中等地震活动性具有较好的相关性；另一方面，由于房屋居住者的干扰以及建筑结构所承受的损坏，很难在城市地区进行井间地震测试。

但就确定下部土层参数而言，使用已知下落重量的强迫振动测试具有特别优势。为了获得诸如土层厚度、剪切波速或动态杨氏模量的详细信息，必须已知输入源以便能够正确解释记录到的反应。

3.4.2.1　测量步骤

对于 SEISMID 技术而言，环境振动方法和强迫振动技术都非常有价值。图 3.34 描述了可以确定土参数的强迫振动测试方法。即：通过排列在下部土表面的三维地震检波器记录折射的地震波。根据理论基础（Knodel 等人，2005），阵列中地震检波器间距的选择应与输入信号的波数相结合。

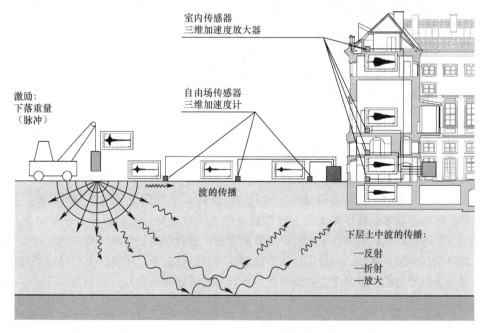

图 3.34　脉冲激励实验装置

3.4.2.2　建筑结构的易损性

现有建筑结构的地震易损性分析是完整的地震危险性分析和小区划研究的最关键步骤之一。尤其对于既有建筑物的评估应该做到尽可能的精确和详细。基于非线性静态方法的一般概念是：开展易损性分析和计算建筑物的抗震能力和抗震需求，这种方法已被用于对 Basle 城的研究中（Lang，2002）。

由于具有相似的建筑结构布局，该方法几乎完全适用于维也纳小区划研究中的住宅建筑。其他类型的结构，例如桥梁、基建设施以及高层建筑则需要更精确的易损性分析。

3.4.3　遥感和地理信息系统

许多研究都已经证实了地震小区划研究中基于地理信息系统（GIS）中完整数据的价值，这些数据包括不同地震危险性地区（Ponte 和 Moccia，1995；Cornet 等人，1997；Theilen-Willige，1999b）的卫星雷达数据（ERS，SRTM 和 LANDSATTM 数据）、地貌和地质数据以及地震构造数据。

地理信息系统技术用于区域性分析和预测。数字数据集包括：地震记录目录、地质图、关于岩石特性的大量土工数据、高分辨率数字高程数据和较高分辨率的遥感数据。目前空间和机载遥感系统的分辨率均具备生成详细地形图和地质绘图的能力。采用该绘图步骤生成的灾害风险图可作为奥地利，尤其是维也纳地区城市发展规划的基础（图 3.35）。

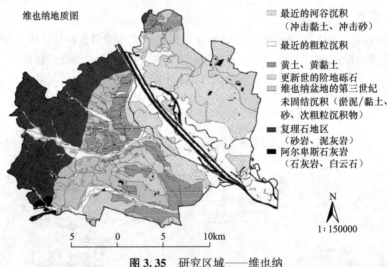

图 3.35　研究区域——维也纳

遥感数据可以用来勘察与更强地震冲击和/或地震引发的次生影响相关的因素：例如岩石（疏松的沉积层）、断层、陡坡、植被和土地利用。特别要重视在卫星图像中断层的精确轨迹图，主要是在有不同地貌特征的地区、地貌轮廓线交叉或重叠的地区以及有疏松沉积层的地区。基于卫星图像的地貌轮廓线分析有助于描绘那些可能会影响地震波传播和地震冲击强度的局部断裂体系和断层。例如，把地貌轮廓图和等震线图结合起来，将有助于更好地了解地下结构对地震冲击强度的影响以及潜在的地震次生影响（如滑坡和液化）。

3.4.4　目标和方法

为了支持奥地利国家和地方当局，目标之一是开发一个标准化的和通用操作的信息系统。

该信息系统集成不同的遥感数据、地球物理数据和岩土工程技术数据来对基础设施进行监测。

　　这项工作的目的是研究遥感和地理信息系统技术用于增强了解下部条件对维也纳地区破坏强度影响的可能性。该项研究试图把奥地利不同的数据集（例如 LANDSAT ETM 数据卫星雷达数据 SRTM）、航空照片和地震构造数据整合起来，从而大致了解能够影响更强地震破坏的过程，包括主要影响和次生影响，例如地面运动、液化趋势和滑坡易发生性，还可以不断完善灾害危险性图。这项研究的重点之一是研究卫星图像在探测地球表面的构造模式以及由地震引发的断层和断裂模式中的应用（图 3.36）。

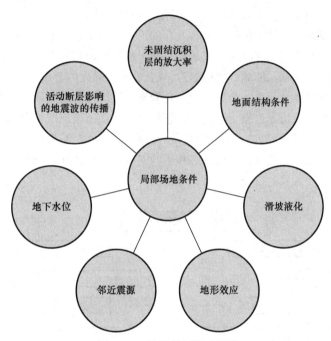

图 3.36　地震破坏影响因素

3.4.4.1　地图和其他数据的评估

　　把遥感图像数据的评估结果与可获取的地形、地质、地球物理数据，尤其是和已知的断层和破裂带地图相比较并结合起来。可使用数字地形模型（DTM）来研究地球形态对宏观地震烈度的影响。从数字高程模型（DEM）中得到的山影和坡度图可为危险地区示意图提供相应的信息库。

　　将 LANDSAT ETM 卫星数据与 DTM 数据相结合。同卫星图片这种二维图像相比，DTM图像可通过给出每个像素的高度值来重现地球表面的纵向起伏。借助于数字图像加工技术，可以得到能够满足危险性示意图特殊需求的透视图。通常需要对地形进行夸张描绘，以用来区分与滑移缺陷相关联的断层分段和地势的起伏，从而可最终确定出断层分段的边界。

　　获取的数字高程数据具有不同的分辨率和质量：如由美国地质调查局提供的 GTOPO30 数据（1 km 地面分辨率）和通过航天飞机雷达地形测绘提供的 SRTM 数据（90 m 分辨率）。将有用的地质和岩土工程技术数据进行收集、解释并绘制成图；从某种程度上来说，通过数据间的覆盖和连接，可以获得额外的信息，其能够更加形象地描述相互之间的关系。

3.4.4.2　通过 GIS 对遥感数据和图像增强进行评估

　　GIS 技术的革新使其逐渐变为一种描述地震灾害脆弱性和风险的工具。在过去的几十年里，地球观测技术已经被证实是定期对地球表面进行监测和评估的一种逐渐强大的工具。随着地球观测卫星诸如 NOAA、LANDSAT、ERS、和 ENVISAT 等空间分辨率、时间分辨率和波谱分辨率的不断提高，使得随时间变化的环境监测更加有效、可靠而又经济。因此，遥感已经成为 GIS 的基本输入技术。

遥感数据，特别是航空照片，已经成为能够提供地震破坏清单的标准工具。立体影像、卫星图像和雷达图像的应用还尚未普及，因此可见该领域具有巨大的潜力。无论是遥感得到的还是从地面系统中获得的图像数据，都是这一领域的创新工具。

信息交换和通信演习在实现有效降低灾害风险过程中扮演着至关重要的角色。把信息管理新的成果和现有的以及传统的方法进行整合，有助于更好地理解危害和风险。有效的信息管理和通信同样也有益于预警系统和减灾工作。这有助于加强奥地利的安全，毕竟安全本身是许多公共政策的先决条件（运输、能源、电信等），且会促进国际化的合作。

这项研究的首要目标是开发一个标准化的且能够通用操作的信息系统。为了支持奥地利国家和地方当局，该信息系统通过整合不同的遥感数据来对基础设施进行监测，如图 3.37 所示。为了达到所要求目标，考虑到安全措施的提高，因此需要开发出一种可靠的、经济的信息系统，来为国家和地方当局提供基础设施状态和影响安全过程的精确、及时和连续的信息。对于需要采取紧急措施危险区域的研究，应格外重视。

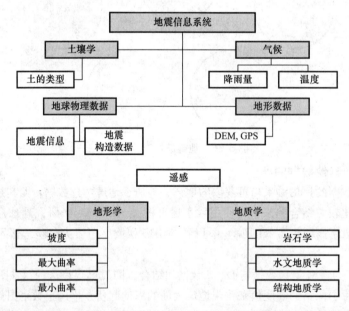

图 3.37 遥感和地理信息系统对地理信息系统数据库的贡献

遥感数据可用于生成基于图像的 GIS（图 3.38）。借助于带有扩展空间分析和 3D 分析的 ArcView GIS 3.3、ArcGIS9.0 of ESRI 以及 Hydro-tools of ArcView 等软件，可以把所研究区域内不同的数据（例如 LANDSATTM 和卫星雷达地形（SRTM）数据以及地形、地质和地球物理数据）整合到 GIS 的各个层次中去。

3.4.4.3　数字图像处理和评估

真正的地震预测技术应该能够预先发出警报以挽救更多的生命和财产，但这项技术目前尚

图 3.38　基于 SRTM 的地图：将 LANDSAT 数据和 SRTM 数据相结合以探测有更高破坏风险的地区

处于萌芽期。然而，对桥梁和楼房等结构进行设计时可进行地震危险性分析，也可以绘制出影响破坏强度的局部场地条件图。遥感和 GIS 能在这方面提供有价值的输入，例如为活动断层图的绘制提供输入。

　　为了增强测试点的卫星数据，需要进行数字图像处理。目前由 ENVI 软件/CREASO 发行的许多图像增强工具已经通过了测试，例如寻找最合适的红、绿、蓝（RGB）组合方案或者为地质构造评估寻找对比度扩展参数。为增强地质结构的可探测性，需对不同遥感数据图像分类和色彩编码进行测试。这是因为在地震或者滑坡的时候，地下断层带可能会影响基础设施的安全。

　　这里简单介绍一下红绿蓝原理：使用来自不同的 LANDSAT 带中的三幅图作为一个三联的端元并将之投影，每幅图使用一种颜色，比如第一幅图使用蓝色、第二幅图使用绿色、第三幅图使用红色。这样，每幅图都有一个特定的虚拟色（Gupta，1991）。原则上，任何图可以使用任何颜色进行编码。

　　将 LANDSAT 数据与 SRTM—衍生图相结合（见图 3.38）。同卫星图片这种二维图像相比，DTM 图像可通过给出每个像素的高度值来重现地球表面的纵向起伏。借助于数字图像加工技术，可以得到能够满足危险性示意图特殊需求的透视图。对于地貌概况，从 DEM 中提取出的 SRTM 数据地形参数可作为能够表示平面参数的晕渲地貌、坡向与坡度（最大坡度大小和最陡边坡角）和凸度平面图。高程数据的数字处理为新构造活动提供了证据。谷歌地球软件作为一种辅助工具，得益于各个调查区域的 3D 图像（http://earth.google.com）。

3.4.4.4　区域断裂构造分析

　　详细的区域断裂构造分析有助于探测出有边坡失稳倾向的地区。斜坡的移动在结构上受薄弱层表面类型的控制，例如断层、节点、层面等。仔细寻找并确定与断层和节点较近的地方，尤其是相互重叠和交错的地方，有助于发现可能发生连续移动和坍塌的证据。

　　该项目中一个非常重要的组成部分是基于为地下地质结构提供基于卫星图像信息的区域断裂构造分析（图像上可见的线性特征图）方法（图 3.39）。可以对基于卫星图像的结构现场数据、地震构造数据和地震轮廓分析进行联合评估。在研究区域内就可以确定并绘制出下面的线性特征、曲线特征和危险地点：

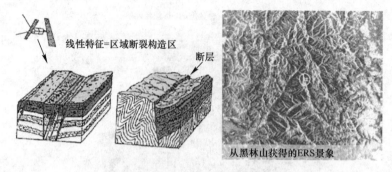

图3.39 区域断裂构造图

- 区域断裂构造；
- 可能的断层区域；
- 结构特征；
- 边坡失稳、液化和地表下沉可能发生的位置。

危险地点会被绘制为包含更高地震风险、地震引发的次生灾害（如滑坡、液化等）、或由于地震波放大导致的较强地面运动的地区（图3.40和图3.41）。

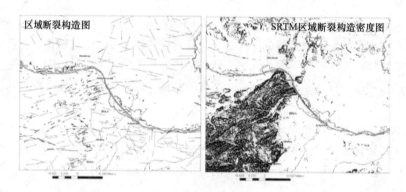

图3.40 危险因素

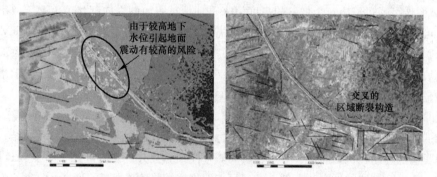

图3.41 维也纳盆地较强地面震动的潜在危险

3.4.4.5 地貌条件

基于GIS标准观测的一部分内容是分析地震密度和分布，以及较高地震发生率和较高滑坡发生率地区的空间关系。大断层带、交错断层和断裂带的聚集是另外一个影响边坡不稳定性的重要因素，这一因素在 GIS 中可被看作一个图层。

使用 GIS 软件的空间数据处理向导工具可以标准的研究滑坡发生、分布和强度的空间关系，以及断层和断裂带的位置。

3.4.5　结论

正如（Erdik 和 Swift-Avci，1997）所要求的，为了能计算用户定义的地震危险性图，可采用 ENVISAT 和 LANDSAT 的图像在"地震危险性信息系统"中生成地图，来作为 GIS 数据库的重要图层。ENVISAT ASAR 对于地震破坏易发生地区的探测和绘制非常重要且极具价值。基于 ENVISAT ASAR 雷达图像的区域断裂构造分析有助于描绘那些可能会影响地震波传播，进而影响地震冲击强度的局部断裂系统和断层；这是因为裸露的断层会引起地震波波速或由于多次反射增大振动强度和持时概率的减少。

基于 GIS 的卫星图像解析技术使得监测现状成为可能，并由此提供了可靠的真实信息。对于预警而言，在一个局部范围内，拥有一个包含长期观测数据、人类经验（窍门）以及历史数据的基于知识库的系统是非常理想的。该知识系统根据由影响因素组成的矩阵来对块体的移动和崩塌进行预警。

通过最新信息并综合以往的地震危险性评估结果，可以获得连贯、安全、可以用于灾害管理的预警和决策制定的信息。

3.4.6　衰减函数

确定特定桥梁场地的衰减函数本身就是一门科学。根据与震源的不同距离，可以确定不同的峰值地面加速度（PGA），这通常不是桥梁设计人员和桥梁业主的任务。建议进行区域研究，以获得应用于设计的有效的 PGA 图。显然，这幅图包括了最坏的情况，但没有考虑由于良好局部场地条件所引起的衰减。如果利用局部地图不能说明其安全性，此时应采用详细的衰减函数，以便为结构评估提供更适宜的输入值。图 3.42 给出 Ambraseys 等人（1996）计算的一个典型的衰减函数。

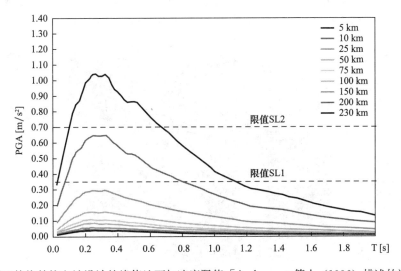

图 3.42　用于特梅林核电站设计的峰值地面加速度限值［Ambraseys 等人（1996）描述的谱衰减关系］

3.4.7　滑坡

当缓慢运动改变结构系统或者对桥梁施加过重外荷载时，滑坡在桥梁管理进程中变得格外重要。为了发现这些运动，要采用以下措施：

- 使用遥感数据，可以探测和监测全球范围内的滑坡。INSAR 方法可以量化极小的移动（小至 1mm）。
- 然后采用常规系统，如全站仪或者 GPS 网络等，对发现的滑坡进行观测。观测的等级自行决定。
- 当移动比较危险时，应该把倾角仪和压力计等仪器埋在斜坡上以便进行预警。

在桥梁管理过程中，应当注意正确使用这一信息。在实践中，不同的道路管理部门应对结构或自然灾害负责。

3.4.8　火灾

桥梁火灾是桥梁健康监测的一个问题。桥梁破坏的程度主要取决于结构暴露部分处的温度。此外，暴露在大火中时间也非常重要。然而，火灾作为一种特殊情况，不包含在常规的桥梁维护项目中。一旦发现到火灾，应采取必要措施进行灭火。

3.4.9　洪水冲刷

冲刷是世界范围内桥梁坍塌的主要原因。关于冲蚀的监测已经作了很多尝试，技术上来说不是很困难。使用回声测深仪可以轻松监测实际水深，且目前已有一些建议推荐使用接触型的感应器（如果暴露在外会发出警报）。然而由于监测系统预期寿命和桥梁预期寿命的差异，以及待监测的桥墩数量巨大，在现实中还没有相关的监测系统。

3.5　车辆和轮船撞击

2005 年 12 月 17 日清晨，一艘沿多瑙河航行的满载 3500 吨铁矿的运输船，撞上了奥地利克雷姆斯一座铁路桥中央的桥墩。桥墩水面以上的部分被剪断并向上游方向移动了 2.17m（图 3.43）。

图 3.43　受损的桥墩

专家采用了动态测量方法检测了受损桥墩临时的稳定性。此外，还给这座桥安装了基于振动的监测和预警系统来观测受损桥梁的行为，一直观察了两个月直至上部结构被抬升起来。由于桥下船只的航行不能中断，因此为船只和桥上工人设计了能够尽早提供桥梁倒塌的预警系统。

以下介绍监测和报警系统的布局和功能，包括实时数据分析和整个监测周期的结果。

3.5.1　工作范围及介绍

潜水员检查了桥墩的浸没部分并发现了多处裂纹。根据检测的结果，破坏机理推断如下：由于倾斜造成下部结构破坏和由于结构荷载引起现存墩身的脆性断裂。

为了更清楚地掌握情况，对受损桥墩的稳定性进行了测定。此外，为了尽早发现危险情况，在桥梁上安装了基于振动和倾角测量的监测系统，用于永久监测受损桥墩及其支承的上部结构。对于这样的永久监测，需要考虑两种不同情况：

非工作阶段

在非工作阶段时，对桥梁完全实施无人值守的自动监测。如果结构响应超出了预先设定的阈值，系统就会通过同步气象卫星（SMS）向一组特定的工作人员自动发出警报。

安全工作

在工作阶段时，自动警报系统将会被停用。为了能够及时确认危险情形并为工作人员提供警报，工程师应现场管理测量设备。

3.5.2　受损桥墩的稳定性检测

3.5.2.1　测量

2005 年 12 月 21 日对桥梁进行了稳定性检测。采用了两台移动监测设备（BRIMOS Recorder 800），每台设备内含两个高灵敏的 3D 加速度传感器用于测量结构的振动，特别是环境引起的振动。

测量工作主要针对受损的 5 号桥墩、未受损的 4 号桥墩以及 5 号桥墩支承的两边的上层结构。测量过程中 BRIMOS Recorder 始终放在桥墩上，而外部传感器则安置在上部结构上。

3.5.2.2　测量数据的评估

所有的测量数据都是采用 BRIMOS 9.03 软件进行的评估。评估程序分几步自动完成，简要描述如下：

- 根据各自的传感器，把加速度信号 V 转换成 g。
- 建立信号窗口，x 轴表示文件的长度、y 轴自动缩放。
- 去掉干扰信号或者受外部影响的信号区域。
- 使用数字二重积分评估振动位移。
- 评估单波道波谱和平均标准化功率谱密度（ANPSD）。
- 使用随机减量法（RDT）确定所有特征频率和传感器的阻尼值。

这里没有对单个评估步骤中的各项操作作详细评论。欲知更多细节，请参考（Wenzel 和 Pichler，2005）。

3.5.2.3　稳定性检测结果

通过在时域和频域内分析测量数据，可以确定受损的 5 号桥墩和未受损的 4 号桥墩的动力参数。通过比较各值，可以得出受损桥墩的状态。

上部结构巨大的重量会影响两个桥墩的动力性能。在两个桥墩的横截面方向（与流动方向垂直）识别出了相同的特征频率，这是由于上部结构引起的桥墩振动相互传递而致。这一现象说明由于受轮船碰撞时结构位移和扭转产生的约束力作用，受损的桥墩被其支承的上部结构固定在原位。专家还对移位墩身的整体性能做了测试，检测结果显示没有任何即将脆性断裂的迹象。

3.5.3　永久监测和报警系统

VCE测量小组于2005年12月22日在桥梁上安装了带有报警系统的永久监测系统，该系统假定由桥墩或结构变形而引起的危险情形是能够识别到的，截至2006年12月16日被移除之前该系统一直在工作。

3.5.3.1　系统描述和仪器设备

永久监测系统在其组成和功能上是基于BRIMOS技术，其使用了四个高灵敏加速度传感器（精度小于$0.001°$），因此能够进行非常精确的倾斜观测。传感器被安置在以下几个位置：

- 受损桥墩的上部（图3.44）。
- 受损桥墩的下部。
- 5号桥墩支承的上部结构上，距离5号桥墩两侧分别约20m处。

图 3.44　受损桥墩上的传感器

测量装置由不间断电源、线缆、数据记录器、计算机和调制解调器等组成，这些设备装在桥梁左岸旁边的一个加热容器里。

安装完毕后，通过对传感器进行了人为的倾斜，测试了系统的功能。图3.45显示了测试结果：原始信号、倾斜信号和含有阈值的触发标准。

3.5.3.2　评估和报警

通过软件，特别是那些专门为此目的设计的软件，对所有的测量数据和固定阈值进行了实时、现场评估和检验。岩土专家现场设定允许的变形为1cm。根据几何特征，确定了用于报警的阈值为0.1。

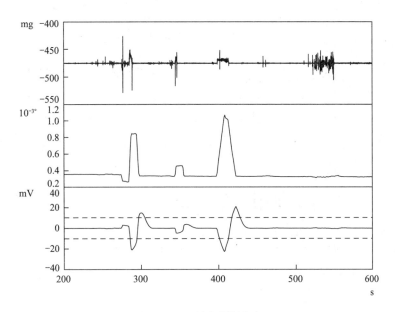

图 3.45　监测系统测试

需要考虑白天由于温度改变和太阳辐射所引起的"正常"倾斜曲线。根据从 2005 年 12 月 22 日到 23 日这两天的观测，确定出了由于热膨胀而引起的倾斜曲线。对于监测和报警来说，要考虑以下两种不同的情况：

非工作阶段

在非工作阶段时，对桥梁完全实施无人值守的自动监测。如果结构响应超出了预先设定的阈值，系统就会通过同步气象卫星（SMS）向一组特定的工作人员自动发出警报。

安全工作

安全工作时，对高灵敏加速度传感器的干扰非常危险，这会导致超出阈值并发出错误报警。在工作阶段时，自动警报系统将会被停用。为了能够及时确认危险情形并为工作人员提供警报，工程师应现场管理测量设备。

对于监测系统，需要建立一个永久性的功能控制。当系统出现任何故障，如断电时，系统会通过 SMS 向预先指定的工程师发出警报。此外，为了应对桥梁的短期供电故障，还安装了不间断供电电源（UPS）。

3.5.3.3　永久监测结果

所有记录的测量数据都在现场进行保存并随后进行评估和图像加工。图 3.46 显示了典型的永久监测结果。从中能清楚地看到日照对热膨胀的影响以及随之引起的桥墩倾斜。由图 3.47 可以看到由于钢轨扣件松动和切割钢轨所引起的轻微移动。1 月 31 日，在切割电缆槽过程中打翻了一个传感器，结果造成所有的阈值超限。在传感器重新安置的过程中，传感器位置的轻微改变都被测量和记录下来。

3.5.4　上部结构评估

如前详述，通过确定基于环境状态下振动测量的动力特性，可以得到结构的实际承载力。定期测量的出现，使得预测结构性能的发展变化和剩余使用寿命成为可能。

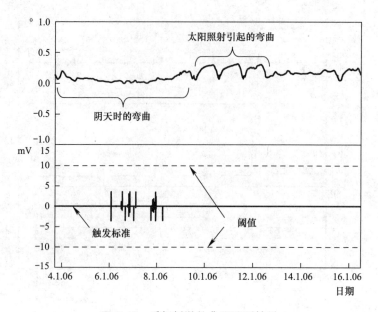

图 3.46　受损桥墩的典型监测结果

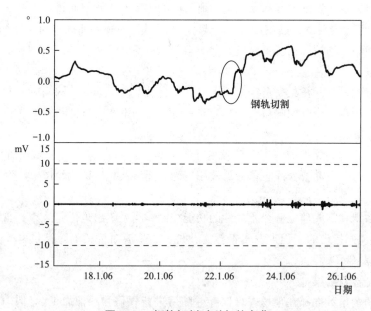

图 3.47　钢轨切割时引起的弯曲

　　可以使用监测和报警系统确定克雷姆斯多瑙河上铁路桥的动力特性。测量装置内含的 2 个高灵敏 3D 加速度传感器被安置在受损桥墩支承的上部结构上，距离受损桥墩两侧分别约 20m 处。根据传感器采集的数据可以确定结构的动力特性，其中包含结构特征频率的频谱反映了结构的状态。

　　在重新加载上部结构之后，承载能力的任何变化都可以通过检测记录下来，该检测也是后续状态评估的基础。

3.5.5　测量结果总结

3.5.5.1　稳定性检测结果

2005 年 12 月 21 日，采用移动测量装置测量了 5 号受损桥墩和 4 号未受损桥墩的振动特性。通过在时域和频域内分析测量数据和对测量结构进行比较，可以对受损桥墩的稳定性得出结论。

此外，还对移位墩身的整体性能做了测试，检测结果显示没有任何即将脆性断裂的迹象。

3.5.5.2　永久监测结果

VCE 测量小组于 2005 年 12 月 22 日在桥梁上安装了带有报警系统的永久监测系统，该系统截至 2006 年 12 月 16 日被移除之前一直在工作。

该系统依据的假定是由桥墩或结构变形而引起的危险情形是能够识别到的。因此，在受损的 5 号桥墩和由该桥墩支承的两个结构都安装了高灵敏传感器。根据从 2005 年 12 月 22 日到 23 日这两天的观测，在白天确定了"正常"倾斜曲线，并随后以此确定出了阈值。如果超出阈值，就会自动触发警报。应区分以下两种情况：

1. 从非工作阶段到结构抬升阶段时的监测。

2. 在结构上进行的固定和拆卸工作时的监测。

在整个监测周期内，非工作阶段都没有超过阈值。工作人员在结构上工作时暂停了 SMS 报警系统，并进行了现场工作和对监测系统进行了观测。

3.5.5.3　上部结构测量结果

在整个监测期内，两台 3D 加速度传感器始终被安放在桥梁的上部结构上。根据记录的测量数据，获取了反映结构性能的动力特性。可以用监测仪器记录下结构移除后承载能力的变化。

3.5.6　总结

带有 SMS 的监测系统已经证明了其有效性。测量装置运行平稳，在整个监测过程中没有出现任何故障。事实证明，由于在工作过程中经常会超越触发报警的级别，因此配备额外的测量工作人员（固定工作、拆卸等）是合适且必要的。直接安装在桥墩和建筑物上的带有传感器的系统可提供准确而可靠的数据。此外，在结构上记录下的测量数据反映出了结构在吊装的状态，因此结构移除后的任何变化都可以通过监测仪器记录下来。

3.6　人为灾害

近些年，桥梁抗震减灾研究已逐渐发展成为一门科学，但爆炸减灾的研究才刚刚起步。加利福尼亚交通局和加州大学圣地亚哥分校（鲍威尔结构研究实验室）在钢筋混凝土桥面进行了一系列桥梁爆破性能特征测试，在正交异性钢桥桥面上进行了另外一组测试。两组测试的结果在加利福尼亚和世界其他许多地区的大型桥梁中具有代表性。

这些测试表明桥梁减震中的改造技术在减轻爆破危害方面也是非常有效的，尤其是那些使用了碳纤维增强聚合物材料的桥结构。比较地震与爆破荷载，为其他一些技术在减轻结构多重灾害方面的成功应用提供了参考。在美国，有关这一课题的大量研究工作还在继续，新的认识很快就会出现。由加利福尼亚大学进行的相关测试表明造成一个桥梁结构重大损伤需要大量的炸药。10kg TNT 炸药在桥面发生爆炸仅能使桥面底部的一些混凝土剥落，而桥梁上部几乎无损伤；25kg 的 TNT 炸药能在桥面炸出一个直径约 80cm 的空洞；100kg TNT 炸药才会导致桥梁结构的局部坍塌。地震荷载与爆破荷载之间的主要差别在于荷载的持时，地震可持续 10~60s，而爆炸只能维持 2ms。一个针对蜂窝式钢结构的测试也表明爆炸只会引起局部损伤，难以引起连续坍塌。

目前的爆炸减灾研究表明其与地震对桥梁结构的危害以及所引起的桥梁结构反应有很多相似之处。在荷载方面，爆炸与地震作用的位置、大小、强度、类型等都是未知的，而且两者都具有随着与震源距离的增大而迅速衰减的特征。从结果来看，两者都会引起连续倒塌，需要采用超静定结构体系来减轻其危害。一些重要的局部结构反应，譬如独立的结构单元或构件的性能，在这两种情况下都是由脆性剪切破坏主导的，需要增强抗剪切强度和延性来防止局部破坏。最终，荷载与结构间的相互作用可以显著地改变结构的受力与变形反应。因此，基于上述相似性，采用既满足抗震又满足抗爆要求的设计或改造方法都是可行的。表 3.1（Seible 等人，2006）给出了地震作用与爆炸荷载间的相似之处。

另一方面，这两种极端事件也存在着明显的差异，例如荷载持续时间和相关的应变率效应、初始损伤或激振的程度。除应变率效应外，爆炸荷载还会产生由于近距离荷载效应对脆性材料的震裂作用和破碎效应，这种效应在爆炸减灾中需要考虑，而在地震减灾中并不重要。

表 3.2 列出了地震灾害与爆炸灾害之间的不同点。这些异同点有待进一步深入研究以建立桥梁结构多重减灾理论的基础。

表 3.1　地震灾害与爆炸灾害的相似点

地震灾害	爆炸灾害
荷载输入未知（位置、强度、持续时间、频率、冲击效应）	荷载输入未知（侵彻、装入量、引发类型）
输入的衰减	压力的衰减
所需的剪切强度	所需的剪切强度
弯曲所需的变形能力	弯曲所需的变形能力
（延性）	（延性）

表 3.2　地震灾害与爆炸灾害的不同点

地震灾害	爆炸灾害
整个结构系统受到影响	局部组合构件受到影响
桥梁反应持续 1~2s	桥梁构件反应持续 0.1~1s
应变率效应可忽略	应变率效应明显，不可忽略
持续时间 10~45s	持续时间 1~2ms
	需考虑防止破碎和冲剪效应

扩展阅读

1998-1 EOE（2005）*Auslegung von Bauwerken gegen Erdbeben-Teil 1：Grundlagen，Erdbebeneinwirkungen und Regeln für Hochbauten*. Technical report，Österreichsiches Normungsinstitut.

4015 OB（2002）*Belastungsannahmen im Bauwesen-Ausergewöhnliche Einwirkungen-Erdbebeneinwirkungen-Grundlagen und Berechungsverfahren*. Technical report,Österreichisches Normungsinstitut.

Ambraseys NN,Simpson KA and Bommer JJ（1996）Prediction of horizontal response spectra in Europe. *Journal of Earthquake Engineering and Structural Dynamics* **25**,371-400.

Boore DM,Joyner WB and Fumal TE（1997）Equations for estimating horizontal response spectra and peak acceleration form western North America earthquakes:a summary of recent work. *Journal of Seismological Research Letters* **68** (1),128-153.

Bormann P,Parolai S and Milkereit C（2004）*Erdbebenmikrozonierung zur Kartierung standortspezifischer Erschütterungsübertragung*. Technical Report ISSN 1610-0956,TP B2. 1 Scientific Technical Report for DFNK（Deutsches Forschungsnetz Naturkatastrophen）.

Conrad O（1998）*Ableitung hydrologisch relevanter Reliefparameter aus einem digitalen Geländemodell（am Beispiel des Einzugsgebietes Linnengrund/Kaufunger Wald）*. Master's thesis,Institut für Geographie,Georg-August-Universität zu Göttingen.

Cornet F,Helm J,Poitrenaud H and Etchecopar A（1997）Seismic and aseismic slips induced by large scale fluid injections. *Pure and Apllied Geophysics* **150**,563-583.

Crozier MJ（1986）*Landslides-Causes,Consequences and Environment*. Croom Helm,London.

Douglas J（2001）*A ComprehensiveWorldwide Summary of Strong-Motion Attenuation Relationships for Peak Ground Acceleration and Spectral Ordinates*. Engineering Seismology and Earthquake Engineering ESEE Report No. 01-1,Department of Civil and Environmental Engineering,Imperial College,London.

Duval AM,Chatelain JL,Guilier B and the SESAME WP02 Team（2004）Influence of experimental conditions on H/V determination using ambient vibrations（noise）. *Proceedings to ICSDEE & ICEGE 2004*,Berkeley,CA（ed. ）.

Erdik M and Swift-Avci J（1997）Utilitizing GIS for earthquake damage scenario development. In *Radar-Interferometrie zur Messung der Erdkrustendynamik*（ed. Massonet D）. Spetrum der Wissenschaft **9**,56-65.

Fabbri A and Chung C（2001）Spatial support in landslide hazard predictions based on map overlays. *Proceedings of International Association for Mathematical Geology Annual Meeting*,Cancun,Mexico.

Fah D and Bachmann H（2000）Earthquake scenarios for Switzerland. *Proceedings of the EuroConference on Global Change and Catastrophe Risk Management:Earthquake Risks in Europe*,Laxenburg,Austria.

Franzke HJ,Werner W and Wetzel HU（2003）Die Anwendung von Satellitenbilddaten zur tektonischen Strukturanalyse des Schwarzwaldkristallins und des angrenzenden Oberrheingrabens. *Jahresheft des Landesamts für Geologie,Rohstoffe und Bergbau,Baden-Würtemberg* **39**,25-54.

Für Wasser und Geologie BB（2004）*Verfahren zur Erstellung und Verwendung von Mikrozonierungsstudien in der Schweiz*. Technical Report Bestellnummer 804. 806. d.

Geyer O,Schober T and Geyer M（2003）*Sammlung geologischer Führer 94-Die Hochrhein-Regionen zwischen Bodensee und Basel* xi edition edn. Gebr. Borntrager,Berlin-Stuttgart.

Giardini D,Wiemers S,Fäh D and Deichmann N（2004）*Seismic Hazard Assessment of Switzerland*. Technical Report, Swiss Seismological Service,ETH Zürich.

Grünthal G（1998）*European Macroseismic Scale 1998（EMS-98）*. European Seismological Commission,Subcommission on Engineering Seismology,Working Group Macroseismic Scales,Luxembourg.

Grünthal G,Mayer-Rosa D and Lenhardt W（1998）Abschätzung der Erdbebengefährdung für die D-A-CH-Staaten Deutschland,Österreich,Schweiz. *Bautechnik* **75**(10),753-767.

Gupta R（1991）*Remote Sensing Geology*,1st edn. Springer Verlag,Heidelberg.

Havenith H,Roten D,Fäh D and Giardini D（2006）*Wave Velocities from the Measurement of Ambient Vibrations on a Small Scale Seismic Array*. Technical Report,http://www. seismo. ethz. ch/hazard/risk/flyers/WaveVelocities. html.

Hinsch R and Decker K（2003）Do seismic slip deficits indicate an underestimated earthquake potential along the Vienna Basin Transfer Fault System?. *Terra Nova* **15**(5),343-349.

Idriss IM（1993）*Procedures for Selecting Earthquake Ground Motions at Rock Sites*. Technical Report NIST GCR 93-

625, National Institute of Standards and Technology.

Káarnik V (1996) *Seismicity of Europe and the Mediterranean*. Academy of Sciences of the Czech Republic StudiaGeo and Geophysical Institute Praha.

Kind F, Fäh D, Zechner E, Huggenberger P and Giardini D (2002) Seismic zonation from a 3D seismic velocity reference model of the area of Basle, Switzerland. *EGS XXVII General Assembly, Abstract* 720, Nice.

Knödel K, Krummel H and Lange G (2005) *Handbuch zur Erkundung des Untergrunds von Deponien und Altlasten-Band 3: Geophysik*. Springer-Verlag, Berlin.

Kramer S (1996) *Geotechnical Earthquake Engineering*. Practice Hall.

Landesamt für Geologie, Rohstoffe und Bergbau BW (1998) Geowissenschaftliche Übersichtskarten von Baden-Würtemberg, 1:350,000, 20 landesweite Karten für Planung, Wirtschaft und Umwelt, CD.

Lang K (2002) *Seismic vulnerability of existing buildings*. Dissertation No. 14446, ETH Zürich.

Lee S and Digna GE (2005) Landslide susceptibility mapping using probability and statistics models inBaguio City. *31st International Symposium on Remote Sensing of Environment*, Saint Petersburg, Russia.

Merz B and Apel H (2004) *Risiken durch Naturgefahren in Deutschland*. Technical Report, Abschlussbericht des BMBF-Verbundprojektes Deutsches Forschungsnetz Naturkatastrophen (DFNK); Geoforschungszentrum Potsdam.

Mälzer A, Rösch H, Misselwitz I, Ebert M and Moosmann D (1988) *Höhenänderungen in der Nordschweiz und im Südschwarzwald bis zum Bodensee*. Technical Report NTB 88-05, NAGRA, CH-Baden.

Nakamura Y (1989) A method for dynamic characteristics estimation of subsurface using microtremor on the ground surface. *Quarterly Report of the Railway Technical Research Institute* **30**(1), 25-33.

Neuhäuser B (2005) *GIS-Gestützte, Probabilistische Beurteilung der Gefährdung durch Massenbewegungen-Einsatz von Geoinformationssystemen (GIS) zur Multikriterien Beurteilung der Rutschanfälligkeit dargestellt am Beispiel der Schwäbischen Alp*. Master's thesis, Institut für Geographie und Angewandte Geoinformatik, der Universität Salzburg.

Plate EJ and Merz B (2001) *Naturkatastrophen. Ursachen-Auswirkungen-Vorsorge*. E. Schweizerbardt'sche Verlags-buchhandlung (Nägele u. Obermiller), Stuttgart.

Ponte S and Moccia A (1995) Validating a spaceborne SAR simulator by using SIR-C/X-SAR data. *46th International Astronautical Federation (IAF) Congress*, number IAF-95-B. 6. 03. , Oslo, Norway.

Popescu M (1994) A suggested method for reporting landslide causes. *Bulletin of the International Association of Engineering Geology* **50**, 71-74.

Popescu ME 2002 Landslide Causal Factors and Landslide Remediatial Options *Proceedings of the 3rd International Conference on Landslide, slope stability and safety of Infrastructures*, Singapore.

Research project RISK-UE (2004) *An Advanced Approach to Earthquake Risk Scenarios with Applications to Different European Towns*. Technical Report, Project No. EVK4-CT-2000-00014, Energy Environment and Sustainable Development, European Union.

Research project SE (1998) *Computer Aided Reduction of Seismic Risk with Application in Existing Cities, Town Planning and Construction*. Final Report, Project No. EVN4-CT97-0588, SEISMOCARE.

Research Project SE (2004) *Site Effects Assessment using Ambient Excitations*. Final Report, Project No. EVG1-CT-2000-00026, SESAME, European Union.

Research Project WP12 SE (2006) *Guidelines for the Implementation of the H/V Spectral Ratio Technique on Ambient Vibrations-Measurements, Processing and Interpretation*. Deliverable d23. 12, Project No. EVG1-CT-2000-00026, SESAME, European Union.

Research Project WP2 RISK-UE (2003) *An Advanced Approach to Earthquake Risk Scenarios with Applications to Different European Towns-WP2 Basis of a Handbook of Earthquake Ground Motion Scenarios*. Technical Report, Project No. EVK4-CT-2000-00014, Energy, Environment and Sustainable Development, European Union.

Rinaldis D, Berardi R, Theodulidus N and Margaris B (1998) Empirical prediction models based on a joint Italian & Greek strong-motion database: I, peak ground acceleration and velocity. *Proceedings of Eleventh European Conference on*

Earthquake Engineering.

RuffM (2005) *GIS-gestützte Risikoanalyse für Rutschungen und Felssturze in den Ostalpen (Vorarlberg,Österreich).* PhD thesis Fakultät Bau-,Geo-und Umweltwissenschaften,Universität Karlsruhe.

Sabetta F and Pugliese A (1987) Attenuation of peak horizontal acceleration and velocity from Italian strong-motion records. *Bulletin of the Seismological Society of America* **77**(5),1941-1513.

Savvaidis P,Theilen-Willige B and Neuhäuser B (2006) *LANDSLIDE ALERT SYSTEM:Guidelines for the Standardization of Landslide-GIS Layer Structure.* Final Report of Integrated Optimization of Landslide Alert Systems (OASYS) EVGG1-2001-00061,VCE Holding GmbH,Vienna.

Schneider G (2004) *Erdbeben-Eine Einführung für Geowissenschaftler und Bauingenieure.* Spektrum Akademischer Verlag,Elsevier,München.

Seible F,Hegemier G,Wolfson J,Conway R,Arnett K and Baum J (2006) Protection of our bridge infrastructure against manmade and natural hazards In *Bridge Maintenance,Safety,Management,Life-Cycle Performance and Cost* (ed. Cruz PJ,Frangopol DM and Neves LC),pp. 13-20. Taylor and Francis London.

Sieberg A and Lais R (1925) Das mitteleuropäische Erdbeben vom 16. 11. 1911,Bearbeitung der makroseismischen Beobachtungen. *Veröffentlichungen der Reichsanstalt für Erdbebenforschung* **H. 4**,Jena.

Smit P (1998) Strong-motion attenuation model for central Europe. *Proceedings of the Eleventh European Conference on Earthquake Engineering.*

Sponheuer W (1960) Methoden zur Herdtiefenbestimmung in der Makroseismik. *Freiberger Forschungsheft C88.* Akademie-Verlag,Berlin.

Steimen S,Wössner J and Fäh D (2005) *Geophysikalischer Feldkurs-Natürliche Bodenunruhe als Instrument der seismischen Mikrozonierung.* Technical Report,Lecture Notes,Geophysikalischer Grundkurs-ETH Zürich.

Teledata GGs (2003) *ALPSLOPE Monitoring of Unstable Slopes in the Italian Alps Based on Remote Sensing.* Executive Summary of DUP-Small Service Project,ESA//ESRIIN Contract No. 15646//01//II-LG,Teledata GeoConsult GmbH-srl,Bozen,Italia.

Theilen-Willige B (1999a) *Erdbebengefährdung im Bodenseegebiet-Abschlussbericht fur das XEP-Projekt (Erstellung beispielhafter X-SAR-Produkte) des DFD/DLR.* Technical Report,Oberpfaffenhofen,CD-ROM.

Theilen-Willige B (1999b) *Erdbebengefährdung im Bodenseegebiet-Fernerkundungsmethoden bei der Erfassung von untergrundbedingten Effekten bei Erdbeben im westlichen Bodenseegebiet.* PhD thesis Technische Universität Berlin.

Theilen-Willige B (2000) Seismic hazard zoning based on evaluations of remote sensing data (LANDSAT TM-/SIRC/X-SAR-Radar) of the Lake Constance area/southwest Germany in comparision with field check. *Zeitschrift Photogrammetrie-Fernerkundung-Geoinformation* (PFG) **1**,19-32.

Theilen-Willige B (2002) Beitrag zur Fernerkundung zur Erdbebenvorsorge-Fernerkundungsmethoden bei der Erfassung von durch Erdbeben und durch Erdbebenfolgeschäden gefährdeten Bereichen. In *Proceedings zum Symposium Naturkatastrophen in Mittelgebirgsregionen* (ed. Fiedler F),pp. 245-270. Verlag fur Wissenschaft und Forschung GmbH, VWF,Berlin.

Theilen-Willige B (2005) *Remote Sensing and GIS Contribution to Seismic Microzonation Studies in NE-Austria-Vienna Area.* SEISMID Project Report.

Theilen-Willige B and Neuhäuser B (2006) *Remote Sensing and GIS Contribution,GIS Integrated Geologic Evaluations of Remote Sensing-Data from the Test Sites for the Detection and Monitoring of Landslides.* Final Report of Integrated Optimization of Landslide Alert Systems (OASYS) EVG1-2001-00061,VCE Holding GmbH,Vienna.

Travasarou T,Bray JD and Abrahamson NA (2003) Empirical attenuation relationships for Arias Intensity. *Journal of Earthquake Engineering & Structural Dynamics* **32**(7),1133-1155.

Wenzel H and Pichler D (2005) *Ambient Vibration Monitoring.* J. Wiley & Sons Ltd. ,Chichester.

Wood J (2004) *The geomorphological characterisation of digital elevation models.* PhD thesis,University of Leicester.

第 4 章

损伤检测与评估

结构健康监测中的不同学科需要不同的方法。第一次成功的尝试是机械工程师采用振动分析的方法来预测大型机械的损伤。这种尝试之所以能够成功是因为该过程是相当固定的，而且很少有变化。在另外一个领域，即汽车工业中，工程师们发现了诊断系统的优越性。现在几乎每一辆汽车都装有诊断系统，这些系统得益于大量的总是相同但允许微小调整的目标。在航空航天领域，结构健康监测系统得益于确定的材料特性和几何形状。从一个又一个事例中不难发现各类结构健康监测系统的目的大致是相同的，因此可以发展出一套稳定的流程。这类实践重点研究飞机机体上裂纹的检测和疲劳度指示器。

不同桥梁之间的差异很大，几乎每一座新建桥梁都是一个新的原型结构。实际情况、桥梁用途、材料性质、极限条件和几何结构的组合带来了大量的未知因素，因此采用统一的监测程序是不可行的。另一方面，结构工程中的安全系数较高以至于能够容许这些未知因素，因此不确定性方法在一定程度上也是可以接受的。基于监测的评估往往能够获得比常规方法更好的结果。由于桥梁工程师的思维会过多的受到由计算机程序计算出的精确理论解的影响，因此他们也会在评估过程中寻找这种精确的理论解。为满足桥梁工程实际损伤检测和评估的要求，还须做大量的工作。

土木工程与所有其他学科有一个重要差别：即在机械工程、自动化或是航空领域中，监测系统被设计成为结构或部件全寿命周期内永久工作的；而在土木工程领域，不但在经济上不可行，而且许多结构由于服役了较长的时间而存在许多未知因素。因此结构状态的发展变化必须在监测活动予以考虑，只有发现确实存在的问题后，才能考虑进行永久性监测的相关事宜。这些事实说明了基于振动的监测方法在桥梁健康监测中占有主导地位。监测工作大多从独立的环境振动监测开始，来获得结构的基本特性或与期望值的差异。在完成系统识别工作以后，就可以利用种类繁多的传感器和现有方法设计永久性监测系统了。

4.1 薄弱点检测和疲劳评估

桥梁会逐渐老化但交通却变得日益繁重，这就需要准确评估桥梁的疲劳寿命。众所周知的奥地利钢桥——Europabrücke 大桥（图 4.1），于 1963 年建成开通，是沿阿尔卑斯山脉南北走向的城市交通与货运的主通道。它代表了桥梁设计师注重于节省建筑材料这样一个时代。考虑到疲劳寿命以及可能的损伤，1997 年起 VCE 就开始对 Europabrücke 大桥投入使用了 BRI-MOS，并于 2003 年为 Europabrücke 大桥安装了永久性结构健康监测系统。

此后，许多相关的研究和附加措施一直致力于创新，主要集中在基于监测的疲劳评估方法中。由于在当前标准下，结构的使用寿命预测依赖于大量的假设，因此问题的关键在于用实际测量的荷载代替这些假设。因此，目前的研究工作主要集中在以下三个级别：

图 4.1　Europabrücke 大桥鸟瞰图

级别一：整体状态——主要承重构件（主要通过基于激光的仪器测量交通负荷所引起的整体挠度）。

级别二：断面状态——动态汽车衡重分类系统，采用激光校准的加速度计，在模式识别的基础上，再现竖向悬臂的变形。

级别三：局部状态——如桥梁扭转支撑底部和顶部的连接（利用附加的应变计进行验证）。

在分析以上任何一个级别时，对结构每年整体承重能力的损耗是通过分析随机交通荷载（每天的交通量）与由货运交通产生的疲劳度相关的结构动态反应两者之间的关系来确定的。一个必不可少的需求是以雨流计数法来减少永久性监测系统的数据量，雨流计数法可以描述在不同密度和出现概率时与剩余疲劳相关的循环反应周期。目前桥梁结构寿命是通过损伤累积引起的应力来计算的，因此对于通过转换得到的监测数据，有必要进行整体与局部的有限元分析。从过去到现在交通方式发展沿革的详细资料以及在下一个十年交通趋势研究计划的实施，都可以用于推测桥梁结构整个寿命周期中可能受到的影响。这些研究工作，不仅鼓励人们使用现场测试来取代"设计状况"，还将有利于分析桥梁每一个影响级别中的统计分布结果和抗疲劳性能。

4.1.1　简介

Europabrücke 大桥前期的监测与比较分析计算得出的结果非常吻合，但同时也反映出了荷载冲击强度显著的水平。目前，这座大桥每天承受着超过 30000 辆车辆（其中货运车占 20%）的荷载。桥梁的上部结构由一个钢箱梁（宽 10m，高度沿桥长由 4.70～7.70m 变化）、正交异性桥面板和底板构成。这座高速公路桥由六个长度不同的跨（最大跨长 198m，由高 109m 的桥墩支撑起来）和一个总长为 657m，宽近 50m 的双向六车道构成。为了达到预定目标，逐步建立了一个永久性监测系统（如图 4.2 所示）。该监测系统包括 24 个监测通道（采样频率为 100Hz），分别监测主跨、桥墩和悬臂梁的加速度，桥台的伸缩以及不同监测点处的风速风向和气温。

4.1.2　方法

图 4.3 的流程图给出了详尽的分析流程。虽然目前 Europabrücke 大桥的健康监测方法是一种定制的方法，但这些方法可以通过改变和转换而应用到其他桥梁结构上。

在讨论更深入的技术要求之前，首先提及一些广泛应用的常规方法。

4.1.2.1　基于有限元分析测定应力

由于目前桥梁结构的寿命预测是基于应力的（应力疲劳寿命计算方法），因此有必要采用有限元分析法来转换测量数据。在利用壳体单元分析焊接构件的过程中，一般采用和对比两种

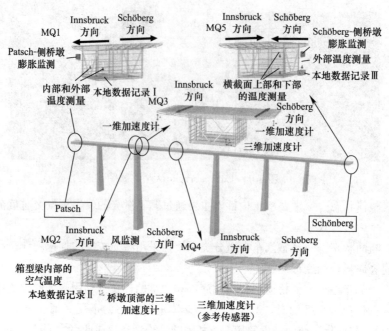

图 4.2   永久监测系统及桥上监测点的位置分布

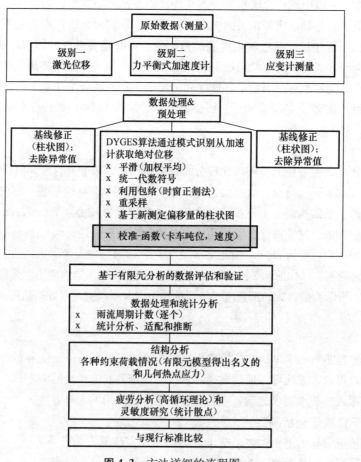

图 4.3   方法详细的流程图

不同的疲劳寿命预测方法：名义应力法和结构或几何（热点应力）应力法。

无论是焊接部位还是非焊接部位可能的断裂区，名义应力法均是通过简单的梁模型或粗网格的有限元模型来计算应力的。基于全尺寸试验的应力曲线考虑了残余应力、焊接断面和由于制造原因造成的材料缺陷这几个因素。另外，名义应力法还考虑了因结构整体形状而产生的应力集中（Simonsen，2001）。应力集中效应需考虑结构构件可能存在的缺陷。

结构应力或几何应力（热点应力）由膜和壳体弯曲应力部分组成（图 4.4）。它们包含名义应力（由于结构不连续和附属结构而产生的应力），但不包含焊接点处出现的应力。由于焊趾的奇异性难以模拟，故有限元不能模拟出焊趾实际的应力峰值。为了解决这一难题，许多不同的应力推算方法应运而生。

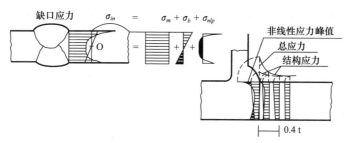

图 4.4　焊脚处贯穿厚度的应力分布变化图（Niemi，2000）

由于开始时是采用一个粗糙的壳单元网格对结构进行建模，因此需要对相关热点区域的网格进行细化。Nieme 教授在其 2000 年出版的《热点设计者指南》一书中定义了一些非常重要的标准。在距离焊趾 0.4t 的位置，非线性成分实际上已经消失，应力的分布基本是线性的（Niemi，2000）。焊接构件的疲劳度应在垂直于焊趾±60°或是垂直于焊趾轴向应力范围内利用最大值原理来进行分析。根据所分析的结构细节和采用的有限元软件，可以开发出一种适当的网格划分程序。然后根据一次或二次应力推算法，利用到焊趾一定距离内网格点的应力值来计算板面的热点应力（图 4.5）。

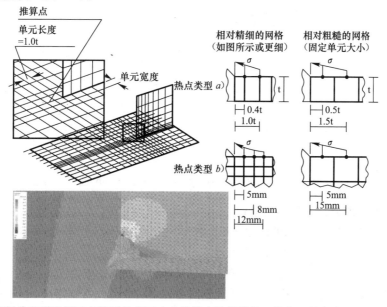

图 4.5　网格划分和利用基于有限元的表面应力推算来估算结构（热点）的应力（Hobbacher，2003）

采用名义应力也对寿命进行了对比计算。基于"Ermittlung Dauerschwingfestigkeitskennwerten für die Bemessung von geschweisten Bauteilverbindungen auf der Grundlage örlicher Strukturbeanspruchungen"（2002）一书作者的建议，这些名义应力应在距离焊趾 2 倍板厚的地方进行识别。需要注意的是疲劳评价标准的定义最初来源于对单轴荷载的定义。对于一些复杂的荷载（多轴、非比例），疲劳评价标准的制定是以单轴荷载作用下的疲劳度曲线为基础的（des Industries Mechaniques CT 2001）。尽管有许多疲劳评价标准可以用于处理多轴荷载的疲劳，但是这些标准仅能反映非焊接区域的行为。就目前的知识水平而言，只要主应力的方向不偏离循环荷载的方向，描述焊接区域断裂的最佳疲劳标准就是主应力范围。

荷载作用时间的随机性导致平均应力不断变化。对于非焊接区域，其耐久力随着平均应力变化范围的增大而减小。在这种情况下，可采用经验修正法（Goodman 和 Gerber 原理）来处理。由于破裂在受压区会趋向停止，因此其对结构的影响并不十分重要。而当杆件或连接处的应力循环至少部分是拉力时，则需考虑疲劳测试。

对于焊接细部，其耐久力一般不会减小。由于在加工过程中会引入收缩效应，焊接剩余应力常常会达到材料的拉力屈服区。这就是为什么对焊接构件进行疲劳分析时必须利用应力循环周期中的满应力范围而不是周期平均应力来进行。由施加的应力与剩余应力所导致的断裂是难以分辨的。这样，为了达到分析的目的，S-N（应力—应力循环次数，见图 4.6）曲线通常都是假设最不利的情况，例如，周期应力的最大值位于材料拉力的屈服点。反映出这一事实特别重要，因为它意味着某些名义上受压的杆件的疲劳破裂也会发展（Leuven，时间不详）。这就意味着焊接区域出现的真实平均应力与施加的平均应力无关，施加平均应力的作用效果已包含在焊接部件的疲劳曲线中（des Industries Mechaniques CT 2001）。同样的原因，当在分析焊接细部的疲劳寿命时，恒载作用并不非常重要。

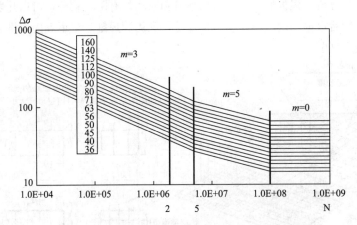

图 4.6 基于欧标 3 的某类缺口类型的 S—N 曲线

4.1.2.2 应力—寿命方法和损伤累积

比较在某一应力范围内 $\Delta\sigma$ 的荷载循环次数 n_i 与允许的应力循环次数 N 的疲劳度分析已经成为土木工程中的一门课程。图 4.6 为通过不同的结构构件的疲劳试验得到的基于欧标 3 的 S-N 曲线。这些曲线已经包含了由于焊接产生的局部缺口的影响、应力方向、剩余应力、冶金条件等因素。每一个缺口的类型均通过部件类别应力 $\Delta\sigma_c$（两百万次循环内），恒幅疲劳极限应力 $\Delta\sigma_D$（五百万次循环内）以及断裂极限应力 $\Delta\sigma_L$（一亿次循环内）来定义的。应力范围小于 $\Delta\sigma_L$

的疲劳没有意义。

目前对非周期荷载的疲劳分析问题需要采用 Palmgren-Miner（Ramberger，1998）提出的著名的修正的损伤累积概念来解决：

$$D_i = \frac{n_i}{N_i}, \quad D_1 = \sum_{i=1}^{j} \frac{n_i}{N_i}, \quad D_2 = \sum_{i=j+1}^{z} \frac{n_i}{N_i}, \quad D = \sum_{i=1}^{z} D_i = D_1 + D_2 \tag{1}$$

$m=3$ 时的应力范围下，所有局部损伤 D_i 的和为 D_1；$m=5$ 时的和为 D_2；当应力范围小于 $\Delta\sigma_L$ 时，疲劳忽略不计。在处理非周期性荷载时，在达到断裂极限应力前需要采用两种不同斜率的曲线来模拟 Wöhler 曲线。在应力循环次数处于两百万到五百万之间时，曲线斜率的减小服从修正的 Miner 法则 Miner rule（Haibach 2002），并且代表了与之前的断裂极限应力相对应的、随着损伤的发展而逐渐减小的疲劳极限。

疲劳损伤过程基本可以分为两个阶段：初始（即发展及初期成长）与发展（断裂发展直至失效）。目前的研究应用是处理结构（热点）$N \geqslant 10^4$ 时的 Wöhler 曲线的应力—寿命法（随着使用寿命的增长，开裂逐渐发展成小裂缝）。对于主要由货运交通造成的疲劳威胁需要用高循环疲劳理论来分析，因为它最适合作长期的疲劳分析。该理论不分初始阶段和发展阶段而是针对整个寿命期进行分析。线弹性材料的特性是可以假定的，因为结构热点区域的应力范围不应超出材料屈服强度的两倍（Hobbacher，2003）。应力与应变均假设处于弹性。如果 $D \geqslant 1$（开始允许存在裂纹，但裂纹如果发展则不允许），则可预测结构的失效。欧洲规范 3 附录 A2（钢结构疲劳强度 2002）包括了经典 S-N 曲线的适用条款，当采用几何应力方法确定 S-N 曲线时这些条款同样适用（Haibach，2002）。

这些标准化的应力—寿命曲线是由实验测得的平均值 m_x 推导出的函数曲线。这表明这些数据是离散的。因此，疲劳（正常使用极限状态）被定义为根据高斯分布计算的超越失效 5% 的概率 x_5。由于本研究工作试图利用实地现场测量来代替"设计状态"，因此比较推崇分析统计离散性对疲劳抗力的影响。

有许多针对疲劳抗力的统计评估方法。这里选择用的方法是 Spaethe（1992）推荐的假定应力在持续的疲劳寿命中服从对数正态分布，其中变量 V_x 是随着缺口等级的降低而升高的。由于采用的是从标准得到的固定方差，因此不需考虑任何置信水平（Spaethe，1992）。在某一具体分位点统计变化的特征值 x_p 可以按如下所示两步求算（分别见式 2 和式 3）：

$$x_p = m_x \pm k_p \sigma_x = m_x (1 \pm k_p v_x) \tag{2}$$

$$x_5 = m_x - k_5 \sigma_x = m_x (1 - k_5 v_x) \Rightarrow m_x = \frac{x_5}{1 - k_p v_x} \tag{3}$$

等式（2）取负号则用于计算失效概率为 0 到 50% 之间时的特征值 x_p；取正号时，表示概率在 50% 到 100% 时的特征值。k_p 表示标准分位点因子，σ_x 表示标准差。

$$\left. \begin{array}{l} \sigma_n = \sqrt{\ln(1 + V_x^2)} \\[2mm] m_u = \ln m_x - \frac{\sigma_u^2}{2} = \ln\left(\frac{m_x}{\sqrt{1 + V_x^2}}\right) \end{array} \right\} \Rightarrow x_p = \exp(m_u \pm k_p \sigma_u) \tag{4}$$

在计算出参考值 m_x 之后，等式（4）给出了从高斯分布到对数分布特征值 x_p 的转换，以用于适当描述离散的 Wöhler 曲线（图 4.7）。

4.1.2.3　雨流算法

随机交通荷载引起结构响应的持续时间可用高精度的传感器记录下来。一个必要的工作是

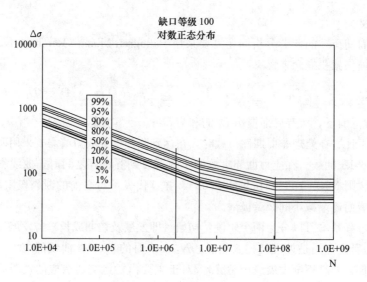

图 4.7　*S-N* 曲线的统计离散

将永久监测系统采集的大量信息简化为几个统计参数以便日后的评估。雨流计数算法将由随机序列的峰值和谷值表示的传感器数据完全加载时程简化为一系列与疲劳相关的不同密度和事件种类的再现反应周期，该方法已成为与非周期性荷载相关的最新疲劳分析手段（图 4.8）。

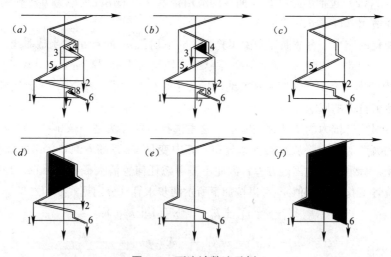

图 4.8　雨流计数法示例

　　所分析的随机时间序列可以被看作是循环对：评估信号从最大值到最小值和从最小值到最大值间的循环关系，当遇到其他情况时这种循环关系就会被打断。这种现象常常被称为"材料记忆"。对材料进行一系列循环加载可被理解为每一个闭环（循环对）都是一个大应变范围中的暂时性的中断，同时这些中断点也记录了大应变所需补充的滞后部分。

　　笔者采用的算法是基于 Naubereit 和 Weihart（1999）提出的方法，但存在一些不同之处，如下：

　　• 评估首先要确定每一个分析信号的评定范围，这取决于其最大绝对值。这个范围的上下限就是最大绝对值的正负数值。这样，相关矩阵就自动地表示出了其定性的可信度。在计数程序启动前，整个信号被划分为等间隔的小区间。

- 接着应当分析典型的位移时程。在信号被顺时针旋转 90°后，可以认为在每个峰值与谷值之间出现一个假想的水流。为了更好地理解这种方法，取出图 4.8 中的一小段进行研究，可以注意某一雨流（如图中标注的 2 处）直到其结束。

- 若被观测的雨流与第二个雨流（与第一个雨流的起点相比，其绝对值源于一个较小绝对值的波峰或波谷）相交，则可记为一个周期。该周期的范围是从第二个雨流的起点到两者的交点。（如图 4.8b，得到闭环 3、4 与 7、8）。

- 与第一个雨流的起点相比，若第二个雨流从一个绝对值较大的波峰或波谷开始，则亦可记为一个周期。在这种情况下，周期的范围则为从第一个雨流的起点到滴落点的位置（如图 4.8d-4.8f，得到闭环 2、5 和 1、6）。

- 一旦记下一个周期，则假设该数据点就从图中被删除，然后继续进行分析。

- 对于一条对角线内的所有滞后都有相同的幅值。当被分析的对角线距离主对角线越远，其疲劳相关性越高。

- 存储循环对直至识别到互补的循环为止。最终，剩余的循环以与闭环相同的方式记录在雨流矩阵中，其目的是为了消除计数过程中可能存在的不精确性，这种不精确性主要由分割信号的标准决定。

忽略没有超过预定义信号区间范围的循环。

- 每个区间的界限（实线）均包含一个由二分之一分类规格表示的虚拟范围（图 4.9）。这意味着处于"公差范围"（图中虚线所示）内的局部极值被分配到其相应的区间界限内。

- 根据所分析的信号和评估需要的精度，可以任意选取矩阵，通常选用的是 20×20 矩阵（20 个区间）或是 30×30 矩阵。

- 矩阵每一行之和是该区间内的局部极小值（参见图 4.45）。

- 某一时间段内的雨流矩阵不包含该时间段内的顺序和变化信息。

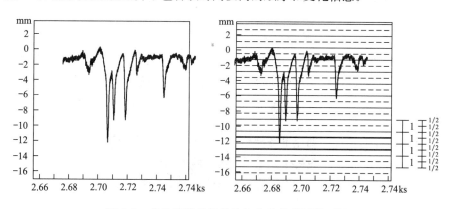

图 4.9　将位移信号细分为包含公差范围的区间

最终，得到了一个计数矩阵，该矩阵反映了闭环 n_i 从一水平位移到另一水平位移时出现的频率。通过雨流计数法得到的交通荷载变得比较模糊——雨流计数法的结果并不能直接与常规交通荷载统计法得到的结果比较。下文中图 4.30 给出了图 4.29 经过整个过程后可能得到的结果。

为了对每个细部分析的疲劳结果进行进一步处理，需要将雨流矩阵转换为所谓的损伤矩阵

（Veit and Wenzel，2006）。根据被测时间段内得出的雨流矩阵可以推断出一年内的荷载情况。在将感兴趣的区域分配到某一缺口类型（S-N 曲线）后，有关应力矩阵的所有单元的重要性可以通过其局部损伤 D_i 来确定，这些局部损伤累积起来即为每年的整体损伤 D。因此，损伤矩阵的每一纵行，最初根据发生频率来定义，现在由损伤率 r 代替：

$$r = 100 \frac{D_i}{D} \tag{5}$$

为了更好地理解每个单元的损伤相关性 r，将式（5）用于将结构循环计数矩阵（参见图 4.45）转换为损伤评估或损伤定量矩阵（参见图 4.48）。

雨流矩阵的转换

为了达到必要的外推与叠加的目的，得到的计数矩阵必须进行转换。Europabrücke 大桥安装了前述的永久监测系统，虽然这套设备能在很长一段时间内提供监测数据，但是与桥梁的整个服役期相比还是太短。正因为如此，必须将计数矩阵进行转换以适用于监测时间之后。基于此，在变化的运营条件中应该考虑持续变化的交通量和持续变化的有效荷载吨位。

一些学者如 Dresler 等人（1996）指出仅利用交通量发展的详细知识，即将发生数量按比例缩放推断得到的雨流矩阵对全寿命期评估是不够的。有些学者在 Dresler（1996）研究的基础上对上述方法做了一些改进，使其可在雨流计数法区域内应用，即涵盖了其余现行的荷载谱——假设推算矩阵的物理过程与产生初始矩阵的过程并不是明显不同的形式。

转换计数矩阵的概念采用了非参数密度评估。函数 $f(x)$ 表示某一组测量的离散点，Y_i 表示在 x_i（$i=1，2，3，\cdots，N$）点处的数据值，其中 ε_i 表示测量中的随机误差：

$$Y_i = f(x_i) + \varepsilon_i \tag{6}$$

式中 $f(x)$ 取决于平均值大小，其权重由函数的光滑度决定：

$$\overline{f(x)} = \frac{1}{N} \sum_{j=1}^{N} w_j(x) Y_j(x_i) \tag{7}$$

在一维情况下，高斯核估计可为：

$$k_\sigma(u) = \frac{1}{2\pi\sigma} e^{-\frac{u^2}{2\sigma^2}} \tag{8}$$

然而，雨流直方图的形状是随机的，因此只能用非参数法来描述。为了更容易获得雨流直方图，在二维情况下引入式（9），将离散的雨流矩阵转换为平滑函数：

$$k_\sigma(u,v) = \frac{1}{2\pi\sqrt{\Sigma}} e^{-\frac{1}{2}\begin{bmatrix} u & v \end{bmatrix} \Sigma^{-1} \begin{bmatrix} u \\ v \end{bmatrix}} \tag{9}$$

式中 $k_\sigma(u，v)$ 描述了自适应的两变量密度估计（正态分布，平均值为 0，协方差矩阵 Σ），这些估计考虑了雨流矩阵的力学背景（信息从某一水平到另一水平）和计数矩阵内的疲劳相关性特性：

$$\Sigma = \frac{1}{2}\sigma^2 \begin{bmatrix} \lambda^2+1 & \lambda^2-1 \\ \lambda^2-1 & \lambda^2+1 \end{bmatrix} \tag{10}$$

Σ 的选取反映了相同的次对角元素比其他次对角对系统有着更高的影响这一特殊需求。如图 4.10 所示，核估计的等高线是一些椭圆。它们的主轴与次对角线平行，λ 为长轴与短轴的比值（Dresler 等，1996）。对于每一个元素，σ^2 都是独立选择的，以确保有足够的数据来统计一个好的平均值。

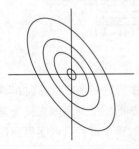

图 4.10 $\lambda=2$ 时的若干等高线（Dresler 等，1996）

雨流矩阵由冲击强度均等细分以及平均分配的元素通过线性叠加推导生成。这些雨流矩阵反映了一些加载历史并将其紧密联系在一起。这样，可以通过重新调整细分损伤矩阵来考虑不断变化的运营状态，如荷载级别的变化（估计的卡车重量）。

4.1.3　弱点测定

4.1.3.1　目标

前面在与外观检测同时开展的研究过程中，钢桥的扭转支撑及其连接点（图 4.11）是主要的研究对象，因为它们对于以货运交通为主的整体荷载的反应是最敏感的。对此，已经进行了多年的定期检测。对于扭转支撑，常见的缺陷主要有以下几种（图 4.12）：防腐涂层上有裂纹形成、螺钉松动，比较少见的是出现疲劳裂纹和某些连接板屈曲和断裂。

图 4.11　Europabrücke 大桥扭转支撑的底部和顶部连接点设计图

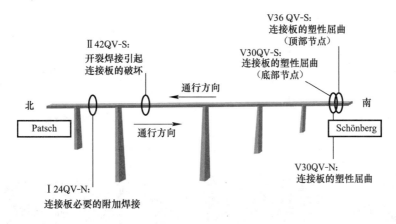

图 4.12　自 1983 年以来出现的缺陷

本节将展示一项有信心的测量工作成果。在两个行驶方向上所有 144 根扭转支撑上均安装了加速度计来进行监测，来评估它们的结构整体性（图 4.13）。通过比较计算，选择了一种有效且稳定的方法；该法以结构的刚度的期望值和整个结构内的弱点和弱区内的测量值作为基础进行连续性能分析。以上构想能够确保对结构性能缓慢渐变过程的测定和观察，这些性能的变化有可能会引起结构的局部破坏或结构的运行完整性退化。

上述有关斜撑的监测研究是为了确定这些构件的维护状态（构件的完整性）以及由 BRI-MOS 确定这些构件的承载能力。与传统的桥梁评估方法一样，该方法也可以根据结构的振动

图 4.13 基于加速度计的扭转支撑振动监测

特性对结构可能存在问题的区域进行识别和定位。一方面，对于可见的损伤（如断裂、弯曲的连接板）可以定量化（图 4.14）；另一方面，对于外观检测没有发现但可能发生局部破坏的位置或区域可以通过模态来识别和评价。目前的研究仅是初步测量，未来可能的测量活动与此初步测量密切相关，它可以定量确定结构的完整性随时间可能出现的变化情况。目前的监测活动还包含一个附加工作，即通过外观检测记录下明显的损坏和非正常变化。除了少量很小的疲劳裂纹，两个斜撑也出现了损伤。这两种情况都是由货运交通引起的桥梁过度扭转而造成的明显损伤。依据桥梁领域的解释，扭转支撑 V 24 QV-N 是由于明显的轴力循环和动态扭转荷载共同引起的过应力所造成的疲劳裂纹。这些裂纹会在斜撑与正交异性底板之间的连接板上逐渐扩大（图 4.15）。

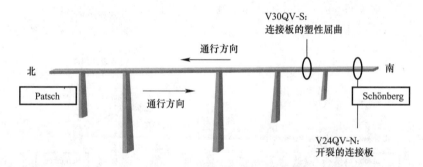

图 4.14 2006 年检测过程中发现的缺陷

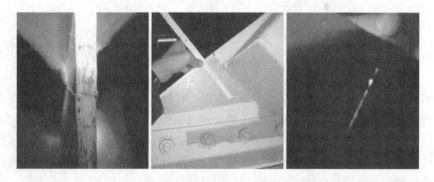

图 4.15 疲劳开裂（13cm 长），扭转支撑 V 24 QV-N 与正交异性底板之间变弱了的连接板

扭转支撑 IV 30 QV-S 由于静态扭转影响和明显的轴力而产生超载，产生了独特的塑性屈

曲，使得斜撑与正交异性底板之间的连接板变弱（图 4.16）。尽管在桥梁周期性检测期的记录中并没有发现这种损伤的确切证据，但这种屈曲很可能是由于安装过程中的约束应力造成的。

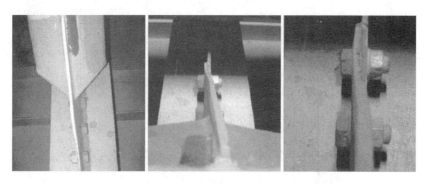

图 4.16　塑性屈曲，扭转支撑 IV 30 QV-S 与正交异性底板之间变弱了连接板

4.1.3.2　方法——支撑有效刚度期望值的确定

测量活动一方面是在一定的环境振动条件（图 4.17）下进行的（环境激励振动）；另一方面是在正常交通下进行的，其中包含大型交通工具通行所造成的主要影响。桥梁支撑明显的动态反应位于 $0.1 \sim 1.2g$ 之间，这种振动加速度发生十分频繁。代表结构构件有效动态刚度的频谱，在结构三维振动方向上的振动分析中都呈现出独特的动力特性。整个研究工作集中于对角支撑的竖向方向（即垂直于交通行驶方向）。

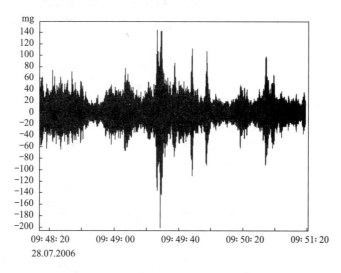

图 4.17　环境振动下支撑 II 42 QV-N 的有效竖向加速度

提取出的特征频率（图 4.18）是判断可能出现异常情况的稳定且有效的一个指标。在本研究工作中，低频频率（两阶以下）对于评价扭转支撑边界条件的完整性和功能性是适宜的。如前所述，支撑节点的设计是监测过程中重点关注的研究对象，因为其对于以交通货运为主的整体性的荷载冲击最为敏感（参见图 4.11，图 4.15，图 4.16）。

f_i 的特征频率被认为是取决于截面抗弯刚度 EI，构件长度 L，每米长度的质量 m，边界条件类型（λ）的函数。利用该公式时不用考虑轴力是合理的，这是因为在本研究中轴力的作

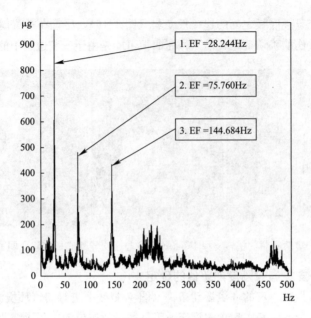

图 4.18 环境激励下支撑 II 42 QV-N 的平滑频谱（竖向）

用非常小，而且有效轴力的可能变化发生在一个非常短的时间段内，这使得在其在动力反应频率分析中所造成的影响非常小。

从该方程中还可以得到，对角支撑的自由振动长度与其几何长度的比例关系是恒定的，这可以消除其对目前方法的结果判断的影响。该项目文档提供了依据 Blevins（1979）计算特征频率期望值的所有输入参数。

$$f_i = \frac{\lambda_i^2}{2\pi L^2} \sqrt{\frac{EI}{m}} \tag{11}$$

图 4.19 显示的是不同边界条件下（两端固定的，一端固定与一端铰接，两端近似看作为转动弹簧）推导出的一系列 f_1 的期望值。从地面上看，桥面在两端的桥墩处有一定的弯曲和相应的侧向倾斜，这些变形会导致在上坡和下坡的行车方向上扭转支撑在桥梁纵向的长度出现差异（图 4.19 和图 4.20）。

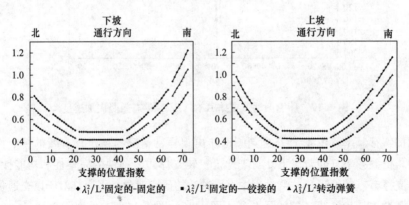

图 4.19 不同边界条件下 f_1 期望值函数模式

当然，由于箱梁高度不同（从主跨到两桥墩逐渐减小）而导致的支撑长度上的差异也在考

虑范围之内。由于式（11）需要构件长度
的平方值，抛物线方程表示桥梁长度方向
上的预期特征频率。对支撑条件差异的考
虑已经包含在常数 λ 中。λ 值越大，则三
条抛物线离得越远，而预期特征频率值则
由于支撑长度的非线性变化而逐渐增大。

　　这种方法提供了一种标准化的对比。
式（11）考虑了上坡和下坡通行方向扭转
支撑长度的变化，自动确保了每个结构构
件的动力响应的期望值都考虑了同样的建
模不确定性。

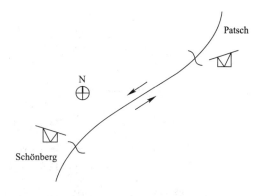

图 4.20　从地面上看桥面板的弯曲形状——侧向倾斜
要求桥梁在纵向方向的扭转支持具有不同的长度

　　目前方法的目的在于提供正常条件下特征频率的测量值与期望值比值在水平方向的变化。
与测量值相比，这条趋势线上可能存在的偏差更容易分辨。当 3 个计算期望值中的任意两个的
比值（图 4.19）与其他值比较时（图 4.21），这种方法的基本假设可得到证实。桥梁支撑有效
刚度的测量值与期望值间的比较可以发现其与每一个期望值的比值相类似（图 4.21）。

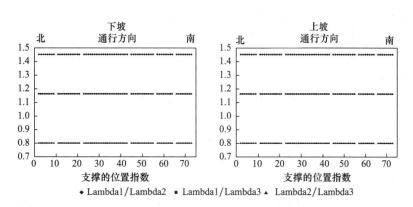

图 4.21　不同边界条件下 f_1 的三种期望值函数的比值模式

4.1.3.3　评估结果

　　分析图 4.22 中的固有频率时，可以明显发现监测结果与期望的计算值（水平变化）之间
存在一个系统的较宽的恒定偏差。从该变化可以看到，离开水平趋势线的奇异值和特别的部分
被隔离出来，这对于方法的选择很重要。在这种情况下，值得注意的是偏差一般发生在分析模
型"两端固定"支座的附近，然后发生在分析模型"一端固定，一端铰接"的支座附近。主要
有如下三个理由（系统结构缺陷的证据）：

　　• 到目前为止，研究结果表现出了一种连续的趋势，这种趋势已经被观测到的前三阶特
征频率证实。当桥梁的整个外延部分 B，Ⅳ 和 Ⅴ（下坡方向）以及 Ⅳ，Ⅴ（上坡方向）的扭转
支撑的整体性已经出现退化时，代表测量值与期望值偏差的趋向线在桥梁的中央部分（桥跨
Ⅰ，Ⅱ，Ⅲ）沿水平方向变化。出现这种现象的原因可能是中央桥跨具有重新分配内力和约束
的能力，而桥梁的外沿部分仅具备这种调整的部分能力，这会有规律地触发桥梁的抗扭转力。
这对扭转支撑的节点有一定的影响，会导致连接点的边界条件整体性出现明显的退化，表现为

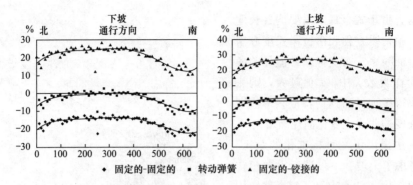

图 4.22 第一特征频率：不同边界条件下桥梁纵向期望的计算值与测量值之间偏差的趋势

固有频率的降低。过去斜撑的疲劳损伤大多发生在桥梁的外沿部分则清晰地证明了以上结论。

- 从图 4.22 中还可以看到，固有频率 f_1 的测量值与期望值间的偏差与边界条件类型（两端固定，一端固定、一端铰接，和两端近似看作为转动弹簧）相关。得到趋势线的弯曲形状保持不变，这说明观测到的现象对于不同的支撑条件是不敏感的。

- 比较图 4.22 的左右两部分，可以清楚地看到对于桥梁外围部分结构整体性减弱的诊断在下坡方向上特别明显。上坡方向的扭转支撑的状态受到的影响较小，尽管它们表现出与南部桥墩附近相同的退化现象。造成这种现象极有可能的原因是沉重的货运交通荷载冲击突然加载到桥面上，然后向下移动，尽管最终整个桥梁的抗扭强度（由两个支持组成）都会发挥作用。通过外观检察证明了以上论断，斜撑的疲劳损伤主要出现在下坡方向上。

- 图 4.23 给出了期望值在不同扭转支撑长度和边界条件下的预定变化。如前所述，应考虑由于钢箱桥高度不同（从中央桥跨到两端逐渐减小）而引起的斜撑长度的差异。另外，从地面上看，桥面在两端的桥墩处有一定的弯曲和相应的侧向倾斜，这些变形会导致在上坡和下坡的行车方向上扭转支撑在桥梁纵向的长度出现差异（参见图 4.19，图 4.20）。对于拥有良好完整性扭转支撑的桥梁，这些几何特性要求在下坡方向且靠近南面桥墩的扭转支撑逐渐变短。描述下坡方向特征频率期望值的函数包括在与上坡方向的期望值比较时增加的预期频率值。对于靠近北面的扭转支撑，情况则相反。

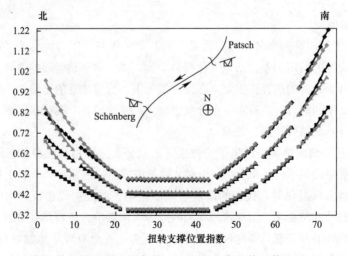

图 4.23 在不同边界条件下 f_1 的三个期望值函数的对比

　　当观测和比较上下坡两个方向测量的特征频率时（图 4.24，图 4.25），前面描述的关于桥跨外延部分的必要假设很明显还不能被证实，尤其是在下坡方向靠近南面桥墩这一关键区域。下坡方向应比上坡方向超出一定值的情况没有出现。下坡方向方程相应的值与上坡方向的基本相同，甚至还要小。在北面桥墩处，测量方程有明显的如预期抛物线形的下降，这种情况只有在下坡方向才能观测到。

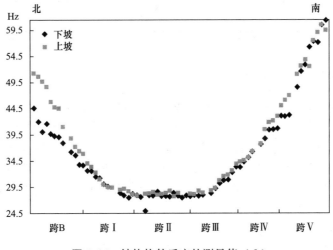

图 4.24　结构构件反应的测量值（f_1）

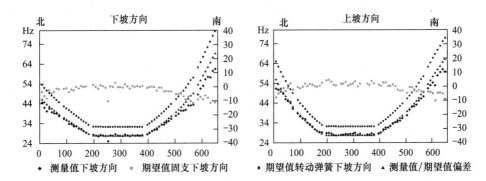

图 4.25　不同边界条件下 f_1 的期望值函数，结构构件响应的测量值（f_1）和桥梁长度方向上测量结果与计算期望值之间的偏差

4.1.3.4　小结

　　为了使表达的内容更加清晰，下面将所有的基本观测值和结论进行总结。下坡方向上的桥梁外围部分的期望值与测量值之间存在明显的偏差，而上坡方向在靠近 Schönberg 桥墩附近区域也存在类似的问题。

　　所有的这些论述确定出了结构的弱点和薄弱区域，这在图 4.26 中已经被标记出来。除了这些被识别出的很明显的区域，还有一些单个支撑的完整性也发生了破坏，这些支撑位于桥梁外沿部分的区域内。诊断还进一步揭示了更多斜撑的状态，结果表明结构构件的功能完整性可能已经出现局部损伤或进一步的退化。

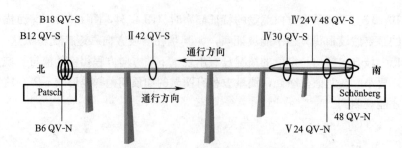

图4.26 基于监测的桥梁双向行车方向上弱点和薄弱区域的定位

4.1.4 提供、条件和实施冲击荷载

疲劳通常被认为是桥梁的正常使用极限状态，因为疲劳裂纹往往不会直接导致结构的破坏。冗余度和延性等现象通常可以防止钢桥产生毁灭性的倒塌。在长跨桥中，主要的上部结构都是由恒载来控制的。由于波动的活载相对较小，因此疲劳的重要性排在第二。桥面、纵梁和横梁主要受活载的影响，因此它们受疲劳的控制。为了确保方法的统一性和完整性，讨论将在三个级别上开展。为了继续进行分析，与不同相关级别相应的热点被识别出来（从随机交通荷载中分离剩余的疲劳相关加载周期 n_i）。

4.1.4.1 级别一——整体行为

整体影响的评估

接下来的章节主要讨论桥梁主跨竖向位移的测量。目的是为了获取进行桥梁整体分析所需的影响数据。从图4.27和图4.28中可以看到这些测量工作是如何实现的。监测系统包括一个激光发射装置（固定在桥墩处）和369m外的一个接收器。激光发射装置可以在固定方向发出

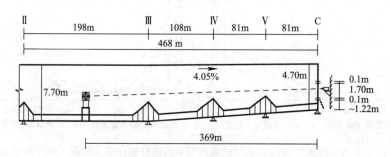

图4.27 主跨竖向位移的测量示意图

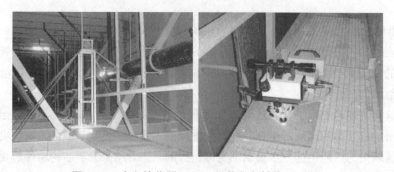

图4.28 光电接收器（左）和激光发射装置（右）

一束窄的点状激光。光电接收器测量光束击在光屏上的光学中心的位置。接收器通过一个基座与桥梁的正交异性底板连接在一起。就桥梁横截面轮廓的准确性而言，主跨的竖向位移是采用足够精确的方式进行测量的。

　　图 4.29 给出了一个 24 小时的监测结果。主跨跨中竖向位移（静态的和动态的）处于 −12mm～56mm 之间。由于临时中断了晚上 22:00～06:00 之间正常的货运交通，因此对这个时间段的信号加以分析可以很容易地进行可信检验。在该时间段内，一辆货车例外的通过引起的竖向位移变化为 −10mm～18mm。35 吨重的货车可以引起大约 14mm 的竖向位移（基于结构整体分析）。

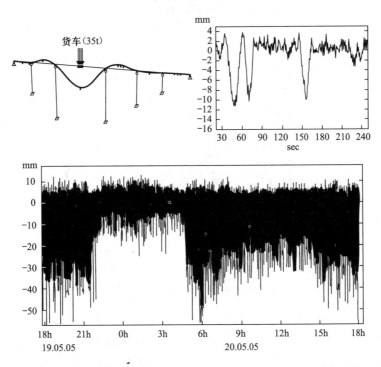

图 4.29　交通荷载作用下主跨的竖向响应（19.05.2005，17:50—20.05.2005，18:05）

　　除了定性检验，也进行了定量检验。鉴于这个原因，一些单独的卡车通行可以直接由夜晚时间段的信号数据验证。卡车通过桥梁持续了 20s，这与卡车一般保持限速 40km/h 通过 198m 宽的主跨，耗时约 20s 吻合较好。

　　对于继续进行的整体应力分析，其理想的测量数据是在具有代表性的条件下获得的。需要强调的是，一系列的测量工作需要在几个工作日内重复进行，以消除每一个单独过程的随机性。

　　图 4.30 给出了桥梁主跨与图 4.29 相关的交通量引起的剩余响应周期。疲劳分析的自身是根据应力进行的。首先，选取的方法需要一些整体结构分析。在 RSTAB 软件中，利用单约束荷载工况将测得的位移周期施加到整座桥梁的整体框架模型上。用该软件进行系统辨别并和测量值进行比较后表明该软件很好地表现了桥梁的整体行为。另一方面，RSTAB 软件忽略了有效宽度等现象，而有效宽度对于准确的应力分析具有重要的意义。为了克服这一问题，发展了下面这种机械性的解决方案。

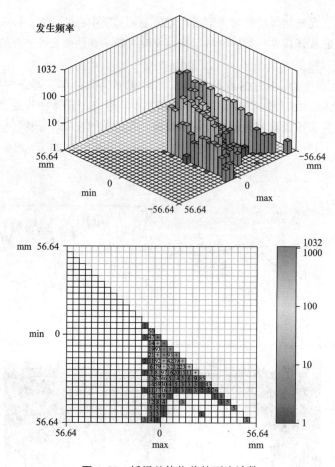

图 4.30 桥梁整体位移的雨流计数

　　如前所示，可利用单约束荷载工况将测得的位移周期施加到整座桥梁的整体框架模型上。然后采用 RFEM 软件的壳单元对 63m 长的桥梁段进行建模（图 4.31，右），这个桥梁段可以根据其在重点关注区域内的几何特性进行考虑。从整体状态变量（基于框架的）到局部状态变量（基于有限元（壳单元））的转换可以通过从桥梁整体模型上沿着模拟的桥梁段的外沿进行位移的分配和横截面转动来实现（图 4.31 和图 4.32）。

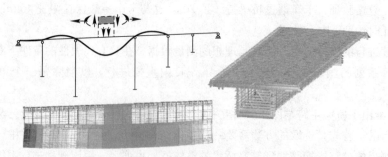

图 4.31　从整个桥梁结构中分离出来的长 63m 的节段，在外部边缘施加单位荷载并以壳单元进行建模

　　采用将测量的桥梁整体位移通过施加单位荷载（在传感器所在位置施加约束力）的方法加载到整个桥梁模型上的这种假设需要得到证实。正因为如此，更进一步的疲劳度计算才可以拓

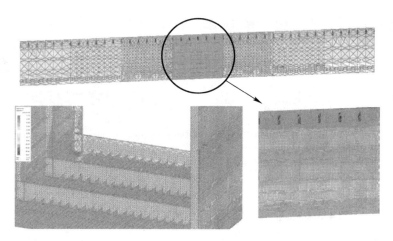

图 4.32　主应力分析：正交异性底板和箱梁在图 4.31 所示条件下的概观图和细节图

展到其他可能的荷载分布上，即在传感器的位置引入相同的位移值，但是换用其他形式的弯曲振型，进而可以针对不同的缺口类型进行局部分析。同样，必须确定出与明确的扭转影响相关的且与测得的竖向位移保持一致的加载布局。这个需求来自于之前的研究工作，这些研究已经表明箱梁的扭转支撑（方形对角支撑）是结构潜在的弱点，因此它们也是需要研究的整体对象之一。

在大量的观测和测量过程中可以发现，当货运卡车突然进入下坡方向桥梁的第一跨时，会引起明显的整体振动。因此，应在桥梁的外沿部分进行整体疲劳研究，可采用与主跨相同的程序方法。

几个独立测量的随机性评估

在相同条件下重复进行的若干整体测量活动表明这只是描述桥梁整体行为的总体样本中的一个随机样本。考虑到复杂性和经济性，该激光测量装置不能被设计为永久监测系统的一部分。为了包括这几个独立测量中的随机性，这里选择 Bronstein 等人（2001）的方法，最终可以推导出含有未知方差的测量平均值的置信区间。根据 Bronstein 等人（2001）的假设，当不考虑样本总量的分布函数时，这些从独立测量活动中得到的随机变量是服从高斯分布的。这样，可以通过一个可接受的预设的误差概率 $\alpha/2$ 来获得测量数据的置信区间：

$$\mu = \bar{x} \pm \frac{s}{\sqrt{n}} \tau_{\alpha/2;n-1} \tag{12}$$

式中，u 表示独立测量值的修正参考值（例如累计损伤 D——但也可为雨流计数法中用于推算损伤 D 的中间值），$\bar{x}$ 是测量值的平均值，s 是测量值标准差，n 是测量次数，$\tau_{\alpha/2;n-1}$ 是 τ 分布的分位数。

4.1.4.2　级别二——横截面行为

7.5m 长的桥梁悬臂受到的主要荷载来自货车，最大载重量大于 7.5 吨的货车只允许在第一道上行驶。这就强调了该级别的重要性，因此也将悬臂本身纳入永久监测系统。

对于悬臂振动的永久监测，采用的是力平衡加速度计（FBAII，采样频率为 100Hz）。这些传感器显示的是由于其自身位置的改变而引起的电容的改变（通过电位计），这种自身位置的改变是由于加速度对传感器内弹簧质量块的作用引起的。如图 4.33 所示，三个一维传感器安装在桥墩 II 区域内，以获取荷载引起的横向行为。其中两个传感器安装在沿着车行方向的 15m 处，来验证经常通过的卡车和与其相关的速度。为了使测量结果不受交通的影响，采用不同的时间间隔（加权平均）以及自动的"峰值拾取"方法对信号进行平滑处理。该操作可与数字滤波器相媲美，它可以广泛地消除高频范围内干扰的影响。然而与数字滤波器相比，平滑法能够更好地保留全部能量的影响，尤其是在货车连续快速通过测量区时，表现得更为突出。

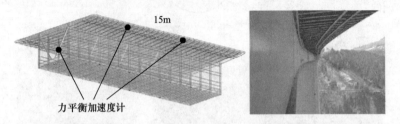

图 4.33 通过安放在桥悬臂上的加速度传感器进行车辆识别

最终，将结构构件的反应即传感器的加速度信号转换为绝对位移信号，因为绝对位移信号是进一步进行基于应力的疲劳分析的决定性变量。这个状态变量不能利用数学的方法从传感器加速度信号直接得到。应消除加速度计的漂移和双重积分获取位移产生的偏移（Wenzel 和 Pichler，2005）。鉴于此，开发出了 DYGES 算法（动态权重记录系统的德文首字母缩写），该算法首次可以通过数字信号处理从相对加速度得到绝对位移。这种基于识别模式的程序（参见图 4.38）主要包含加权平均，统一信号的代数符号，一个包络函数（基于时窗正割法）和一个基于直方图的新的偏移测定方法。

图 4.34 对比分析了基于加速度计 DYGES 和 DYGES15 测量结果推导出的竖向位移，从中

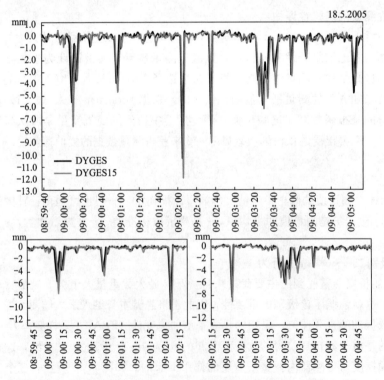

图 4.34 校准输入前基于测量的加速度获取的悬臂竖向绝对位移

（DYGES 流程——参见流程图 4.38）

可以看出为了进一步的评估，单个和多个货车通过时是如何被识别和分离出来的（局部极值序列）。当时的速度和机动车吨位的影响仍然需要考虑（参见图 4.44）。基于从两个连续安放加速度计（Patsch 和 Patsch15）的测量结果中可以识别出货运的通行情况，由此可以确定出速度（峰值拾取）和挠曲强度，并进行进一步的校准工作。需要特别指出的是 DYGES15 加速度计主要用于识别速度。"准激光"的再现完全基于 DYGES 模式的自身，因为激光器的竖向位移校准只能在桥梁悬臂上的两个加速度计中的第一个上进行。此外，需要强调的是，这种利用交通荷载推导悬臂竖向位移的方法是一种结构—特定逼近法，为了进行一致性分析，需要根据校准的货车通行状况对这种方法进行优化。这个结论是在 2005 年 5 月进行的额外的测量工作中得到的，这次测量从以下几个方面来进行：装有不同已知重量的货车（满载和空载）以逐级增加的速度（从 20km/h 到 60km/h）通过测量区。该过程重复进行，同步测量了竖向挠度（由激光传感器完成）和加速度（图 4.35）。由于交通荷载和货车速度的影响而引起的动力响应是输入到 DYGES 程序中的重要源信息。

图 4.35　激光发射器单元（左），光电接收器单元（中）和满载（42.8 吨）的校准货车（右）

图 4.36 是算法（参见图 4.3）校准部分的详图。测量区位于桥墩 II 的上方，（为了达到验证的目的）将相同的静止货运荷载施加到基于壳单元和防止整体变形的桥梁节段模型，进行分析计算（图 4.37，图 4.38）。

悬臂梁在加载前后的形变与测量值吻合较好（图 4.39）。当分析图 4.37 和图 4.38 时，可以证实 DYGES 算法的一个重要假设，即由货车荷载引起的悬臂梁的响应对相反方向的悬臂梁不会产生影响。这一事实与大量观测数据分析得到的结果相吻合。

图 4.39 显示的是通过加权两辆货车通行试验的模式得到的激光校准测量工作的显著效果。这些方程可以被看作是放大因子模式，其空载和满载的特征相似，甚至空载时更加明显。

基于长期监测的疲劳研究（高周疲劳），假设应力和应变保持在弹性范围内。因此，这两个方程可以通过母线（线性插值）联系起来，这样就可以利用在典型运行条件下自动记录器记录的信息了。

图 4.40 提供了图 4.39 显示结果的补充信息，它是基于加速度计对悬臂梁同步测量得到的结果。该图也是通过加权经过 DYGES 处理后的两辆货车通行试验（参见图 4.3）结果而得到的。在这些看作是放大因子模型的方程中，重载和空载货车引起的变形形状在细节上都互不相同，但都有明显的趋势线。

接下来将这两个方程通过母线（线性插值）联系起来，就可以利用在典型运行条件下自动

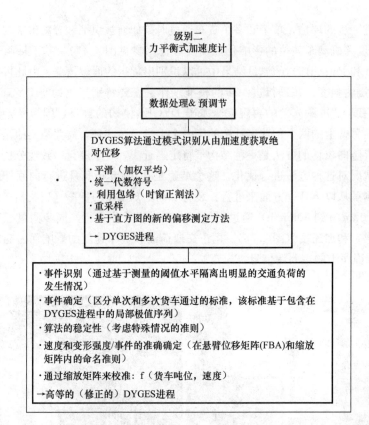

图 4.36　悬臂梁加速度传感器的校准流程图（已将其包含在图 4.3 列出的方法中）

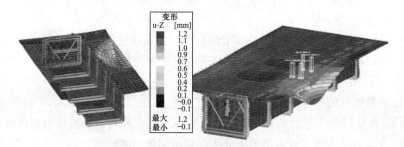

图 4.37　壳单元模拟的桥梁节段和空载货车（8.7t）产生的应力

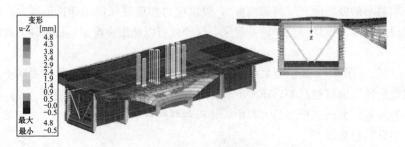

图 4.38　壳体单元模拟的桥梁断面和负载货车（42.8t）产生的应力

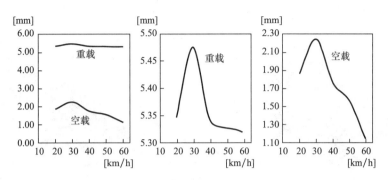

图 4.39 悬臂梁的放大模式（激光得到的绝对位移）

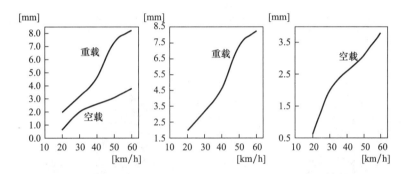

图 4.40 悬臂梁的放大模式（加速度计测得的未校准的绝对位移）

记录器记录的信息了。特别是通过对两个推导的面方程（图 4.41 和图 4.42）的比较，可以证明在 DYGES 算法中加入一个校准序列是十分必要的。这样，从两个矩阵中可以得到一个缩放矩阵，这个缩放矩阵可以完成对由加速度获取的竖向位移进行校准的要求（图 4.43）。

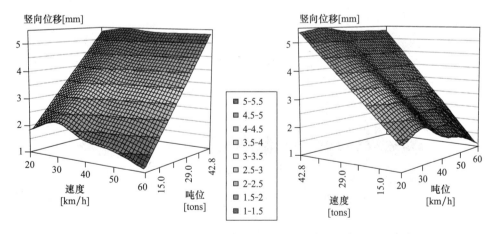

图 4.41 不同车重和速度下，悬臂梁竖向绝对位移（激光）的面方程

　　已记录事件自身的缩放比例可以通过由试验确定的阈值水平和利用 DYGES 流程中的局部极值序列来确定。在再次输入 DYGES 方程之前，这些被分离出事件的时程内的每个节点都被乘以了适宜且相同的缩放因子（图 4.43 和图 4.44）。详细细节请参见图 4.36。经过转换算法得到的当前状态结果可以在图 4.44 中看到，已经考虑了当时的速度和交通工具重量的影响。

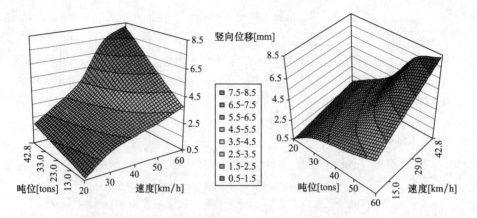

图 4.42　不同车重和速度下，悬臂梁竖向绝对位移（由加速度转换得到）的面方程

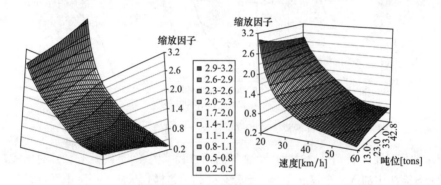

图 4.43　不同重量和速度下，对于悬臂梁绝对竖向位移（加速度计和激光传感器）校准的缩放矩阵

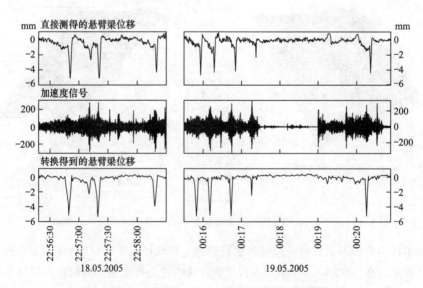

图 4.44　转换与直接得到的悬臂梁位移的对比以及加速度信号

当然，就记录的货车重量和速度而言，校准测量工作的输出是有限的。由于每种出现的情况都需要进行评估，对于货车重量小于 8.7 吨的情况均用该值来表示（保持与缩放矩阵一致的保守方法）；考虑到货车的真实重量值可能小于 8.7 吨（大致能引起悬臂梁 1.5mm 的形变），因此不会超过 Wöhler 曲线的界限值。对于货车重量大于 42.8 吨的情况均用该值表示（保持与缩放矩阵一致的非保守方法）。即使有超过 42.8 吨的情况，其超出值也不会很大，因为桥梁业主方的长期观测确认了符合最大容许载重（44 吨）。

考虑到货车的速度可能会出现小于 20km/h 的情况，在这种情况下选用 20km/h 这个值（保持与缩放矩阵一致的非保守方法），甚至这些值可以忽略不计。还有可能出现货车速度大于 60km/h 的情况，这时同样选用 60km/h 这一值（保持与缩放矩阵一致的保守方法）。需要注意的是，货车速度超过 60km/h 在白天是不可能出现的，因为现有的车速限制为 40km/h。当前交通流密度使得货车速度也难以超过 60km/h，因此货车速度不超过 60km/h 在白天是合乎逻辑的。

长期监测系统会自动监测记录的货车数量、速度和重量，可以更加准确地提供夜间行车速度超过 60km/h 情况的出现频率。在任何情况下，图 4.42 和图 4.43 很清楚表示，尽管没有用于重新确定比例的准确信息，但利用缩放矩阵的上限值至少可以得出超速情况的保守解。

已完成的交通情况分析的准确结果（表 4.1 和表 4.2）可以为输出信息遵循随机性以及它与基于统计方法的疲劳分析之间的相关性提供有力的支持。依据上述理论，可以定量和定性的得到悬臂梁的竖向变形，该变形量对进一步的疲劳评估具有足够的准确性。

通过对图 4.44 进行仔细观察，可以发现原始的（上）和转换得到定性的位移数据（下）之间存在两个很明显的偏差。关于连续的疲劳分析，这些偏差对获得的数据的影响可以忽略不计，因为：

1. 主要发生在空载振动时出现在中性轴附近的周期由于没有超出预定义相关性矩阵的周期的部分范围，因此可以忽略不计。

2. 雨流计数法中，始于每个峰谷和峰底的想象的水流只有经历过一次降落后才会中断。考虑到运用雨流算法的原则，只要所有出现的局部极限值可用，即使小模式序列不可用时，对进一步的分析也是没有影响的。

表 4.1　2005 年 5 月 18 日基于 DYGES 算法的吨位分类（下坡方向）

吨位分类	发生的事件数
8.7～10	1386
10～15	204
15～20	217
20～25	237
25～30	177
30～35	176
35～42.8	339
＞42.8	1319

这两种情况都不是疲劳度相关周期计数的不确定性来源。

最后，需要特别指出的是，提取的输出值主要与加速度计（Patsch）相关，其可以用于基于测量的 DYGES 算法且作为进一步结构分析的条件，由此得出悬臂梁的竖向位移和交通货运分类（数量、吨位、速度）。可以忽略那些安置在距第一个加速度计（Patsch15）15m 的另一加速度计可能识别到的但不能被 Patsch 确认的事件，反之亦然。此外，为了稳定识别由悬臂梁上两个加速度计得到的交通量记录，引入了一个附加的异常值敏感度标准。这也需要建立一个时间框架等效速度，使得在最小值 10km/h 到最大值 115km/h 之间识别的加载试验能够相互联系（参见图 4.36）。

图 4.45 是一个月监测时间内雨流计数法的计算结果，该结果是基于目前给出的悬臂梁竖向位移转换生成程序（DYGES）得到的。所有级别加载的影响都是明显的，但通过相关疲劳转换为相应的损伤矩阵时被消除，这对进一步的有限元计算具有重要意义（图 4.46）。

除了雨流计数法（其已经成为目前性能计算的一个必然结果）的输出外，本书介绍的 DY-GES 算法同样可以使读者在任何想要的时间段内根据交通量和单个货车重量提取出更加常规的分类数据（表 4.1 和表 4.2）。引起疲劳的货运交通通过现场程序（永久监测系统的一部分）进行记录和分类。这个通过交通量和货车重量进行的重型货运分类，经与官方在 Europabrücke

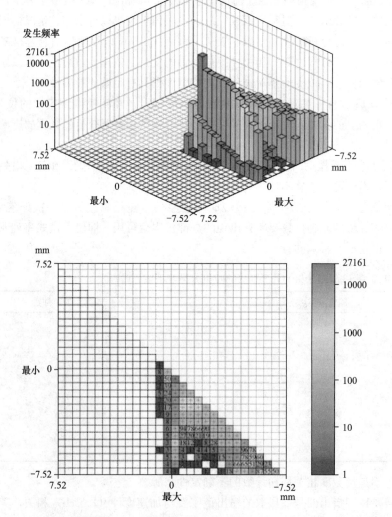

图 4.45 雨流矩阵的轴测投影，全景和代表性月份（2004 年 7 月）适当的穿级直方图（一）

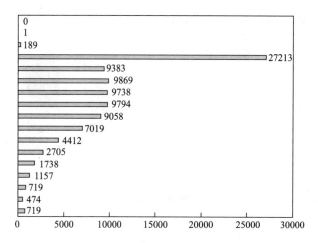

图 4.45 雨流矩阵的轴测投影，全景和代表性月份（2004 年 7 月）适当的穿级直方图（二）

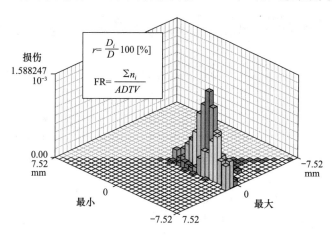

图 4.46 与雨流计数矩阵相应的损伤矩阵

大桥上设置的收费站得到的统计数据的对比后，证实了其有效性。这个收费站提供了关于货车数量和其轴数的信息。此外，单个时间段的视频记录也证实了其有效性，这使得 DYGES 算法的输出最终得到认可（图 4.47）。

表 4.2 2005 年 5 月 18 日基于 DYGES 算法的速度分类（下坡方向）

速度分类（km/h）	发生的事件数
<20	315
20～25	100
25～30	129
30～35	236
35～40	795
40～45	1067
45～50	418
50～55	134
55～60	88
>60	773

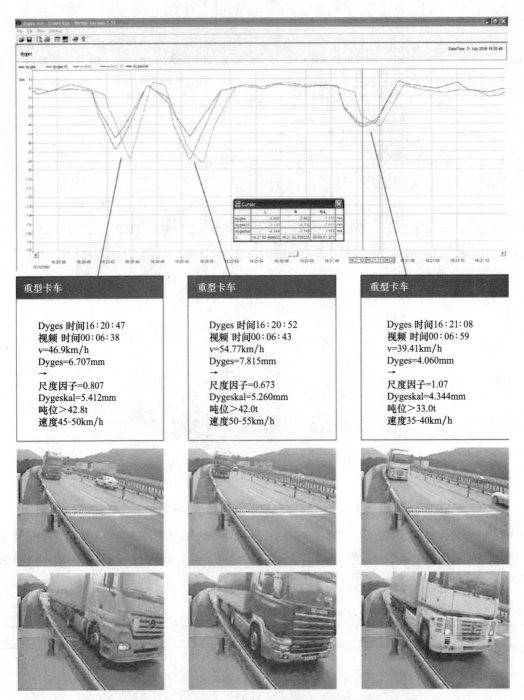

图 4.47　基于永久监测货运交通分类的视频记录证明

根据应力进行疲劳分析

疲劳分析的本身可以以应力的形式进行，这意味着可以通过名义应力和结构应力进行寿命对比计算。主要由货运交通荷载引起的疲劳威胁需要应用高周疲劳理论进行分析，因为应力疲劳寿命方法特别适合土木工程的长期应用。采用雨流计数法对转换得到的悬臂梁位移方程（DYGES算法）进行分析，然后将分析得到的位移周期施加到桥梁节段上。桥梁节段可以进行根据重点研究区域的几何外形（以壳单元建模，如图 4.5）进行划分。假设应力和应变处于弹性范围内，这有助于将基于监测的冲击数据通过单个静态加载（在传感器位置区域沿悬臂梁外边缘施加竖向单位位移约束）的方式施加到有限元模型中进行计算，且该计算与之后所有出现的位移周期相关。

图 4.33 给出了桥梁节段悬臂梁上加速度传感器安装的位置。在有限元分析中，采用壳单元对板的中间部分进行建模。板厚被看作单元的特性。结构采用的是粗糙的网格进行的建模，因此对相关的热点区域有必要进行细化。

这一级别的疲劳分析详细研究的小结：热点区域适当的模型应包括焊缝的圆角和连接装置额外的加劲板。焊缝形状几乎可以忽略。结构交叉点处的焊趾位置是正在进行的应力外推计算的一个保守的解决方案。在确定相关的应力外推值之前（图 4.48），对重叠区域不精确的物理建模可以导致会引起一个偏移的代价（相应板厚的一半）。

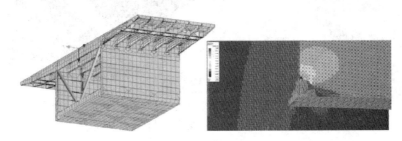

图 4.48　沿桥梁节段模型外沿节点施加单位荷载应力的有限元模型（名义应力）

与整体分析（第 4.1.4.1 节）方法类似，通过单位荷载向桥梁节段模型可以施加转换得到的位移这种假设需要进行确认。因此，进一步的疲劳度计算可以扩展到其他可能的荷载分布情况（在传感器位置处具有相同的位移，但不同的变形形状），由此来进行与不同缺口类型相应的局部分析。

4.1.4.3　级别三——局部系统

上述研究尤其是第 4.1 节，要求对受疲劳威胁的扭转支撑底部和顶部的节点进行评估。通过深入的观测可以发现在分析 Europabrücke 大桥时，这些细部是最危险的区域。这项研究工作的目标是争取开发出针对每个级别进行分析的创新方法。因此接下来的想法是为时长一周的测量工作而准备的。第 4.1.3.3 节已经说明了外桥跨扭转支撑完整性方面的有效退化。南面的边跨看上去受影响最大，因此选择了两个相应的扭转支撑，这两个支撑分别属于本跨和相邻跨上有明显疲劳裂纹的地方（参见图 4.15）。然后准备了一个由 9 个应变计组成的空间测量网。顶部和底部的节点均由单个应变计进行评估。这些传感器安放在离焊趾距离为两倍板厚的地方（图 4.49），使它们可以反映非轴向力作用下的名义（主）应力。出于这个原因，这些测得的数值可以与典型的应力寿命曲线进行比较（Wöhler）。此外，采用安放在这两个支撑中间位置附近的四个应变计来对这两个所选的扭转支撑进行评估。这种布局可以使读者准确地确定出轴力和弯矩（平面内和平面外）。这里需要强调的是，连续的性能计算并不是主要以这些测量为基础的。这些测量数据只是提供了一个验证的途径和基于有限元分析热点分析的校准。图 4.49 给出了应变计的布局，图 4.50 则是测量应变的典型结果。在观测了几个日循环的荷载冲击后，可以确定出有效轴力的谱图（图 4.51）。

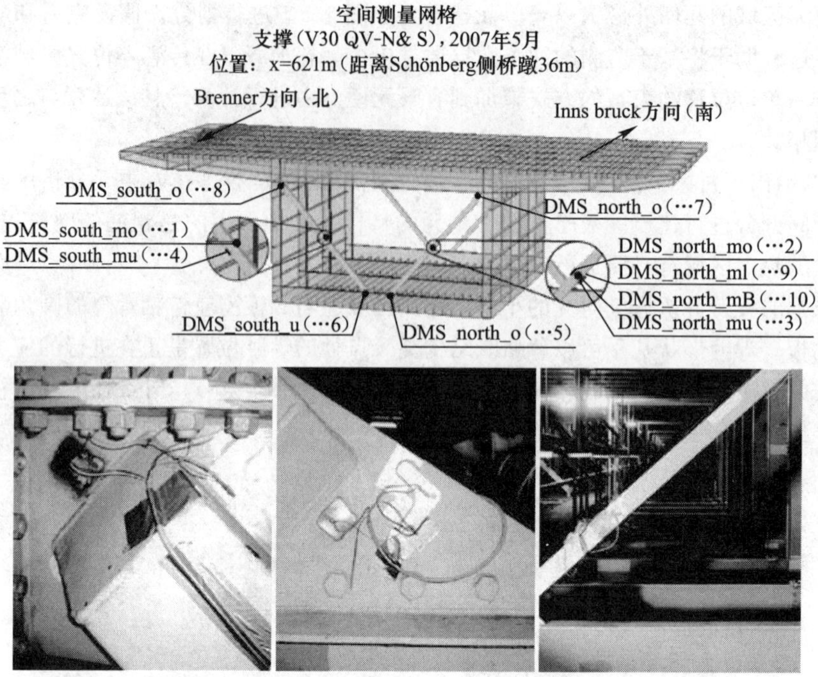

空间测量网格
支撑（V30 QV-N& S），2007年5月
位置：x=621m（距离Schönberg侧桥蹾36m）

Brenner方向（北）

Inns bruck方向（南）

DMS_south_o（···8）

DMS_north_o（···7）

DMS_south_mo（···1）
DMS_south_mu（···4）

DMS_north_mo（···2）
DMS_north_ml（···9）
DMS_north_mB（···10）
DMS_north_mu（···3）

DMS_south_u（···6）   DMS_north_o（···5）

图4.49 安装在两个扭转支撑组合体上的应变计

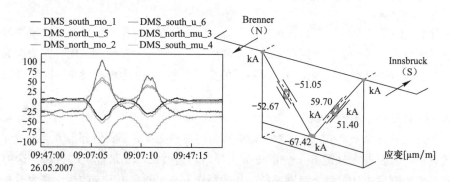

— DMS_south_mo_1   — DMS_south_u_6
···· DMS_north_u_5   ···· DMS_north_mu_3
— DMS_north_mo_2   — DMS_south_mu_4

Brenner
（N）

Innsbruck
（S）

kA

−51.05

kA

−52.67   59.70

kA   kA

51.40

−67.42 kA   应变[μm/m]

09:47:00 09:07:05   09:07:10   09:47:15
26.05.2007

图4.50 由货车荷载影响引起的两个扭转支撑的测量应变的典型反应

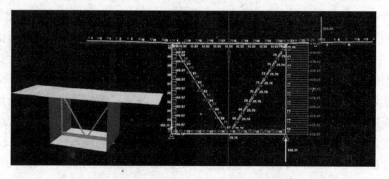

图4.51 为验证结果通过有限元分析得到的有效轴向力

　　首先，这些应变是从定性的角度验证的。得到的应变方程显示出安装在直接受压支撑上的传感器与那些相反通行方向的传感器之间有明显的关联。而且，内力的分布表明从冲击源（直接受压顶部节点）到相反方向的顶部连节点之间的下降是很明显的。

　　为了定量地检验由于货运交通作用在扭转支撑上的有效轴力，进行了近似的有限元分析。在 55～60kN 范围内相应的参考值被确定出来，这证明了测量值的连续性。这为顶部和底部节点的局部有限元模型的详细热点区域分析提供了良好基础。

4.1.5　用于性能预测定制的加载模型

　　开发了一个逐步计算的方法，考虑到基于监测影响的相关结构构件的剩余使用寿命，该方法利用分离的热点区域进行详细疲劳度分析来判断结构目前状态的严重性。接下来，将深入研究上述持续一周的测量工作结果是如何被提取并被应用到动态预测方法中的。

　　首先，为消除可能存在的不确定性和提供补充信息，进行了同步视频记录。广泛的数据挖掘得到了包含不同加载方式的频率分布（图 4.52）。选择了其中的一种加载方式（两辆货车沿下坡方向行驶，同时向桥梁边跨施加压力）来计算前述的三个不同级别上的性能分析结果（图 4.53）。

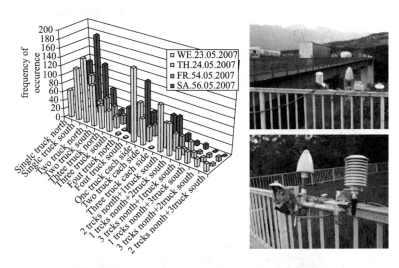

图 4.52　基于视频监测的加载情况分类和得到的频率分布

　　对于南面边跨，利用图 4.27 中所示的评估方法得到了以竖向挠度表示的整体响应。因此，由所选加载方式引起的整体反应可以通过基于激光传感器的整体挠度测量方法进行观测。在第 4.1.4.2 节中介绍了永久监测系统的主要特征——DYGES 算法（动态货运交通分类），该算法清晰地提供了对应于所选桥跨挠度的货车荷载。

　　最后，作用在支撑上的轴力、弯矩以及应力周期可以从直接受压支撑的应变监测数据中提取（参见图 4.49 和图 4.50）。

　　下面将解释已建的定制加载模型（见图 4.52）是如何应用到第一级别（整体影响）的动态分析上来的：采用雨流计数法对某一代表性时间段内（一天、一周等，图 4.54）的基于监测系统的影响数据进行评估。为了表示在这一加载函数下的损伤率，可以利用确定的货车荷载将观测到的典型的加载布局（见图 4.52）逐个施加到结构的有限元分析模型（DY GES）中。这

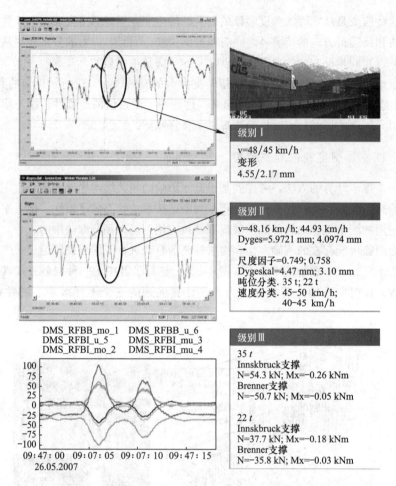

级别 I

v=48/45 km/h
变形
4.55/2.17 mm

级别 II

v=48.16 km/h; 44.93 km/h
Dyges=5.9721 mm; 4.0974 mm
→
尺度因子=0.749; 0.758
Dygeskal=4.47 mm; 3.10 mm
吨位分类. 35 t; 22 t
速度分类. 45-50 km/h;
            40-45 km/h

级别 III

35 t
Innskbruck支撑
N=54.3 kN; Mx=-0.26 kNm
Brenner支撑
N=-50.7 kN; Mx=-0.05 kNm

22 t
Innskbruck支撑
N=37.7 kN; Mx=-0.18 kNm
Brenner支撑
N=-35.8 kN; Mx=-0.03 kNm

图 4.53 以三级方法表示的随机选取的加载情况和结构反应

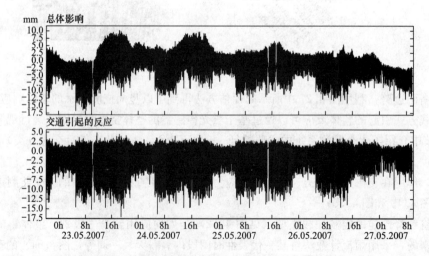

图 4.54 从桥梁边跨 V 的总体影响中分离出来的以竖向位移表示的交通引起的反应

(检测时间段为从 2007 年 5 月 22 日晚 19:00 到 2007 年 5 月 27 日上午 10:00)

样可得到相应的结构应力周期 Δδ。由于货运交通引起的是高周疲劳，因此可假设为线弹性材料行为；应力和应变都假定在弹性范围内。这样有利于计算，因为由所选加载布局（见图 4.52）进行的单个加载试验是以应力形式计算的，而其他的所有货车荷载都自动包含在雨流计数矩阵内。利用雨流矩阵以及与结构细节分析相关的应力周期和应力寿命曲线可以得到损伤矩阵（4.1.2.3 节），这需假定只出现所选定的加载情况。基于加载布局的频率分布（见图 4.52），可以在一系列其他加载试验中获取所选项目的权值，用以量化某一观测时间段内消耗的承载能力。对于其他情况的观测的加载分布记录，可以通过同样的程序计算获得，这样可以得到每个确定观测期内的累积损伤。

在有限元计算过程中，根据与级别一相关的结构细节的疲劳抗力结果，可同时完成与级别三相关的结构细节评估。另外，可通过与在代表性位置所测得的应力进行对比，对计算出的应力值作交叉检查，这展现出了这种整体方法的能力（图 4.55）。

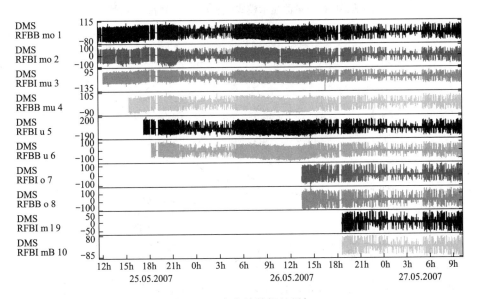

图 4.55　应变计数据的累加

（从 2007 年 5 月 22 日上午 11:00 到 2007 年 5 月 27 日上午 11:00）

级别二的性能分析（悬臂梁冲击）看起来没这么复杂，因为疲劳相关的结构细节的结果就主要应力而言，只出现在前述级别一所分析的应力周期的垂直位置。通过影响悬臂梁外沿的变形约束荷载工况再次对结构模型施加基于 DYGES 的货车荷载冲击（图 4.56）。

4.1.6　通过现有交通数据计算的剩余使用寿命

从足够多的工作日和周末所展示的损伤数据中可以提取每星期的损伤率，由此可以推算出更大时间范围内的桥梁状态。这样可以通过利用计算得到的损伤矩阵对一整年测量数据（即"每年损伤效果"）的详细分析评估，来确定桥梁每年总承载能力的损耗。从开始到现在的交通发展历程和已发布的未来 10 年（直到 2015 年）内桥梁交通的趋势报告等详细信息可用来进行疲劳分析（交通量和名义货车重量的变化）。图 4.57 展示了 Europabrücke 大桥货运交通量的增长。依据 Verkehrsentwicklung in Tirol-Berichte 1984～2006（日期不详），2006 年的交通量比

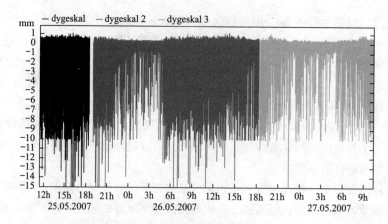

图 4.56 基于悬臂梁加速度测量值（通过模式识别来获取的悬臂梁的变形）
的动态重量记录器显示模式——永久监测的一个特性
（从 2007 年 5 月 22 日上午 11：00 到 2007 年 5 月 27 日上午 11：00）

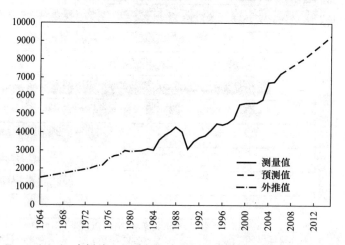

图 4.57 Europabrücke 大桥从 1964 年到 2015 年的货运交通量变化（货车数量/每天）

1964 年增长了 472％，且在 2015 年之前，每年将以 2.9％的速度增长（Verkehrsprognose 2015-vorlaufige Ergebnisse hochrangiges Strassennetz Osterreich 2000）。为了得到每年由于交通量变化对损伤矩阵的影响，在应用桥梁整个寿命内的测量冲击推算方法之前，疲劳分析需要对雨流矩阵所有单元的发生次数进行统一的改变。

　　图 4.58 显示了运输货物的有效量与计算出的每辆货车的货物增长的比较。从计算中可以得到，货车重量在 2006 年比 1964 年增长了 503％，可以认为已达到最大值。这意味着未来货运量的增长可能是由持续增长的交通量所致。由名义货车重量改变引起的疲劳分析的相应变化可以通过对雨流矩阵分量的缩放来实现。

　　从 2004 年夏天起，基于货运交通分类的 DYGES 法将为桥梁分析提供准确的货车重量数据，因此扩大这两个方程中包含的信息是至关重要的。

4.1.7　结论与未来工作

　　目前的研究工作可以明确地处理测量数据和程序，以及这些数据如何被用来进行连续性能

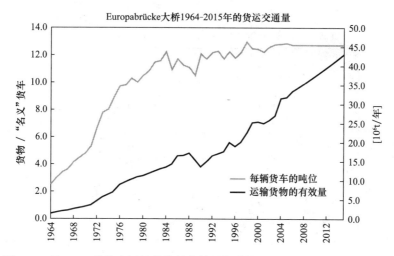

图 4.58　Brenner 线路上运输货物的有效量与计算出的每辆货车的货物的比较

分析。该方法为连续疲劳分析提供了一个严格的基于现场的加载输入参数，形成了"定制"的性能预测方法。另外，从级别一到级别三的应变计测量结果已经验证了基于有限元的应力寿命方法的正确性。因此，关于以三级法确定每年结构总承载力的损耗这一目标（指加载）已经通过这种创新的方式达到了。

　　目前方法的一个主要创新是基于 Wenzel 和 Veit-Egerer（2008）的模式识别算法提出了DYGES 算法。DYGES 算法对于由加速度计（永久检测系统的一个主要特性）测得的数据转换得到悬臂梁竖向位移是必须的。开发的 DYGES 算法获得了由联邦交通、创新和技术部设立的"奥地利远程信息处理奖"的提名。

　　除了交通引起的影响之外，其他监测活动揭示了太阳辐射的重大影响。除了上述采用激光进行的整体挠度测量，桥梁参考加速度在横向偏移的变化被转换为倾斜角。由此产生的温度梯度率引起了附加的轴力和外桥跨上明显的变形。近似分析表明该约束的强度水平可以达到交通本身影响的范围。温度和太阳辐射的影响在叠加到交通导致的严重疲劳影响之前，需要进行独立分析。

　　与焊接部件结构性能分析的一般理论相反，作者认为需要考虑由于温度影响而引起的平均应力的变化。作者确信，上述讨论的导致焊接处剩余应力的收缩效应在桥梁 40 年服役期间以及不断受压的情况下（第 4.1.2.1 节），已经变得非常小或已完全消失。因此，变化的平均应力甚至与焊接部件之间是有关联的，需要运用适当的修正原则进行修正。

　　2007 年 5 月开始，通过永久监测系统中安放在箱梁横截面上的温度传感器（图 4.59）对温度影响的现场分布以及太阳辐射的本身进行了评估。建立了明确的温度加载工况并将其应用到了有限元计算中。

　　通过在有限元计算中考虑严格的基于测量的加载影响，强有力地支持了从随机出现的交通荷载中分离出疲劳相关荷载周期（图 4.60）对桥梁使用寿命进行的定量估计。从桥梁结构建好初期直到现在，所有计算的损伤矩阵基于 Palmgren-Miner 进行累加可以得到分析细部的剩余承载能力。作为一个较好的结论，除了桥梁服役年限定量估计，另外一个重要的参数，疲劳的相关性 *FR*，推导如下：

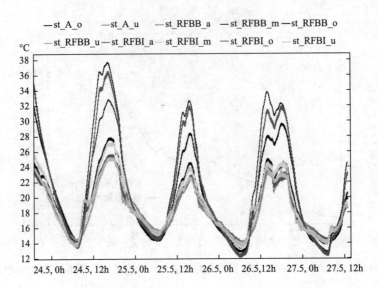

图 4.59 环境条件的整体评估：沿某一横截面（桥墩 V）钢铁的温度和空气温度

（2007 年 5 月 23 日 19：00 至 2007 年 5 月 27 日 13：00）

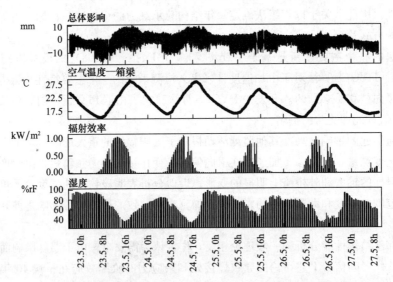

图 4.60 交通荷载影响的整体评估及其与环境条件影响的比较：

整体竖向变形、空气温度、太阳照射率、湿度

（2007 年 5 月 20：00 至 2007 年 5 月 26 日 12：00）

$$FR = \frac{\sum n_i}{ADTV} \tag{13}$$

它将与剩余疲劳度相关的荷载周期 n_i（由传感器记录和从损伤矩阵中获得）从随机发生的交通中（$ADTV$，平均日交通量）分离出来。很显然，观测结果可以随着观测时间的延长而不断改善。

整个概念确保了对结构缓慢变化过程的计算和观测，结构的这种缓慢变化会引发局部损伤或结构的运营整体性的退化。这些关于疲劳抗力本身的热点分析结果将在一系列后续文献中

讨论。

4.2　频率分析中的条件补偿

4.2.1　引言

最近的一些出版物对可以通过频率分析进行结构损伤检测这一观点提出了疑问。实际上，温度的改变通常会引起很明显的频谱变化，而小的损伤引起的变化并不明显。除了温度之外，其他环境因素的影响，如太阳辐射对结构的变化影响都应当予以考虑。

目前的研究显示了新的补偿方法在频率分析中的能力。当同时检测环境条件和结构反应时，可以预测结构合理的反应。上述补偿程序主要针对以下情况：

- 温度（日周期和年周期）
- 活载补偿（通行的车辆等）
- 风荷载的影响
- 支撑摩擦
- 恢复力
- 边界条件的改变
- 冲击能量
- 仪器仪表

在消除了所有的操作和环境因素后，即可得到稳定的频率：

$$f_{\text{total}} = f_0 + \sum_{i=factors} f_i \tag{14}$$

式中：f_{total}、f_0、f_i 分别表示总频率、结构频率和影响频率；i 表示所考虑的操作和环境因素。任意的误差都可以理解为损伤或异常事件。该方法为结构管理和寿命预测研究开辟了新的可能性。目前主要开展了以下两个最主要领域的研究。

4.2.2　温度补偿

接下来的分析是基于针对 Europabrücke 大桥的研究。Europabrücke 大桥是奥地利著名的钢架桥，坐落在 Innsbruck 附近，于 1963 年开始通车使用，是阿尔卑斯山脉南北方向的主要城市和货运交通通道。奥地利 VCE 公司自 1997 年就采用 BRIMOS 系统对 Europabrücke 大桥进行了长期关注，桥梁业主于 2003 年开始为其安装永久检测系统（Wenzel 和 Pichler，2005）。

桥梁的参考传感器（三维力平衡加速度计）安装在其主跨内，距离桥墩 II 约 0.4 个跨长的地方。在这一基点处，对整体刚度和一些环境因素的影响进行了评估（采样频率为 100 Hz，文件长度为 330s）。

将几次测量结果（频谱）叠加在一起，然后从上向下观察（所谓的趋势卡），就可以得到如图 4.61 所示的评估图形，该图显示了在某一温差较大天气下的主跨的相关竖向刚度。为了完整性，在同一天内相应的频谱如图 4.62 所示。IMC（2005）开发出了一个独立的程序，该程序包含一些测量数据预处理方法（偏移消除和带通滤波）。为了完成不同频域内，稳定和自动的峰值拾取，在频率评估过程中对反应谱进行了平滑。

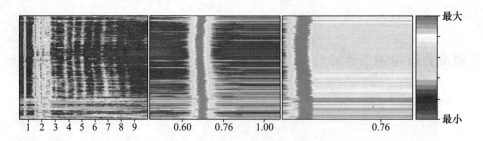

图 4.61　一天中的刚度变化趋势：0.30~10/0.30~1.10/0.60~0.80Hz

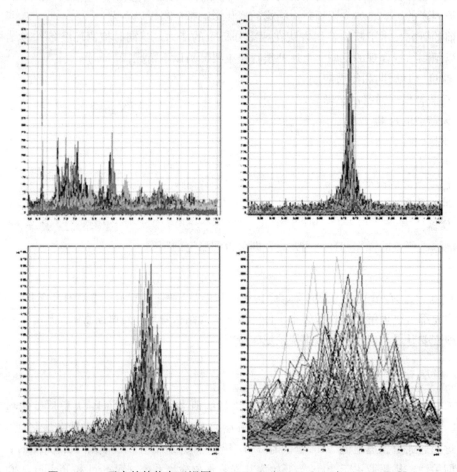

图 4.62　一天中的趋势卡正视图：0.30~10/0.30~1.10/0.60~0.74Hz

　　刚度和空气温度自身（直接安装在桥墩Ⅱ上方基点的记录）的互补关系是比较明显的，这种关系可以解释为主跨在竖向方向上一个长的正弦波。在程序运行期间，可以采用更优的频谱滤波技术代替前面提到的带通滤波方法以确保峰值拾取的准确度。

　　永久监测系统展示了当前桥梁结构所承受的显著的荷载影响——每天承受着超过30000辆汽车（接近20％为货运）的通行量。通过将前述方法运用到参考传感器一整天的测量数据处理中，可以得到一个包含了281个单独峰值的刚度序列（图4.63，左），其代表随机发生的环境和强迫振动条件（即，离散）。

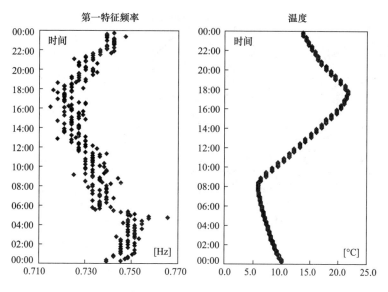

图 4.63 第一特征频率及其明显的温度相关性

为了从机理上描述这一现象，必须关注路基沥青层的温度相关性，因为不同的气候条件所引起的钢铁特性的变化是可以忽略不计的。首先采用动态杨氏模量与温度的特征关系（Willberg，2001），由于这一相关性，将温度敏感性高的沥青层施加到整体结构分析模型的断面上，可引起中间跨弯曲刚度的明显变化（图 4.64，右）。根据以下广泛应用的公式：

$$f_i = \frac{\lambda_i^2}{2\pi L^2} \sqrt{\frac{EI}{m}} \tag{15}$$

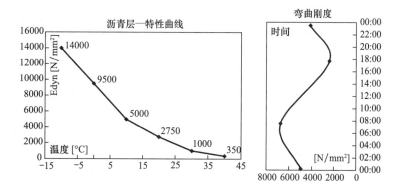

图 4.64 沥青层的弯曲刚度随温度的变化

振动频率与转动惯量的平方根成正比（Blevins，1979）。鉴于此，当从整个趋势中去除基于温度的刚度变化时（图 4.65，由左至右），需要生成一条关于频率的曲线（图 4.65，中）。得到的趋势图很清楚地显示出货运交通本身的影响，其在一天内引起了两次明显的特征偏移，这一点明显反映在早上 5 点到晚上 10 点之间允许货车通行的时间段内。

4.2.3 附加（移动）质量补偿

主跨刚度修正后的趋势已经包括通行的货运交通变化的大量特征（图 4.66 和图 4.67）。遗

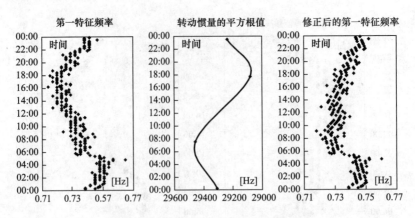

图 4.65 温度补偿前后第一特征频率图

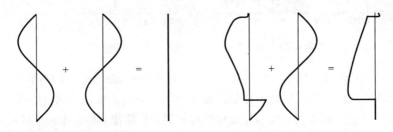

图 4.66 温度补偿后固有频率的预期结果（左）与实际结果（右）的比较

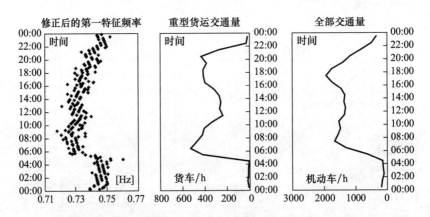

图 4.67 受交通荷载（附加移动质量）明显影响的刚度修正

憾的是，从权威机构那里仅能获取每小时发布的交通量数据。对于一些近似附加质量补偿探索性的介绍，需要开展进一步的研究。

由式（15）还可以看到，振动频率与质量的平方根成反比。这意味着活载将导致有效质量的增加，从而引入以小时计算的因素来修正波动的频率。由于这一反比关系，离散的频率随着每小时货车的模态参与而趋于直线（图 4.68）。

事实上，永久监测系统目前的结构框架为开发更加复杂、更加可信、基于严格测量基础的方法提供了可能性。沿悬臂梁外沿（在车行的两个方向）间隔一定距离安装的一对力平衡加速度计可以在对交通没有任何干扰的情况下，验证出现的货车以及它们相关的速度和吨位。开发出了动态货运交通记录系统（一种模式识别方法，Veit and Wenzel (2006)），该系统采用了基于加速度计测得的加速度来获取悬臂梁的变形。通过这种方法，可以识别每一测量文件内同时通过主跨的移动荷载，该移动荷载会引起频谱中单个峰值的转变。

4.2.4　小结

由于永久监测系统会产生大量的数据，因此需要对它们进行系统处理以全面地开发利用。对于简单处理，建议计算基于统计的阈值水平。这样，连续的监测系统可以通过提供"正常"运营条件下模态参数的变化来触发与损伤评估有关的警告和报警。

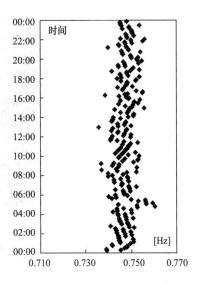

图 4.68　经过近似附加质量补偿后的刚度模式

从所安装设备提供的大量数据，可以建立一个结构行为模型，称为"规则模型"（基准模型）。通过对获得的测量数据定期分析并与基准模型进行对比可以发现潜在的结构破坏。定期观测所得的数据可建立结构性能的统计模型，据此可以得出结构反应与数据趋势的统计相关性。这些模型可以通过指出数量的"权重"来控制结构反应的时间。图 4.69 和图 4.70 给出了通过历史数据库分析定义的预警阈值水平。

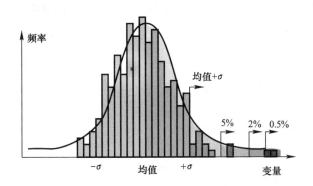

图 4.69　阈值的直方图和基于最优分布的拟合曲线

4.2.5　展望

经验表明该方法在许多方面的特性还是近似的，然而该方法受益于永久监测，仍可以达到执行的目标。尽管采用空气温度来替代结构单元的温度，但结果仍然非常理想。该方法在结构刚度方面的评估是一个创新，其特别适用于长期监测。在本研究中，获取不受主要环境和运营影响且随时间变化的频率的目标已经实现。一旦实施了基于悬臂梁—传感器的方法，这一程序将会将被逐步优化。

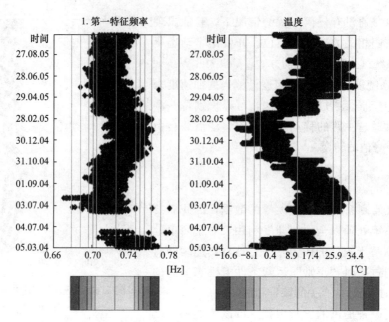

图 4.70　采用 5/2.75/2.5/1/0.135% 超越概率的阈值水平（统计时程）的 18 个月的反应

4.3　模型修正和系统识别

模型修正和系统识别已经取得了相当大的研究进展，具体的技术和方法将在第 7 章中讨论。它涵盖的领域非常宽，包含多种有效的方法。许多研究机构和研究小组针对这一课题开展了广泛的讨论。

- IMAC，美国组织的年会；
- EVACES，欧洲组织的会议，两年一次；
- IOMAC，另一个欧洲组织的会议，两年一次；
- ISHMII，国际性会议，两年一次；
- 以及一些专门的研讨会和专题讨论会。

将来的目标是形成一个集成系统，该系统能够掌握全部有用的结构信息来进行长期在线模型修正和状态评估。

4.4　性能评估（阻尼，时程）

4.4.1　简介

土木工程结构设计主要有两个特征：承载力和适用性。然而，每一个结构系统在其服役期间都会受到各种环境和荷载的影响，这将导致严重的损伤积累，从而严重影响其承载力和适用性。因此，在过去的十年里，整个土木工程领域都普遍需要可靠的无损评估和损伤检测技术。实施损伤检测的过程可以称之为"结构健康监测"。所谓的基于振动的健康监测技术的依据是损伤将会引起结构局部阻尼（能量耗散）和刚度的变化。因此，结构的整体动力特性，如特征频率、模态阵型、模态阻尼等，都会受到影响。

目前已存在一些计算阻尼的方法，然而这些方法的性能受采集数据质量的严重影响，如时间序列的长度、测量和系统的噪声以及系统激励等。此外，在任意的瞬间结构会表现出不同的能量耗散方式。这些能量耗散方式有些与材料特性相关，而有些则与系统的边界条件有关，有时候接触摩擦也会产生影响。因此，阻尼估计需要小心地使用数值计算方法。对阻尼特性进行的可靠识别，具备必要的工程理解和批判性的思考是非常重要的。

这一节主要讨论四种常见的阻尼计算方法的敏感性和所记录的结构响应质量之间的关系。为此，开发了相应的程序并在一些数值模型上进行了实验。采用数值模型进行实验主要是因为输入、噪声和能量耗散源可以被很好地控制。实验结果非常理想，因此可将该方法进一步应用到不同类型的真实土木结构振动响应的数据中。接下来几小节将对计算结果进行详细探讨。

除了令人满意的算例外，一些其他问题也应提到，如多个密集的主要频率。此外，可以改变一些参数，如滤波器的阶数、信号重叠、参考频率等，来说明仔细选择参数对于确保结果合理的重要性（见第 4.4.3 节）。

最后，在第 4.4.4 节进行了总结并对未来的研究和发展提出了一些建议。

4.4.2 阻尼估计方法

目前已有许多不同的阻尼系数估计方法。为提供一个总的概况，这里选择了其中的五种在接下来的内容中进行讨论。

4.4.2.1 半功率带宽法

这种常见的方法既简单又快速，已应用于实践。该方法基于以下原理：单自由度系统响应振幅的宽度与系统的阻尼比成正比。设 f_r 为谐振频率，即发生最大响应振幅时强迫振动的频率；定义 f_1 和 f_2 分别为振幅在共振振幅 $1/\sqrt{2}$ 倍处的强迫振动频率。即可得到小阻尼比 ζ：

$$\zeta = \frac{f_2 - f_1}{f_r} \tag{16}$$

详见参考文献 Bendat 和 Piersol（1993）。Peeters（2000）指出，该方法在实践中似乎并不是计算阻尼比的可靠方法，例如，当谱峰值丢失的时候。实际上，无法准确地获取谱峰值也是一个好的机会，因为如果峰值丢失，相应的带宽将会大于真实值，从而导致阻尼可能会被高估。

4.4.2.2 随机减量法（RDT）

随机减量法是 NASA 开发的时域方法，最初由 Henry Cole（1973）提出。其基本原理是：当时间序列满足所谓的"触发条件"时，挑选出超过"触发条件"时间的序列并对其取平均值，公式如下：

$$\hat{D}_{XX}(\tau) = \frac{1}{N} \sum_{i=1}^{N} x(t_i + \tau) \mid x(t_i) = a \tag{17}$$

采用式（17）时，时间序列的随机部分会被抵消掉。因此，得到的随机减量信号 $\hat{D}_{XX}(\tau)$ 可以被理解为自由衰退，这是采用 RDT 法提取阻尼比的基本思想。

当同时存在两个或更多的显著的系统频率时，这个方法并不是非常有效。这种情况下，强烈建议在处理数据前使用带通滤波。由于滤波器的阶数会严重影响结果的质量，因此应进行额外的分析，即对比 1 阶和 10 阶滤波器计算结果（参见图 4.79）。

4.4.2.3　对数衰减法

当把 RDT 特征值解释为自由衰退时，可以通过对数衰减参数 δ 计算阻尼比，公式如下 (Chopra，2000)：

$$\delta = \ln \frac{x_n}{x_{n+1}} = \frac{2\pi\zeta}{\sqrt{1-\zeta^2}} \tag{18}$$

式中，x_n 和 x_{n+1} 表示两个连续相同符号自由振动的振幅。因此，对于小阻尼比，最终可得：

$$\zeta \approx \frac{\delta}{2\pi} \tag{19}$$

4.4.2.4　曲线拟合

当频率分布密集时，推荐使用曲线拟合来求解系统衰减时的阻尼。可用如下公式：

$$u(t) = e^{-\xi\omega_n t}\left[u(0)\cos\omega_D t + \frac{\dot{u}(0) + \xi\omega_n u(0)}{\omega_D}\sin\omega_D t \right] \tag{20}$$

其中：

$$\omega_D = \omega_n \sqrt{1-\xi^2} \tag{21}$$

通过最小二乘法将函数 $u(t)$ 与 RDT 信号 $\hat{D}_{XX}(\tau)$ 拟合，可直接得到阻尼比 ζ。

4.4.2.5　随机子空间识别方法

该方法大约在 20 年前由 Van Overschee 提出。一般的随机识别问题可以描述如下，设有 s 个由 n 阶未知随机系统生成的测量值 $y_k \in R^l$：

$$x_{k+1}^s = A x_k^s + w_k \tag{22}$$

$$y_k = C x_k^s + v_k \tag{23}$$

假设 w_k 和 v_k 零均值的白噪声且其协方差矩阵向量满足：

$$E\left[\begin{pmatrix} w_p \\ v_p \end{pmatrix} \begin{pmatrix} w_q^T & v_q^T \end{pmatrix} \right] = \begin{pmatrix} Q & S \\ S^T & R \end{pmatrix} \delta_{pq} \tag{24}$$

确定未知系统的阶数 n 和系统矩阵 $A \in R^l$ 和 $C \in R^l$。用已有的技术，可以得到方程（22）～方程（24）中的全部矩阵。

最后利用矩阵 $A \in R^l$ 的特征值 λ 和下列关系式，即可计算阻尼值：

$$\mu_i, \mu_j^* = -\xi_i\omega_i \pm i\omega_i \sqrt{1-\xi_i^2} \tag{25}$$

式中：

$$\mu_i = \frac{1}{\Delta t}\ln(\lambda_i) \tag{26}$$

随机子空间法是一种常用的方法。它的数学背景原理和其他相关信息，请参考 van over-schee 和 De Moor（1996）或 Peeters（2000）。

4.4.3　结果

当开发 RDT 的程序时，可选用一些触发条件，其中四个可见文献 Asmussen（1997）。这篇文章中提到的大多数结果都是采用正极值触发条件得到的。因此，每当时间序列大于给定阈值时就选取一个片段（参见图 4.79，图中给出了水平交叉触发条件，即每次穿过阈值时选取一个片段）。

由于在接下来提到的两个例子中有几个主要频率，因此采用了巴特沃斯带通滤波器对尼奎斯特频率 2% 的带宽进行过滤。除非有特殊要求，否则阶数选定为 1。

　　在本节，研究了两个真实结构（悬索结构和预应力混凝土桥）的振动响应。在后一个例子中，分析了两种结构状态，即无损伤和损伤。结构损伤是通过人为去除一些钢筋而造成。悬索和桥梁的采样时间率分别为 $\Delta t = 0.005s$ 和 $\Delta t = 0.01s$。

　　对加速度信号进行加窗，窗口长度为 4125 个测点，50% 相互重叠。然后估计每一窗口的阻尼，用正方形标记。计算整个信号的阻尼，并在整个频率振幅范围内用实线描绘。需要注意的是，得到的是从用频域表示的整个信号中选取的基本特征频率的阻尼。

　　对于方法的选取，就 RDT 来说，不同的参数将产生有用的和无用的结果。本节的一个目的是对最后的结果进行解释说明和排除错误的结果。

4.4.3.1　悬索结构

　　例一，德国哈雷/萨尔的"Berliner Brücke"悬索的测量数据，时域图见图 4.71。这是一个关于"频率分离问题"很好的例子，该例子为接下来的阻尼计算提取感兴趣的频率。图 4.72是频率响应函数。由于一些主要频率分布非常密集，其中的一些仍未被过滤掉。因此，经常得到不准确的阻尼值，如图 4.73 所示负的阻尼比。

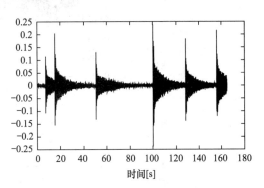

图 4.71　"Berliner Brücke"悬索的竖向
通道测量数据

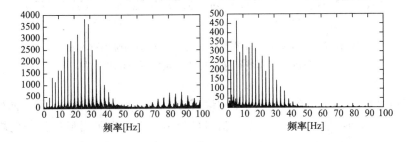

图 4.72　悬索结构：未过滤的频率响应函数（左）和以 2.3Hz 为基本特征频率过滤的频率响应函数（右）

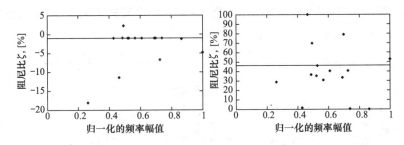

图 4.73　悬索结构：基于 RDT 法和正极触发阈值得到的阻尼计算结果
左图为对数衰减法（平均值：−1%），右图为曲线拟合法（平均值：46.35%）

4.4.3.2　预应力混凝土桥

　　例二，一座著名的横跨高速公路的单跨后张预应力混凝土桥，该桥坐落在奥地利的 Regau

附近，它是一个典型的监测案例。监测分两步完成，即人为减少一些钢筋前后引起的结构损伤。同样对信号加窗口，窗口长度为 4125 个测点，50％重叠。图 4.74 为观测的时间序列。通过一个一阶巴特沃斯滤波器对 4～5Hz 之间（图 4.75）的信号进行过滤。

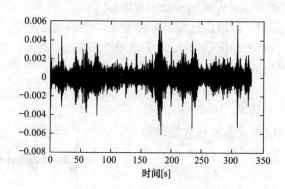

图 4.74　桥梁结构，未损伤

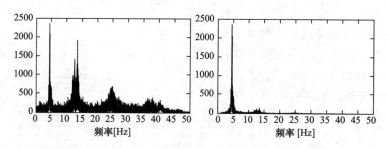

图 4.75　桥梁结构，未损伤：未过滤的频率响应函数（左）；
以 4.5Hz 为基本特征频率过滤的频率响应函数（右）

　　图 4.76 和图 4.77 给出了在第 4.4.2 节中谈到的四种不同方法计算的结果。同样地，正方形表示不同窗口的阻尼值，实线表示全部信号的阻尼，虚线表示阻尼值的变化趋势。从图 4.76 和图 4.77 可以发现，无论采用哪种方法，测得的阻尼均具有很好的相关性。然而，采用半功率带宽法计算的结果通常带来差异，Peeters（2000）曾经指出过该问题。尽管如此，可以明确得到基于理论的"频率幅值与阻尼比"变化关系：小幅值对应高阻尼，反之亦然。这种趋势在下面所有的图像中都用虚线表示。

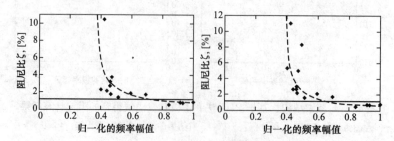

图 4.76　桥梁结构，未损伤：基于 RDT 法及正极触发所得阻尼估计结果
左图为对数衰减法（平均值：1.25％）；右图为曲线拟合法（平均值：1.19％）

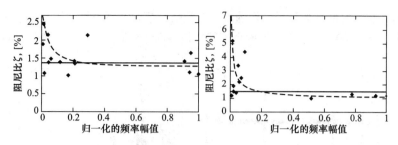

图 4.77　桥梁结构，未损伤：阻尼估计结果

左图为半功率带宽法（平均值：1.37%）；右图为随机子空间法（平均值：1.50%）

观察图 4.76 和图 4.78 可以发现，当归一化频率的振幅小于最大值的 60% 时可以忽略，因为低于该阈值的结果变得越来越不稳定（特别是未破坏的结构）。

下一步进行参数研究。首先重叠范围提高到 99.61%。图 4.78 给出了基于正极触发法的 RDT 方法和曲线拟合法，桥梁结构在损伤前后的阻尼分析结果。未损伤结构的阻尼变化表明理论结果和 50% 重叠率的分析结果有较好的相关性；对于损伤的结构，阻尼比无任何趋势规律可循，这很有可能是严重损伤造成的。然而，获得的整体信号的阻尼比可以看作一个损伤指标：$\zeta_{未损}=1.19\%$，$\zeta_{已损}=2.21\%$。相应的频率幅值从破坏前到破坏后衰减了 28%。这些都验证了关于损伤存在的理论分析。

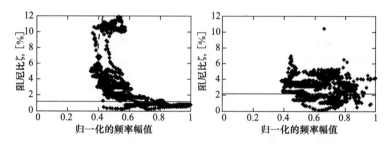

图 4.78　桥梁结构，重叠率为 99.61%：基于正极触发的 RDT 法和曲线拟合法的阻尼估计结果

左图为桥梁未损伤时的观测数据（平均值：1.19%）；右图为桥梁损伤后的观测数据（平均值：2.21%）

如前所述，在基于 RDT 方法的阻尼估计中，滤波器阶数的影响见图 4.79。换句话说，较高的滤波器阶数会导致巨大的差异。一阶滤波器通常能得到很好的结果。由预定阻尼的 Newmark 时间积分法得到的理论信号也证实了这一点。

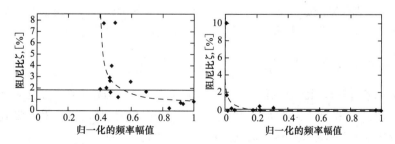

图 4.79　桥梁结构，未损伤，重叠率为 50%：基于水平交叉触发的 RDT 法和对数衰减法的阻尼计算结果

左图采用一阶巴特沃斯滤波器（平均值：1.81%）；右图采用十阶巴特沃斯滤波（平均值：2.21%）

可以估算不同特征频率的阻尼，而选取参考特征频率时需要一些工程方面的专业知识。在损伤桥梁结构（图 4.80）的谱中选取两个不同特征频率计算的阻尼值如图 4.81 所示。

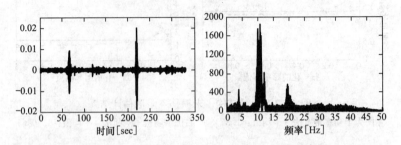

图 4.80　桥梁结构，损伤后：左图为时域图，右图为频率响应函数
分别显示两个主要频率：$f_1 = 3.76 \text{Hz}$，$f_2 = 9.90 \text{Hz}$

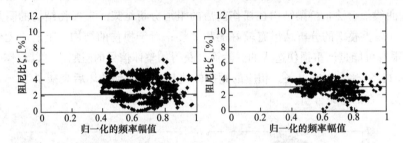

图 4.81　桥梁结构，损伤后，重叠率为 99.61％：基于正极触发法的 RDT 法和曲线拟合法的阻尼计算结果
左图滤波频率为 3.76Hz（平均值：2.21％）；右图滤波频率为 9.90Hz（平均值：3.14％）

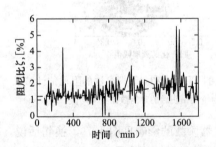

图 4.82　桥梁结构由未损伤到损伤过程中，阻尼随时间的变化：基于正极触发法的 RDT 法和曲线拟合法
参考频率是不固定的（即根据其最大幅值选取）

最后，图 4.82 显示了损伤时程的阻尼评估。可清楚地看到阻尼比逐渐增大，其可被看作为损伤指标。这里没有用到窗口，参考频率是根据其最大幅值来选取的。图中单个的极值表明：为了得到合理的损伤识别结果，进行较长时间的记录可以消除不合理的结果。此外，相对于绝对阻尼值，阻尼值与阻尼特性之间的比较更为重要。在该方法中，绝对阻尼值在很大程度上受观测记录中事件数量的影响。消除所有外部影响会导致失去一些重要的指标，进而会丢失一些重要的信息并会减弱结果的可信度。

4.4.4　小结

本部分介绍了五种常用的阻尼估计方法，并对它们的计算结果进行了相互对比。在研究不同的结构时，RDT 法和随机子空间法的效果差不多一样好。但是，当采用半功率带宽法时应特别注意，该方法不是很稳定，因此在实践中不太可靠。

上文研究了一些可能的问题，并分析了结果。下面总结一下阻尼估计中的主要结论：

- 不同主要频率之间的分离性对结果的可靠性起着举足轻重的作用。滤波器的选择很重要。

- 如果相应的频率幅值很小，则方法会变得不稳定。因此，建议将研究幅值限定在最大幅值的 60％ 以上。
- 测量数据和所得的结果都要从工程的角度来分析，因为数值和测量方法都存在可能的误差源，这些误差很难被直接发现。
- 总体来讲，有理由相信阻尼是一个不错的损伤指标。

此外，还存在一些得不到结果的工况，这主要是由测量时的特殊条件决定的。但不能因此而否定这种方法，在应用时应考虑这些因素。总体来讲，为改善结果，建议进行较高采样率的长时间观测。目前，建议采样频率取 500Hz，记录时间取 22min。

RDT 法已成为阻尼计算的主要重点。将来该方法会得到进一步的拓展，旨在推动频率自动分离和随机减量信号质量检查方法的发展。为了发展一种可靠的阻尼估计方法，对于大量输入数据的影响需要进一步的研究。最终，这项研究工作的主要成果是一种改进的损伤探测方法。

4.5　结构健康监测原理的讨论

在 2005 年斯坦福大学举办的结构健康监测研讨会上，Farrar 和 Worden（见 Farra 等人，2005）详述了结构健康监测中的一些原理并尝试形成一般规则和理解，从而支持那些一直以来被本领域争议的"基本真理"。这些理论并不代表结构健康监测的实践者。为生成一些新方法，有必要增加一些算法使得结构健康监测的从业人员能够通过数据作出判断。为此提出了基于统计模式识别的方法，其原理详述如下：

原理 1：损伤评估需要对两个系统的状态进行比较。 为了对这个原理达成共识，需要确定何为基线。在一些土木结构健康监测的方法中，不要求在对未损伤系统的观测中确定基线。该基线可以根据预期的系统行为，从理论上简单地建立。最终可以对系统理论和实际行为进行比较。在结构健康监测中，常用的模式识别方法需要一个训练集。在损伤检测中可以采用两种检测方法，训练集由能代表结构系统正常状态的特征样本组成（图 4.83）。对于高级诊断，需要估计损伤的位置和程度，此时训练数据不但应包含正常状态下的样本，还必须包含不同损伤情况下的样本。在这种情况下，正常状态下数据毫无疑问地构成了基线。在土木工程的基础设施中，未损伤状态几乎不可能达到，这就需要假设理论模型可以为未损伤的状态提供基线。然而，以往的经验表明，通过合理的努力建立适当的模型是比较困难的。通过数据库中管理的类

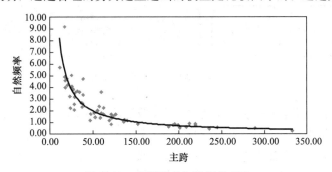

图 4.83　特征频率与跨宽的对比

似结构的经验也可以获取基线，这意味着要比较这些类似结构的平均性能。此外，动力特性参数可以从以往的测试中确定，测试发现的任何偏差都可被认为是损伤。无论选用哪种损伤检测方法，根据结构的特征建立的基线都是非常有用的。

　　原理 2：在非监督学习模式下可以识别损伤是否存在及损伤的位置，而确定损伤的类型和程度只能在监督学习模式下进行。对于土木工程结构而言，最重要的问题是：是否存在损伤？由于损伤是否存在会使得计算方法完全不同，因此损伤的具体位置及其严重程度等其他问题显得并不是特别重要。因为土木工程界与机械航天或自动化工程领域的责任不同，因此这些因素在土木结构健康监测中并非关键所在（图 4.84）。

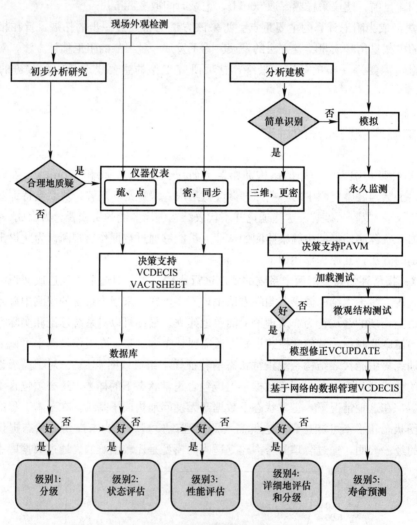

图 4.84　结构健康监测流程图

　　统计模型中结构健康监测模块的发展注重的是算法的实施。这些算法通过提取损伤敏感性特征以量化结构的损伤状态。统计模型中的算法一般分为三类：当可得到结构损伤前后的数据时，可采用统计模式识别算法作为监督学习进行一般分类；监督学习模式有群分类和回归分析两种方法，这两种方法一般与离散还是连续分类有关；非监督学习是指算法在使用时不包含结构损伤的数据，其中异常值检测或新颖检测是非监督学习模式中的两种基本类型。为了增强损伤检测过程，这些算法都会分析测量或提取的特征的统计分布。

原理 3：**如果没有智能特征提取技术，则观测值对损伤越敏感，其受运营和环境条件变化的影响也越大。**土木工程结构对运营和环境条件的敏感性将在单独章节详细阐述。环境和加载条件越好，损伤检测的结果也就越好。在理想的情况下，这些条件带来的影响可用补偿的方式消除。然而由于观测时间太短以及很多意外状况不可预知，会存在大量的不确定性。因此目前已认识到，例如，刚度退化或许并不是一个很好的损伤指标，因为其敏感性较低。由于刚度退化不是唯一的指标，将多种方法进行结合可能会更加有效。结构反应中的特殊变化或许更具代表性，下文将讨论如何记录这些变化。

原理 4：**在算法的损伤敏感性与噪声抑制能力之间有一个权衡。**信噪比是一个令人感兴趣的主要问题，它是最大值与干净的正常模式向量的百分比。对于一定的信噪比，孤立点分析所需的训练集和测试集产生方法如下。训练集由 1000 个干净的正常模式的样本组成。将试验集与平均训练集简单地进行比较。考虑目前实际状态，训练集可作为结构未损伤时的基线测量。这里给出了后张梁的例子，损伤分几步进行引入（图 4.85）。

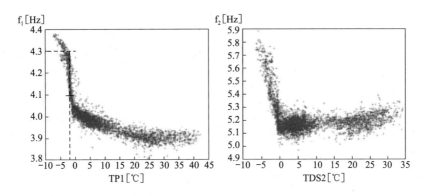

图 4.85　第一特征频率与磨损表面的温度（左），第二特征频率与桥面拱腹的温度（右）

原理 5：**由系统动态变化检测到的损伤大小与激励的频率范围成反比。**显然，损伤的大小与测量的程度有关，这包括结构上测点的数量和获取的采样率。只有结构的基本特征被实际测得时，才能检测出损伤。这就意味着，以钢结构为例，采用标准的环境振动法 100Hz 采样率时，不能检测出微小损伤。因此，采用逐步损伤识别的方法是明智的，从整体状态识别开始，到断面状态识别，最终到结构构件识别。每一步都需要不同的测量工作和方法。这一点主要受费用的限制（图 4.86）。

这里需要指出的是，损伤引起的非线性及其变化会使识别过程变得较为困难。损伤敏感性与波长的关系可以推广到更普遍的基于振动的损伤检测方法中。在这些应用中，可用结构的驻波波长（即振型）代替穿过材料的弹性波长。很多文献资料充分表明这种较低频的加载对局部损伤的检测来说，不是一个很好的指标。结构的整体模态频率越低（带有较长特征波长），其对局部损伤也就越不敏感。像悬索桥这样的土木工程基础设施，模态形状的波长达几百米，因此对于只有几厘米的疲劳裂纹是很难被检测到的。然而，由整体到局部的观测思路解决了这一问题。

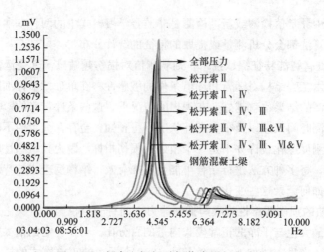

图 4.86 频率和振幅随损伤率增长的变化

4.6 安全性评估

Casas（2006）报告了当今欧洲结构安全性评估的现状。对既有结构的评估包括确定性方法和概率方法两种。公路和铁路部门经常采用的方法主要基于确定性或半概率（分项系数）假定。分析世界范围内采用的方法，可以得到以下结论：

- 少数国家，如英国、丹麦、美国、加拿大，在高速公路桥梁的安全性评估方面采用具体的指南或标准。而在拥有大量高速公路桥梁的欧洲国家，如法国、德国、意大利、波兰和西班牙，尚没有具体的结构安全性评估方法，通常评估计算的基础与新桥梁的设计相同。亚洲和南美洲的国家也没有桥梁安全评估的具体规范。
- 结构安全性评估应该基于设计时假设的极限状态。
- 最有效的评估应基于采用不同的、逐渐复杂的评估级别。在 BRIDGE，Cost345，Highways Agency 1998 和 SAMARIS 中均提出了一个五级模型（1 级最简单、5 级最复杂），见图 4.87。

评估级别	强度和荷载模型	计算模型	评估方法
1	设计规范中的强度和荷载模型	简单的，线弹性计算	基于 LRFD 分析，设计规范中的荷载组合和分项系数
2	基于设计文献和标准的材料特性		
3	基于现场测试和采用贝叶斯方法的观测可修正材料特性	如果延性满足要求，改进的与荷载重分布是允许的	
4			基于 LRFD 分析，允许改进分项系数
5	包含所有变量概率分布的强度模型		概率分析

LRFD：荷载与抗力系数设计（Load and resistance factor design）。

图 4.87 五级评估总体方案（BRIME）

德国也提出了类似的分级理念（Hiller 等人，2005），一方面为目前制定既有结构的评估指南作准备，另一方面为将来制定既有高速公路桥的安全能力评估欧洲指南作准备：

• 针对未损伤构件的抗力方程不能用于已退化的构件这一想法已达成共识，但是当讨论如何考虑已损伤桥梁退化的影响时，还存在分歧。

• 在桥梁评估中，怎样进行加载试验尚未达成明确地共识。因为桥梁测试的经验经常显示桥梁的预期性能与传统分析方法得到的结果存在差距，一些规范反映了负荷测试的可能性。在很多国家，加载测试都被看作是理论评估的一种信息补充，用以提供桥梁的真实结构性能信息。然而，一般不考虑仅采用实验的负载测试来进行完备性评估。但美国的 LRFR 评估规范是个例外［公路桥梁状况评估及荷载抗力系数评定手册（LRFR-1），2003］。道路测试也存在不足，即主要反映了结构的线弹性性能而没有反映引起过程失效的非线性因素。

• 显然，对既有桥梁进行安全性评估时，应考虑其目标可靠度水平与新结构设计中的假设不同。表 4.3 中给出了一些国家采用的和国际组织建议的目标可靠度水平。考虑到场地实际情况和评估与设计的经济性且评估的是一个较短的周期（每 2～5 年检查一次），在评估中采用较低的可靠度水平是合理的。

表 4.3 构件级别下的极限应力（ULS）、参考周期 1 年、正常失效结果的可靠度指数目标值

	加拿大	美国	欧洲	JCSS	丹麦	ISO
设计	3.75	3.75	4.7	4.2	4.2	4.7
评估	3.25	2.5	—	—	4.2	4.7

JCSS：结构安全联合委员会；
ISO：国际标准化组织。

基于可靠度的方法是安全评估领域当前和今后的趋势。一些国家已经将基于可靠度的方法用于桥梁的安全评估（Casas，2000；Lauridsen，2004），一些国家已经基于概率模型为既有桥梁制定了一系列标准、指南和规范（SAMCO：加拿大，丹麦，斯洛文尼亚，美国）。由于缺乏信息和标准，这种方法在实践中还未得到广泛应用。结构安全联合委员会在建立必要标准过程中的重要一步是制定了概率模型规范（2001）。概率模型规范及 SAMCO 指南都为将来扩大可靠度方法在桥梁能力评估中的应用，提供了必要的基础。

另一个仍需大量研究的未来趋势与以下问题有关：如何在能力评估计算中进行建模，使得该模型能够统筹桥梁检测中发现的退化和总结的状况状态？如果使用状况系数的概念，问题将变为如何在外观检测所获得的状况指数中推导出该系数。该状况系数放大了在实际尺寸和强度下所评估构件的名义抗力。一般规则是采用工程判断，检测过程中得到的状况评定与状况系数之间没有直接的联系。仅在斯洛文尼亚和美国［公路桥梁状况评估及荷载抗力系数评定手册（LRFR-1），2003］，状况评定与状况系数有直接关系。

许多规范和指南都将桥梁评估中的荷载测试结果集成起来形成特刊，这项工作非常有意义，但目前仍需做大量的工作。尽管许多国家已经意识到评估过程中诊断性加载试验在理论模型修正方面的重要性，然而只有美国通过了一种所谓的验证荷载试验，规范化了采用荷载试验直接评估桥梁能力及安全的可能性。欧洲对此的最大的贡献是对 SAMCO 网络的努力（www.samco.org）。

扩展阅读

Asmussen JC (1997) *Modal analysis based on the Random Decrement Technique-Application to Civil Engineering Structures*. Department of Building Technology and Structural Engineering, University of Aalborg, Denmark.

Bendat JS and Piersol AG (1993) *Engineering Applications of Correlation and Spectral Analysis*, 2nd edn. Wiley-Interscience.

Blevins R (1979) *Formulas for Natural Frequency and Mode Shape*. Van Regional Company, New York.

Bronstein IN, Semendjajew KA and Musiol G (2001) *Taschenbuch der Mathematik*, 5th edn. Harri Deutsch-Verlag, Frankfurt am Main.

Casas JR (2000) Permit vehicle routing using reliability-based evaluation procedures. *Transportation Research Record* **2** (1696), 150-157.

Casas JR (2006) Bridge management: Actual and future trends. In *Bridge Maintenance, Safety, Management, Life-Cycle Performance and Cost* (ed. Cruz PJ, Frangopol DM and Neves LC), pp. 21-30. Taylor and Francis, London.

Chopra AK (2000) *Dynamics of Structures: Theory and Applications to Earthquake Engineering*, 2nd edn. Prentice Hall.

ColeHA(1973) *On-line Failure Detection and Damping Measurement of Aerospace Structures by Random Decrement Signatures*. Technical Report NASA CR-2205, US National Aeronautics and Space Administration.

Des Industries Mechaniques CT (2001) *Pressure Components Fatigue Design in the Framework of Directive 97/23/EC on Pressure Equipment-Work Package* 6. Final Report, Centre Technique des Industries Mechaniques, Mulhouse.

Dreßler K, Gründer B, Hack M and Köttgen VB (1996) *Extrapolation of Rainflow Matrices*. Technical Report SAE Technical Paper No. 960569, Fraunhofer-Institut für Techno-und Wirtschaftsmathematik, Kaiserslautern.

Ermittlung von Dauerschwingfestigkeitskennwerten für die Bemessung von geschweißten Al-Bauteilverbindungen auf der Grundlage örtlicher Strukturbesanspruchngen (2002) Final report, Instituf für Schweitechnik der Technischen Universitt Braunschweig.

Farrar C, Worden K, Mansin G and Park G (2005) Fundamental axioms of structural health monitoring. *Proceedings of 5th International Workshop on Structural Health Monitoring*, September, Stanford, CA.

Fatigue Strength of Steel Structures (2002) Technical Report, Comité Européan de Normalisation (European Committee for Standardization). prEN 1993-1-9: 2002.

Haibach E (2002) *Betriebsfestigkeit-Verfahren und Daten zur Bauteilberechnung*, 2nd edn. VDI-Verlag.

Hille F, Rohrmann R and RuckerW(2005) Guideline for the assessment of existing structures. In *Bridge Management*, Vol. 5, pp. 227-234. Thomas Telford.

Hobbacher A (2003) *Recommendations for Fatigue Design of Welded Joints and Components*. Technical Report XIII-1965-03/XV1127-03, International Institute of Welding (IIW), Paris.

IMC (2005) *FAMOS V. 5. 0* Reference Manual, IMC Data Works, Maddison, WI.

Lauridsen J (2004) Bridge owner's benefits from probabilistic approaches-experiences and future challenges. *Bridge Maintenance, Saftey, Management and Cost-Proceedings of IABMAS 04*, pp. 3-10. Balkema, Rotterdam, Kyoto.

Leuven KU (undated) *ESDEP-European Steel Design Education Program: WG12 Fatigue*. Technical Report, Katholieke Universiteit Leuven.

Manual for Condition Evaluation and Load Resistance Factor Rating (LRFR) of Highway Bridges (LRFR-1) 2003. Technical report, American Association of State Highway and Transportation Officials.

Naubereit H and Weihart J (1999) *Einführung in die Ermüdungsfestigkeit*. Carl Hanser Verlag, München-Wien.

Niemi E (2000) *Structural Stress Approach to Fatigue Analysis of Welded Components-Designer's Guide*. Technical Report. IIW doc. XIII-1819-00/XV1090-01.

Peeters B (2000) *System identification and damage detection in civil engineering* PhD thesis Katholieke Universiteit Leuven Leuven.

Probabilistic Model Code (2001) Technical Report, Joint Committee on Structural Safety. http: www. jcss. ethz. ch/JCSS-

Publications/PMC/PMC. html.

Ramberger G (1998) *Stahlbau*. Manz-Verlag.

Simonsen B (2001) *Procedure for Calculating Hot Spot Stresses in Aluminium Constructions*. Technical Report, Department of Naval Architecture and Offshore Engineering, Technical University of Denmark.

Spaethe G (1992) *Die Sicherheit Tragender Baukonstruktionen*, 2nd edn. Springer-Verlag, Wien-New York.

Verkehrsentwicklung in Tirol-Berichte 1984-2006 (undated) Technical Report, Amt der Tiroler Landesregierung-Abteilung Gesamtverkehrsplanung, Innsbruck.

Verkehrsprognose 2015-vorläufige Ergebnisse hochrangiges Strassennetz Österreich (2000) Technical Report, BMVIT-Abteilung II/A/1, Wien.

Van Overschee P and De Moor B (1996) *Subspace Identification for Linear Systems : Theory-Implementation-Applications*, 1st edn. Kluwer Academic Publishers, Dordrecht.

Veit R and Wenzel H (2006) Measurement based performance prediction of the Europabrücke against traffic loading. *Proceedings of the 16th European Conference of Fracture ECF16*, Alexandroupolis, Greece.

Veit R, Wenzel H and Fink J (2005) Measurement data based lifetime-estimation of the Europabrücke due to traffic loading-a three level approach. *Proceedings of the 58th International Conference of International Institute of Welding*, Prague.

Wenzel H and Pichler D (2005) *Ambient Vibration Monitoring*. J. Wiley & Sons Ltd. , Chichester.

Wenzel H and Veit-Egerer R (2008) Measurement based traffic loading assessment of steel bridges-a basis for performance prediction. *International Journal of Structure and Infrastructure Engineering*.

Willberg U (2001) *Asphaltschichten auf hydraulisch gebundenen Tragschichten-Untersuchungen zum Tragverhalten*. PhD thesis, Technical University Munich.

第 5 章

决策支持系统

　　我们的交通系统已经拥有了数以百万计且可长期提供数据的传感器,但只有很少的一部分真正用于决策制定的过程。这主要是因为缺少资源,小部分原因是由于知识欠缺。决策支持系统(DSS)能够过滤数据进而将其转化为信息,操作者接收选项后,只需做最后决定。结构健康监测及其永久监测的结构每天都会产生数以兆计的数据,这使得决策支持系统非常适用。然而目前的应用还非常少,这主要因为标准的决策支持系统方法在土木工程中并不适用。下面介绍的决策支持系统证明了上述的必要性。

5.1　结构健康监测的决策支持系统

　　在现代社会,结构的监测评估及决策支持已成为了一个主要问题。目前,专家对于具体问题一般会采用案例法进行分析,因为至今还未形成一套基于标准的,有条理和成熟的方法。VCDECIS 系统是基于 VCE 在桥梁监测评估方面所积累的经验所得(图 5.1)。它包含一些模块,并能在获得监测数据的前提下提供制定决策的所有必需工具。

图 5.1　VCDECIS 初始界面

5.2　系统结构

　　系统包含五个模块(图 5.2):
- 操作模式(操作者的工具);
- 数据库;
- 决策支持模块;

- 报警系统；
- 输出模块（如果适当将运行）。

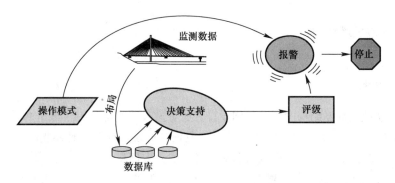

图 5.2 VCDECIS 系统结构

接下来将介绍每个模块的功能。

5.3 操作模式

设计思想是实现人机交互。操作者个人的评估水平与执行的任务同样重要。由于操作模式的选择对于风险水平的判定会有影响，因此操作者能直接影响整个过程。

目前存在的八种操作模式（图 5.3）：

- 正常操作按预定的标准程序进行（缺省）。

- 低范围操作，对数据进行额外检查，如有疑问，进行更高风险水平的评估。

- 当识别到问题时进行报警操作。在此模式中，重新评估的时间步长被缩短，风险水平被提升。

- 应急操作意味着永久在线评估和报警，它需要操作者的值守。

- 辨证分析指的是对事故进行分析并吸取经验，将会对指示器指示的事故发生时的数据进行系统地审查。

- 其他应用允许组合现有方法或新增项目。同时，它也是一个开发平台。

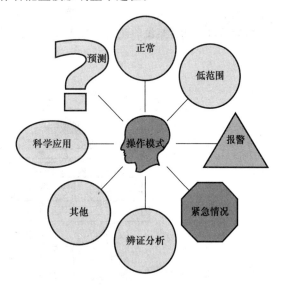

图 5.3 VCDECIS 的操作模式

- 针对科学目的对数据进行合理利用。对这些数据没有进行风险评估，也不会发出任何警告。

- 当有充足的时间序列时，预测模块可以根据数据进行预测。该模块在系统工作一段时间后被激活。

人们普遍认识到在实际中非常严格地应用规范并不可行，因为每个结构都是一个独立的原型。为获得更加有用的结果，应考虑操作者的知识和直觉。主要问题是避免错误的报警，它不仅会造成经济的浪费，更有损系统的名声及推广认可度。在每年的维护中，要根据经验和数据的增加进行调节。随着监测时间和投入的增加，学习程序的有效性也能得到提高。

5.4 监测系统和数据库

5.4.1 数据获取

数据获取系统应根据结构的要求仔细设计。所有输入方式均可用（图5.4），如：

• 从 ESA，NASA 或其他来源购买的遥感数据，可成为粗略估计结构、露天区域和地理环境的基础。其目的是从这些数据中获取周边环境的大致信息。

• 永久设备是根据设计者的规划安装在结构上的在线系统。有必要为每个永久设备设计一个软件运行版本，这会使结果处理得更快，因为输入的结构和内容是众所周知的。同时，这类系统也能频繁地自动发送报告。此外，数据间的关联和最终报警（即：风速）应分别设计标准程序。这将是 VCDECIS 的标准应用。

• 移动监测装置可以提供一些必要的额外数据，以获得更多的结构信息或检查某些特定的构件。这种应用仅是临时的。例如，将传感器安装在结构的不同位置可以记录结构的特征模态。

• 可通过任何可用的途径来采集环境数据。应设计使得远处的监测站与结构的实际状况相互关联。应当提供一些标准的转换。最终的目标就是应用数据库中已有的数据，为新项目做粗略的初步评估。系统将为每个项目建立与最终数据源的关联。

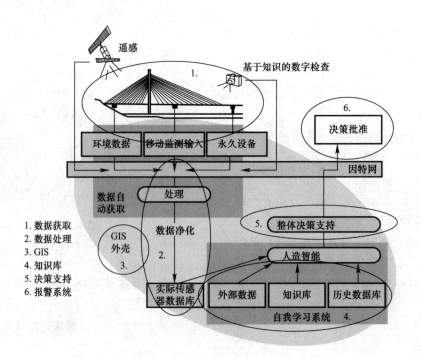

图5.4 数据库和评估概念图

5.4.2　数据处理

数据处理模块获取从互联网上传来的数据，然后通过合理性检查来识别错误数据和失效的传感器。明显错误的数据应当去除，其他所有数据以其原始格式储存以备日后工作所用。这些原始数据将被永久保留。

接下来将完成一个预定的元数据协议（图 5.5）。所有必要的信息都必须由责任工程师提供。数据融合也在这一阶段进行，所有数据都将存储在相关的 SQL 数据库中。

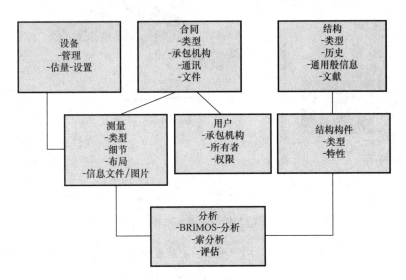

图 5.5　VCDECIS 中的数据模型

5.4.3　地理信息系统

地理信息系统（图 5.6）是一种以清晰合理的方式组织海量数据的工具。在这里，地理信息系统用于整合为进行重要的监测评估和决策制定所必需的全部信息。这些信息不仅包含地理信息，也包含其他所有的必要文件，它们是：

- 不同细节的地图；
- 结构图纸；
- 图像、影像和其他信息；
- 报告和文件；
- 评估结果和最终总结；
- CAD 图纸和其他相关文件；
- 地震滑坡或暴风雪灾害危险性地图；
- 不同种类的卫星照片；
- 基础设施信息；
- 地形信息；
- 参考资料和有关文献数据库；
- 其他任何有用的信息。

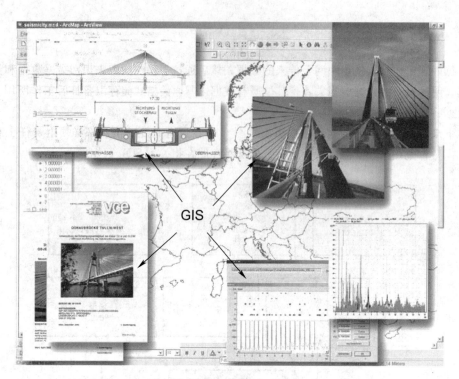

图 5.6 GIS 运行环境（绘图、照片、报告、结果）

这项设计是为了直观地处理信息，用户不再需要通过手册来查阅信息。应用实例见图 5.7。

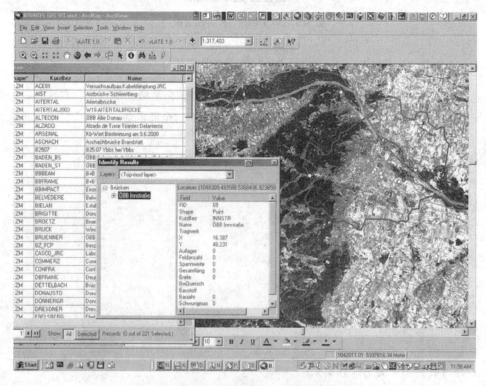

图 5.7 进入数据库（通过点击位置，得到桥梁数据）

5.4.4 知识数据库

系统的知识部分被划分为三个数据库（图 5.8）：知识数据库、外部数据库和历史数据库。

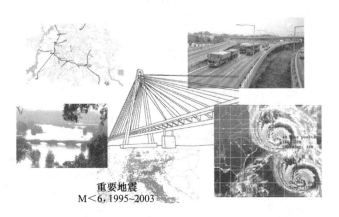

重要地震
M<6, 1995~2003

图 5.8 知识数据库的内容

事实上，知识是不可持续的。通过网络得来的信息可能在很短的时间后便不再有效。知识数据库存储着基于物理的基本信息，使得用户能快速获得基本事实和图片等信息。数据库可以像平时一样，通过关键词进行搜索，从而可以得到精短的资料。这些资料后面附有相关参考文献。

外部数据库可以将从气象站（图 5.9），其他数据库（图 5.10）或是其他拥有实际评估程序的外部资源获取的外部数据进行合并。目的是为填补监测环节，尤其是在环境状态方面的空缺。其终极目标是建立一个可以为任何新结构的评估提供充足气象数据的稳定的网络。

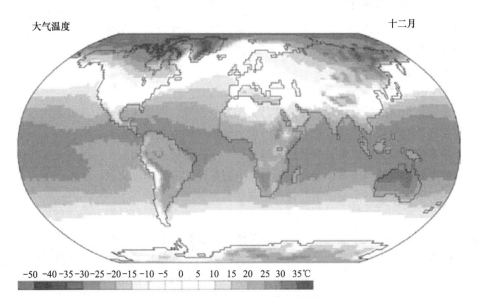

数据：美国国家环境预测中心/美国国家大气研究中心，1959~1997年气候二次分析项目图像制作：俄勒冈大学地理学院，2000年3月发布

图 5.9 全球气温年循环

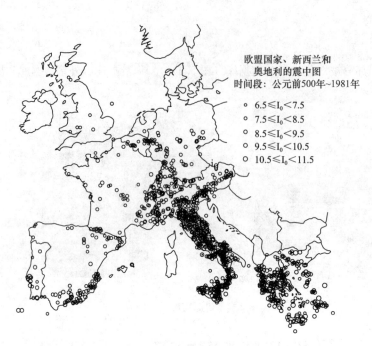

图 5.10　欧洲地震震中数据（抽样）

历史数据库包含之前所有案例的结果及评价。所有结果都将以同一种形式储存以便用于任何新的评估程序。将以前的结果与新的记录进行组合是可能的，且可以从已有的评估方法得到统计数据。当实施过类似项目时，历史数据库还可对新建结构的结果进行预测。

5.4.5　决策支持系统

许多不同的方式都可用于评估监测数据（图 5.11）。同时，还存在一大批有待解决的问题，这将促进产生一些能推广到过程中的新方法。系统由允许对可用数据的事实和指示器进行评估的规则来定义。一些方法是互补的，可以用于并行处理和对结果进行比较。在一些情况下，平均值的建立也是有意义的。

5.4.5.1　规则的设置

规则是评估系统的核心。规则由一些已有的方法组成，以便从数据中获取最大信息。一些方法能得到同样的结果，这些方法可以并行应用、取平均或进行对比。

基于一系列规则，可以将监测活动计算得到的不同量值组成为一个总的等级。BRIMOS 方法中的各种因素已在第 3.2 节予以介绍。每个识别的评估流程都被记录下来并作为一个规则应用到系统中。下面介绍一个关于温度补偿原理的典型例子。

简介

众所周知，在健康监测领域变化的边界条件（温度）有时会对模态参数，特别是固有频率产生很大影响。这里引用监测概念，将结构完整性评估看作测量频率的一个函数，这种依存关系可能是评估中的关键点。主要任务是将结构动力响应中的正常变化（环境影响）与由一些受力结构的累积损伤导致的异常变化分离开来。

科学依据

从 1998 年 8 月至 1999 年 8 月，韩国奥林匹克斜拉大桥（OGB）安装了连续运行监测系

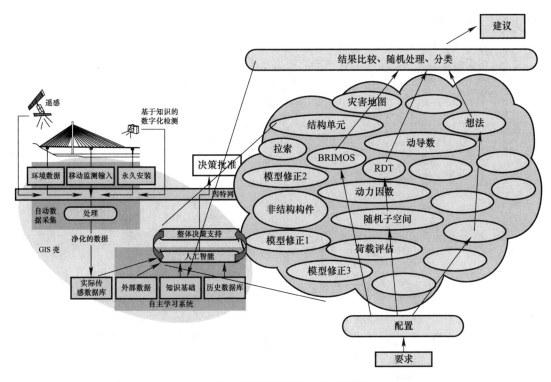

图 5.11 VCDECIS 的决策支持模块

统。该监测系统可得到桥面结构及一些索的动态响应和温度随时间变化的数据，其目的是可以提供环境和振动数据。从这些测量结果可以得到数据线，如图 5.12 所示。

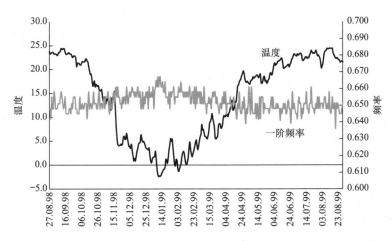

图 5.12 韩国奥林匹克斜拉大桥一年观测期内（1998 年 8 月到 1999 年 8 月）温度及第一竖向弯曲频率

从图 5.12，可以清晰地看到一年监测期中温度在 −3℃～+25℃ 间变化。第一阶竖向弯曲频率在监测期内表现出一个特征趋势，即温度越低、频率越高。这对于避免错误估计结构的动力响应是非常重要的。

规则

因此，采用环境振动监测对结构进行评估时，必须考虑温度因素。通过目前获得的数据

（图 5.13）可得到如下规则：

1. 温度升高，会引起固有频率降低。

2. 结构温度降到零度以下后非常重要，可以得到如下表达式（以 20℃ 为参考温度）：

$$f_{\text{norm}}(t_i)[\text{mHz}] \cong f(T;t_i) + 0.32(T - 20℃)$$

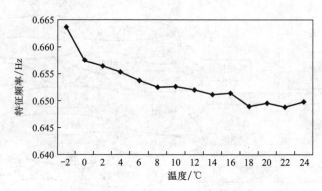

图 5.13　不同温度下的特征频率值

应用

这些规则在实际应用中，需要记录监测过程中的空气和结构的温度。目的是在一个与上次评估环境相同的条件下监测一个具体的结构。因此，应该选取下一年相同月份的数据，这是一个简单而有效的方法。考虑上述因素和温度变化后，识别的固有频率应该利用上述方程，根据参考温度更新固有频率。

背景信息

不少研究文献都阐述了温度变化对模态参数的影响。这些研究显示：温度下降时，所有模态的固有频率平均会增加 4%～5%。这里必须说明的是，受约束结构（桥台、桥墩、膨胀节点等）温度变化的影响将更加强烈。温度下降主要影响整个结构的弹性模量。如果铺设的是柏油路面，那么还要关注柏油层的温度变化。因为零摄氏度以下，柏油路面将会影响频率变化。

由以上数据分析可知，为温度变化补偿建立一个可靠且可转换的规则是不可能的。在变化的边界条件下，每个结构的行为都是不同的；因此在应用温度补偿模型前，应先得到结构响应随温度变化的基本知识。

5.4.5.2　分析模块

规则的设置是长期更新和扩展的。鉴于知识保护，细节不再详述，总体概况如下：

• 过去十年，VCE 研究的 BRIMOS 方法是有据可查的。它提供了一个数据分析的标准方法。主要成果是依据交通信号灯规则的结构分类。

• 已经发展了大量的频率分析方法。因为需要从信号中提取大量信息，从简单的响应比较到一定记录周期内的频率分解。

• 时域中的方法变得越来越重要。随着较长时间的记录，可以识别和对比各种模式。

• 当观测记录点足够多时，振型是一个有趣的评估工具，它能很好地反映边界条件的变化。

• 模型修正可以采取多种形式。对拉索来说，可进行自动模型修正，且可以将结果与自身的理论模型进行直接对比。而其他修正程序需要一个结果与有限元模型代码的接口。通过计算模态置信度准则来发现匹配的模态。

• 采用不同的方法来分析阻尼，以便提取系统阻尼信息。为进行比较，必须有相同的记录参数以克服数值问题。

- 通过对加速度信号进行双重积分来计算位移。很多情况下可应用激光进行校对,这使得可以精确计算位移,以深入了解结构的性能。

可应用三种方法来确定反应谱:传统的峰值拾取法、随机子空间法和 ARMA 模型。

5.4.5.3 其他应用

数据也可作其他应用。一些相关方法也经常被发展和实施,以下是一些值得说明的问题:

- 环境影响补偿可用于决策支持模块的数据输入,也可以提供结构性能的一些信息。
- 动力因数常常是所需的分析副产物。
- 客户常常需要确定载重,从而发现结构的超载情况。
- 目前,疲劳及剩余寿命评估是钢结构中的一个关键问题。它们主要应用于永久性监测系统中。
- 通过分离频率响应的一部分,可以对结构构件进行评估。随机方法可以用于这些构件的评估。
- 非结构构件在响应中通常表现出其振动特性。如果能分离出这些特性,那么也可以对它们进行评估。
- 通过对记录的动态信息进行排序,可确定出结构随时间的发展变化。当需要确定激励源时,这种方法尤为有用。
- 小波的应用使得通过对系统分析发现到结构的损伤。
- 损伤检测、定位和分析是国际上的发展领域。虽然已存在多种不同的方法,但自动化和可靠性方面还有大量的工作需要做。

上述问题是随着知识的新进展和新发现而不断更新的。

系统始于一个配置文件,它将询问用户应用何种方法、需要何种结合。默认菜单将会引导用户进行标准评估。每一个评估步骤所得的结果都被储存到知识数据库中,以供统计使用。

还有一个选项,进入由过去的应用训练好的神经网络程序。然而,由于网络缺少训练样本且系统尚处于开发阶段,这一步骤还不太成熟。但可以预见,将来可以通过该系统为用户提供支持。

5.4.6 报警系统

关于风险级别的信息会被提供给用户。该系统与自然灾害报警系统相连。滑坡或雪崩报警系统共分为五个明显的风险级别(图 5.14),彩色编码系统遵循国际惯例。当达到五级

	风险级别	原因	措施
绿色	低	信息	常规操作
	中等	信息	长期措施
黄色	应考虑的	显示发展	中期措施
	高	显示风险	即时措施
红色	极端	显示故障	自动报警,马上行动

图 5.14 风险级别以及原因和结果

（最严重）时，系统将自动启动相应措施，使得在被测桥入口处的交通信号灯始终显示红色。当处于其他级别时，系统也会把信息提供给操作者，并请求其输入处理方式。正如在操作模式中所提到的，这时操作者将有机会干预系统，将主观意愿施加到具体的实施中。当然，每个级别所要执行的措施，应根据具体问题具体分析，但必须与桥梁业主的标准程序相一致。

图 5.15 所示为一份永久监测结构的典型周期报告。这份单页报告按预订时间（每周、每月、每季度或每年）以邮件形式发送给业主。主要目的是向业主报告一段时期内的桥梁性

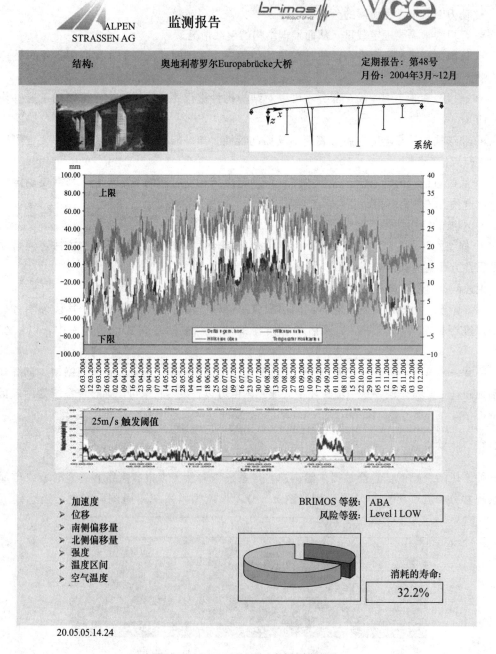

图 5.15 Europabrücke 大桥周期报告

能（尤其是当超过任何阈值时），并提供一个最新的评级。报告中的要素包含标准形式的特定限制内的监测变量主要窗口。这样，可以快速清晰地看到记录是否在限定的范围内。此外，报告也涉及业主所需要的特别信息，如风速记录等。该报告的主要内容是评级系统和预期寿命。

5.4.6.1　BRIMOS 评级系统

为使所处等级一目了然，评级系统的基本理念就是像公司分级系统一样来划分等级。等级由 A 到 C，中间包含大量可能的情况。它由三部分组成，如下：

- 监测记录数值评估的结果，最终以典型的基于 BRIMOS 的交通信号灯评估的方式结束。
- 可以得到观测结果和测量过程中工程师的主观印象或在结构上采用其他信息的结果。
- 模型修正过程结果，表现出设计者意图与测量的性能间比较的质量。

两个字母通过数值确定，第三个体现的是主观印象。这为那些尚不够成熟的方法提供了一种平衡。

5.4.6.2　风险级别评级系统

风险级别不仅是监测记录的评估结果，它通过对比新记录与现有记录，考虑了随时间的变化，实施了变化检测并进行评价。详见第 6.3 节。

5.4.6.3　剩余寿命

对于已安装了必要传感器的监测系统来说，可以通过雨流计算法评估剩余寿命。在各单独的步骤中，进行了相关的疲劳评估并建立了模式。通过清点永久监测下的实际模式，可在一定周期内自动计算出消耗的寿命。为使方法适应最终变化，工程师每年都会对系统进行更新。该条款表示已消耗寿命的百分比，从而对结构进行排序并做预算计划。

系统不仅可以提供风险级别的信息，也可以提供评估的对象是什么。最终异常值或趋势会以图形的形式表示威胁发生的地方。此外，如果有关键区域的视频图像，可以直接激活。强烈建议提供这个选项，以便使操作者了解在什么样的情况下系统会发出报警。

图 5.16 展示了报警系统的一个典型案例。当风险级别达到 4 级（高）时，建议咨询专家。

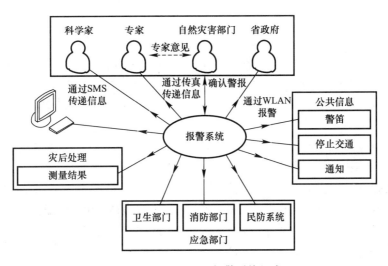

图 5.16　VCDECIS 报警系统组成

系统向操作者报警，要求将观测的现象向专家咨询，然后将调高或降低风险级别。这是唯一的一个主动干预选型。

报警系统还可进行很多活动：

- 将相关信息发送到系统预先设定的一些地址，不仅包含邮箱还包含传真。
- 进行新的计算和查阅历史数据库。
- 通知有关当局，如民众防护部门、最终救援组织和交通管理部门。
- 以交通信号灯、警笛或扩音器来采取直接行动，发出预先设定的信息。

该过程应对每种情况都进行严格的定义。最差的情况就是系统发出大量错误警报，从而导致一些情况下没有采取重要措施或者没有触发相应的措施。

5.5 系统现状

主干部分由数据库组成，首先建立数据库然后填充数据。VCE 中的现有数据都是一步步输入进去的。知识数据库中包含了一些资料，但还需相当长的时间去完善。其他任务，特别是决策支持系统中的，要靠国际合作完成，将各自方法引入到系统中。对于每个参与者来说，广泛的知识共享是非常有益的。

显然，该系统是与时俱进的。每一次更新后，结果都会变得更好，但阈值也会随之改变。基本思想是阈值不能被看作是完全不变的，应适应已有的新知识。实际上，这并不矛盾。此外，学习系统也应进行关于最适于应用的阈值的学习。

5.6 数据处理

很多因素影响着监测信号的质量。在当前监测系统的数据处理模块中，检查流程有助于评估数据的质量并消除误差。为此，要仔细检查所有输入数据库的文档，并将结果提供给操作者。通常采用以下流程：

- 确定文件名和建立链接；
- 通过统计模式识别方法检验是否存在以下现象：漂移、干扰、中断、跳跃、饱和；
- 提供监测记录中信号通道的号码；
- 计算竖向、横向和纵向的能量成分，以及通过选择内部或与相关文件的比较，或与数据库比较来获得百分比；
- 显示信号和频谱图形；
- 通过模式识别程序评估文件特征：环境、公路交通、铁路交通或其他类别；
- 确定噪声水平并与正常值进行对比；
- 给出最大加速度发生的通道和时间；
- 计算振动强度、舒适感和损伤极限，并以图形形式表现，用不同颜色区分结果；
- 创建文件类别，说明该文件是常规的文件还是感兴趣的文件；
- 监测活动的照片将有助于接下来的识别；
- 其他不同类型的监测记录可能需要不同的方法，对于产生的不同值也采用该程序检验；

　　• 利用半功率带宽法确定最大频率的阻尼。

　　图 5.17 展现了一个典型的数据检验记录。该程序既适用于单个文件，也适用于一组文件。不仅同一个项目中的文件可以相互比较，还可与数据库中的存储信息进行比较。为能吸纳新的思想和方法，该检验程序应是可变通的。

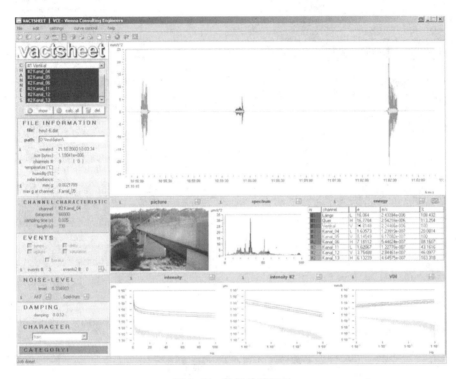

图 5.17　数据检验记录

5.7　数据存储

　　客户对 BRIMOS 系统的认可以及长期的成功应用使得专业的数据处理成为必须。首先，将 BRIMOS 方法整合到包括 GIS 在内的设备管理之中，这需要一个良好定义的界面和有组织的归档存储；其次，技术管理在没有合适数据和知识基础的情况下，需要知道放缓 BRIMOS 专家评估意见的风险。

　　BRIMOS 数据库发展的基本概念如下：

　　1. 数据的管理（图 5.18 和图 5.19）：结构（基本信息、历史、状态、维护计划等），测量数据，测量信息（设备、照片、视频等），结果及专家报告，客户。

　　2. 论证从不同统计方法中获取知识的可行性：研究者及科学家访问数据库时需要跨越理论知识与实践验证之间日益扩大的差距。

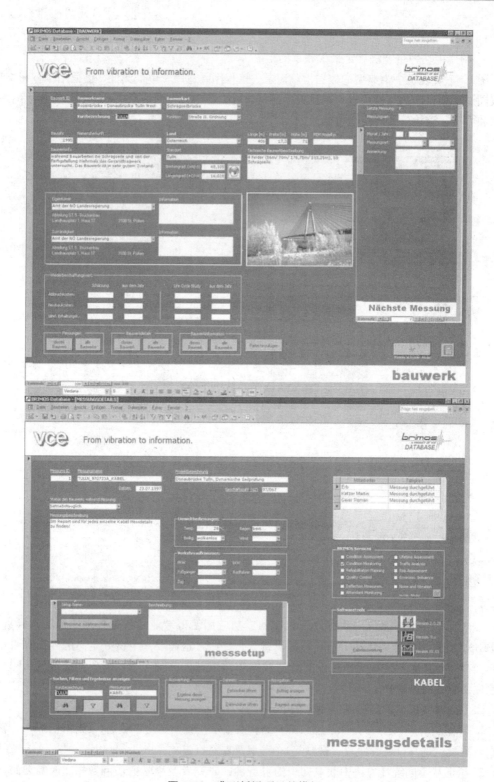

图 5.18　典型桥梁项目的模板

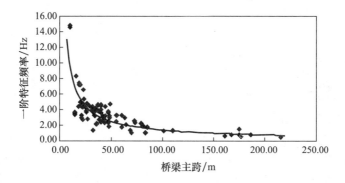

图 5.19　主跨与第一特征频率间关系

扩展阅读

Feltrin G（2002）Temperature and damage effect on modal parameters of a reinforced concrete bridge. *Proceedings of the Eurodynamics Conference EURODYN 2002*，pp. 373-378，Munich.

Krämer C，De SmetCand De RoeckG（1999）Z24 Bridge damage detection tests. *Proceedings of the 17th International Modal Analysis Conference*，pp. 1023-1029，Kissimmee.

Peeters B（2000）*System identification and damage detection in civil engineering*. PhD thesis，Katholieke Universiteit Leuven.

Wahab MA and De Roeck G（1997）Effect of temperature on dynamic system parameters of a highway bridge. *Structural Engineering International* **7**(4)，266-270.

第 6 章

桥梁寿命评估

当前的寿命模型对已建的基础设施而言忽略了真实性。就德国的评估数字来看，考虑财政目前的预算和可行性限制，有必要显著地延长结构寿命。德国现今已建设施估计已达 20 万亿欧元，若考虑 100 年的寿命期限，每年更新费用则需 2000 亿欧元。而事实上，德国每年建筑市场的总投入只有 600 亿欧元，其中 50％用于新的建设，剩余 50％用于维护维修和替换。另一方面，由监测经验可知，对于一些设计良好、服役环境的适宜结构，其寿命可能会非常长。因此，结构健康监测中一个主要任务就是识别需要整修的结构，使其达到期望寿命。值得庆幸的是，大部分监测的桥梁在过去十年都被评定为是可持续使用的。如果考虑到一半被评定为有缺陷的桥梁是由于功能性不足而需要被替代，约 90％的桥梁有希望获得极长的寿命。桥梁工程领域认为的每年投入 1％的预防维护费用可以确保桥梁的长期服役在理论上是正确的，但由于上述财政数据的差异，在实际中很难执行。结构健康监测有责任识别出那些少量维护投入不会带来不可接受退化的结构，并准确地评估出那些已经到达或将要到达临界阶段的结构。

常规的寿命周期评估方法并不十分可靠，预测一般偏于安全。理论计算与观测的寿命周期之间相差一个数量级。通过平行的结构健康监测来评估寿命周期，可以在很大程度上提高这些预测的准确性。以核电站为例进行对比，许多核电站已经达到预期的 30 年寿命，但仍不能从电网中被拆除。同样，如果关闭所有达到预期寿命的桥梁，那么交通系统将会完全崩溃。在不久的将来，结构健康监测领域在预测较长寿命周期方面的压力将会显著增大。

事实上，寿命评估目前还处于萌芽阶段，且在很大程度上还缺少能够满足结构健康监测需求的寿命周期成本评估方法。该领域的大型科研机构也未对此挑战作出充分回应。主要不足之处如下：

• 由于项目的复杂性，想要找到明确的解决方案几乎是不可能的。

• 在其他领域内应用的统计模式识别方法，还未真正进入结构健康监测中，这使得寿命评估过程中的指标存在缺陷。

• 从实验室到实际应用还没有成功的过渡。很多方法中，环境条件支配着该领域的反应，这使得实验室的评估结果变得毫无用处。

迫切需要适用于该领域且可通过简单测量活动而得出的健康指标。理想情况是：安装在桥上的智能系统可直接计算出这些指标，并通过无线传送给控制室。

6.1 寿命评估程序

Peil 等人（2006）提出通过结构健康监测评估寿命周期的流程图（图 6.1）。在任何监测活动的初始阶段，都有必要对桥梁状态和最终的累积损伤进行细致的检查和评估。通常认为可以采用传统的检测方法，并辅以在结构的关键部位进行无损检测。此外，不应仅仅关注可见损伤，还应关注有经验的桥梁工程师评估的征兆及指标。经验指出，有经验的桥梁工程师所提供的信息在任何监测活动中都是重要的质量指标。在许多知识可以融入自动知识系统中之前，对于这项需求将会持续很长时间。

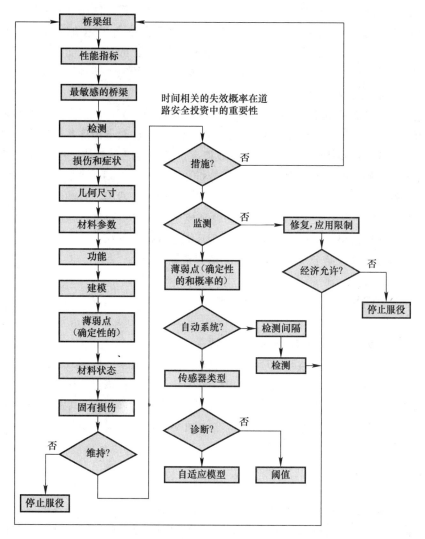

图 6.1　程序流程图

由经验可知，现场的实际情况往往与文献中提及的相差甚远。由于这种差异会严重影响评估的结果，因此有必要在进行评估前，仔细检查地形地貌、周边环境以及结构的材料特性。这些检查是独立的监测任务，已超出本书范围。尽管如此，激光扫描、摄影测量学方法以及无损检测的潜力也需要被评价。

6.2　热点检测

对于关键热点的概率评估需要精细的监测方法。识别结构的关键部位也是监测中最重要的工作之一。热点或薄弱点是结构中容易受损或损伤后会造成严重后果的区域。较老的结构通常按不同的安全水平设计，这些结构上的热点众所周知，可根据现有的结构计算或经验来确定。而新结构大量的关键细节采用的是均匀分布的安全等级，使得一些潜在热点被隐匿了。

监测对于桥梁设计最重要的反馈是任何适度的超裕度设计（忽略热点）都将对桥梁的预期寿命产生重要的影响。二十世纪七八十年代只考虑最便宜的价格且使用材料的极限性能，这一错误使得后续进行的热点检测花费昂贵。几乎所有的结构在达到 30 年的使用年限前，都需进行修复，并且一些修复措施往往比最初的投资还要昂贵。遗憾的是，目前在一些交通基础设施发展迅猛的国家，这样的错误仍在出现。将来在此领域研究的一个基本任务应是产生支持和广泛地传播这方面知识的统计方法。

由于监测每个热点费用较高，应采用概率方法确定关键细节，从而产生样本的最优数量及位置。该程序的目标是可靠的确定出必须被监测的热点，这些热点由那些对结构的整体失效性影响最大的关键薄弱部位组成。为了确定失效概率，需描述以下各值：极限状态函数和极限值、随机和力学模型，以及事件序列和故障树分析。

最关键的热点需要进行永久监测，在获取可靠结果前要花费相当长的时间。为克服这一缺点，Peil 等人（2006）提出建立检测的热点的物理模型以便在实验室进行测试。这种时间缩短可以相当快速地获取结果，但存在不能充分体现环境条件这一弊病。然而这类试验有可能检测出最先开裂的地方，这有助于改善将要安装的监测系统。

6.3 统计模式识别

资料由斯坦福大学 Anne. S. Kiremidjian 教授撰稿

如果我们遵循对热点永久监测的理念，将会很快发现有太多的监测系统获得了多到难以处理的数据。同时，由于人类评估海量数据的能力很有限，因此在该过程中需要引入统计模式识别方法。程序会仔细检查输入的数据并将异常情况报告操作者，但它只能根据说明书指出哪些是异常的。因此，有必要一直保存原始数据，以便在方法改进后进行重新评估。以下几节介绍了目前应用的几种模式识别方法。

6.3.1 引言

目前绝大多数的结构损伤检测方法都是整体的，即它们根据输入—输出的数据，采用整体结构分析和系统识别技术（Doebling 等人，1996）来识别整个结构动力特性（固有频率和模态振型）的变化，但整体损伤测量对微小和局部的损伤不敏感。同时，这些损伤检测方法要求将所有数据输入到主计算机中，但由于目前传感器无线传输速率较低（如 802.15.4 无线传感器传输速率只有 240kbs），该方法在应用过程中面临重大挑战。最重要的是，这些分析方法需要大量的计算，使得它们不能嵌入传感节点。本书的前面章节已讨论过一些这样的方法。

Sohn 和 Farrar（2011）首次提出了土木结构健康监测的模式分类框架。这些方法依靠从传感节点得到的振动信号、应变或其他记录的数据，来提取那些随着损伤而变化的特征数据。继 Sohn 和 Farrar 后，又有了一系列的重大进展，进一步推进了结构健康监测中统计模式识别的现状。特别是 Nair 和 Kiremidjian 等人（2006）提出的基于自回归滑动平均（ARMA）模型得出的简单损伤敏感特征（DSF）和损伤定位算法。Nair 和 Kiremidjian（2007）还提出了用于特征区分的高斯混合模型和基于特性矢量间马哈拉诺比斯距离（Brockwell 和 Davis，2002）的损伤程度估计方法（DM）。Nair 等人（2006）讨论了基于小波的模型。本节将总结这些文章中介绍的统计信号处理方法，以便读者理解文中相关的基本数学公式。本节首先讨论基于常规电缆的结构健康监测系统的不同，然后讲述分散计算工具成为必要的主要原因。然后采用美国土木工程师学会（ASCE）基准结构（见 Johnson 等人，2004）来阐述不同的方法，接着将介绍一下结构本身及相关试验。在随后的章节中，以美国土木工程师学会基准结构示例详细介绍各种不同的算法。

6.3.1.1　无线结构健康监测和对分散损伤诊断的需求

在传统的结构健康监测系统（HMS）中，传感器分布在结构的一些关键位置上，传感器采集的数据通过电缆传送到用于收集和存储数据的系统中。对采集到的数据可以进行现场检查，也可以将其传送到办公室或控制中心，在那里由专家对其进行诊断及预测，图 6.2 展示了这种系统的原理。由于数据电缆需要高的保真度，这使得电缆较为昂贵且其安装过程花费巨大。既有结构的墙体及地面均较厚，这使得电缆的安装更加困难。因此，传感系统非常稀疏且只能提供结构有限位置处的数据。

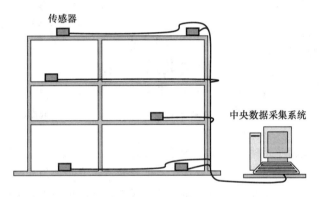

图 6.2　当前基于电缆传输的结构监测系统原理图

随着当前无线传感设备的发展（Straser 和 Kiremidjain，1998；Lynch 等，2004；Wang 等人，2006），在传感节点具有计算功能且分布点密集的传感网络已经可以实现。图 6.3 显示了一个无线传感器网络的原理图。由于该传感网络不依赖于复杂的电缆以及不受数据采集系统中

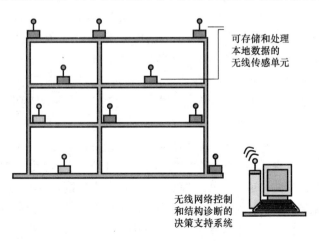

图 6.3　无线结构监测系统原理图

通道数量的限制，因此该网络的一个关键特征是传感器对更高布设密度具有可扩展性。相比之下，随着传感器布设密度的增大，有线网络的费用将会急剧增加，且需使用多个数据采集系统。

无线网络提供的分布式计算环境也为在传感节点开发分析能力提供了机会，使得多层诊断和预后决策成为可能。因此，可在传感节点采用独立的传感器进行损伤诊断及预测，然后提取多个节点上的传感器信息进行融合，接着将几个传感节点上的信息组合进行诊断，最终将系统级的分析结果组合起来。图 6.4 显示的是利用无线传感设备的密集传感网络进行多层次决策分析的一个范例。

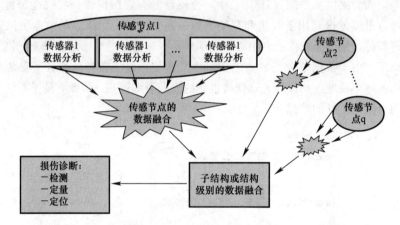

图 6.4 结构监测系统中多层次广分布式诊断和预测决策制定模式

6.3.1.2 分散损伤诊断范例和统计模式识别方法

随着无线传感技术逐渐成为现实，在传感器位置处进行诊断和预测的优点和需求是多方面的。在传感节点处进行损伤诊断使得仅需将评估结果传送到中央的决策支持系统中，这就大大地减少了传感节点的能源消耗，从而避免了网络传输中的混乱。统计信号处理和模式分类方法特别适于在传感节点进行分析，因为它们根据独立的信号进行损伤诊断和预测。在过去 20 年中，无论是工程、生物还是财经领域，统计模式分类方法都得到了很大发展。在过去的 10 年里，这些方法的发展主要归功于工程领域的需求，如医学图像重现、计算机可视化应用、自动语音指纹识别系统等（Duda 等人，2001）。分类法主要包括两大类：监督式学习及非监督式学习（Hastie 等人，2001）。监督式学习法根据数据集和预期输出进行训练，然后对可能出现的输入值进行结果预测；非监督式学习并不观测输出结果，其主要目的是分类或聚合数据。

尽管模式分类方法已在识别机械故障和区分不同转动引起的不同振动（Farrar 和 Duffey，1999）等方面得到应用，然而要想将这种计算方法扩展到土木工程结构中，还存在不少挑战。土木工程结构通常具有复杂的几何构造；由钢、钢筋混凝土、复合材料等不同强度材料构成，这些材料的性能还存在许多未知；易受局部环境和地理因素，如温度、湿度、局部场地条件等的影响；且受来自地震和飓风等的极限荷载的影响等。此外，土木工程结构系统一般由多个构件或子结构构成，当这些构件或子结构遭到破坏时会引起力的重分布，这种情况在机械系统中一般不会遇到，这使得土木工程结构的诊断及预测都变得十分复杂。力的重新分布会加剧结构中其他部件所受应力，但并不一定会导致这些部件的损伤或失效。为识别导致结构部分或整体坍塌的失效机理，对子系统或整体系统进行进一步分析是必要的。

6.3.1.3　ASCE 基准结构

　　为了更好地阐述统计模式识别及分类中的各个步骤，需要从一个组织良好的实验中得到的数据。ASCE 的基准结构试验（Johnson 等人，2004）有充分的文件记录，它提供的数据特别适于展示本章提及的损伤诊断方法的各个步骤。如图 6.5 所示，ASCE 基准结构共有四层，由双向各两跨的钢结构框架组成。基准结构上共安装了 16 个加速度传感器，它们的位置和测量方向如图 6.6 所示。通过移除不同的支撑组合来减小刚度和模拟损伤。损伤模式（DP）包括：

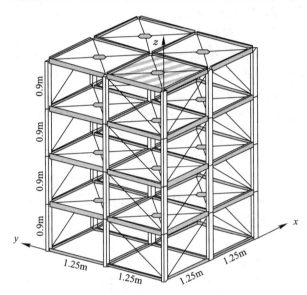

图 6.5　ASCE 基准结构（Johnson 等人，2004）

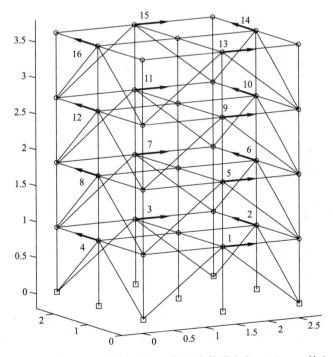

图 6.6　ASCE 基准结构中传感器位置及加速度信号方向（Johnson 等人，2004）

- 0：无损结构
- 1：去除第一层所有支撑
- 2：去除第一层及第三层所有支撑
- 3：去除第一层一个支撑
- 4：去除第一层及第三层一个支撑
- 5：损伤模式4+螺栓松动
- 6：削减一个支撑的刚度到初始值的三分之一

损伤模式1和2是主要的损伤模式，而损伤模式3和6是轻微的损伤模式。

这里采用数值模拟得到的结果，因为数值模拟的环境可控。一些其他实验室和现场数据的试验案例见Nair和Kiremidjian（2007）、Noh和Kiremidjian（2008）、Cheung等人（2008）文献。有两种有限元模型可用来生成模拟的响应数据：12个自由度（DOF）的剪切型模型，每一层只有两个水平方向的位移和一个关于中心柱的转角位移；120个自由度的模型，同一楼板上的节点具有相同的水平位移和对于垂直轴的板内转角。在这两个模型中，所有的梁和柱都为"欧拉梁"，支撑为无抗弯刚度的杆件。ASCE基准结构中，存在两个加载条件：第一种是经截断频率为100Hz的6阶低通巴特沃斯滤波器过滤的高斯白噪声来模拟风或环境激励，风荷载作用于结构的每一层；第二种是由安装在中央柱子顶部的激振器产生随机激励。在接下来的章节的所有示例中，都采用过滤的高斯白噪声来产生荷载。

6.3.1.4　提纲

第6.3.2节将介绍结构损伤诊断中模式分类的基本步骤。第6.3.3节讨论特征提取方法。考虑两类模型：一类属于自回归模型的时域方法，另一类是由小波变换描述的时—频域模型。第6.3.4节阐述从有损和无损结构的信号中区分特征的分类方法。第6.3.5节主要介绍损伤量化。

6.3.2　基于损伤探测算法的统计模式分类方法概述

无论是每天的正常荷载还是极端事件所引起的结构物理和几何变化，都会导致系统及其各组成部分的静力和动力性能发生变化。用于损伤诊断的统计模式分类方法的前提是振动和应变这些结构响应会反映出结构的这些变化。这些方法通过监测数据中的具体特征来识别和量化结构的变化。因此，需要得到结构健康监测的基准测量值，为此需要建立一个包含不同环境和加载条件特征量的数据库。然后在结构服役期的测量值中定期提取同样的特征值，并将其与基准特征值进行对比，进而判断结构是否发生了变化。结构健康监测模式分类算法的基本步骤如下：

1. 信号调理包括趋势消除、滤波、归一化和标准化。
2. 信号模型和特征提取。
3. 通过特征区分的分类来进行损伤识别。
4. 损伤定位。
5. 损伤定量。

其中步骤1、2、3既适用于基准信号，也适用于后续信号。特征判别需要建立统计学模型以确定结构是否发生了改变或是出现了损伤。为确保进行统计判别的信号都来自相似的环境和加载条件，从基准数据中选取适当信号时需要格外小心。损伤定位需要另外一个模型。通过大量的试验室和现场试验可以建立结构特征矢量变化与结构具体变化的相关性，进而定量损伤。特殊情况下，需进行系统测试，以确定结构具体的特征变化与相应损伤程度的关系。

由于测量数据中存在固有噪声、测量过程中温度变化以及传感器的不稳定性，因此需要进行信号条理。通过对信号拟合一条曲线，可以消除信号中的趋势项。减弱或消除此类数据中噪声的滤波方法有很多，读者可找到此方面的大量参考书。

特征提取可在时域中进行也可以在频域中进行。表征信号的模型特征应与结构的物理参数或这些参数的变化相关联。时域方法的例子包括自回归（AR）模型、自回归滑动平均（AR-MA）模型、时变自回归滑动平均（TVARMA）模型。在频域方法中，可以采用傅立叶、希尔伯特和小波变换法。第 6.3.3 节中，将介绍如何用 ARMA 方法以及振动信号的小波分解法来提取合适的特征。第 6.3.5 节将介绍用于判别特征的假设检验方法和高斯混合模型（GMM）方法。

6.3.3　信号建模和特征提取方法

结构的损伤会影响结构的动力特性，进而会导致测得的加速度时程的统计特性会随之改变。因此，可以通过在时域或频域中提取振动信号（损伤前后分别测得的信号）的有用信息来进行损伤探测。本节将介绍在时域和频域中提取和判别损伤敏感特征的测量信号建模方法。

6.3.3.1　时域模型——自回归类模型

与结构健康监测相关的时域模型包括自回归（AR）模型、滑动平均自回归（ARMA）模型以及外部输入的自回归（ARX）模型。这些模型中的一个基本假设是数据来自于线性系统。然而，结构中的损伤却是由非线性行为产生的。例如，结构的某一构件承受超过其弹性极限的荷载时将会发生永久变形。这种永久变形与构件或子结构的损伤是相关联的。为了在这些情况下应用线性模型，假设损伤发生在一点上或是某某构件的多个具体的点上，且认为损伤发生后结构仍保持线性行为。例如一个钢构件，当加载超过其弹性极限且 10％的横截面发生了塑性变形，在移除过量荷载时构件的性能仍是线性的。如果加载不再超过弹性极限，则认为构件是线性的，尽管其强度已经发生了改变。因此，只要测量数据不是在超载过程中取得的，从塑性铰形成的附件区域获得的测量数据仍然可以用线性时域模型来表示。

即使损伤使得结构产生了很大的几何形变，如由几个螺栓松动引起的永久位移，单个构件的静态或动态行为仍可认为是线性的。如果结构系统是稳定的，那么其性态仍是线性的，但系统目前的状态与最初的状态已经不同了。因此，采用时域模型去表征线性系统中的测量值是十分合适的。一系列的构件损伤会导致系统的倒塌，这就要求精细建模并在结构健康监测系统安装之前仔细考虑，从而使诊断模型更好地识别出这些事件并对即将发生的倒塌进行预测。理解结构的性态对于特征判别标准的选择和实施都是非常重要的。

在接下来的步骤中并未特指测量数据的类型。这些数据可能是应变，也可能是加速度。这些数据被看作是时变信号，它们通过可获取结构性态的适当速率进行采样。当作用于系统的力未知时，选用的是 AR 和 ARMA 模型方法，这属于环境振动测试时的情况。ARX 模型法主要用于结构输入已知的情况。由于在大多数时候并不知道输入的作用力，所以研究的重点是 AR 及 ARMA 模型方法。这里将详细论述 ARMA 模型方法，而 AR 作为 ARMA 的一个分支，将做简要介绍。如果想更多地了解时间序列建模，读者可参阅 Brockwell 和 Davis（2002）的文献。

图 6.7 是从一结构中获得的典型振动信号。温度、湿度等环境效应和加载效应都会使信号

发生变形和改变。为了削弱这些影响而不是由实际损伤引起的变化，需将信号标准化和归一
化。标准化和归一化之后，从结构损伤前后的信号中提取的特征将具有相近的统计特性，能用
于相互比较识别损伤。

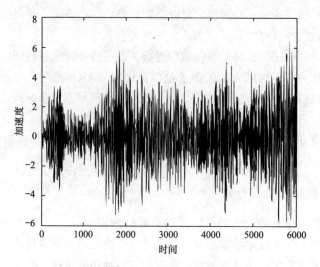

图 6.7 滤波、降噪和消除趋势前的典型加速度时程图

设 $x_i(t)$ 是第 i 个传感器测得的加速度数据。将该传感器的数据分为 N 份不同的数据流，
$j=1$，2，…，N，j 为第 i 个传感器的第 j 条数据流。如下所示，将信号 $x_{ij}(t)$ 减掉平均数进
行标准化，并通过标准差进行归一化得到信号 $\tilde{x}_{ij}(t)$：

$$\tilde{x}_{ij}(t) = \frac{x_{ij}(t) - \mu_{ij}}{\sigma_{ij}} \tag{1}$$

式中，μ_{ij} 和 σ_{ij} 分别为第 i 传感器的第 j 个数据流的平均值及标准差。为标记方便，以后用
$x_{ij}(t)$ 代替 $\tilde{x}_{ij}(t)$。

ARMA 模型的第二个假设是信号是平稳的（Brockwell 和 Davis，2002）。通过观察自相关
函数（ACF），判断是否符合平稳状态。从图 6.8 可知，归一化数据的自相关函数中存在一个

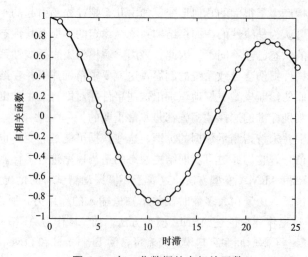

图 6.8 归一化数据的自相关函数

需要消除的周期性趋势。消除数据趋势有三种方法：谐波回归法、简单平均值窗口法和滑动平均窗口法（Brockwell 和 Davis，2002）。

Nair 和 Kiremidjian（见 Nair 等人，2006）发现当采用模拟的加速度数据时，谐波回归法并不能移除其中的趋势。他们综合运用了简单平均值窗口法与滑动平均窗口法，来获取平稳的信号。一般需要测试几种不同的方法来确定窗口的大小，并将这些方法组合以消除数据中的不稳定趋势。无论是检验信号的残差，还是进行 Ljung-Box 统计试验，都能进一步验证是否符合平稳状态。

Brockwell 和 Davis 于 2002 年给出了 ARMA 模型方法的通用公式：

$$x_{ij}(t) = \sum_{k=1}^{p} \alpha_k x_{ij}(t-k) + \sum_{k=1}^{q} \beta_k \varepsilon_{ij}(t-k) + \varepsilon_{ij}(t) \tag{2}$$

式中，x_{ij} 是归一化的信号；α_k 和 β_k 分别是第 k 个 AR 和 MA 系数；p 和 q 分别是 AR 及 MA 过程的模型阶数，$\varepsilon_{ij}(t)$ 是残余项。确保 p 和 q 的阶数为最优是十分重要的。如果 p 和 q 选择得过大，那么系数 α_k 和 β_k 的计算量将是巨大的，且对模型并无改善。总体来讲，模型的阶数越高，模型与信号拟合越好，但随参数 α_k 及 β_k 的值会变得非常小，这不仅仅是引起增加噪声的问题。如果 p 和 q 过小，则模型不能很好地表征信号。因此，确定 p 和 q 的最优值，并验证它们确实能够很好地表征信号是非常重要的。

采用赤池信息量准则（AIC）可以获得模型的最优阶数，具体公式参见 Brockwell 和 Davis（2002）。AIC 包括两项：一项是对数似然函数，另一项是 ARMA 模型项数中罚函数。图 6.9 显示了随 AR 模型阶数的增加，AIC 值的变化情况。从图中可以看出，AR 模型的适宜阶数为 5～8，MA 模型则为 2～4（图中只给出了 AR 模型的情况）。Cheung 等人于 2008 年分析了各种不同的数据，他发现在结构环境振动中，p 和 q 适合取相同的阶数。应用于其他情况时，在确定 p 和 q 的具体值之前需要做类似的实验。

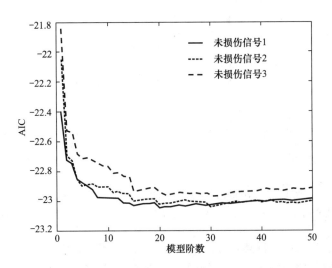

图 6.9 AIC 随模型阶数的变化

交叉验证分析也可用于检查模拟的信号是否准确。对于一个特定的数据流，数据会被分为两部分：一部分用于分析，另一部分用于预测。在分析部分，ARMA 模型的参数被确定下来，采用这些参数可以预测加速度数据。应用上述模型的阶数，预测值与真实值之间的误差是最小的。

  估计 ARMA 系数最常用的算法为 Innovations 算法和 Burg 算法（Brockwell 和 Davis，2002）。本章中的所有算例均采用 Innovations 算法。估计 AR 系数之后，要检测所得剩余量是否服从正态、独立和同分布的（i. i. d.）。图 6.10a 给出了剩余量随时间的变化，可以看出并不存在总体趋势，显示了同方差性。图 6.10b 给出了剩余量的正态概率图。直线变化说明数据服从正态分布，但在尾部有轻度波动。图 6.10c 是剩余量的自相关函数，不难发现当时滞大于 1时，ACF 值统计意义不大。同时，Ljung-Box 统计方法也可用于检验 ARMA 模型中剩余量的i. i. d. 假设。Ljung-Box 统计方法定义如下：

$$Q_{LB} = n(n+2) \sum_{j=1}^{h} \frac{\rho^2(j)}{n-j} \tag{3}$$

式中，n 为样本容量，$\rho(j)$ 是时滞为 j 时的自相关函数，而 h 是被测试的时滞的总数。如果 $Q_{LB} > \chi^2_{1-\alpha, h}$，则拒绝零假设的随机性，其中 α 是假设试验的显著性水平；$\chi^2_{1-\alpha, h}$ 是第 h 个自由度的 χ^2 分布的第（$1-\alpha$）百分位数。对于这个特定的数据集合，零假设是可以被接受的，因此关于剩余量的假设是成立的。

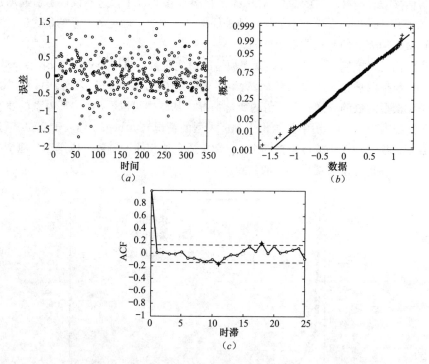

图 6.10   剩余量的独立性、同分布特征和归一化检验

（a）剩余量随时间的变化；（b）剩余量的正态概率图；（c）剩余值自相关函数随时滞的变化

  $x_i(t)$ 记录共历时 480s，将其分为 80 个片段，用 $x_{ij}(t)$，$j=1$，2，…，80 表示，这样每个片段为 6s，因采样频率为 1000Hz，因此每个片段包含 6000 个数据点。然后计算每个 6s 加速度片段的 ARMA 系数，且 AR 的前三个系数用于计算损伤敏感特征。为了确定系数对信号中数据点数量的敏感性，对数据点从 1000 到 6000，以 1000 为增量进行分析。当在 3000 点处，AR 系数会达到稳定值；然而，这里选用 6000 个点来进行分析。表 6.1 提供了第一个 AR 系数随数据点数量的稳定性情况，系数的平均值及标准差都列在表中。

表 6.1　AR 系数对数据点数量的敏感性

AR 系数的值	数据点的数量					
	1000	2000	3000	4000	5000	6000
α_1 的均值	1.0441	1.5087	1.0566	1.0453	1.0359	1.0301
(SD α_1)	(0.1947)	(0.1369)	(0.1088)	(0.0981)	(0.0831)	(0.0788)
α_2 的均值	1.0359	1.0502	1.0517	1.0459	1.0403	1.0358
(SD α_2)	(0.1966)	(0.1373)	(0.1002)	(0.0840)	(0.0710)	(0.0582)
α_3 的均值	1.2204	1.2644	1.2772	1.2762	1.2761	1.2712
(SD α_3)	(0.1366)	(0.0861)	(0.0608)	(0.0451)	(0.0360)	(0.0338)

6.3.3.2　采用 AR 系数的损伤敏感特征的定义和发展

本节将利用 ARMA 时间序列模型发展能够区分结构有损和无损状态的特征量。考虑了多个损伤敏感的特征（DSF）。在考虑的各种损伤敏感特征中，依据 AR 模型前三个系数的敏感特征最有发展潜力，因为这三个系数在模型所有系数中的统计显著性最高。对前三个系数的多个组合进行测试后，发现 AR 的第一个系数除以前三个系数平方和的平方根可得一个最有鲁棒性的损伤敏感特征。因此，提出的损伤敏感特征（DSF）定义如下：

$$DSF = \frac{\alpha_1}{\sqrt{\alpha_1^2 + \alpha_2^2 + \alpha_3^2}} \tag{4}$$

式中，α_1，α_2，α_3 是 AR 的前三个系数。图 6.11 给出了不同损伤模式下，损伤敏感特征随记录数量的变化。

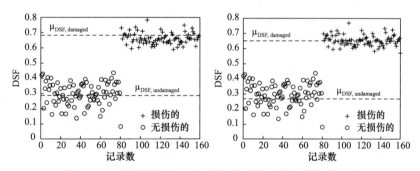

图 6.11　不同损伤模式下，损伤敏感特征随记录数的变化

从图中可以看出，对于所有的损伤模式，损伤状态和未损伤状态的损伤敏感特征的平均水平有很大的不同。因此，要想测定两组数据平均值之间的统计差异，需进行 t 检验（Rice，1999）。AR 系数与系统物理参数间的关系（Nair 等人，2006）如下所述。

对方程（2）两边进行 z 变换，忽略误差项的影响，可以得到：

$$x_{ij}(z) = \sum_{k=1}^{p} \alpha_k z^{-k} X_{ij}(z) + \sum_{k=1}^{q} \beta_k z^{-k} \Xi_{ij}(z) \tag{5}$$

式中，$X_{ij}(z)$ 及 $\Xi_{ij}(z)$ 分别是 $x_{ij}(t)$ 及 $\varepsilon_{ij}(t)$ 的 z 变换。然后，传递函数 $H(z)$ 可被推导为：

$$H(z) = \frac{X_{ij}(z)}{\Xi_{ij}(z)} = \frac{\beta_1 z^{-1} + \beta_2 z^{-2} + \cdots + \beta_q z^{-q}}{1 - \alpha_1 z^{-1} - \alpha_2 z^{-2} - \cdots - \alpha_q z^{-q}} \tag{6}$$

传递函数 $H(z)$ 的分母是一个 p 阶多项式方程，即特征方程。该特征方程的根即是系统的极点，可表示为：

$$z^p - \alpha_1 z^{p-1} - \alpha_2 z^{p-2} - \cdots - \alpha_p = 0 \tag{7}$$

特征方程的极点 z_{pole} 与模态频率和阻尼比有关：

$$z_{\text{pole}} = e^{-\zeta \omega_n \Delta t \pm j \sqrt{1-\zeta^2} \omega_{n_1} \Delta t} \tag{8}$$

式中，ζ 及 ω 分别是特定模态的阻尼比和自然频率，Δt 是信号的采样时间。式（8）也可以写作 $z_{\text{pole}} = re^{j\phi}$，幅值 r 及相位角 ϕ 可表示如下：

$$r = e^{-\zeta \omega_{11} \Delta t} \tag{9}$$

$$\phi = \sqrt{1 - \zeta^2}\, \omega_n \Delta t \tag{10}$$

采用简单的多项式根的理论，可得

$$\sum_i z_{\text{pole},i} = \alpha_1 \tag{11}$$

$$\sum_{i,j} z_{\text{pole},i} z_{\text{pole},j} = -\alpha_2 \tag{12}$$

$$\sum_{i,j,k} z_{\text{pole},i} z_{\text{pole},j} z_{\text{pole},k} = \alpha_3 \tag{13}$$

方程（8）和方程（11）～（13）给出了 AR 系数与模型频率和阻尼之间的关系。因此，AR 系数可以作为损伤指示特征向量的候选。关于 AR 系数对刚度系数的敏感度的更多介绍参见 Nair 等人（2006）。

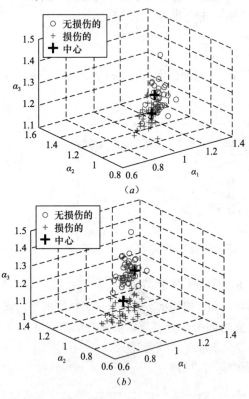

图 6.12　轻度损伤模式下，特征向量随损伤的移动

(a) 损伤模式 6；*(b)* 损伤模式 3

当在 ASCE 基准结构中引入损伤时，前三个 AR 系数的变化如图 6.11 所示。圆圈和十字分别表示在系统中引入损伤前和引入损伤后前三个 AR 系数的值，虚线表示每种信号的平均值。由图可知，由方程（4）定义的损伤敏感特征的均值在损伤前后的差别是很大的。

第二个可用于高斯混合模型的损伤敏感特征是定义为 $\alpha = \{\alpha_1, \alpha_2, \alpha_3\}$ 的 AR 系数向量，这部分将在第 6.3.4.2 节中予以讨论。研究发现，当损伤加重时，这些系数会在三维空间中移动。图 6.12～图 6.14 显示了这些系数随着结构损伤加重的移动情况。α 值变得越来越分散。在图中用加粗叉表示每种分布的形心，可以更清晰地显示损伤前后信号系数的分离程度。在第 6.3.4.2 节中将会看到，这些分布将采用高斯分布的样本点来建模，且分布的距离将被用来定量损伤的程度。

在应变测量结果中，Noh 和 Kiremidjian 发现 AR 的第一个系数 α_1 的数值比高阶系数的值大很多。他们仅采用这一个系数作为损伤敏感特征便成功地在应变测量中识别出了损伤。采用其他公式也是可以的，这主要取决于结构的类型、采集数据的类型以及系数的相对值。因此，要想确定出一个合适的损伤敏感特征，用户需要研究所采集的信号、系数的相对值以及这些系数的稳定性和变化情况。在一些应用中，为了获取从损伤到未损伤状态信号的变化，需要不止三个系数。一些因素，如信号的采样率和持时都可能影响系数的稳定性。正如前面章节所讲，为了获取稳定的 AR 系数及鲁棒的损伤敏感特征，在安装或调整传感器之前应先对这些参数进行测试。

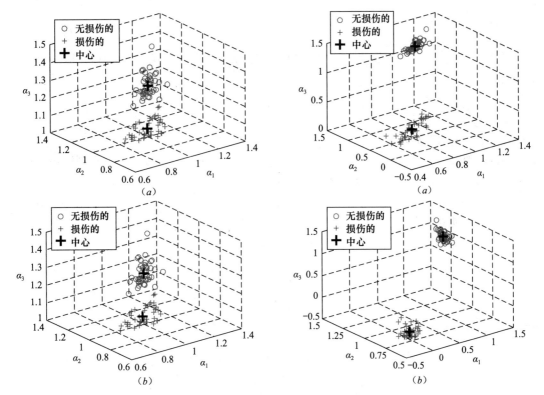

图 6.13　中度损伤模式下，特征向量随损伤的移动

（a）损伤模式 4；（b）损伤模式 5

图 6.14　严重损伤模式下，特征向量随损伤的移动

（a）损伤模式 1；（b）损伤模式 2

6.3.3.3　时域和频域模型——振动信号的小波分析

测量信号的另一种建模方法是小波分析。考虑 AR 模型仅在时域中获取测量数据的特征信息，在频域中跟踪变化也是一种理想的方法。频域方法需要对信号利用传统的谱方法进行转换，如傅立叶法。小波分析法与谱方法相比的主要优点是可以在时域和尺度域同时表征数据（Mallat，1999）。在较小的尺度上，小波函数具有较小的支撑，使得它很容易捕捉到瞬变现象，如数据集中的间断点等。类似地，在较大的尺度上，小波函数具有较宽的支撑，使得它很容易识别那些长期现象。

在结构健康监测领域中，Stazewski（2000）、Ghanem 和 Romeo（2000）、Kijewski 和 Kareem（2003）进行了基于小波的非线性结构系统识别的早期研究。从信号处理的角度来讲，Hou 等（2000）完成了初期工作，他们将离散小波变换应用到结构强度突变瞬时现象的研究之中。Sun 和 Chang（2002）采用小波包变换分解信号，这里采用小波包成分能量来探测损伤，并将小波包成分能量作为损伤评估神经网络的输入值。本节将简要回顾一下小波变换，然后进行尺度变换以用于结构健康监测。

小波可表示为函数 $\psi(t) \in L^2(\Re)$，其中 $L^2(\Re)$ 是平方可积函数空间，具有以下性质（Mallat，1999）：

$$\int_{-\infty}^{\infty} \psi(t)\mathrm{d}t = 0 \text{ 和 } \| \psi \| = 1 \tag{14}$$

小波母函数 $\psi(t) \in L^2(\Re)$，通过 a 缩放和 b 平移后可得：

$$\psi_{a,b}(t) = \frac{1}{\sqrt{a}}\psi\left(\frac{t-b}{a}\right) \tag{15}$$

同样，$\|\psi_{a,b}\| = 1$。对函数 $f(t) \in L^2(\mathfrak{R})$ 进行连续小波变换（CWT）可得（Mallat，1999）：

$$Wf(a,b) = \int_{-\infty}^{\infty} f(t)\frac{1}{\sqrt{a}}\psi^*\left(\frac{t-b}{a}\right)\mathrm{d}t \tag{16}$$

其中，$*$ 代表函数的复共轭。

目前已经定义了很多种母小波（Mallat，1999），其中 Morlet 小波被认为特别适用于特征提取（Nair 等人，2006）。Morlet 小波的定义如下：

$$\psi(t) = e^{j\omega_0 t - t^2/2} \tag{17}$$

Morlet 小波的傅立叶变换可等效为：

$$\psi(s) = \sqrt{2\pi}e^{-(s-\omega_0)^2/2} \tag{18}$$

为了满足容许条件（Mallat，1999），ω_0 一般取为 5。因此，由式（16）和式（18），可得：

$$Wf(a,b) = \frac{1}{\sqrt{2\pi}}\int_{-\infty}^{\infty} F(s)\sqrt{a}e^{jsb-(s-as)^2/2}\mathrm{d}s \tag{19}$$

Morlet 小波及其傅立叶转换如图 6.15 所示

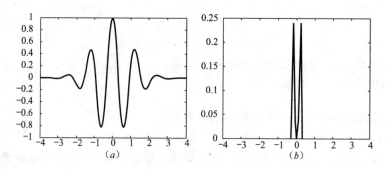

图 6.15

（a）Morlet 小波；（b）Morlet 小波的傅立叶转换

为了选择适宜的特征矢量的尺度，需要研究小波不同的尺度与结构系统参数之间的关系。为此，研究了一个质量为 m、阻尼系数为 c、未损情况下刚度系数为 k 的单自由度系统（SDOF）在力 $g(t)$ 作用下的情况，该系统的运动方程为：

$$m\ddot{x} + c\dot{x} + kx = g(t) \tag{20}$$

对式（20）进行傅立叶变换可得：

$$F\left(\frac{\mathrm{d}^n f(t)}{\mathrm{d}t^n}\right) = (js)^n F(s) \tag{21}$$

求导得：

$$(-s^2 m + jcs + k)X(s) = G(s) \tag{22}$$

式中，$X(s)$ 和 $G(s)$ 分别是位移和外力函数的傅立叶变换。假设系统是线性的，力是平稳的。第一个假设是有效的，因为在对比系统损伤前后时，关注的是刚度减弱了的等效线性系统。第二个假设在实际中并不总是有效；然而，可以将信号分段，这样每一段信号都是准平稳的。

基于这些假设，可以估计出加速度的傅立叶转换：

$$\ddot{X}(s) = FT(\ddot{x}(t)) = -s^2 X(s) = \frac{-s^2 G(s)}{-s^2 m + jcs + k} \tag{23}$$

这样，由式（16）和式（23），可得：

$$W\ddot{x}(a,b) = \frac{1}{2\pi} \int_{-\infty}^{\infty} \frac{-s^2 G(s)}{-s^2 m + jcs + k} \sqrt{a} e^{jsb} \psi^*(as) \mathrm{d}s \tag{24}$$

基于 Morlet 小波系数的加速度信号在尺度为 a 时的能量 E_a^{Morlet} 可表示为：

$$E_a^{\mathrm{Morlet}} \approx \Lambda_{\mathrm{Morl}}(a) \frac{e^{-2\zeta\omega_n\Delta t}(1 - e^{-2K\zeta\omega_n\Delta t})}{1 - e^{-2\zeta\omega_n\Delta t}} \tag{25}$$

令 $\omega_0 = 5$，得

$$\Lambda_{\mathrm{Morl}}(a) = e^{-\omega_0^2 + 2\omega_0\omega_d} \frac{a}{2(1 - \zeta^2)} \left[|G(p)|^2 e^{a^2\omega_n^2(2\zeta^2 - 1)} + |G(q)|^2 e^{a^2\omega_n^2(1 - 2\zeta^2)} \right] \tag{26}$$

对于多自由度系统简正模态的小波变换能量，也可以得出相似的关系（详见 Nair 和 Kiremidjian，2007）。

采用式（25）和式（26）来研究小波变换的能量从而可得到损伤敏感特征。信号的小波系数能量 E_a 在尺度为 a 时定义如下：

$$E_a = \sum_{b=1}^{K} |W\ddot{x}(a,b)|^2 \tag{27}$$

式中，$W\ddot{x}(a, b)$ 是尺度为 a、时间步为 b 的加速度信号的小波系数，K 是信号中数据点的数量，$|\cdot|$ 表示绝对值。较低的尺度（如第一、第二和第三尺度）对结构的加载和环境条件非常敏感。因此，这些尺度并不适合损伤探测。较高的尺度有较宽的支撑，易受振动特性变化的影响。Nair 等人（2006）发现第五、六、七级二进制尺度特别适合于损伤探测。选择这些尺度直观的理解是基于小波基的支撑。必须选择合适尺度以描述想要的现象（无论是长期还是短期）。当选择较大的尺度时，增大了小波基的支撑，因此也就增强了气检测长期现象的能力。同样，尺度较大时，并不能获取到瞬时值，因此避免了数据噪声带来的问题。欲从物理角度理解振动信号的小波系数，请参阅 Nair 和 Kiremidjian（2007）。

图 6.16 展示了在无噪声振动数据中，损伤敏感特征 E_5 在有损和无损时的分布。图中的椭圆云团是根据式（27）定义的损伤敏感特征绘制出的。矢量 v 与 x 轴间夹角为 45°。沿着 v 方向上，可以看到一些工作条件的不确定（如加载方向和噪声）。同时，在损伤条件下，E_{damaged} 和 $E_{\mathrm{undamaged}}$ 是不同的，从而会与矢量 v 偏离。因此，在 v' 及 v'' 方向上的变化可以指示损伤。为此，主方向将被用来获取最大变化的方向（Mardia 等人，2003），见图 6.16。因此，较低的奇异值可以很好地指示损伤，被选为损伤敏感特征。

在实际中，数据是在不同工作条件下（加载和环境条件如温度、湿度等）收集的。为了对比不同工作条件下的信号，这里选用第一级二进制尺度下小波系数的能量值来判断信号对于加载条件是否存在差异。这里选择较低尺度是因为其能够考虑加载条件的瞬变现象。与以往一样，这里将采用 E_1 去确定新信号与数据库中已存信号的相近程度。因此，二阶奇异值的值越低，数据库中的信号就越接近于新信号。

图 6.17 展示了采用真实数据的主成分分析情况。因为数据在不同的工作条件下需要适当地进行归一化，所以第一主成分的角度一般不会是 45°。在这种情况下，方向 v_2 和 v_4 的变化将能指示出数据集或信号中是否存在损伤。可以看到，未损伤数据集与有损伤的数据集的云团分布存在着明显的差异。如图 6.18 所示，第七级二进制尺度下小波能量 E_7 随损伤加重而发生移

动。图中圆圈和十字分别代表损伤前和损伤后信号的 E_7，虚线代表每个数据集下能量的平均
值。这两个图说明损伤发生前后小波能量有明显的不同。利用第五和第六级尺度能量也可得到
类似结论。

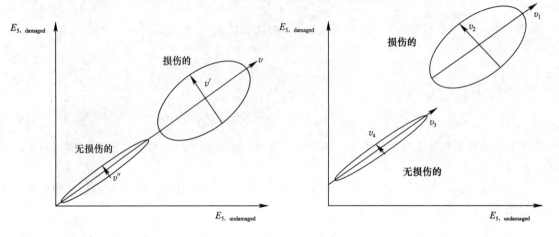

图 **6.16**　无噪声数据损伤前后分布椭圆示意图　　图 **6.17**　采用主成分分析得出的损伤前后
　　　　　　　　　　　　　　　　　　　　　　　　　　　　　　　　　分布椭圆示意图

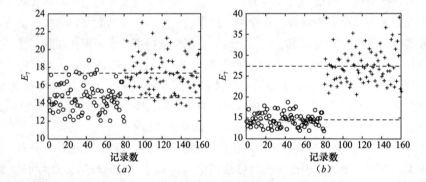

图 **6.18**　轻度损伤模式下，传感器 2 的基于 Morlet 小波的损伤敏感特征 E_7 的移动
　　　　　　　　　　　　(a) 损伤模式 6；(b) 损伤模式 3

6.3.4　分类方案

　　一旦选择了损伤敏感特征并从信号中提取出了特征，应当开发一个用于区分损伤前后的状
态的统计程序。统计模式分类方法特别适用于此。常用的分类方法包括：假设检验、高斯混合
模型（GMMs）、隐马尔可夫模型（HMMs）和自组织映射。本节将通过特征区分详细介绍假
设检验方法及 GMMs 方法如何用于损伤分类，并简要介绍一些其他方法。

6.3.4.1　假设检验

　　图 6.11 给出了将提出的损伤计算方法用于 ASCE 基准结构数值模拟数据集所得的结果。
由图 6.11a 和 6.11b 可以看到，损伤前后所得的 DSFs 的平均值存在明显差异。如果把损伤前
后所得的 DSFs 平均值分别定义为 $\mu_{\text{DSF, undamaged}}$ 和 $\mu_{\text{DSF, damaged}}$，那么就可以建立一个如下的假设检

验，进而判断差别是否显著：

$$H_0 : \mu_{\text{DSF. undamaged}} = \mu_{\text{DSF. damaged}}$$

$$H_1 : \mu_{\text{DSF. undamaged}} \neq \mu_{\text{DSF. damaged}} \tag{28}$$

式中，H_0 是零假设、H_1 是备择假设。H_0 和 H_1 分别表示无损伤和损伤后的状态。该检验的显著性水平定为 0.05。式（28）所用的假设称为双侧对立假设。为了检验以上假设，这里采用 t 统计量（Rice，1999），t 统计量的定义如下：

$$t = \frac{\mu_{\text{DSF. undamaged}} - \mu_{\text{DSF. damaged}}}{s \sqrt{1/n + 1/m}} \tag{29}$$

式中，n、m 分别是从 $\mu_{\text{DSF. undamaged}}$ 和 $\mu_{\text{DSF. damaged}}$ 中得到的样本数。s 为合并的样本方差，定义如下：

$$s^2 = \frac{(n-1)S^2_{\text{DSF. undamaged}} + (m-1)S^2_{\text{DSF. damaged}}}{m+n-2} \tag{30}$$

$S^2_{(\cdot)}$ 是（·）的样本方差。H_1 的拒绝区域定义如下：

$$|t| > t_{n+m-2}(\alpha/2) \tag{31}$$

式中，$t_{n+m-2}(\alpha/2)$ 是自由度为 $n+m-2$ 时，在 $\alpha/2$ 处取得的 t 分布的值。

下面以 ASCE 基准结构阶段 I 的数值模拟数据集为例，选择损伤模式 2 进行分析。表 6.2 是假设检验的结果。

表 6.2　损伤模式 2 的损伤判别结果

传感器编号	损伤判别	P 值
1	H_1	≈ 0.0
2	H_1	≈ 0.0
3	H_1	≈ 0.0
4	H_1	≈ 0.0
5	H_1	≈ 0.0
6	H_1	≈ 0.0
7	H_1	≈ 0.0
8	H_1	≈ 0.0
9	H_1	≈ 0.0
10	H_1	≈ 0.0
11	H_1	≈ 0.0
12	H_1	≈ 0.0
13	H_1	2.204×10^{-6}
14	H_1	≈ 0.0
15	H_1	8.265×10^{-6}
16	H_1	≈ 0.0

表 6.2 中的 p 值很低，说明 $\mu_{\text{DSF. undamaged}}$ 及 $\mu_{\text{DSF. damaged}}$ 间存在明显差异，因此可以认为结构很有可能已经损伤。换句话说，考虑结构中已存在损伤这一事实，p 值是损伤的概率而 DSF 不能预测损伤。由于 p 的值均远小于 0.05 这一显著性水平，可拒绝零假设 H_0。

对 ASCE 基准结构上所有的传感器测量结果采用双边假设检验也可得出类似的结果。此外，除了最低级别的损伤水平如螺栓松动，均取得了正确的损伤识别结果。

然而在实际应用中，仅采用假设检验还是不够的。将几种方法综合应用不但可以提高预测的可靠性，更可减少错误预测的可能性。

6.3.4.2 高斯混合模型

图 6.12～图 6.15 展示了特征向量随损伤的移动（图 6.12～图 6.14 用的是前三个 AR 系数，而图 6.15 用的是在较高尺度上小波能量较低的奇异值）。模式分类中，高斯混合模型（GMMs）经常被用作聚类算法（Hastie 等人，2001）。一个种类（混合）为 M 的高斯混合模型如下：

$$f(x_{1,N}) = \sum_{i=1}^{M} \pi_i \phi_i(X;\theta_i) \tag{32}$$

式中，X 是 N 个特征向量的集合，$\phi_i \sim N(\mu_i, \Sigma_i)$ 是平均向量为 μ_i 和协方差矩阵为 Σ_i 的高斯向量，π_i 是不同种类的非负混合权重。GMM 中的未知参量 $\Theta = \{\mu_i, \Sigma_i, \pi_i, i=1, 2, \cdots, M\}$ 可用最大期望（EM）算法进行估计。考虑到随机变量 I_i（$i=1, 2, \cdots, M$）的实现是 M 维指示向量，当 x_i 对应于第 j 个混合量时，随机变量 I_i 的第 j 个分量 $I_{i,j}=1$。图 6.19 给出了 GMM 参数估计所用的 EM 算法，其中 d 是特征向量空间的维数，$\log L_{(t+1)}$ 是第 $(t+1)$ 时间步的对数似然函数。步骤二、三确定期望值（E-步），步骤四是最大化（M-步）。在上面的算法中，混合的量 M 已固定。同时，注意输入的是 I_i，π_i，μ_i，Σ_i（$i=1, 2, \cdots, M$）的初始值。算法最终输出的是以上初始参数的收敛值。

步骤 1：对 $E(I_{i,j})$，π_i，μ_i，Σ_i 进行初始化

步骤 2：for $i=1$：N

步骤 3：for $j=1$：M

$$p(x_i \mid I_{i,j}=1;\Theta) = \frac{|\Sigma_j|^{-1/2}}{(2\pi)^{d/2}} \exp\left(-\frac{1}{2}(x_i - \mu_i)^T \Sigma_j^{-1}(x_i - \mu_i)\right)$$

$$E(I_{i,j}) = \frac{p(x_i \mid I_{ij}=1;\theta)\pi_j}{\sum\limits_{k=1}^{M} p(x_i \mid I_{ik}=1;\theta)\pi_k}$$

  Step3 结束

 Step2 结束

步骤 4：for $j=1$：M

$$\mu_j = \frac{\sum\limits_{k=1}^{M} E(I_{kj})x_k}{\sum\limits_{k=1}^{M} E(I_{kj})}$$

$$\Sigma_j = \frac{\sum\limits_{k=1}^{N} E(I_{kj})(x_k - \mu_j)(x_k - \mu_j)^T}{\sum\limits_{k=1}^{N} E(I_{kj})}$$

$$\pi_j = \frac{\sum\limits_{k=1}^{N} E(I_{kj})}{N}$$

 步骤 4 结束

步骤 5：重复直至收敛 $\dfrac{|\log L_{(t+1)} - \log L_{(t)}|}{|\log L_{(t)}|} < \varepsilon$

图 6.19　GMMs 中的期望最大化算法

为获得混合的最优数量，这里采用间歇统计法（Tibshirani 等人，2001）。这包括在实际数据集的特征向量空间的支撑上，生成一个均匀产生的数据集。间歇统计法描述的是真实数据集与均匀产生的数据集之间聚类内距离的差异。有关间隙统计法的理论及应用知识请参阅 Tibshirani 等人（2001）。

由图 6.20 的间隙统计结果可见，在 2 处有一个最大分离，因此可以认为数据中存在两个聚类。存在两个或更多的聚类表明数据中的信号具明显的特性，因此可以认为结构中已存在变化且这变化有可能与损伤的发生有关。对于 ASCE 基准结构最低级别的损伤模式（模式 3）采用间隙统计法可以看到，尽管数据分布间存在交叉，但数据仍是从两个混合中得到的。应当指出的是，探测出两组聚类的可能性与两种分布的重叠面积成反比的（Tibshirani 等人，2001）。对于其他所有的损伤情况，间歇统计也明显地识别出数据存在两个聚类。

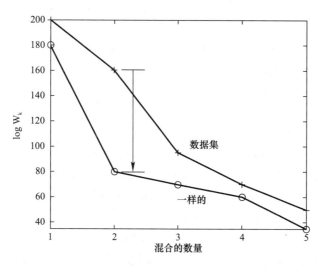

图 6.20　无损伤的和损伤的模式 3 信号的间歇统计示例

6.3.4.3　其他分类方法

隐马尔可夫模型（HMM）是一种用于制定序贯决策随机模型（Duda 等人，2001），其在语音和手势识别领域得到了广泛应用（Rabiner，1989）。任何有限状态 HMM 均可由状态数量、每种状态中明显观测符号的数量以及状态转移概率矩阵来表征。

为估计隐马尔可夫模型（HMM）的参数以用于正常系统行为的建模，可采用从基准的或未损伤结构中提取的特征矢量作为训练数据。一旦完成了对 HMM 的训练，应提出损伤检测概率测度的阈值。Yeung 和 Ding（2002）描述了 HMM 在电脑安全异常检测（入侵检测）中的应用，其提出了以下方法：

• 对于一个训练过的 HMM，观察序列的样本似然可通过前馈或后馈算法计算（Rabiner，1989）。概率的阈值能够区分无损伤（基准，对应训练后的 HMM）和损伤的状态。

• 对观测的一段时间内无损伤状态性能的概率分布进行建模。对于监测系统的性能也采用同样的方式进行建模。可采用一种信息理论测度——交叉熵，来衡量两种分布的差异性大小（Cover 和 Thomas，1991）。通过阈值可以确定观察的行为与无损伤状态是否存在偏离。通过一个验证数据集可确定阈值。在 HMM 中，可以将所有训练序列中的最小似然作为阈值

（Yeung 和 Ding，2002）。同样，交叉熵的值是在全部训练集和训练集中每个矢量之间计算出来的。阈值被选为最大交叉熵。Yeung 和 Ding（2002）研究发现信息论技术优于 HMM 方法。

　　Kohonen（2001）提出的自组织映射（SOM）形成了一种无监督学习方法。大多数基于 SOM 的方法与统计聚类方法（如 k 均值法）相似，在这些方法中，聚类解的形式是确定样本是否属于聚类的阈值。在故障监测应用中，Ypma 和 Duin（1998）采用 SOM 开发了一种故障检测的异常检验方法。首先，采用健康结构的样本数据训练 SOM。然后，采用怀疑有问题结构的样本数据来判断是否发生损伤。若相差悬殊，则认为结构已损伤，同样这里也要确定阈值。在结构健康监测中，采用这些模型进行损伤检测颇具前景，目前已受到许多学者的关注。

6.3.5　损伤量化和定位

　　采用统计模式识别方法来进行损伤的量化和定位，目前仍处于初级阶段。一些研究方法在损伤量化方法已取得了一定的成功，但损伤定位的研究已被证明具有更大的挑战性。目前多数方法将损伤的程度与在结构同一位置采集的信号的变化相互关联。难点就在于损伤的特性具有多样性，且它们与具体的结构有关。因此，最初的模型将损伤量化的重点放在损伤程度方面。例如，将一个微小损伤施加到 ASCE 基准结构上，如对一根支撑进行部分切割或移除单根支撑，则从原则上讲损伤敏感特征也会产生一个微小变化。类似地，若发生了更严重的损伤，如一层上的所有支撑都失效了，则其损伤敏感特征值的变化应比单个支撑的破坏更明显。关键问题就是要找到一些分析方法来获得和量化这些变化。在下一节中，将介绍一种采用马氏距离（Mahanalobis distance）进行损伤量化的方法。

　　假设损伤发生在一个传感器的附近，则该传感器反映出的损伤敏感特征将比其他远离损伤发生区域的传感器更加剧烈。基于这一假设，则可以认为通过增加传感器的布设密度来定位损伤。事实上，只有传感器能够测量出反映局部性能的结构参数而非结构整体响应对加载的变化时，这种假设才会成立。例如，当传感器是应变片时，那么测量的结果仅与传感器位置有关，所测得的数据反映的是应变片周围的损伤。如果传感器是加速度仪，那么这些传感器获得的更多的是结构的整体反应，这时想要定位损伤将特别有挑战性。有时，基于加速度方法来定位一些损伤可能会获得错误结果，这是因为结构中某一部位的损伤很有可能会增加远离损伤发生区域其他部位的振动。一些其他传感方法，如声发射和回声法等，损伤定位也是它们主要目标之一。然而这些方法超出了本节所探讨的范围，恕不赘述。总之，只有结合多种传感器及方法才能提供完整和鲁棒的包括损伤定位的结构损伤诊断。

6.3.5.1　采用马氏距离确定损伤程度

　　马氏距离是一种常用于多变量分析中确定两种分布分离程度的度量标准（Mardia 等人，2003）。协方差为 Σ 的两向量 a 和 b 之间的马氏距离定义为：

$$\Delta(a,b,\Sigma) = \sqrt{(a-b)^T \Sigma (a-b)} \tag{33}$$

目前研究认为，马氏距离是一种可用来定义损伤程度的度量标准。更具体地说，损伤标准（DM）被定义为 $\Delta(\mu_{\text{undamaged}}, \mu_{\text{damaged}}, \Sigma_{\text{undamaged}})$，其中 $\Sigma_{\text{undamaged}}$ 是无损伤数据集的协方差，$\mu_{\text{undamaged}}$ 和 μ_{damaged} 分别为损伤前和损伤后数据集的平均值。这些值是将特征向量建模为 GMM 后取得的。

在数学上，DM 可以定义如下：

$$DM = \Delta(\mu_{\text{undamaged}}, \mu_{\text{damaged}}, \Sigma_{\text{undamaged}})$$

$$= \sqrt{(\mu_{\text{undamaged}} - \mu_{\text{damaged}})^T \Sigma(\mu_{\text{undamaged}} - \mu_{\text{damaged}})} \tag{34}$$

上述公式对于两种混合数据集是成立的。然而，当混合数大于 2 时，DM 的值将选择未损混合与其他混合值计算的最大值。

对马氏距离进一步分析可得，无损伤信号协方差加权后的两个混合形心间的马氏距离与欧氏距离（Euclidean distance）是相一致的。欧氏距离也可以被用作损伤标准，但也许有人会质疑，欧氏距离中并不包含有关离散信息的系数。随着损伤的增加，分布的离散程度也认为会增加，反映了结构更多的非线性。因此，在损伤程度的标准中包含数据的离散程度是十分重要的。其他几种由式（34）定义的损伤程度，可通过考虑损伤前后混合的方差来进行定义，读者可参阅 Noh 和 Kiremidjian（2008）。式（34）定义的损伤程度既可用高斯混合模型的 AR 模型也可以用小波模型。在下面的例子中，将介绍马氏距离应用到 AR 损伤模型和 ASCE 基准结构中的结果。

对 ASCE 基准结构上传感器 2 所取数据进行 AR 建模，图 6.21 是计算的 DM 结果半对数图。由图 6.21 可得，对于损伤模式 6、3、4、5、1 和 2，DM 的值依次增加，这与损伤的增加过程是相一致的。同时，DM 值的变化从 2.95（与损伤模式 6 相对应）到 4591.56（与损伤模式 2 相对应）。

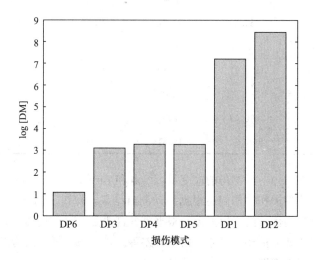

图 6.21　传感器 2 的损伤标准随损伤模式的变化

对于不同传感器和不同的损伤模式，DM 的变化参见表 6.3。表中 NA 表示只识别出一种混合时的情况，其代表没有损伤。分析从 ASCE 基准结构上获取的振动信号，可得以下结论：

•在所有传感器位置，无论是损伤模式 1 还是模式 2 的检测结果都是一致的。这些损伤模式的特征是 DM 的值较大，这体现出基线与新的混合分离明显。

•由于损伤模式 4 和 5 移除了第 1 和 2 侧的支撑（图 6.5），可以发现在所有传感器上检测出的损伤都是一致的。尽管在传感器 3 附近存在螺栓松动，但损伤模式 4 和 5 并没有显示出区别，由此可知并没有检测出螺栓松动。

* 损伤模式 3 和 6 较少了第二侧一个支撑的刚度（见图 6.6）。因此，第 1 和第 3 侧上的传感器并没有检测出结构前两层上的损伤。而在较高的楼层，则检测出了所有传感器处的损伤。对结构及其振动特征的检查显示出扭转运动可能是由于支撑移除造成的。这种扭转运动在较高的楼层特别严重，从而会导致在这些传感器处的振动反应存在较大差异。

表 6.3 ASCE 基准结构在不同损伤模式下，不同传感器的 DM 值变化

传感器	DP1	DP2	DP3	DP4	DP5	DP6
1	431.38	1415.53	NA	50.90	50.90	NA
2	1374.21	4591.56	22.54	25.85	25.85	2.95
3	454.63	1673.77	NA	34.46	34.46	NA
4	1096.92	5993.50	32.33	48.73	48.73	2.78
5	295.61	826.69	NA	25.67	25.67	NA
6	1350.03	4306.10	21.79	24.04	24.04	2.64
7	265.79	703.07	NA	20.73	20.73	NA
8	858.93	3224.43	9.52	10.75	10.75	1.59
9	263.74	1068.42	14.25	46.43	46.43	NA
10	822.55	727.49	4.08	6.74	6.743	NA
11	340.21	1360.80	11.97	48.51	48.51	NA
12	506.16	344.10	4.79	4.73	4.73	NA
13	1444.02	4485.12	15.33	12.21	12.21	NA
14	463.91	1282.90	2.82	3.15	3.15	2.389
15	694.23	2632.63	3.69	49.29	49.29	2.09
16	756.74	2691.54	10.31	9.50	9.50	2.32

从一个四层钢框架结构上所测得的应变量，Noh 和 Liremidjian（2008）成功地运用欧氏距离定量地计算出了结构的损伤。他们还根据振动测量结果，探讨了欧氏距离的一些其他形式。包括考虑有损伤和无损伤信号的互协方差、根据其各自协方差对有损伤和无损伤信号进行的标准化，以及运用有损伤和无损伤信号差异的协方差等。式（34）可以认为是最佳选择，因为它在其余混合分离的定义中都取得了一定的成功。

以上所有的讨论和插图均是应用 AR 系数来量化损伤的。较高尺度上的小波能量也能用来量化损伤。在前面的章节中，第五、第六和第七级尺度的小波能量被用来作为损伤敏感特征。Nair 和 Kiremidjian（2007）运用这些尺度下的马氏距离成功地预测了 ASCE 基准结构的损伤程度。表 6.4 给出了基于式（30）运用 Morlet 小波能量计算而得的 DM 值，表中列举了所有传感器位置处所得的结果。从中可知，由 DP6、DP3、DP4、DP5、DP1 到 DP2，损伤程度从最小到最大依次增加。对于所有传感器的位置，这一发展都与 DM 的值有着直接联系。对于不同传感器处的位置，DM 的绝对值也会明显不同。然而，这些值与损伤的位置并没有必然关系，而与结构的整体振动特性更加相关。

表 6.4　不同传感器和不同损伤模式下，基于 Morlet 小波的损伤敏感特征 DM 值的变化

传感器	损伤指标					
	DP1	DP2	DP3	DP4	DP5	DP6
1	9.68	21.52	0.85	0.95	0.95	0.33
2	99.63	146.00	7.71	7.49	7.49	1.63
3	9.12	18.43	0.98	2.57	2.57	0.35
4	97.10	123.32	5.89	5.58	5.58	1.33
5	5.85	10.96	1.27	1.49	1.49	0.39
6	62.01	72.05	6.70	6.60	6.60	1.46
7	7.13	12.65	1.87	2.13	2.13	0.39
8	63.94	80.00	4.66	4.55	4.55	1.08
9	6.18	11.35	0.95	6.65	6.65	0.25
10	50.89	43.29	5.46	5.49	5.49	1.52
11	5.54	9.51	1.22	5.49	5.49	0.25
12	53.05	43.02	5.02	5.06	5.06	1.11
13	3.12	8.12	0.97	1.60	1.60	0.27
14	48.64	43.83	5.74	5.52	5.52	1.29
15	4.53	10.89	1.06	1.48	1.48	0.24
16	40.76	41.20	3.87	3.90	3.90	0.88

6.3.5.2　噪声影响

　　噪声影响的问题是随着结构健康监测的发展而逐渐出现的，且在应用统计模式识别方法时被引起了高度的重视。特别是，如果信号被强噪声遮蔽，则比较就变为了两个噪声信号之间的比较。正如在本章前言所讨论的一样，必须仔细地从大量噪声中对信号进行滤波。如果噪声仍然存在，应了解它对损伤的识别及量化有怎样的影响。因此，下面将简要介绍附加零均值高斯白噪声时，其对损伤检测算法的影响。将噪声的均方根（RMS）与信号的均方根（RMS）之比定义为噪信比，记作 NSR。改变 NSR 的值从 0.05 至 0.15 变化，观测 DM 预测的结果。这里只给出了基于小波分析方法所得到的结果，当然，通过 AR 模型也可以得到类似的结果。对于传感器 2，表 6.5 是不同噪声水平下 DM 的值。由表可知，DM 值与损伤量间的相关性较好。由于损伤模式 DP4 仅是在 DP3 的基础上，移除了一个支撑，且该支撑与传感器 2 所测加速度方向垂直，所以 DP3 与 DP4 的值没有太大差异，DP4 与 DP5 间也可得到类似结论。DM 对噪声具有很高的敏感性，只有损伤模式 1 和模式 2 在噪声较高的情况下能被检测出来。正如预想的一样，随着噪声的增强，云团的分离性也会降低。在 10% 的噪声水平下，则无法区分较低的损伤模式；15% 时，DM 的值将减少到原来的 1/10，这会导致损伤的检测结果变得不可靠。因此，在应用这些方法前要先进行消噪。

表 6.5　从损伤模式 1～损伤模式 6，在不同 NSR 下传感器 2 的 DM 值变化

NSR	损伤标准					
	DP1	DP2	DP3	DP4	DP5	DP6
0.0	103.26	151.25	7.87	7.66	7.66	1.68
0.05	57.00	78.17	2.11	1.84	1.84	0.36
0.1	20.11	35.16	0.88	0.53	0.53	0.00
0.15	10.49	17.13	0.22	0.46	0.46	0.00

6.4 应用实例：钢桥

钢桥寿命预测应用的一个非常好的案例是位于奥地利布伦纳的 Europabrücke 大桥。在多种科研项目的支持下，对大桥的监测活动始于 1997 年，并发展成为以渐进寿命评估为目标的永久监测活动。关于这项活动和具体情况在本书第 4.1 节中已详细介绍。

6.5 正在进行的研究和发展的项目

对于结构健康监测（SHM）进一步发展的需要已经在全世界得到共识。这些举措依赖于世界各地区的现况和经济发展程度。规模最大、与其最相关的项目分别设立在美国（美国联邦公路局的 LTBP 项目）、日本、韩国（国立首尔大学科学技术院），这些项目目前正在实施。欧洲缺少建立区域标准的动力，取而代之的是在各个国家制定标准，因而桥梁在不同国家的评估完全不同，这导致建造跨境桥梁时会带来一些不同寻常的情况。

6.5.1 美国联邦公路局长期桥梁性能计划

2005 年，美国国会通过了 SAFETEE-LU，美国联邦公路局的基础设施研究和发展办公室正在启动长期桥梁性能（LTBP）计划。LTBP 计划是一项长达 20 年的战略性研究计划，它有明确的短期和长期目标。该计划的资金预算是 1 亿美元。它包括细部检查、周期性评估和测试、连续监测和对美国代表性桥梁样本的鉴别调查，其目的在于掌握和记录这些桥梁的性能。该计划将建立一个高质量的定量数据库，它在未来将会影响桥梁管理系统的价值、评估和效率。总计 2000 座桥梁将会被监测，部分桥梁在停止使用后将会进行工程鉴定。

美国联邦公路局的国家桥梁检测标准（NBIS）促进了世界上最具综合性的桥梁信息来源的建立——国家桥梁清单（NBI），该清单包含超过 595000 多座位于公路上的桥梁、隧道和涵洞的状态信息（图 6.22）。根据 NBI，在 2005 年约有 156000 座桥梁存在结构缺陷或功能过

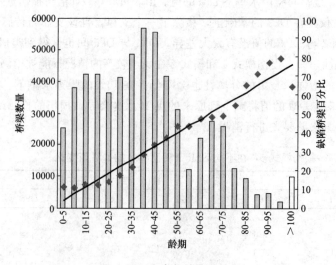

图 6.22 寿命与缺陷的关系

时。由于不断增加的交通需求，持续的桥梁老化和退化，以及用于修复和维护费用不足等原因，这个数字在今后还会持续攀升。

美国许多州已经采纳和实施了 AASHTO 的 PONTIS 桥梁管理方案，或是具有类似高级管理决策制定能力的系统。一些州正在扩充这些系统中的 NBI 数据，且正在收集单元层次的桥梁数据。即使有了这些桥梁管理工具和数据，结构和材料的性能如何随时间变化和退化，以及目前有效的维护、维修和修复策略如何应用到给定的构件或完整的桥梁系统中，仍存在许多未知因素。此外，随着逐步走向高性能材料和高级结构系统，期望桥梁具有高水平的长期性能和耐久性，但目前还没有实现。

为了满足国家桥梁网不断增长的需求且避免增加财政支出，未来的桥梁管理系统将需要对寿命周期成本和性能模型加以改进，以及有效的维护和维修策略方面的信息。然而，这些改进需要高质量的定量数据作为新模型和决策制定算法的基础。

LTBP 计划的目标是收集、记录和生成关于全国范围内代表性桥梁样本的高质量定量性能数据。这些数据由详细的检查和评估获得，并以有限的持续监测的结构和经鉴定的退役桥梁加以补充。在这个计划的后期，将对收集的数据进行分析来完善桥梁性能和退化方面的知识，从而发展更好的设计方法和性能预测模型，以及先进的管理决策制定工具。

特别是，LTBP 计划期望能够给出桥梁在多项效应下性能退化的理解，包括腐蚀、材料疲劳、风化和荷载。这个计划也将提供有关目前维护和改进措施有效性方面的信息，这将会提高桥梁的运营性能，并降低减少交通拥塞、延误和事故发生的可能。

根据这项计划的日程表，该项目的草案框架将在 2010 年完成。框架中特别强调的问题包括：

- 项目管理和施行；
- 收集的具体数据；
- 检查和监测的桥梁的类型和数量；
- 数据质量和收集策略；
- 数据管理和存档；
- 数据挖掘和分析；
- 数据和信息的传播；
- 参与和合作的机会。

如上所述，LTBP 方案包括桥梁监测和评估的三个部分：

- 桥梁的周期性检测：对桥梁的详细检测包括外观检测以及使用先进的无损检测技术（NDT）来检测和记录退化情况。这些检测将周期性进行，在合适条件下还会采取附加的检测。

- 桥梁的检测设备：桥梁连续监测将采用传感技术来测量和记录桥梁在正常通车条件以及极端事件发生时和发生后的性能特征。

- 桥梁退役：对退役的桥梁进行鉴定分析，从而了解更多的桥梁性能、可靠性和失效模式的信息。

LTBP 计划规模非常庞大，它需要美国联邦公路局、桥梁业主、桥梁建设公司和学术界的协调与合作。如果获得成功，此计划将促成建设寿命更长、维护费用更低，并能快速改进以适应交通或功能的变化、现代技术不具备的、干扰性更低的桥梁。这项计划经常更新，可以从 www. fhwa. dot. gov 网站上获得最新情况。

6.5.2 欧洲结构评估监测和控制计划

结构评估监测和控制（SAMCO）网是在欧盟第五个研究和发展框架计划下成立的。它是从 2001 年到 2006 由在结构评估监测和控制领域的利益相关人员组成的著名的协会。在这一倡议下，产生了许多有价值的报告，这些报告目前已成为该领域的参考文献。其详细信息仍可以在 www. samco. org 网站上下载，该网站同时还提供了在倡议结束后，关于 SAMCO 协会建立的信息。本书中的一些指南也是该组织起草的。

6.5.3 其他计划—欧盟、日本、韩国、中国

由于交通基础设施是经济的支柱，桥梁结构健康监测在许多国家已得到了广泛的关注，如：

- 在欧盟的多种框架组织下进行的关于这方面的几个主要的科研项目，如"可持续桥梁"计划，在 www. sustainablebridges. org 上有具体介绍，这个项目主要致力于对铁路桥梁的研究。
- 韩国启动了一项长达 10 年的桥梁计划，该计划由国立首尔大学负责。该计划系统地研究桥梁中的结构健康监测（SHM）问题，并通过三座主要桥梁的现场试验活动来获取有价值的数据和方法。
- 在日本，这个领域的焦点已经从新的建设转移到维护和管理上来了。它包括提高桥梁管理的大型项目、试验和计划。
- 中国最近的桥梁坍塌事件在全国范围内引发了国家桥梁计划的开展，其目的在于提高桥梁安全和性能水平。
- 最为著名的监测举措要数香港了，在当地有很多已建立了多个超过 10 年的大型监测系统。这些系统提供了有价值的数据，可以用于改进桥梁设计的相关规范与指南。

扩展阅读

Brockwell P and Davis R (2002) *Introduction to Time Series and Forecasting*, 2nd edn. Springer-Verlag, New York.

Cheung A, Cabrera C, Nair K, Kiremidjian A and Wenzel H (2008) Application of statistical pattern recognition methods for damage detection to field data. *International Journal of Materials and Structures*.

Cover T and Thomas J (1991) *Elements of Information Theory*. Wiley Interscience.

Doebling SW, Farrar CR, Prime MB and Shevitz DW(1996) *Damage Identification and Health Monitoring of Structural and Mechanical Systems from Changes in Their Vibration Characteristics: A Literature Review*. Technical Report LA-13070-MS, Los Alamos National Laboratory, Los Alamos, New Mexico.

Duda RO, Hart PE and Stork (2001) *Pattern Classification*, 2nd edn. John Wiley & Sons, New York.

Engelberg S (2008) *Digital Signal Processing: an Experimental Approach (Signals and Commucation Technology)*. Springer, London.

Farrar C and Duffey T (1999) Vibration based damage detection in rotating machinery and comparison to civil engineering applications. *Proceedings of Damage Assessment of Structures*, Dublin.

Ghanem R and Romeo F (2000) A wavelet based approach for identification of linear time varying dynamical systems. *Journal of Sound and Vibration* **234**(5), 555-576.

Hastie T, Tibshirani R and Freidman J (2001) *Elements of Statistical Learning: Data Mining, Inference and Prediction*. Springer Verlag, New York.

Hou Z, Noori M and Amand RS (2000) Wavelet-based approach for structural damage detection. *Journal of Engineering*

Mechanics **126**(7),677-683.

Johnson E,Lam H,Katafygiotis L and Beck J (2004) Phase IIASC-ASCE structural health monitoring benchmark problem using simulated data. *ASCE Journal of Engineering Mechanics* **130**(1),3-15.

Kijewski T and Kareem A (2003) Wavelet transforms for system identification in civil engineering. *Journal of Computer-Aided Civil and Infrastructure Engineering* **18**,339-355.

Kohonen T (2001)*Self Organising Maps*. Springer-Verlag.

Lee Z,Wu T and Loh C 2003 System Identification on the Seismic Behavior of Isolated Bridge. *International Journal of Earthquake Engineering and Structural Dynamics* **32**(12),1797-1812.

Lynch J,Sundararajan A,Law K,Kiremidjian A and Carryer E (2004) Embedding damage detection algorithms in a wireless sensing unit for attainment of operational power efficiency. *Smart Materials and Structures* **13**(4),800-810.

Mallat S (1999)*A Wavelet Tour of Signl Processing*,2nd edn. Academic Press.

Mardia K,Kent J and Bibby J (2003)*Multivariate Analysis*. Academic Press,London.

NairKKand Kiremidjian AS (2007) Time series based structural damage detection algorithm using Gaussian mixtures modeling. *ASME Journal of Dynamic Systems,Measurement and Control* **291**,285-293.

Nair KK,Kiremidjian AS and Law KH (2006) Time series-based damage detection and localization algorithm with application to the ASCE benchmark structure. *Journal of Sound and Vibration* **291**,349-368.

Noh H and Kiremidjian A (2008) Application of a time series based damage detection algorithm to the benchmark experiment at the National Center for Research on Earthquake Engineering (NCREE) in Taipei,Taiwan. *International Journal of Smart Structures and Systems* p. under review.

Peil U,Mehdianpour M,Frenz M and Weilert K (2006) Life time assessment of bridges In *Bridge Maintenance,Safety,Management,Life-Cycle Performance and Cost* (ed. Cruz PJ,Frangopol DM and Neves LC).

Rabiner LR (1989) A tutorial on hidden Markov models and selected applications inspeech recognition. *Proceedings of the IEEE* **77**(2),257-286.

Rice J (1999)*Mathematical Statistics and Data Analysis*. Duxbury Press.

Sohn H and Farrar CR (2001) Damage diagnosis using time series analysis of vibration signals. *Smart Materials and Structures* **10**(3),446-451.

Sohn H,Farrar C,Hunter H and Worden K (2001)*Applying the LANL Statistical Pattern Recognition Paradigm for Structural Health Monitoring to Data from a Surface-Effect Fast Patrol Boat*. Technical Report LA-13761-MS,
Los Alamos National Laboratory,Los Alamos,New Mexico.

Staszewski W (2000) Identification of non-linear systems using multi-scale ridges and skeletons of the wavelet transform. *Journal of Sound and Vibration* **214**(4),639-658.

Straser EG and Kiremidjian AS (1998)*A Modular,Wireless Damage Monitoring System for Structures*. Department of Civil and Environmental Engineering Report No. 129,The John A. Blume Earthquake Engineering Center,Stanford.

Sun Z and Chang CC (2002) Structural damage assessment based on wavelet packet transform. *Journal of Structural Engineering* **128**(10),1354-1361.

Tibshirani R,Walther G and Hastie T (2001) Estimating the number of clusters in a dataset via the gap statistic. *Journal of the Royal Statistical Society*;*Series B* **63**(2),411-423.

Wang Y,Lynch J and Law K (2006) In *Intelligent Computing in Engineering and Architecture*. Springer-Verlag. Wireless sensing,actuation and control-with application to civil structures,116-121.

Yeung D and Ding Y (2002) Host-based intrusion detection using dynamic and static behavioral models. *Pattern Recognition* **36**,229-243.

Ypma A and Duin R (1998) Novelty detection using self-organizing maps. *Progress in Connectionist Based Information Systems* **2**,1322-1325.

第7章

桥梁健康监测方法

正如前几章所述，每座桥都是一个原型，因此每座桥所采用的结构健康监测方法都要有针对性。比起土木工程其他领域，在桥梁领域中实行标准化更为困难，因此在其他领域适用的原理在桥梁领域可能并不适用——如本章所述。

7.1 环境振动监测

7.1.1 经验教训

以下收集了自1997年对400多座桥梁结构进行监测的经验教训。这些桥梁大部分位于欧洲中部且都是该地区设计的典型代表，这些经验可以扩展到全世界的桥梁结构中去。

7.1.1.1 保守设计

这400多座桥梁的设计都是基于不同的设计理念，监测结果清晰地展现出了这些结构不同的行为特征。保守设计的桥梁不会受产生隐患或导致损伤的动力现象的影响，而注重于经济性建造的桥梁对现实中的异常荷载则常常没有承受现象。如图7.1和图7.2所示，在动力方面有很明显的不同。监测中，保守设计的桥梁表现出了带有明显特征很高的系统阻尼；而另一方面，出于经济性设计的桥梁常常近乎表现出共振现象，这或许仅是局部和有限的影响，但长期作用将会导致结构损坏。

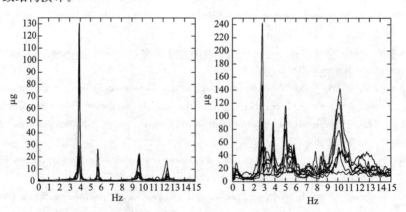

图7.1 健康桥梁的谱（左）和受损桥梁的谱（右）

从桥梁管理中我们知道，对于寿命周期100年的桥梁来说，建造规格提高10%，投资将高于总造价的2倍。举一个极端的例子：一座极限设计的单跨I字梁大桥，在25年间的维修造价已达初始造价的2.2倍。一个相反的例子是：一座保守设计的箱型梁桥在合理的造价维修后，其一个桥墩移动110cm后的稳固性依然无恙。

图 7.2　坚固的箱形梁（左）和造价昂贵的 I 形梁（右）

7.1.1.2　外部和内部预应力

由于发现了灌浆内索的损坏，这引发了设计理念明显的改变。一些国家（如德国）已经规定新建的桥梁只能采用外索，目的在于可检查和最终的替换。对建于二十世纪五十年代末和六十年代初的 30 座桥梁的灌浆内索的检查表明，只有一座桥梁的索出现了损伤。其他桥梁的内索也有受损的可能，但没有证据表明其受到了腐蚀或出现了断索现象。即使有损伤的桥梁，离出现功能故障也非常遥远。另一方面，外部预应力桥梁在其锚固部分经常出现裂缝且经常表现出不均衡的应力模式。对于桥梁而言，最好的形式是由嵌入混凝土的灌浆钢丝束与外部索相结合的结构。

7.1.1.3　温度的影响

桥梁设计规范为桥梁设计中考虑温度的影响提供了明确的说明。这些说明通常需要考虑一个高的和一个低的温度阈值，以及最终在结构上部和下部之间的温度梯度。桥梁的类型或使用的材料并没有相关参考资料。桥梁监测为准确记录温度对桥梁结构的实际影响提供了可能，以下是总结的经验：

- 柔性结构的响应与规范较吻合。
- 刚性结构与预计的应力分布通常偏差很大。
- 到目前为止，对刚性结构实际记录的温度梯度超出了设计值。
- 温度荷载可成为决定性的荷载状况。
- 温度的变化不是一个线性行为。零下 5℃ 时会出现一个明显的刚化效应。

混凝土桥梁结构的刚度依赖于温度。它们之间的关系如图 7.3 所示，图中给出了对一座后张拉混凝土箱形梁桥进行监测的结果，几乎成双线性。这一点在监测结果的分析中应予以考虑。

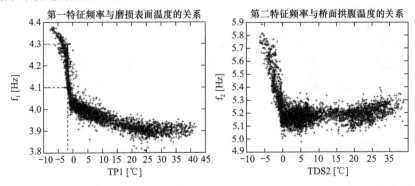

图 7.3　第一特征频率与磨损表面温度的关系，第二特征频率与桥面拱腹温度的关系

（Peeters 和 DeRoeck，2000）

钢桥对于温度的响应非常迅速。图 7.4 显示了对一座 5m 高的钢架箱形梁桥的记录情况。在升温和降温期间结构的响应不同。图 7.4 中的传感器数据分别代表底板和桥面板中的外部及内部温度，这里显示的结果具有代表性。

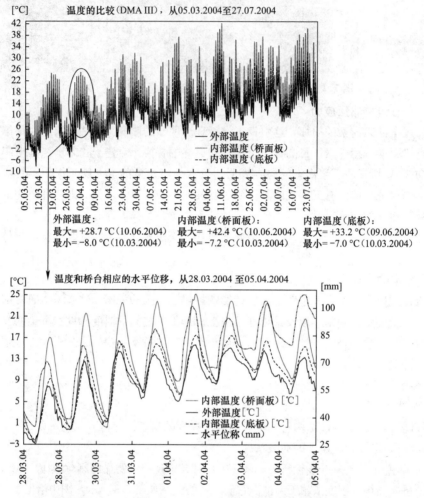

图 7.4 代表性温度传感器的记录和钢桥桥台的纵向位移

温度的年周期变化是非常相似的，如图 7.5 所示，图中给出了一座铁路隧道中桥梁支座支撑的混凝土块的状态，即其不受阳光照射的影响。周围土的温度状况十分稳定，但火车会将外部的空气带入隧道中。该图说明了结构的状态在每一年都是非常相似的。测量的最大和最小值都比预计值要高。图 7.5 中箱形梁的悬臂混凝土结构，同样也表现出一个非常类似的周期性。设计规范中的最大和最小温度值并没有达到，且结构对于升温和降温的响应都比较适度，未出现明显的日周期性。

然而，一个典型的钢结构却对温度的变化有剧烈的响应（图 7.6 和图 7.7），该响应迅速且在系统中产生了应变。这可能是由于支撑摩擦的原因，支撑摩擦在突然释放时会引起结构的位移。这种影响对于伸缩缝和支撑特别有害。平面非直线的桥梁在其结构的弱轴会产生特殊的力。

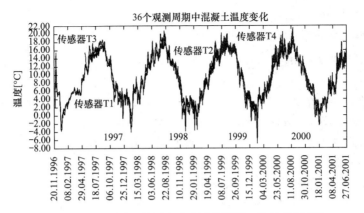

图 7.5　铁路隧道中桥梁支座支撑的混凝土块的长期行为

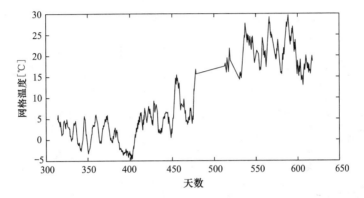

图 7.6　Z24 号桥梁在一年期间观察到的网格温度的变化（DeRoeck 等人，2000）

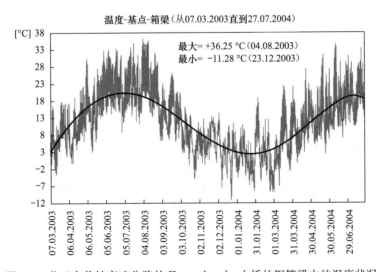

图 7.7　位于布伦纳高速公路的 Europabrücke 大桥的钢箱梁内的温度状况

对这些监测结果的推论针对不同的结构类型和其所处的环境条件，只适用于单独的温度荷载。以下推论可以考虑：

- 增加刚性结构中温度差异荷载。
- 增大钢结构中考虑的温度范围。
- 考虑温度快速变化对结构整体行为的影响。

7.1.1.4　位移

在不同的荷载下，桥梁是灵活可动的，其位移的大小可以通过结构模型或有限元计算出来。采用的模型常常不能够反映实际情况，如图7.8中显示的模拟的钢桥随温度变化产生的位移与图7.9中监测结果给出的位移存在差异。图7.10证明了钢桥桥台的位移大约是线弹性模型理论计算结果的2倍，这些差异与以下因素有关：

- 柱的刚性在很大程度上取决于基础桥墩的稳固程度。
- 支座不总是表现为线性，当力达到一个最小值之前易于变得很刚。
- 在产生恢复力之前必定要达到一定的极限应力，特别是当有弹性支承存在时。

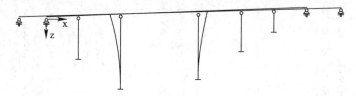

图7.8　由于温度变化模拟的桥梁位移只对上部结构有影响

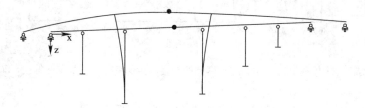

图7.9　监测记录的温度变化对图7.8中桥梁所引起的位移

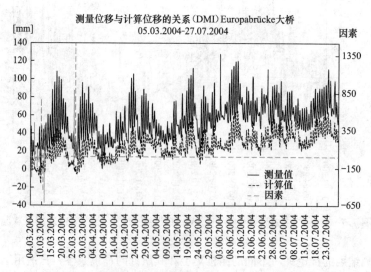

图7.10　测量得到的某钢桥桥台的位移与基于有限元计算所得的位移对比

　　在重要桥梁中，曾记录过±50mm 的位移，这是由支座恢复力的突然释放引起的（图 7.11～图 7.15）。这种位移通常是在允许范围之内的，但是突然的反应会引发次要问题，如伸缩缝的约束问题。许多伸缩缝的失效都是由这个原因造成的。这种现象发生的频率还没有充足的备案记录，但在对一座重要钢桥 6 个月的记录中，就检测到了 3 次（图 7.11 和图 7.12）。

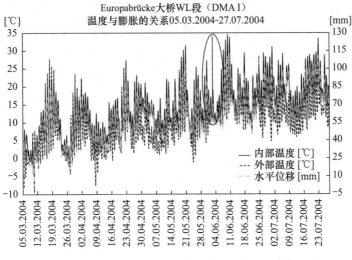

图 7.11　桥台位移记录在五个月内不正常、突然的反应

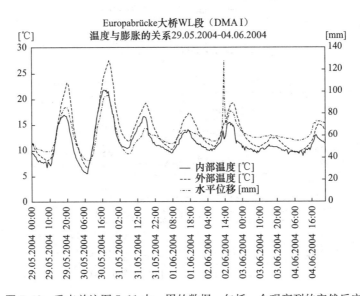

图 7.12　重点关注图 7.11 中一周的数据，包括一个观察到的突然反应

　　从这些例子中得到的一个结论就是桥梁结构的实际行为可通过监测记录到，这或许可用于解释在上部结构观测到的损伤。可以清楚地看到，通过理论所计算出来的支座和伸缩缝的位移并不能反映异常事件，结构膨胀的中心与理论中心可能相差几十米远（图 7.9），在设计支座和伸缩缝时应考虑这一因素。

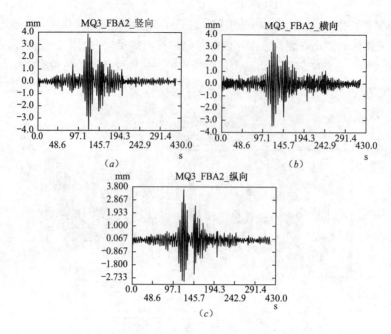

图 7.13　约束突然释放时，在 200m 高桥墩上的三维加速度计记录的
相对位移在竖向（a），横向（b）和纵向（c）上的分量

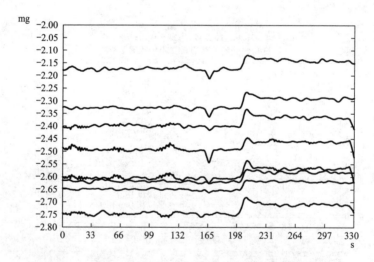

图 7.14　St. Marx 桥梁由于支座恢复力所引起的系统中性轴的
位移（基准：加速度传感器）

7.1.1.5　大型桥梁与小型桥梁

　　监测最初注重于大型重要的桥梁，监测结果使人们产生了一种印象，即桥梁的行为与基于设计假定的理论值非常接近。后续对小型桥梁的评估表明，桥梁的规模越小，越难获得好的结果，这是由于对非重要桥梁所选用的不同方法造成的。此外，大型结构的边界条件也更加清楚。

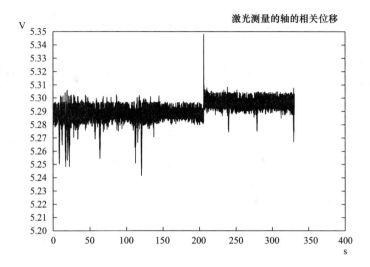

图 7.15　St. Marx 大桥由于支座复位力所引起的系统位移（基准：纵向激光传感器）

监测的经验教训表明，应该更多地关注小型桥梁，一些建筑规范的条款非常适用于大型结构，但是在小型桥梁中却不是非常适用。正如第 7.1.1.3 节中所述，这里必须强调温度的影响，特别是其对边界条件的正确建模的影响。

7.1.1.6　振动强度

众所周知，在人行天桥上会产生共振现象，这在设计规范中已有所考虑。但对于与共振临近的频率，特别是那些结构构件如悬臂板，还没引起足够的重视。经验表明，对某结构测量的振动强度的评估能为材料疲劳和相关问题提供大量信息。因此，对振动强度的评估能为结构寿命的预测和预测结构构件未来会发生的局部问题提供一些参考。已经证明桥梁中记录到的高度振动强度发生的部位最有可能产生局部问题，比如在伸缩缝、支座、拱腹，特别是防水（图 7.16）。为了便于比较，图 7.17 显示了对低强度振动的记录。

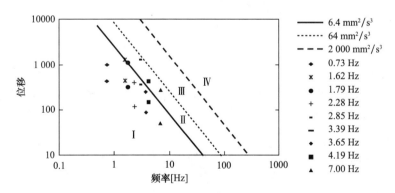

图 7.16　布伦纳高速公路上 Europabrücke 大桥的振动强度图（代表高振动强度）

Ⅰ：无损伤；Ⅱ：抹灰层可能开裂；Ⅲ：结构承载部位可能损伤；Ⅳ：承载部位损伤

7.1.1.7　新型复合桥梁的阻尼值

对一定数量的新建的新型复合桥梁的测量表明，这些桥梁的阻尼值与类似的混凝土桥（图 7.18）和钢桥的正常阻尼值相比，要高很多。这可能是因为组合效应必须通过一定数量的荷载

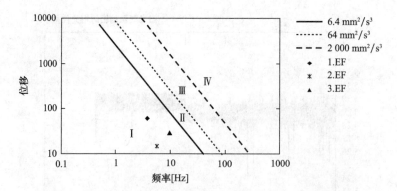

图 7.17 A1 高速公路上 S36 号桥梁的振动强度图（代表低振动强度）

Ⅰ：无损伤；Ⅱ：抹灰层可能开裂；Ⅲ：结构承载部位可能损伤；Ⅳ：承载部位损伤

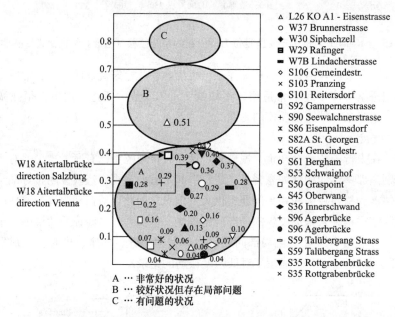

图 7.18 预应力混凝土桥梁和组合桥梁按阻尼值分类

循环才能建立起来。经过一段时间之后，这些桥梁的阻尼值稳定至一个正常的范围。目前还没有获得关于这一现象可靠的结论，但可预计的是，阻尼的突然下降表明可能是由于粘结最终出现了问题或诱发了隐蔽的内部的局部损伤。

7.1.1.8 模式值

桥梁的某些元素是重复的，在服役期间某个特定元素下的所有构件都期望具有相同的动力性能。一个有价值的监测方法就是识别模式并观察相类似要素的性能。对单个要素模式的任何偏差都意味着故障和异常情况，都需要进行调查。

以一座混凝土箱梁桥梁所带的明显悬臂为例（图 7.19～图 7.22）。所监测到的悬臂性能减去整体系统的作用（图 7.21）即可得悬臂特征模态的信息。相关的对称模态能够被确定和显示。这提供了一种明确的模式，每一个偏差都将表示一个损伤。以有色频率卡（也称为趋势卡）为基础，单独的箱梁相关悬臂的特征频率已经被确定出来，分别标注在图 7.19 和图 7.20 中。通过对两个箱梁和它们悬臂的反应谱进行比较，悬臂振动分量就能直接展现出来。通过详细的评价程序分析反应谱与其相应频带内的能量成分的关系，可得到沿着桥梁悬臂一定的行为模式。偏离这种模式可认为是一种不规则的迹象。

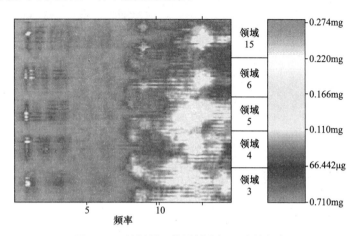

图 7.19　某混凝土箱梁桥南侧记录的频率

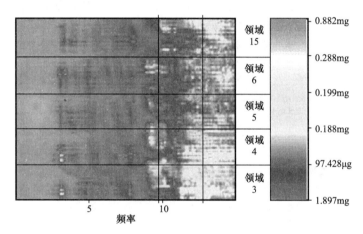

图 7.20　某混凝土箱梁桥北侧记录的频率

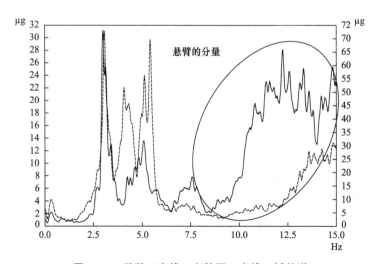

图 7.21　悬臂（实线）和箱梁（虚线）桥的谱

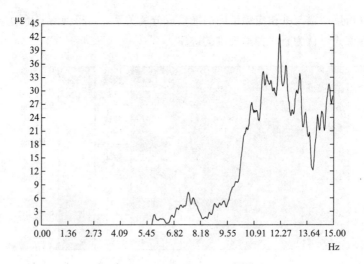

图 7.22   悬臂振动的反应谱

图 7.23 和图 7.24 给出了一个无损伤悬臂的模式与一个在横向钢筋有轻微腐蚀损伤悬臂的模式的比较。虽然这种方法不能提供关于损伤详细的定位信息，但它能提供结构单元功能质量方面的足够信息，且通过一项非常快速的测试就可以确定是否需采取行动。

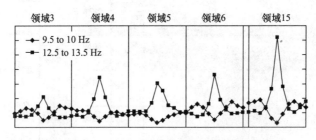

图 7.23   沿着桥梁的悬梁可接受的行为模式

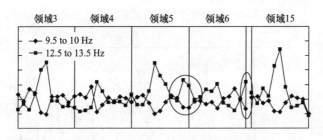

图 7.24   有不规则指示的悬臂的行为模式

7.1.1.9   对行为的理解

复杂的桥梁结构通常采用一种非常简单的方式建模，从而忽视了结构在三维空间的行为。监测是对结构实际行为的一种记录，它包括温度变化引起的最终的偏移和应力，以及对最初建造中错误的最终反应，如支座安放的不正确或抑制力得不到释放。图 7.25 显示的案例是施工过程中的临时固定装置在移交时没有被移除。该座桥梁的行为与预期值有很大的不同，通过监测已发现了该问题并立即予以了整修。

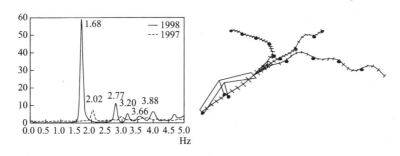

图 7.25　Inn 大桥 1997 和 1998 年的频谱

另外一个重要的方面是结构实际位移的信息，特别是与复杂的索承结构有关的位移，因为这种位移能产生阻碍交通畅通或相关的影响。

检测问题的一种方式是对比预期行为和实测行为。以 Steyregg 大桥的斜拉索为例（图 7.26）。拉索被钢管保护以避免人为的破坏，但通过监测发现拉索与钢管相接触，缩短了拉索的有效振动长度。这会导致拉索被锋利的边缘严重损伤，进而会导致意想不到的弯曲。有效的监测可以识别这些问题。

图 7.26　Steyregg 大桥

7.1.1.10　动力系数

目前桥梁设计规范要求的动力系数主要适用于桥跨。对部件或直接受影响的构件来说，系数值可取为 1.40，但根据桥梁跨度的不同该值可在 1.00～1.40 之间变化。以下是从监测中得到的经验教训：

• 在设计规范内依据桥梁跨度而定的动力系数实际上是保守的。目前所有的桥梁显示的动力系数值都较小。

•对个别组件来说，已测量到的动力系数值有时超出设计规范很多。测到的最高动力系数值是 2.20。

动力系数在很大程度上依赖于交通的速度。这最终可以通过限速来控制。

因此，低速运行的超载车辆将不会对桥梁产生负面作用。但必须考虑适度的加速以及最终速度影响。所以，在设计时应避免动力敏感单元。

另一条经验教训是动力行为依赖于结构的类型。箱梁（图 7.27）桥对动力影响的易损程度比其他类型的桥梁（图 7.28）要小得多。某一结构的易损性依赖于作用于其上的质量，这在监测记录中可以清晰地看到。一座 $1.5t/m^2$ 或者更大质量的混凝土桥梁受动力放大系数的影响很小，且连续梁对冲击的影响反应较小。将刚度不同的单元进行组合会产生对结构有害的不协调行为。

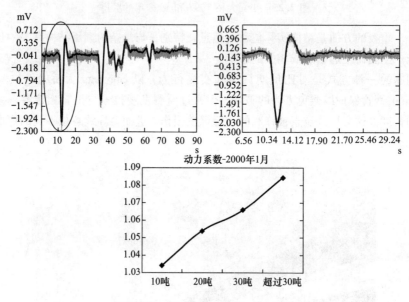

图 7.27 St. Marx 天桥的动力系数

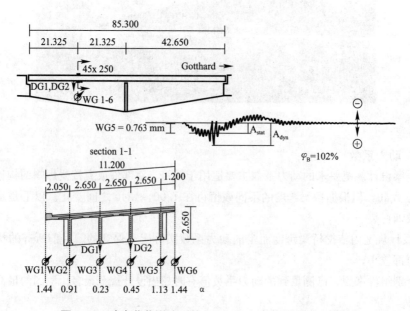

图 7.28 冲击荷载影响下的 Boeschrüti 高架桥的动力系数

7.1.2　刚度监测

当跨度超过 1000m 时，悬索桥的吊杆同样也达到了其临界长度。吊杆易受风和相关现象造成的振动。例如，丹麦 Storebelt 大桥工程的监测系统监测到了一些有趣的测量结果。其最长的吊杆长 177m，大约 35％的吊杆受到风和相关现象所造成的振动影响。振幅大于 0.5m 时即视为较大振动，在 Storebelt 大桥上，自 2000 年以来已经记录了 52 起事件，最大振幅曾达到过 2m。特别有趣的是大的振幅与低温的相关性。大振幅的振动主要发生在 $-5℃\sim2℃$。这期间发现了冰的生成，但并没有发生参数激励。

Storebelt 大桥拉索的临界标准设置如下：振幅应小于 $L/500$ 或者小于 3 倍拉索的直径，但对于这种吊杆而言不可能实现。

Storebelt 大桥监测系统发现的问题位于顶锚处，该部位由于局部弯曲疲劳而对拉索产生损伤。为测量这一状况，在一些距锚固 25cm 处的拉索顶部安置了倾斜仪来测量位移，随后，根据测量结果安装了不同的阻尼器。

* 在吊杆之间安置的螺旋形钢丝绳起到了作用，但并不够充分。
* 安装了水平方向的防风绳，但其只在平面振动中起作用，而该结构并未发生此类振动。
* 安装了调谐液体阻尼器，但证明并不是完全有效。
* 在桥面上安装液压阻尼器可取得最好的结果，将阻尼从 0.19％提升到 0.63％，超过了需要的 0.6％。

六年研究的经验表明并没有真正有效的阻尼系统。因此吊杆的寿命估计成为一个关键的问题。根据目前观察发现，这种现象平均一年只发生大约 8~10 小时（估计），可以估计吊杆的寿命为 5~30 年。这给桥梁业主带来困难，因此需要开发更好的寿命预测方法。解决方法是通过监测得到的结果进行系统识别，并将识别用于计数系统（比如，第 4.1 节讲到的雨流计数法）。

激励的机理还没有被完全理解。它主要发生在风速为 8~10m/s 时，表明存在漩涡脱落和一些较弱的抖振效应。伴随的低温表明冰也是问题的一部分。考虑到减振措施比每 15 年替换一次吊杆更加昂贵，应该开发一种适当的解决方案。

7.1.3　有限元模型修正

7.1.3.1　引言

目前，由于基础设施不断老化，结构健康监测已成为一个主要关注的对象。为了减少维护成本和提高结构的安全水平，对结构进行可靠性评估和剩余寿命估计具有重要的意义。特别对于结构性能评估而言，无损动力测试是健康监测（SHM）中一个有效的方法，它提高了数据可靠度并克服了传统外观检测方法的局限性。

监测得到的结构响应可与几种不同的数值方法联合使用，可以分为两类：基于模型的方法和基于参数的方法。前者依据一个参考的结构模型，例如有限元模型；而后者的主要特征是对特定的参数和系统特征的一般数学描述，例如采用小波理论对时间序列的细节进行分析。

从数值的角度来看，有限元模型是目前一个非常强大的计算机辅助模拟技术，它可以让用户虚拟地研究任何问题而不受模型尺寸和复杂程度的限制。另一方面，每个有限元模型都是通过几种假设对实际结构的数值逼近，然而假设这可能会导致模型和真实结构之间存在巨大差异。通过从对动态测试得到的试验数据和数值分析进行比较，通常可以确定出这种差别。

有限元模型修正（FEMU）是一个基于模型的，用于减小真实结构和有限元模型之间差别的数值技术。其基本思路是：使用采集到的结构反应来修正数值模型的一些结构参数（比如刚度、质量和内力）和边界条件（比如平移或转动弹簧），直到数值结果和试验结果之间吻合足够好。最终得到的模型结构的动力特性与物理现实吻合较好。此外，由于损伤是给定系统的材料和几何特性的有意或无意的变化（Inman 和 Farrar，2005），因此得到的参数分布可以为可能的结构损伤提供有用的信息。因此，有限元模型修正可以用于损伤检测。实际上，通过使用来自损伤结构的试验数据和采用修正程序，获得的结构参数分布（比如，弹性模量）可用来识别结构特性的缺陷，其可以表明损伤的发生。采用这种方式，有限元模型修正可以得心应手地应用到结构健康监测领域中。

修正程序是以数学优化问题为基础的：数值和试验数据之间的差别应通过迭代模态分析使其最小。实践经验表明，加速度所测得的振动响应为达到这一目的提供了合适和敏感的结构信息。记录到的加速度时间序列应进行处理，即根据需要由时域转为频域。提取特征频率和相应模态振型中的问题，如噪声的影响、激励源和测点的数量等问题在土木工程领域已被广泛地讨论，几种不同的解决方法在技术文献中可找到。

通过迭代法来得到优化问题的解通常需要大量的计算步骤。在实际中，工程师和结构业主更对最基本的问题感兴趣："是否有损伤？如果有，损伤的位置在哪里？"。结构的损伤程度和剩余承载能力固然重要（损伤检测程序中的级别 1 和级别 3）（Rytter，1993），但目前从实际来看它们并不是必要的。从这些方面考虑的话，为了正确地描述结构的行为并能有效检测到损伤而不需要过多的计算资源，采用简化的模型和程序十分适用于有限元模型修正。

在这一节，讨论了用于有限元模型修正的软件 VCUPDATE 及其在实际中的应用。VCUPDATE 基于开源环境 Scilab 并且允许采用不同的有限元代码（OpenSees 和 ANSYS）以及不同的修正方法（惩罚法、耦合局部最优法（CLM）、子问题近似法和一阶优化方法）。对 CLM 的实施目前还不完善，其原理将不在此讨论。该方法已应用于几个不同的结构中并取得了较好的结果（Wenzel 和 Mordini，2006；Mordini 和 Wenzel，2007a，b；Mordini 等人，2007；Mordini 等人，2008）。VCUPDATE 已经发展成为了一个数值框架，它包含几种不同的可以分别改进和修正的模块。这样，某一部分的更新可以在不影响其他部分的情况下实现。此外，可以加入额外的模块来扩展软件的功能。例如，可以轻松嵌入新的优化算法或为不同的有限元程序提供接口。VCUPDATE 的组成如图 7.29 所示。频率和模态作为输入数据。然而，修正程序是通

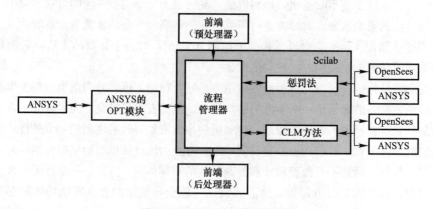

图 7.29 VCUPDATE 的组成

过使用频率和模态保证度准则的值来实现的，见公式（11）。采用这种方式，数据可以通过初始值轻松的进行标准化，以提供具有更高的稳定性的数值解。

采用两种不同的有限元程序时，VCUPDATE 提供了更广的灵活性。实际上，商业程序 ANSYS 具有非常强大的建模能力，并能提供模型和结果的可视化以及修正程序的结果。另一方面，修正程序使用 OpenSees 更为快捷，因此，如有可能的时候（即：当模型较简单时），最好使用 OpenSees。

此外，应当看到市场上存在许多不同的商业有限元模型修正软件但价格昂贵，而 Scilab 和 OpenSees 都是开源的免费软件。这个差别会将有限元模型修正推广到更多的关注于方法而无法承受商业软件解决方案（优化＋有限元程序）的部门中。

7.1.3.2　惩罚法的理论基础

在本工作中应用的惩罚法是一种基于敏感度的迭代方法（Friswell 和 Mottershead，1995）。一个非线性的罚函数通过连续的线性步骤可达到最小。根据所要分析的问题，从计算角度而言该步骤是相当耗时的。程序的主要步骤如图 7.30 所示。

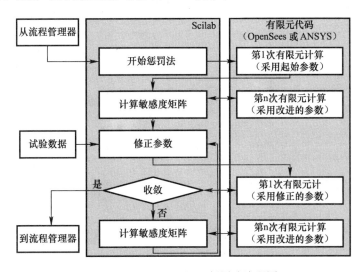

图 7.30　VCUPDATE 惩罚法流程图

惩罚法的理论公式非常简单。它是一种基于梯度的算法，因此它对所选的起始点很敏感。事实上，如果能够准确地估计起始点且起始点位于问题全局最小值的附近，则该方法可得到非常理想的结果。解决这一问题的一个方法是采用 CLM 法（Teughels 等人，2003）。然而在土木工程应用中，结构分析师应能够根据他的经验和实际结构，估计出一个合理的起始点。

敏感度分析

敏感度分析是为有限元模型选择最敏感的参数。而且，修正算法中也要用到敏感度矩阵。第 j 次迭代的敏感度矩阵可写为

$$S_j = \frac{\partial d_j}{\partial P_j} \tag{1}$$

式中，∂P_j 是参数扰动，∂d_j 是测量值与数值分析结果的不同。

矩阵 S 是就各个参数采用前向差分公式计算出来的。这意味着并不需要系统矩阵的知识，而只采用多次有限元分析的结果来进行计算。如果某个问题有 n 个参数，那么将需要 $n＋1$ 次

有限元计算：第一次由参数的起始值开始，n 次不同的计算每次只扰动一个参数。

前向差分方法公式如下（Center Peer）

$$S = \frac{\partial d}{\partial p} \approx \frac{\Delta d}{\Delta p} = \frac{\mathrm{d}(p + \Delta p) - \mathrm{d}(p)}{\Delta p} \tag{2}$$

第 i 个参数的扰动为

$$\Delta p_i = \frac{\Delta D}{100}(\bar{p}_i - \underline{p}_i) \tag{3}$$

式中，ΔD 是前向差分步长，而 $(\bar{p}_i - \underline{p}_i)$ 是第 i 个参数上界和下界的差。每一个向量 $\Delta d / \Delta p$ 代表敏感度矩阵的一列。

敏感度矩阵和模态振型缩放

采用不同的结构特性和不同数值作为参数可能在迭代解中会导致数值问题（Dascotte 等人，1995）。该问题的产生是由于敏感度矩阵病态，且当频率和模态振型用作数据时更容易发生。适当的缩放敏感度矩阵能够提高稳定性和加速收敛。在 VCUPDATE 内，敏感度矩阵通过标准化参数进行缩放，而数据通过初始值来实现缩放。

缩放矩阵可定义为

$$D_p = \begin{bmatrix} \dfrac{1}{p_1} & 0 & \cdots & 0 \\ 0 & \dfrac{1}{p_2} & \cdots & 0 \\ \vdots & \vdots & \ddots & \vdots \\ 0 & 0 & \cdots & \dfrac{1}{p_n} \end{bmatrix} \quad \text{and} \quad D_d = \begin{bmatrix} \dfrac{1}{d_1} & 0 & \cdots & 0 \\ 0 & \dfrac{1}{d_2} & \cdots & 0 \\ \vdots & \vdots & \ddots & \vdots \\ 0 & 0 & \cdots & \dfrac{1}{d_n} \end{bmatrix} \tag{4}$$

缩放完的参数和数据可分别写作

$$\Delta \bar{p} = D_p \Delta p \text{ 和 } \Delta \bar{d} = D_d \Delta d \tag{5}$$

因此，缩放敏感度矩阵为

$$\bar{S} = D_d S D_p^{-1} \tag{6}$$

试验和数值的模态振型缩放应一致，以便适当地实施修正算法。而且，试验和数值的模态振型相位相差可为 $180°$。为解决这些问题，可采用模态比例因子（MSF）。特别地，在 VCUPDATE 中，第 i 个数值模态可根据第 i 个试验结果，通过乘以一个模态比例因子来缩放，计算为（Allemang 和 Brown，1982；Friswell 和 Mottershead，1995）：

$$MSF(\varphi_{\mathrm{exp},i}, \varphi_{\mathrm{num},i}) = \frac{\varphi_{\mathrm{exp},i}^T \varphi_{\mathrm{num},i}}{\varphi_{\mathrm{num},i}^T \varphi_{\mathrm{num},i}} \tag{7}$$

修正算法

修正问题可以看作在约束 $\Delta d = S \Delta p$ 下使函数 $J(\Delta p)$ 最小化（Consortium S）。对每一个参数，上限和下限可以限定为 $\underline{p}_i \leqslant p_i \leqslant \bar{p}_i$。对数据和参数的分别加入加权矩阵 W_d 和 W_p 后，罚函数可写作

$$J(\Delta p) = \varepsilon^T W_d \varepsilon + \Delta p^T W_p \Delta p \tag{8}$$

代入误差 error $\varepsilon = \Delta d - S \Delta p$ 并通过 Δp 最小化 $J(\Delta p)$，得到修正的参数值为

$$p_{j+1} = p_j + [S_j^T W_d S_j + W_p]^{-1} S_j^T W_d \Delta d_j] \tag{9}$$

式中，$\Delta d_j = d_0 - d_j$ 是试验和数值数据的差值。

每次迭代都应当计算敏感度矩阵，但这会导致计算时间过长。VCUPDATE 允许用户选择频率，敏感度矩阵应根据频率进行修正。对于一些极其耗时的案例，初始矩阵可以用于整个分析中。

根据经验，并非所有的试验数据都是以相同的精确度测量的。通常低频数据比较高频数据更加可靠。为了使用户相信测量数据，采用了加权矩阵。参数也可以进行分别加权。使用加权矩阵是非常有效的，但需要有对工程的洞察力。

在 VCUPDATE 中嵌入了建立 W_P 矩阵的五种不同的方法（Dascotte 等人，1995）。为了验证这些方法，进行了几种不同的测试：需要指出的是其中一些方法使用时应该小心，它们有时能够提供较快的收敛速度，但可能会使得收敛性较差。

收敛准则

上述的迭代过程一直进行，直到满足收敛准则。准则可以基于参数也可以基于数据。VCUPDATE 中采用了两种不同的收敛准则（Dascotte 和 Vanhonacker，1989）。前者基于频率偏差：

$$CC_{abs,j} = \frac{1}{n} \sum_{i=1}^{n} \frac{|f_{exp,i} - f_{j,i}|}{f_{exp,i}} \qquad 在第 j 步迭代 \tag{10}$$

式中，$f_{exp,i}$ 是第 i 阶试验频率，而 $f_{j,i}$ 是第 j 步迭代时的第 i 阶数值频率。

另一种检查收敛性的方法也包括模态振型的相关性。最重要的指标是模态置信度准则（MAC；Allemang 和 Brown，1982）和正则模态差（NMD；Maya 和 Silvia，1997），这里，两个向量 φ_j，φ_k 分别定义为

$$MAC(\varphi_j, \varphi_k) = \frac{|\varphi_j^T \varphi_k|^2}{(\varphi_j^T \varphi j)(\varphi_k^T \varphi_k)} \tag{11}$$

和

$$NMD(\varphi_j, \varphi_k) = \sqrt{\frac{1 - MAC(\varphi_k, \varphi_k)}{MAC(\varphi_k, \varphi_k)}} \tag{12}$$

MAC 越接近 1，相关性越好。由于 NMD 比 MAC 对相似向量差异的敏感性强，它可用于振型相关性较高的情况，而对于不相关向量则用处不大。NMD 越接近 0，相关性越好。

VCUPDATE 中的另一个收敛准则包括 MAC 指标：

$$CC_{tot,j} = \frac{1}{2nW_{max}} \sum_{i=1}^{n} \left(W_f \frac{|f_{exp,i} - f_{j,i}|}{f_{exp,i}} + W_\Phi (1 - MAC_i) \right) \quad （在第 j 步迭代） \tag{13}$$

式中，W_f 和 W_Φ 分别为频率和 MAC 偏差的权重，且 $W_{max} = \max(W_f, W_\Phi)$。通过加权，可以平衡频率和振型的重要性。

所选的 CC 越趋近于 0，试验结果和数值结果之间的一致性就越好。当 $CC \leqslant \varepsilon$ 时，即实现了收敛（如图 7.31 中的 A 点）。在分析过程中，所有信息（修正的数据、修正的参数和 CC）都被储存，如果不能收敛则修正程序将在迭代次数到达最大值时停止。然后，CC 最小值（B 点）的迭代相关信息可作为输出结果。

在 VCUPDATE 中有一个重启选项。如果在最大迭代次数（点 C）还未达到收敛，可以储存分析数据，并将其作为后续分析的起点。特别地，与最后迭代相关的参数可用作下次分析的起点。在两次分析中，不能改进模型。

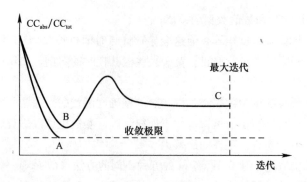

图 7.31　收敛准则

7.1.3.3　ANSYS OPT 处理器的理论基础

本节将讲述 ANSYS OPT 处理器的理论基础。基于 VCUPDATE 内集成的内容，这里仅作简单介绍。ANSYS 的说明提供了更为详细的描述（Inc. SI）。

目标函数

目标函数是描述实际结构和有限元模型之间偏差的测度。修正程序是使目标函数最小化。VCUPDATE 中包含了两个不同的目标函数。第一个基于频率（Jaishi 和 Ren，2005）：

$$\Pi_i = \sum_{i=1}^{n} \alpha_i \left(\frac{f_{\exp,i} - f_i}{f_{\exp,i}} \right)^2 \tag{14}$$

式中，α_i 是第 i 阶频率的加权因子。第二个目标函数基于频率和 MAC 指标（Moller 和 Friberg，1998；Jaishi 和 Ren，2005）：

$$\Pi_2 = \Pi_1 + \sum_{i=1}^{n} \beta_i \frac{(1 - \sqrt{MAC_i})^2}{MAC_i} \tag{15}$$

式中，MAC_i 是与 i 阶振型相关的 MAC 矩阵的对角元：

$$MAC_i(\varphi_{\exp,i}, \varphi_{\text{num},i}) = \frac{|\varphi_{\exp,i}^T \varphi_{\text{num},i}|^2}{(\varphi_{\exp,i}^T \varphi_{\exp,i})(\varphi_{\text{num},i}^T \varphi_{\text{num},i})} \tag{16}$$

β_i 是与 i 阶模态振型相关的加权因子。α_i 和 β_i 可用于表达用户对测量数据的信赖。

优化技术（OPT）

修正参数为

$$X = \{x_1, \cdots, x_i, \cdots x_n\} \tag{17}$$

在优化技术中可以定义多达 60 个参数。每个参数都有限值：

$$\underline{x}_i \leqslant x_i \leqslant \bar{x}_i \tag{18}$$

这里下划线和上划线分别代表下限和上限。最小化问题可以写为

$$\min \Pi(x) \tag{19}$$

其中

$$\begin{aligned}
g_i(x) &\leqslant \bar{g}_i & i &= 1, \cdots, m_1 \\
\underline{h}_i &\leqslant h_i(x) & i &= 1, \cdots, m_2 \\
\underline{\omega}_i &\leqslant \omega_i(x) \leqslant \bar{\omega}_i & i &= 1, \cdots, m_3
\end{aligned} \tag{20}$$

式中，$g_i(x)$，$h_i(x)$ 和 $\omega_i(x)$ 为依赖于参数的状态变量，用于约束问题。在 VCUPDATE 中没有采用状态变量。

在 OPT 中应用了两种不同的最小化方法：子问题近似法和一阶优化法。

　　子问题近似法是一种先进的、零阶方法，只需要因变量值（目标函数和状态变量）而不需它们的导数。因变量首先通过最小二乘拟合的近似值取代，然后式（18）～式（20）描述的约束最小化问题通过罚函数转变为非约束问题。每次迭代均对近似的罚函数进行最小化，直到收敛或者终止条件。对于这种方法，每次迭代相当于一次完整的分析。作为第一步，每个因变量写作近似值，如目标函数中 $\hat{\Pi}(x) = \Pi(x) + error$。然后，约束优化问题通过罚函数可写作无约束问题：

$$F(x, p_k) = \hat{(\Pi)} + \Pi_0 p_k \Big(\sum_{i=1}^{n} X(x_i) + \sum_{i=1}^{m_1} G(g_i) + \sum_{i=1}^{m_2} H(\hat{h}_i) + \sum_{i=1}^{m_3} W(\hat{w}_i) \Big) \tag{21}$$

式中，$F(x, p_k)$ 是随着参数和 p_k 变化的无约束目标函数，而 X、G、H 和 W 是用来限制参数和状态变量约束的罚函数。求解公式（21）采用序贯无约束最小化方法。收敛是基于目标函数值和参数值。特别地，当满足以下任何一个条件时，就可看作在第 j 次迭代收敛：

$$| \Pi^j - \Pi^{j-1} | \leqslant \varepsilon \tag{22}$$

$$| \Pi^j - \Pi^b | \leqslant \varepsilon \tag{23}$$

$$| x_i^j - x_i^{j-1} | \leqslant \rho_i \tag{24}$$

$$| x_i^j - x_i^b | \leqslant \rho_i \tag{25}$$

式中，上标 b 表示最佳设计集，而 ε 和 ρ_i 分别是目标函数和第 i 个参数的收敛公差。当达到最大迭代次数仍未收敛时，程序也将终止。

　　一阶优化法是基于导数信息的计算。式（18）～式（20）所描述的约束问题通过罚函数转换为无约束问题。由目标函数和状态变量罚函数形成的导数，将引向设计空间的搜索方向。在达到收敛之前，在每步迭代都进行各种最速下降法和共轭方向搜索。每步迭代由子迭代组成，包括搜索方向和梯度计算。换句话说，每次优化迭代进行几次循环。与子问题近似法相比，一阶优化法对计算的要求较多但更为精确。问题的无约束形式可以写为

$$Q(x, q) = \frac{\Pi}{\Pi_0} + \sum_{i=1}^{n} P_x(x_i) + q \Big(\sum_{i=1}^{m_1} P_g(g_i) + \sum_{i=1}^{m_2} P_h(h_i) + \sum_{i=1}^{m_3} P_w(w_i) \Big) \tag{26}$$

式中，$Q(x, q)$ 是无量纲的无约束目标函数，而 P_x，P_g，P_h 和 P_w 是适用于参数和状态变量的惩罚项。约束满足条件由界面参数 q 控制。

　　在第 j 次优化迭代中，下一个新参数值可以写作

$$X^{j+1} = x^j + s_j d^j \tag{27}$$

式中，d^j 为搜索方向向量，而 s_j 为直线搜索参数。通过搜索方向的序贯产生和响应面参数的内部调整，可获得全局最小化。

　　收敛性基于目标函数值。特别地，当以下两个条件同时满足时，则第 j 次迭代即认为收敛：

$$| \Pi^j - \Pi^{j-1} | \leqslant \varepsilon \tag{28}$$

$$| \Pi^j - \Pi^b | \leqslant \varepsilon \tag{29}$$

　　为检查目标函数对于参数的敏感度，进行了梯度分析。从起始参数值开始，目标函数的梯度通过前向差分近似计算得到：

$$\nabla \Pi(x) = \Big[\frac{\partial \Pi}{\partial x_1}, \frac{\partial \Pi}{\partial x_2}, \cdots, \frac{\partial \Pi}{\partial x_n} \Big] \tag{30}$$

$$\frac{\partial \Pi}{\partial x_i} = \frac{\Pi(x + \Delta x_i) - \Pi(x)}{\Delta x_i} \qquad \Delta x_i = \frac{\Delta D}{100} (\bar{x}_i - \underline{x}_i) \tag{31}$$

式中，ΔD 是前向差分步长，以百分数表示。

7.1.3.4　计算效率的讨论

VCUPDATE 的第一版本是通过 OpenSees 开发的。为了使系统具有更好的模型能力，随后与 ANSYS 建立了接口。此外，ANSYS 允许模型和结果（包括修正程序结果）的图像可视化。

在 VCUPDATE 的实际应用中，一个突出的主要问题是计算所需的时间。

主导计算性能的变量是参数的数量。因为如果问题有 n 个参数，则计算敏感度矩阵需要 $n+1$ 次有限元计算。该问题出现主要是由于有限元编码和 Scilab 代码的数据交换所致。实际上，数据是以 Scilab 代码编写的但通过有限元代码读取的（参数），反之对于模态结果则采用 ASCII 文件。对于简单模型，可以看到超过一半的运算时间花费在读写程序中。为了提高计算性能，VCUPDATE 为使用者提供设置修正敏感度矩阵的频率。在一些极端情况下，初始敏感度矩阵可用于整个分析中。

为了解决这一问题，嵌入了与 ANSYS OPT 处理器的接口。事实上，由于所有的运算都在 ANSYS 内完成而不需要数据交换，这使得计算性能得以大幅提高。有一点缺陷，OPT 只能与 ANSYS 一起使用，且它最多只能处理 60 个参数，这使得其有时不能够完全描述结构的特性。

7.1.3.5　应用于梁

Bilfinger Berger 预应力钢筋混凝土梁

VCUPDATE 应用的第一个例子是德国 Bilfinger Berger 设计和建造的一座预应力钢筋混凝土（PRC）梁（图 7.32）。弹性模量 $E=34000\text{MPa}$，截面尺寸为 $1.45\text{m}\times1.00\text{m}$，面积为 $A=1.45\text{m}^2$，转动惯量 $J=0.120833\text{m}^4$，每单位体积的质量为 $M=2500\text{kg/m}^3$。该梁有 6 根预应力钢丝束，施加的预应力为 $P=300.468\text{kN}$。横截面如图 7.33 所示。

图 7.32　调查的预应力钢筋混凝土梁

动态测试分七步完成，按照如下顺序逐一释放钢丝束，C1、B2、A1、A2、C2 和 B1，从而模拟梁的服役寿命。每次释放后，用一个下落重物来激励梁并记录动态响应。测量前三阶频率并用于修正程序中。如图 7.34，由于释放钢丝束引起的刚度衰减清晰地体现在一阶频率的变化中。

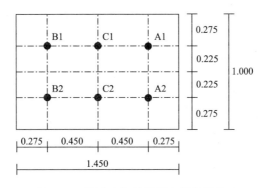

图 7.33　预应力钢筋混凝土梁的横截面

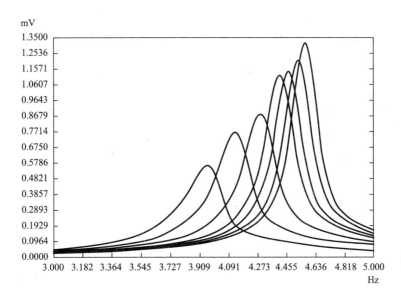

图 7.34　作为轴力函数的一阶频率的变化

有限元模型修正（FEMU）程序通过 OpenSees 和惩罚法完成。结构模型如图 7.35 所示。将得到的结果与先前使用软件 FEMTools 处理相同问题的研究结果进行了比较。FEMTools 的应用见 Savov 和 Wenzel（2004）。这里只给出最重要的结果。

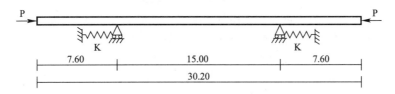

图 7.35　Bilfinger Berger 钢筋混凝土梁的几何尺寸（单位：m）

根据梁的二阶理论（式 32），当弹性模量为常量时，外部轴向压力总体上将会降低刚度和频率。在调查的梁中，我们得出了相反的结果：这可以理解为预应力的衰减导致了弹性模量的衰减，两者导致了刚度（和频率）的衰减。

该梁由 OpenSees 建模，包括 60 个梁单元并考虑了轴向预应力的偏心。在每个支撑处加入水平弹簧来模拟摩擦效应。为了评估刚度，对工况 0（所有钢丝束都起作用）进行了初步修正分析，得到 $K = 918850 \text{kN/m}$。

该方法是采用惩罚法来完成的。分别进行了两次不同的修正分析：在第一次分析中，整个梁采用相同的弹性模量（单参数分析）；而第二次分析中，每个单元采用不同的弹性模量（60-参数分析）。这意味着通过减小混凝土的弹性模量，可以模拟每次释放后由于增加的开裂而引起的损伤。这些结果分别与先前算例中的欧拉梁的分析结果以及之后的数值分析结果进行比较（Savov 和 Wenzel，2004）。

根据欧拉原理，整体弹性模量可以写为（Clough 和 Penzien，1993）：

$$E = \frac{1}{J\lambda_i^2}\Big[m\Big(\frac{2\pi f_i}{\lambda_i}\Big)^2 + N \Big] \tag{32}$$

式中，m 是单位长度的质量，f_i 是第 i 阶频率，N 是预应力，λ_i 是边界条件的第 i 个系数函数（调整工况 0），而 J 是转动惯量。表 7.1 给出了单参数分析的结果；比较 CC_{abs} 的初始值（由参数的起始值计算）和最终值（由参数的修正值计算）可了解修正程序的效果。而且，参数 E 的分析和数值结果可作为部分初始值，即无损伤。必须考虑的是，分析公式是基于一些简化假定的。实际上，并没有考虑预应力荷载的偏心率和支撑的摩擦影响。因此，将它包含在内只是将其作为标示而不是准确的参考。

表 7.1 单个参数分析结果

工　况	初始的 CC_{abs}	修正的 CC_{abs}	分析模量 E_{anal}	数值模量 E_{num}	$\dfrac{E_{num} - E_{anal}}{E_{anal}}$（%）
0	0.0130	0.0126	1	0.97	-2.79
1	0.0325	0.0173	0.96	0.93	-3.12
2	0.0438	0.0164	0.94	0.91	-3.32
3	0.0637	0.0115	0.91	0.87	-4.14
4	0.0853	0.0054	0.88	0.84	-4.99
5	0.1280	0.0120	0.81	0.77	-5.21
6	0.1919	0.0045	0.73	0.68	-6.62

60-参数分析相当耗时，在一台 2.80GHz 赛扬处理器的计算机上进行一个工况的计算，平均耗时约 1500 秒。因此，为了解决计算耗时的问题，将初始的敏感度矩阵重复用于每次的迭代中。通过这种方法，每个工况的平均计算时间可降低到约 50s，是先前的 1/30。两种计算（修正或不修正敏感度矩阵）结果的差异是可以忽略的。

由于试验数据只有频率，因此损伤分布是对称的。也因此，图 7.36 中只给出了一半梁。损伤分布可以与那些通过有限元程序 FEMTools 得到的结果相比较（Solutions DD），如图 7.37 所示。此外，将得到的关于频率的结果与之前提到的通过有限元程序 FEMTools 得到的结果进行比较（表 7.2）。通过比较两次分析的结果，可以得出一些提示。在所有工况中这些结果都非常理想。得到的试验频率具有非常高的准确度，这从 CC_{abs} 值中可以立刻看到。通过 FEMtools 和 VCUPDATE，可以得到非常相似的损伤分布。在这两种方式中，损伤主要集中在支撑部位，其次是在跨中。

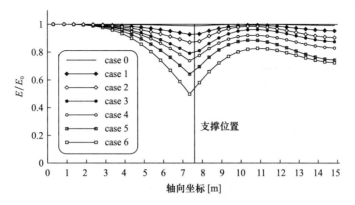

图 7.36　预应力钢筋混凝土梁（一半模型）的损伤分布

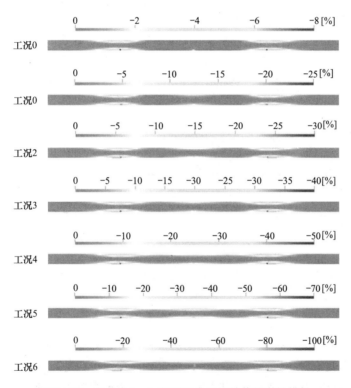

图 7.37　由 FEMtools 得到的关于初始值的弹性模量

表 7.2　60-参数分析的结果比较

| 工　况 | 模　态 | 试验频率［Hz］ | VCUPDATE（OpenSees） | | 有限元工具 |
			初始频率［Hz］	修正的频率［Hz］	修正的频率［Hz］
	1	4.57	4.56	4.56	4.53
	2	6.82	6.84	6.82	6.90
0	3	13.61	14.09	14.04	13.68
	CC_{abs}		0.0130	0.0115	0.0085

续表

工 况	模 态	试验频率 [Hz]	VCUPDATE (OpenSees)		有限元工具修正的频率 [Hz]
			初始频率 [Hz]	修正的频率 [Hz]	
1	1	4.52	4.58	4.52	4.47
	2	6.72	6.85	6.72	6.76
	3	13.22	14.09	13.78	13.37
	CC_{abs}		0.0325	0.0144	0.0095
2	1	4.46	4.59	4.47	4.44
	2	6.68	6.86	6.62	6.70
	3	13.10	14.10	13.50	13.25
	CC_{abs}		0.0438	0.0138	0.0063
3	1	4.41	4.60	4.41	4.39
	2	6.49	6.87	6.46	6.56
	3	12.94	14.10	13.17	13.01
	CC_{abs}		0.0637	0.0074	0.0069
4	1	4.29	4.61	4.34	4.32
	2	6.37	6.88	6.34	6.45
	3	12.81	14.10	12.88	12.79
	CC_{abs}		0.0853	0.0073	0.0070
5	1	4.13	4.62	4.22	4.18
	2	6.19	6.89	6.12	6.21
	3	12.25	14.11	12.33	12.24
	CC_{abs}		0.1280	0.0132	0.0054
6	1	3.97	4.64	4.10	4.03
	2	5.73	6.90	5.76	5.82
	3	11.72	14.11	11.69	11.61
	CC_{abs}		0.1919	0.0131	0.0134

预应力钢筋混凝土梁

采用 VCUPDATE 对在试验室中测试的一个预应力钢筋混凝土梁进行了研究。一般来说，预应力构件的损伤很难探测，这是因为移除荷载后裂缝趋于闭合，这将导致模态数据仅有非常小的变化。这里的试验数据和测试来自于以前的研究（Teughels，2003），将 VCUPDATE 得到的损伤分布与该研究结果进行了比较。调查的梁长 17.60m，高 0.8m。构件的横截面为 I 形，而在它的两端为实心矩形截面（图 7.38）。该梁是由倾斜的后张力拉索施加的预应力。

该梁是按图 7.39a 所示的方式，通过施加静力荷载来人为模拟损伤的。外荷载 Q 通过 6 步逐渐增幅，分别为 45、67.5、125、140、150 和 154kN。梁的第一条可视裂纹是在 $Q=67.5$kN 时出现的，而钢筋屈服出现在 $Q=150$kN 时。每步加载之后，对梁按图 7.39b 所示进行动态测试。采用下落重物对结构的第一个边缘进行激励。在动态测试中，在梁两端的纵向上部安置了74 个传感器，间隔为 0.5m。在大多数加载步骤中，梁的动力行为都是纯弯曲的，只有少量的

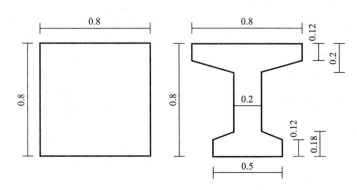

图 7.38　横截面示意图（单位：m）

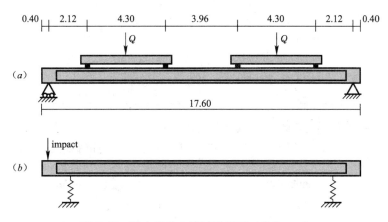

图 7.39　静力和动力测试示意图（单位：m）

扭转成分。因此，将相同纵向距离上的两个传感器的数值进行平均，从而得到 37 个数值，这样可以忽略模态振型中的扭转成分。

从试验数据可以看到，钢在屈服前，频率和模态振型的变化十分小。这可能因为荷载移除后裂缝趋于闭合，从而仅对动力行为产生了轻微的影响。可以看到当结构受到不可修复的激励时，损伤探测程序显得更为重要。

该梁采用 OpenSees 中的简单的梁模型进行建模。模型有 36 个单轴梁单元，每个包括五个积分点，每个节点有三个自由度（DOF）。为了模拟自由边界条件，在两个支撑处安置的弹簧的刚度非常低。钢筋混凝土按均匀和各向同性建模。截面属性为：I 形梁和矩形梁的面积分别为 $A=0.301\text{m}^2$ 和 0.64m^2，转动惯量分别为 $J=0.02246\text{m}^4$ 和 0.03413m^4。采用单位体积质量 $M=2500\text{kg/m}^3$，则两种截面的单位长度质量分别为 $m=752.5\text{kg/m}$ 和 1600kg/m。每个单元的弹性模量值用作修正参数，弹性模量初值为 $E_0=37500\text{MPa}$。因此，共采用了 36 个参数。

采取了两种不同的修正程序：对于第一个，初始的有限元模型修正至无损状态。然后根据钢筋进入屈服（$Q=154\text{kN}$）之后，将无损状态修正为损伤状态。前四阶频率和弯曲模态振型用于第二次修正程序中，由于第四阶振型的质量较差，并没有在第一次修正中使用。

根据频率和模态振型相关性得到的数值计算结果如表 7.3 所示。由于模态振型的高度相关，这里采用 NMD 来代替 MAC。修正过程对第一步的影响非常小。这意味着初始模型的频率和模态振型与无损伤的模型吻合较好。在第二步梁损有伤时，修正程序的影响非常大，通过比较 CC_{abs} 值可以看出来。最大的频率偏差存在于一阶振型中，这可能是由于试验数据中存在扭转成分所导致的。

表 7.3 OpenSees 分析的修正程序结果

步　骤	模　态	试验频率 f_0 [Hz]	修正前			修正后		
			频率 f [Hz]	$\dfrac{f_i - f_{0i}}{f_{0i}}$ (%)	NMD	频率 f [Hz]	$\dfrac{f_i - f_{0i}}{f_{0i}}$ (%)	NMD
初始-无损伤的	1	10.32	10.54	2.11	0.049	10.29	−0.25	0.049
	2	29.49	29.91	1.41	0.032	29.49	0.00	0.038
	3	57.77	59.84	3.59	0.039	57.77	0.01	0.025
			CC_{abs}	0.0237		CC_{abs}	0.0009	
无损伤的-损伤的	1	6.83	10.29	50.71	0.082	6.55	−4.08	0.027
	2	22.66	29.49	30.14	0.185	22.63	−0.12	0.056
	3	48.45	57.77	19.25	0.209	48.44	−0.02	0.179
	4	70.99	100.48	41.55	0.395	71.03	0.05	0.120
			CC_{abs}	0.3541		CC_{abs}	0.0107	

修正算法对振型的影响在图 7.40 中可以清晰地看到，这里给出了第二个数值分析的结果。可以注意到，从无损伤状态开始，模态振型转至损伤状态，这与试验结果更加吻合。

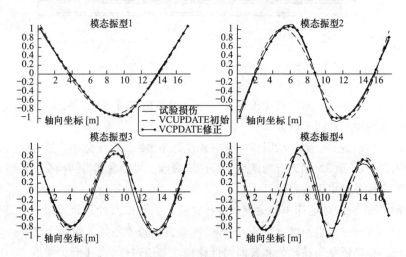

图 7.40 从无损伤到有损伤的试验和数值模态振型

以修正前后弹性模量的比值来表示的损伤分布如图 7.41 所示。在该图中，VCUPDATE 的结果与先前研究（Teughels，2003）的结果也进行了比较。可以看到即使静力荷载是对称的，相应的损伤分布也不是对称的。在这种情况下，模态振型是损伤定位的根本。

从无损伤-有损伤的图中（图 7.41b），可看到 4 个损伤区域：两个在梁的中心，有较高的损伤等级；两个在梁端，等级较低。这些点的位置与静力试验的加载点相关。两个主要的塑性铰位于梁的中心处，该位置钢筋发生屈服。在加载点之间，并没有发现损伤，这可能是因为在塑性铰之间钢没有屈服，因此开裂在荷载移除后再次趋于闭合。

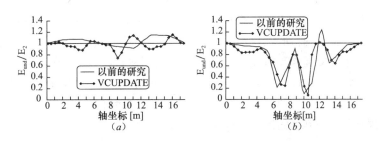

图 7.41　损伤分布

(a) 初始-无损；(b) 无损-损伤

采用 VCUPDATE 通过 ANSYS 模型对相同的结构进行了调查。考虑单步骤分析：将起始模型直接修正为损伤的梁。实际上，当没有初始状态的试验数据时，这是评价既有结构的标准方法。该版本的程序为用户提供了一个增强的建模功能。实际上，可以自由地创建有限元网格，因此没有必要设置与传感器位置相同的有限元模型节点。通过这种方法，可以选择最优有限元模型而无需考虑传感器的位置。该程序需要每一个传感器位置和模态位移。然后，计算传感器位置上数值模态振型并将其作为整个有限元模型的模态振型函数。

同时采用了梁模型和平面模型。前者包括 BEAM3 单元：一种单轴单元，它的每个节点包含 3 个自由度。而平面模型则是基于 PLANE42 的二维单元，包含 4 个节点，每个节点带有 2 个自由度。

图 7.42 给出了两个不同大小网格（0.4m 和 0.2m）的梁模型弹性模量减少情况的分析结果。类似地，平面模型采用 0.4m 和 0.2m 单元的结果如图 7.43 所示。这些图中的损伤分布可与 OpenSees 分析的结果（图 7.41）进行对比。可以看到，两者吻合很好。频率、*NMD* 值和振型结果都非常好，但限于篇幅在这里就不详细说明。

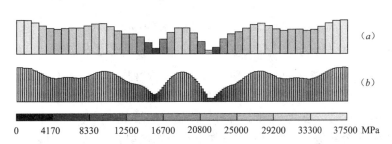

图 7.42　单元尺寸为 0.4m 和 0.2m 的梁模型弹性模量的分布

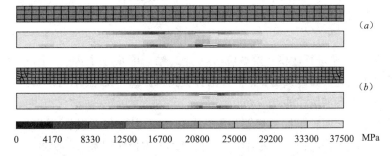

图 7.43　单元尺寸为 0.4m 和 0.2m 的平面模型的网格与弹性模量分布

梁和平面分析的计算中采用了几种不同的网格。总体来说，只要网格能够有效地描述结构响应，其结果并不依赖于网格的尺寸。

这些应用表明了有限元模型修正用于结构健康监测的目的：通过结合特征频率和模态振型，充分实现损伤检测。在这方面需要强调的是，即使结构外形对称，损伤分布也并不是对称的，因此模态振型是损伤定位的根本。通过使用不同的有限元程序、不同维数的模型和不同的网格，可以得到相当高精确度的试验结构行为。

钢筋混凝土梁

研究了一根试验室里测试的钢筋混凝土梁。该梁是对 5 根相同梁施加不同损伤位置的大型试验项目中的一根（Maeck，2003）。在试验项目中，该梁的编号为 4 号。如图 7.44a 所示，通过在 $x=4\mathrm{m}$ 处的三点弯曲梁上施加一个竖向静力荷载来达到人工模拟损伤。然后，进行如图 7.44b 所示的自由边界条件下的模态测试。这意味着梁的支撑是非常柔性的，允许自由的模态位移。在不同的荷载级别重复进行试验：这里仅考虑与步骤 5 相关的试验数据。相应施加的荷载是 25kN。

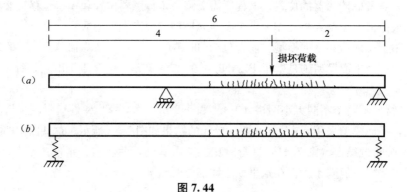

图 7.44

（a）静力试验；（b）动力试验的裂缝模式示意图（单位：m）

结构的属性为：长 $L=6\mathrm{m}$，截面面积 $A=0.05\mathrm{m}^2$，转动惯量 $J=1.93\times10^{-4}$ m^4（考虑钢分布，图 7.45）以及弹性模量 $E=37500\mathrm{MPa}$。为了记录动态结果，在梁的上表面两侧分别安装了 31 个加速度计，总共 62 个。将对应传感器的结果进行平均，得到 31 个数值。记录了前四阶频率和模态振型。由于损伤，可以看到频率的降低和振型出现明显的变化。在一阶模态中，记录到了一个轻微的扭转成分，但在模态振型中观察不到，这是因为对相同轴坐标的传感器的数据进行了平均。

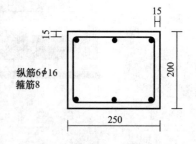

图 7.45 梁横截面（单位：mm）

采用 OpenSees 对梁进行建模，模型包括 30 个二维梁单元，对于每一个单元弹性模量都作为参数。为了重现试验条件，梁由非常柔性的弹簧支撑。图 7.46 显示的是得到的前四阶振型，对于所有的模态都没有零位移的点。

采用惩罚法进行了两种不同的修正步骤，即初始-无损伤和无损伤-损伤步骤。对于前者，为了消除初始建模的误差，将初始的有限元模型修正为无损伤的梁。对于第二个，该无损伤的模型被修正为损伤的状态。收敛极限设为 0.0005。收敛比非常快：对于第一个修正步骤，只需

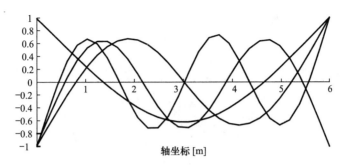

图 7.46　前四阶模态振型

要 2 次迭代；然而第二个修正步骤只需 3 次迭代即可达到收敛。

表 7.4 显示了频率和 *NMD* 的结果。频率得到了大幅改进，且有限元模型和试验模型非常接近。这也可以从修正的 CC_{abs} 值中看出，该值几乎为 0。

表 7.4　OpenSees 分析的修正程序结果

步　骤	模　态	试验频率 f_0 [Hz]	修正前			修正后		
			频率 f [Hz]	$\dfrac{f_i-f_{0i}}{f_{0i}}$ (%)	*NMD*	频率 f [Hz]	$\dfrac{f_i-f_{0i}}{f_{0i}}$ (%)	*NMD*
初始-无损伤的	1	22.02	23.72	7.72	0.057	22.03	0.05	0.054
	2	63.44	65.20	2.78	0.035	63.43	−0.01	0.030
	3	123.27	127.51	3.44	0.060	123.26	−0.01	0.030
	4	201.92	210.25	4.13	0.084	201.91	0.00	0.048
			CC_{abs}	0.0451		CC_{abs}	0.0002	
无损伤的-损伤的	1	19.35	22.03	13.86	0.094	19.35	0.02	0.065
	2	56.90	63.43	11.48	0.104	56.89	−0.03	0.043
	3	111.64	123.26	10.41	0.130	111.62	−0.02	0.031
	4	185.22	201.91	9.01	0.171	185.18	−0.02	0.038
			CC_{abs}	0.1119		CC_{abs}	0.0002	

对模态振型的修正程序的改进见图 7.47 和图 7.48。振型的校正是十分明显的。最差的情

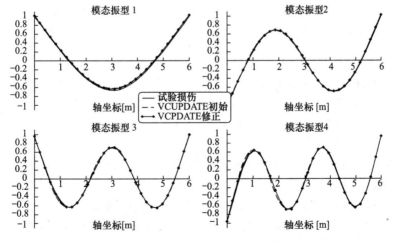

图 7.47　从初始-无损伤步骤的试验和数值模态振型

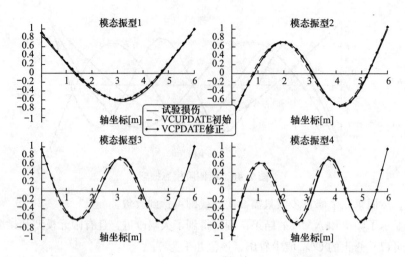

图 7.48 从无损的-损伤步骤的试验和数值模态振型

况是一阶模态，这可能是由于忽略了扭转成分所致。因此，通过 VCUPDATE 得到的数值模型的动力性能与真实结构几乎一致。

图 7.49 显示的是 VCUPDATE 得到的弹性模量分布与先前研究（Teughels，2003）结果的对比。这显然与破坏严格相关，因为由于逐步增加的外荷载导致的刚度降低可以被模拟为弹性模量的递减。这种损伤分布也可直接与图 7.44 所示的试验获得的裂缝模式比较。损伤呈现出光滑分布。通过减小梁中心部分的弹性模量 E 来表征从初始-无损伤的步骤，这可能是由其自重引起的裂缝模式。相比之下，从无损-有损伤的步骤中，最大变化位于施加的荷载附近，如图 7.44 所示。参数衰减可在第一支撑（$x=2$ m）处确认：这可能由于梁自重的影响。

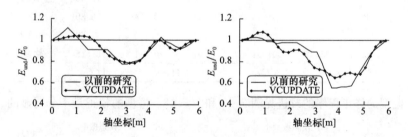

图 7.49 单元尺寸为 0.4m 和 0.2 m 的平面模型的网格和弹性模量分布

VCUPDATE 提供的损伤分布与先前采用更复杂算法进行的研究（Teughels 等人，2002）吻合很好：有限元的属性没有被校正，但是使用了包括 7 个三角函数的损伤函数。该程序应避免多峰的而不是平滑分布这种不切实际的刚度模式以及其他数值问题。此外，该优化问题只有 7 个变量，可节省计算时间。然而，VCUPDATE 程序仍然非常有效，因为结果经过几次迭代就可以得到。

采用 VCUPDATE 通过 ANSYS 模型对相同的结构进行了研究。在该算例中，采用了单步分析：将初始模型直接修正为损伤的梁。事实上，在对以结构健康监测为目标安全等级的实际评估中，这是在没有初始状态的试验数据时评价既有结构的标准方法。

结合 ANSYS 来使用 VCUPDATE 为用户提供了增强的建模能力。有限元网格可以自由选取，因此不需要在记录特征数据传感器所在的相同位置设置有限元模型的节点。通过这种方法，可以选择最优有限元模型而无需考虑传感器的位置。该程序需要每一个传感器的位置，而后续在传感器位置处的数值模态振型可以作为整个有限元模型的模态振型函数进行计算。

同时采用了梁和平面模型。前者包括两节点的二维弹性梁 BEAM3 单元，它是具有拉、压和弯曲能力的单轴单元，每个节点有 3 个自由度（两个平动和一个旋转）。平面模型是基于四节点二维结构实体的 PLANE42 单元，它是在平面应力分析中使用的面单元，每个节点有两个平动自由度。对于这两种分析，弹簧采用弹簧-阻尼 COMBIN14 单元进行建模。为了测试 VCUPDATE 网格的独立性，对于梁和平面模型，在计算中采用了几个不同的网格划分方式。

图 7.50 给出了两种不同网格（0.1m 和 0.05m）的梁模型的弹性模量分布结果。类似地，对于平面模型，图 7.51 分别给出了单元尺寸分别为 0.1m 和 0.05m 的结果。这些图中的损伤分布可与 OpenSees 的分析结果（图 7.49）进行比较，可以看到总体上两者吻合较好。特征频率、*NMD* 和模态振型结果也非常好，但限于篇幅这里不再详细说明。

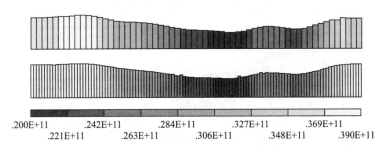

.200E+11　　　　.242E+11　　　　.284E+11　　　　.327E+11　　　　.369E+11
　　　.221E+11　　　　.263E+11　　　　.306E+11　　　　.348E+11　　　　.390E+11

图 7.50　单元尺寸为 0.1m 和 0.05m 的梁模型的弹性模量分布

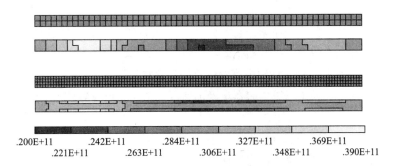

.200E+11　　　　.242E+11　　　　.284E+11　　　　.327E+11　　　　.369E+11
　　　.221E+11　　　　.263E+11　　　　.306E+11　　　　.348E+11　　　　.390E+11

图 7.51　单元尺寸为 0.1m 和 0.05m 的平面模型的网格和弹性模量分布

总体上，模型和全部网格都能很好地描述了结构的物理特性。此外，从图中可看到网格尺寸对结构的影响可以忽略。很明显，采用的网格应能够有效地描述结构的反应。

在图 7.50 中，可以看到梁左部的弹性模量比它的起始值高，在原则上这是不可能的，但在 OpenSees 计算和以前的算例（图 7.49）中也有相同的现象。因此，这可能是由于试验数据或者结构刚度实际非均匀分布的原因，例如混凝土局部不同的干燥过程。而且，可以清晰地看到在精细网格的梁模型中，它的影响非常小，这可能是由于精细网格能够较好地描述结的构行为。此外，单元的数量越多，在修正程序中的参数数量也就越多，因此达到目标函数最小值的可能性就越大。在平面模型中（图 7.51），该问题显得更为明显。然而在更精细的网格中，这种现象仅限于极少的几个单元。

综上所述，通过结合频率和模态振型，使用不同的有限元程序来精确定位和量化损伤是可能的。

7.1.3.6 应用于桥索

Lanaye 桥拉索

Lanaye 桥是比利时境内位于 Liege 和 Maastricht 城市之间的一座斜拉桥（图 7.52）。大桥有一个单桥塔、主跨长 177m，其通过平衡桥台锚固到地面上。20 根拉索呈扇形与主跨相连，拉索内力为 2750～5400kN。10 根拉索位于平衡桥台一侧，内力约为 8800kN。在下文中，桥的两端由其面向的城市名来命名。拉索从离桥塔最远端按照从 1 到 15 编号。

图 7.52 Lanaye 大桥

由于需要对该桥的一些受损拉索进行经常地研究和验证，已对该桥进行了多次监测试验。基于这些原因，该桥被纳入第五个欧洲框架计划下（Consortium I）的拉索集成监测和评估（IMAC）的项目中。在这一研究计划中，对所有的桥梁拉索进行了广泛的试验，通过测量特征频率来监测其动态性能。采用三维传感器记录加速度，随后，通过峰值拾取法来评估拉索的特征频率。

通过 VCUPDATE 研究了三根拉索：拉索 M1 受到腐蚀损伤（图 7.53），它被一个安全结构包裹着，当其倒塌的时候能够抓住它。在对拉索 L1 进行外观检查后，怀疑一个支撑系统有损伤。因此，估计动力行为会有变化，但是在试验结果中没有发现明显的变化，这说明拉索并未损伤且能够承受全部荷载。拉索 L2 未损伤且表现正常。

图 7.53 拉索 M1 的损伤

这些拉索采用 60 个梁单元建模，这足以用来模拟斜拉索（Mordini 等人）（图 7.54）。为了消除松弛和自重的影响，采用了面外频率。分别采用第 1、前 5 和前 10 阶试验频率进行不同的分析。轴力（N）为修正参数，采用 5×10^{-4} 为收敛极限值。

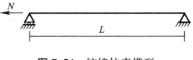

图 7.54　铰接拉索模型

拉索转动惯量（J）的计算并不是一个简单的问题。在本研究中，弯曲刚度（弹性模量 E 和 J）基于测量的频率由 VCE_Kabel 软件得到。因此，程序的结果提供了轴力和弯曲刚度。因为拉索 M1 有损伤，得到了与拉索 L1 不同的转动惯量值 J，如表 7.5 所示。这是一个不符合规律的假定，因为两根拉索本应相同。为了评估这一不精确的影响，进行了初步敏感度分析，而在研究的算例中，弯曲刚度参数的相关性极小（图 7.55）。这意味着假定对结果几乎没有影响。

表 7.5　拉索属性和分析结果

拉　索	长度 $[m]$	拉索属性			分析结果	
		单位长度质量 m [kg/m]	转动惯量 J [mm⁴]	设计力 N_D [kN]	$N_{VCUPDATE}$ [kN]	$\dfrac{N_{VCUPDATE} - N_D}{N_D}$ (%)
M1	165.07	43.80	3 927 262	2668	1944	−27.15
L1	165.07	43.80	2 000 850	2668	2826	5.93
L2	150.44	78.20	7 125 824	5042	5079	0.74

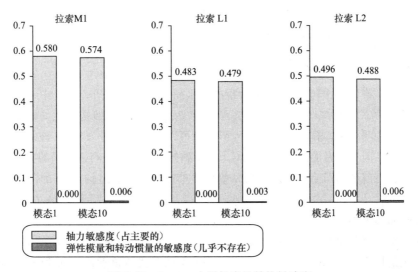

图 7.55　Lanaye 大桥拉索的结构敏感度

拉索 M1 的损伤可以通过强大的轴力（N）的减弱来清晰检测出（表 7.5）。拉索 L1 中呈现出轴向力 N 的轻微增加，这可能由于拉索 M1 中较低的轴力 N 和随之发生的应力重分布造成的，因为拉索 M1 是与 L1 相对应的位于桥梁另一侧的拉索。轴向力 N 的增量是反映拉索完整性的一个信号。拉索 L2 也未损伤，因为它的轴力 N 与设计值的大小几乎相同。

将 VCUPDATE 得到的结果（轴向力 N）与 VCE_Kabel 软件（采用频率来评估拉索力）获得的结果相比较（表 7.6）。两种程序吻合较好，最大差异为 2.6%。

表 7.6　分析结果比较

拉　索	设计力 N_D [kN]	N_{VCE_Kabel} [kN]	$\dfrac{N_{VCE\_Kabel}-N_D}{N_D}$ (%)	$N_{VCUPDATE}$ [kN]	$\dfrac{N_{VCUPDATE}-N_D}{N_D}$ (%)
M1	2668	1895	−28.98	1944	−27.15
L1	2668	2795	3.62	2826	5.93
L2	5042	4948	−1.86	5079	0.74

此外，从图 7.56 中可以明显看到，结果不受所采用频率数量（即使用第 1、前 5 或前 10 阶频率）的影响。百分比显示了设计值的差异，它说明了在较高频范围内具有较好的监测质量。图 7.56 给出了达到收敛所必需的迭代次数，且总体上，当采用较多试验数据时修正程序的收敛更快。

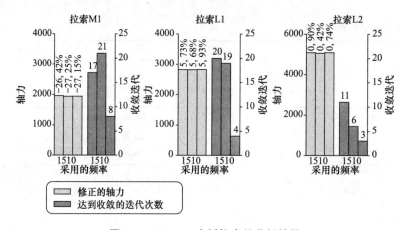

图 7.56　Lanaye 大桥拉索的分析结果

仅采用特征频率，对比利时 Lanaye 大桥的三根斜拉索进行了研究。其中一根拉索出现了损伤，由于其轴力 N 大幅减小已被检测到。此外，为了评估未知结构属性的影响，进行了敏感度分析，结果表明对于本算例弯曲刚度的影响是可以忽略的（图 7.55）。该结果在实际工程应用中十分重要，因为拉索的属性一般并不为人所熟知。通过研究两根相同的拉索，一根有损伤一根未损伤，可以证明即使对结构参数认识的置信度较低，通过轴力 N 的降低来检测损伤也是可能的。

Rosenbrücke 大桥拉索

为了更好地了解弯曲刚度的影响，研究了位于奥地利 Tulln 横跨多瑙河的 Rosenbrücke 大桥的一根较短的拉索。这座桥（图 7.57）是一座典型的现代斜拉索桥，有 60 根单股拉索。该桥竣工于 1995 年，由于对其五年内进行了多次拉索测试而引起了关注。此外，还进行了详细的单索振动敏感度的研究（Consortium I）。

被研究的拉索具有以下属性：长 $L=44.27\text{m}$，弹性模量 $E=205000\text{MPa}$，横截面积 $A=6.88\times10^{-3}\text{m}^2$，转动惯量 $J=3.77\times10^{-6}\text{m}^4$，单位长度质量 $m_L=59.89\text{kg/m}$，以及设计轴向力 $N=1957\text{kN}$。为了评估弯曲刚度和边界条件的影响，通过改变参数数量和支撑条件进行了四次不同的分析。考虑了两种不同类型的边界条件，即铰支和固支（图 7.54 和图 7.58）。前 8 阶特征频率用作试验数据。

图 7.57　位于 Tulln 横跨多瑙河的 Rosenbrücke 大桥

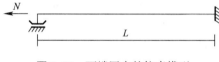

图 7.58　两端固支的拉索模型

表 7.7 给出了修正程序的结果。通过修正 E 和 J，可得到更为精确的结果，如 CC_{abs} 值。很明显，在固支的算例中，拉索具有较大的刚度，因为参数的变化很小。

表 7.7　Rosenbrücke 大桥的拉索分析结果

算　例	参　数	拉索端	初始 CC_{abs}	修正 CC_{abs}	归一化 修正 N	归一化 修正 E, J
1	N	铰支的	0.0555	0.0037	1.125	—
2	N, E, J	铰支的	0.0555	0.0009	1.117	1.100
3	N	固支的	0.0293	0.0028	1.065	—
4	N, E, J	固支的	0.0293	0.0009	1.055	1.067

图 7.59 给出了工况 2 和工况 4 参数的敏感度。这些结果可与 Lanaye 大桥拉索（较长）（见图 7.55）的结果进行比较：敏感度矩阵清晰地表明了长拉索和短拉索弯曲刚度的重要差别。

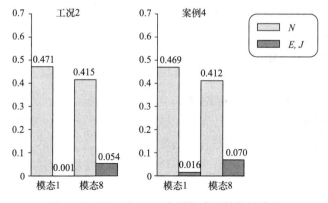

图 7.59　Rosenbrücke 大桥拉索的结构敏感度

由于敏感度差别的影响，可以看到 E 和 J 的收敛与 N 相比要慢许多（图7.60）。因此，在工况2和4中，根据表7.7，迭代的最大次数增加至使得 E 和 J 达到满意的精度。

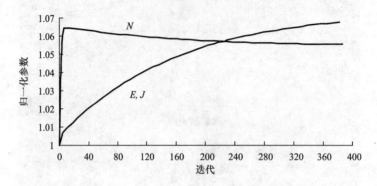

图7.60　Rosenbrücke 大桥拉索的参数收敛，工况4

表7.8给出了所有工况下，由 VCUPDATE 和 VCE_Kabel 分别获得的轴力（N）的数值结果的对比。通过评估这些结果可以选出最优的边界条件：两种程序都表明固支的模型更好地再现了拉索和锚固之间的连接。然而，需要注意的是铰支的模型也可再现模态反应，但对于VCUPDATE参数的变化更大（或许不符合规律）。

表7.8　轴力（N）的分析结果比较

工　况	设计力 N_D [kN]	N_{VCE_Kabel} [kN]	$\dfrac{N_{VCE\_Kabel}-N_D}{N_D}$ (%)	$N_{VCUPDATE}$ [kN]	$\dfrac{N_{VCUPDATE}-N_D}{N_D}$ (%)
1	1957	2071	5.83	2202	12.52
2	1957	2071	5.83	2185	11.66
3	1957	2071	5.83	2083	6.46
4	1957	2071	5.83	2064	5.47

从分析中，可以得到对于拉索研究最优的结构系统是固支支座。事实上，这些边界条件可以更好地描述非细长拉索的行为，反之细长拉索受边界条件的影响较小。

此外，无论修正是只应用于 N 或者共同应用于 N、E 和 J，修正值的差异都非常小。因此，如果模态振型未知，为了节省计算时间，最优解决方法是只修正 N。然而，如果模态振型信息已知，为了定位结构中的损伤，须修正 E 和 J。

7.1.3.7　应用于钢丝束

Rümmecke 和 Berbke 大桥的体外预应力

2007年4月，维也纳咨询工程公司（VCE-2007）对两座德国的预应力钢筋混凝土桥的体外预应力钢丝束进行了测量。两座桥均位于 Westphalia North Rhine 地区的 A46 高速路上：Rümmecke 大桥在 Meschede 城市附近，而 Berbke 大桥位于 Arnsberg 市旁（图7.61）。两座桥钢丝束的轴向力事先已通过顶升测试进行了测量，数值分别为2900kN和2448kN。这些测试是通过 BRIMOS 技术实施的（见第3.2节）。BRIMOS 记录仪是便携的且可以独立作业或与笔记本电脑连接（图7.62a）。该记录器支持1个三维外部传感器或3个一维外部传感器。这些传感器分别为 3D Kinemetrics EpiSensor ES/T 和 1D Kinemetrics EpiSensor ES/U（图7.62b）。两种类型的传感器都是量程范围为±0.25～±4g（用户可选）的力平衡加速计，它们适用于现场记录各种结构类型的响应。测量钢丝束时，采用的采样率为 500Hz，每个传感器的测量时间为 330s，共计 165000 个数据。

（a）　　　　　　　　　　　　　　　（b）

图 7.61

（a）Rümmecke 大桥；（b）Berbke 大桥

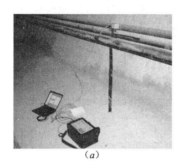

（a）　　　　　　　　　　　　　　　（b）

图 7.62

（a）工作中的 BRIMOS 记录仪；（b）Rümmecke 大桥测量中的外部 1D 传感器

从操作性来看，BRIMOS 测量可快速且可靠地对结构进行监测。本节介绍的两个例子就是在半天之内测量的。从桥梁业主经济的角度来看，这大有裨益。数据采集之后，采用 BRIMOS 软件进行分析，通过对特征数据进行信号处理，可以提取出频率、模态振型和阻尼。最后，获得的模态信息（本算例中是频率）可用于前面第 7.1.3 节中讲述的有限元模型修正程序中。必要时，通过软件 VCE_Kabel，可对修正程序中所用的轴力（N）和弯曲刚度（E、J）进行首次估算。

Rümmecke 大桥的拉索是配有低松弛钢 ST 1570/1770 的 DVorspann-Technik 型的 VT-CMM4×04-150。在数值分析中，采用了具有固支支座的简单支撑梁作为结构模型，锚固间的拉索长度为 6.04m，该几何长度通过现场测量获得。在修正程序中，采用 6 个频率作为试验数据。通过 OpenSees（惩罚法）和 ANSYS（一阶优化方法）来进行修正，获得的频率结果几乎一致。

为了评估关于结构行为最重要的参数，进行了初步的敏感度分析。首先，轴力、长度和弯曲刚度作为参数（图 7.63a）。相关的敏感度结果表明弯曲刚度变化对结构行为的影响远不如长度和轴向力变化的影响。因此，在后续分析中没有修正弯曲刚度。从这方面来讲，敏感度分析是选择修正参数的一个有力的工具。

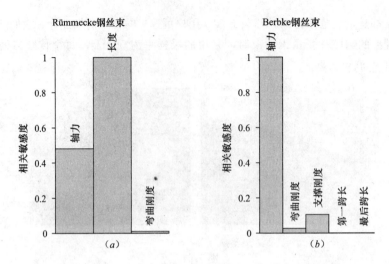

图 7.63 Rümmecke 和 Berbke 钢丝束的敏感度分析结果

表 7.9 给出了频率的分析结果。通过 CC_{abs} 的变化，可以清晰地看到修正程序的影响。表 7.10 给出了修正参数值。获得的参数值看起来非常可靠：轴向力值与先前在顶升测试中测量的结果相差不大，而长度变化也与拉索的布置相吻合。

表 7.9　有限元模型修正结果（频率）

桥　梁	模　态	试验频率 f_0 [Hz]	修正前		修正后	
			频率 f [Hz]	$\dfrac{f_i - f_{0i}}{f_{0i}}$ (%)	频率 f [Hz]	$\dfrac{f_i - f_{0i}}{f_{0i}}$ (%)
Rümmecke	1	27.85	28.73	3.16	27.86	0.03
	2	55.90	57.50	2.87	55.76	−0.25
	3	83.90	86.37	3.68	83.74	0.53
	4	111.80	115.36	3.19	111.85	0.05
	5	140.90	144.54	2.58	140.13	−0.55
	6	168.30	173.94	3.35	168.61	0.19
			CC_{abs}	0.0314	CC_{abs}	0.0027
Berbke	1	17.77	16.81	−5.40	17.60	−0.95
	2	35.60	33.63	−5.53	35.15	−1.26
	3	52.00	50.10	−3.66	52.21	0.41
	4	68.40	65.52	−4.21	68.52	0.18
			CC_{abs}	0.0470	CC_{abs}	0.0070

表 7.10　有限元模型分析结果（修正的参数）

桥　梁	参　数	修正前	修正后
Rümmecke	轴力 [kN]	2907.00	2864.83
	长度 [m]	6.04	6.19
Berbke	轴力 [kN]	2009.00	2246.80
	支撑刚度 [kN/m]	2000.00	1694.39

Berbke 大桥的钢丝束是配有 ST 1570/1770 的 BBRV 类型的 SUSPAVI。一些钢丝束测量仪器如图 7.64 所示。所采用的相应的结构方案如图 7.65 所示。通过 ANSYS 中的惩罚法和一阶优化方法进行分析。总体来说，结果非常吻合。由于软件不同，惩罚法需要更长的计算时间，因为迭代次数越多越有可能获得更好的收敛结果。

图 7.64　Berbke 大桥的测量

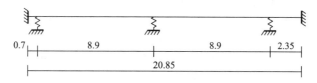

图 7.65　Berbke 大桥钢丝束的结构示意图（单位：m）

作为第一步，拉索支撑应该竖向固定。修正程序得到的轴力为 1676kN，这与顶升测试的结果相比过小，且与桥梁的设计不相符。因此，采用了不同的结构模型，支撑采用竖向弹簧模拟。然后进行了敏感度分析（图 7.63b），弯曲刚度和横向跨度的影响可以忽略；正因如此，选择轴力和支撑刚度作为修正参数。结果如表 7.9 和表 7.10 所示。通过得到的低频偏差得以证实修正模型能够很好地描述钢丝束的动力性能。而且当前的轴力更加接近于测量值。在该算例中，有限元模型修正程序为识别结构真实的行为提供了有效的支持。

综上所述，对这些例子所采用的方法，首先是 BRIMOS 测量，其次是 BRIMOS 数据评估，最后是 VCUPDATE 修正程序，这些方法为研究结构提供了有力、灵活且快捷的工具。采用同样的方式，将试验测试与先进的数值技术相结合，可以确保对许多不同结构研究的可靠性。通过 BRIMOS 记录仪获取数据并通过 BRIMOS 软件提取模态信息，获得的结构特征数据可用作有限元模型修正程序的输入。通过采用 VCUPDATE 和维也纳咨询工程公司开发的软件来进行修正，它为用户提供了广泛的选择机会，比如三种不同的修正算法和两种不同的有限元程序，ANSYS 和 OpenSees。

在这两个算例中，为了评估最重要的结构参数，首先进行了敏感度分析。这一步非常重要，可保证所选参数具有物理意义，且通过去除可忽略的参数以节省计算时间。

在 Rümmecke 大桥的计算中，轴力和长度都被用作参数。获得的参数值与先前测量值和拉索的几何布置吻合较好。对于 Berbke 大桥，首次分析表明采用的结构示意图与实际物理意义不相关。随后，采用竖向弹簧模拟了拉索支撑，并将轴力和支撑刚度作为参数。通过这种方式，得到了能够更好地反映真实物理行为的改进模型。此外，新的修正程序提供了更为可靠的轴力数值。在这方面，显示出了有限元模型修正最重要的一个应用：尽可能地创建最好的结构模型来为结构分析师提供支持。

7.1.3.8　结语

本节介绍了有限元模型修正在土木工程结构健康监测中的应用。VCUPDATE 软件中内嵌了修正程序 Scilab，它与有限元程序 OpenSees 和 ANSYS 存在接口。介绍了不同的应用，有限元模型修正的主要目的可以表明为：结构评估、损伤检测和帮助结构工程师寻找最可靠的数值模型，由此可认定该方法是结构健康监测中有价值的工具。

7.1.4　环境振动监测

7.1.4.1　系统识别

用于确定应力的计算模型及其在结构中的应用，仅是对真实情况的近似，因此必须进行校正。为了确定模型结果和实际承载能力间的一致性，可进行频繁的应力测试（比如铁路桥），并将测量的变形值（弯曲）与计算的参考值进行比较。从这个比较中可以得到关于结构承载安全性和性能的结论。一个确定这些参数更简单的方法是通过环境振动监测（AVM）来确定结构的动力特性。从这些测量中，可记录、评估以及解释在环境振动影响下结构的振动行为，即不需要人工激励而仅需要高灵敏度的加速度传感器即可。

通过测量结构的动力行为来获得其承载能力以及检查数学模型假定的方法已经很好地建立起来。在文献（Eibl 等人，1988）中，有一篇 1922～1945 年瑞士的应力测试报告，试验描述了 1941 年在 Beromunster 一个天线的自由振动测试。这些结果被用来检验计算假定，解释测量与计算结果之间的偏差并为以后相似塔提供了建议。在瑞士，通过动态测量方法来检测结构一直是其传统做法，直到 20 世纪 90 年代初期才以自由振动测试的形式，通过初始应变或间断应力以及通过不平衡激振器或液压振动台的方法来进行（Wenzel 和 Pichler，2005）。在澳大利亚和德国也进行了类似试验，这些试验以科学研究为目的但尺度较小，试验结果并没有被广泛地应用于系统识别或用于检验和校正计算模型。然而，在文献（Cantieni，1996）中，建议进一步发展动态方法来评估结构的维护条件。

一方面是测量技术的快速发展，另一方面是计算机技术包括软件的发展，使得我们能够在较少的花费下，快速地进行环境振动的结构动力测试以及评估。影响结构振动的自然激励源，如微震现象、风、波浪等被称为环境振源。总体来说，测量与评估系统 BRIMOS®（桥梁监测系统）吸取了该发展过程中的优点并对该技术开辟了广阔的应用领域。

对结构内部动力特性的测量为检验计算模型提供了另外一种选择，使得除了能够得到结构的承载能力随时间发展的变化，进而还能评估其剩余使用寿命。单个测量反映了结构的整体性，可同时将其与数学分析相结合来确定结构可能的损伤。

下面介绍系统识别需要确定的重要的动力参数。在监测过程中，采用系统识别进行了所有的分析。除了结构力学和动力学方法，为了确定海量数据的趋势必须用到统计方法。趋势卡的使用已证明了其成功性，它可以通过时间—频率图像清晰地反映单个参数的最终变化。图 7.66 中的趋势卡展示了高速公路桥 Regau 由于单个预应力拉索的损伤所引起的特征频率随时间的变化情况（Object S123a；图 7.66）。

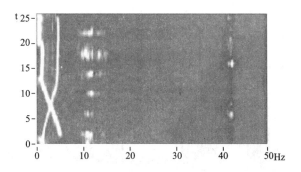

图 7.66　失效时损伤所引起系统的变化

特征频率和模态振型

在线弹性领域，特征频率是描述结构振动行为的一个重要参数。每一模态振型都有一个特征频率，即模态振型为结构在各特征频率下振动的形式。一个实际结构的振动是由单个振型分量组成。

数学模态分析提供了结构的特征频率和模态振型，在试验模态分析中可得到特征频率且可逐点（测量点）确定出模态振型。在系统识别中，这两种分析都不可或缺。实际的静态系统是通过对比测量结果和计算结果以及采用测量的计算模型来获得。为了得到实际承载系统的正确图像，不仅需要考虑一阶特征频率和相应的振型，还要考虑更高阶的频率和相应的振型（图 7.67）。

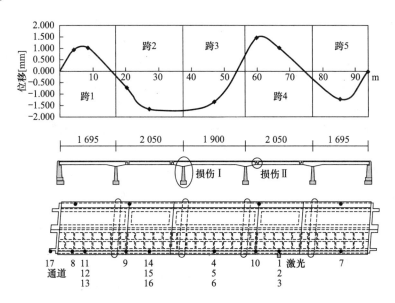

图 7.67　通过测量得到的受损结构一阶振型（由交通繁忙造成的支座沉降）

动力响应特性的命名

从测量信号中提取出来的特征频率（振动中的往复谐振响应）代表结构有效的动态刚度（图 7.68）。为确保对特征频率理解的一致，为 BRIMOS 开发了特定的命名法。命名惯例基于在 Aschach 多瑙河大桥进行的动力测量（图 7.69）。该桥梁总长 325m，三跨长分别为 96.30m、132.40m 和 96.30m。

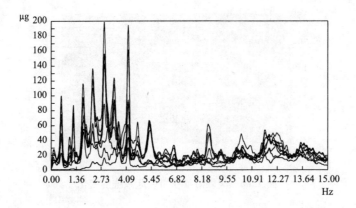

图 7.68 竖向振动频谱 0~15Hz

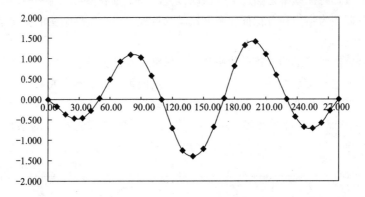

图 7.69 五跨桥的第一竖向特征形式

表 7.11 给出了所有用于诊断评估的特征频率以及展示了具体的名字是如何得到的。此外，图 7.70 对表 7.11 最后一列中 BRIMOS® 的三字符命名法进行了说明。三字符编码的第一个字符表示所描述模态振型的半周期号码；第二个字符表示所出现的机械运动的类型；而第三个字符表示参考坐标系统中相应的旋转轴或者平移轴（即动力响应的本质）。通过图 7.71~图 7.76 给出的 Aschach 多瑙河大桥的一些典型的测量和计算特征模态和频率，阐明了上面介绍的命名法。

表 7.11 特征频率——Aschach 多瑙河大桥

特征频率	代 表	往复次数	起始跨编号	简 介	顺序模态命名	具体的模态命名
0.85	*BT*	1	2	Main span	(1) *BT*	1*BT* main span
1.24	*BT*	1	1；3	Side-span	(2) *BT*	1*BT* side-span
1.52	*BT*	1		Uniformly	(3) *BT*	1*BT* uniformly
2.09	*TL*	1	2	Main span	(4) *TL*	1*TL* main span
2.90	*BT*	2	2	Main span	(5) *BT*	2*BT* main span
3.81	*BT*	2	1；3	Side-span	(6) *BT*	2*BT* side-span
4.02	*BT*	2		Uniformly	(7) *BT*	1*BT* uniformly
6.40	*TL*	3	2	Main span	(8) *TL*	2*TL* main span
7.24	*BT*	3	1；3	Side-span	(9) *BT*	3*BT* side-span
8.69	*BT*	4	2	Main span	(10) *BT*	3*BT* main span

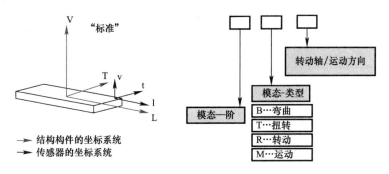

图 7.70　动力响应特性的命名

图 7.71　一阶模态振型 $0.85\mathrm{Hz}$（测量值）和 $0.81\mathrm{Hz}$（计算值）—1BT 对称、主跨

图 7.72　二阶模态振型 $1.24\mathrm{Hz}$（测量值）和 $1.22\mathrm{Hz}$（计算值）—1BT 边跨

图 7.73　三阶模态振型 $1.52\mathrm{Hz}$（测量值）和 $1.53\mathrm{Hz}$（计算值）—1BT 一致

图 7.74　四阶模态振型 $2.09\mathrm{Hz}$（测量值）和 $2.29\mathrm{Hz}$（计算值）—1TL 主跨

图 7.75　五阶模态振型 $2.90\mathrm{Hz}$（测量值）和 $2.66\mathrm{Hz}$（计算值）—2BT 主跨

图 7.76 六阶模态振型 3.81Hz（测量值）和 3.93Hz（计算值）—2BT 边跨

阻尼

所有实际结构都有阻尼（图 7.77），它使得结构在激励后振动能连续衰减，直到达到静力平衡。阻尼的特性依赖于频率，它代表了系统识别中的一个重要数值。特别地，阻尼是对结构承载能力当前利用程度的一个指标，随着最大承载能力利用率的增加，即从弹性向弹塑性范围转变，阻尼系数会大幅提高（Eibl 等人，1988）。此外，阻尼条件对特征频率本身也有影响，它在使用结构的日常阻尼值中是可以忽略的，但会随着承载能力利用率的增加而变得重要。因此在动力测试的过程中，确定阻尼特性对于完整的描述结构承载能力是必不可少的。

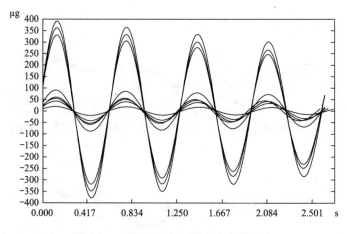

图 7.77 阻尼窗口，一阶竖向特征频率

变形和位移

传统的测量方法主要测量确定荷载下的变形，然后将结果与计算出的预测值进行比较（比如，测量铁路桥的荷载）。这种方法对于测试结构的抗弯刚度（重要的评估标准）提供的信息内容在本质上是有限的。动力测量也包括在测量期间结构的变形信息。通过记录三维振动行为，甚至可以从空间三维中提取测量变形信息。因此，无论是竖向弯曲还是水平位移（横向和纵向）都可最终获得并用于结构的完整性评估。

振动强度

振动强度是描述结构在动力荷载作用下所受应力的一个非常好的指示。基于疲劳相关损伤机理，单个结构或构件对于高振动强度非常敏感。在 BRIMOS 中，测量值被记录下来并在强度表中进行分类（图 7.78）。特别是，这可以确定对建筑特别敏感部分详细检测的位置。在 Linz 的 Voest 大桥中，确定出的主要部位仅是整个结构中很小的一部分。此外，通过观察可以更加准确识别和监测个体对于振动强度的贡献（例如，通过交通监测系统）。

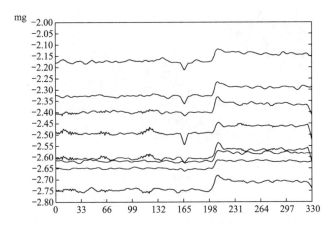

图 7.78　St. Marx 天桥由于支座复位力所引起的系统位移

趋势卡

趋势卡是信号频域—时域中的区域映射。为了能够区分单个频率峰值，需对卡片进行着色以得到振动的能量以及相应的强度。

7.1.4.2　应力测试

结构及其单个承载构件当前的应力状态是一个热门的研究课题。为了确定当前承载的安全性并能够采取必要的措施，检查工作是必不可少的。此外，它也是预测未来维护费用必要的基础。在本节中对特定结构振动强度的评估和解释是一个重要的评价准则，应用该标准可以基于对损伤的考量，从而对结构的危险性划分等级。

确定静应力和动应力

整体应力状态必须通过静态和动态两方面来确定。通过对这两种应力的了解，可以确定交通荷载的动态容量比。它不但是结构动力敏感度的一个指示，也可以为减少应力水平采取具体的措施（如限速）。

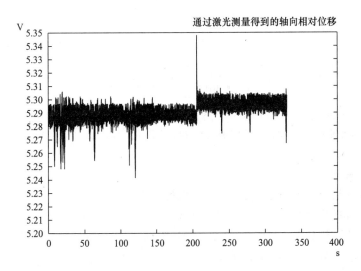

图 7.79　St. Marx 天桥支座复位力所引起的系统加速度

图 7. 80 A23 高速公路中的 St. Marx 天桥

确定振动元件

结构的某些单个元件往往会有极强的振动现象（例如：桥面悬梁的缘梁，斜拉索的施工）。这些结构元件不但对结构使用的方便性具有重要的影响，更由于其对承重元件连续变化应力所造成的疲劳断裂而显得尤为重要。识别这些受损的结构元件，在动力测量的范围内通过调整振动行为，可以确保及时的维护修缮，进而防止更大的破坏。通过对结构元件进行简单的动力分析即可得到这些信息，进而采取更具体的测量（图 7.82 和图 7.83）。

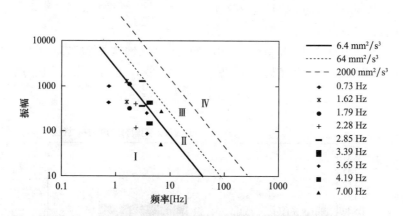

图 7. 81 Brenner 高速公路上 Europabrücke 大桥的振动强度图

Ⅰ：无损伤；Ⅱ：灰浆层可能开裂；Ⅲ：结构承载部位可能损伤；Ⅳ：承载部位损伤

单个结构元件的应力

要对一个结构进行全面测定，除了要测试结构整体的应力情况，对某些单个的振动敏感元件还需要进行具体的应力测试。对于所有的承载元件，由于特征频率与应力水平之间均存在直接的联系（斜拉索、钢丝束、受压的拉力元件），因此通过评估振动测量数据来确定应力是可行的。如果关系更加复杂，则建议使用本书第 7.1.4.1 节提到的系统识别中优化的计算模型来确定应力。

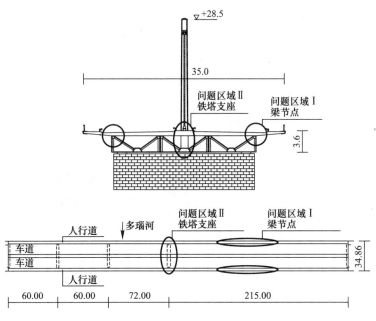

图 7.82　多瑙河上 Voest 大桥的振动密集区域

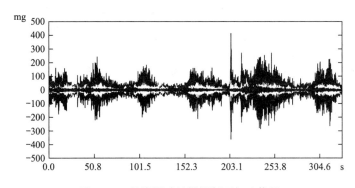

图 7.83　悬梁振动的桥梁断面加速信号

确定钢丝束和拉索的受力

　　为了对结构的整体应力进行检查和对单个受力元件进行评估，首先要了解拉索结构（如：铁塔、金字塔形屋顶等）中的钢丝束、斜拉桥的拉索、拱桥的吊杆或体外预应力筋所受的拉力（图 7.84）。通过拉脱法来确定这些应力不但成本较高，且存在对结构造成损伤的危险。在锚固处的工作对这些关键元件的耐久性将会带来不利影响。因此需要一种快速且无损的应力确定方法，例如拉索的特征频率与内力之间存在简单的准线性关系，从而可通过振动特性的测量来确定应力。

7.1.4.3　应力评估

　　对整个系统和单个结构元件进行应力评估是一项必要的工作。该评估必须考虑结构的实际状态并预测未来结构状态的变化情况。环境振动监测，为基于目标参数进行评估提供了可能性。将这些测量结果与数学模型相结合，可以采用概率方法进行很好的预测。然而，对于不同精度进行描述是可能的，执行测试的范围决定了它们的代表性。

图 7.84 对 Tulln 的 Rosen 大桥所有拉索的年度检查

结构安全

　　动力特性包含结构整体状态以及局部状态的信息。在对结构进行安全评估时，着眼于整个系统并对其行为进行分析。系统识别集中在低频范围内。评估的任务是确定整个系统的频率和相应的模态振型，并计算描述系统行为的阻尼。整个结构可通过这些结果来进行评估。

　　关于结构安全评估，文献中已有许多优秀的模型，但美国的 Frangopol 模型和英国的 Das 模型最为贴切。他们分析桥梁的整个使用寿命，即从开始动工到渐渐因为常年使用而抗力降低，直至最后必须采取措施保证其安全等级处于临界极限之上（图 7.85）。然而，理论使用寿命曲线并不能转变为实际情况。一个简单的方法就是通过特征频率的系统识别对实际承载安全性进行评估。通过这种方法可以得到一个与预期值相关，这一测试时刻的数值。通过考虑环境的影响以及以周期性的测量为基础，可以这些数据最终形成一条曲线。除了模态参数特征频率，未来模型还会考虑经参数分类得到的数值，从而确保更精确的预测。

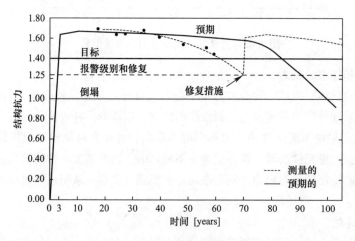

图 7.85 结构的理论使用寿命图

　　上述考虑的目的，是要从大量随机的样本中找到最需要修复的结构。目前开发的 BRIMOS 记录仪可以低成本记录和评估大量的结构，与该目标非常符合。

结构构件安全

整体结构的安全性可以类似地应用于单个结构元件。每个元件都有其独特性，可以从整体测量当中将其隔离出来。例如，桥面板的振动就非常不同。在一次足够精确的测量当中（即测量元件的每一个点），可以精确地确定它们的特点。这种隔离措施可以获得单个结构元件的质量。通过计算隔离出元件的局部阻尼值，可得到关于各个构件的质量信息。

根据图 7.86 所示，对 Europabrücke 大桥几个断面中的单个元件进行了测量。这样可同时得到荷载位移并推导出单个应力。

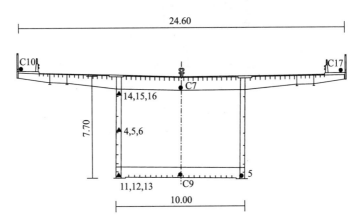

图 7.86　Europabrücke 桥装有传感器的横截面

维护要求和间隔

交通基础设施日益老龄化使得维护问题显得日益重要。通过周期性监测的方式检查桥梁，一方面是为了将安全风险降到最低，另一方面是为了使维修成本尽可能地低（能在适当的时候采取维护措施）。在奥地利，联邦公路网中桥梁的测试是以公路桥梁监测和周期性检测的正式指南为基础。为了确定最优的检测时间间隔，建议常规桥梁测试与动态监测相结合。

虽然动力测试能够得到更好更客观的参数，但当其与定性的外观检测相结合时，可以使得结构处在确保较好的维护状态下将检测间歇延长。另一项有吸引力的可能是采用简单的验证程序，通过与基本测量的结果相比较，来给出系统变化的信息。通过这种方法，可以较低的成本确定主要检查的内容，这样就可减少必要的维护开支且不必以降低结构的安全级别为代价。在这方面斜拉桥是一个特例，它的结构健康状况信息只需对其拉索进行较短间隔的监测即可得到。

剩余使用寿命

对于结构的维护者和使用者来说，预期的剩余使用寿命具有特殊的意义。就如本书第2.3.1 节论述的，剩余使用寿命的信息可以从周期性的测量数据中得出。对于三倍测量周期的安全预测是可能的，即对于三年的测量结果可以外推九年。从这一点来看，即使没有亟待解决的问题，尽早开展首次测量仍是非常重要的。这种系统的应用只有经过几年的使用后，它的重要性才能体现出来。

7.1.4.4　荷载观测（确定外界影响）

确定外界影响的目标（也称荷载观测）是完善对交通荷载（图 7.87）或其他对结构有影响作用的记录。在这方面，并不是通过磅秤的测量来记录荷载，而是根据结构的动力反应（响应）来记录荷载。这需要对结构动力系统的行为进行了解，一般由模型计算和/或试验（测量）确定。所得的动力反应和确定出的交通荷载信息可用于评估程序中的其他工作。

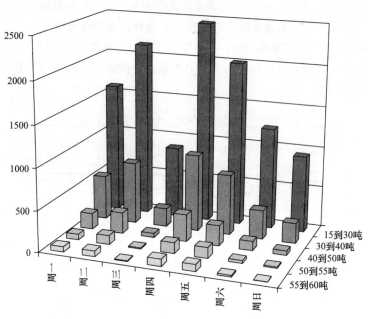

图 7.87   一个星期内的通行状况（1999 年 1 月 4 日～10 日）

荷载集合

通过记录作用应力的位置、类型、大小、持时和频率，可以确定荷载集合。也可以考虑风和温度的影响。复杂的荷载模型可以详细地描述受损结构构件的使用极限状态和剩余寿命。

应力特征

荷载模型在设计阶段非常难以估计（特别是拉索结构，桥梁的吊杆以及侧向支撑等），但通过结合测量数据可以对其进行显著改进。通过了解应力特征方面的知识，可以使得设计更完善和更有效。

以一座铁路桥（图 7.88）为例，对其荷载位移加以跟踪测量。位移的产生主要是因为结

图 7.88   对 Rohrbach 大桥的详细检查

构缺少道砟而造成过高噪声辐射。为了在正确的位置施加减振措施，需要确定出每个结构元件对于声谱的贡献。因此，必须测量所有结构元件所承受的振动强度。

荷载模型的验证

环境振动监测（AVM）的进一步应用是确定理论上应用的荷载模型与实际情况相差多远。这对于那些当时交通荷载设计水平较低的旧结构极为重要。确定一个结构是否达到目前实际荷载的证据可以通过动态测量取得。此外，AVM 还可用于评估拓宽结构的计划。永久记录交通测量数据，如交通强度和密度，以及车辆总重等，对于战略计划变得越来越重要。此外还可监测重要道路上的超载车辆。

真正影响结构动力的因素包括好几个参数，但最根本的是行车速度、车重和道路状况（见图 7.27）。这些值可以从测量数据中提取出，并用于安全检查。测试中一个最重要的发现就是，在大多数情况下，实际动力系数与设计标准值相比要低很多。然而，对于单个结构构件，却得到了相当大的动力系数（例如：Europabrücke 大桥悬臂的动力系数为 1.90）。对于一些旧的，特别是在当时规定的应力标准比较低的结构，这项评估对于建立承载安全水平是十分必要的。

确定环境的影响

通过动态测量有可能确定出环境的影响，例如：气动振动、流水、邻近工厂的振动或其他激励。外部影响经常会引起结构的异常行为。在地震多发地带，可以确定出主要的场地频率，在结构设计时应避开这些频率。

在测量工作中，可通过外部感应器来确定环境的影响。该感应器应置于结构系统的外部，它测量由地面传来的振动。在一个采石场附近的大桥（Kraubath 的 Mur 桥），该方法已被证明特别有效。考虑上述所有建筑物的安全性符合欧洲规范 8，记录地面谱被认为是该系统发展中最重要的一步。作为在西爪哇（印度尼西亚）一个大项目的一部分，采用该方法确定基于动力测量的地震映射已被证明十分成功。

确定具体的措施

当遇到问题或设计需求发生变化时（例如扩建），AVM 可以免除一些减小应力的具体措施。这可以通过减少应力源或改变施工以利用设计规范的余量来实现。举一个例子：位于 Tauern 高速公路的 F9 Donnergarben 桥（图 7.89），由于其混凝土桥面受损，导致结构的振动强度不断升高。如果记录到的振动强度超出安全限值，就必须采取措施，比如对缺陷部位进行修复。受损的范围可以通过 AVM 具体定位。

检查修复措施是否成功

通过在维修前后进行测量，可以得到工作质量及修复成功与否的相关信息。这通过动力特征的简单比较就可以实现。举一个例子：位于 Hall West 的 INN 桥（图 7.90），在一次基本测量工作中发现该结构存在明显的系统偏差。产生原因是，桥台区域被无意地固定了。移除固定后，将计算的频率值与预期的测量频率值进行了验证，证明了修复工作是成功的。

拉索和钢丝束的动力效应

假设拉索没有抗弯刚度，根据索理论，通过拉索的自由振动长度、质量及其内力，可以清楚地确定拉索的动力行为。由于土木工程中常用的拉索具有相当的抗弯刚度，借鉴梁理论，发展出了一种通过 AVM 确定拉索受力的方法。抗弯刚度会增大频率（特别在高阶模态下），因为模态振型中较高的曲率将会引起特征频率与相应阶次呈非线性关系（图 7.91）。此外，由于固定支撑条件使得拉索的刚度增加，这会减小其自振幅度（有效幅度），并使得所有阶次的特征频率增加。

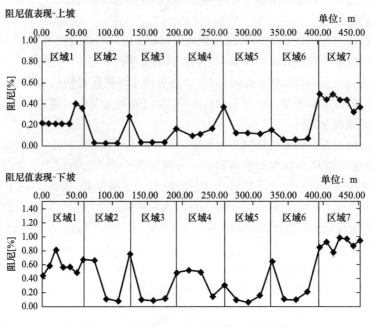

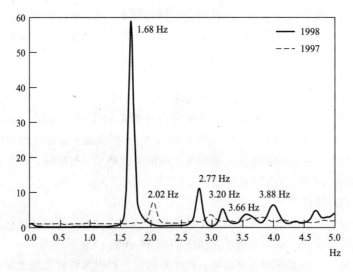

图 7.89 F9 Donnergraben 桥阻尼的变化

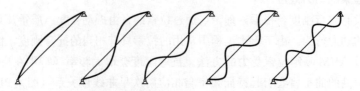

图 7.90 位于 Hall West 的 INN 桥的频谱（1997～1998 年）

图 7.91 随着模态阶次的增加，曲率不断增大

　　每一根被测量的抗弯拉索的刚度几乎都是未知的，但抗弯刚度对于准确确定拉索的受力是必不可少的，所以在实际计算拉索受力之前必须通过动力特性分析来确定拉索的抗弯刚度。欧洲项目 IMAC（集成的拉索监测和评估）发展了采用 AVM 确定索力的方法，该计划不但现场测试了大量拉索，还在众所周知的试验条件下对钢丝束与拉索进行了试验（图 7.92 与图 7.93）。

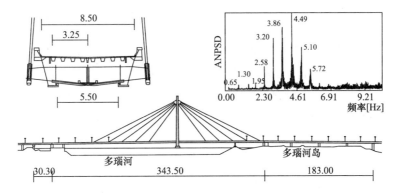

图 7.92　Donaustadt 桥拉索的特征

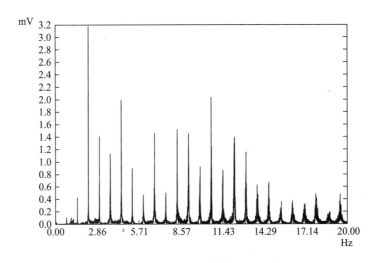

图 7.93　Donaustadt 桥某拉索的频谱

　　无论是在施工过程中，还是在施加预加应力后，以及为了安全和维护所进行的周期性检测，通过确定索力可以进行精确、快速、低成本的质量控制。

　　参数激励

　　单个结构构件如拉索、支杆或其他脆弱构件与振动行为问题，常常可以归因于参数激励。在该过程中，结构构件的特征频率受整个结构的频率激励。因此，拉索会发生失控振动或钢结构中的单个拉条发生断裂。这些现象可以通过测量来量化，从而得到修复所需的评估基础。

　　参数激励在拉索的高阶特征频率中经常被观测到。因此，仅保持拉索的第一阶特征频率（基本频率）与桥面特征频率相一致是不够的。事实上，拉索不停地振动（例如鹿特丹的 Erasmus 大桥）是通过参数激励在较高的特征频率下不断输出能量所致。拉索本身的振动易于发生在二阶及高阶叠加的特征频率上。然而，不能就此认为能量是从视觉上可以分辨的振动形式传来的。

前面介绍的可选择的方法，并不代表拉索与钢丝束所有的动力振动测量方法。在未来，可能会识别或涉及更多的现象。在道路接缝方面的行为就是出现了一个扩展（因斯布鲁克理工大学，Tschermanegg 教授），它涉及许多经常受损的结构构件。因此，可以期待 AVM 的应用领域不断扩展。

7.2 挠度和位移监测

挠度和位移是桥梁性能的重要指示。与以往认为挠度是一个严格的弯曲函数的观点不同，监测显示不均衡的温度或破裂力也会引起结构系统明显的变化。因此，确定实际的挠度和位移值是必要的。采用对加速度进行两重积分来计算挠度的方法只适用于一些简单情况，大多数情况下需要进行调整。因此，一次好的测量工作应包含挠度和位移的记录。

7.2.1 挠度

要成功地进行系统识别，首先要对桥梁在特定荷载下产生的挠度有一定了解。相对位移可以通过激光器或类似仪器轻松得到。建议将该仪器纳入监测工作中，并与其他方式的测量建立起关联。使用激光探测器最好的方法，已被证明是将激光器置于坚硬的地面上来测量位于桥上的目标。这可以避免因桥体振动引起仪器位移所造成的误差。在第 4 章中讨论了一个成功的例子：Europabrücke 大桥。还需考虑的就是，挠度通常不只在一个方向上。挠度的其他组分提供了桥梁性能的附加信息。

7.2.2 位移

结构产生位移的原因可能有很多。包括：
- 温度变化造成结构的伸长或收缩。
- 由于结构温度的不均衡所造成的位移。通常会造成扭转应变和水平位移。
- 断裂载荷造成的位移。
- 损伤造成的位移。薄弱部位会引起力的转移，它通常由一个具体的位移模式表现出来。
- 由外部载荷（如：边坡滑动，临近的结构）引起的位移。

这些结构活动的特性显示，结构变化是缓慢发生的。为了妥善地检测，必须进行长期的监测工作。监测周期至少为一年。对于那些安全余量较低且评估的目的是探寻额外的能力，只进行周期小于一年的监测工作是不够的。为了找到反映结构损伤或异常行为的偏差模式，应当正确地建立每天和季节循环所引起的位移模式。

进行上述活动的传统仪器是各种类型的位移传感器。在大型桥梁中，由于温度造成的位移有时可达几分米，这时需要用线传感器来进行测量。它们工作性能很好，但是实践证明易受工作人员以及野生动物的破坏。典型的力平衡加速度传感器可以提供转动的信息，进而可以得到位移。这项技术已被成功地应用。

7.2.3 漂移

漂移现象发生的周期很长。在典型的测量工作中就可以记录该数据，它在频谱中处于低频部分。这只能说明结构系统正在被缓慢地改变。定量地对其解释是很困难的。本学科有一个应当遵守的宗旨，即首先经济和快速地完成测量工作，然后在合理的质疑之后再做出决定。

详细地识别出漂移现象是非常重要的，因为其常常是给结构施加应变的原因。一个典型的例子就是由弹性支座支撑的桥梁位移逐渐增大，直到回复力被触发和突然释放，然后往回移动。这种往复活动造成了伸缩缝的破坏，修复费用非常昂贵。

漂移的另一个重要因素是地壳运动的影响及随之产生的桥墩位移。一旦桥面板结构在位移的方向上表现出漂移的趋势，通过监测便可发现。

7.2.4　倾斜

倾斜是挠度或位移的特殊情况，在柔性结构中，需要特别关注倾斜的发生。倾斜的程度和方向可用于损伤识别。然而，在典型的桥梁监测工作中很少看到倾斜仪的使用。

7.3　通过监测进行疲劳评估

随着钢结构龄期的变长，疲劳评估就变得越来越重要。第 4 章中详细讨论研究了一个有关 Europabrücke 大桥的非常好的例子，其中监测与外观检测的优越性相比十分明显。通过系统识别技术来寻找局部疲劳现象的方法已经成功地应用于日本的各种工程中（参看 Fujino，2005）。当了解结构各个构件准确的行为，就可以确定结构疲劳的原因了。激光测振仪的应用在疲劳评估中十分有用。了解引起疲劳的机理，有助于找到应对不同问题的改造措施。通过监测可以成功地进行疲劳评估，但疲劳的预测需要更复杂的方法，由于成本原因，目前尚不可行。

7.4　腐蚀、碳化和亚氯酸盐含量

有关腐蚀、碳化以及亚氯酸盐含量监测的发展与其他监测方法很不同。尽管这些都是一个长期的过程，但长期监测难以给出满意的结果。这主要是由于监测设备与结构本身的使用寿命相差甚远，至少相差十倍。以往已有很多令人注目的腐蚀监测系统，被设计并安装于大型结构浸泡于海水中的基础部分，例如：大贝尔特大桥和香港的大型桥梁工程。然而精心设计妥善考虑腐蚀的工程，监测系统只能证明这些考虑是正确的。腐蚀问题主要存在于年代较远的桥梁中，这主要是由于其混凝土保护层及混凝土的质量达不到现行的标准。对既有结构进行腐蚀探测也有一些方法，但都相当昂贵，并且要求接近结构构件，这使得成本较高并最终会造成交通障碍。因此，建议将监测工作重点放在结构的性能上，而不考虑某一特别缺陷的成因，即：知道某根钢筋是腐蚀还是疲劳断裂造成的丢失还是损伤并不重要，但需要知道修复或更换什么以及什么时候进行修复或更换。

该情况同样适用于碳化与亚氯酸盐含量。建议对那些监测工作不够的结构，采用目前实用的常规方法。监测大量的结构具有良好的经济性，任何技术评估都可着眼于监测活动所揭示出来的各种问题上。

因此，并不期望将针对腐蚀、碳化、亚氯酸盐含量的监测系统进行广泛的长期应用。

7.5　荷载传递

在承载力不足的情况中，荷载常常会传递到其他系统中。该情况特别适用于那些由独立的预制元件组成的桥梁。结构的连接点常难以达到预期的荷载传递效果，从而会使临近的构件超载。当结构中荷载的传递已知时，可以更好地完成评估工作。

这里特别提到多构件结构的非线性行为，在环境振动下没有发生荷载传递。但当能量超过一定的等级时，元件会发生散架而可能产生不利情况，这种变化在一般的 AVM 工作中难以监测到。因此，为了修正相应的 AVM 程序，工程判断就变得非常必要了。如果桥梁被繁忙的交通充分加载，该问题将不会发生。在安静的环境下，一辆经过的卡车或火车就能帮助解决这个问题。

坐落在 Komořany 的预应力混凝土公路桥就是一个典型的例子（图 7.94）。当经过一辆火车时，系统的行为发生了明显的变化。要想监测此类行为需要相当多的工程判断，因为标准惯例难以奏效。

图 7.94 Komořany 桥

7.5.1 评估桥梁结构

Komořany 的预应力混凝土公路桥是捷克联邦铁路网的多轨连接点（图 7.94）。它拥有双车道，主结构为两跨，跨长分别为 16.72m 和 46.43m（总长约 63m，桥面总宽约 13m）。在主跨上，有一个由九个预制预应力混凝土工字梁组成的悬跨，通过两个 Gerber 节点固定到桥梁上。挂梁以及桥梁的整体部分都通过内部纵向的预应力进行了加强。该桥于 1961 年竣工，这是前捷克斯洛伐克第一个混凝土预应力实际应用的例子。

7.5.1.1 工作范围

采用 BRIMOS 对结构的整体维护状况进行了为时一天的测量工作。类似于传统的桥梁检测结果，通过 BRIMOS 得到的能够反映结构振动行为的结果被用于识别和定量有问题的区域。如：

• 由纵向和横向分布的传感器，得到桥梁结构相关的特征频率和相应的模态振型（图 7.95 和图 7.96）。

• 结构纵向以及横向的阻尼值。

• 整个桥面的振动强度。

• 交通荷载造成的主跨竖向总的位移。

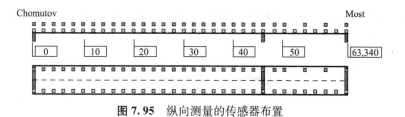

图 7.95　纵向测量的传感器布置

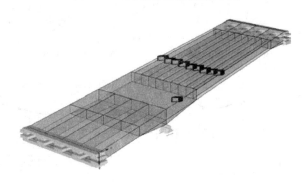

图 7.96　横向测量的传感器布置

应通过分析确定出桥梁结构的承载能力，并对进一步的维护提供必要的建议。须特别注意挂梁及其与桥梁主体结构的连接（Gerber 节点），以及预制混凝土构件横向预应力的状况。

7.5.2　外观检测

每一次 BRIMOS 测量工作都会附带一次快速的外观检测，以记录结构明显的损伤和不正常情况。快速评估标明 Komořany 公路桥的状况糟糕，特别是装配的预制挂梁的横向预应力状况尤其不好（图 7.97）。

图 7.97　施加横向预应力的预制混凝土梁组成的悬跨

7.5.3　动态分析模态振型

确定的模态振型一般与预期的振型模态相吻合。整体模态振型反映的是桥梁承载能力状况（图 7.98，图 7.100，图 7.102，图 7.104），侧向模态振型反映的是横向预应力的缺陷（图 7.99，图 7.101，图 7.103 和图 7.105）。某些由预制混凝土梁组成的水平装配处不再进行荷载传递。当测量得到的振型和预期的横向振型进行对比时（当桥面扭转抗力发生作用时），上述情况尤为明显（见图 7.100，图 7.101，图 7.104 和图 7.105）。

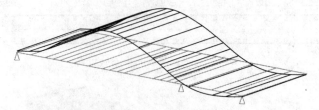

图 7.98　一阶振形—2.8Hz（1BT 对称，主跨）

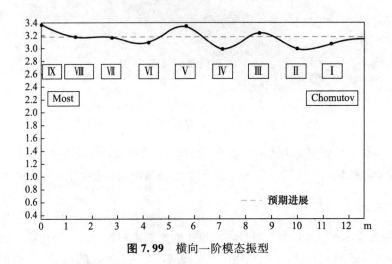

图 7.99　横向一阶模态振型

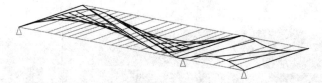

图 7.100　二阶模态振型—5.6Hz（1TL，主跨）

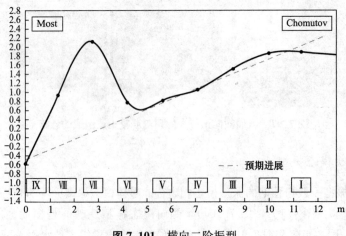

图 7.101　横向二阶振型

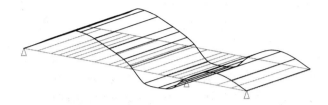

图 7.102　三阶模态振型—6.24Hz（2BT，主跨）

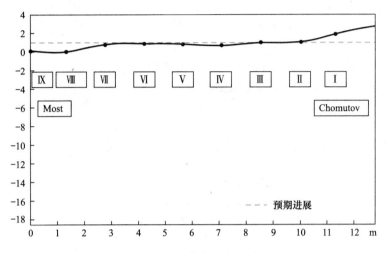

图 7.103　横向三阶振型

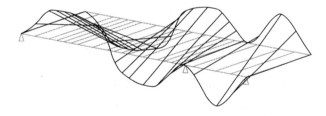

图 7.104　四阶模态振型—10.22Hz（2TL，主跨）

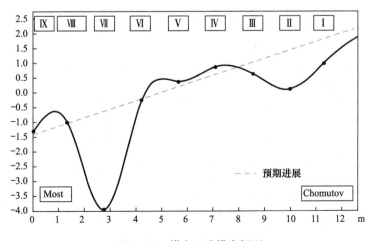

图 7.105　横向四阶模态振型

7.6　材料特性

　　在许多情况下会发现材料的特性与预期不符。造成该情况的原因，一部分是由于已有文件信息的错误，另一部分是由于材料稳定性会随时间发生改变。特别是混凝土结构，在不利的条件下可能会发生相当的改变。为了测量的目的，建议用简单的方法采样（即：回弹仪）。

　　钢材料有时也表现出不同的质量，这与建筑工程通常要寻求最廉价的实施方案密切相关。低质量材料常常会导致相当多的问题。尤其是早期高强度钢材的生产问题，必须牢记。在 20 世纪 50 年代和 60 年代初采用新方法生产的高强度钢材制品，使用一段时间后易发生脆性破坏。如果后张拉索采用了该材料，将会带来一个相当大的评估问题。一般建议建立一个材料特性数据库，当有新的发现时应及时更新数据库。

扩展阅读

Allemang RJ and Brown DL (1982) A correlation coefficient for modal vector analysis. *Proceedings of the First International Modal Analysis Conference* (IMAC), Orlando, Florida.

Cantieni R (1983) *Dynamic Load Tests on Highway Bridges in Switzerland. 60 Years Experience of EMPA.* Technical Report EMPA-Report Nr. 211, EMPA-Materials Science and Technology.

Cantieni R (1996) *Untersuchung des Schwingungsverhaltens groer Bauwerke Technische Akademie Esslingen.*

Center PEER (Undated) *OpenSees, Open System for Earthquake Engineering Simulation.* http://opensees. berkely. edu.

Clough RW and Penzien J (1993) *Dynamics of Structures*, 2nd edn. Mcgraw-Hill College.

Consortium I (Undated) *IMAC-Integrated Monitoring and Assessment of Cables.* http://www. vce. at/imac/imac. htm.

Consortium S (Undated) *Scilab, a free scientific software package.* http://www. scilab. org.

Dascotte E and Vanhonacker P (1989) Development of an automatic mathematical model updating program. *Proceedings of the 7th International Modal Analysis Conference* (IMAC), Las Vegas, Nevada.

Dascotte E, Strobbe J and Hua H (1995) Sensitivity-based model updating using multiple types of simultaneous state variables. *Proceedings of the 13th International Modal Analysis Conference* (IMAC), Nashville, Tennessee.

DeRoeck G, Peeters B and Maeck J (2000) Dynamic monitoring of civil engineering structures. *Computational Methods for Shell and Spatial Structures IASS-IACM* 2000, Greece.

Eibl J, Henseleit O and Schlter FH (1988) Baudynamik. *Betonkalender 1988* **Band II**, 665-774.

Esveld C (2001) *Modern Railway Track*, 2nd edn. MRT Productions.

Forstner E and Wenzel H (2004) *IMAC-Integrated Monitoring and Assessment of* Cables. Final Technical Report, IMAC Project, VCE Holding GmbH, Vienna, Austria.

Forstner E, Wenzel H and Furtner P (2004) *IMAC-Integrated Monitoring and Assessment of Cables.* Deliverables d23-part 1, IMAC Project, VCE Holding GmbH, Vienna, Austria.

Friswell MI and Mottershead JE (1995) *Finite Element Model Updating in Structural Dynamics*, 1st edn. Kluwer Academic Publishers, Dordrecht, The Netherlands.

Fujino Y (2005) Monitoring of bridges and transportation infrastructures. *Proceedings of the SAMCO Summer Academy*, Zell am See, Austria.

Inc. SI (Undated) *Ansys 10. 0.* http://www. ansys. com/.

Inman DJ and Farrar CR (eds) (2005) *Damage Prognosis.* John Wiley & Sons Ltd, Chichester, England.

Jaishi B and Ren WX (2005) Structural finite element model updating using ambient vibration test results. *Journal of Structural Engineering* **131**(4), 617-628.

Maeck J (2003) *Damage assessment of civil engineering structures by vibration monitoring.* PhD thesis, Katholieke Universiteit Leuven.

Maya NMM and Silvia JMM (eds), (1997) *Theoretical and Experimental Modal Analysis*. Research Studies Press Ltd, Taunton, England.

Moller P and Friberg O (1998) Updating large finite element model in structural dynamics. *AIAA Journal* **36**(10), 1861-1868.

Mordini A and Wenzel H (2007a) Bringing experimental tests and numerical modeling together for a reliable investigation of cables. *Proceedings of the Seventh International Symposium on Cable Dynamics*. Vienna, Austria.

Mordini A and Wenzel H 2007b VCUPDATE a numerical tool for Finite Element Model Updating *Proceedings of the second International Operational Modal Analysis Conference IOMAC*, Copenhagen, Denmark.

Mordini A, Savov K and Wenzel H (2007) The finite element model updating: a powerful tool for structural health monitoring. *Structural Engineering International* **17**(4), 352-358.

Mordini A, Savov K and Wenzel H (2008) Damage detection on stay cables using an open source-based framework for Finite Element Model Updating. *Structural Health Monitoring* **7**(2), 91-102.

Peeters B and DeRoeck G (2000) One year monitoring of the Z24-bridge: environmental influences versus damage events. *Proceedings of the IMAC 18, the International Modal Analysis Conference*, San Antonio, Texas, USA.

Pichler D (1998) Concrete based floating track slab systems-modelling and reality. *Proceedings of the EURO-C 1998 Conference on Computational Modelling of Concrete Structures*, pp. 665-671, Badgastein, Austria.

Pichler D (2003) Vibration attenuating measures for railway lines-floating track slab systems. *Proceedings of the Rail-Tech Europe Conference*, Utrecht.

Pichler D and Huber P (1997) *Reduction Measures for Tunnel Lines*. Report for renvib ii phase 1 to erri, Vienna Consulting Engineers and Rutishauser Ingenieurbro.

Pichler D and Zindler R (1999) Development of artifical elastomers and application to vibration attenuating measures for modern railway superstructures. *Proceedings of the First European Conference on Constitutive Models for Rubber*, Vienna, Austria.

Pichler D, Mechtler R and Plank R (1997) Entwicklung eines neuartigen Masse-Feder-Systems zur Vibrationsverminderung bei Eisenbahntunnels. *Bauingenieur* **72**, 515-521.

Riessberger K (2002) Festere Fahrbahn auf Schotter. *Eisenbahntechnische Rundschau* **4**(2), 183-192.

Rutishauser G and Pichler D (2001) Masse-Feder-Systeme: Erfahrungen und Stand der Technik. *Proceedings of the Getzner-Congress*, Brand, Austria.

Rutishauser G, Steinhauser P, Honeger C, Flesch R, Kalivoda MT, Hasslinger HL, Schilder R and Pichler D (2003) LEO-low noise and low vibration track. *Proceedings of the LEO Seminar*, Vienna, Austria.

Rytter A (1993) *Vibration based inspection of civil engineering structures*. PhD thesis, Department of Building Technology and Structural Engineering, Aalborg University.

Savov K and Wenzel H (2004) Damage detection in a prestressed concrete test beam by means of FE-model updating. *Proceedings of the 11th International Workshop of the European Group of Intelligence Computing in Engineering*, Weimar, Germany.

Schilder R (2004) USP-under sleeper pads. Proceedings *of the VG Tagung Salzburg*, Salzburg, Austria.

Solutions DD (Undated) *FEMtools*. http://www.femtools.com.

Steinhauser P (1996a) *Rmerbergtunnel-Ergebnisse der VibroScan © Untersuchung zur immissionsmigen Abstimmung des Oberbaus*. Report to hl-ag, Vienna, Austria.

Steinhauser P (1996b) *Zammer Tunnel-Ergebnisse der VibroScan © Untersuchungen auf der Betonsohle*. Report to bb, Vienna, Austria.

Steinhauser P (1997a) *Rmerbergtunnel-Ergebnisse der Erschtterungsimmisionsmessungen des Bahnverkehrs auf dem Masse-Feder-System*. Report to hl-ag, Vienna, Austria.

Steinhauser P (1997b) *Rmerbergtunnel-Ergebnisse der VibroScan © Untersuchung auf dem Masse-Feder-System*. Report to hl-ag, Vienna, Austria.

Teughels A (2003) *Inverse modeling of civil engineering structures based on operational modal data*. PhD thesis Katholieke Universiteit Leuven. http://www. kuleuven. be/bwm/pub/phdt. htm.

Teughels A, Maeck J and DeRoeck G (2002) Damage assessment by FE model updating using damage functions. *Computers and Structures* **80**(25), 1869-1879.

Teughels A, DeRoeck G and Suykens J (2003) Global optimization by Coupled Local Minimizers and its application to FE model updating. *Computers and Structures* **81**(24-25), 2337-2351.

VCE 2007 *Testmessungen an externen Spanngliedern, Talbrücken Berbke & Rümmecke*. Short Report 06/2303-02, Vienna Consulting Engineers (in German).

Wenzel H and Mordini A (2006) Automatic FE update after monitoring of eigenmodes of cables. *Proceedings of the Symposium on Mechanics of Slender Structures MoSS*, University of Northampton.

Wenzel H and Pichler D (2005) *Ambient Vibration Monitoring*. Wiley, Chichester.

Wenzel H, Geier R and Eichinger EM (2001) Untersuchungen anlsslich des Abbruchs ausgewhlter Tragwerke. Endbericht in kooperation von vce und tu wien, VCE Holding GmbH, Wien, Austria.

Wenzel H, Pichler D and Rutishauser R (1997) Reduktion von Lärm und Vibrationen durch Masse-Feder-Systeme für Hochleistungseisenbahnen. Oral presentation at the *D-A-CH-Meeting in Zürich*, *SIA-Dokumentation D* 0145, pp. 123-132.

Wenzel H, Pichler D and Schedler R (1999) Ambiente Schwingungsmessungen zur System-und Schadenserkennung an Tragwerken. *Bauingenieur* **74**(3), 115-123.

第8章

桥梁结构健康监测商业案例

新技术在其发展阶段都需要科研基金的支持。其中只有很少的一部分能够商业化（不到百分之一）。在建筑行业中进行商业化尤其困难，这是由行业保守的环境以及该领域的激烈竞争造成的。在这种条件下，即使是最好的提案也不一定能顺利推向市场。

结构健康监测已经经历了一个相当长的发展阶段，已产生了许多有用的研究成果。然而直到 2008 年，也只有极少的研究成果成功地转为商业用途，主要包括三个原因：

• 桥梁结构健康监测是一个相当复杂的课题，其主要发展集中于桥梁业主不太感兴趣的一些问题上。技术开发者与桥梁业主之间没有找到共同语言，而且缺乏能够使桥梁业主满意的解决方案。

• 桥梁业主的期望与实际预算支出所能提供的服务之间的差距是非常大的。研发部门不能向业主明确解释清楚，监测活动并不能解决桥梁老化或损伤问题，它只是一种更好地识别的方法。监测工作的花费昂贵，只是出于科学研究的兴趣，才会开展一些工作。

• 所需的硬件设备仍然非常昂贵且不耐用，其使用寿命只有约 3 年的时间，这与桥梁 100 年的典型预期使用寿命相比，是不能被接受的。

另外还有其他方面，比如不同文化、不同国家间对于桥梁管理问题上差别的原因。

8.1 桥梁结构健康监测的动机

支持开展适当的结构健康监测活动，主要有三个动机：

• 责任，即：行业标准或建议要求桥梁业主对桥梁进行监测。

• 经济，即：如果可以证明经过结构健康监测，最终节省开支。

• 好奇心，即：桥梁业主愿意花钱去更多地了解其桥梁，特别是对桥梁的状况存在怀疑时。

结构健康监测部门已经制定了一些指南和推荐，这些可为最终的应用打下基础。然而他们并没有规定实施结构健康监测的义务，而目前的经济状况使得很少有业主能自愿采取结构健康监测手段。因此，结构健康监测部门仍需更多地展示监测的优点以及可能取得的良好的经济回报。

在奥地利有一个开展和实施的较好的桥梁结构健康监测的案例。奥地利桥梁管理条例中允许进行视觉检测也允许进行监测工作。在有些情况下，检测的周期需要增加到满额，此时仪器监测可以得到更好的量化结果。减少对检测的需求可以节省开支，节省的资金又可用于监测活动，这样采用相同的费用可以得到更好的服务。

8.2 桥梁结构健康监测的成本

成本的多少取决于调查工作的深度。首先，必须提供从简单快速的调查到长期在线结构健康监测成本的比较，这样就会知道，对桥梁进行深入的外观检测每100m需花费近10000欧元，其中包含检测设备的费用以及检测时因关闭一条车道而带来的损失。一个由两人组成的检测小组一天可以检测200m长的桥梁，他们还需要一个司机帮助运送仪器、安全人员、通常还需要一个客户代表陪同，这些费用都没有计入以上数据当中。提交的成果是外观检测报告，以及包含图像文件和其他一切必要的测试结果（例如：碳化、氯离子含量）。

如果可以证明结构健康监测活动与这个价格相称且同时能够提供更好的结果，下面的两个因素对客户具有吸引力：

- 不需要关闭车道，因此不会影响交通。
- 监测活动包含简化的外观检测以满足标准。

后者是商业案例中的一个关键点，因为监测活动不能脱离现行的实践活动，即：只有桥梁工程师提供结构健康监测活动满足服务标准时，才会被采纳。

斜拉桥是一个可以证明结构健康监测优于外观检测的很好的例子。结构健康监测活动可以提供实际索力的测量值，当与随后一系列监测活动结果进行比较时，其可以为桥梁状态评估提供一个基线。客户的另一个选择是拉脱法试验，它不能被划分为无损检测。

为了提供这些服务，企业需要足够的资金来购买昂贵且必要的监测设备。一套32通道的结构健康监测系统的价格在10万欧元左右，预期使用寿命为三年，这需要至少100项主要合同来证明这项投资合理。在目前的条件下，这并不可行。因此，结构健康监测的商业化应用只有与其他服务联合提供时才能有效实施。在VCE Holding GmbH（维也纳）的实例中，结构健康监测和相关服务的费用占总营业额的不到10%。这会为结构健康监测资源的应用提供多种方式，特别是监测工作本身具有很强的周期性而难以成功商业化。另外还需提到的是，供应结构健康监测设备的公司无法仅靠销售存活，设备销售只占总业务较小的一部分。

8.3　结构健康监测商业的未来

虽然难以确定结构健康监测商业化的未来有多长，但桥梁的未来可以预计。该学科目前的方向是以地理信息系统作为外壳的全数字化数据库解决方案。每一个结构都有一个可以自动更新的在线模型。任何监测检测活动或者其他测量活动的数据都可以通过互联网获得。日常工作将广泛地自动化，工作人员将随时获得结构的状态信息。应当表明发展中的问题和提出的解决方案，这些应作为集成的结构健康监测系统的一部分。到了这一发展阶段，就无需争论桥梁结构健康监测的商业化了。预计到2020年，第一个这样的系统将会实施和运行。

8.4　典型的结构健康监测服务目录

为了满足现有的标准和客户的需求，结构健康监测按分层法包括四个种类。

- 现场观测：是一项采用带有一个或两个独立传感器的移动设备进行的较为简单的测量工作。所需时间仅为几分钟，费用主要来自往返现场的路费。评估主要采用统计模式识别方式完成。
- 同步测量：采用一些传感器进行同步测量，这种方式可以提供结构振型和状态等额外信息。两个工程师一天内可以完成 200m 桥梁的检测。评估通过将测量结果与理论模型比较完成。

　　• 长期监测：这种方式需要在现行的环境条件下记录结构的性能，以获取深入的信息。理想的情况下，需要进行为时一年的监测工作以覆盖一个使用年周期。评估方式同上，但评估结果得到了改善因为考虑了环境的影响。

　　• 在线监测：当对结构的完整性有疑问时，为了在现场进行长期的评估，结构健康监测应采用在线监测的方式。只有在以上三步已经实施且性能指标已经被定义后，这一步骤才变得可能。这种系统可以永久在线评估，并通过网络将结果发送到控制站。在紧急情况下可采用短消息业务（SMS）发出警告。

　　这里不考虑为科学目的而开展的结构健康监测的应用成本，如：系统开发。有一些价值几百万欧元的结构健康监测装置已经被安装了，尤其是在中国。它们的主要作用是验证设计理念，以便在将来设计重要结构时能够节省费用。考虑结构健康监测的商业化前景，这里应对该作用予以考虑。

　　这里以 BRMIOS® 的服务清单作为例子，因为它是世界上最领先的系统之一。需要指出的是，该服务总是随着市场的发展而不断更新的。

8.4.1　BRIMOS® 简介

8.4.1.1　环境振动监测

　　环境振动监测（AVM）可通过由于环境激励，如：风、交通和微震所引起的桥梁结构动态响应，进行系统识别和损伤检测。BRIMOS® 技术以 AVM 为基础，在结构健康监测领域已经应用多年。

　　通过 AVM 进行的结构健康监测包括采用测量工具记录结构的动态行为，以及对测量的信号进行评估和分析。结构健康监测的基本工具是系统识别（SI）、损伤确定与定位、安全评估和基础设施维护管理。通过分析可以确定结构模型参数，即结构的自然频率、振型和阻尼系数。这些从测量结果中得到的参数代表了结构的真实状况，可用于结构数学模型的更新或与早期测量获取的数据进行简单比较。这些测量结果相当精确，可以为将来评估方法提供一个高质量的数据参考。

8.4.1.2　BRIMOS® 3×3 大纲

　　BRIMOS® 下面的 3×3 大纲举例说明了 BRIMOS® 结构评估方法的简单性和方便性。

　　1. **三个结构参数确定动态行为：**
　　• 几何（尺寸、形状、转动惯量、…）
　　• 材料特性（具体重量、阻尼系数、…）
　　• 边界条件（支撑条件、荷载、…）

　　2. **三个模态参数描述内在动力特性：**
　　• 自然频率
　　• 模态振型
　　• 阻尼系数

　　3. **三个环境振动监测的主要优势：**
　　• 测试用时少更经济

- 测试不影响结构的正常运营
- 测量的响应代表真实的运营状况

8.4.1.3 分级

BRMIOS® 为研究的结构提供了明确的评级系统（图 8.1）。根据模态参数、外观检测、有

图 8.1 BRIMOS® 分级系统

限元模型修正以及参考数据，这种分类可快速地识别结构的完整性以及相应的风险水平。SHM 需要回答以下问题：

检测：有没有损伤？

定位：损伤发生的位置？

量化：结构能否继续使用？

预测：用户的安全水平。

尽管有很多设施管理的行政手段，但每个主管部门和结构业主感兴趣的是以下几个方面：

- 经济性考察
- 可靠的结构评估
- 重点明确的专家报告
- 通过适时集中的修缮工作节省预算
- 综合 RAMS（即：可靠、可用、可维护、安全）

8.4.1.4 基于振动的结构健康监测理论

每个结构都有其典型的动力行为，俗称"振动特征"。结构的变化，如各种损伤所引起的承载能力的降低，对动力响应都会有影响。这表明，测量和监测结构的动力响应特性可以用于评估结构的完整性。

桥梁振动检测方式有：采用重型振动器或从高处下落重物（强迫振动测试）加以扰动；环境激励（AVM、风、交通等）。BRIMOS® 技术中的 AVM 方式有一个优势，即无需采用昂贵设备来激励桥梁且交通也不受影响。

系统识别是从桥梁或其他土木工程结构振动数据中提取动力特性。这些动力特性被用于损伤识别以及模型修正。系统识别需要以下几项决定性的动力参数。

频率和振型

结构的自然频率由结构的参数唯一确定，被称为特征频率。这些结构参数是几何（尺寸、形状、转动惯量等）、材料特性（具体重量、阻尼系数等）和边界条件（支撑条件、荷载等）。然而，它们的幅值也与结构的振动方式有关，称为振动模态。例如，某桥梁可能由于竖向弯曲、水平弯曲或者扭转而产生振动。在单独竖向弯曲模态下，桥梁在跨中会产生最大动力变形，或者在跨中没有变形，而在两个四分之一跨处有明显的振动。每一个振动模态都有其相应的自然频率（图 8.2～图 8.4）。

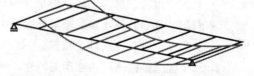

图 8.2 振型 1BT（相对于横轴的一阶弯曲）

自然频率经常在标准设计条件下进行评估，在这种条件下结构不受活载且不受极端温度条件的影响。由于结构在实际中的瞬时质量和刚度可能与设计假定不同，服役期桥梁的自然频率与先前的计算值也可能不同。

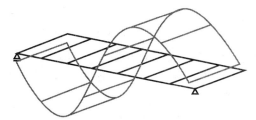

图 8.3　振型 2BT（相对于横轴的二阶弯曲）　　**图 8.4**　振型 1TL（相对于纵轴的一阶扭转）

阻尼

阻尼是结构耗散外力能量的一种能力（图 8.5）。引起结构振动能量耗散的原因有很多，如弹性欠佳、结构材料的内部摩擦、结构构件在节点和支撑机构处的摩擦、外界环境引起的气动阻尼、非线性的结构特性、基础和下部结构的能量消耗、损伤累积等。虽然产生阻尼的机理各种各样，但它们对振动的总体影响通常被描述为等效黏滞阻尼，具体以阻尼比（ζ）这一数值来表示临界阻尼百分比（图 8.6）。例如：若系统整体的阻尼值是临界阻尼的 1%，则 11 个周期后自由振动振幅将减小一半，而 10% 的系统阻尼在一个周期振幅就减小一半。当阻尼值大于等于临界值时，振动停止。

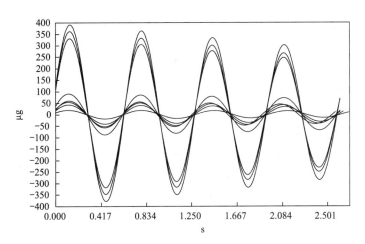

图 8.5　桥梁测量结果经 RDT 处理后的阻尼

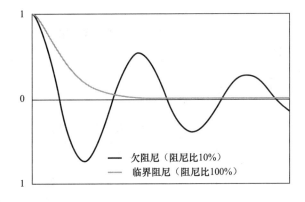

图 8.6　理论阻尼图

振动强度

研究作用于结构上的振动，通常考虑其对结构本身的影响。为了维护结构的完整性，考虑结构振动的限值就变得越来越重要了。重要的是要理解，即使当结构振动水平被认为是不可容忍的，这种由持续振动而造成损伤的风险仍是比较小的。根据振动强度的水平，可以按损伤风险的结构振动的限值进行分类（图8.7）。

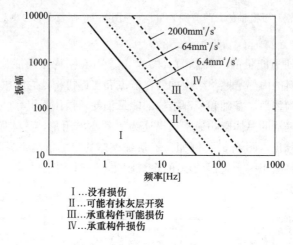

Ⅰ…没有损伤
Ⅱ…可能有抹灰层开裂
Ⅲ…承重构件可能损伤
Ⅳ…承重构件损伤

图8.7 振动强度分类

8.4.1.5 环境振动监测的历史

通过采用特征频率来确定结构状态的可行性早已被熟知（图8.8）。1920年对钢塔进行了实际测试，1941年第一次对无线电天线进行了动力测试。在当时由于测量技术的欠缺，使得这些测试均以失败告终。在20世纪70年代后期，EMPA（Edigenössische Materialprüfung-und Forschungsanstalt）生产出了有记录功能的伺服液压激振器，并在瑞士的Deibuel大桥进行了最初的一系列实验。

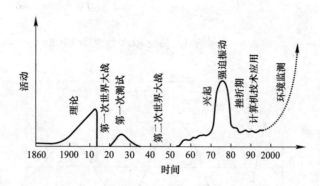

图8.8 结构动力学理论与实践发展史

AVM 年代表

19世纪：相关结构动力学的发展

1920～1945：在特定的结构上进行简单的测试

1965~1975：线性有限元方法的发展

1970~1980：强迫振动方法的发展

1975~1990：计算机技术的进步

1990~2000：集成的非线性有限元分析

1992~1995：AVM 的引入

1993~1996：引入计算机测量技术用于数据记录

1994 年起：瑞士的 EMPA、加拿大的 Quebec 省和温哥华的 EDI 应用了 AVM

1995 年起：VCE 和 KUL 方法进一步发展

1996 年起：VCE 商业应用（BRIMOS®）

2000：超过 120 个结构被测量和评估

2002：BRIMOS 记录器®

2004：超过 400 个结构被评估

2005：BRIMOS® 数据库

BRIMOS® 发展史

BRIMOS® 是从基于 VCE 的长期监测活动发展而来的，最重要的发展阶段按时间顺序列于下：

BRIMOS® 1.0：隧道壳体与混凝土结构的张力测量（维也纳地铁建设、韩国奥林匹克大桥，1989）。

BRIMOS® 2.0：在 Tulln 斜拉桥进行的索力静态监测，在地铁建造工程（1993）中进行开裂监测。

BRIMOS® 3.0：发展基于 FAMOS（信号的快速分析和监测）的频率分析技术，FFF（Forschungsfoerderungsfond）项目 VCM（振动特征方法），转变为多通道系统，ANPSDs 的发展（1996），EMPA 的培训。

BRIMOS® 4.0：在确定阻尼方面引入 RDT，模态振型计算以及自动评估记录的数据（1998）。

BRIMOS® 5.0：激光校准器，泛化的输入数据（通道分配），结果动画显示，MAC（模态置信度准则）评估，趋势分析，强度分析（1999）。

BRIMOS® 6.0：将程序设计语言转为 C++，BRIMOS® 记录器的发展（2001），基于 BRIMOS® 分级的发展。

BRIMOS® 7.0：从测量布置中自动导入数据，每次测量前传感器自动校准，振型的确定及动态显示，特征频率趋势调查，RDT 的技术的改进，为图形描述系统配备了新型传感器（2004）。

BRIMOS® 8.0：集成了摄像头使得视频与测量数据同步，连接数据库获取信息（结构细节、传感器布局、通道分配）和对结果存档。

BRIMOS® 9.0：为了满足通道数量的增加及高品质传感器，开发了新的通道分配模块，BRIMOS® 数据库的扩展。

BRIMOS® 10.0：为结构测量引入三维坐标测量系统，测量布局及模态振型动态显示；集成了气象站（温度、辐射、湿度）。

8.4.2 BRIMOS® 测量

为充分发挥 BRIMOS® 所有的服务，VCE 区分三种动态测量结果：详细测量、周期性测量以永久监测。所有这些测量工作由 VCE 完成。该公司也开发了几乎所有的测量装备。

8.4.2.1 详细测量

详细测量需要通过紧密布置的传感器来完成（图 8.9）。这些测量工作不但可提供整体系统识别（固有频率），还可以确定局部行为（模态振型、阻尼）以进行损伤检测和定位。对结构每天进行平均 200m 的测量结果为更详细的基本测量提供了平均值。详细的测量可为结构提供综合的参考数据。通过详细测量获取的模态参数可用于精确的系统识别以及结构模型修正。总的来说，详细测量可用于状态评估、维护计划、风险评估及质量控制。

图 8.9 沿桥梁布置的加速度计测量节点

8.4.2.2 周期性测量

系统最重要的监测及验证工作，是采用 BRIMOS® 记录器每隔一段时间进行的测量活动。周期性测量得到的模态参数可用于与各种数据进行比较，如详细测量值、设计值、分析或数值计算值，以及 BRIMOS® 数据库信息。对于几个已经损伤的结构进行动态测量（图 8.10，图 8.11）的结果显示，在桥上理想的位置上安放一个传感器就可以获取关于可能损伤的充足信息。

图 8.10 BRIMOS® 记录器应用于桥面动态结构行为分析

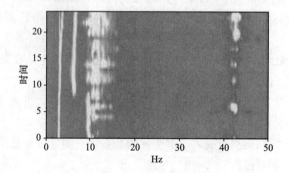

图 8.11 结构响应的突然变化

　　周期性测量可用于整体结构和单个结构构件如拉索、钢筋等的监测（图 8.12）。总的来说，周期性测量可用于质量控制、状态监测、维修安排以及伴随进行的监测。

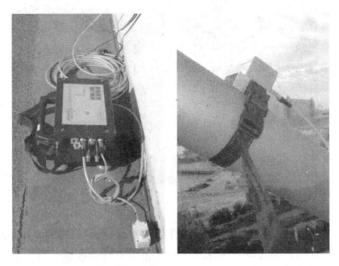

图 8.12　BRIMOS® 记录器应用于对一斜拉索的动力分析

8.4.2.3　永久监测

　　当有理由对结构的承载能力提出疑问，或当结构受到高强度的交通、风或者地震活动的威胁时，应考虑永久监测。针对这些情况，开发并安装了定制且有效的多通道测量系统，它可以提供变化的结构参数信息。此类系统通过对桥梁热点的监测分析获得基于结构本身特点的、具体客观的在线信息，在维护结构的过程中为桥梁业主提供更好的决策支持。一个较好的例子是 Europabrücke 大桥，如图 8.13 和图 8.14 所示。

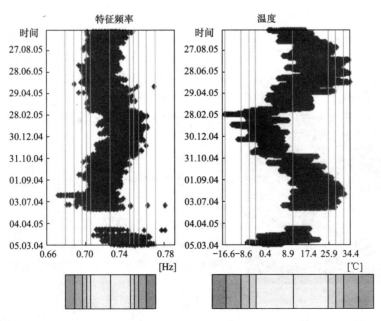

图 8.13　结构刚度（左）与相应温度荷载（右）的对比

图 8.14 Europabrücke 大桥，蒂罗尔（奥地利）

永久检测对交通及环境影响的统计准备工作以及对结构影响的调查分析有用，它可以报警或建立报警等级——当达到警告等级时，相应的警报级别将会通过遥测传输迅速报告给有关当局。从永久监测的数据中得到的信息，对结构健康监测的未来发展有本质的推导作用。总的来说，永久监测可用于状态监测、寿命评估、交通分析以及环境影响分析。

8.4.3　BRIMOS® 寿命周期管理服务

AVM 在结构健康监测和基础设施寿命周期管理中有着广泛的应用。本节将概述 BRIOMS® 技术可提供和实现的以下几种服务：状态评估（CA），状态监测（CM），维护计划（RP），质量控制（QC），寿命评估（LA），交通分析（TA），风险评估（RA）以及环境影响（EI）。

8.4.3.1　状态评估

寿命周期管理可理解为将典型的寿命周期成本（LCC）计划过程扩展到结构的整个寿命中。通常 LCC 计划是在结构设计阶段完成，并没有考虑实际的结构状况。最近对现有土木结构 LCC 的重新评估，揭示了计划维护工作与实际所需之间的差异，该结果证实了对长期建筑的适当寿命周期管理需要不断的评价和评估（图 8.16）。

BRIMOS® 状态评估由详细的测量，用以损伤检测及定位的系统识别，以及阐述结构目前状态的专家报告组成。状态评估是通过经济的检测、可靠的结构评估、可分配优先级的专家报告，以及可以节省资金的适时的集中维修工作，来满足主管部门以及结构业主的要求。下面介绍几个状态评估方面的例子，Voest 桥、位于 Skoenergo 的某工业烟囱，以及一座铜像（卡尔纪念馆）。

图 8.15　BRIMOS® 报告

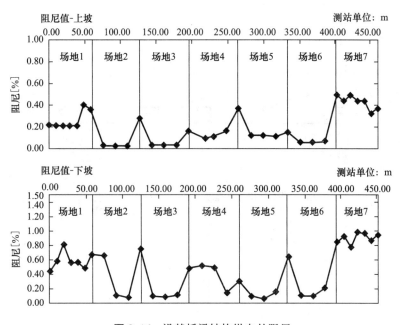

图 8.16 沿某桥梁结构纵向的阻尼

Voest 桥

Voest 桥横跨林茨的多瑙河，位于 Muhlkreis 高速 A7 段，它是两侧有人行道的六车道路桥（图 8.17～图 8.19）。其基本的结构形式是中央梁斜拉桥，桥塔两侧分别受三根平行缆约束，并相隔一定间距连接在桥的主梁上。牵索调位非对称分布，桥的主梁是正交异性桥面的钢梁，加筋梁由四个主要的梁组成，桥塔总高 65.0m，有效跨度是 2×60+72+215m，结构总宽度为 34.9m。结构总体状态评估包括桥梁的上部结构、下部结构，以及桥塔和拉索。

图 8.17 奥地利林茨的 Voest 桥

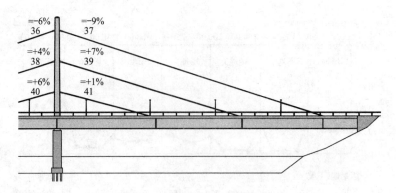

图 8.18　实际索力与设计值对比

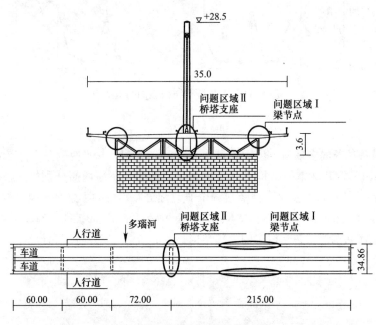

图 8.19　识别有问题的区域

Skoenergo 工业烟囱

　　该工业烟囱（图 8.20，图 8.21）高 200m，接受过 BRIMOS® 的状态评估。为了采用其模态参数进行有限元模型修正（7.1.3 节），对结构进行了详细测量。FE-MU 技术采用由质量、刚度、阻尼等这些结构参数定义的数值模型。根据模型响应与结构实测的动力响应几乎相同这一原则，可以确定出模型的质量、刚度和阻尼矩阵。刚度和阻尼矩阵是随着动态测量结果而不断更新的，将更新的矩阵与原始的刚度和阻尼矩阵进行对比，可以检测结构中损伤的位置和程度（图 8.22）。

图 8.20　Skoenergo 的烟囱（捷克共和国）

图 8.21　由平台上看到的景象（左）由地面看到的景象（右）

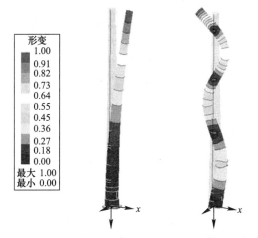

图 8.22　FEMU 应用于位于 Skoenergo 的某工业烟囱

Archduke Karl 纪念铜像

Archduke Karl 纪念铜像位于维也纳的英雄广场，高近 12m（图 8.23）。其重量有数吨，是世界上仅有的几个由后马腿承担人像与马像所有重量的雕像之一。该铜像由 30mm 厚的铜制成，其最重要的弯曲受压部分由锻钢制成。其功能效率和防腐性仅通过外观检测很难确定。

图 8.23　维也纳 Archduke Karl 纪念铜像

通过动态测量系统 BRIMOS® 可以对材料疲劳状态进行评估。在评估之前，阻尼特性已通过加速度信号分析得出（图 8.24）。此外，还要建立并保存一个有效的振动特征，以便在未来的测量工作中生成参考参数（图 8.25，图 8.26）。当与分析模型相比较可知，在雕像内部并没有实质性的损伤，因为损伤会引起振动的耗散。

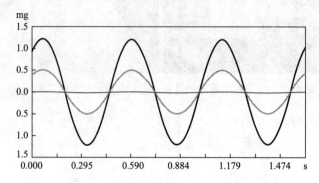

图 8.24　确定阻尼的衰减曲线

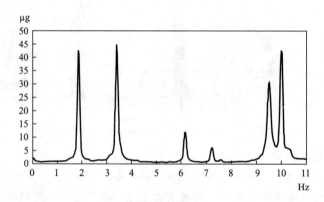

图 8.25　频谱

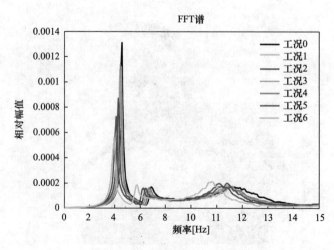

图 8.26　梁的刚度损失（试验的）

8.4.3.2　状态监测

状态监测是将周期性（图 8.27）或永久测量
得到的当前动力参数与早期环境振动测量得到的
参考数据进行比较。在许多案例中，状态监测是
在 BRIMOS® 状态评估的详细测量之后实施的。
为实施状态监测而进行的定期测量可以由主管部
门或操作者采用为实现该目的所开发的 BRIMOS®
记录器来完成，该记录器基于以下标准：

图 8.27　周期性测量

- 传感器安放在正确的位置，能够快速可靠
地指示损伤。

- 测量装置操作简便且功能强大。

- 从几分钟的测量结果内就能获取充足的信息。

- 文件可在笔记本电脑或个人电脑上阅读，并通过电子邮件发送至 VCE。

- 由 VEC 承担数据解读工作。

关于 Rosen 斜拉桥（周期性监测），Taichung 斜拉桥（永久监测）以及 Melk 多跨桥（周期
性监测）的状态监测应用实例将在下文详述。

Rosenbrücke 斜拉桥，Tulln

Rosenbrücke 桥是多瑙河上临近图朗的一座新斜拉桥（图 8.28），建成于 1995 年。其最大
跨度是 177m，且建有一座高达 70m 的 A 字形桥塔。在桥梁建设期间实施了拉索测量，以进行
质量控制。自 1998 年起，就定期对桥梁状况进行监测。状态监测包括以下几部分：

- 每年检测斜拉索，以确定拉索力（图 8.29，表 8.1）。

图 8.28　Rosenbrücke 斜拉桥，Tulln

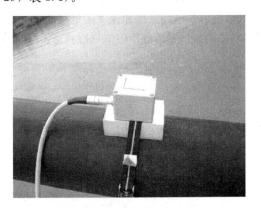

图 8.29　用 3 维加速度计对 Rosenbrücke
斜拉桥进行索力测量

表 8.1　Rosenbrücke 斜拉桥的索力

拉索编号	$f1$ [Hz]	长度 [m]（阻尼器）	护套 [mm]	总 g [kg/m]	拉索总受力 [kN]
1 OW	2.119	44.27	180.00	59.89	2108
2 OW	1.735	50.23	180.00	59.89	1819
3 OW	1.607	56.29	180.00	59.89	1960
4 OW	1.362	62.68	200.00	75.70	2207
5 OW	1.409	69.40	180.00	61.42	2349

- 每三年对桥面进行一次测量，并与早期详细测量得到的模态参数进行比较。
- 桥塔也是每三年检测一次。

检测后将提供给客户一份 BRIMOS® 报告，内容包括当前结构的状态以及相对所有早期测量结果的变化。

Taichung 斜拉桥

Taichung 斜拉桥（图 8.30）于 2003 年正式通车，用于城市交通。由于需要监测索力，结构整体状态以及桥塔动力行为，在桥梁完全竣工后，为其安装了一套永久监测系统。Taichung 桥有 44 根拉缆，总长 189m。桥梁上部结构是由钢梁以及正交异性桥面板组成。

图 8.30　Taichung 斜拉桥

监测系统包含：
- 确定选定的八条拉索的索力；
- 温度、风速和风向测量；
- 主梁和塔顶的动力测量；
- 桥塔基座的三维加速度测量（地震活动）。

计算机软件可以提供以信号灯的形式帮助客户方便地检查索的拉力状态（图 8.31）的功能。

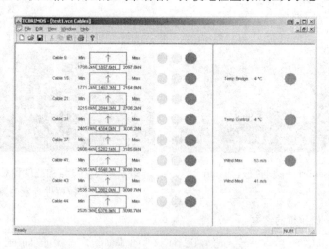

图 8.31　自动报警系统

Melk 多跨桥

1956 年以前，后张拉桥梁中使用的强度为 145/160 ［KP/mm²］，被称作 "Sigma Oval" 和 "Neptun N40" 的有内纹的钢材。后续的材料测试发现某些批次的材料易发生应力开裂和腐蚀。

一些关注的结构，如 Melk 3Ba 桥（图 8.32）通过 BRIMOS® 进行了连续的检查。在 2000 年，为进行状态评估和风险评估，采用 VCE 对 Melk 桥进行了详细地测量，而且计划以后每两年对结构状态进行一次评估以确保其安全。

图 8.32　典型状态下对 Melk 多跨桥进行动力测量

8.4.3.3　维护计划

维护计划是 BRIMOS® 状态评估的一项附加服务，它能够确保及时集中的维修工作（图 8.33）。因此，状态评估所必须的前期详细测量也被用于建立详细的维护计划。

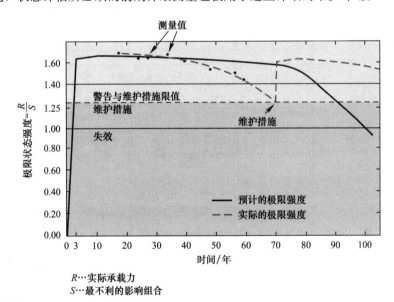

图 8.33　极限强度与服役寿命

基于 AVM 的状态评估可以避免因维修时间不对而造成的浪费情形。

- 结构表面产生损伤，可能就会对结构进行昂贵的维护措施，而其实并不需要，因为实际上结构的状态还相当好。
- 由于维修的需要是在劣化发生较初始的阶段认识到的，这将会增加维修的费用。

BRIMOS® 建议的维护措施分为立刻、短期、中期和长期四种。下面将详细介绍横跨 Gurk 河的多跨桥的维护案例。

横跨 Gurk 河上的多跨桥

临近 Rain 且横跨 Gurk 河上的多跨桥是一种板梁结构（图 8.34）。在 BRIMOS® 一次状态评估中通过对一阶振型的分析，识别出了由繁重交通所引起的支撑沉降（图 8.35）。此外，节点处的缺陷也被探测出来了。状态评估的不同结果将带来不同的解决方案。

图 8.34 横跨 Gurk 河的多跨桥（左）与其临时支撑（右）

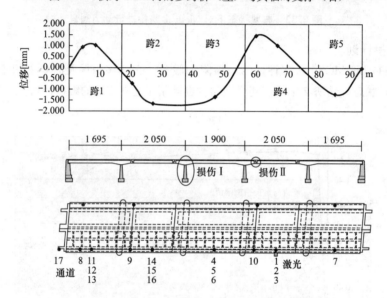

图 8.35 识别缺陷：繁重交通引起的支撑沉降

8.4.3.4 质量控制

BRIMOS® 质量控制是根据 AVM 来确定结构的实际动力行为。换言之，将对物理模型（结构）测量得的模态参数与设计定值（分析或数值模型）进行比较。质量控制工作应在结构建设或维修过程中进行或者在刚完成时立即开展，以对工作及服役的质量进行验证。在桥梁的每一个施工阶段，荷载形式都有其各自特点，所以在每个阶段进行质量控制是非常合适的。

另外一个质量控制的应用是在工程建设完成之后。这项动力分析工作确保了所建的结构满足设计要求且每一个构件特别是支撑系统都能够正常工作。许多业主与工作人员在合同中都要求在交付结构之前进行一次这样的动力分析工作。质量控制应用的实例将在下文详述（图 8.36）。

Kao Ping Hsi 斜拉桥

位于台湾的 Kao Ping Hsi 桥是一座斜拉桥，其悬臂长度为 330m，破了世界纪录（图 8.37）。该桥主跨的横截面是封闭钢箱梁，用于抵抗极端动力载荷。斜拉索位于桥面中心。该桥的设计采用了中国传统的和谐原则，并利用了现代方法和材料。在设计阶段，就已详细地考虑了环境的影响。

图 8.36   Kao Ping Hsi 桥，台湾（左）以及 Gersbach 高架桥，德国（右）

短期	长期
安装临时支撑	更换上部结构
对重型车辆限速	桥墩基础维修
以年为周期进行测量直到替换	

采用 BRIMOS® 技术观测了不同建设阶段（图 8.38）的状态变化情况。采用悬臂方法建造的斜拉桥，特别需要对在荷载不断变化的情况下索力的重分布进行实时监测。对每个单元进行评估以及对整个结构的建设质量进行检查，都需要了解这些实际的拉力。

图 8.37   Kao Ping Hsi 桥，台湾   **图 8.38**   Kao Ping Hsi 桥，建设阶段

通过液压起重机进行的提升试验来确定受力情况，会带来昂贵的花费和对结构可能引起损伤。锚地的安装工作对这些关键单元的耐久性可能会有不利影响。而 BRIMOS® 技术是通过测量拉索的动态参数来确定拉索受力情况的，所以不存在上述问题（图 8.39）。考虑拉索的几何、质量以及弯曲刚度，计算出的索拉力的精度误差控制在 1% 以内。除精确性较好以外，基于振动的索力测量还属于一种无损测量方式，这种较经济的方式使其成为斜拉桥建设过程中不可缺少的工具。

多跨 Donnergraben 桥

Donnergraben 桥是一座总长为 425.15m 的七跨预应力混凝土桥。在 2002 年，根据详细测量结果，专家建议对该桥（图 8.40）施加外部预应力筋的维护措施。为了质量控制，外部筋的安装通过 VCE 进行监测。

图 8.39 索力观测   **图 8.40** Donnergraben 高架桥，奥地利

对预应力工作监测的目的在于：

- 研究由于钢筋锚固以及索鞍上的摩擦所造成的力的损失。
- 对液压起重机上指示的拉力值（预应力协议）和根据动态参数所确定的拉力值进行比较。

图 8.41 展示了 5/2-6 区域（距离液压起重机的第一区）和 6/1-6/2 区域（距离液压起重机的第三区）内 E2/2 筋的内部应力情况。深灰色部分表示施加预应力后即时的筋应力，预应力大小是根据液压起重机的压力来施加的。动态测量结果确认了第一区域承受了 99.8% 的设计荷载，同时也揭示了在经过仅两个偏离索鞍后实际拉力只有设计值的 95.8%。浅灰区域描述了当筋被楔入后的拉力。

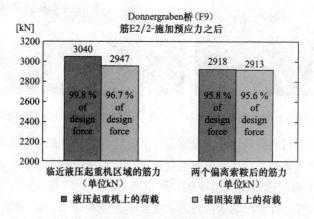

图 8.41 起重机与锚固装置上的拉力，Donnergraben 高架桥

预应力施加过程是逐步在多个筋的每一个筋上施加荷载。因此，前期施加的预应力会使结构产生缩短形变而引起应力损失，即使已在预应力施加过程中与荷载设计时对该问题予以了考虑。由于拉力损失的估计基于结构的刚度，且在预应力施加完成（液压起重机移除）后无法被控制，因此实际筋力的损失具有很高的不确定性。

图 8.42 给出了 500kN 拉力的不同,约 15％。图中结果的分布与按时间顺序的预应力施加过程(由左到右对筋施加预应力)相对应。用于计算筋力的特征频率是通过拉索评估软件得到的。该自动化工具能提供适应于拉索支撑条件以及弯曲刚度的特征频率值。

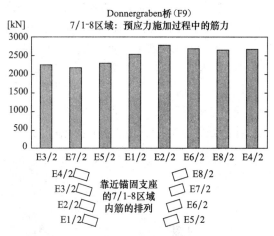

图 8.42　Donnergraben 高架桥某区域内的拉力

8.4.3.5　寿命评估

结构的使用寿命取决于其所经历事件的数量,如动力荷载以及对这些事件的抗力(图 8.43)。参数在设计阶段也是无法明确定义的,这些参数代表着结构在整个使用寿命期间潜在的变化。以 AVM 为基础,将长期监测(周期性或永久)与交通分析相结合,可以进行基础设施的寿命评估。设计阶段定义的使用寿命与使用阶段存在差异的原因是:

- 新的维护方法、更好的材料的出现。
- 荷载情况的变化(例如:交通流量增加、更高的动荷载)。
- 建筑施工质量。
- 材料特性在长期变化中的不稳定性(例如:疲劳、松弛)。
- 局部损伤造成的短期变化。
- 环境影响的变化。

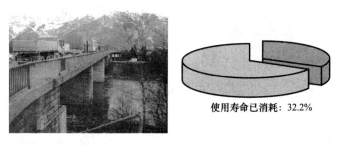

图 8.43　仍可使用的(左)以及已消耗的桥梁使用寿命(右)

下面详述一个寿命评估的案例。

大跨钢箱梁 Europabrücke 大桥

位于奥地利 Innsbruck 的 Europabrücke 大桥建成于 1963 年,是连接阿尔比斯山南北的城市与货运交通要道(图 8.44)。现在桥梁承受的应力荷载来自于每天通过的超过 3 万辆的机动车。过去几年，测量与分析计算相结合完成了详细的系统识别。为了满足与疲劳问题和可能损伤相关的现行振动强度的评估，在 2003 年对其安装了一套永久监测系统。对于操作人员来说，考虑实际交通的发展的剩余使用寿命评估是主要的研究兴趣。评估结果是通过测量数据与分析计算相结合得到的。通过雨流算法分析测量数据，能够提供在不同强度和事件中提供再现响应周期的信息（图 8.45）。主要目的是确定随机的交通荷载（每天通过的车流量）和与疲劳相关的结构动力响应之间的关系。由于在现代标准中对使用寿命的预测基于很多假设，因此关键是要用测量结果代替所有的估计值，主要包括以下几项：

- 与所有相关荷载的整体响应情况。
- 横截面的行为，特别要考虑悬臂区域。
- 用于分析轮胎与梁板连接处之间相互作用的局部系统。

图 8.44　奥地利 Innsbruck 的 Europabrücke 大桥

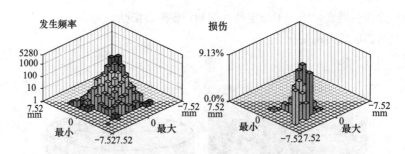

图 8.45　雨流矩阵（计数，左）和损伤矩阵（评估，右）

在每一个分析水平中，结构每年消耗的整体承载能力也被确定出来。

基于统计变化的 Wöhler 曲线，可将一定水平上产生应力范围的次数与相应允许的循环的次数进行比较。这样，结构逐渐发展的材料疲劳可用剩余加载循环能力来表示，从而进一步详细分析。此外，还要把与疲劳相关的交通量从已知的、随机的交通量中抽取出来。

8.4.3.6　交通分析

不断增加的交通量与越来越快的车速，使得桥梁的动力荷载需要被重新定义且影响了结构的使用寿命。因此，在寿命评估时需要进行交通分析。BRIMOS® 交通分析系统测量桥梁上部结构的动力荷载（图 8.46）。由于桥梁具有明显的动力响应且它是基础设施的瓶颈路段，因此它们是理想的交通分析位置。该系统无需任何修建工作且在任何时段都不会影响交通。目前，VCE 也被引入到一些交通分析和基础设施远程信息处理的国家研究项目中。为了研究的目的，交通分析系统常安装有监控录像（图 8.47）。下面将详述交通分析的案例。

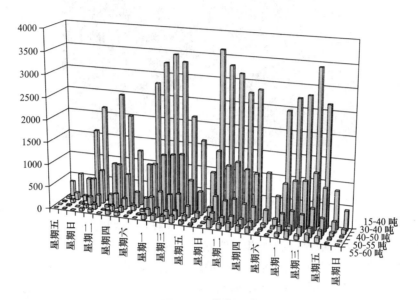

图 8.46   荷载记录

图 8.47   St. Marx 上的监控录像

大跨钢箱梁 Europabrücke 大桥

位于奥地利 Innsbruck 的 Europabrücke 大桥建成于 1963 年，是连接阿尔比斯山南北的城市与货运交通要道（图 8.48）。现在桥梁承受的应力荷载来自于每天通过的超过 3 万辆的机动车。过去几年，测量与分析计算相结合完成了详细的系统识别。为了满足与疲劳问题和可能损伤相关的现行振动强度的评估，在 2003 年对其安装了一套永久监测系统。

图 8.48 位于奥地利 Innsbruck 的 Europabrücke 大桥

主要目的是确定随机的交通荷载（每天通过的车流量）和与疲劳相关的结构动力响应之间的关系。由于在现代标准中对使用寿命的预测基于很多假设，因此关键是要用交通分析代替所有的估计值。通过雨流算法评估测量数据，能够提供在不同强度和事件中提供再现响应周期的信息（图 8.49）。与疲劳相关的交通量从已知的、随机的交通量中抽取出来。联合使用现行、过去和未来的交通数据进行剩余使用寿命的预测，将比传统的方法得到的结果更精确、离散性更低。

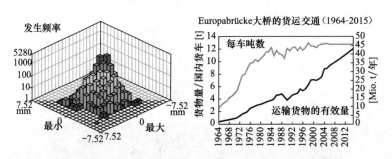

图 8.49 雨流矩阵（计数，左）与 1965～2015 年的货运交通（右）

St. Marx 多跨立交桥

奥地利维也纳的 St. Marx 立交桥建于 1973～1978 年，位于多瑙河与交通枢纽 Landstrasse（图 8.50）之间。这座桥被认为是 A23 东南高速路中最繁忙的区域之一。平均每天总交通量约 24 万机动车，但已经发现重载车辆所占的比例越来越高。因此，为了探测出通过的重载车辆可能造成的结构损伤，1998 年在桥上安装了一个交通分析系统和一个录像监控系统。基于动态结构行为的永久分析，以下问题可能需要考虑：

- 确定经过的重载车辆造成的结构损伤。
- 验证和修正已有的荷载模型。
- 确定总荷载构成以及振动系数，风和温度的影响可参考考虑。
- 运用结构识别对结构承载能力以及适用性进行监测。

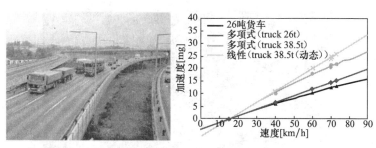

图 8.50　维也纳 Süd-Ost Tangente 附近 St. Marx（左）和测试运行的系统校准（右）

8.4.3.7　风险评估

BRIMOS® 服务中的结构风险评估研究不仅检查与结构维护相关的结构状态，还会确定对用户而言的结构实际的整体安全水平（图 8.51）。根据结构的类型以及其当前安全水平，选择不同 BRIMOS® 测量方式（详细测量、周期性测量和永久监测）用于风险评估。如果安全水平问题较为严重，应采取一些临时措施，如施工措施、限制使用或禁止操作。在这种情况下，建议尽早采取持续监测活动（永久监测或周期性测量）以对可能的损伤尽早作出识别，直到风险水平降到安全标准。下面详述风险评估的例子。

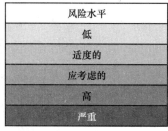

图 8.51　BRIMOS® 分级系统

Schlegeis 混凝土大坝

地震和泥石流对大坝是最危险的动力荷载。为了分析对这些外力的抗力，Tyrol 的 Schlegeis 大坝（图 8.52）采用 BRIMOS® 技术（图 8.53）进行了风险评估。BRIMOS® 获得的模态参数被用于 FEMU 中（见第 7.1.3 节）。基于大坝数值模型的动力参数与测量得到的结构动力响应相似这一方式，形成了大坝模型的质量、刚度和阻尼矩阵。这一方式可以确定结构状态，并定义未知的边界条件（例如：大坝与底层土、大坝与水交接处）。得到的 FEMU（图 8.54）可用于模拟不同的自然灾害。建议尽早采取持续监测活动（永久监测或周期性测量）以对可能的损伤尽早作出识别，直到风险水平降到安全标准。

图 8.52　Tyrol 的 Schlegeis 大坝

图 8.53 坝顶的传感器

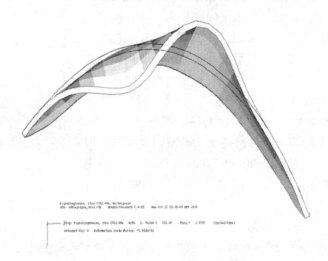

图 8.54 Schlegeis 大坝的有限元模型修正

Rinterzelt 废物处理厂

安全是技术系统（如建筑物）中的一个重要方面，在设计阶段和运营阶段必须予以考虑。Rinterzelt 的废物处理厂（图 8.55）的屋顶支撑是一木结构，其承载能力受强烈荷载影响。强风引起的动力荷载使得木结构的衔接处变弱。在 1997 年安装了一套永久监测系统以监测建筑的安全水平。系统测得的数据（图 8.56）用于研究较强的风荷载对结构的影响，以及结构风险评估和结构安全水平的修正。

损伤的铁路桥，Krems

2005 年 12 月，一艘推拖船撞上了 Krems 附近横跨多瑙河的铁路桥的 6 号桥墩。桥墩损坏严重（图 8.57，图 8.58），桥被立即停止使用。桥墩受到剪切断裂，上部被推向上游 2m。在桥梁下部的表面，潜水员发现了许多裂缝。

考虑了两种桥梁坍塌的情形：

- 下部结构失效，它可以通过倾斜较早地识别出来。
- 由于结构的荷载造成的桥墩上部结构的断裂。

图 8.55 Rinterzelt 废物处理厂

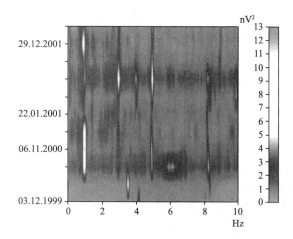

图 8.56 在 Rinterzelt 废物处理厂得到的趋势卡

图 8.57 Krems 桥损坏的桥墩

图 8.58 Krems 桥上移位的铁轨（左）以及损坏的支撑系统（右）

为了更详细地评估桥梁的结构状态，采用 BRIMOS® 进行分析。因为支撑系统的位移已经被确定出来了，因此必须给桥梁结构引入约束条件。经过初步状态评估之后，考虑为移除上层结构做准备的工人的安全，在桥上安装了一个连续的风险评估系统。

8.4.3.8　环境影响

环境影响如温度（图 8.59）或湿度会产生相当大的应力，会对结构产生巨大的附件荷载。如果在结构状态评估或结构健康监测时需要动力性能的测量结果，则有必要区分动力性能的正常变化和异常变化（损伤）。结构动力性能的正常变化是由于环境影响变化（如湿度、风、交通、太阳辐射以及决定性因素温度）引起的。温度对于结构的边界条件起到了决定性的作用（图 8.60），例如冰冻的地面或建筑材料的弹性系数都与温度有关。

图 8.59　冬季 Tulln 的 Rosen 桥

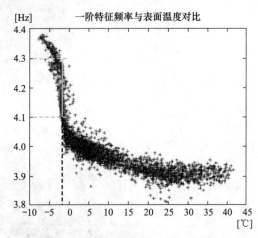

图 8.60　温度对频率的影响（Z24 桥的记录，参见第 9.15 节）

很明显，动力性能的正常变化不应对结构实际状态和结构损伤等级评估造成误导。正常变化对于承载力不会造成有害的影响，然而异常变化可能带来严重的安全问题。这种结构动力性能的异常变化通常是由损伤（例如：开裂的形成）导致的刚度损失或变化的支撑条件引起的。下面详述环境影响的例子。

韩国奥林匹克大桥

韩国的奥林匹克大桥（图 8.61）是一座单塔对称斜拉桥。斜拉索形成以结构为中心的扇形并固定在 88m 高的桥塔上。塔顶的形状象征着韩国的皇冠。环境条件,其中以温度最为重要,影响着动力研究的结果,因此需要对这些影响有确切的了解。为了建立温度与频率之间的特征关系,在奥林匹克大桥上安装了一套永久监测系统用以进行长期研究。从不同结构上得到的测量结果显示,温度造成的频率变化主要与结构的总体刚度有关。对于较柔性的结构,如奥林匹克大桥(OGB),温度每变化 10℃,结构刚度变化为 0.2%(图 8.62)。然而特别需要考虑的是,气温在零度以下会出现硬化现象。另一项研究正致力于这一现象及其影响。

图 8.61 韩国奥林匹克大桥

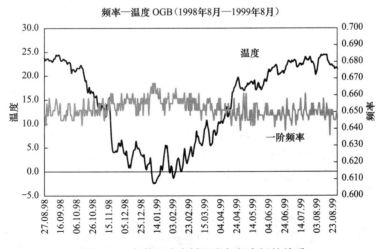

图 8.62 奥林匹克大桥温度与频率间的关系

高层建筑,Dresdner 银行

变化的环境影响是指全球性气候或区域气候随时间的变化。它描述了大气或天气的平均状态在几十年到几百万年中的转变。这些变化可能是由外部力量驱动的地球自身变化引起的,或者由近期的人类活动导致的。由于全球气候的变化,特别是在主要的城市,高层建筑必须抵抗更强的风荷载。此外如果高楼间的距离较近,风速变化造成的动力效应对于它们的动应力有着重要的影响。

欧洲计划 SAMCO（结构评估监测与控制）中的一项研究详细地分析了风荷载对高层建筑和高塔的影响。在法兰克福，为了得到相关信息，监测系统已被安装在 Dresdner 银行以及德国商业银行（图 8.63 和图 8.64），以永久记录动力参数、风速和风向。

图 8.63　德国 Dresdner 银行

图 8.64　德国商业银行

8.4.4　特殊测量

8.4.4.1　伴随监测

当结构将要承受预计的异常荷载时，一般会采用 BRIMOS® 技术进行伴随监测。其中较高的加载可以是高动态荷载也可以是静载。为了维修，进行移除路面施工的重型建筑机械可能会因为过高的动荷载而造成结构损伤。如果上部结构需要更新路面，建筑承包商会被告知最大容许动应力。在拆除工程中采用 BRIMOS® 记录器进行伴随监测，若加速度超过安全限值（图 8.65，图 8.66），可立即采取措施，以避免损坏。

图 8.65　拆除工程监测

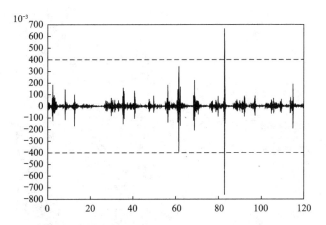

图 8.66　根据预定的阈值水平对有效加速度进行评估

另一项伴随监测的应用是对较高静载的监测，如桥上经过的重载。在这项应用中，BRI-MOS® 技术可以用于验证某结构是否因重载而造成过损伤（图 8.67）。因此在车辆经过前后都要进行动态测量。在这个例子中，下部结构的测量结果与初始记录进行比较，以便识别由于较高静载所造成结构可能的改变。

图 8.67　监测重载的通过

8.4.4.2　噪声与振动

噪声与振动对于铁路管理者与其周边生产生活者来说是一个敏感的话题（图 8.68）。这个问题不但存在于建设阶段，同样存在于使用阶段。因此，双方对主要噪声与振动进行测量都有兴趣。近年来，特别是在城市地区，铁路轮轨系统的上部结构一般被看作质量弹簧系统（图 8.69）。铁路诱发的振动是由车辆与轨道相互作用引起的。整个车辆—轨道—场地构成系统的振动是由于不平整引起的。车辆、轨道和场地之间有明显的不平整性。在低频时，轨道铺设的不平整会导致轨道产生振动；而在高频时，会产生由轨道本身的凹凸不平（在非常高的频率时，这被称为轨道粗糙度）引起的振动。轨枕—通道的频率引起的轨道激励就是这种激励。

图 8.68   测量铁路引起的振动，维也纳

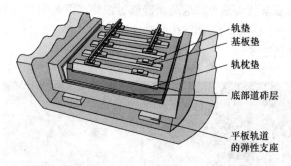

图 8.69   质量弹簧系统

采用 BRIMOS® 设备进行的噪音与振动测量可用于：

- 验证质量—弹簧—系统的本征方程（图 8.70）。
- 支持致力于改进质量—弹簧—系统的研究和发展。

图 8.70   质量弹簧系统的动态测量

　　监测结果也可以用来确定有效振动的水平，结果（k_B 值）可与具备法律效力的标准（DIN 4150，OENORM 5100）的限值进行比较。

8.4.4.3　地震

　　由于地震会对建筑结构产生巨大的应力，因此采用 Nakamura 方法来评估地震作用也是动态分析的一种应用（图 8.71，图 8.72）。当自然场地的频率与建筑物的相关频率重叠时，会导致建筑物地震时发生倒塌。建筑物及场地动力特性的相关知识，为工程师们设计符合场地特性的结构提供了必要的信息。

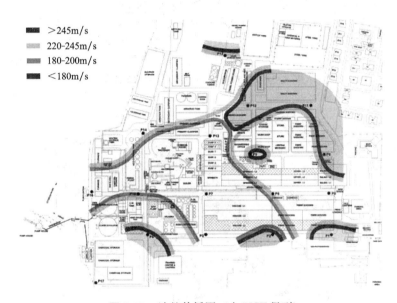

> \>245m/s
> 220-245m/s
> 180-200m/s
> <180m/s

图 8.71　波的传播图（由 VCE 得到）

　　Nakamura 假设场地反应可以通过将噪声谱分解为竖直和水平方向的两个分量来进行估计。这种与周围环境有关的方法非常具有吸引力，因为其数据采集程序相对简单，而且还可应用于微震甚至是无震的地区。此外，为得到更准确的识别场地响应，还可以进行冲击试验。一些研究已经表明，Nakamura 方法能够成功得到场地的基本谐振频率。这一假设已经被理论模型证实。观测到的 $\dfrac{H}{V}$ 峰值与地层谐振频率的瑞利波基模的水平极化有关。BRIMOS® 测量设备也可用于下层土的动力参数的研究。

8.4.5　BRIMOS® 项目的分布

　　VCE 控股有限责任公司已经成功地完成了全球范围内的 400 余项 BRIMOS® 项目（图 8.73，图 8.74）。

图 8.72　场地加速度测量

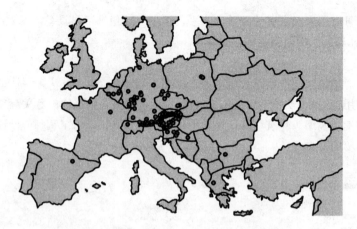

图 8.73　在欧洲采用 BRIMOS® 的项目

图 8.74　在世界上采用 BRIMOS® 的项目

第9章

应用实例

9.1 奥地利 Melk 大桥

资料由 Arsenal 研究股份有限公司提供

项目简介

在奥地利的一个研究项目中，针对噪声传播与振动传递规律，结合铁路桥梁的整体和局部振动行为研究钢结构散播的声发射特征。对该桥实施详尽的监测工作，其中包含整桥的环境振动和强迫振动试验，钢结构腹板的振动测试及相关的噪声传播测量。利用获取的监测数据，对钢桥和混凝土桥不同的噪声散播特性进行了细致的对比分析。

数据参数

桥名与位置： Melk 大桥，下奥地利州梅尔克镇

业主： 奥地利 Hochleistungsstrecken（HL）AG

结构类型： 大跨度组合桥

跨度： 5 跨，53.0＋53.0＋79.0＋53.0＋36.0m，全长 274.0m

结构体系： 组合桥，钢主梁，混凝土板桥面

结构健康监测起始时间： 2001 年 7 月

传感器数量： 40 个

系统设计者： 奥地利维也纳商业区交通路线工程 Arsenal 研究股份有限公司

结构介绍

如图 9.1 所示，该桥于 2000 年建成，是奥地利国家铁路线路改造工程的一部分。桥梁的

图 9.1 奥地利 Melk 大桥

设计与施工均由奥地利 HL AG 公司完成。该桥是一座五跨连续组合梁桥，全长 274.0m。桥面宽度允许放置两条平行的高速铁路轨道。该桥在水平面内略微弯曲，承受较大的横向荷载。由于轨道设计通行速度较高，因此需要对桥梁结构的动态特性进行研究。

监测目的

在本项目中，检测的主要目的是对桥梁结构进行检查并进一步发展噪声传播的评估技术。当火车通过桥梁时，测量噪声的传播情况。将测量结果与主梁腹板的频率响应进行对比分析，结果发现，腹板的振动是噪声传播的主要来源（音效扬声器效果）。

此外，检测人员也进行了初始动态特性研究并评估结构的整体响应。这部分测量工作为将来执行监测理念、模态更新、损伤评估及定位，以及改良结构噪声传播等奠定了基础。

测量设备及数据管理（表 9.1）

表 9.1 Melk 大桥传感器安装情况

传感器类型	数 量	安装位置
加速度计	8	下翼缘及梁腹板
反力质量激振器	1	桥墩附近
力传感器	1	与 VICTORIA 反力质量激振器相连
温度传感器（PT100）	1	结构表面

系统类型：基于环境振动与受迫振动技术的移动检测系统。

数据管理：

- 在现场进行数据预分析（固有频率），以确保所获数据的质量。
- 在室内进行主要分析、图表展示以及汇编。
- 通过数据光缆向主站传输数据。
- 利用 VICTORIA 反力质量激振器激发所有相关的振动模态。

数据分析程序

分析类型：通过系统识别确定模态参数，附加强迫振动测试。

软件：随机子空间识别（MACEC）。

其他特点：对 VICTORIA 反力质量激振器的应用以及火车经过时对噪声传播的附加测量。

结果样例

环境振动与受迫振动的测试结果具有高度的一致性。一阶竖向振型频率为 1.86Hz，二阶竖向振型频率为 3.31Hz，代表典型的振动模态。由于结构在平面内具有一定的曲率，所有的模态均包含一定的横向及扭转组分。通过分析腹板构件发现，其振型频率分布于 19.27Hz，21.91Hz，24.22Hz（图 9.2）。腹板的一阶振型代表了主能量（图 9.3）。通过建立精细有限元模型识别腹板构件的振型。

应用结构健康监测技术的好处

通过执行整体和局部的振动测试，形成结构的初步检测结果，以便进行更深入的监测工作。同时，建立有限元模型并利用检测结果对其进行模型更新。基于两个数据源（测量与模拟），可以对结构实施可靠的监测理念。此外，结果也证明了钢结构的噪声传播主要来源于梁腹板的局部振动行为。

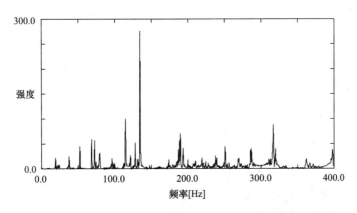

图 9.2　Melk 大桥腹板构件的结构响应

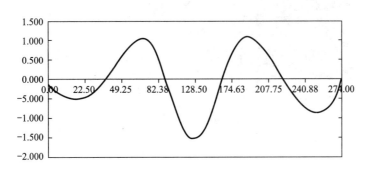

图 9.3　Melk 大桥一阶竖向弯曲振型

9.2　奥地利维也纳 Porr 大桥

资料由维也纳工程顾问公司提供

项目简介

1975 年，A. Porr AG 以研究为目的建造了如图 9.4 所示的节段施工桥梁。该桥横跨维也纳的一条主干道，由各个单独的节段连接而成并整体受力。单支撑箱梁跨度为 44.0m，由 18 个预制部件组成。在一个研究计划框架中，通过引入人工损伤并研究其对结构动态行为的改变规律。

数据参数

桥名与位置：Porr 大桥，奥地利维也纳

业主：奥地利 Porr AG

结构类型：短跨后张拉箱梁

跨度：单跨，44.0m

结构体系：后张拉箱梁，节段施工

结构健康监测起始时间：2002 年 10 月

传感器数量：36 个

系统设计者：奥地利维也纳商业区交通路线工程 Arsenal 研究部，VCE 控股公司，以及维

亚纳技术大学—混凝土研究所

结构介绍

该桥被设计为一个铰接的预制节段组合桥（图 9.5），桥身承重约为 380 吨。全桥跨度为 44.0m，自由长度为 43.5m。桥宽 6.2m，车道宽 4.8m。单个箱梁设计为 40cm 等宽，施工高度 2.10m。箱梁总宽度为 3.80m，两侧各悬挑 1.20m。

图 9.4 奥地利维也纳 Porr 大桥

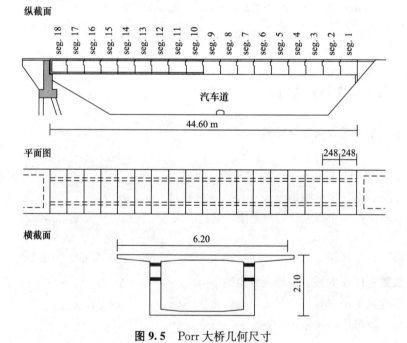

图 9.5 Porr 大桥几何尺寸

监测目的

本项目的主要研究目的是评估并确定由于人工损伤而导致的结构动态特性变化。通过对混凝土及部分预应力钢筋施加人工损伤，主要研究预应力损失如何改变结构动态特性（频率、模态、阻尼系数），同时评估振动测试技术是否可以用来作为钢筋失效早期诊断工具。

测量设备及数据管理（表 9.2）

表 9.2　Porr 大桥传感器安装情况

传感器类型	数　量	安装位置
加速度计	6	行车道两侧
位移计	2	跨中
位移计	8	测量轨迹宽度
应变片	8	钢筋表面
温度传感器（PT100）	1	箱梁内部

系统类型：基于环境振动与受迫振动技术的移动检测系统。

数据管理：

- 在现场进行数据预分析（固有频率），以确保所获数据的质量。
- 在室内进行主要分析、图表展示以及汇编。
- 通过数据光缆向主站传输数据。
- 24 小时连续监测。

数据分析程序

分析类型：通过系统识别确定模态参数，建立与损伤状态的相关性。

软件：随机子空间识别（MACEC）。

其他特点：建立测量结果与当前损伤状态以及施加荷载的相关性。

结果样例

利用 AVM 对前两阶振型的识别结果是可靠的。在加载条件下，两个振型的频率随着损伤程度的增加而降低（图 9.6）。在未加载状态下，一阶振型的频率低于加载时的频率，这一现象主要是由于结构应力产生的刚度造成的。模态是一个重要的损伤指标，它对较小量级的损伤尤其敏感。此外，高阶模态与识别局部损伤的准确度密切相关，使得只关注基本振型是不够的。

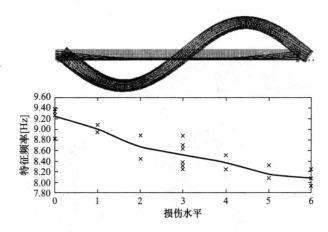

图 9.6　损伤状态（底部）与二阶弯曲模态（顶部）的相关性

应用结构健康监测技术的好处

本项研究结果表明，结构健康监测和模态更新是评估结构状态的有力工具。此外，对于损伤的识别与定位，只关注基本振型是不够的。在加载和未加载状态下，后张拉结构动态响应的差异性也需给予足够重视。

9.3　奥地利 Warth 大桥

资料由 Arsenal 研究股份有限公司提供

项目简介

为使工程界能认可振动监测这一有价值的结构评估技术，应用验证是必不可少的。因此，对现役功能型桥梁进行现场测试显得极为重要。在欧洲研究项目 SIMCES 框架中，包含了几座不同的桥梁，其中在一座桥梁安装了大量的测量仪器用以建立一个长期的测试系统，用以量化由于环境因素影响以及不同系统识别方法参数选择差异性而导致的偏差程度。此外，为了测试系统识别技术能力，还进行了一些初始测量。通过实施结构的初始测量，将其应用于下一步的监测和维护中。

数据参数

桥名与位置： Warth 大桥，维也纳以南 63km A2 公路

业主： 下奥地利州地方政府

结构类型： 多跨后张拉结构

跨度： 7 跨，62.0m＋ 5 × 67.0m＋ 62.0m＝459.0m

结构体系： 后张拉箱梁

结构健康监测起始时间： 1999 年 4 月

系统设计者： 欧洲 SIMCES 项目框架下的奥地利维也纳商业区交通路线工程 Arsenal 研究部

结构介绍

Warth 大桥位于维也纳以南 63km A2 公路上。对非连接格拉茨方向的一座姊妹桥进行了测试。Warth 大桥共有 7 跨，全长 459m（图 9.7 和图 9.8）。连续梁桥面行车道宽 14.0m，一般梁截面高 5.0m。箱梁底部宽 6.2m，靠近行车道处为 8.0m。

图 9.7　下奥地利州 Warth 大桥

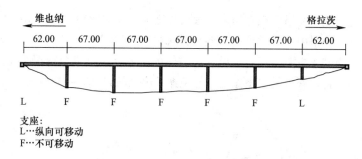

图 9.8　Warth 大桥几何尺寸

监测目的

桥梁服役期的荷载、环境以及偶然因素都可能导致结构发生损伤。针对工程结构的定期检测和状况评估是必要的，通过早期的损伤识别及定位合理规划维护和修复工作，从而使成本最小化。由于仪器设备的安装相对简单，以及新型功能强大的系统识别技术的发展，在过去几年里，土木工程结构（例如桥梁，建筑，大坝等）的振动监测备受关注。首先展示扫频正弦激力用于测量的高适用性，在运营条件下的实验已经完成。其次，比较分析了受迫振动与环境振动的测试结果。

测量设备及数据管理（表 9.3）

表 9.3　Warth 大桥传感器安装情况

传感器类型	数　量	安装位置
速度传感器 Hottinger SMU 30A	8	沿桥轴线布置以识别振型
加速度计	4	伸缩缝
位移计	2	伸缩缝
温度传感器	1	空气温度
力传感器	1	反力质量激振器

系统类型：基于环境振动与受迫振动技术的移动检测系统。

数据管理：

- 在现场进行数据预分析（固有频率），以确保所获数据的质量。
- 在室内进行主要分析、图表展示以及汇编。
- 通过数据光缆向主站传输数据。
- 反力质量激振器。

数据分析程序

分析类型：通过系统识别确定模态参数。

软件：简易峰值拾取法识别模态参数，环境振动测试用随机子空间识别法（MACEC）。

其他特点：

- 附加结构受迫振动测试。
- 比较分析受迫振动与环境振动测试结果数据质量。

结果样例

计算结果如图 9.9 和图 9.10 所示。交通荷载作用下的受迫振动可以较好地识别模态参数。

由于大量车辆快速通过，交通荷载作用影响很大程度上可以被过滤。对于模型更新具有重要意义的高阶模态（在本项目中为扭转模态与混合模态），在环境振动测试时往往未能被交通荷载激发出来。这是因为汽车主要使用右车道（最右侧的车道仅用于紧急情况），几乎处于结构重心的正上方。总体而言，获得的受迫振动与环境振动测试结果具有一定的可比性。

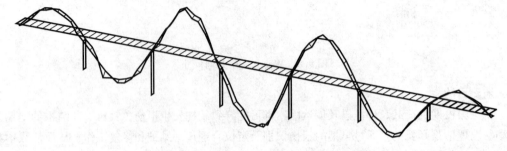

图 9.9　Warth 大桥壳单元模型与实际测试计算的频率差异

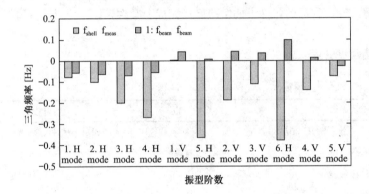

图 9.10　Warth 大桥梁单元模型与壳单元模型计算的频率差异

应用结构健康监测技术的好处

为了使数值结果与获得的真实振动行为相吻合，本项目进行了模态更新。从而建立一个真实的数值模型可以应用于进一步的监测工作。此外，建立的初始测量结果对后期的损伤识别意义重大。结果表明，结合先进系统识别技术的环境振动测试是土木工程实践中的一个强有力工具。如果需要用振动测试获取高阶模态，使用反力质量激振器则尤为重要。

9.4　德国柏林 Putlitz 大桥

资料由联邦材料研究和测试学院（BAM）建筑与结构部提供

项目简介

位于德国柏林的 Putlitz 大桥建于 1977 年（图 9.11），是城市交通主干道，也用于重载车辆的通行。目前，该桥承受着重型燃气涡轮机车辆荷载，最大载重量为 500 吨（图 9.12），远超过设计荷载。为确保该桥的承载能力在正常范围内，有必要进行包含结构健康监测在内的一系列试验研究。

图 9.11　德国柏林 Putlitz 大桥

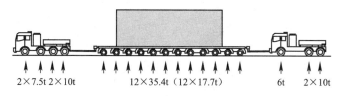

2×7.5t 2×10t　　12×35.4t（12×17.7t）　　6t　2×10t

图 9.12　490 吨重型荷载

数据参数

桥名与位置： Putlitz 大桥，德国柏林

业主： 德国柏林市政府

结构类型： 中等跨度桥

跨度： 9 跨，25.1＋34.7＋31.5＋30.2＋32.6＋30.1＋30.2＋30.4＋29.2m

结构体系： 由正交各向异性桥面板和钢柱组成的钢箱梁

结构健康监测起始时间： 2001 年 9 月

传感器数量： 21 个

系统设计者： 德国柏林联邦材料研究和测试学院（BAM）建筑与结构部

结构介绍

该桥上部结构包括两个钢箱梁和正交各向异性桥面板。全长 270m，由两部分组成，由一个纵向连接隔开。该桥为双向 4 车道，单向桥面宽 14m，重型荷载由桥梁西侧车道通行。

监测目的

静态计算结果表明，在重型荷载作用下该桥已达到承载能力极限状态。此结论需要通过试验手段连续测量由重型荷载和温度引起的最大应变得以证实（表 9.4）。桥梁危险构件处的附加疲劳应力也应受到足够重视。此外，还需通过获取的应变测量数据计算结构的真实静荷载和动荷载。

结果样例

分析结果表明，用于静态计算的动荷载是可以忽略不计的。在观测时间段内，未发现超过承载能力极限状态的情况。该桥的整体结构状况未受影响（图 9.13）。

表 9.4 Putlitz 大桥传感器安装情况

传感器类型	数 量	安装位置
应变片	11	主梁及正交各向异性桥面板
速度传感器	4	主梁
位置灵敏探测器	2	主梁
LVDT 位移计	2	主梁
温度传感器（PT100）	2	主梁

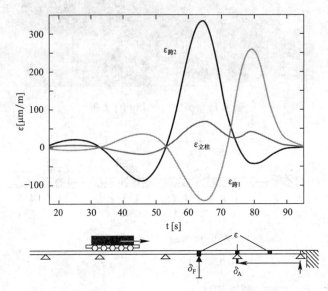

图 9.13 结构健康监测获得的 Putlitz 大桥主梁在重车荷载作用下的应变分布

应用结构健康监测技术的好处

通过获取正常荷载、重型荷载以及温度荷载引起的应力数据，可以及时发现结构是否超过承载能力极限状态并识别是否出现结构损伤。

9.5 德国柏林 Westend 大桥

资料由联邦材料研究和测试学院（BAM）建筑与结构部提供

项目简介

Westend 大桥是连接柏林市区与北部机场的城市公路的组成部分（图 9.14）。该桥是一座预应力混凝土桥，迄今已有 38 年的历史。由于桥面板开裂及接头外露等，该桥曾多次被加固。随着统一后进入柏林市区交通的剧增，越来越多的民众质疑该桥是否可以承受新一轮的荷载。

数据参数

桥名与位置：Westend 大桥，德国柏林

业主：德国柏林市政府

结构类型：中等跨度桥梁

跨度：8 跨，25.0＋36.3＋37.5＋31.1＋38.1＋38.0＋31.6＋5.0m

结构体系：预应力混凝土箱梁和钢筋混凝土柱

图 9.14 德国柏林 Westend 大桥

结构健康监测起始时间： 1994 年 1 月

传感器数量： 36 个

系统设计者： 德国联邦材料研究和测试学院（BAM）建筑与结构部

结构介绍

Westend 大桥上部结构全长 243m，由一个连续三室箱梁组成，最大宽度为 14m。桥身由 7 根横截面为空心圆柱的钢筋混凝土柱支撑。位于桥梁中部的钢筋混凝土柱两端固定，承受水平荷载，其余钢筋混凝土柱均为铰接。全桥建于基础底板之上，两端桥台由钢筋混凝土墙构成。

监测目的

对 Westend 大桥进行检测的目的是评估桥身存在裂纹时的结构状况。通过实施一个监测系统，永久记录当前交通荷载、应力状态及结构健康状况（表 9.5 和图 9.15）。该系统自 1994 年起开始工作，测量通道不断增加，已连续提供桥梁结构健康状况方面的监测数据。

表 9.5 Westend 大桥传感器安装情况

传感器类型	数 量	安装位置
应变片	4	第二、三跨箱梁
速度传感器	20	第二、三跨箱梁
加速度计	3	第二、三跨箱梁
裂纹传感器	1	第二、三跨箱梁
倾角仪	2	第二、三跨箱梁
位置灵敏探测器	1	第二、三跨箱梁
温度传感器（PT100）	5	箱梁腹板

结果样例

总体而言，作用于 Westend 大桥的动荷载取决于车辆重量，动荷载的增加与桥面质量相关。

通过分析由荷载监测获取的交通数据，可知荷载谱在不断发生改变，而且增加的重载车辆数量和重量也可量化。

通过实施整桥状态监测发现，桥梁的固有频率随结构温度的变化而变化（图 9.16），这就意味着桥梁承载能力的改变是可以预知的。

局部状态监测证明桥面板结构中的裂纹与温度

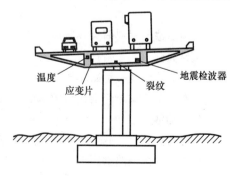

图 9.15 Westend 大桥上部结构横截面及传感器布置

的变化密切相关，并且存在一定的可逆关系。

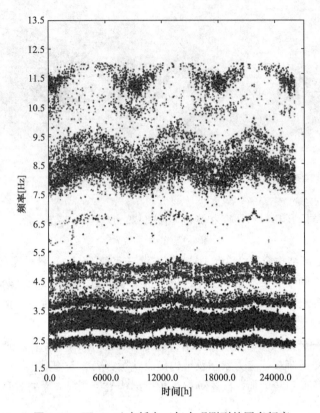

图 9.16　Westend 大桥在三年内观测到的固有频率

应用结构健康监测技术的好处

　　对于 Westend 大桥，联邦材料研究和测试学院（BAM）长期以来进行了大量的研究工作，致力于发展包含结构健康监测在内的动态桥梁检测方法。一些监测数据也是桥梁业主的需求，如实际静态交通荷载、动态放大因子、交通和温度综合荷载、结构状态监测以及自动损伤识别等，只有通过结构健康监测才能得以实现。

9.6　德国齐陶 Neisse 高架桥

资料由联邦材料研究和测试学院（BAM）建筑与结构部提供

项目简介

　　Neisse 铁路高架桥始建于 1859 年（图 9.17），该桥穿越齐陶小镇附近的波兰和德国边境线。由于地下水位陡降引起桥墩基础下沉，导致上部结构发生大面积开裂。

数据参数

桥名与位置： Neisse 高架桥，德国齐陶

业主： 德国铁路部门

结构类型： 石拱桥

跨度： 34 拱，拱距在 17m 至 23m 之间不等

图 9.17　德国齐陶 Neisse 高架桥

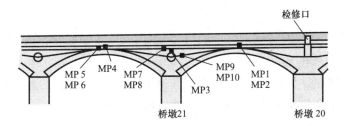

图 9.18　Neisse 高架桥上部结构传感器布置

结构体系： 石墩拱桥

结构健康监测起始时间： 2000 年 11 月

传感器数量： 12 个

系统设计者： 德国联邦材料研究和测试学院（BAM）建筑与结构部

结构介绍

Neisse 高架桥是一座石拱桥，全长 750m，高度在 3m 到 25m 之间不等，上部结构宽 8m。该桥用于公共铁路交通，曾用混凝土结构加固。

监测目的

通过视觉检查发现，目前存在的裂纹有继续开裂的趋势。通过结构健康监测（表 9.6）可以确定裂纹继续开裂的原因，而且有可能评估裂纹对桥梁承载能力的影响程度。

表 9.6　Neisse 高架桥传感器安装情况

传感器类型	数　量	安装位置
速度传感器	4	
裂纹传感器	2	桥梁上部结构（见图 9.18）
应变片	2	
温度传感器（PT100）	2	

结果样例

对裂纹宽度及其他结构参数的长期监测发现，该桥上部结构整个横截面均已出现裂纹。裂纹宽度随着桥梁温度的变化而改变（图 9.19）。基础的持续下沉和交通荷载对裂纹的发展没有明显的不可逆影响。

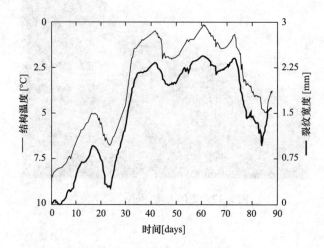

图 9.19 结构健康监测获得的 Neisse 高架桥裂纹宽度与结构温度随时间变化曲线

应用结构健康监测技术的好处

对引起裂纹扩展的不同影响因素的长期同步测量，可以发现内在的因果关系。通过对应变和动态参数的测量，可以确定裂纹对桥梁结构承载能力的影响。

9.7 美国特拉华河 Commodore John Barry 大桥

资料由德雷克萨尔智能基础设施与交通安全学会提供

项目简介

Commodore John Barry 大桥横跨位于宾夕法尼亚州的切斯特与新泽西州的布里奇波特之间的特拉华河（图 9.20）。该桥有 5 个行车道，目前每年通行超过 600 万辆汽车，其中大部分为重型货车。该桥于 1974 年建成通车。

图 9.20 Commodore John Barry 大桥下承式桁架结构

数据参数

桥名与位置： Commodore John Barry 大桥，横跨位于美国宾夕法尼亚州的切斯特与新泽西州的布里奇波特之间的特拉华河

业主：美国宾夕法尼亚州与新泽西州特拉华河港口管理局（DRPA）

结构类型：大跨钢桁架桥

跨度：3 跨，3822 英尺＋ 1644 英尺＋ 822 英尺

结构体系：钢桁架桥

结构健康监测起始时间：1998 年

传感器数量：97 个

系统设计者：德雷克萨尔智能基础设施学会

结构介绍

Commodore John Barry 大桥全长 13912 英尺。本项目的研究对象为该桥长为 3288 英尺的下承式桁架部分。下承式桁架部分的下部结构由四个钢筋混凝土桥墩组成，建于河床上的桩基础之上。主桁架有 73 个桁架节点，间距为 45.7 英尺。下承式桁架部分的两个主桁架间隔 72.5 英尺。桥面系 8 英寸厚轻质钢筋混凝土板，组合布置横向间距为 6.9 英尺的 9 根钢梁。

监测目的

对该桁架桥进行监测的目的是为了评估如下指标（表 9.7）：

- 决定结构安全性能的关键构件的真实应力，比如吊杆、纵肋、桁架构件等。
- 桥梁的周围环境状况。
- 主要移动系统性能。
- 桁架吊杆以及辅助支撑系统性能。
- 振动阻尼器工作效率及状态。

表 9.7　Commodore John Barry 大桥传感器安装情况

传感器类型	数　量	安装位置
超声风速传感器	4	桥塔和跨中
应变片、倾斜仪、裂缝计	231	靠近桥墩附近
加速度计	16	振动阻尼器

结果样例

结合该项目监测装置一并设计的信息展示系统提供了一个用户友好型的、直观的安全管理界面（图 9.21）。健康和性能监测系统的基本功能模块包括：

- 传感、数据采集及控制。
- 数据处理与信息管理。
- 人机交互界面管理工具。

数据和信息处理方面存在的挑战在于必须对操作人员提供适当的培训，事实上这是系统能否被管理者接纳和使用的关键，也是衡量任何技术创新成功与否的真正指标。

应用结构健康监测技术的好处

通过对 Commodore John Barry 大桥进行监测表明：

- 如果以橡胶的耐久性作为控制条件的话，阻尼器的有效使用寿命超过 50 年。
- 十年前已发现的缺陷状态没有发生变化。
- 对测得的应变和温度柱状图进行深入研究发现，吊杆应变受周围复杂的运动装置和外力释放系统的影响。两个装有传感器的吊架的长期应变状态呈现出明显的非对称性，出现这种

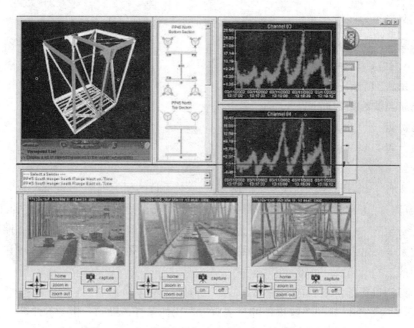

图 9.21   实时同步吊杆应变数据与现场荷载影像

现象的原因归结于南北桁架运动系统行为的差异性。此外，吊杆存在面外受力形变，可能是由于受到光照和温度变化而产生的集中荷载的作用。

9.8   瑞士布兹伯格 BE 109/21 大桥

资料由瑞士联邦材料测试与研究实验室（EMPA）提供
项目简介

位于瑞士布兹伯格的 BE 109/21 大桥（图 9.22）建于 1970 年，是连接波恩和苏黎世的铁路线的组成部分。最近，该桥由于瑞士联邦铁路公司（SBB）实施的铁路线路改道工程而被废

图 9.22   瑞士布兹伯格 BE 109/21 大桥

弃。作为 SBB 启动的研究计划 ZEBRA 的一部分，在实验室对其支座承载能力进行了试验研究。为了收集支座行为随温度变化的相关数据，分别在夏季和冬季期间对支座变形和该桥上部结构温度进行了监测（图 9.23）。

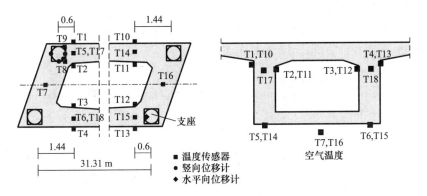

图 9.23　BE 109/21 大桥温度传感器和位移计布置图

数据参数

桥名与位置： BE 109/21 大桥，瑞士布兹伯格

业主： 瑞士联邦铁路公司（SBB）

结构类型： 中等跨度桥梁

跨度： 1 跨，31.10m

结构体系： 后张拉混凝土箱梁桥

结构健康监测起始时间： 2002 年 8 月 29 日～9 月 4 日，2003 年 1 月 13 日～1 月 15 日

传感器数量： 21 个

系统设计者： 瑞士联邦材料测试与研究实验室（EMPA）结构工程研究部

结构介绍

BE 109 铁路桥由两座单独桥梁组成：BE 109/21 大桥和 BE 109/22 大桥。两座桥梁均由混凝土箱梁和长 31.10m 的正交异性桥面板组成。每座桥承担一个方向上的铁路交通运输。

监测目的

在众多铁路桥中使用了一种特殊类型的支座。桥梁业主（SBB）对该类型支座的预期使用寿命相关信息特别感兴趣。在 BE 109 大桥被废弃后，该类型支座被拆除并在实验室内进行了疲劳试验和极限加载试验。在两个不同监测时段内，对温度状态与交通引起的支座变形之间的影响关系进行了观察。

测量设备及数据管理（表 9.8）

表 9.8　BE 109/21 大桥传感器安装情况

传感器类型	数量	安装位置
温度传感器	16	箱梁内外
位移计	5	两个桥梁支座

系统类型： 基于个人计算机的测量系统。

数据管理：

- 在室内进行主要分析、图表展示以及汇编。
- 长期数据库。

数据分析程序

分析类型：时间序列分析。

软件：自开发软件，Cadman，MATLAB。

其他特点：不同预警阶段的可调触发等级。

结果样例

通过监测获得了由温度和交通荷载引起的支座变形（图 9.24 和图 9.25），结果发现无明显变形特征，支座工作状态良好。

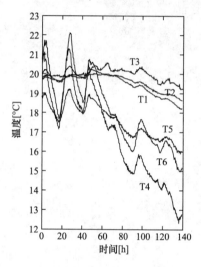

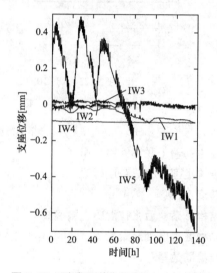

图 9.24 夏季监测阶段 BE 109/21 大桥
温度传感器 T1-T6 的测量数据

图 9.25 夏季监测阶段 BE 109/21 大桥
IW1-IW5 监测点支座变形数据

应用结构健康监测技术的好处

通过对温度状态和由交通荷载与温度效应引起的支座变形的测量，为了解支座的长期行为提供了参考。结合该桥服役期的典型荷载历史（SBB 的时间表），可以重建支座寿命的荷载—变形历史，也可以同时考虑温度的影响。在实验室进行极限加载试验获得该类型支座的强迫荷载历史，从而了解其预期使用寿命。

9.9 泰国曼谷 RAMA IX 大桥

资料由瑞士联邦材料测试与研究实验室（EMPA）结构工程研究部提供

项目简介

位于泰国曼谷的 RAMA IX 大桥建成于 1987 年（图 9.26），是曼谷都市快速路的组成部分。该桥是曼谷与吞武里的重要连接设施，横跨湄南河。作为 15 年一次的检修工作的一部分，该桥的 68 根斜拉索都进行了无损检测以评估其健康状况。

数据参数

桥名与位置：RAMA IX 大桥，泰国曼谷

图 9.26　泰国曼谷 RAMA IX 大桥（由 Katrin Janberg 拍摄，www. structurae. net）

业主：泰国曼谷快速公路与高速交通管理局（ETA）

结构类型：中等跨度桥梁（斜拉桥）

跨度：主跨：450m，边跨：61.20m＋57.60m＋46.80m

结构体系：钢箱梁、正交异性桥面板、钢桥塔、混凝土桥墩、桩基础

结构健康监测起始时间：2001 年 7 月

传感器数量：*N/A*

系统设计者：瑞士联邦材料测试与研究实验室（EMPA）结构工程研究部

结构介绍

RAMA IX 大桥是一座由钢箱梁、正交异性桥面板以及钢桥塔组成的单索面斜拉桥。主跨 450m，两侧的边跨为 61.20m＋57.60m＋46.80m，共六个行车道。68 根封装缆索（121mm＝ø＝168mm）分为 4 组，每组 17 根（每个边跨各 1 组，主跨 2 组，见图 9.27）。

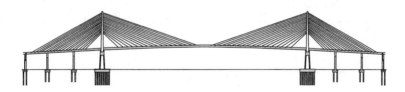

图 9.27　RAMA IX 大桥纵剖面图

监测目的

对 RAMA IX 大桥斜拉索进行检测的目的，是为了评估斜拉索内部的断丝情况以及斜拉索自由长度范围内横截面发生腐蚀的可能性。检测工作采用漏磁检测方法（MFL），该方法是一种无损检测手段。由于该桥在曼谷城市交通网络中的重要性，检测工作必须在不影响该桥正常运营的情况下进行。在这种情形下，考虑到诸多实际情况，决定采用基于辐射的检测方法。

测量设备及数据管理（表 9.9）

系统类型：基于个人计算机的测量系统。

数据管理：

- 现场数据预览（未过滤信号概况）。
- 在室内进行主要分析、图表展示以及汇编。

表 9.9　RAMA IX 大桥传感器安装情况

传感器类型	数　量	安装位置
MFL 传感器	1	MFL 装置内，斜拉索表面
环绕型 MFL 传感器	≤26	

- 现场数据光盘备份。

数据分析程序

分析类型：数据后处理（过滤速度相关效应），缺陷识别与定位。

软件：室内软件开发。

其他特点：继 RAMA IX 大桥之后的新进展：多股斜拉索缺陷三维定位，基于人工神经网络的缺陷识别。

结果样例

对全部斜拉索自由长度进行检测。MFL 传感器的检测结果获得了斜拉索横截面内断丝的全面信息，并可以用一个沿着斜拉索轴向变化的函数表示，如图 9.28 所示。对于类似安装于 RAMA IX 大桥的封装斜拉索，以及平行钢丝束，在斜拉索表面获得的 MFL 传感器数据并不用于定位斜拉索横截面内的缺陷位置，而是被当作后备测量结果。对于多股索系统，拉索表面的磁通量渗漏图可用于定位斜拉索横截面内的缺陷位置。对斜拉索缺陷的识别目前已经达到较高程度的自动化水平。

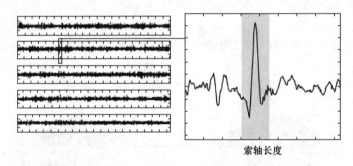

索轴长度

图 9.28　RAMA IX 大桥温度传感器 T1-T5 的测量结果

应用结构健康监测技术的好处

对于检测全长约为 8.5km 的斜拉索来说，MFL 技术是唯一商业化的可行方法。目前，尚无其他磁测法可用于检测大直径的钢斜拉索。除了使用无损检测方法，在 RAMA IX 大桥上应用的检测流程不会影响桥梁的正常交通。

9.10　西班牙马德里 Titulcia 钢桁架桥

资料由 GEOCISA 提供

项目简介

Titulcia 钢桁架桥的历史可以追溯到 19 世纪（图 9.29），建于 1894 年，由 Enrique Cardenal 设计。

图 9.29　Titulcia 钢桁架桥

数据参数

桥名与位置：Titulcia 钢桁架桥，西班牙马德里

业主：马德里自治区

结构类型：桥梁

跨度：3 跨，50＋50＋47.5m

结构体系：钢桁架

结构健康监测起始时间：2003 年 7 月 31 日

传感器数量：16 个（地形测量参考站）

系统设计者：GEOCISA，西班牙马德里

结构介绍

该结构是一个等跨宽的三跨桁架桥（图 9.30）：其中两跨长度均为 50m，第三跨长度要短 2.55m，是由于其在西班牙内战中曾被炸毁而后重建。桥台和桥墩都是由石头建成，由河床支撑。该桥全长 147.45m，宽 6.72m，高 6.35m，横跨哈拉马河，作为道路交通的组成部分。

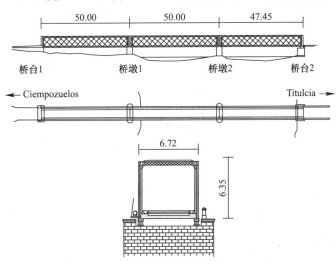

图 9.30　Titulcia 钢桁架桥几何尺寸

监测目的

该桥已纳入马德里自治区桥梁管理系统，并做定期检测。1988 年，在一次例行检查中发现该桥存在冲刷问题。1999 年，对该桥进行了一次水下检测，确认了其存在的冲刷问题。2000～2003 年对该桥也进行了定期检测。在 2003 年，对该桥实施了一次地形控制测量，监测 2 号桥墩由于冲刷引起的沉降。2004 年，由于沉降的持续发展，对 2 号桥墩进行了修复工作。在修复期间持续进行地形测量。

测量设备及数据管理（表 9.10）

表 9.10　Titulcia 钢桁架桥传感器安装情况

监测目的	传感器类型	传感器数量	安装位置	测量频率
竖向位移	地形测量参考站	16	桥身两侧，桥台，桥墩以及跨中	最初每 3 个月一次，后来每周 2 次

系统类型： 定期地形测量（人工的）。

数据管理：

- 分析每一个读数。
- 与位移发展情况相关的预定义控制参数。

数据分析程序

分析类型： 数据直接分析。

软件： 无需软件。

其他特点： 测量周期和应急措施取决于测得的沉降发展情况。

结果样例（图 9.31 和图 9.32）

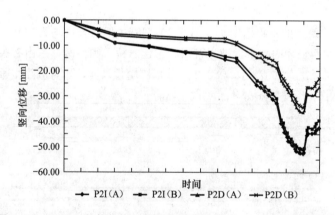

图 9.31　Titulcia 钢桁架桥 2 号桥墩沉降数据（4 个地形测量参考站）

应用结构健康监测技术的好处

通过长期的简单的测量工作可以获得：

- 控制结构冲刷过程的发展。
- 制定修复计划。
- 控制修复工作的成效及后续工作安排。

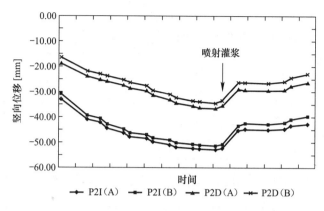

图 9.32   Titulcia 钢桁架桥在维修期间的 2 号桥墩测量数据

9.11   匈牙利杰尔 Széchenyi 大桥

资料由匈牙利科学院大地测量与地球物理研究所提供

项目简介

位于匈牙利杰尔的 Széchenyi 大桥建于 1976 年（图 9.33），是横跨位于杰尔与 Vámosszabadi 小镇之间的 Small 河和 Danube 河上的主干道组成部分，该桥主要用于重载交通运输。

图 9.33   匈牙利杰尔 Széchenyi 大桥

数据参数

桥名与位置： Széchenyi 大桥，匈牙利杰尔

业主： 匈牙利政府

结构类型： 混凝土桥梁

跨度： 18 跨，23.00＋23.00＋23.00＋23.00＋23.00＋23.00＋23.00＋23.00＋23.00＋22.70＋45.00＋90.00＋45.00＋22.70＋23.00＋23.00＋23.00＋23.00m

结构体系： 混凝土结构

结构健康监测起始时间： 2003 年 10 月 9 日

传感器数量： 在 7 个不同位置分别安装 1 个三向速度传感器

系统设计者： Kinemetrics

结构介绍

该桥全长 527.2m（图 9.34），每个行车方向的道路拥有两条车道。道路宽度为 14m，两侧各有一条 2.10m 宽的人行道。

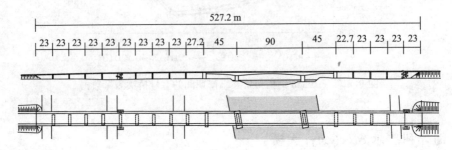

图 9.34 Széchenyi 大桥几何尺寸

监测目的

用一种全新的可靠的方法替代视觉检查法与荷载试验法。在 2003 年 10 月 9 日，测量工作由 Tibor Czifra 和 Gyula Mentes 负责实施。

测量设备及数据管理（表 9.11 和表 9.12）

表 9.11 Széchenyi 大桥传感器安装情况

设 备	数 量	灵敏度
记录仪：Kinemetrics SSR1	1	150$V/m/s$，若增益为 100
地震仪		
传感器：SS1	3 个（一个竖向，两个水平向）	

表 9.12 Széchenyi 大桥数据文件描述

文件名	传感器位置	传感器分量增益			持续时间（分钟）
		X	Y	Z	
Gyor1	河床上方桥梁中部	100	100	100	20
Gyor2	河床上方桥梁中部	10	10	10	10
Gyor3	河床上方桥梁中部	10	10	1	10
Gyor4	13 号桥墩中央	10	10	1	10
Gyor5	Revfalu 方向的 13 号和 14 号桥墩之间	10	10	10	
Gyor6	Revfalu 方向的 14 号和 15 号桥墩之间	10	10	10	
Gyor7	杰尔方向的 10 号和 11 号桥墩之间	10	10	10	

系统类型： 基于个人计算机的测量系统。

数据管理：

• 现场数据控制（振动图表）。

- 在室内进行主要分析、图表展示以及汇编。
- 通过调制解调器进行数据传输。
- 长期数据库。
- CMS（土木监测系统）处理系统采集的静态数据。

数据分析程序

分析类型：傅立叶分析。

软件：ORIGIN 6.0。

结果样例

由于只进行了一个测量，因此无法进行不同时段振动数据的比较分析。

应用结构健康监测技术的好处

以振动测量获取的数据为基础，可以及时识别结构损伤情况。

9.12　德国巴德贝文森 ESK 551 大桥

资料由 Infokom 股份有限公司提供

项目简介

ESK 551 大桥建于 20 世纪 70 年代（图 9.35），位于由巴德贝文森至 Altenmedingen 的 232 国道上，横跨 Elbeseiten 运河。该桥是一座三跨预应力混凝土桥，跨度分别为 32.05m，66.40m 以及 32.05m。由于存在施工缺陷，该桥已经出现了相对严重的挠曲。仅仅在横载作用下，该桥就已经在跨中处出现了弯曲裂纹。

图 9.35　德国巴德贝文森 ESK 551 大桥

数据参数

桥名与位置：ESK 551 大桥，德国巴德贝文森

业主：德国联邦水运办公室

结构类型：预应力混凝土桥梁

跨度：3 跨，32.05＋66.40＋32.05m

结构体系： 钢箱梁、正交异性桥面板、钢桥塔、混凝土桥墩、桩基础

结构健康监测起始时间： 1996 年和 1999 年

传感器数量： 21 个

系统设计者： 卡尔斯鲁厄 BAW，魏玛 Bauhaus 大学，德国新勃兰登堡 Infokom 股份有限公司

结构介绍

如图 9.36 所示。

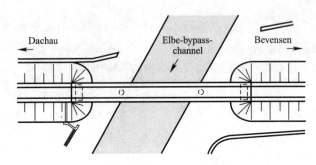

图 9.36 ESK 551 大桥现场平面图

监测目的

监测由于气候变化以及汽车荷载引起的结构变形（图 9.37）。

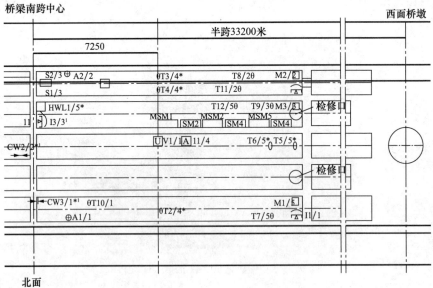

说明

1. 位置-传感器类型，（A=加速度计，T=温度传感器，HWL=软管水位计，M=湿度计
   S=应变计，T= 倾斜仪，T=裂缝仪）
2. 位置-传感器数量
3. 位置- 相关模块
   *）- 现有系统信号
   1）从2003年5月6日开始暂停

图 9.37 ESK 551 大桥测量位置平面图

测量设备及数据管理（表 9.13）

表 9.13 ESK 551 大桥传感器安装情况

传感器类型	数　量	安装位置
电子扫描静压管	1	参见测量位置平面图
电感式位移计（裂纹宽度）	2	
电感式位移计（裂纹扩张）	2	
湿度计	2	
PT100 温度传感器	6	
加速度计	2	
倾斜仪	2	

系统类型：基于单片机的独立测量系统。

数据管理：

- 在室内进行主要分析、图表展示以及汇编。
- 通过调制解调器进行数据传输。
- 长期数据库。

结果样例

如图 9.38 所示。

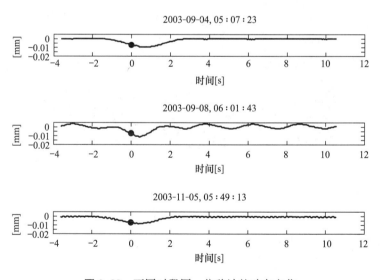

图 9.38 不同时段同一位移计的动态变化

数据分析程序

分析类型：统计分析，事故发生后对结构改善情况进行全面监测。

软件：自主开发软件。

其他特点：不同预警阶段的可调触发等级，无专家系统。

应用结构健康监测技术的好处

- 在冬季的几个月内，太阳能的持续供应一直是个问题。测量活动只能间断性的进行。

太阳能收集器的校准和测量会自动中断，从而导致数据采集时常会被干扰。

- 系统十分稳定，只有部分组件发生失效。
- 在过去的几年里，对承载结构重复出现且相对较大的变形位置进行定位（见图9.38），在2003年末至2005年临时封道期间进行了修复工作。

9.13 瑞典斯德哥尔摩 The New Årsta 铁路桥

资料由瑞典皇家理工学院（KTH）土木与建筑工程学系结构设计与桥梁部提供

项目简介

位于瑞典斯德哥尔摩的 The New Årsta 铁路桥建于2006年（图9.39）。该桥是连接斯德哥尔摩南部和一新建车站 Årstaberg 之间的道路由两车道升级为四车道的组成部分，改造的目的是为了增大道路的运输容量。该桥是一座非常细长而又复杂的无砟预应力混凝土桥。因此，瑞典国家铁路管理局（Banverket）启动了一个测量计划，用以跟踪与评估或验证其在施工和运营期间的结构应力和变形，并对该桥进行了静态和动态测量及分析。

图9.39 The New Årsta 铁路桥照片

数据参数

桥名与位置：The New Årsta 铁路桥，瑞典斯德哥尔摩

业主：瑞典国家铁路管理局（Banverket）

结构类型：大跨度桥梁

跨度：11跨，48＋78＋78＋78＋78＋78＋78＋78＋78＋78＋65m

结构系统：连续预应力混凝土槽梁桥

结构健康监测起始时间：2003年1月

传感器数量：86个

系统设计者：应变片—皇家理工学院（KTH）土木与建筑工程学系结构设计与桥梁部，光纤传感器（SOFO系统）—SMARTEC

系统实施：大部分的现场安装工作由皇家理工学院（KTH）土木与建筑工程学系结构设计与桥梁部完成

结构介绍

该桥全长 833m，宽 19.5m（图 9.40）。由 10 个截面尺寸为 7m×2.5m 的椭圆形桥墩支承。桥墩高度从 9m 至 25m 不等。火车轨道安装于槽钢内，两侧为高 1.2m 的围栏。桥梁左侧为人行道和自行车道，而东侧为救援车道。为了降低桥身重量并分布受力，通过去除道砟并将钢轨扣件直接内嵌于混凝土结构的方式以减少主梁高度。上部结构采用两种方式建造。桥梁北边部分的曲形截面采用常规的固定式脚手架施工，而桥梁南边部分的直线型截面采用水中框架并逐渐完成单跨施工。这一设计最先由 Foster/Aarup 提出，并修订了两次，最终由丹麦 COWI A/S 顾问公司完成。

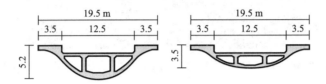

图 9.40 上部结构的细长设计：桥墩上方的最厚位置（左）并向跨中逐渐变细（右）

监测目的

检测的目的是为了验证该桥在施工期间以及运营十年后的各项不确定性，从而获取相关知识并更新规范，尤其针对动态效应。进而为将来同类型结构提供经济安全的解决方案。

静态测量结果表明结构的最大应变和应力均处于容许极限范围内。参考设计规范，未在关键截面发现裂纹。在施工和运营期间研究应变的变化，比较由光纤传感器和应变片获得的数据。安装的监测设备将用来：评估基本频率，振型及阻尼比；评估火车过桥时的动态效应，并考虑车—桥相互作用及轨道不规则的影响；评估桥梁动态特性的长期变化趋势。

测量设备及数据管理（表 9.14）

表 9.14 The New Årsta 铁路桥传感器安装情况

传感器类型	数 量	安装位置
应变片	24	
加速度计	6	
LVDT 位移计	1	如图 9.41 所示
光纤传感器	46	
热电偶传感器	9	

系统类型：基于个人计算机的测量系统。

数据管理：

- 现场数据预分析（统计方法）。
- 在室内进行主要分析、图表展示以及汇编。
- 通过宽带进行数据传输。
- 长期数据库。

结果样例

在此只列出一些早期的结果（图 9.42 和图 9.43），短期内可以获得更多的结果。在得出更进一步的结论之前，需要进行更多的数据采集和分析工作。

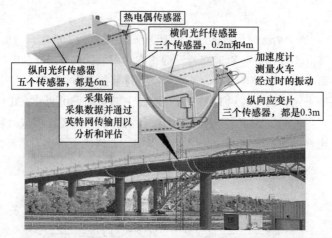

图 9.41   某一特定截面应变片、温度传感器以及加速度计布置图

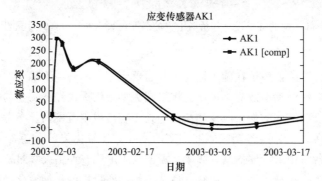

图 9.42   施工期间应变传感器的典型结果（浇筑期），其中一条曲线经过温度补偿

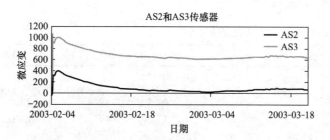

图 9.43   两个光纤传感器获得的早期结果

应用结构健康监测技术的好处

对该桥早期十年运营期进行测量，这就有可能实现例如识别桥梁动态特性的长期变化趋势等工作。

9.14   瑞典 The New Svinesund 大桥

资料由瑞典皇家理工学院（KTH）土木与建筑工程学系结构设计与桥梁部提供

项目简介

正在建造中的 The New Svinesund 大桥是世界上最长单跨拱桥，横跨位于 Svinesund 的 Ide 峡湾（图 9.44）。该桥是欧洲 E6 高速公路的组成部分，是连接 Gothenburg 和 Oslo 所有道路交通的主要通道。The New Svinesund 大桥外表美观，但结构复杂，拥有一个特殊结构形式的极细长构件。由于其设计的独特性以及自身的重要性，瑞典国家公路管理局（Vägverket）启动了一个针对该桥的监测项目。该监测项目的测量工作涵盖阶段测量、测试阶段以及第一个 5 年运营期，由皇家理工学院（KTH）总体协调。如需了解更多相关信息，可以访问该监测项目的主页：http://www.byv.kth.se/svinesund。

图 9.44 瑞典 The New Svinesund 大桥

数据参数

桥名与位置： The New Svinesund 大桥，瑞典与挪威边境

业主： 瑞典国家公路管理局（Vägverket）

结构类型： 拱桥

跨度： 主拱跨度 247m

结构体系： 单个混凝土拱悬吊两个钢箱梁

结构健康监测起始时间： 2003 年 6 月

传感器数量： 58 个（成桥时为 68 个）

系统设计者： 瑞典斯德哥尔摩皇家理工学院（KTH）结构设计与桥梁部

结构介绍

The New Svinesund 大桥是一座公路桥，横跨连接瑞典和挪威的 Ide 峡湾。该桥全长 704m（图 9.45），由普通钢筋混凝土下部结构和钢箱梁上部结构组成。两个桥台之间的主跨约 247m，由普通钢筋混凝土单跨拱及其两侧的钢箱梁桥面板组成。拱顶和桥面板的水平高度分别为 91.7m 和 61m。在拱上升至高于桥面板处，桥面板通过设置于 25.5m 处的中心横梁连接，横梁通过吊杆由混凝土拱支承。

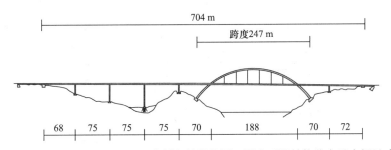

图 9.45 The New Svinesund 大桥整体结构图，图中可见结构节点及大概尺寸

监测目的

该监测项目的主要目的是检查该桥建成后是否满足设计要求，以及竣工后的更多相关情

况。将通过比较实测桥梁结构行为与理论分析结果的方式实现。

测量设备及数据管理（表 9.15）

表 9.15 The New Svinesund 大桥传感器安装情况

传感器类型	数 量	安装位置
振弦式应变片	16	4 个安装于拱脚，4 个安装于桥面板下方，分布于挪威侧与瑞典侧
电阻应变片	8	2 个安装于拱脚，2 个安装于桥面板下方的一个拱段，4 个安装于拱顶
混凝土拱线性伺服加速度计	4	成对安装，随着施工的推进转移至新建拱段。当拱建成后，2 个安装于拱的中点位置，2 个安装于瑞典侧拱的四分之一点位置
桥面板线性伺服加速度计	6	3 个安装于拱的中点位置，3 个安装于拱的四分之一点位置
温度传感器	28	安装于应变片所在截面
周围空气温度传感器	1	安装于瑞典侧拱脚处
三向超声风速仪	1	安装于瑞典侧靠近第一个桥墩的桥面板处，用于测量风速和风向
力传感器	2	用于监测瑞典侧第一对吊杆的受力
LVDT 位移计	2	用于监测拱两侧第一个桥墩的横向位移

数据采集系统包括两个独立的数据子控制单元，由 HBM（Hottinger Baldwin Messtechnik）的基本 MGC 数字前端模块组成。子控制单元分别安装在位于挪威侧和瑞典侧的拱脚处。位于瑞典一侧的子控制系统包括中枢机架式工业计算机，该计算机与 ISDN 电话线路相连，并将数据传输至位于 KTH 的计算机设备，进行进一步的数据分析和显示工作。挪威侧获取的数据通过无线以太网链接传输至位于瑞典侧的中央处理器。采用的录入程序能以 50Hz 的采样频率持续采集所有传感器的数据，而温度传感器的采样频率为 20s 一次，即 0.05Hz。每十分钟取样结束后，对每个传感器的平均值、最大值、最小值、标准差等统计数据进行计算，并存储于一个统计数据文件中，从文件名可以识别出数据记录时的日期和时间段。如果加速度标准差的计算值超过其预警值，则将每十分钟采集的原始数据存储于一个缓存设备中。

结果样例

图 9.46 为位于瑞典侧的拱脚附近一个拱段上表面的应变测量值。后续每个拱段的混凝土

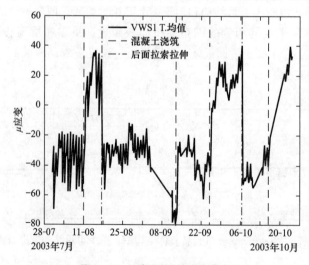

图 9.46 现场测量的应变数据

（注：拱段浇筑日期由虚线表示，拉索拉伸日期由点划线表示）

浇筑均导致钢筋的延长。这是意料之中的事情，因为拱作为一个悬臂结构，新浇筑的拱段将增加结构末端的额外重量，导致拱脚附件拱段的上表面产生拉应力。类似的，拉索会受到拉伸（图中点划线所示），引起钢筋的收缩。

9.15 瑞士 Koppigen-Utzenstorf Z24 大桥

资料由天主教鲁汶大学土木工程学系结构力学部提供

项目简介

Z24 大桥建于 1961 年，于 1963 年完工，横跨伯尔尼至苏黎世的 A1 公路，连接 Koppigen 和 Utzenstorf。该桥共 3 跨，跨度分别为 14m、30m 和 14m，与 A1 公路成一较小的斜角（图 9.47 和图 9.48）。该桥上部由一个双空腹封闭箱梁组成，桥面板用预应力钢筋加固。该桥整体状况良好，但是由于新建铁路线的需要，该桥不得已被拆除。

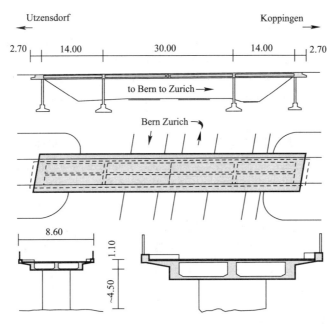

图 9.47 瑞士 Koppigen-Utzenstorf Z24 大桥几何尺寸

图 9.48 瑞士 Koppigen-Utzenstorf Z24 大桥

SIMCES 项目研究了环境因素对桥梁动态特性（固有频率和振型）的影响以及渐进损伤试验（PDT）引起的桥梁动态特性变化规律。目的是为了从试验的角度验证结构健康监测方法的可行性。在损伤发生前后进行振动测量，基于记录的桥梁动态特性改变情况有可能识别损伤。

数据参数

桥名与位置： Z24 大桥，瑞士 Koppigen-Utzenstorf

业主： 伯尔尼州公路处

结构类型： 中等跨径桥梁

跨度： 3 跨，14＋30＋14m

结构体系： 预应力混凝土双空腹封闭箱梁，两个混凝土横隔墙主桥墩，桥台处连接混凝土柱

结构健康监测起始时间： 1998 年 8 月和 9 月

传感器数量：（15＋2）×9 套＋3 个参考通道

系统设计者： 瑞士联邦材料测试与研究实验室（EMPA）

结构介绍

该桥全长 58m，分为 3 跨，分别为 14m、30m 和 14m。以较小倾斜角度横跨 A1 公路。上部由一个双空腹封闭箱梁组成，桥面板用预应力钢筋加固。主桥墩比跨中桥面板布置了更多的钢筋。两个主桥墩由混凝土横隔墙建成，与上部结构整体相连。三个桥台柱两端固定。为了保护锚头，桥面板两端均做外伸处理。

监测目的

SIMCES 项目的目的是验证通过评估土木工程结构振动（动态特性）来评价其结构整体性的可行性。通过施加几种不同的损伤形式，并记录其引起的结构动态特性改变，用以识别相应的结构损伤。在足尺条件下进行环境振动（AVT）和受迫振动（FVT）试验，更多信息可以参见网站：http://www. kuleuven. ac. be/bwm/IMAC/index. html。

可通过 FEMu 解决这一逆问题（参见第 7.1.3 节）。例如，作为一种损伤形式，将右侧桥墩降低 95mm，这将导致该桥墩上方的主梁产生裂纹。目的是利用试验动态特性通过有限元模型更新的方式识别主梁刚度降低。仅 AVT 试验结果被用于有限元模型更新。

测量设备及数据管理（表 9.16）

表 9. 16　Z24 大桥传感器安装情况（AVT 试验）

传感器类型	数　量	安装位置
加速度计	15	桥面板
加速度计	2	桥墩（9 套）
加速度计	3	参考通道（9 套）

系统类型： 基于个人计算机的测量系统。

数据管理：

· 现场数据预分析（数据简化和频率分析）。

· 原始数据，详情参见网站：http://www. kuleuven. ac. be/bwm/IMAC/index. html。

· 主分析，由 SIMCES 项目的不同参与单位执行（可以获取 KUL 结果）。

· 图形显示及汇编，请参见网站：http://www. kuleuven. ac. be/bwm/IMAC/index. html

和 http：//www. kuleuven. ac. be/bwm/Z24/index. html。

数据分析程序

分析类型：动力分析，试验模态分析，损伤指标。

软件：系统识别—随机子空间识别技术，有限元模型更新—自开发软件（基于 MATLAB）。

其他特点：仅基于输出的时域系统识别，使用固有频率和振型。

结果样例

基于等效刚度特性建立该桥的梁单元模型。以梁单元的弯曲和扭转刚度减少表示损伤（图 9.49）。通过有限元模型更新识别整体的实际损伤模式。试验结果与更新的有限元模型数据具有良好的相关性（图 9.50）。

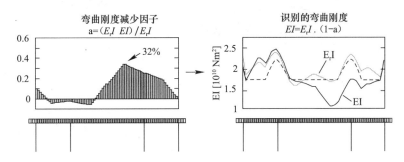

图 9.49　识别的主梁弯曲刚度及其相对减少量

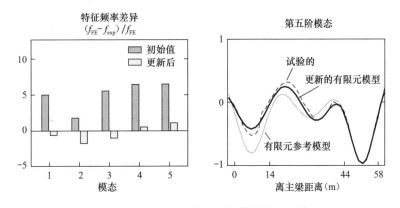

图 9.50　试验模态数据与数值结果的比较

应用结构健康监测技术的好处

基于桥梁的试验模态特性，通过逆分析可以识别施加的损伤模式。实际结果表明该非破坏性的基于振动的损伤识别方法是可行的。

9.16　法国桑利斯 Roberval 大桥

资料由法国道桥中央实验室（LCPC）结构行为与耐久性分部以及测量与仪器分部提供
项目简介

Roberval 大桥位于里尔至巴黎的 A1 公路（图 9.51）。按照桥梁设计规范，该桥是一座重载承重桥。

图 9.51 法国桑利斯 Roberval 大桥

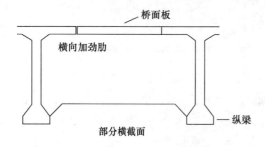

图 9.52 Roberval 大桥部分横截面图

结构健康监测起始时间： 2001 年 9 月

传感器数量： 33 个通道

系统设计者： 法国道桥中央实验室（LCPC）结构行为与耐久性分部以及测量与仪器分部

结构介绍

监测的桥跨是单向三车道公路断面的一部分（里尔至巴黎），长 34m，宽 13.9m，有 5 个工字型支撑预应力梁。

监测目的

监测的目的是记录荷载及重载效应，并建立数据库（WIM 数据—应变峰值）用以校准桥梁荷载规范。

测量设备及数据管理（表 9.17）

数据参数

桥名与位置： Roberval 大桥，靠近法国桑利斯的 A1 公路（里尔至巴黎）

业主： 桑利斯市 SANEF 区

结构类型： 中等跨度桥梁

跨度： 16 跨，每跨长 33m

结构体系： 独立桥跨梁桥，交叉支撑的后张拉混凝土梁，混凝土桥面板（图 9.52）

表 9.17 Roberval 大桥传感器安装情况

传感器类型	数 量	安装位置
应变片	31	位于预应力主梁和桥面板
动态称重（WIM）系统	两个车道	
温度传感器	2	
附加仪器：加速度计用于环境作用下的模态分析	6	位于预应力主梁

系统类型： 基于个人计算机的测量系统。

数据管理：

- 数据预分析（现场峰值分析）。
- 在室内进行主要分析、图表展示以及汇编。
- 通过宽带进行数据传输。
- 长期数据库。

数据分析程序

分析类型：统计分析，雨流计数分析，峰值分析，环境振动模态分析。

软件：自开发软件（REVE），Catman4.0（HBM 软件）。

结果样例

图 9.53 为应变片输出结果，图 9.54 为应变片安装位置。

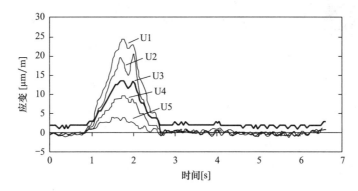

图 9.53　车道 1 通行重载时的弯曲应变分布

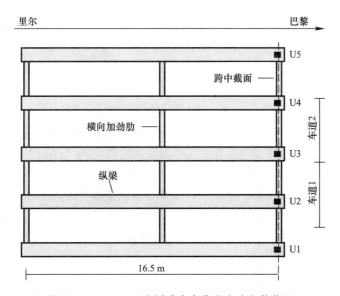

图 9.54　Roberval 大桥跨中弯曲应变片安装位置

应用结构健康监测技术的好处

评估交通荷载效应（极值—动态放大因子）。

9.17 法国波尔多 Saint-Jean 大桥

资料由法国波尔多公共工程实验室及法国道桥中央实验室（LCPC）提供

项目简介

Saint-Jean 大桥位于法国波尔多（图 9.55），建于 1965 年。该桥的建造是为了缓解 Pierre 大桥的交通压力。与大多数当时建造的预应力混凝土桥梁一样，在未考虑热力行为的情况下，预应力未能达到标准。为了确定预应力钢筋是否起到所用及验证计算结果，波多尔市政府对其进行了试验研究，其中包含结构健康监测。

图 9.55 法国波尔多 Saint-Jean 大桥

数据参数

桥名与位置： Saint-Jean 大桥，法国波尔多

业主： 法国波尔多市政府

结构类型： 中等跨径桥梁

跨度： 8 跨，15.4＋67.76＋4 × 77.00＋67.76＋15.4m

结构体系： 三箱梁预应力混凝土桥

结构健康监测起始时间： 2000 年，本文结果始于 2003 年 11 月

传感器数量： 26 个

系统设计者： 波尔多公共工程实验室

结构介绍

Saint-Jean 大桥位于波尔多市，是一座三箱梁桥，全长 474m。该桥共 8 跨，其中 4 跨长 77m，两侧的两组边跨长分别为 67.76m 和 15.4m。由于首尾两跨相对较短（0.23 倍），因此需要特别注意控制其矢跨比。桥箱梁高 3.3m。

监测目的

此次检测工作具有双重意义。首先，是为了监测桥梁的热力行为，尤其是对两个箱梁之间的节点的监测。暴露在最外面的节点（由观测和计算均可发现）位于第三跨，位于第四跨的稍微外露的节点通过观测难以识别。采用标准的传感器完成测量工作，包括 LVDT 位移计和应变片。

第二个目的是评估传感器长度对其精度的影响及其长度的合理选择。在上述区域安装了长度在 10～40cm 之间的传感器。将两种超长传感器与传统传感器进行了对比，包括光纤传感器（OFS）和振弦式传感器（VWS）。利用这些传感器测量温度引起的应变，包括一天之中白天—晚上的循环变化，以及一年之中冬季—夏季的循环变化（从 2003 年 11 月开始），测量工作持续超过 3 个星期。

测量设备及数据管理（表 9.18）

系统类型： 基于个人计算机的测量系统。

数据管理：

• 现场数据预分析。

• 在室内进行主要分析、图表展示以及汇编。

表 9.18　Saint-Jean 大桥传感器安装情况（AVT 试验）

传感器类型	数　量	安装位置
温度传感器	6	
LVDT 位移计	2（10cm）	第一个长 77m 的桥跨外露节点，
光纤传感器（OFS）	2（60cm，200cm）	第二个长 77m 的桥跨细小节点，
LVDT 位移计	1	第二个长 77m 的桥跨外露节点，
振弦式传感器（VWS）	1（50cm）	普通混凝土桥面
光纤传感器（OFS）	2（200cm，50cm）	
LVDT 位移计	2	
振弦式传感器（VWS）	4（2×50cm，2×250cm）	
光纤传感器（OFS）	2（50cm，400cm）	
应变片	1	
LVDT 位移计	1（10cm）	
振弦式传感器（VWS）	1（50cm）	
光纤传感器（OFS）	1（25cm）	

应用结构健康监测技术的好处

通过视觉检查发现问题，在原始文件的基础上进行计算，然而原始文件经常会遗失或不完整。结构健康监测技术可以验证计算结果。因为预应力钢筋是否正常工作有赖于这些计算，因此验证工作十分重要。同时，我们可以利用标准仪器（应变片和 LVDT 位移计）研究不同类型的传感器，比较它们随着传感器长度的不同，适用性和精度的差异。

9.18　丹麦—瑞典 Øresund 大桥

资料由 LMS 国际公司提供

项目简介

Øresund 大桥建于 2000 年 7 月（图 9.56），是跨越 Øresund 海峡连接丹麦哥本哈根和瑞典 Malmø 的海上通道的重要组成部分，该通道还包括一个隧道和一个人工岛。业主十分关心斜拉索在强风环境下的振动以及在火车或重载车辆作用下的桥梁变形。

数据参数

桥名与位置：Øresund 大桥，丹麦—瑞典

业主：Øresundsbro Konsortiet（www. oeresundsbron. com）

结构类型：斜拉桥

跨度：49 跨引桥（7 个跨长 120m，42 个跨长 140m），斜拉桥部分包括两个边跨（跨度分别为 160m 和 141m），以及航道上方的主跨，跨度为 490m。

结构体系：该桥的双层设计十分独特，上层为四车道公路，下层为双轨道铁路。H 形桥塔两侧各有 10 对

图 9.56　丹麦—瑞典 Øresund 大桥

斜拉索将塔柱与桥面板相连

　　结构健康监测起始时间：2000 年 7 月

　　传感器数量：55 个

　　系统设计者：瑞士苏黎世 GeoSIG 公司。

　　结构介绍

　　如图 9.57 所示的横截面图。

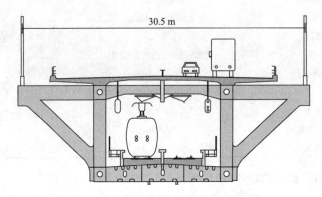

30.5 m

图 9.57　Øresund 大桥横截面图

　　监测目的

　　业主十分关心斜拉索在强风环境下的振动以及在火车或重型车辆作用下的桥梁变形。在一天内，监测系统主要用于事件记录与数据存档。在 SAMCO 网络合作研究框架下，拉索动态数据用于识别索力，桥面板和桥塔的振动数据用于确定桥梁的结构模态参数。

　　测量设备及数据管理（表 9.19）

表 9.19　Øresund 大桥传感器安装情况

传感器类型	数　量	安装位置
应变片 （LV3400VS0）	19	12 个应变片安装于 3 个拉索钢支架，每边 1 个。2 个安装于铁轨层混凝土，5 个安装于桥面板下方。这些传感器主要用于观测由于强风和火车荷载引起的扭转。
三轴力平衡加速度计（AC-53）	22	16 个安装于拉索用于测量其振动情况。东侧桥塔的两个塔顶也安装了加速度计，4 个安装于桥面板。这些传感器用于监测在强风荷载作用下的拉索振动以及在火车和汽车荷载作用下的桥梁响应。
温度传感器 PT100	12	大部分安装于桥塔。这些传感器用于测量温度，并与应变片测量结果建立相关性。
气象站	2	用于测量风速、风向（1172T）、空气湿度以及空气温度（RHA1）。1 个安装于桥塔顶部，1 个安装于桥面水平。风场测量结果可以作为拉索振动的参考信息。空气湿度和温度提供气象信息。

　　系统类型：基于个人计算机的测量系统。

　　数据管理：

- SEISLOG 控制 CR-4 系统并从 DSP 板获取数据。

- CENTRAL 提供远程访问 CR-4 系统的操作界面。

- CMS（土木监测系统）处理系统获得的静态数据。

数据分析程序

分析类型： 当前状态、统计分析、超限预警、运行模态分析。

软件： GeoSIG 公司软件、LMS 国际公司软件。

结果样例

如图 9.58 和图 9.59 所示。

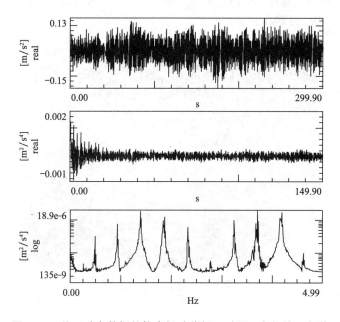

图 9.58　基于动态数据的拉索振动分析：时程、自相关、自谱

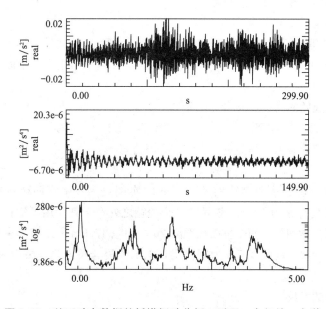

图 9.59　基于动态数据的桥塔振动分析：时程、自相关、自谱

9.19 中国香港汀九桥

资料由香港理工大学提供
项目简介

汀九桥全长 1177m（图 9.60），是一座三塔斜拉桥，双向三车道，横跨香港蓝巴勒海峡。它是连接香港岛、九龙、新界和中国大陆与赤腊角新机场的重要通道。经过 44 个月的设计和施工，该桥于 1998 年 5 月建成通车。

图 9.60 中国香港汀九桥

数据参数

桥名与位置： 汀九桥，中国香港

业主： 香港特别行政区政府路政署

结构类型： 斜拉桥

跨度： 4 跨，中间两个主跨分别为 475m 和 448m，两侧两个边跨分别为 127m

结构体系： 3 个单柱桥塔由稳固拉索加强，384 根拉索分布于 4 个索面，与两个分离式桥面板相连

结构健康监测起始时间： 1998 年 11 月

传感器数量： 7 类，236 个

系统设计者： 辉固岩土工程服务（香港）有限公司

结构介绍

汀九桥是为数不多的采用多跨斜拉桥形式的实例之一。中间两个主跨分别为 448m 和 475m，两侧两个边跨分别为 127m。该桥的一个独特之处在于其采用了细长单柱桥塔，桥塔横向和纵向均由稳固拉索加强。两个桥面相距 5.2m，间隔 13.5m 由工字形主横梁连接。每个桥面的两侧是两根纵钢梁，间隔 4.5m 为钢横梁，上部为复合桥面板。桥面由 384 根拉索支承，分布于 4 个索面。

损伤识别方法的发展

由于大多数基于振动的损伤识别方法都需要一个精细化的或经过验证的分析模型作为基准

参考，因此需建立一个包含超过 5500 元素的汀九桥三维有限元模型。该模型为构件层次的损伤模拟、损伤灵敏度特征识别以及检验损伤识别方法的适用性提供基础。

基于桥梁安装的传感器，发展基于神经网络的多级结构损伤识别策略。提出的多级诊断机制目的是为了连续识别结构损伤的发生、位置、类型及程度。图 9.61 为提出的奇异指标在损伤识别中的性能。利用整体特征频率和局部模态组分，多奇异指标可以定位损伤区域。通过可行性研究表明，仅用测得的固有频率奇异指标可以识别损伤，即使损伤引起的频率改变低于干扰噪音水平。

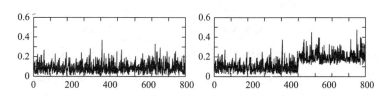

图 9.61 无损伤结构（左）和有损伤结构（右）的奇异指标性能

监测目的

香港特别行政区政府路政署设计了一个复杂的长期监测系统——风与结构健康监测系统（WASHMS），并将其安装于香港的三座大跨度索承桥，包括青马大桥（悬索桥），汲水门大桥（斜拉桥）以及汀九桥（斜拉桥），用于监测其在运营期间的结构健康和性能状况。该在线监测系统共含约 800 个不同种类的永久安装于桥上的传感器（表 9.20），其主要目的包括：

- 监测三座桥梁的结构健康（安全）状况。
- 为制定检测与维护工作提供参考信息。
- 验证设计假定和参数用于将来索承桥的建造。

表 9.20 汀九桥传感器安装情况

传感器类型	数 量
风速仪	7
温度传感器	83
加速度计	45
应变片	88
位移计	2
动态称重系统（WIM）	6
全球定位系统（GPS）	5

结果样例

该在线监测系统的所有传感器实施全天 24 小时连续监测。汀九桥获取的原始数据以二进制格式存储，每小时约 56MB 的数据量。实测数据每小时进行一次存档和备份，每个数据文件对应一个采集通道。基于一年的监测数据，开发一个数据管理系统。图 9.62 为实测数据时程曲线图样例。

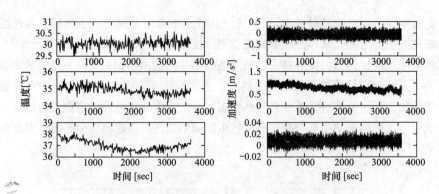

图 9.62 温度（左）和加速度（右）实测数据

研究运营条件与环境因素对桥梁模态特性的影响。基于此目的，挑选了共 770 小时数据，包括 1999 年 2 月、3 月、6 月、7 月、8 月以及 12 月的实测数据。图 9.63 为所选的 20 个传感器的 1 小时平均温度。图 9.64 为识别的模态频率。统计计算结果表明实测频率的标准差可以达到 4.3×10^{-3}。频率的变化是由于运营与环境状态的改变。如此变化量有可能掩盖由于实际结构损伤引起的频率变化。因此，区分由于结构损伤引起的动力特性非正常改变量与自然变化引起的正常改变量将显得极其重要。

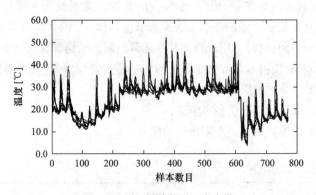

图 9.63 汀九桥实测温度变化

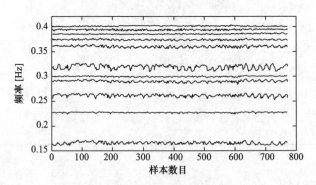

图 9.64 汀九桥识别的频率变化

应用结构健康监测技术的好处

汀九桥实施的结构健康监测技术有如下好处：

- 采集真实荷载效应与桥梁响应信息，用于评估设计参数与假定。

- 提供有价值数据，用于验证和更新面向损伤的结构模型以及识别损伤敏感特征。
- 为验证损伤识别方法的可行性和可靠性提供数据。
- 帮助制定维护和修复计划，结合解析模型预测结构退化。

9.20　丹麦 Skovdiget 大桥（桥墩）

资料由 RAMBØLL-桥梁维护与材料技术公司提供

项目简介

Skovdiget 大桥位于丹麦哥本哈根北部（图 9.65），建于 1965 年，是城市交通主干道的组成部分，同时也承担重型荷载。该桥是丹麦最繁忙的公路线路，每天输送约 60000 名旅客，下方的火车线路每天输送约 6000 名旅客。目前，该桥西部桥体的桥墩出现严重破坏，其基础和不久前失效的 Fiskebæk 大桥一样。因此，对其桥墩进行监控以确保其未来的结构性能。

图 9.65　丹麦哥本哈根 Skovdiget 大桥

数据参数

桥名与位置： Skovdiget 大桥，丹麦哥本哈根

业主： 丹麦公路指挥部

结构类型： 中等跨径桥梁

跨度： 11 跨，9.4＋17.2＋20.2＋6 × 20.1＋24.3＋14.5m

结构体系： 预应力混凝土桥，空心主梁和横梁，混凝土桥墩支承

结构健康监测起始时间： 1975 年和 2000 年夏

传感器数量： 共 47 个，位于桥墩处

系统设计者： 丹麦 RAMØLL

结构介绍

该桥上部结构由两个空心预应力混凝土梁组成，其中有许多封闭单元。两座平行桥梁的桥面板由两根主梁和 111 根预应力横梁连接。上部结构由众多桥墩支承，分布于每根主梁下方。该桥全长 220m，由两座平行的独立桥梁组成。其中东侧的桥梁在 1975 年进行过一次大修，然而西侧的桥梁只是进行了简单的防雨整修。因此，从 1975 年开始便一直对西侧桥梁进行监控。

监测目的

有必要确认桥梁基础未出现不可预期的沉降，桥墩没有发生移位并能起到良好的支撑作用。同时有必要检查桥墩的退化情况，尤其要确保钢筋的锈蚀未导致承载能力的大幅下降。

测量设备及数据管理（表 9.21）

表 9.21 Skovdiget 大桥传感器安装情况

传感器类型	数　量	安装位置
倾斜仪	40	每个桥墩安装 2 个
腐蚀风险传感器（ERS）	5	
腐蚀风险传感器（CorroRisk）	20	地面以上 0.1～2.0m 的桥墩内部
湿度计（HUM）	3	
湿度计（MRE）	3	
温度传感器（PT100）	3	上部结构的附加传感器未列入本表
温度传感器（其他类型）	3	
氯离子传感器（CHL）	10	

系统类型：基于数据采集仪的测量系统，人工测斜读数系统。

数据管理：

- 现场数据预分析（噪声滤波）。
- 在室内进行主要分析、图表展示以及汇编。
- 通过调制解调器进行数据传输。
- 长期数据库（SMART Light）。
- CMS（土木监测系统）处理系统采集的静态数据。

数据分析程序

分析类型：均值与额外的噪声过滤。

软件：SMART Light 与 Excel。

其他特点：无专家系统。

结果样例

到目前为止，桥墩和基础的工作状态良好，桥墩顶部的支座位移较小（由于温度变化引起）。超过 30 年的倾斜仪测量数据表明桥墩一直保持竖直状态。连续监测结合电阻和腐蚀电压的无损检测结果，验证了秋季期间的腐蚀电压无损检测结果趋于保守。无损检测技术和监测相当吻合（图 9.66），提供了变化的总体情况以及变化的时间。将通过无损检测获得的腐蚀电压结果与 CorroRisk 传感器的测量结果进行比较。无损检测获得的腐蚀电压结果与钢筋的真实状态相关，由此可以较好地评估钢筋的状态以及将来的腐蚀风险。评估结果表明，在桥墩的一些区域存在较高的腐蚀风险，需对腐蚀率进行检查。每年秋季会利用无损检测设备对显著暴露的桥墩进行腐蚀率检查，结果发现具有很大的时变性（图 9.67）。然而，结果表明目前的腐蚀率水平不会导致钢筋的严重损失。

应用结构健康监测技术的好处

通过检查桥墩和基础的工作性能，确认了桥墩和基础是没有问题的。将无损检测和连续监测的腐蚀风险结果相结合，可以识别危险点的位置、正确的检测周期以及腐蚀风险随时间的变化情况。这种结合同样可以对腐蚀率进行保守评估，从而确认钢筋面积的损失不会即刻减少桥墩的安全性能。在过去的 5 年内，埋入混凝土内的传感器工作正常，可以良好地记录目前混凝土的状态以及钢筋的腐蚀风险。

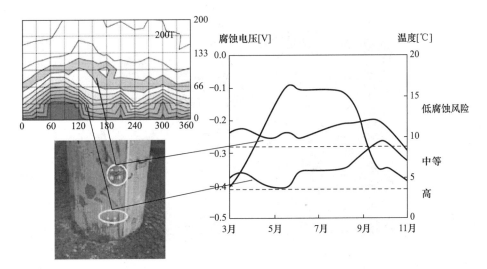

图 9.66 Skovdiget 大桥桥墩温度测量结果实例

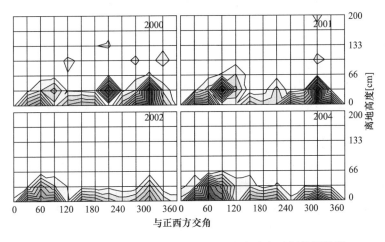

图 9.67 2000 年秋季至 2004 年桥墩的腐蚀率无损检测结果

9.21 丹麦 Skovdiget 大桥（上部结构）

资料由 RAMBØLL—桥梁维护与材料技术公司提供

项目简介

Skovdiget 大桥位于丹麦哥本哈根北部（见图 9.66），建于 1965 年，是城市交通主干道的组成部分，同时也承担重型荷载。该桥是丹麦最繁忙的公路线路，每天输送约 60000 名旅客，下方的火车线路每天输送约 6000 名旅客。该桥西面部分的上部结构在关键部位受到了严重的损伤（图 9.68），同时又面临交通流量的日益增加。为了检查其防水和泄洪设施的更换效果，同时也为了跟踪结构关键部位的腐蚀率，对该桥的主梁进行监控。为了真实地统计荷载和频率的变化情况以及指导有限元建模，对应变的变化情况也进行了同步采集。

图 9.68　丹麦哥本哈根 Skovdiget 大桥上部结构

数据参数

桥名与位置： Skovdiget 大桥，丹麦哥本哈根

业主： 丹麦公路指挥部

结构类型： 中等跨径桥梁

跨度： 11 跨，9.4＋17.2＋20.2＋6 × 20.1＋24.3＋14.5m

结构体系： 预应力混凝土桥，空心主梁和横梁，混凝土桥墩支承

结构健康监测起始时间： 2000 年，2003 年进行了升级

传感器数量： 共 63 个，位于上部结构

系统设计者： 丹麦 RAMØLL

结构介绍

　　该桥上部结构由两个空心预应力混凝土梁组成，其中有许多封闭单元。两座平行桥梁的桥面板由两根主梁和 111 根预应力横梁连接（图 9.69）。上部结构由众多桥墩支承，分布于每根主梁下方。该桥全长 220m，由两座平行的独立桥梁组成。其中东侧的桥梁在 1975 年进行过一次大修，然而西侧的桥梁只是进行了简单的防雨整修。因此，从 1975 年开始便一直对西侧桥梁进行监控。

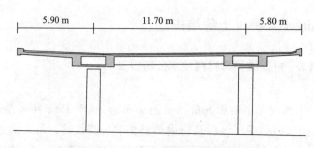

图 9.69　Skovdiget 大桥横截面图

监测目的

　　初步的检测结果发现结构已经发生严重的局部损伤。从 2000 年起，对氯离子的侵蚀以及

湿度和腐蚀电压的变化情况进行了跟踪调查。有必要确定主梁损坏最严重部位的钢筋状况，并确定其腐蚀率。为了掌握桥梁交通荷载的总体真实变化情况，有必要采集交通荷载信息。

测量设备及数据管理（表 9.22）

表 9.22　Skovdiget 大桥上部结构传感器安装情况

传感器类型	数　量	位　置
应变传感器（基于光纤）	7	两个主梁安装 5 个，两个横梁安装 2 个。
腐蚀率传感器（CorroEye）	10	铁路上方的空心单元以及停车场上方退化的空心单元
湿度传感器（HUM）	10	
腐蚀风险传感器（ERS）	1	
腐蚀风险传感器（CorroRisk）	12	
湿度传感器（HUM）	7	边梁、主梁以及部分横梁
湿度传感器（MRE）	7	
温度传感器（PT100）	4	
氯离子传感器（CHL）	5	

系统类型：基于个人计算机的应变测量系统，CorroEye 手动读数系统，其他传感器数据记录仪。

数据管理：

- 现场数据预分析（评估、极端荷载平均值及识别、数据存储）。
- 在室内进行主要分析、图表展示以及汇编。
- 通过调制解调器进行数据传输。
- 长期数据库（SMART Light）。
- CMS（土木监测系统）处理系统采集的静态数据。

数据分析程序

分析类型：转换应变为桥梁的荷载大小、速度以及位置，转换腐蚀电流为腐蚀率。

软件：SMART Light 和 Excel。

其他特点：SMART Light 包含的嵌入式传统桥梁管理设施。

结果样例

利用 Galvapulse 设备应用无损检测方法对腐蚀率进行了多次检测。结果证实尽管目前对防水设施进行了翻新，但明显的腐蚀率还是会限制结构的使用寿命。

无损检测需要对电动铁路交通进行调整（图 9.70），因此，通过安装腐蚀率传感器，在不影响交通的情况下对腐蚀率进行监测。通过检测、有限元模型计算以及监测获得的腐蚀率均表明，该桥在 10 年内将出现承重能力不足，需要进行加固、更新或是对其交通荷载进行更详细的评估。

自从 2000 年以来，利用光纤传感器对变形进行了连续的监测，采样频率为每秒 25 次。每小时对测量结果进行均值计算。系统会识别重型车辆的通过情况，并将过车前后大概 10s 内的应变数据记录在案（图 9.71）。如此一来，可以完整地记录重型车辆的数目、重量、位置以及行驶速度。

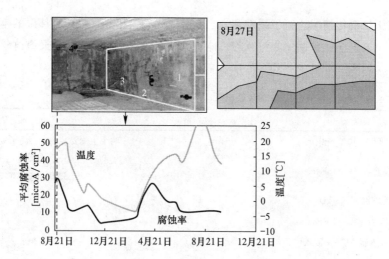

图 9.70　2003 年 8 月 27 日应用无损检测获得的一个空心单元的
腐蚀率图以及 CorroEye 传感器相应测得的平均腐蚀率

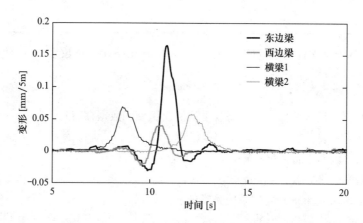

图 9.71　重载货车经过时测得的应变变化情况

应用结构健康监测技术的好处

对退化参数（氯离子、湿度、温度和腐蚀电压）的检测与视觉检查结果证实了监测工作的
必要性。在不干扰交通的情况下，利用对腐蚀率的监测提供了关键结构部位的真实腐蚀率记
录。无损检测与传感器监测的综合应用提供了结构大面积的一般情况以及随时间的变化记录。
通过录入重载货车通行数据，可以建立改进的荷载模型，有利于下一阶段的结构安全概率评
估，并能延长结构的使用寿命。

9.22　俄罗斯莫斯科 Bolshoj Moskvoretsky 大桥

资料由 Smartec SA 公司提供

项目简介

Bolshoj Moskvoretsky 大桥横跨莫斯科河，由苏联著名的建筑师 A. Shjusev 于 1936 至 1937
年期间设计建造（图 9.72）。该桥位于莫斯科的历史文化中心地区，毗邻克里姆林宫，是通往

红色广场的其中一条城市主要交通线路的组成部分。该桥已被列为"功能性建筑遗产"而受到国家保护。

图 9.72　俄罗斯莫斯科 Bolshoj Moskvoretsky 大桥

数据参数

桥名与位置：Bolshoj Moskvoretsky 大桥，俄罗斯莫斯科

业主：莫斯科政府

结构类型：钢筋混凝土拱形箱梁桥，用天然石材进行外表装饰，总长约 250m

跨度：3 跨，43＋92＋43m

结构体系：三个平行拱，每个拱横截面包含三个箱体，由沿桥梁轴线方向的 350～450mm 厚的隔离墙以及沿垂直于桥梁轴线方向的带维护通道的横隔墙分隔。上部结构由桥面板以及安装于上述隔离墙体之上的支撑组成

结构健康监测起始时间：2003 年 7 月

传感器数量：22 个

系统设计者：瑞士 SMARTEC SA 公司，俄罗斯 ZAO Triada-Holding 公司

结构介绍

该桥有 8 个行车道，2 个人行道，通过路缘隔开（图 9.73）。发生了两种形式的退化现象：一种是桥台沉降引起的石料衬砌和结构组件的开裂，另一种是氯离子渗透至结构内部引起钢筋锈蚀。考虑到近 70 年运营后出现的上述桥梁退化现象，以及其在功能性和历史性方面的重要地位，主管部门决定对该桥的结构行为进行连续监测。

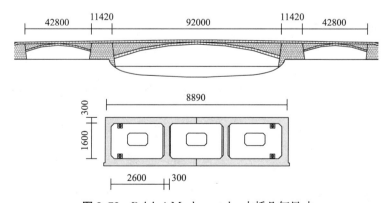

图 9.73　Bolshoj Moskvoretsky 大桥几何尺寸

监测目的

监测的目的是为了加强对结构行为的了解。安装标准 SOFO 传感器连续监测沿拱肋水平和

竖直方向的平均应变（表 9.23），并安装热电偶传感器用以消除温度的影响。

表 9.23 Bolshoj Moskvoretsky 大桥传感器安装情况

传感器类型	数　量	位　置
标准 SOFO 传感器	16	拱中心
热电偶传感器	6	

结果样例

SOFO 系统的安装于 2003 年 7 月完成，并启动了长期监测工作。对积累的数据执行进一步的解释和分析。图 9.74 为缺陷样图，图 9.75 为测量结果样例。

图 9.74 缺陷样图：结构组件裂缝（左）和外表面裂缝（右）

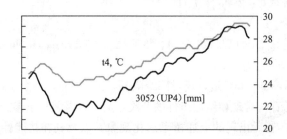

图 9.75 Bolshoj Moskvoretsky 大桥温度和位移相关曲线

应用结构健康监测技术的好处

- 通过数据采集更好地了解结构行为，以提高安全性能，并降低维护成本。
- 持续的远程监测。
- 建立创新性系统（其中一部分为复杂的数据解释软件），可以比较分析桥梁行为的全面信息。

9.23　瑞士 Versoix 大桥

资料由 SMARTEC SA 公司提供

项目简介

Versoix 大桥位于 Versoix 市附近，横跨 Versoix 河（图 9.76）。该桥是 A1 高速公路的重要组成部分，连接瑞士洛桑和日内瓦两个主要城市，每天有 60000 辆的通车量。1996～1998 年期间，该桥进行了翻新和拓宽，在两个行车方向上均增加了一条附加安全车道（图 9.77）。由于在原有结构的基础上新增了不对称的混凝土重量，产生的不均匀收缩变形问题降低了结构性能。

图 9.76　瑞士 Versoix 大桥

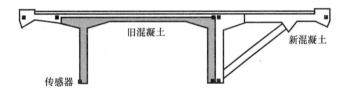

图 9.77　Versoix 大桥横截面和 SOFO 传感器布置图

数据参数

桥名与位置：Versoix 大桥，瑞士 Versoix

业主：日内瓦州政府

结构类型：中小跨径桥梁（36m 和 56m）

跨度：2 个边跨为 36m，4 个中跨为 56m

结构体系：双子桥，两个预应力连续梁，由沿悬臂钢梁桥面板分布的横隔撑加强

结构健康监测起始时间：1996 年

传感器数量：120 个

系统设计者：IMAC-EPFL，瑞士洛桑联邦理工学院

结构介绍

旧的 Versoix 大桥由两座 6 跨混凝土桥组成，每座桥的桥面板放置于由横隔板加固的两个连续梁之上。两座桥均经过翻新和拓宽。纵梁用新的预应力混凝土结构加固，桥面板向外悬挑并由斜钢梁支撑。

监测目的

对 Versoix 大桥安装传感器监测其长期性能，尤其是结构新旧部分的相互作用关系。因此，监测的参数包括：旧混凝土结构平均应变、新旧混凝土结构相互作用、水平和竖向平面的平均曲率分析、扭转识别以及水平和竖向位移分布。应用 SOFO 光纤传感器并进行长期自动远程监测（表 9.24）。安装 K 型热电偶传感器测量温度应变，在桥台安装力传感器用以控制受力大小。

表 9.24　Versoix 大桥传感器布置情况

传感器类型	数　量	位　置
SOFO 光纤传感器	104	1~2 跨
K 型热电偶传感器	12	1~2 跨
力传感器	4	桥台

结果举例

通过早期的测量可以在裂缝发展到足够长之前进行预测，并优化混凝土的混合配比用于连续浇筑。成对界面传感器的测量结果证实了新旧混凝土界面良好的连接。对曲率进行二次积分获得荷载试验时的纵向位移（图 9.78），对由于新增混凝土的不对称导致的桥梁水平弯曲进行了观察和测量，安装单个传感器用以测量混凝土的长期收缩徐变以及由于季节温度变化引起的变形（图 9.79）。

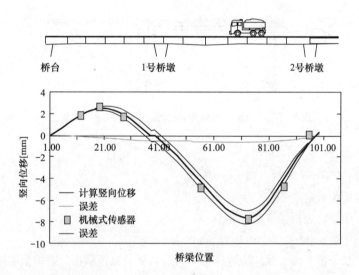

图 9.78　Versoix 大桥在荷载试验时的纵向位移

应用结构健康监测技术的好处

对 Versoix 大桥应用结构健康监测技术有如下好处：

- 获取与桥梁结构行为相关的长期监测数据。
- 在第一次混凝土浇筑后对其混合配比进行改进。
- 为验证新旧混凝土之间的相互作用提供条件。

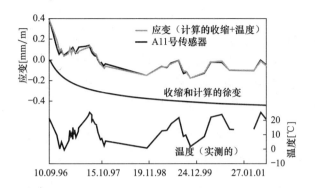

图 9.79　单个传感器 5 年测量结果以及流变应变评估

通过 7 年的连续监测得出以下结论：

- 结构的整体性良好，未出现分层现象。
- 混凝土的性能演变处于模型预测范围之内。

9.24　中国香港青马大桥

资料由 TNO TPD，光学仪器部门提供

项目简介

青马大桥是目前世界上最长的公铁两用悬索桥（图 9.80），全长 2.2km。该桥有两层桥面，上层为双向三车道公路，下层包括两条铁路轨道和两个单向紧急车道，该紧急车道用于维护以及在一定的台风速度范围内确保往来香港国际机场的交通不会中断。除了一些常规的传感器，香港理工大学光子研究中心在桥上安装了光纤布拉格光栅传感器用以测量振动、应变分布以及悬索拉力。

图 9.80　中国香港青马大桥

数据参数

桥名与位置：青马大桥，中国香港

结构类型：悬索桥（两条主缆索）

主跨：1377m

全长：2.2km

主缆：直径 1.1m

航运净空：62m

传感器数量：超过 350 个

结构介绍

青马大桥为双层桥面悬索桥，其主跨完全悬浮，由两座门式钢筋混凝土桥塔支承（图9.81）。桥面由两个主缆悬挂并穿过桥塔，在两端由巨型混凝土锚定。桥面板宽 41m，高7.5m，由纵向桁架和横梁混合布置。主跨桥面板和马湾边跨桥面板均由吊杆悬挂于主缆，吊杆间距 18m；而青衣边跨桥面板由三个混凝土桥墩支承，桥墩间距 72m。

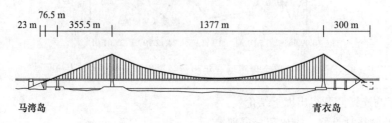

图 9.81 青马大桥几何尺寸

监测目的

青马大桥上的传感器作为早期预警系统可以提供重要信息，帮助香港路政署准确监测桥梁的整体健康状况，包括结构耐久性、可靠度以及完整性。传感器包括应变计、GPS 定位传感器、加速度计、液位传感器、温度传感器以及动态称重传感器（表 9.25）。本项目主要关注光纤布拉格光栅在应变测量中的应用，并将其与传统应变计进行对比。

表 9.25 青马大桥传感器安装情况

传感器类型	数　量	位　置
FBG 应变传感器	10	23 号截面金属构件
FBG 温度传感器	1	23 号截面金属构件
FBG 应变传感器	9	桥塔伸缩支座
FBG 温度传感器	1	桥塔伸缩支座
FBG 应变传感器	1	悬索

测量设备与数据管理

系统类型：用于光纤布拉格光栅传感器阵列的 TNO 高速密通多路分解/解调系统。

数据管理：

• 数据记录。

• 主要分析（统计分析，频率分析），图形展示，office 汇编。

数据分析流程

分析类型：统计分析，频率分析。

软件：自开发软件。

结果样例

FBG 传感器测得的结果与传统应变计的测量结果进行对比（图 9.82）。尽管两类传感器的安装位置并非完全一致，但结果具有很好的相似性。火车及重车荷载可以被明显测得。

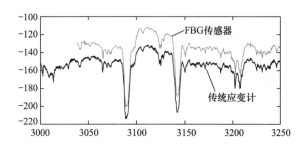

图 9.82　FBG 传感器与传统应变计测量结果对比（FBG 传感器数据已进行人为偏移）

应用结构健康监测技术的好处
- 提供信息用以确定桥梁关键构件的应力应变分布情况。
- 归档不正常荷载事件，如台风、地震、超载以及船舶撞击桥墩。
- 识别桥梁关键构件的损伤或累积损害。
- 提供信息用以制定经济合理的维护方案。

9.25　英国 A14 Huntingdon 铁路高架桥

资料由 TRL 有限公司提供

项目简介

A14 Huntingdon 铁路高架桥是 A14 双车道公路剑桥通往凯特灵路段的组成部分（图 9.83）。通过对该结构进行特殊检测发现钢筋导管中存在孔洞、水和氯化物，但未发现钢筋发生严重腐蚀的情况。桥上安装了由加拿大 Pure Technologies 有限公司设计的 Soundprint 声监测系统，用以监测其中一个悬臂构件中的钢筋断裂情况。

图 9.83　英国 Huntingdon 铁路高架桥

数据参数

桥名与位置： Huntingdon 铁路高架桥，英国剑桥郡

业主： 英国公路管理局

结构类型： 中等跨度桥梁

跨度： 6 跨，32.3＋32.3＋32.3＋64.3＋32.3＋32.3m

结构体系： 6 跨结构，第 4 跨由两个 16.15m 的悬臂结构和一个 32m 的悬跨组成

结构健康监测起始时间： 1998 年中

传感器数量： 36 个

系统设计者： 加拿大卡尔加里 Pure Technologies 有限公司

结构介绍

该结构共有 6 跨。主跨为一个长 32m 的悬臂结构，左右两端从临近的桥墩各悬挑 16m，通过半接头连接。高架桥横跨东海岸主干线 B1514 和 Huntingdon 火车站的一部分（图9.84）。

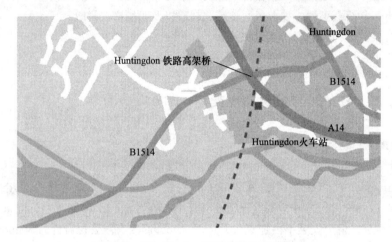

图 9.84　Huntingdon 铁路高架桥地理位置

监测目的

特殊检测发现钢筋导管中存在孔洞、水和氯化物。SoundPrint 声监测系统安装于其中的一个悬臂构件用以监测钢筋断裂情况。该结构适合进行声监测是因为其拥有如下特征：

- 进行中的额外结构调查研究，可以通过对断裂钢筋存在与否的清晰认识得以加强。
- 该结构的一些特征使其比较适合监测，比如对半接头的检测存在难度。
- 该结构在交通网络中占有重要的战略地位，承载着大量的重载车流量。

结果样例

结构中发生钢筋断裂的概率比较低，因此，在结构外部安装一个钢筋断裂检测设备用以检查监测系统的运作情况（图 9.85）。

应用结构健康监测技术的好处

Huntingdon 铁路高架桥的 SoundPrint 声监测系统于 1998 年中期开始运作。该系统为在嘈杂的环境下识别和定位后张拉钢筋的断裂提供良好的解决途径，并为建立长期、连续、无人干预的监测提供保障。在监测过程中，该高架桥未发生任何自然钢筋断裂，尽管存在一定的腐蚀条件。为了检验该监测系统，通过无偏试验人为制造外部钢筋断裂并进行识别。

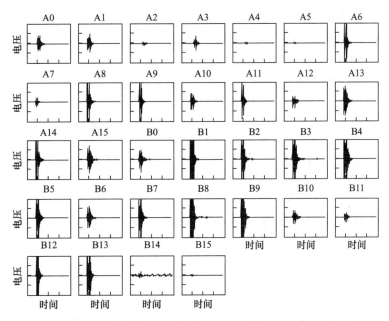

图 9.85 通过外部安装的钢筋断裂检测装置获得的典型声响应

9.26 德国 BW91 公路桥

资料由布伦瑞克工业大学钢结构研究所提供

项目简介

BW91 公路桥是连接德国汉诺威和柏林的 A2 公路的组成部分（图 9.86）。该桥横跨布伦瑞克附近的中德运河。该桥于 2003 年开通，共三个车道。

图 9.86 德国布伦瑞克附近 BW91 公路桥

数据参数

桥名与位置：BW91 公路桥，德国布伦瑞克附近

业主：德意志联邦共和国

结构类型：组合桥梁

跨度：1 跨，56.26m

结构体系：钢箱梁组合桥面结构

结构健康监测起始时间：2003 年 1 月

传感器数量：15 个

系统设计者：德国布伦瑞克工业大学钢结构研究所

结构介绍

上部组合结构由两个钢箱梁和桥面板组成。组合结构的中间横梁间距 3.60m，桥宽 20m。该桥由两个单元组成，每个行车方向各一个单元。

监测目的

由于 BW91 公路桥所处的核心位置，测得的车辆重量及其在交通流中的分布情况同样适用于 A2 公路上的众多其他桥梁。此外，对关键位置的应变进行测量。测量工作属于合作研究计划 SF B477 "通过创新监测进行结构生命周期评价" 的范畴（www. sfb477. tu-braunschweig. de）。

测量设备与数据管理（表 9.26）

表 9.26　BW91 公路桥传感器安装情况

传感器类型	数　量	位　置
应变计	15	每个车道下方包括硬路肩的 3 个间距 18m 的中间横梁（图 9.87）

系统类型：基于个人计算机的测量系统。

数据管理：

- 现场数据预分析。
- 在室内进行主要分析、图表展示以及汇编。
- 用于永久监测的长期数据库。

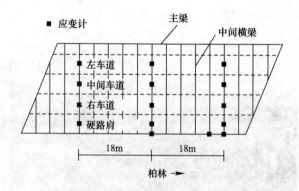

图 9.87　BW91 公路桥传感器位置

数据分析流程

分析类型：动态称重，统计分析，雨流分析，交通密度变化。

软件：自开发软件。

结果样例

利用一辆 30 吨重卡车对传感器进行标定。根据 COST323 项目的规定，该测量系统的精度等级为 D+(20)。

应用结构健康监测技术的好处

通过永久监测可以观察交通流的长期变化。

9.27 德国吕贝克 Herrenbrücke 大桥

资料由布伦瑞克工业大学建筑材料、结构混凝土和防火研究所提供

项目简介

Herrenbrücke 大桥横跨 Trave 河（图 9.88），建于 1962～1964 年。一条新的隧道通道计划于 2006 年完工，该桥将继续服役直到新隧道开通。吕贝克公路局邀请了一名顾问工程师对该桥服役至 2006 年的生命周期状态进行评估。

图 9.88 德国吕贝克 Herrenbrücke 大桥

数据参数

桥名与位置：Herrenbrücke 大桥，德国吕贝克

业主：德国吕贝克市政府

结构类型：中等跨度吊桥

跨度：18 跨，19.4m

结构体系：预应力混凝土正交各向异性桥面板，钢筋混凝土桥墩，钢吊桥

结构健康监测起始时间：2000 年 10 月

传感器数量：34 个

系统设计者：德国布伦瑞克工业大学建筑材料、结构混凝土和防火研究所

结构介绍

该桥两侧边跨由预应力混凝土制成（约 153m，总长约 311m），吊桥为钢结构（长约 86m）。由于在钢筋笼灌浆施工中存在不良施工质量，目前该桥出现了腐蚀损伤的迹象。钢筋失效率达到了 45%，为此进行了修复工作。

监测目的

从顾问工程师的角度来看，仅仅基于目前有关该桥的状态信息，不可能对该桥的生命周期进行评估。因此，必须安装结构健康监测系统用以监测该桥的位移和变形（表 9.27 和图 9.89）。

表 9.27 Herrenbrücke 大桥传感器安装情况

传感器类型	数 量	位 置
LDVT	29	
光纤传感器	5	吊桥部分
PT100	15	

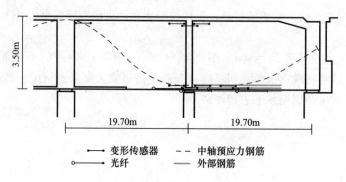

图 9.89 Herrenbrücke 大桥传感器布置图

测量设备与数据管理

系统类型：基于个人计算机的测量系统。

数据管理：

- 现场数据预分析（统计分析，频率分析）。
- 在室内进行主要分析、图表展示以及汇编。
- 通过调制解调器进行数据传输。
- 长期数据库。

数据分析流程

分析类型：统计分析，环境激励分析。

软件：自开发软件和 MATLAB。

结果样例

静态和动态测量结果，参见图 9.90 和图 9.91。

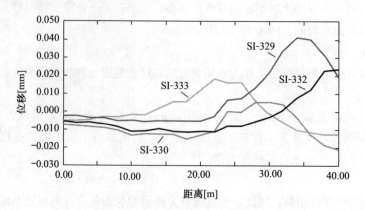

图 9.90 Herrenbrücke 大桥静态测量结果

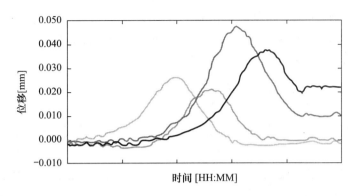

图 9.91 Herrenbrücke 大桥动态测量结果

应用结构健康监测技术的好处

获得的监测数据可以用来定义在指定温度范围内的最大交通量的阈值，并用以评估由于钢筋失效引起的开裂风险。

9.28 新加坡 Pasir Panjang 半高速公路桥

资料由普利茅斯大学工程学院提供

项目简介

施工期间的新加坡 Pasir Panjang 半高速公路桥（图 9.92）。

数据参数

桥名与位置：Pasir Panjang 半高速公路桥，新加坡

业主：新加坡陆路交通管理局

结构类型：多重短跨双车道高架桥

跨度：多跨，变长度，典型跨长为 38m

结构体系：预制节段混凝土箱，内后张拉

结构健康监测起始时间：2003 年

传感器数量：60 个

系统设计者：新加坡南洋理工大学 SysEng（S）Pte 有限公司

结构介绍

同样形状不同腹板尺寸的节段在新加坡西部进行预制，采用平衡悬臂法进行拼接，每次安装 4 个节段。一段时间后施加封闭胶带。桥梁伸缩缝之间约 5 跨定义为一个跨度。该条高速公路为承载重型货车而设计，主要是为了两个集装箱码头之间的集装箱运输。

图 9.92 新加坡 Pasir Panjang 半高速公路桥

监测目的

监测的目的不仅是通过性能评估验证原始设计，同时也是为了评估全面桥梁结构健康监测系统的设计。通过在桥梁的一个跨度节段安装传感器，获取高架桥的性能及延伸部分的相互作

用情况。在施工期间利用模态测试验证下部结构的有限元模型，进而外推至整个桥梁。通过已验证的有限元模型，可以解释结构事件中的有限元模拟的静态响应数据。另一个目的是为了评估用于该桥结构健康监测的光纤布拉格光栅系统的性能（表 9.28）。

表 9.28   Pasir Panjang 半高速公路桥传感器安装情况

传感器类型	数　量	位　置
VWG 应变计	40	5 个跨度的桥墩节段附近以及桥墩中
VWG 应力计	4	1 跨的两个节段
光纤布拉格光栅传感器	22	2 跨的桥面板底面

测量设备与数据管理

系统类型： 带有无线调制解调器和动态数据采集模块的本地静态记录仪。

数据管理：

- 脱机相关性分析和统计分析。
- 脱机模态分析和 FEMu（参见第 7.1.3 节）。

数据分析流程

分析类型： 对于静态数据统计，相关性分析；对于模态测试测试—数据—模态分析。

软件： 静态数据用 Excel/MATLAB，MATLAB GUI：模态分析。

其他特点： 基于人工激励的环境振动测试用于模态测试。

结果样例

到目前为止，可以通过建立并验证有限元模型（图 9.93），用以模拟荷载和结构异常并通过性能监测用来诊断训练。随着该桥的建造和各跨的连接，应变/应力增量将用于结构健康监测系统训练。光纤布拉格光栅阵列安装于桥面板底面用于监测成桥试验时的结构性能。到目前为止，实践证明通过无线调制解调器进行远程数据采集是有效的，并从数据中观察到传统温度引起的变化趋势以及应力应变相关性。

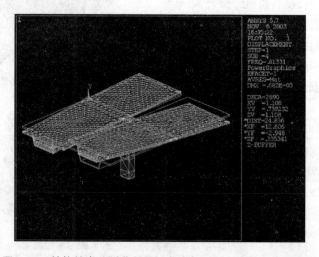

图 9.93   结构健康监测获得的重载车辆通过时主梁的应变分布

应用结构健康监测技术的好处

目前还没有其他办法可以用来评估已建成结构以及监测在可能的超载重型货车作用下的性

能。因此，目的是为了给陆路交通管理局反馈信息，包括设计的有效性以及荷载评估。此外，该桥正在被用来测试相对高级的结构健康监测系统，通过自动无线数据下载和光纤传感器。

9.29　新加坡 Pioneer 大桥

资料由普利茅斯大学工程学院提供

项目简介

新加坡 Pioneer 大桥（图 9.94），于 1970 年完工，在 2000～2001 年期间由陆路交通管理局升级改造。该桥承载往来 Jurong 港的重载工业交通，被评定为可承载 44 吨的车辆。在升级改造前后对其进行模态测试和短期应变/振动监测用以检验升级改造的必要性和有效性。

图 9.94　新加坡 Pioneer 大桥

数据参数

桥名与位置： Pioneer 大桥，新加坡

业主： 新加坡陆路交通管理局

结构类型： 短跨度桥梁

跨度： 1 跨，18m

结构体系： 正交各向异性桥面钢箱梁以及钢立柱

结构健康监测起始时间： 2000 年 10 月

传感器数量： 8 个用于监测，16 个用于振动测试

系统设计者： 监测系统由澳大利亚 Infratech 公司设计，模态测试系统由新加坡南洋理工大学的 J. Brownjohn 设计

结构介绍

通过放置于现场横隔板中的 25 个横向拉索将 37 个预制先张倒 T 形梁连接起来。T 形梁承载为厚度 152～305mm 的桥面板。原先是简支的支座，现改为嵌入式。该桥根据 LTA island-wide 计划进行升级改造，并承担偶尔的额外重型荷载（图 9.95）。

监测目的

两个模态测试计划和两次短期在线响应监测的目的在于验证解析模型（通过模态测试和 FEMu，参见第 7.1.3 节），然后利用验证模型结合现场应变统计特征用以识别升级改造前后的承载能力，也是为了对执行此类工作的流程进行评估。

图 9.95　Pioneer 大桥节段上的重型荷载

测量设备与数据管理（表 9.29）

表 9.29　Pioneer 大桥传感器安装情况

传感器类型	数　量	位　置
应变计	4	跨中桥面板底面
加速度计	4	应变计附近
模态测试加速度计	16	根据测试网格确定
振动器	1	1/3 跨，人行道

系统类型：HMX 数据记录仪和模态测试系统。

数据管理：

- 波形记录。
- 峰值记录。
- 加速度记录。

数据分析流程

分析类型：统计分析，Gumbel 图，独立风暴模态分析和 FEMu。

软件：自开发软件，SDTools，定制 MATLAB GUI：MODAL。

其他特点：受力和环境振动测试分析软件。

结果样例

升级改造后通过加力振动测试识别模态（图 9.96），表明通过 FEMu 的升级改造是有效的，清楚地显示支座的转动刚度。FEMu 被用来估计承载能力。

应用结构健康监测技术的好处

结果表明该桥处于良好的状态，升级改造后若

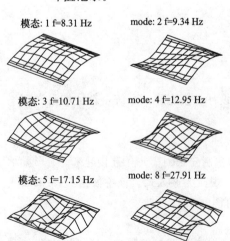

模态: 1 f=8.31 Hz　　mode: 2 f=9.34 Hz

模态: 3 f=10.71 Hz　　mode: 4 f=12.95 Hz

模态: 5 f=17.15 Hz　　mode: 8 f=27.91 Hz

图 9.96　桥梁升级改造后的模态：支座刚度对模态和频率增加的影响都显而易见

干年回归周期内的应变占承载能力较小的比例。

9.30　新加坡—马来西亚 Tuas 第二通道

资料由普利茅斯大学工程学院提供

项目简介

Tuas 第二通道建于 1997 年，是连接新加坡和马来西亚半岛的第二条通路（图 9.97）。

数据参数

桥名与位置：Tuas 第二通道，新加坡

业主：新加坡和马来西亚政府

结构类型：多重中等跨度桥梁

跨度：27 跨，总长 1.9km，两跨位于新加坡，最大跨度 92m

结构体系：现场预制双钢筋混凝土箱梁，桥梁两端各一个伸缩缝

结构健康监测起始时间：1997 年 3 月

传感器数量：75 个

图 9.97　新加坡—马来西亚 Tuas 第二通道

系统设计者：英国 Gage Technique 公司，SysEng（S）Pte 有限公司，澳大利亚 Infratech 公司

结构介绍

该桥 1.9km 中除了 170m 其余都在马来西亚境内。尽管看上去相似，新加坡境内部分采用了内部后张拉，而马来西亚部分采用了外部后张拉。在新加坡的桥梁部分，各跨采用悬臂平衡节段施工，两个平行车道现场浇筑，只在基础部位进行连接。值得注意的是修长的桥墩，仅用了两个伸缩缝，位于桥梁两端。

监测目的

南洋理工大学承接了该监测顾问项目，并以 20 世纪 80 年代实施的系统为基础进行传感器安装。安装热电偶阵列和应力计（表 9.30），用以跟踪性能，了解应力行为，尤其关注热效应。

表 9.30　Tuas 第二通道传感器安装情况

传感器类型	数　量	位　置
VWG 应变计	12	箱梁角落
VWG 应力计	12	与应变计一致
热敏电阻	48	与应力/应变计一起，腹板表面深处和路面内
三轴加速度计	1×3	中跨

测量设备与数据管理

系统类型：由本地计算机操作的本地数据记录仪。

数据管理：

• 将数据录入记忆卡（VWGs）。

- 将数据录入 RMX 记录器（加速度）。
- 通过计算机控制记录器。
- 利用 PCAnywhere 经由调制解调器进行数据下载。
- 脱机数据分析。

数据分析流程

分析类型：统计分析，运算分析，相关性分析，干预分析，异常检测 ARX。

软件：自开发软件，Octave 2.1.50，RSTAB 5.13.042，ANSYS 5.3。

其他特点：结构健康监测学习平台。

结果样例

施工期间进行监测（图 9.98），为结构健康监测模式识别系统提供训练，同时提供结构性能基本数据以及热荷载（设计值）规范标定。

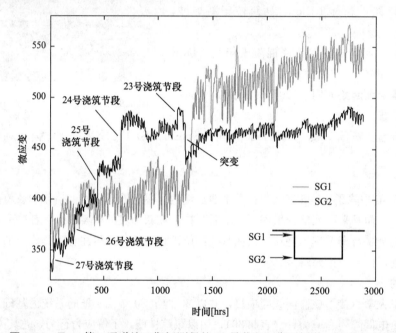

图 9.98 Tuas 第二通道施工期间测得的 31 号节段（靠近桥墩）的应变变化

应用结构健康监测技术的好处

该项目为发展从响应数据中获取信息的策略提供了一个很好的机会，特别是施工阶段的经验，可用以识别服役期的性能特征。

9.31　美国新墨西哥州 I 40 桥

资料由锡根大学力学与自动控制—机电一体化研究所提供

项目简介

I 40 桥横跨格兰德河（图 9.99），是新墨西哥州 40 号州际公路的组成部分。20 世纪 60 年代和 70 年代，美国修建了超过 2500 座设计与该桥类似的桥梁。这些桥梁建造时没有考虑结构冗余度，通常仅用两个板梁承担荷载。任何一个梁的失效都将会给桥梁带来致命失效，因此这

些桥梁被认为是断裂控制桥梁。美国联邦公路管理局
（FHWA）和美国国家科学基金会（NSF）提供资助对
格兰德河上的断裂控制现役桥梁进行评估和测试。此
次研究工作由洛斯阿拉莫斯国家实验室结构动力学课
题组的 C. R. Farrar 博士负责实施。

对未损坏的桥梁进行模态分析之后，对桥梁施加
不同种类的人为损伤，用以模拟现场观察到的损伤。测
试数据是对科研团体开放的，如此一来，这些桥梁测试
可以作为在足尺结构上检验结构损伤评估方法的基准。

图 9.99　美国新墨西哥州 I 40 桥

数据参数

桥名与位置： I 40 桥，美国新墨西哥州格兰德河

业主： 新墨西哥州政府

结构类型： 大跨度桥梁

跨度： 9 跨，39.9＋49.7＋39.9＋39.9＋49.7＋39.9＋39.9＋49.7＋39.9m

结构体系： 正交各向异性桥面钢箱梁以及钢立柱

结构健康监测起始时间： 2001 年 9 月

传感器数量： 26 个

系统设计者： 美国洛斯阿拉莫斯国家实验室

结构介绍

I 40 桥在每个行车方向上由两个独立跨组成，划分为三个相同的独立结构部分，每部分 3
跨（图 9.100）。该桥的混凝土桥面由两个板梁和三个钢纵梁支承。纵梁荷载通过横梁传递给
板梁（图 9.101）。

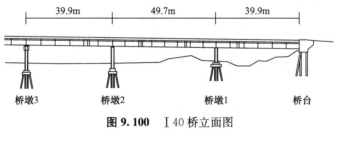

图 9.100　I 40 桥立面图

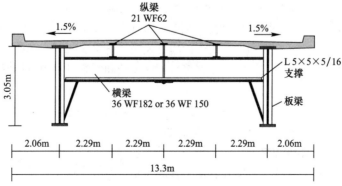

图 9.101　I 40 桥横截面图

监测目的

测量的目的是基于实测模态数据和基于模型的损伤识别算法来识别施加的损伤。

数据分析流程

分析类型：基于频率响应函数的模态分析，由振动器激励（表 9.31）。

表 9.31 Ⅰ 40 桥传感器安装情况

传感器类型	数 量	位置（见图 9.102）
加速度计	26	N1-S13
测力计	12	振动器

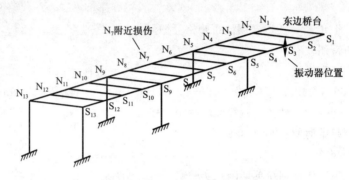

图 9.102 桥梁截面网格

结果样例

采用逆特征灵敏度方法和频率响应函数方法（可选）并结合参数选择和正则化技术可以识别、定位和定量损伤。

应用结构健康监测技术的好处

可以立刻识别损伤的发生。积累的许多经验已经获得了更优的模型更新和损伤识别算法。

9.32 瑞典哥德堡 Källösund 大桥

资料由瑞典国家公路管理局桥梁与隧道技术部提供

项目简介

Källösund 大桥是连接瑞典西海岸哥德堡北部众多岛屿道路通道的组成部分（图 9.103）。该桥建于 1960 年，为自由悬臂箱梁结构。20 世纪 90 年代末对其承载能力进行了评估，发现靠近桥台的上部结构正弯矩承载能力过低。专门检查表明在桥梁这些部分的铸造接头出现闭合裂缝。为了保持桥梁继续对所有交通开放，在等待加固设计和实施过程中对桥梁进行了监测。大桥的加固工作于 2004 年开始执行。

数据参数

桥名与位置：Källösund 大桥，哥德堡以北 50km

业主：瑞典国家公路管理局

结构类型：自由悬臂法施工后张拉预应力混凝土桥

跨度：4 跨，50＋107＋107＋50m

图 9.103　瑞典哥德堡 Källösund 大桥

结构体系：混凝土箱梁和混凝土箱形桥墩

结构健康监测起始时间：2000 年 12 月

传感器数量：72 个

系统设计者：挪威奥斯陆岩土工程研究院

结构介绍

上部结构为混凝土箱梁，采用自由悬臂法和逐级后张拉建造而成。下部结构包括两端建于岩石坡的桥台和作为中间支承的混凝土箱型桥墩。

监测目的

静态计算结果表明，在重型荷载作用下桥梁达到承载能力极限状态。该桥在设计时未考虑正弯矩蠕变情况。当桥梁底部翼缘在正弯矩作用下发生开裂，将没有足够的强度抵抗弯矩，但弯矩可以重新分布于梁的支撑截面。通过安装传感器校验计算结果和监测截面（表 9.32）。

表 9.32　Källösund 大桥传感器安装情况

传感器类型	数　量	位　置
应变计	72	底部翼缘和主梁腹板
温度传感器	2	为应变计校准

测量设备与数据管理

系统类型：基于个人计算机的测量系统。

数据管理：

• 通过荷载试验校验计算结果。

• 监测裂缝应变。当裂缝宽度达到 0.1mm 时，达到报警极限并自动报警。报警装置安装于哥德堡 SNRA 的"交通信息中心"。该中心全天 24 小时监控。

应用结构健康监测技术的好处

通过监测验证评估计算结果。24 小时不间断监测并设置报警极限可以使桥梁在等候加固期间正常承载重型荷载。

9.33　奥地利因斯布鲁克 Europabrücke 大桥

资料由维也纳工程顾问公司（VCE）提供

项目简介

桥梁的老化和交通量的增长需要对疲劳寿命进行准确评估。Europabrücke 大桥于 1963 年开通，是奥地利因斯布鲁克附近著名的一座钢桥，该桥是连接阿尔卑斯山南北城市和货运交通的主要线路（图 9.104）。自从 1997 年起，维也纳工程顾问公司已对该桥持续关注，根据评估的有关疲劳问题的主要振动强度和可能发生的损伤情况，于 2003 年在该桥安装了基于 BRI-MOS（桥梁监测系统）的永久测量系统，并根据疲劳评估了主流振动强度问题。现在的监测能力使我们能精确测量结构性能。高精度的传感器数据（包括加速度、速度、位移、风和温度）及其与解析计算结果的整合，能够实现结构全寿命期的综合考虑，这对桥梁业主来说是极其重要的。

图 9.104　奥地利因斯布鲁克 Europabrücke 大桥

结构介绍与监测系统

早期对 Europabrücke 大桥的测量结果与比较解析计算结果相当吻合，但也表现出了显著的荷载影响。目前，该桥每天承受超过 3 万辆的汽车荷载（约 20% 为货运交通）。上部结构为一个钢箱梁（宽 10m，高度沿桥梁纵向的变化范围为 4.70～7.70m）和一个正交各向异性桥面板及底板。该公路桥共 6 跨，沿纵向不同（最长跨为 198m，由高 190m 的桥墩支承）。桥梁总长 657m，宽约 25m，双向 6 车道。

数据参数

桥名与位置： Europabrücke 大桥，奥地利因斯布鲁克

业主： 奥地利 ASAG（Alpenstrassen 公司）

结构类型： 大跨度桥梁

跨度： 6 跨，81＋108＋198＋108＋81＋81m

结构体系： 正交各向异性桥面板钢箱梁，混凝土桥墩

结构健康监测起始时间： 1998 年 5 月

传感器数量： 24 个

系统设计者： 奥地利维也纳工程顾问公司

监测目的

主要目的是确定每天车辆随机交通荷载与结构疲劳相关的动力响应之间的关系。由于利用

现代的标准进行全寿命预测需要众多假设条件，重点在于利用测量结果取代估计量。总体来说，结构健康监测共有三个主要目标（表 9.33 和图 9.105）：

- 所有相关荷载作用下的结构整体行为。
- 悬臂区域的横截面受力行为。
- 局部系统用于分析车轮和梁板接头的相互作用。

表 9.33　Europabrücke 大桥传感器安装情况

传感器类型	数　量	位　置
位移计	2	两个桥台
单向加速度计	3	悬臂梁横截面
三向加速度计	3	正交各向异性桥面底板
风传感器	1	路面上方 5m
温度传感器	7	箱梁内外

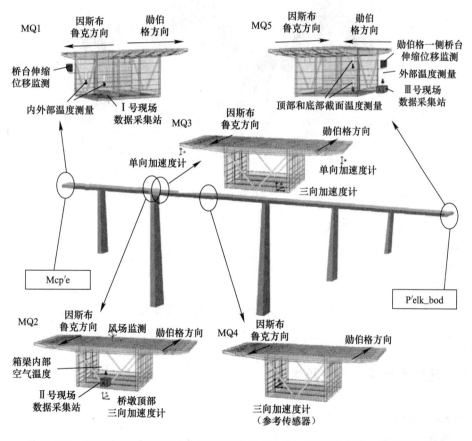

图 9.105　24 测量通道监测系统（采样频率为 100Hz）测得的主跨、桥墩以及悬臂加速度，桥台伸缩位移，风速和风向以及温度

在每一层次的分析过程中，需要确定结构的每年总体承载能力的使用比例。除了疲劳评估之外，建立了基于频率分析并考虑环境状态（温度、额外荷载等）的评估新方法，可以进行结

构管理和寿命预测以及更准确的损伤识别。

测量设备与数据管理

系统类型：基于个人计算机和远程控制的测量系统。

数据管理：

- 每个周末自动生成报告。
- 现场长期存储数据库。
- 详细分析（统计分析、频率分析等），在室内进行图表展示以及汇编。
- 通过调制解调器了解测量系统的正常运作。

数据分析流程

分析类型：环境振动监测，基于雨流分析的疲劳评估和统计分析，评估和环境状态补偿，损伤识别和寿命计算（图 9.106）。

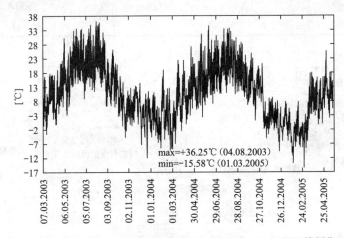

图 9.106 Europabrücke 大桥基础温度变化模式（2.5 年评估周期）

软件：自开发软件，RFEM。

其他特点：无专家系统。

结果样例

在之前陈述的各个层次中，疲劳分析通过执行雨流计数、损伤累积、整合和局部有限元分析以及统计分析。利用从开始到现在的主要交通发展情况以及未来 10 年的变化趋势，可以用于外推结构整体寿命。

9.34 奥地利维也纳圣马克思大桥

资料由维也纳工程顾问公司（VCE）提供

项目简介

奥地利维也纳圣马克思大桥建于 1973～1978 年（图 9.107）。该桥位于多瑙河和交通节点站之间，是 A23 东南公路使用最频繁的路段之一。平均每天的交通总流量约 24 万辆，而且重型车辆的比例在不断增加。这就导致桥梁结构承重荷载的增加，伸缩缝和支座的服务性能也受到了影响。因此，为了识别造成损伤的重型车辆荷载，该桥于 1998 年安装了一套结构健康监测系统和视频监控系统，以预测结构剩余使用寿命。

图 9.107　奥地利维也纳圣马克思大桥

数据参数

桥名与位置：圣马克思大桥，奥地利维也纳

业主：MA29（维也纳桥梁维护部门）

结构类型：多跨桥梁，总长 2.70km

跨度：一个主梁包含 54 组桥墩和 24 个伸缩缝

跨度：2 跨，89.5＋89.5m

结构体系：预应力钢筋混凝土箱梁

结构健康监测起始时间：1998 年 11 月

传感器数量：4 个加速度计，1 个温度传感器

系统设计者：奥地利维也纳工程顾问公司

结构介绍与监测系统

监测的下部结构分别为 TW4 和 TW5，总长 205.10m，为 1 个 7 跨连续梁，每跨长 29.30m。桥面有 3 个车道，每个车道宽 3.25m，总宽度为 12.88m。结构为预应力混凝土箱梁，尺寸为 1.96m×4.50m。

监测目的

以动态结构行为永久分析为基础，可以考虑的问题包括：

* 确定造成结构损伤的重型车辆荷载。
* 验证现有数值荷载模型更新。
* 确定整体荷载情况和振动系数，选择性地考虑风和温度的影响。
* 统计分析活荷载的长期变化趋势。
* 对结构承载能力和正常使用状态进行监测及结构识别。

测量设备与数据管理（表 9.34）

表 9.34　圣马克思大桥传感器安装情况

传感器类型	数　　量	位　　置
加速度计	每个子结构 2 个（4 个通道）	1 号和 2 号跨的箱梁（0.6 倍跨长处）
PT100	1 个安装于下部结构 TW5	第 1 跨的箱梁

系统类型：基于个人计算机的测量系统。

数据管理：

- 数据预分析（统计分析，系统识别）。
- 在室内进行图表展示以及汇编。
- 数据通过调制解调器传输。
- 长期数据库。
- CMS（土木监测系统）分析由系统获得的静态数据。

数据分析流程

分析类型：时域和频域分析，统计分析，损伤识别，FEMu，全寿命预测。

软件：自开发软件，Octave 2.1.50，RSTAB 5.13.042，ANSYS 5.3。

其他特点：无专家系统。

结果样例

利用获得的加速度时程数据（图 9.108，图 9.109 和图 9.114），采用时域和频域方法进行系统辨识。一般来说，桥梁结构通过其独特的动态行为进行描述（图 9.110 和图 9.111）。因此，长期的结构健康监测是非常有用的。已经实施的统计分析表明重型车辆荷载是有一定影响的，同样还包括环境因素，比如风致振动和温度的影响（图 9.115）。此外，FEMu（参见 7.1.3 节）被用来对结构进行数值模拟和识别损伤（图 9.112 和图 9.113）。

图 9.108 测试阶段的变形和加速度信号

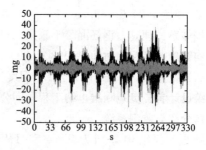

图 9.109 测试阶段所有传感器的竖向加速度信号

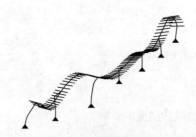

图 9.110 TW4 的一阶竖向模态

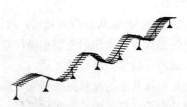

图 9.111 TW5 的一阶竖向模态

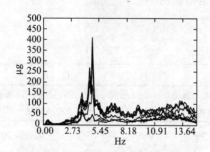

图 9.112 所有传感器的谱分析

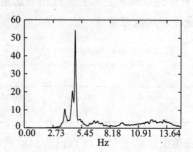

图 9.113 平均标准化能量，谱密度

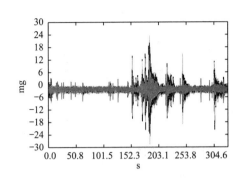

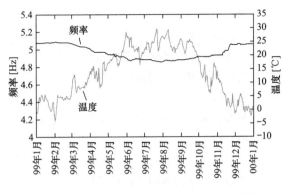

图 9.114　在 150s 时的竖向加速度　　　　**图 9.115**　1999 年测得的温度和频率相关性

应用结构健康监测技术的好处

结构健康监测可以对土木工程结构进行实时观测和全寿命预测。因此，对于结构维护来说，采用结构健康监测是非常经济有效的。

9.35　中国台湾台中大桥

资料由维也纳工程顾问公司（VCE）提供

项目简介

台中大桥建于 2003 年（图 9.116），位于台湾中部的台中市，是一座城市交通斜拉桥。为了评估索力、结构整体状态以及桥塔基础的动力行为，该桥于 2003 年安装了一套永久监测系统。

图 9.116　台湾台中大桥

数据参数

桥名与位置：台中大桥，中国台湾台中市。

业主：台湾 BPI

结构类型：斜拉桥

缆索：44 根

跨度：2 跨，89.5＋89.5m

桥塔高度：80m

结构体系：正交各向异性桥面钢箱梁

结构健康监测起始时间：2003 年 11 月

传感器数量：15 个

系统设计者：奥地利维也纳工程顾问公司

结构介绍

台中大桥是一座斜拉桥，共有 44 根缆索，长 189m，四条行车道和两条人行道。上部结构为钢箱梁和一个正交各向异性桥面板。

监测目的

永久监测系统用于观察桥梁的整体状态并测出真实的索力（表 9.35）。监测系统包括以下几个部分：

表 9.35　台中大桥传感器安装情况

传感器类型	数　量	位　置
加速度计	8	每根缆索
速度传感器	3	主梁
三向加速度计	1	桥塔基础
风传感器	1	路面上方 5 米
温度传感器	2	箱梁内外部

图 9.117　台中大桥风传感器

- 8 条选定缆索的索力动态测定。
- 测量温度、风速和风向（图 9.117）。
- 主梁和塔顶动态测量。
- 桥塔基础的三维测量。

测量设备与数据管理

系统类型：基于个人计算机和独立的测量系统。

数据管理：

- 现场长期数据库存储。
- 室内分析（统计分析、频率分析），图表展示以及汇编。
- 通过调制解调器控制测量系统的正常运作。

数据分析流程

分析类型：环境分析，索力计算以及寿命计算。

软件：自开发软件。

其他特点：无专家系统。

结果样例

台中大桥永久监测系统测得了振动、温度和风场数据。业主利用自开发软件可以方便地以亮灯的方式检查 8 根选定缆索的状态，如果绿灯亮，则表明所有的索力是正常的（图 9.118 和图 9.119）。

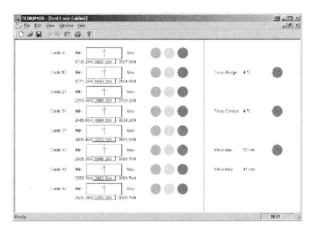

图 9.118 台中大桥监测系统的理论输出（从左至右分别为：绿灯、黄灯和红灯）

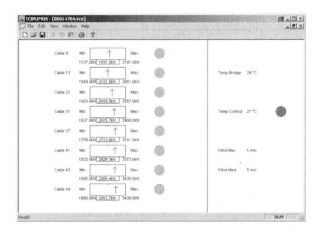

图 9.119 去除环境温度影响后台中大桥监测系统的真实输出

应用结构健康监测技术的好处

高精度的传感器数据（包括加速度、速度、位移、风和温度）能够实现结构全寿命期的综合考虑，这对桥梁业主来说是极其重要的。

扩展阅读

Aktan EA, Catbas NF, Grimmelsman K and Pervizpour M (2002) *Development of a Model Health Monitoring Guide for Major Bridges*. Technical report submitted to Federal Highway Administration, Research and Development, by Drexel Intelligent Infrastructure and Transportation Safety Institute, Philadelphia.

Benko V, Geier R and Ralbovsky M (2003) *Dynamische Untersuchungen einer Segmentbrücke*. Proceedings of the D-A-CH Tagung 2003, pp. 21-26, Zürich.

Bergamini A (2002) *Nondestructive testing of stay cables-field experience in South East Asia*. Proceedings of the 3rd World Conference on Structural Control, Vol. II, pp. 1057-1064, Como.

Bergamini A, Christen R and Motavalli M (2003) *A simple approach to the localization of flaws in large diameter steel cables*. Proceedings of SPIE's 8th Annual International Symposium on Nondestructive Evaluation for Health Monitoring and Diagnostics.

Bjerrum J, Jensen FJ and Enevoldsen I (2002) *The owner's perspective in probability-based bridge management*. Proceedings of the First International Conference on Bridge Maintenance, Safety and Management IABMAS 2002, Barcelona.

Brownjohn JMW (2003)*Sensor and data management technology for structural health monitoring of civil structures*. Proceedings of the 1st International Conference on Structural Health Monitoring and Intelligent Infrastructure, Tokyo.

Brownjohn JMW and Moyo P (2000)*Monitoring of Malaysia-Singapore Second Link during construction*. Proceedings of the 2nd International Conference on Experimental Mechanics, pp. 528-533, Singapore.

Carmen A (1989)*Historical Bridges in the Madrid Community*, Madrid. (In Spanish.)

Carracilli J (2000)*Coefficients de majoration dynamique des charges routires sur les ouvrages dart, calcul et extrapolation, application au pont de Bruneseau*. Bulletin des laboratoires des ponts et chausses. (In French.)

Catbas NF, Ciloglu KS, Grimmelsman K, Pan Q, Pervizpour M and Aktan EA (2003) *Limitations in the structural identification of long-span bridges*. Proceedings of the International Workshop on Structural Health Monitoring of Bridges: Colloquium on Bridge Vibration.

Cheng L-K (2004)*Dynamic load monitoring of the Tsing-Ma Bridge using a high-spped FBG sensor system*. Proceedings of the 2nd European Workshop on Structural Health Monitoring, Munich.

Cullington DW, MacNeil D, Paulson P and Elliot J (1999)*Continuous acoustic monitoring of grouted post-tensioned concrete bridges*. Proceedings of the 8th International Structural Faults and Repair Conference, London.

Elsener B, Klinghoffer O, Frolund T, Rislund E, SchieggYand BöhniH (1997)*Assessment of reinforcement corrosion by means of galvanostatic pulse technique*. Proceedings of the International Conference "Repair of Concrete Structures", Svolvær.

Enckell-El Jemli M, Karoumi R and Larano F (2003)*Monitoring of the New A rsta railway bridge using traditional and fibre optic sensors*. Proceedings of SPIEs Symposium on Smart Structures and Materials, NDE for Health Monitoring and Diagnostics, San Diego.

Enckell-El Jemli M, Karoumi R and Wiberg J (2003)*Structural health monitoring for an optimised pre-stressed concrete bridge*. Proceedings of the 1st International Conference on Structural Health Monitoring and Intelligent Infrastructure, Tokyo.

Farrar C, Baker WE, Bell TM, et al. (1994)*Dynamic Characterization and Damage Detection in the I40-Bridge Over the Rio Grande*. Technical Report LA-12767-MS, Los Alamos National Laboratory.

Flesch R and Geier R (2004)*Simulation of bridge vibrations induced by high speed train passages*. IMAC XXII, Conference and Exposition on Structural Dynamics 'Linking Test to Design', Dearborn.

Flesch R and Partners of the Consortium (undated) Final Report, *Work-package 2c of the National Research Project Larm und Erschutterungsarmer Oberbau*.

Flesch R, Stebernjak B and Freytag B (1998)*Dynamic in situ testing and FE modelling of bridge Warth*, Austria. International Conference ISMA 23 on Noise and Vibration Engineering, September 16-18, Leuven.

Fritzen CP and Bohle K (1999)*Identification of damage in large scale structures by means of measured FRFs - procedure and application to the I40-Highway-Bridge*. Key Engineering Materials **167-168**, 310-319.

Fritzen CP and Bohle K (1999)*Model-based health monitoring of structures*. Application to the I40-Highway-Bridge. Proceedings of the 2nd International Conference on Identification in Engineering Systems IES99, pp. 492-505, Swansea.

Frolund T and Klinghoffer O (2004)*Comparison of half-cell potentials and corrosion rate measurements-A field experience with evaluation of reinforcement corrosion*. Proceedings of the EUROCORR, Nice.

Glisic B and Inaudi D (2003)*Structural monitoring of concrete bridges during whole lifespan*. Proceediings of the 82nd Annual Meeting of the Transportation Research Board (TRB), CD Number 03-3012, Washington, DC.

Goltermann P (2002)*SMART STRUCTURES-Integrated Monitoring Systems for Durability Assessment of Concrete Structures*. Project Report available for downloading at http://smart.ramboll.dk/smart eu/index.htm.

Goltermann P (2003)*Managing large bridge structures in Scandinavia*. Proceedings of the SAMCO Summer School, Cambridge.

Hariri K and Budelmann H (2004)*Monitoring of the bridge Herrenbrücke in Lübeck: motivation*, procedures, results and data evaluation. Proceedings of the 2nd European Workshop on Structural Health Monitoring, pp. 261-268, Amazeum Conference Centre, Munich.

Huth O (2003) *Topflageruntersuchungen am BE 109 in Butzberg*. EMPA-Report 202'902/1, Dübendorf.

Inaudi D, Casanova N, Vurpillot S, Glisic B, Kronenberg P and Lloret S. (2000) *Deformation monitoring during bridge refurbishment under traffic*. Proceedings of the 16th Congress of IABSE (CD), Luzern.

James G and Karoumi R (2003) *Monitoring of the New Svinesund Bridge, Report 1: Instrumentation of the Arch and Preliminary Results from the Construction Phase*. Technical Report, Royal Institute of Technology (KTH), Stockholm.

Jensen F, Knudsen A and Enevoldsen I (2000) *Probalistic-based bridge management implemented at SkovdigetWest Bridge*. Proceedings of the 4th International Conference on Bridge Management, University of Surrey.

Klinghoffer O, Goltermann P and Bässler R (2002) *Smart structures: embeddable sensors for use in the integrated monitoring systems of concrete structures*. Proceedings of the IABMAS 02, Barcelona.

Ko JM, Wang JY, NiYQand ChakKK (2003) *Observation on environmental variability of modal properties of a cable-stayed bridge from one-year monitoring data*. In Proceedings of the Structural Health Monitoring: Diagnostics and Prognostics to Structural Health Management (ed. Chang FK), pp. 467-474. DEStech Publications, Pennsylvania.

Ko JM, Ni YQ, Zhou XT andWang J (undated) *Structural damage alarming in Ting Kau Bridge using auto-associative neural networks*. In Advances in Structural Dynamics (ed. Ko JM and Xu YL), pp. 1021-1028. Elsevier Science, Oxford.

Link M, RohrmannRGand Pietrzko S (1996) *Experience with the automated procedure for adjusting the finite element model of a complex highway bridge to experimental model data*. Proceedings of the 14th IMAC, Dearborn.

Luping T (2002) *Calibration of the Electrochemical Methods for the Corrosion Rate Measurement of Steel in Concrete*. NORDTEST Project No. 1531-01, SP REPORT 25, Nordisk Innovations Center, Oslo.

Mondrup AJ, Frederiksen JO and Christensen HH (1989) *Load testing as an assessment method*. Proceedings of the IABSE Symposium "Durability of Structures".

Moyo P and Brownjohn JMW (2002) *Application of Box-Jenkins models for assessing the impact of unusual events recorded by structural health monitoring systems*. International Journal of Structural Health Monitoring 1(2), 149-160.

Moyo P, Brownjohn JMW and Omenzetter P (2003) *Bridge live load assessment and load carrying capacity estimation using health monitoring system and dynamic testing*. Proceedings of the 3rd International Conference on Current and Future Trends in Bridge Design, Construction and Maintenance, Shanghai.

Myrvoll F and Sparrevik P (2002) *Resultater av databehandling och tolkning för hela perioden Februari 2000 - September 2002*. Technical Report, National Geological Institute, Stockholm. (In Swedish.)

Data Management of Three Cable-supported Bridges inHong Kong Including One-year Monitoring Data. Technical Report, The Hong Kong Polytechnic University.

Peeters B and De Roeck G (1999) *Reference-based stochastic subspace identification for output-only modal analysis*. Mechanical Systems and Signal Processing. 13(6), 855-878.

Peeters B, Couveur G, Razinkov O, Kundig C, Van Der Auweraer H and De Roeck G (2003) *Continuous monitoring of the Øresund Bridge: system and data analysis*. Proceedings of IMAC XXI, A Conference and Exposition on Structural Dynamics, Kissimmee, Florida.

Peil U and FrenzM(2003) *Lebensdauervorhersage von Ermüdungsbeanspruchten Bauwerken durch Monitoring und begleitende Versuche*. Arbeitsbericht 2000-2003 des sfb 477, beitrag tp b3, Schriftenreihe des SFB 477, S. 37-60. (In German.)

Rohrmann RG, Baessler M, Said S, SchmidWand RuckerWF(2000) *Structural causes of temperature affected modal data of civil structures obtained by long time monitoring*. Proceeding of the 18th IMAC, San Antonio.

Rohrmann RG, Said S and Schmid W (2003) *Load and condition monitoring of the Putlitz Bridge in Berlin-Moabit*. Proceedings of the Symposium Topics from Civil and Bridge Engineering, Berlin.

Rohrmann RG, Said S, Schmid W and Rucker WF (1996-1998) *Results of the Automatic Monitoring of the Westend Bridge in Berlin*. Research Reports A, B and C, Bundesamt für Materialprüfung.

Rücker W,Rohrmann RG,Said S and Schmid W (2003)Dynamic approaches used for the safety observation of bridges. *Proceedings of the Symposium of Actual Problems in the Dynamic Behaviour of Bridges*,*Zürich*.

Rücker WF,Said S,Rohrmann RG and Schmid W (1995)Load and condition monitoring of a highway bridge in a continuous manner. *Proceedings of the IABSE Symposium Extending the Lifespan of Structures*,*San Francisco*.

Stanley RK (1995) Simple explanation of the theory of the total magnetic-flux method for the measurement of ferromagnetic cross-sections. *Materials Evaluation* **53**(1),72-75.

Swedish National Railway Administrator (Banverket) ETR (undated) *The New Årsta Bridge*:*a New Railway Bridge in Stockholm*. Technical Report,Swedish National Railway Administrator (Banverket),Eastern Track Region.

Teknik N (2003) *Ingjutna sensorer hÅller koll pÅ ny järnvägsbro*. Technical Report.

Teughels A and De Roeck G (2004) Structural damage identification of the highway bridge Z24 by FE model updating. *Journal of Sound and Vibration* **278**(3), 589-610.

Measurement Results of the Railway Bridge Heugasse undated. Report Submitted to the Austrian Federal Railways ÖBB.

Undated Supplier's information on the CorroEye sensor available at http://www. germann. org.

Veit R, Wenzel H and Fink J (2005) Measurement data based lifetime-estimation of the Europabrücke due to traffic loading-a three level approach. *Proceedings of the International Conference of the International Institute of Welding*, Prague.

Vurpillot S,Casanova N,Inaudi D and Kronenberg P (1997) Bridge spatial deformation monitoring with 100 fiber optic deformation sensors. *Proceedings of the SPIE 5th Annual Meeting on Smart Structures and Materials*, Vol. 3043,pp. 51-57,San Diego.

Wang JY,Ni YQ,Ko J and Chan THT (2002) Damage detection of long-span cable supported bridges. In *Proceedings of the Structural Health Monitoring Workshop SHM ISIS* (ed. Mufti A),pp. 299-308,Winnipeg.

Wenzel H and Pichler D (2005) *Ambient Vibration Monitoring*. Wiley,Chichester.

Wenzel H,Veit R and Tanaka H (2005) Damage detection after condition compensation in frequency analyses. *Proceedings of the 5th International Workshop on Structural Health Monitoring*,Stanford.

Wong KY,Lau CK and Flint AR (2000) Planning and implementation of the structural health monitoring system for cable supported bridges in Hong Kong. *In Proceedings of SPIE-Nondestructive Evaluation of Highways*,*Utilities*,*and Pipelines IV* (ed. Aktan EA and Gosselin S),Vol. 3995,pp. 266-275.

Work Package E (1999) *Brite-Euram Project SIMCES. A1 and A2*:*Long-term Monitoring and Bridge Tests*. Technical Report，Eidgenössische Materialprüfung sanstalt,Dübendorf.

第 10 章

基于监测反馈的设计

考虑结构荷载环境永久变化并改进标准是一项正在进行的重要任务。监测可以用来确定真实荷载，随着永久监测站点数量的不断增加，可以更好地测量结构真实状态以及识别荷载现象，从而为结构设计提供有用的反馈信息。

10.1 真实荷载

交通荷载随时间稳定增加，而且超载比预期更加频繁。为了真实确定寿命预期，关键是要准确地了解荷载循环的次数。由于只有极少量的大幅荷载循环与疲劳历史有关，因此有必要从大量的荷载循环数据中将其提取，这一点在第 4 章 Europabrücke 大桥中已经详细阐述。除了真实荷载数据，还需要了解结构体系中的荷载传递路径以及量化结构构件的真实荷载，例如支座和伸缩缝。监测工作可以帮助提供所需的数据。

10.2 环境状态

如第 4 章所述，环境荷载有时会超过设计标准规定的极限值。例如，结构温度的差异可能达到预期的两倍，这将导致结构设计中无法预料的荷载组合。因此结构可能会发生扭转，从而增加整体的应力水平。也可能出现其他的影响荷载组合。其他诸如滑坡等环境诱发行为所产生的位移也应在考虑范围之内。

10.3 保守的设计

监测工作已经清楚地表明，保守设计对于寿命预测具有极大优势。采用相对较小的保守设计（例如 10% 的过设计）可以抵抗结构可能遇到的任何不正常荷载或组合。额外的工作和成本相对于影响来说都是合理的。

10.4 基于监测的设计

完美的监测系统应该在结构设计阶段就获得考虑。设计者知道一个结构哪些地方是关键部位，并指导监测人员在最合适的地方布置传感器。此外，提供的设计说明可以极大地改进监测工作。另一个好处在于，所有用于监测的必要基础设备，例如供电电源和通信电缆，可以在设计阶段一并考虑其最优位置及合理成本。如此一来，可以降低成本并极大地改进监测结果，还有助于增强理解好的监测工作的需要条件。

第 11 章

结构健康监测指南及建议

11.1 前言

为确保土木工程结构的安全性和可靠性，结构的永久状态评估及维护计划在整个生命周期内都是必要的。对于评估来说，真实荷载和结构状态两者均必须考虑在内，最重要的前提是拥有相关数据。

除了在过去二十年间采用的视觉检测方法，试验手段已经得到了很大的发展并提供大量有用信息。试验方法通过有关真实荷载和寿命预期方面的特定测量为计算分析提供支持，在众多应用实例中证明了其实际适用性。随着传感器技术的进步，结合信息技术的应用及数据分析方法的采用，大大促进了试验手段的发展。因此，结构工程师可以进行复杂的仪器布置为结构整个生命周期提供完整信息。结构的生命周期开始于施工阶段，经历运营期，进而通过特定的维护措施增强，直至结构的毁坏阶段。

11.2 指南的目的和大纲

本章指南的目的在于介绍目前的方法和技术并为其应用提供建议。对有关结构评估所需信息的必要性进行系统性的陈述。核心问题在于对用于结构诊断的系统方法进行描述，包括现有的设计资料以及测量技术的应用。因此，指南讲述了多种用于结构状态分析和监测的已验证方法。通过实例验证方法并对经验进行描述。

另一个重要的结构评估需求是对结构行为响应进行全面分析。只有了解了荷载的种类、范围以及周期等信息，才有可能进行结构应变评估并做进一步的结构诊断。对结构响应进行分类，讨论了通过监测荷载种类、范围以及周期等信息对其进行区分的可能性。

指南也涵盖结构损伤分析。认识了损伤及其关于成因、尺寸和复杂程度等的发展情况，可以集中对将来的维护进行评价。除了针对损伤的描述，对损伤识别和评估方法也进行了介绍。使用测量数据用于损伤分析的可能性和困难也得到了考虑。

在同一框架内，介绍了之前用于获取现役结构相关信息的新方法。有了这些方法，负责结构健康监测的工程师能够充分了解并对其应用作出决策。现有的方法及其将来的改进将对经济和以安全为导向的维护程序作出重要贡献。

11.3　结构响应分析

11.3.1　结构响应分类

11.3.1.1　结构响应类型

结构承受由于其自身及功能引起的荷载和变形，同时也产生与环境相互作用仪器的位移。荷载和位移引起结构材料应变以及构件的变形。在结构的设计过程中，考虑了最大结构响应，并通过风险评估分析极端响应的发生。在设计阶段基于预估和经验对响应的维数、方向以及周期进行假定。因此，这些假定条件也许并不完全与结构的真实响应一致。

结构响应可以分为力的、热的以及物理化学的，由外荷载所致或者在内部发展，比如腐蚀。对外荷载的响应根据他们的成因进行分类，依据结构与其周围的技术和使用环境的相互作用。一般来说，结构响应是暂时性的并在空间上变化的。因此，只能进行统计上的预测和描述。

结构响应本身能产生静态和动态的荷载效应。静态效应由质量力产生。动态效应不仅来源于快速的荷载变化，也来自于突然的结构变化，比如损伤。最重要的产生应变的荷载效应根据其成因陈述如下。

静态荷载

结构相关荷载：结构及其组件的重量，支撑力，预应力，支承变化，收缩，徐变，施工荷载以及约束力。

使用相关荷载：交通运输荷载，施工材料，竖井荷载，起重机荷载，服务管道荷载。

自然环境荷载：土体及岩体压力，静态液体压力，动水压力，静水压力，孔隙水压力，雪和冰荷载，风荷载，基础和土沉降，热荷载，湿度，腐蚀，碳化。

动态荷载

使用相关荷载：交通荷载，机器荷载，制动和离心力，人员激励荷载。

自然环境荷载：风荷载，波浪荷载，地震作用，雪崩荷载，水荷载。

技术环境荷载：振动荷载，撞击荷载（车、飞机、船），爆炸荷载。

11.3.1.2　结构响应特点

关于数据记录、数据计算处理以及荷载建模等方面，结构响应分为恒荷载响应和活荷载响应。

恒荷载

恒荷载响应是稳态的并关于其平均值缓慢变化（比如自重、立柱沉降、预应力、土体压力以及腐蚀）。

活荷载

活荷载响应是非固定的，并且在时间和空间上经常改变。当中有结构使用引起的效应，同时也包括风、温度、雪以及其他外部影响因素。

11.3.1.3　荷载与荷载效应

荷载效应是关于荷载时间和空间分布的随机量。因此，有必要使用合适的统计模型对荷载的特征和幅值进行描述。在许多应用实例中，与结构构件的荷载 L 相比，我们往往对荷载效应 S 更感兴趣。S 和 L 的关系与影响面 I 有关，可以表示为：

$$S_j(A,t) = \int_A I_j L\,dA \qquad\qquad (1)$$

其中，A 表示荷载和结构表面的接触面积。通常，荷载 L 只有在仅关心局部荷载效应时才会被关注（比方说直接作用于正交各向异性板构件的自行车荷载，以及作用于小面积玻璃幕墙构件的风压）。如果考虑作用于桥梁的车辆动荷载，则关心的对象为荷载效应 S。

11.3.2 结构响应分析目的和方法

对荷载作用力的了解是准确评估结构承载能力的基础。此外，准确了解荷载情况有助于建立真实的荷载模型，进而可以用来确定危险结构构件的疲劳强度和剩余寿命。最后，可以制定相关限制活荷载的管理措施。

确定外部影响（荷载观察）的目的与获取作用于结构的荷载是一致的。这需要有关系统行为的相关知识，可以通过研究结构模型或者试验方法获得。计算的荷载可以用于如下用途：

- 基于测量的交通荷载永久观察（比如交通密度和车辆重量）。这些观察结果也可以用来验证现有的荷载模型或者发展可供选择的荷载模型。
- 有关交通荷载长期增长或者减少趋势的统计量。
- 根据类型、位置、大小、周期和频率获取作用荷载，确定总体荷载和动态因子。如此详细的荷载模型也可以用来确定脆弱结构构件的疲劳强度和剩余寿命。
- 对荷载模型进行改进，这一过程在设计阶段只能被估计（比如桥梁拉索、拉杆或风撑的动态风荷载）。
- 有关环境荷载的结论，比如气动激励、温度影响以及动态荷载。
- 制定特别措施，通过改变荷载或者结构抗力减少荷载效应。

荷载往往是通过非直接的方法确定，结合结构模型和荷载效应模型，并基于第 11.3.3 节描述的测量参数的相关信息。对损伤分析尤其重要的，通常不是结构响应的绝对量，而是如监测记录的对于状态或应变在时间和空间的变化。基于监测数据的有关损伤的荷载—效应关系只能通过其他同步作用的信息来确定。

11.3.3 基于维数、周期和局部效应确定结构响应

11.3.3.1 反应结构响应的被测物理量

根据各个荷载效应的物理状态以及适用于结构设计或评估的基本荷载模型，对用于确定荷载效应的测量值进行调整。比如，描述恒荷载/静态荷载结构响应的参数为结构自身重量的质量分布。必须确保结构和非结构组件以及恒荷载的体积和空间分布，或者在第 11.4.2 节的结构分析范围之内。结构材料重量的空间分布可以通过材料测试确定，变化的部分可以通过监测影响参数（比如水分渗透）或者量化指标（地面压实度和土体材料的摩擦角）来确定。常规的土压力模型用以确定水平表面和边墙（竖井、土体压力、岩石压力等）的荷载。压力被用作中心测量尺寸。

外部预应力结构、拉线式电杆以及悬索桥桥塔的预应力荷载可以通过测量拉索索力间接确定，动态特性（自然频率）或许有一定的帮助。结构的实测温度分布信息是确定温度荷载效应的前提。有了截面温度分布及其相关统计模型，可以获得荷载效应。对于静态非确定性结构，有必要建立力学模型用以预测定量和定性的结构行为。

由沉降或者基础变形引起的强制位移会产生约束荷载，往往同时存在常幅荷载和变幅荷载。为了对约束荷载进行评估，对位移的计量调查往往是必要的。

如果结构受到气流和水流的作用，将产生反作用力。这些荷载的维数与流体介质的动能以及作用面成比例。为了识别由于风或者波浪引起的荷载作用力，以及其引起的静态和动态荷载效应，有必要通过测量确定流速分布。

变幅荷载可以产生静态和动态荷载效应。通常，交通荷载有静态和动态的组分，可以通过安装传感器测得对结构的效应。一般来说，伴随而来的测量值包括成比例的或者可比较的结构变形（应变、位移）。此外，有关车辆速度和间距的交通流信息也很重要。

振动、撞击荷载、爆炸荷载以及灾难荷载会产生动态荷载效应，对应于荷载和结构的幅值和动态特性。这些过程的测量物理量包括振动速度和加速度，用于描述质量力和应变，同样适用于其他动态荷载。

11.3.3.2　确定作用力

监测模式

作用力应根据其维数和频率以及时间和空间的分布和特征通过测量确定。根据任务的需要选择必要的用于荷载监测的测量设备。监测工作以连续的、循环的、依赖事件和荷载的模式执行。通过连续监测收集大量的信息，所有的荷载效应及其时间特性被记录下来。如果仅仅需要记录过度荷载，可以基于阈值触动开关信号进行非连续监测。对于监测缓慢变化的物理量，比如静态荷载，往往实行定期监测就足够了。如果非连续监测是由荷载值决定，可以进行依赖事件监测。为了确定最大应变，这些方法可以用来荷载组合（见第 11.3.3.3 节）。

风荷载

一个重要的实际应用领域是监测由于其自身系统特点而容易受风荷载激励的结构，诸如塔架、桥塔、烟囱、起重机架以及大跨桥梁。结构受激励的机理包括以下种类：

- 非常纤细的结构，低自然频率、低阻尼、由风场引起的大幅振动。
- 对于圆形截面，Karman 湍流作用可以导致结构的大幅振动。
- 对于气动不稳定截面，比如矩形截面，可以产生驰振。然而，对于圆形截面，一般来说不会发生驰振，但在外部条件影响下，比如一面结冰，也有可能发生气动不稳定。最近的研究成果表明，当雨水沿着桥梁吊杆下滑时，可能导致严重的驰振，这将导致结构连接节点发生疲劳。
- 对于扭转自然频率与横向作用接近的桥梁截面，在一定的条件下可以产生颤振。

激励机理的复杂性以及一些效应只有在特定的情况下发生，使得在设计阶段预测荷载的安全性比较困难。对长期测量数据进行分析，可以校准特定位置的风荷载模型。以这些建立的风荷载模型为基础，可以对预期的风荷载进行精确预估。对气象条件的同步监测也是必要的。

波浪荷载

波浪荷载对海上建筑有一定的影响，比如海港和近海结构。这些荷载通常不能通过直接测量确定，只有通过荷载模型间接确定。除了受荷结构组件的几何尺寸数据，建立波浪荷载模型也需要运动水流的动力信息。用于计算的输入数据是与位置有关的参数，包括波浪高度和波浪长度。可以应用线性和非线性理论，依赖于应用条件、波浪维数和类型以及水深。关于对结构的荷载效应，静态和动态组分都必须被考虑。

交通荷载

作用于结构的交通荷载有静态和动态组分，比如桥梁上通行的车辆或者起重机轨道上的移动荷载。交通荷载对结构构件的应变有局部和整体效应（见第 11.3.1.3 节），不能直接被测量，但是可以利用验证的荷载模型通过计算确定。确定交通荷载有许多不同的目的，比如统计意义上的交通流效应，实际荷载模型的验证以及极值荷载的确定。

作用于桥梁的交通荷载通过永久实测的应变数据和校准函数计算得到，用于描述结构性能（比如影响线）。影响线可以通过荷载试验或数值方法初步确定。根据每个车道经过车辆的重量，对确定的整体荷载数据进行分类，然后计算每个荷载类型的频率。目的是为了获取长时间周期内的代表性交通概况。

相同的动态交通荷载被确定。值得注意的是，由于实测的动应变是结构和每个车辆相互作用的结果，拥有特定的结构组件。另一方面，实测的静应变与每辆车的重量相对应。

必须给予考虑的是交通荷载作用下的应变代表一个结构的完整荷载，比如桥梁上所有车辆的分布静荷载。因此，对于单个车辆的自动荷载识别，重要的是将测量值与不同的交通状况进行校准，也就是结合荷载位置和影响线，或者通过计算的手段模拟这些荷载。然后再应用模式识别技术。

采用动态称重系统对移动车辆的车轴荷载和车轴配置进行研究。值得注意的是采用该方法获得的车轴荷载测量结果是对实际交通荷载由于车辆的振动引起的动态组分的叠加。这些结果有可能会导致不真实的交通荷载统计数据。在车辆密集缓行交通拥堵的情况下，通过动态称重系统进行荷载测量可以获得更准确的结果。因为如此一来，确定单个车辆的重量不需要借助于应变测量结果。

位移引起的荷载

由于土体状态、施工阶段等的改变将导致基础沉降，由此产生的荷载效应与变形是成比例的。基于实测位移可以通过计算方法确定这些荷载。

重量荷载

恒荷载、结构材料、冰、雪等与质量有关的荷载可以通过体积和特定的重量测量来确定。通过测量建筑物体积的改变（比如雪荷载的高度）或者特定重量的改变（比如水分吸收），从而确定这些荷载的变化情况。荷载效应的改变也可以通过相应变形的测量而获得（挠度、应变等）。

冲击和撞击荷载

在撞击过程中，动能转变为变形能，荷载效应主要是动态的和非线性的。因此，一般来说荷载与响应是不可分割的，需要合适的模型进行确定。在开始阶段，可以利用实测动态响应建立弹性和塑性效应模型。

温度荷载

基于结构设计，温度荷载可以产生远高于交通荷载的应变。如果是非线性分布，将产生约束力和残余应力，它们将导致变形和不可逆转的损伤（比如裂缝）。一般来说，它们与其他效应一起产生（见第 11.3.3.3 节），形成组合荷载。作为动荷载，混凝土结构中的温度荷载将导致较高的疲劳应变。

只有当温度分布是已知的，热膨胀应变才可以通过计算获得。因此，首要的测量任务是确定温度场及其时变特性。在检测的范围内，构件表面的温度场可以采用温度记录仪确定（见第 11.4.2.4 节）。

如果材料的热参数和热边界的尺寸已知（外部温度、辐射以及对流情况），建筑物内部的稳态和瞬态温度场可以利用计算的方法确定。初始状态必须可以通过测量获得。

物理化学过程引起的荷载

除了力学参量，会发生多种其他物理和化学过程。钢筋锈蚀导致混凝土结构的早期退化并减少服务寿命。锈蚀使得钢筋截面积变小，锈胀引起混凝土保护层开裂以及钢筋和混凝土之间的粘结力损失。混凝土结构发生腐蚀的主要原因是氯离子污染和碳化。混凝土结构内部的腐蚀速度主要取决于暴露程度，尤其是混凝土的湿度、电导率、温度以及氧浓度。碳化过程导致的混凝土剥落加速了腐蚀过程。利用传感器对这些物理量进行测量，而对结果的解释需要丰富的经验和专家知识。

11.3.3.3　荷载组合

在结构设计过程中通常要假设荷载组合效应。实际上，叠加的荷载组分来源于常幅荷载、变幅荷载、特殊荷载以及预应力。现场荷载通常通过实测的结构反应来确定，包括变形、挠度、振动幅值，均为由荷载组合引起的荷载效应。为了从这些结果中分离出单个荷载组分，就必须要了解单个荷载组分的特点，包括方向、传播、周期、时间迁移及典型特性。有了这些信息，荷载组分可以通过数据分析程序进行分离。

举例

对于一个由交通、温度以及沉降构成的荷载组合，实测的应变数据可以被分成五个组分：交通荷载静态组分，交通荷载动态组分，平均温度变化组分，温度梯度变化组分以及沉降引起的组分。所有这些组分都拥有一个用于组分分解的特征周期。各个荷载在时域上的周期对应于频率上的典型频率。如果这个频率已知的话，测得的总体挠度可以应用滤波函数分解为对应荷载的组分，并可以根据第 2.3.2.4 节和第 2.3.2.5 节的内容进行处理。

11.3.3.4　测量数据使用和分析

缓慢变化过程的测量数据被周期性地或者连续地记录，通过统计值进行描述，比如最大值、滑动平均以及方差，并根据相关的测量时间存储。快速的变化过程，比如交通荷载、风、波浪以及冲击引起的效应被连续地测量，以至于所有可能的荷载过程能够被记录。然后，数据必须采用适合于它们包含的信息的程序进行处理。如果荷载组合首先被处理，必须执行荷载数据分离（见第 11.3.3.3 节）。这些数据根据它们的动态特性再被分析，除了用特征统计值进行描述。尤其感兴趣的是信号的频率成分。对于这些流程，应用了傅立叶分析和小波分解。

交通荷载、风荷载以及波浪荷载被分解成静态和动态组分，并用来做进一步的统计分析。计算了最大值、平均值以及方差以后，这些数据被用来确定频率分布。关于风荷载的确定，对基于指定周期平均值的风速数据进行处理，从这些均值的方差中计算湍流强度并表述成功率谱密度。为了描述动态交通荷载，应变的最大动态组分被用于同时测量的静态交通荷载。对于荷载统计量，基于实测的车辆重量，频率分布的确定被归纳为不同的荷载类型。

11.3.3.5　荷载模型

荷载模型不必表示荷载效应的物理现实，但是在特有的轮廓中或多或少存在滤波效果，这在第 11.3.1.3 节中已有相关描述。荷载模型描述荷载的方式是结构的效应与真实荷载的效应一致。一般来说，是选择这一等效作用的最大值，并具有一定的概率和重现期。

在荷载假设的规范中 [参见 1990（E Undated）；1055-100（Undated）]，选取的概率水平服从与结构的平均实际寿命相关的重现期。如果荷载模型通过对效应的连续观测进行升级（荷载监测），可以对特定效应的安全级别进行调整。此外，还应该注意的是，第 11.3.1.3 节中提到的结构的滤波效果 I_j 决定了实际荷载和荷载效应。在此，需要建立兼容的荷载模型，依据设计和施工方法，同时也与数据的进一步使用有关（比如承载能力或者剩余寿命评估）。

荷载模型校准

荷载模型的校准需要利用荷载监测结果，如第 11.3.3.2 节所述。指的是数据的统计基础（如重现期）和借助于荷载—结构模型基于实测的荷载效应（如应变）计算荷载。

11.4 结构的诊断

11.4.1 引言

本节的主题是提取有关结构的全面信息，涉及结构状态分析、结构监测以及数值分析。

源于通过结构状态分析收集和评估信息，引进计量调查方法来补充和验证现有的信息。这涉及主要用于局部的方法，比如无损测试程序。通过现场试验获得描述结构整体的信息，包括承载能力和整体结构参数。然而，这些信息只适用于被采集的那段时间。

时变量值可以通过监测进行反复研究而获得。监测工作可以采用不规则的或规则的时间间隔，或者连续运作，从而确定变化值，并进行有限的诊断工作。

除了计量调查，也需要计算的结果。目前，借助于计算模型可以得到在任何效应影响下结构行为的全面精确解答。这种模拟的前提条件是模型参数需要尽可能地与实际情况一致。该处理过程所需的信息可以从对结构状态和监测的计量调查中获取。

11.4.2 结构状态分析

11.4.2.1 设计描述与结构建造

调查的目的是确定结构的维数和构造以及高级结构分析的准备状态。以这些结果为基础，评估在当前荷载作用下的结构承载能力，荷载水平增加时使用状态改变，维护检修与结构升级，以及在静态和动态情况下的已有损伤评估。确定维数的目的是要真实准确地记录所有几何值，它们是描述结构和结构环境所必要的。从回顾已有设计资料开始，并尽可能地补充现有结构的几何测量数据。对于难以评估的结构部分，应该使用激光或者视距仪等工具。需要确定结构单元的实际尺寸，包括横截面，同时要考虑因为腐蚀而造成的材料损失。对于厚度测量，除了传统方法之外，可以使用 X 射线和超声波等射线照相方法。考虑到所有结构单元和承载行为下的结构环境，构造确定有助于结构的静态和动态分析。系统及其状态的描述包括如下方面：

- 承载能力识别和稳定结构单元。
- 识别耦合单元和连接单元及其力学特性。
- 结构细节规格（预应力类型、耦合节点、锚点等）。
- 确定材料特性（强度、质量分配、阻尼特性、湿度、化学值等）。
- 结构构造及结构环境状态（地基、约束系统、填土质量等）。
- 评估支座和节点的功能。
- 现有荷载及其时空效应。
- 记录可能的问题和缺陷。
- 已有损伤和造成损伤的环境。

为了获得信息，可以依次使用下面的方法：视觉检查、无损测试（NDT）、最小破坏试验以及破坏性试验（DT）。

11.4.2.2　位置稳定性、适用性和承载能力的阈值确定

描述结构状态的参数阈值可以从应用的规范和指南中获得，或者通过考虑局部环境来确定。此外，需要确认假设的准确性。如果有必要的话，经过一段时间后应对其进行检验。

位置稳定性

通常，需要在极限状态内确保位置稳定性。此外，结构基础沉降和倾斜引起的整体位置改变必须限制在使用极限状态之内。对于特殊类型的结构，例如铁路桥梁，阈值由规范确定。一般来说，最大极限状态内的位置稳定性阈值可以通过结构模型确定。使用极限状态内的位置稳定性阈值必须在考虑所有边界条件后才能确定，这些边界条件将影响结构的使用。

适用性

变形和使用荷载作用下的振动极限值通常在规范和指南中有所规定。尤其适用于荷载引起的变形将限制使用性的结构。否则，变形和动力行为的阈值可以灵活定义。为了确保结构的耐久性和使用性，需要限制变形、应力值以及损伤，比如裂缝。阈值通常在设计规范中进行规定，但也可自行确定。

承载能力

在最大极限状态内，规范和指南很少对可测状态值的阈值进行规定。实际上可以定义状态值的极限，但是在最大极限状态内它们不能用作使用状态监测的阈值。能间接反映极限状态的状态值，可以使用结构模型获得。疲劳应力是个例外，因为在这种情况下服务荷载可以达到最大极限状态。此外，周期应力的幅值受到对应循环次数的限制。

11.4.2.3　结构识别

结构识别是描述结构特征并进行分析和决策制定的最可靠的方法。因此，结构识别原理为土木工程师确定最优的测量系统提供了指导。为了准确地建立在正常使用状态和最大极限状态下结构的健康状况，结构需要被准确和完整地描述。为了进行系统的结构识别，需要执行如下步骤：

收集信息与先验模型

如果必须要确定静态系统，那么就得查阅所有的设计资料，以检查建筑材料的几何值和特征值。必须通过对结构和试件的测量和无损检测把丢失的细节补充完整。一个代表结构初级阶段的模型通常是粗糙而不完整的，因此需要对其进行完善。

实际情况的评估

为了评估结构的实际情况，必须考虑特殊的结构特征、现有的资料、已知的损伤、视觉检查的结果以及无损测试或者破坏性试验的结果。

现有承载力的评估

对于结构的目前使用状态或者预期的改变，承载能力必须在已知信息以及有关荷载和结构抗力的安全概念假设的基础上得到证实。

试验分析的准备

在准备足尺试验过程中，需要进行先验模型的灵敏度分析。这是为了确定动态测试的最优激励和响应并选择可接受的测量范围。根据解析和初步试验研究，静态试验的荷载配置以及传感器的种类、数目和位置都需要进行优化。

足尺试验

由于在结构模型、构件之间的相互作用、已知损伤的影响以及修复措施的有效性等方面缺

乏相关资料，有必要进行静载试验。动载试验可以用于验证整体系统行为以及影响整体振动模态的关键机制。对于疲劳测试，需要知道结构的动力行为。

试验数据的处理

对足尺试验测量数据的处理和调整是获取有关结构更可靠信息的重要步骤。

模型校准

模型的力学特性、边界条件以及连续性条件需要进行调整。模型的构造与试验中观察到的以及处理试验数据获得的物理本质一致。

校准模型的应用

实测数据校准的解析模型可以作为衡量结构实际状况的最好标准。可以用于承载能力评级、荷载评估与内力评估，以及运营条件下的应力和变形评价。

11.4.2.4 无损检测技术的应用

无损检测方法可以在结构分析和损伤分析中得到成功应用。数据融合方法与所述过程的应用相结合，可以经济地解决各种验证问题。应用表面扫描可以提高无损测量的自动化程度。此外，使用层析成像等图像生成分析方法已形成明显的趋势。

钢结构

高频超声技术（通常频率为 $2\sim4MHz$）已成功应用于平面缺口（例如裂缝）的定位以及结构钢截面的厚度确定。射线摄影技术被用于确定体积缺陷（例如孔洞、杂质、气孔）和旧桁架接合板裂缝。为了跟踪钢结构中裂纹随时间和空间的发展情况，可以采用声发射分析。在无损条件下不仅可以确定材料状态，也可以确定特定材料参数。因此，例如火花诱导发射光谱分析可以在不取样的情况下确定钢材成分。

钢筋混凝土结构与预应力结构

对于钢筋混凝土结构和预应力结构，大量的无损检测方法经常被组合使用。尤其是为了定位表面钢筋，静磁场和交变磁场处理会应用于最大厚度大约达到 $12cm$ 的构件。雷达方法主要用于定位更大厚度构件中的钢筋。为了定位钢筋的断裂程度，基于钢筋磁化作用和磁场测量，必须在无损检测完成后额外应用剩磁过程。钢筋是否断裂的评判指标为其极性的改变。判断诊断效果是可能的，比如通过微创介入；通过钻孔形成一个人工孔洞进行特别内窥检查；或者，可以采用射线摄影方法对感兴趣钢筋区域进行检查；为了研究钢筋的过度腐蚀状况，可以采用电化学势场方法。

各种声学方法也同样被用于实体结构的检测。由于岩石颗粒的离散性，通常使用低频超声波（$50\sim100kHz$）。采用该方法能够检测覆层厚度以及缺陷（砾石巢、空腔等）。另外，超声技术也被用于检测混凝土的抗压强度。此外，冲击回声过程也被应用于各种实例，如检测桩身完整性以及隧道衬砌的覆层厚度。

砌体结构

雷达是检测砌体结构大范围损伤的重要无损测试方法。目的在于确定砌体结构的组成（厚度、线型、空腔、金属系件等）以及湿度状况。红外热成图技术经常被用于大范围湿度的检测。在有选择性的结构研究中，会使用内窥镜检查、超声波以及微震等技术，用以评估天然石料和黏土砖的抗压强度和均质性。对于有选择性的湿度研究，经常采用各种电学方法（电阻法、电容法、微波法等）以及放射测量法（核磁共振法、中子反向散射法和射线摄影法）。

11.4.2.5　现场试验

现场试验作为结构识别的组成部分，被认为是一种检测方法，同时也是循环性或间歇性监测工作的一部分。静力现场试验的主要目的是检验结构的承载能力。动力检测主要为了确定结构的动力特性以及动荷载与结构受力行为之间的相互作用。

静力试验

静荷载是指非常缓慢施加于结构而不会引起结构动力效应的荷载。静力现场试验可以分为行为试验、诊断试验和验证试验。行为试验用于研究结构的力学行为或验证特定分析方法，后者的目的是为了证实分析方法可以被用于结构设计与评估。行为试验可以提供有关结构不同构件的荷载分布情况。试验结果可以用于校准分析方法。

诊断试验用于诊断结构构件相互作用的效果。例如，通过诊断试验可以建立桥墩端部的转动约束状态。大量试验表明，诊断试验在确定由于结构构件相互作用引起的问题以及确定相互作用的积极影响等方面具有一定的优势。诊断试验的优势在于可以解释结构行为异于假设的原因。

验证试验用于建立结构的安全承载能力。在该项试验中，结构受到非常大的静荷载作用而产生更大的响应，这一响应比最大工作静载荷产生的响应大。由于验证试验要对结构施加非常大的荷载，结构很有可能因此产生永久性损伤。一个较好的验证试验通常逐级增加荷载，确保荷载不会超过结构的线弹性行为极限。

动力试验

结构动力试验可以明确分为如下几类：应力历史试验、动载试验和模态试验。关于它们的特点和空间分布，动荷载通常十分复杂而且不能用计算方法充分描述。应力历史试验是为了用试验的方法确定动态高应力类型结构构件的应力（例如连接节点），实质上是疲劳荷载。初步的数值分析之后，通过布置大量的传感器并在运行状态下测得结构应力，用以确定结构中的热点。根据这些研究结果，可以确定用于连续疲劳监测的最优传感器布置方案。当动态力与所检测的结构结合时太复杂，不能通过数值模拟获取足够精确的结果，则需要进行应力历史试验。

动力试验用于确定交通荷载中的动力增量。为了控制竣工后的设计指标，需要有实际的信息。同样地，在相同的交通量作用下结构变化可以引起结构动应力的改变。再者，行驶车辆类型的变化以及改变的动力特征，需要提前对新的动荷载进行测量。如果在设计阶段把动荷载效应看作是静应力的增加，需要进行动荷载试验并测量设计上认为重要的构件应变。

模态试验用于确定结构的模态特性。模态特征信息被用于损伤识别，竣工后的结构质量控制，在结构经历极端荷载后规划维修工作和评估结构安全，以及结构模型的校准。

根据结构激励的不同，包括环境振动测试和受迫振动测试，确定自然频率、振型和模态阻尼的过程有所不同。

环境振动测试在结构工作状态下完成。激励能量来自作用于结构的动荷载（如风荷载、环境荷载、交通荷载、地面振动）。因此，荷载作用下的大型结构也可以进行环境振动测试。假设这种类型的激励具有宽带频谱随机特性，否则不能完成完整的识别，只有处于激励频带范围内的频率才能被激发。环境振动测试相对来说比较快速并且成本较低。由于系统对于自然激励的响应往往较小，因此必须使用高灵敏度的传感器。

受迫振动测试的激励一般为冲击激励（冲击锤、落锤高度等）并采用阶梯函数，也采用电动力激励系统和电水力激励系统产生的规则激励（简谐的、周期的和随机的）。激振器类型的选择依赖于结构的动力特性以及现场条件。利用阶梯函数，输入能集中在低频范围内。冲击激励不适用于大型结构。规则激励可以进行任意长时间的测量工作，可以获得较高的频率分辨率，缺点在于这种激振系统的设备和操作相当昂贵，且不能在正常交通条件下运作；优点是可以识别完整的结构模态特性。

11.4.3 结构监测

11.4.3.1 目的

本指南中描述的自动化永久监测的目的，是为了获得有关结构或构件目前状态和长期行为的信息，包括荷载和影响因素。通过这种方式，前面各个流程获得的结果可以得到改进和完善。大体上来说，永久监测代表需要对物理量进行连续测量记录，也就是在时间上没有中断，永久使用传感器。此外，所得结果可以与预先建立的荷载和结构特性相关的参考数据进行比较。

描述的流程可以用于结构相关的损伤分析。例如，在过载、超过使用年限以及有预损伤等情况下，永久监测可以用以延长结构的使用寿命。对于这些安全相关的监测，必须确保利用现有技术进行的测量和数据处理工作是可靠的。同时，有必要对永久监测结果进行持续的或间隔足够短时间的评估。

11.4.3.2 监测任务

荷载效应监测

对当前荷载效应的永久观测和评估变得尤其重要，其中包括难以准确确定的剧烈变化的外荷载效应（比如风荷载、交通荷载），以及不可建模或是需要很大努力才能建模的复杂结构行为（比如空间效应）。

状态监测

在结构状态监测过程中，基于连续测量的数据对整体和局部结构特性进行评估。目的是为了评估结构当前的状态并准确预测结构状态的发展。另一个目的是为了识别和记录结构行为的总体变化。

如果存在局部预损伤或者结构构件处于特殊荷载作用下，将进行局部结构特性监测。如果超过预先设定的阈值，比如规范规定的、经验或计算分析所得，通常有必要进行更进一步的特殊检查。

总体上来说，单个构件中的结构变化，比如单根预应力钢筋的断裂仅仅会产生局部效应。因此，监测工作的成功取决于局部监测点的设置。

性能参数与监测阈值的定义

在交通荷载（比如重载交通、交通事故撞击）或环境因素（比如风暴、洪水、地震）作用后，识别极端荷载和抗力参数十分重要。因为这些单独事件可以对结构造成重大损伤。为了记录这些事件，需要根据经验、测量或计算定义阈值。记录事件的时间、最大值以及其他定义的参数，更合理的做法是记录所有应用的传感器的完整响应情况。存储完整的时间响应数据是有好处的，因为可以根据此类响应识别可能发生的损伤。

除了静态荷载的确定，动态荷载的确定对于结构承载能力和剩余使用寿命的评估，以及维护时间间隔的定义具有重要意义。基于此，需要确定动态因子，可以根据预先定义的荷载等级中应变信号最大值与信号静态部分的比例关系（利用低通滤波器获得）进行计算。

对于材料疲劳的风险评估，局部应力和材料参数是重要的参数。利用雨流计数法对应力（应变）信号进行分析，与包含应力信号的典型滞回曲线相对应。应力数据的幅值和形状表明应力的潜在疲劳。对于非焊接结构的疲劳评估，应该考虑平均应力幅值的影响。

对于当前荷载效应的研究，以下工作具有重要实践意义：

- 监测允许的静荷载效应和动荷载效应。
- 确定动荷载效应（动态因子）。
- 荷载效应分类（比如永久应力分析）。
- 确定极值应力及其发生频率。

基于荷载效应的永久观测，可以进行以下工作：

- 评估剩余使用寿命。
- 评估结构实际安全性能，比如基于 EC 1.1 的可靠度指标。
- 根据荷载和结构真实状态确定维护时间间隔。

基于本指南的结构状态监测，评估实际结构状态包括：

- 测量监测点的应变、挠度、曲率、倾斜，从而获得有关地基沉降、整体刚度变化、连续梁效应损失等信息。
- 观测共振频率，获得有关整体刚度改变的信息。
- 选择性监测主导模态的变化情况。

局部结构参数的监测包括：

- 评估已知裂纹的长度和宽度。
- 结构开裂危险性增长情况观测。
- 应力集中点应变发展情况。
- 静挠度和振动引起的结构构件位移（比如起重机和桥塔的约束）。
- 基础沉降（比如桥梁）。
- 预应力钢筋应变。

11.4.3.3 监测工作试验设计

初步流程

监测系统的设计是基于观测对象的结构特征信息。只有在对系统行为足够了解的情况下，传感器才有可能安装于合适的位置，结合测量数据识别系统参数才有可能成功。为了定位关键受力区域，计算和测量的方法是比较合适的。

数据采集与信号分析

所有参数均以模拟信号的方式连续测量。模数转换的采样频率需按最大的频率范围设定。如果数据分析是在频域进行，采样频率至少为最大频率的两倍。一般来说，这个上限值需在数字化之前采用低通滤波实现。对于在时域进行的数据分析，需要使用更高的采样频率。实际上，已经证明大约五倍于最高频率的采样频率是合理的。

对于所有记录的测量信号，必须连续提供特征值或参数函数。采集到的数据需要经过有效处理并进行描述，可以采用如下方法：

- 高通或低通滤波：从温度变化、拉索移动或测量噪声等过滤准静态和高频信号部分。
- 带通滤波：过滤信号中对结构敏感的确定频率组分。
- 积分：转化加速度信号为速度和位移，可以通过模拟网络在数字化阶段实现。
- 参数运算：从原始信号或者预处理信号中计算均值、标准差以及峰值。
- 频率分析：确定时间响应信号的谱成分，频率 f_0 可以根据时间范围 T 获得，即 $f_0 = 1/T$。

- 统计分析：确定变量的概率密度函数或信号的最大值，可以表示为柱状图和密度函数。

为了减少数据量，连续的数据采集需要在现场对数据进行直接处理。但是，这样的处理手段将降低后续数据分析的机动性。

对于缓变的观测性能参数，仅记录其平均值是合理的。也有可能需要整合数据采集算法，在一般的工作模式下仅获取峰值。在超过阈值的情况下，离散周期内的数据是连续的。选择最合适的数据采集算法是结构健康监测的重要组成部分，将影响能获得的数据存储量和诊断信息种类。

当在同一个结构健康监测系统中应用多种传感系统时，对数据的处理就变得相当重要。许多传感器可能会有单独的信号调理和解调系统，从各自传感器中获取原始数据。系统需要能够处理所有输入的数据并将其与公共的参考时间标识相对应。

测量与服务状态

监测期间的测量数据是结构在服役状态下的响应，经受交通荷载、振动、风、温度以及地震等影响。尽管荷载和荷载效应监测严格对应于需要测量数据及状态监测需求，对于传感器的选择及其在结构上的应用仍需具有一定的弹性。此外，这也可能影响数据分析方法。

对于暴露的传感器安装结构部分以及数据分析设备，温度的变化范围大约在 $-40℃\sim50℃$。因此，在一定的测量范围内必须考虑温度补偿。其他重要的气候因素包括湿度和水分。测量设备的电学保护组件（传感器、插头、线缆、控制器以及计算设备）需要与服役环境匹配。一般来说，对所有的传感器和线缆需要进行电屏蔽保护，防止受电磁场和电流影响，尤其是要做好防雷击保护。用于传输模拟信号的传输线缆需要尽量短。传感器、线缆和电子设备在土木结构的应用中，需要充分考虑现场的保护。最后，为了长期经济地运作测量系统，应该易于替换所有组件。

传感器与传感器特征

功能强大、稳定及可靠的传感器是结构监测的根本。必须确保特征物理量不被环境因素改变，比如温度、湿度、力学影响以及电磁场等。如果有可能的话，必须对传感器进行保护，以免受环境因素的干扰，或者需要对环境因素影响值进行补偿。

传感器可以分为集中监测结构局部特性（比如材料）和整体结构行为两大类。根据测量指标的几何和尺寸、变形、应变、力、重量、动态参数、温度以及耐久性参数，有些采用嵌入结构，有些则安装于结构表面。以下是结构健康监测目前应用的最重要设备。

应变计

需要结合结构材料（混凝土、钢材等）考虑合适的应变计类型和长度。Fib（2003）给出了有关正确使用、环境因素影响保护以及合理选择线缆等方面的建议。根据测量放大条件，频率范围可以从零赫兹到上千赫兹不等。应变测量的分辨率应该达到 $0.1\mu m/m$。

光纤布拉格光栅

这些传感器适用于高达 $10000\mu m/m$ 的应变测量，温度范围在 $-50\sim200℃$，频率范围在 DC 至 MHz 之间。该类传感器不但可以应用于结构材料测量，也可以用于结构表面测量。传感器长度可以根据具体测量工作进行调整。它们线性极好，仅有少量滞后现象，抗电磁干扰。由于传感器的热敏感性，应变测量时必须进行温度补偿。

用于应变监测的压电薄膜传感器

与应变计不同，压电薄膜传感器有高通特征，也就是说，它们只能测量超过某一限制频率的动态应变。这一频率阈值可以通过对传感器直接使用电荷放大器获得。对于镀铜合成薄膜，频率阈值为 0.2Hz。传感器的尺寸各异，一般尺寸为 12mm×90mm，包括电荷放大器和电压放大器。压电薄膜传感器及整合的放大器都与环氧树脂结合应用。

用于挠度测量的位移传感器

各种 LVDT 主要用于测量两点之间相对位移基于电感测量原理的传感器，测量范围 ±1～±50mm，温度范围为 −20℃～+120℃。Fib（2003）给出了其他物理原理类似的传感器，只不过是基于不同的技术参数。

位移传感器

基于 GPS 的挠度测量一般需要在每个测量位置安装一个可以接近的固定参考点。在某些无法满足要求的情况下，基于卫星的传感器可以用于测量结构位移。在关注的位置安装传感器节点，用于观测基础沉降以及桥梁和高层建筑的长期变形。每个传感器节点包括 GPS 接收机、微控制器以及无线电数据通信装置。对卫星信号的相位信息进行评估并使用差分 GPS 技术，精度可以达到小于 10mm。

静力水准系统（HLS）

该传感器系统可以用于位移测量，是以经典的连通器原理为理论基础。由两个或多个安装于选定结构位置上的互相连接的液体容器组成，其中一个作为基准参考。静力水准系统只能应用于静态或准静态条件。在测量范围内，可以达到 0.02mm 的分辨率。

相对振动测量位移传感器

位移传感器常常被用于测量裂缝宽度。根据测量原理不同，可以分为电导式、电感式和电容式传感器。根据测量原理不同，传感器测量范围为 0.1～10000μm，频率范围在 0 至几千赫兹之间。

振弦式应变计

这种传感器的测量原理为钢弦自然频率的平方与其应变成比例。传感器密封于钢管内，可以用于测量应变、强度、压力和温度，固定于结构表面或者经过保护嵌入混凝土中用于静态和动态测量。拥有非常好的长期稳定性，分辨率大约是量程的 0.025%。

振动速度传感器

为了测得绝对运动值，这些传感器直接应用于振动物体。不需要参考点。可以在 2～1000Hz 的频率范围内使用，对于更低的频率范围，幅值和相位可能会发生异常情况。根据整合的机械电子转换元件，该传感器可以分为绝对位移传感器（电感式、电容式或应变式转换器）和振动速度传感器（电动力转换器）。

振动加速度传感器

振动加速度传感器可直接应用于振动对象。根据整合的机械电子转换元件，可用于从 0 赫兹（应变式或电感式转换器以及伺服加速度传感器）到高于低频阈值（压电式传感器）。两者的频率阈值上限都可以达到几千赫兹。

用于振动测量的激光仪

这些传感器可以应用于相对长距离的非接触测量。通常情况下，应用所谓的位置灵敏探测器（PSD 传感器）。光源通常为低强度半导体激光。测量系统的可测频率范围为 0～300kHz。不同的 PSD 的尺寸、光强以及测量系统，分辨率最高可以达到 10μm。

用于角位移测量的倾角计

频率可以达到 5Hz，应用电容式传感器。对于更高频率的应用，伺服加速度传感器更为合适。这些传感器的分辨率通常在 $0.1\sim0.001°$。

光纤传感器

根据应用的测量设备，这些传感器适用于测量裂缝宽度、裂纹识别及定位。裂缝宽度测量和裂纹识别的物理原理为：随着光纤截面的变小，耦合光线将更容易被吸收。在光纤末端测量光的减弱程度，可以判断裂缝的存在或者裂缝宽度的变化。值得注意的是，当裂缝达到一定的宽度，传感器将可能被破坏。为了定位裂缝，需要测量反射光在光纤内的历时，进而带来有关设备和数据分析技术方面的大量投入。

温度、湿度以及腐蚀传感器

为了永久测量该类型物理量，可以采用商业化传感器。如果这些传感器要用作长期测量，需要在应用过程中小心封装。

选择传感器的基本准则是考虑被测物理量的最小变化量（分辨率、线性、准确性）、测量范围、测量类型（静态，动态等）、测试周期（长期稳定性）、测试环境、安装环境以及资金投入。

测量设备

一般情况下，长期监测测量设备包含以下组件：

* 信号放大器（电压放大器、电荷放大器、载波频率测量放大器）。
* 模拟抗混叠滤波器（调谐至所需截止频率）。
* 带模数转换器的测量数据采集系统（16～24 位转换）。
* 用于数据管理、处理、精简和存储的分析服务器。
* 数据存储（半导体、闪存、硬盘、软盘、磁带等）。
* 不间断电源。
* 整合通信设备的远程数据传输单元（电话或传真数据传输线、移动电话或卫星通信收发器）或交通管理系统数据通道。

11.4.3.4 监测数据处理和组织

静态测量指标

实测的位移值（如挠度）、倾斜、沉降、裂缝宽度和长度，以及环境被测值（温度、湿度、腐蚀等）主要是准静态的，因为它们随时间缓慢变化。对于这些物理量的分析，可以采用每小时的平均值及其标准差。此外，建议采用预定义的阈值对突然产生的明显振幅变化进行记录。

对于预应力混凝土结构以及钢结构的主要构件，裂缝的出现通常代表一个临界结构状态信号。对已知的裂缝宽度变化情况或结构薄弱位置、应力集中点的裂缝确定进行永久监测，是早期损伤识别的重要组成部分。实践证明，确定和储存每小时最大值可实现表征的目的。为了将裂缝状态与荷载（活载、温度）建立联系，需要同时进行应变和温度测量。

动态测量指标

结构的承载行为变化始终与振动特征的改变相联系。静态系统及其相关参数的改变影响结构的自然频率和模态，必须通过试验模态分析进行确定。

在自动化长期监测过程中，对上述数据的估计也可在没有人为激励的情况下执行。因此，每个测量点的时域信号需要进行傅立叶变换。功率谱密度的峰值基本上可以描述自然频率。此外，确定相关的运营模态需要对不同测点进行同步或连续测量。运营状态下的模态与结构的自然模态相似。

在实践中，多重连续测量结果应该取平均值，以消除相互干扰、外部影响以及与结构状态无关的其他信号。平均标准化功率谱密度（ANPSD）可视为结构特征。结构刚度或质量的变化将导致 ANPSD 模式的改变。通过与参考状态的比较，有可能获取结构损伤位置和程度相关的定性信息。

定量的评估需要对结构模型进行更新。在许多情况下，建议结合利用专家系统的知识。对于测点位置、自然频率以及运营模态的选择，需要尽可能有效地反映结构损伤。可以通过试验预研究或数值模拟来实现。

选择、管理和描述测量结果

一个永久监测系统需要智能化的现场应用。在定义的范围内可以记录为具体参数或值，并以特定的时间间隔存储。其他结果将按照时间的相关性单独存储。存储的数据通过永久数据传输线连续地或定期地传输至监控计算机，包括所有有关测量设置、测点、传感器、通道名称、设置以及校准因素等的真实信息。随后，监控计算机执行结果的处理，对所有数据的管理，并生成监测报告和展示图形化结果以及必要的趋势分析。通过连接到一个包含结构施工和检测信息的数据库，实现测量数据的全面使用，例如建立技术信息系统或发展专家系统。此外，这些数据可以作为质量管理的基础。

11.4.3.5　监测参数和结果回顾

状态报告

测量数据必须进行定期检查，确保硬件的功能性和最佳运作状态。此外，必须检查监测结果的准确性和兼容性。一方面，基于实测的时间序列结果（如典型的、最大的、事件导向型的等）；另一方面，基于一定周期内测量结果的名义统计值（如最大值、RMS 值、平均值，滑动 RMS 值等）。在动态值监测过程中，除了确定自然频率，还需对频谱进行比较，检查和分析频率的变化。在监测期间根据等级确定荷载分布情况，计算和比较重要时期的荷载分布。在雨流矩阵中确定有效疲劳应力，并与相应的应力监测结果进行比较。

影响一致性分析

影响一致性的确定对分析监测结果及其时间发展相当重要。通过该方法，可以从评估变量过程中获得监测值独立性相关的重要信息，并在监测中对其进行控制。监测过程中产生的有关测量技术或传感器技术的错误，将通过展示不同物理联结变量之间的相关关系而迅速变得清晰可见。

预警

除了从现场数据采集计算机周期性地传输数据至中央计算机，以事件为导向的数据传输相当有用。在特殊的情况下，信息需要及时发送到中央计算机或传真机，比如超出阈值，结构系统发生重大变化或者部分监测系统发生退化等。

11.4.4　数值分析

数值分析需要建立合适的结构模型，包含足够准确的结构刚度、质量分布以及边界条件。对于结构评估，用于建模及比较实测和计算数据的最为广泛接受的技术是有限元方法。如果有限元模型拥有一定程度的完整性和有效性，它将提供最好的分析预测和模拟的基础。

数值分析的重要任务是识别结构特征以及模拟结构行为，具体表现为：

- 确定模态参数。

- 验证测量结果。
- 模拟结构特性，采用实验的手段实现起来比较困难并且相当昂贵。
- 实现参数分析。
- 模拟损伤情况。

模型的误差来源于结构模型的假设条件（尺寸、单元类型、边界条件、线性或非线性行为）和模型参数（物料参数、连续和离散刚度、质量和转动惯量）。正确施加荷载是模拟结构真实受力行为的重要保证。

对模拟结果的正确性进行检查时，建议采用以下步骤：

1. 检查程序代码/输入宏。
2. 通过以下方式检查分析结果：
- 模拟具有确切边界条件的试验；
- 极值分析，估计影响；
- 可变参数值统计分析；
- 与替代系统比较分析；
- 定量预测结果。

11.4.4.1　结构模型校准

建立解析建模并通过试验校准和验证解析模型用于可靠模拟的过程称为结构识别。结构识别是健康监测的起始和核心工作。校准是对一系列定义材料、几何、边界和连续条件的参数逐步进行调整，直到实测数据和分析模型模拟行为之间的差异在目标函数下达到最小的过程。校准模型必须采用未被应用于校准的数据进行再次检验。

大多数参数识别过程是基于线性和理想边界的，支撑条件不能完全反映结构的真实状况。为了预测可能的失效模式，现场校准的线性模型是进行非线性有限元模拟的最佳起点。

模型校准

模型的力学特性、边界条件和连续条件不断被调整，与试验获得的物理特性相符合。

灵敏度分析

灵敏度可以定义为通过解析表达式或有限差分数值分析获得的局部梯度信息。灵敏度信息对于解决优化问题相当有价值。对于模型的校准，输入的参数必须经过过滤分析，这在一定的数值范围内对于某些响应特征带来很大的变化。

校准模型的应用

现场校准的解析模型是分析结构真实状态的最好工具，可以用于承载能力的评级、容许荷载的确定以及内力、应力和运营条件下变形的评估。

11.5　损伤识别

11.5.1　损伤识别的目的和流程

损伤识别的目的是尽可能早地获取有关结构损伤的全面知识。此外，必须评估损伤的局部和整体影响并考虑损伤的发展过程。损伤识别的进一步目标是找出发现损伤的原因。

根据损伤的定义，对损伤识别的基本步骤进行描述。对土木结构重要损伤及其产生原因进行分类是相当有用的。使用的方法根据在局部和整体流程中对现有或预期损伤的了解水平不同而有所差异。对于整体性损伤识别流程，基于静态和动态测量结果阐述建立的方法。

11.5.2　损伤定义

损伤定义为对系统现在或将来的性能产生不利影响的变化。该定义限制于结构材料或者几何特性的改变，包括边界条件和系统兼容性的变化。系统的损伤通过直接作用产生（不随时间改变）或者是由于时变过程。时变损伤通过长期积累而不断增长，如疲劳或腐蚀损伤。离散性事件，例如地震、活载等产生直接的非时间性损伤。根据空间扩展，损伤可以被认为是分散的局部影响。损伤的严重程度可以用几何描述（例如，裂缝尺寸等）、对结构承载能力的影响（例如，刚度或质量的损失）或者系统能量消耗特性的变化来表示。

11.5.3　损伤和损伤机理的分类

损伤可以定义为结构的部分或整体破坏，从而导致结构构件或整体结构的抗力弱化。损伤是多种影响因素共同作用的结果，尤其是退化过程，主要是腐蚀和疲劳。此外，损伤也由计划外的高幅荷载引起。

11.5.3.1　损伤的原因

损伤的原因包括：

1. **超限应力（荷载）与不变的抗力。**可能的情况包括：
- 偶然或者地震作用（冲击、地震、爆炸）；
- 异常高变荷载（过度活荷载，极端风荷载、波浪荷载和雪荷载）。

2. **正常荷载与抗力降低。**根据设计规定，构件抗力的降低通常是一个时变过程，可能引起损伤，包括

- 化学荷载引起的退化
  - 钢结构表面腐蚀
  - 钢结构点腐蚀
  - 混凝土碱硅酸反应
- 机械荷载引起的退化
  - 亚微观裂缝的形成和扩展，直到超过结构钢和混凝土中的钢筋（疲劳）的最低横截面限制
  - 预应力筋的应力腐蚀开裂
  - 钢构件的接触腐蚀
  - 混凝土内微观裂缝的形成，导致横向抗拉强度的减少，从而引起混凝土压缩强度（疲劳）的降低
- 物理荷载引起的退化
  - 紫外线造成的聚合物损伤
  - 混凝土冻伤
  - 热/火引起的材料损伤
- 徐变、收缩和松弛
  - 蠕变引起的预应力损失及剪切强度降低

3. **以上两者兼有。**

11.5.3.2 损伤具体因素

部分损伤机理，在第 11.5.3.1 节中已提及，具体的产生原因包括：

1. **钢结构腐蚀。** 产生原因包括：

- 防腐层破坏
- 混凝土开裂以及其他混凝土结构的力学损伤（加上潮湿环境），产生原因包括：
  - 偶然荷载
  - 不良钢筋配置
  - 支座变化限制条件（基础沉降和转动，自由度减少）
  - 预应力损失
- 混凝土碳化
- 氯离子（来自解冻盐和海水）

2. **结构钢裂纹的产生和扩展以及混凝土微裂纹的形成。** 高于疲劳强度的交替荷载通过如下形式引起：

- 高循环载荷
- 循环荷载及截面积减小（裂纹）

11.5.4 损伤识别的概念

损伤识别通常可以采用以下四个层次的过程进行描述：

第一层次：识别。 确定结构中是否存在损伤。

第二层次：定位。 确定损伤的几何位置。

第三层次：量化。 确定损伤的程度。

第四层次：预后。 预测结构的剩余使用寿命。

11.5.5 损伤识别的变量与指标

试验研究的目的是为了获得第 11.4.1 节中提及的任务信息。根据是否了解损伤信息、导致局部损伤的监测或基于是否掌握了整体结构行为的信息，通过第 11.4.2.5 节中提及的现场测试，或者通过自动监测系统进行周期性或连续测量。测量数据基于静态和动态研究。在结构健康监测过程当中，发展大量不同的分析技术用以识别损伤。

11.5.5.1 局部方法

在下列情况下将局部方法应用于薄弱点的分析：

- 有了损伤类型和位置信息，需要确定损伤的尺寸，并对其发展情况进行监测（第三层次）。然后，对损伤的局部状态和整体成因进行评估。这适用于目前的状况，也可以对未来情况进行预测（第四层次，见第 11.5.4 节）。

- 同样，在现有的初步信息基础之上，该方法可以预计损伤是否存在于结构的某个位置，例如由于过载或疲劳（第一层次）。可以使用荷载监测完成（见第 11.2 节）。

- 损伤局部监测的另一任务是找到损伤的成因。此外，除了损伤参数，还需要监测损伤影响值。有关损伤特性和成因的信息可以通过测量结果的时间相关性和大小获得。例如，对裂纹宽度的监控会受到温度、振动、沉降以及其他因素的影响。

- 如果局部损伤有整体性影响因素（例如，桥墩的沉降），需要对结构损伤区域以外的位置进行观察（第一～第三层次）。

应用局部方法，需采用适合损伤类型的测量值以及合适的损伤指标（例如，裂缝宽度、应变、倾斜度）。其中，连续的工作系统受到青睐。

11.5.5.2　整体方法

如果不知道是否存在损伤以及损伤可能的位置，需确定敏感的整体系统参数，可以通过连续和定期监测，或者现场测试实现。

动态方法

振动特征属于结构的整体特性，尽管受到局部损伤的影响，但对其不会非常敏感。因此，整体特性的变化难于识别，除非损伤相当严重，或者测量十分准确。

根据有限个不同位置传感器的测量结果获得基于整体特性的改变，以此识别可能的损伤位置和损伤程度将会带来一定的问题。需要应用复杂的数学方法，包括非线性程序，才能获取最理想的解决方案。整体振动特性往往受到损伤以外的现象的影响，包括质量变化、温度变化引起的热效应等环境因素。此外，随着使用年限的增长，结构的边界条件将发生变化，从而导致振动特性的改变。

测量结果中振动特性的改变可以提供结构状态信息。较常用的方法包括：

- 固有频率法；
- 模态和运营挠度曲线法；
- 模态应变能法；
- 残余力矢量法；
- 模型修正法；
- 频响函数法；
- 统计法。

目前尚未发现基于实测振动数据，用于损伤识别、定位和量化的最优方法。也没有通用的算法可以普遍适用于任何类型结构损伤的识别。此外，尚未出现可以准确预测结构使用寿命的算法。除了应用动态方法，该领域需要丰富的经验。

固有频率法

结构的刚度和质量以及动态有效支撑和连接状态的变化，将会导致固有频率的改变。通常，与之相关的测量费用较小，只需合理放置少量的传感器就足以获取所需的信息。对于简单的结构，实测的固有频率差异可以用于损伤定位。因此，该方法适合对结构进行在线监测并进行第一、第二层次的损伤识别。与结构损伤区域相对应的模态最大曲率位置的自然频率与最大的频率变化相一致。在损伤严重程度和损伤位置数量增加的情况下，频率改变与损伤之间的线性关系假定将不再适用。由于频率变化受到环境的影响，在损伤识别过程中必须消除环境因素的影响。

模态和运营挠度曲线法（ODS)

只有相对于结构的尺寸安装足够多的测点数目时，才能得到合理的损伤定位结果（第二层次）。通常，只有通过现场测试才能实现（11.4.2.5 节）。损伤指标通过计算测量模态获得，与基准点的幅值相比较确定改变量。两种常用的用于比较模态的方法包括模态置信因子（MAC）和坐标模态置信因子（COMAC）。相对于频率改变测量，直接比较模态可以获得更好的损伤识别和定位信息。此外，环境因素对损伤指标灵敏度的影响更小。通过比较结构维修前后的测试结果积累了一定的经验。在大型结构的研究过程中，人工激励不太现实。因此，实测的运营挠度曲线（ODS）被用来计算损伤指标。当施加运营荷载才能辨识损伤时，必须测量运营挠度曲线。

对于局部损伤的识别，应用模态曲率更有意义，因为理论上损伤的发生有着高度的局部特性。曲率不能直接被测量，必须从实测的位移模态或应变中计算得到。在这两种情况下，对测量精度和结构整体测量点数的要求难以实现。基于模态曲率的损害指标累积分布函数（CDF）计算方法类似于坐标模态置信因子。

模态应变能法（MSE）

模态应变能损伤指标是模态曲率方法的延伸，其定义为损伤前后结构构件模态应变能的比率。该指标运用了模态曲率，由测量得到的模态经过二次求导得到。如果将噪声数据考虑在内，有必要采用插值多项式计算导数，并结合正则化方法进行平滑处理。模态应变能法已经针对梁式结构和板结构进行了成功的测试。也有通过改进原始方法用于多重损伤识别的情况。

残余力矢量法（RFV）

运用实测的损伤结构固有频率和模态以及结构的初始基准模型，可以建立超静定系统方程组。可以确定初始模型的未知修正参数，用以描述结构损伤。通过成功扩展实测的模态，残余力矢量法可以成为一个有力的损伤定位与定量的方法。

频响传递函数法（FRF）

模态参数可以由输入—输出测量或仅输出结果获取。为了消除损伤识别过程中的模态识别误差，可以直接定义损伤指标为实测的频响传递函数。初始状态与损伤状态的差异可以通过共振谱和反共振谱的偏移及幅值变化来识别。损伤识别指标可以表示为损伤前后频响传递函数幅值的差异。为了定位损伤，可以使用频响传递函数的比率。可以通过现场测试获得频响传递函数，并通过在线监测测得能递性。

模型修正法（MUM）

许多模型修正法被用于损伤识别。在理论上，模型修正法可以为第一～第三层次的损伤识别提供解决途径。损伤的确定需要物理特性的真实改变。问题在于模型与实测数据的匹配并非唯一。当损伤同时影响质量和刚度特性时，只有采用模态测量才能识别参数。一般来说，不建议在模型修正中只使用固有频率，可以直接使用频响传递函数测量值进行损伤识别。模态参数不必另外识别，频响传递函数数据在一定频率范围内提供更多信息。必须避免频响传递函数数据临界点的病态矩阵。要克服这些问题，通常需要假定损伤的位置和类型。

统计法（SM）

该方法的基本思路在于：影响系统动态行为的结构状态基本信息包含于系统的可测量响应中。基于该假定，损伤识别就是一个统计模式识别问题，可以采用非模型识别方法进行解决。所有信息都可以集中于合适的特征并反映真实损伤状态。这些特征可以从正常运营状态下的仅输出测量获得，服从一定均值和方差的分布。特征分布的变化将代表损伤的存在，预先假定系统性能的变化是一种非特征模式。这些方法可以适用于第一层次和第二层次的损伤识别。

静态方法

不是所有的损伤都可以通过动态方法进行有效可靠的识别。如果初始结构存在微小改动或者损伤出现在支座附近时，动态损伤指标的灵敏度比较低。如果温度变化对动态参数测量值存在较大影响，损伤识别将变得十分困难。

静态测量一般需要加载条件，使用整体参数可以进行损伤识别。许多情况下，变形测量涉及一个参考位置。对于梁式结构的损伤识别，一种方法是利用实测倾斜度的差异（第一层次和第二层次损伤识别）。倾角传感器不需要任何参考位置，采用缓慢移动的卡车对结构进行加载，仅需安装少量传感器就可以获得较好的测量结果。损伤指标通过对比初始状态与损伤状态的倾角影响线的差异进行确定。影响线可以通过改变局部分辨率精确测得。对于数据分析，实测数据的降噪非常重要。该方法也适用于多重损伤的定位。

11.5.6　损伤指标的测量确定

对于损伤指标的确定，建议采用冗余方法，例如，对于动态方法损伤识别（第一层次），通过安装额外的传感器用以提高结果的信息含量。此外，必须考虑到记录的损伤指标通常包含环境影响，须通过计算的手段予以消除。相对较高空间分辨率的模态测量，可以通过同时应用较多传感器或少量传感器（移动传感器依赖于固定激励器），使用基于扫描过程的测量技术。

11.5.7　针对状况的损伤评估

对结构状态描述的首要目的是对观测结果进行定性评估，也就是对已经存在或者新发现的损伤，定性评估其大小、后果、发展及起因。此外，还必须考虑其对技术系统（例如，静态模型的变化）造成的承载能力、功能性、稳定性和安全性的影响。根据对根本性缺陷和损伤的类型、大小及相应的损伤机理的了解，需要完成有关承载能力的评估，可能的修复工作，以及用途和安全规划。

11.5.8　使用阈值的损伤评估

一个简单而有效的评估实测状态值的方法是将其与初始定义的阈值进行比较。这些阈值可以从标准和指南中获取，也可以通过研究和经验取得。

11.5.8.1　规范和指南的阈值

在结构的施工和使用期间，结构设计规范给出了大量阈值。如果评估值是可测量的，可以直接用于评估监测结果。这特别适用于正常使用状态下的结构变形限值。而且，规范中还提供了正常使用状态和疲劳安全性的阈值。

11.5.8.2　阈值确定

如果在标准或指南中未定义阈值，则可以通过初步研究获得。初步的研究工作主要是对结构模型的分析和材料测试。阈值的确定要求对结构的一致性及其安全水平具有足够的了解。

11.6　测试人员资格条件

使用本指南中描述的方法可以获得有用的结果，但必须要求由有经验的工作人员进行设备调试、软件分析以及结果解释和评估。这就要求工作人员具有结构工程方面的知识，以及结构鉴定和测试的经验，并懂得测量技术。为了保证测量结果的可靠性，传感器的使用、测量过程以及技术维护都需要由熟练的工作人员在专家的监督下完成。测量人员必须长期在岗，测量技术情况必须记录在案。

11.7 传感器分类、应用和经验

见表 11.1 和表 11.2。

表 11.1 根据不同测量值的传感器分类

测量值	传感器类型	测量范围（MR）	分辨率	线性度	电源	频率范围	影响因素
位移	LVDT	1～50mm	1‰MR	0.1%MR	AC/DC	0～100Hz	横向力
	LVDT 测径器	1～50mm	1‰MR	0.1%MR	AC/DC	0～50Hz	测量频率
	三角传感器	2～200mm	1‰MR	0.3%MR	DC	0～10kHz	反射面，土壤
	钢缆拉伸传感器	50～40000mm		0.05%MR	DC	0～500Hz	横向力
倾斜	气泡水平仪	±10 级	1‰MR	0.1 级	DC	0.5Hz	振动
	钟摆仪	±1 级	1‰MR	0.05%MR	DC	0.5Hz	
沉降	静力水准系统	0～60mm	0.01mm		DC	静态	大气压力、温度梯度
	PSD	0～90mm	<0.05mm	<0.1%MR	DC	0～500Hz	湿度
张力	应变计	1～10000μm/m	1μm/m	<1%	DC/AC	0～100kHz	ΔT，渗漏
	光纤布拉格光栅	±10000μm/m	1μm/m		激光	0～100kHz	ΔT，横向应力
	Fabry-Perot 光纤	±5000μm/m	1μm/m		宽带白光	0～1kHz	ΔT
	SOFO 系统	0.5%传感器长度	2μm/m	<1%	激光	静态	横向应力
	光线	0.5%传感器长度			激光	0～100Hz	
加速度	压电式传感器	±100g	10μg	<1%	DC	0.1～2000Hz	固定
	MEMS-A640	±1g	5μg	<1%	DC	0～250Hz	
	B12（微分阻气）	±20g		1%	AC	0～100Hz	
振动速度	地震检波仪	100mm/s	5μm/m	<1%		4～1000Hz	固定
	激光振动仪	10m/s	1μm/m	<1%	DC/AC	1～20000Hz	
温度	电热偶	−185～300℃	50μV/K	1%			漏铅
	Pt100	−200～600℃	400μV/K	<1%	DC		温度梯度

表 11.2 传感器应用和说明

测量值	传感器类型	说　明
位移	LVDT	安装简单，避免横向受力
	LVDT 测径器	安装简单，操作频率较小
	三角传感器	安装简单，避免反射面
	钢缆拉伸传感器	安装简单，避免冲击
倾斜	气泡水平仪	安装简单，操作频率较小
	钟摆仪	安装简单
沉降	静力水准系统	安装复杂
	PSD	安装复杂

续表

测量值	传感器类型	说　明
张力	应变计	安装复杂，短期应变测量
	光纤布拉格光栅	安装复杂
	Fabry-Perot 光纤传感器	安装复杂
	SOFO 系统	安装复杂，长期测量
	光线	安装简单
加速度	压电式传感器	安装简单
	MEMS-A640	安装简单
	B12（微分阻气）	安装简单
振动速度	地震检波仪	安装简单
	激光振动仪	安装简单
温度	电热偶	安装复杂
	Pt100	安装简单

11.8　桥梁交通荷载识别

任务

对于一座 7 跨预应力混凝土桥梁（图 11.1 和图 11.2），需要确定静态和动态活荷载，并根据车道对其进行分类。

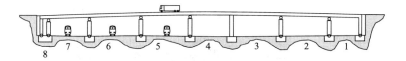

图 11.1　德国柏林 Westend 大桥

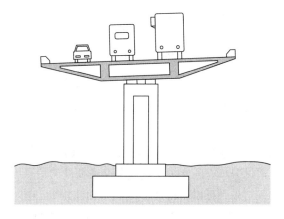

图 11.2　测试桥梁横截面

方法

所述方法的基本思想是把桥梁作为一个平衡体系。基于桥梁主梁相应测点实测的应变数据进行交通荷载识别。

首先，建立一个真实的荷载模型，因此需要测量已知尺寸和轴重的车辆经过时的应变影响线。然后，在测量和存储的影响线数据中提取重要的车辆组合信息，包括：前后关系、并排关系、混合关系等。这些信息将成为后续车辆荷载自动模式识别的基础。

在实际操作过程中，对经过车辆引起的应变进行测量，应用模式识别确定车辆的组合关系。然后，使用傅立叶分析对实测信号中交通荷载的静态和动态部分进行区分。对测量信号进行低通滤波，剔除低于一阶固有频率的信号，从而获得实测应变的静态值。采用合适的方法获取动态测量部分（图 11.3）。动态因子定义为总体信号最大振值与相应的最大静态幅值之间的关系。

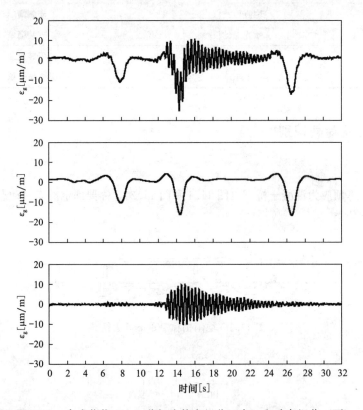

图 11.3　合成荷载（上）分解为静态组分（中）和动态组分（下）

结果

荷载识别的结果之一是每个车道的代表性静态荷载。图 11.4 为 1994～2004 年期间统计的各级交通荷载的发生频次。利用这些连续记录的数据，可以确定每座桥梁具体的荷载模型。

同理，可以确定动态因子 Φ（图 11.5）。图 11.6 为 10 年内动态因子随时间的变化情况。Φ 是车辆重量大小的函数。通过分析有限元模型，有关交通荷载的信息可用于计算桥梁整体应力随时间的变化情况，从这些结果中可以获得结构的剩余使用寿命。图 11.5 表明动态因子 Φ 的大小可用其发生频次的统计分布进行描述。统计分析随时间变化并给出结构疲劳应力。图 11.6 显示在频率降次的情况下，动态因子仍然可以达到相当大的绝对值。

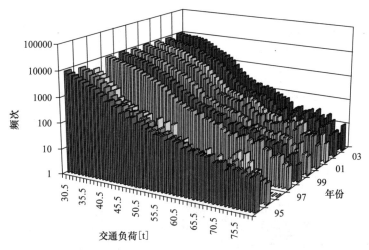

图 11.4　1994～2004 年期间识别的 30～80 吨的交通荷载发生频次

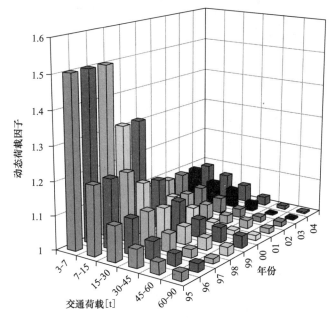

图 11.5　1995～2004 年期间实测交通荷载的动态荷载因子 Φ 的变化情况

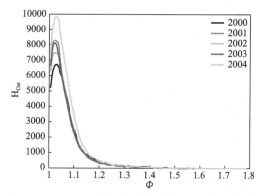

图 11.6　2000～2004 年期间荷载因子的频率分布及其变化情况

11.9　历史建筑状态监测

任务

一条新的地下铁路线在勃兰登堡门地下施工（隧道）（图 11.7 和图 11.8）。在此期间，将对纪念碑进行永久状态监测，用以发现建筑物及其基础的变化和损伤情况。

图 11.7　德国柏林勃兰登堡门附近施工现场

图 11.8　纪念碑地下的新地铁线路隧道工程

方法

在土中进行隧道施工通常会引起纪念碑的振动以及基础的沉降，可能会给结构和地基带来损伤。因此，除了对已存在的裂缝进行局部监测，还需要对整体结构进行动态监测。基于动态监测结果，可以根据实测的固有频率进行损伤识别。此外，在地下施工开始之前和完成之后，对纪念碑进行试验模态分析并与参考状态相比较，以便从模态变化中获得结构损伤信息。在地下施工前后，将正常交通作用下的结构振动响应幅值作为基础附近变化的进一步指标。

结果

监测结果显示了当土中隧道施工到达基础时勃兰登堡门动态特性的变化（图 11.10）。从功率谱中可以发现固有频率的减小（图 11.9）。表 11.3 表明第一阶固有频率的变化达到近 10%，而第四阶固有频率的变化达到 25%。上述测量结果是根据相应的试验模态分析获得。从图 11.11 可知，一阶模态在运动方向上有所变化。在施工开始之前，一阶模态只有水平组分；而工程结束后，该阶模态包含了侧向组分以及额外的模态自由度。该趋势同样也在纪念碑的基础振动测量中出现。图 11.12 为振动幅值 F_R（水平）和 F_L（侧向）的相关性，这些结果中包含了激励谱的所有频率，同时也显示施工完成后横向幅值增加的趋势。

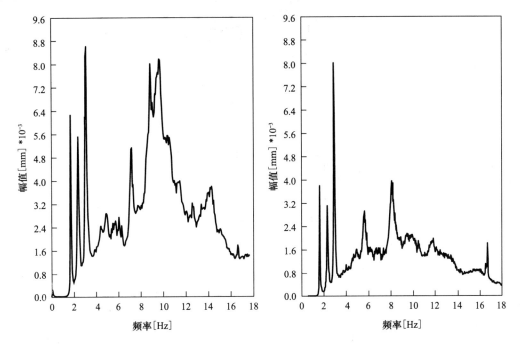

图 11.9 地下施工前（左）后（右）纪念碑的功率谱和固有频率比较

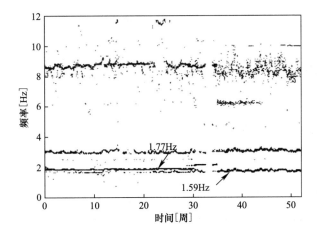

图 11.10 大约 30 周连续监测的第一阶固有频率变化情况

表 11.3 固有频率法研究动态行为变化结果

传感器数目	固有频率［Hz］	
	施工前	施工后
1	1.77	1.59
2	2.44	2.29
3	3.17	2.90
4	7.26	5.80
5	8.91	8.2—8.4

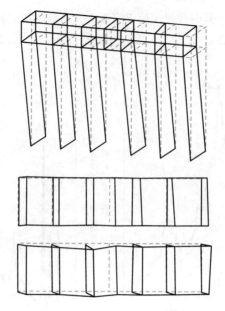

图 11.11   施工前后实测第一阶模态的比较

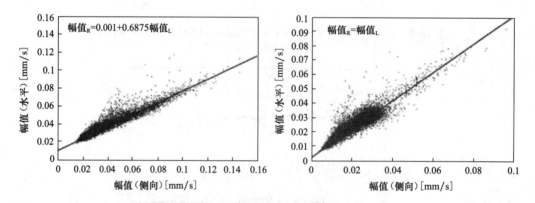

图 11.12   实测的基础振动幅值比率 F_R/F_L

假定隧道施工改变了基础的刚度状态。这种变化可以通过敏感的整体动态行为进行识别。用于评估所需的具体信息可以通过对基础的附加检测以及有限元模拟获得。

11.10   局部损伤识别及其对结构的影响

任务

通过视觉检查发现一座铁路石桥的上部结构存在裂缝。借助于监测系统观测活荷载和温度作用下的裂缝宽度变化情况，同时确定损伤发展的趋势；测量恒载引起的静应力以及由于结构改变（裂缝和沉降）和温度引起的承载能力变化情况。

方法

高架桥总长 750m，由 34 个拱组成（图 11.13），用于连续监测的传感器和测量设备安装于其中的两个拱（图 11.14）。用于监测的测量变量包括裂缝宽度、应力、振动和温度。在一定的时间间隔内对桥墩的沉降进行测量，对监测数据进行连续采集。为减少数据量，在现场对原始数据进行初步评估，并确定主要的特性统计值。应用傅立叶分析，根据不同的影响因素对测量结果进行分解（沉降、温度、交通荷载）。使用相关函数可以分析损伤的产生原因。

图 11.13　铁路桥：德国 Neise 高架桥

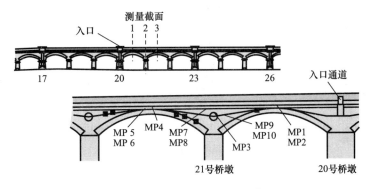

图 11.14　传感器安装截面（上）和位置（下）

结果

通常情况下，监测的裂缝宽度变化主要由温度引起，是可逆的。火车经过时的裂缝宽度变化同样也被测得，但是结果相对较小，并且不会改变结构特性。一年当中温度引起的裂缝宽度最大变化量达到 9mm，然而在活荷载作用下的结果只有 0.13mm。整个截面开裂，像刚体一样移动（图 11.15），其中 w_1 和 w_2 为上部结构两边的裂缝宽度。维修工作对裂缝没有任何影响。裂缝宽度的变化与结构的温度变化近似服从线性关系（$w \cong -0.3T$）。目前尚未确定沉降对裂缝宽度的影响。

由于局部温度引起的应力分布变化，砌块的代表性应变测量比较困难（图 11.16）。与砌块的尺寸相比，选择具有足够测量长度的传感器对监测结果十分重要。比较活荷载和温度引起的实测应变，可以发现它们的比率是 1:100。因此，很明显温度是高架桥应力评估的关键荷载因素（图 11.17）。动态测量可以依照行车计划以及火车运行模式对火车交通进行控制（图 11.18），这一点对于比较交通荷载结果相当必要。交通引起的振动可以激发高架桥的固有频率（图 11.18）。通过状态监测获得的模态数据为结构损伤评估提供了基本信息。

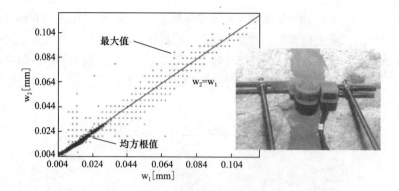

图 11.15 裂缝宽度 w_1 和 w_2 比较（左）以及用于测量大裂缝
宽度的传感器（右）

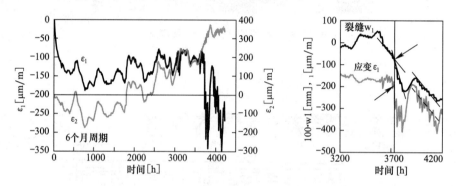

图 11.16 温度引起的同一截面两个不同测点的应变变化（左）以及裂缝宽度
突变引起的应变变化（右）

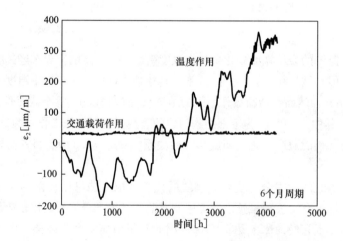

图 11.17 交通荷载和温度引起的实测应变

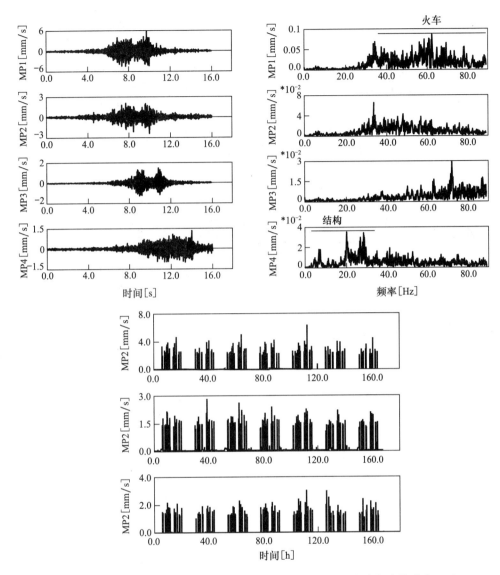

图 11.18 火车经过时的响应和频率（上）以及一周内控制火车行车的响应（下）

11.11 运用动态参数识别钢桥损伤

任务

在一座三跨钢桥上人工形成损伤，用以模拟焊缝的疲劳裂纹增长（图 11.19 和图 11.20）。通过分析损伤前后动态测量结果，确定损伤的位置和程度（Farrar 等人，1994）。

方法

对桥梁进行激励，激振器的频率为 2～12Hz，最大力幅值约 8900N，测得 26 号测点的纵向加速度（图 11.21 和图 11.22）。基于这些结果通过试验模态分析确定固有频率和模态。模态参数用于更新未损伤条件下的有限元模型。频率响应函数（图 11.22）显示了模型的动态特性与实际情况的吻合程度。对于损伤分析，可运用 6 个固有频率的残余向量及前两阶模态。用于

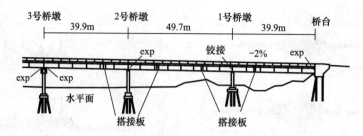

图 11.19　美国新墨西哥州 I-40 高速公路桥

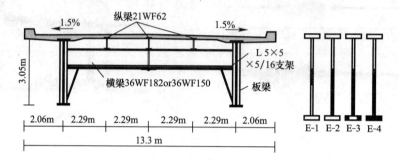

图 11.20　测试桥梁的横截面（左）和损伤种类（右）

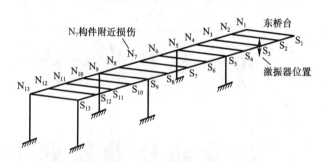

图 11.21　桥梁纵向网格

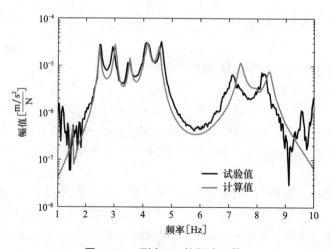

图 11.22　测点 N7 的频响函数

第一阶段损伤定位的自由参数多达 1080 个，为了减少自由参数的数量并进行损伤定位，采用了两阶段的分解过程（Fritzen 和 Bohle，2000）。

结果

图 11.23 为基于参数减少过程的损伤定位结果，采用连续更新过程完善损伤状态下的有限元模型（图 11.24）。结合灵敏参数信息，可以定量损伤程度。计算结果较好地技术再现了桥梁的损伤过程。

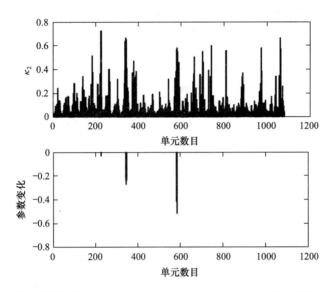

图 11.23　损伤指标与模型参数的关系（上）以及参数减少后的损伤定位结果（下）

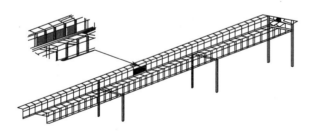

图 11.24　识别的损伤以及有限元计算的刚度变化

扩展阅读

1055-100 D (Undated) *Einwirkungen auf Tragwerke*. (In German.)

1076 D (Undated) *Ingenieurbauwerke im Zuge von Straen und Wegen-Überwachung und Prüfung*. (In German.)

13822 I (Undated) *Bases for Design of Structures-Assessment of Existing Structures*.

14963 I (Undated) *Mechanical Vibrations and Shock-Guidelines for Dynamic Tests and Investigations on Bridges and Viaducts*.

16587 I (Undated) *Mechanical Vibrations and Shock-Performance Parameters for Condition Monitoring of Structures*.

18430 I (Undated) *Condition Assessment of Structural Systems from Dynamic Response Measurement*.

18649 I (Undated) *Mechanical Vibrations-Evaluation of Results from Dynamic Tests and Investigations of Bridges*.

1990 E (Undated) *Basis of Structural Design*.

Balageas D,Fritzen CP and Gemes A (2006)*Structural Health Monitoring*. ISTE.

Carden EP and Fanning P (2004)*Vibration based condition monitoring:a review*. Journal of Structual Health Monitoring 3 (4),355-377.

DAfStb-Richtlinie (Undated)*Belastungsversuche an Betonbauwerken*. (In German.)

Farrar C,Sohn H,Hemez F,et al. (2004)*Damage Prognosis:Current Status and Future Needs*. Technical Report LA-14051-MS,Los Alamos National Laboratory.

Farrar CR,Baker WE,Bell TM,et al. (1994)*Dynamic Characterization and Damage Detection in the I -40 Bridge over the Rio Grande*. Technical Report LA-12767-MS,Los Alamos National Laboratory.

fib (2003)*Monitoring and Safety Evaluation of Existing Concrete Structures*. State-of-Art Report,fib-bulletin 22,International Federation for Structural Concrete.

Fritzen CP and Bohle K (2000)*Parameter selection strategies in model-based damage detection*. Proceedings of Second International Workshop on Structural Health Monitoring.

Für zerstörungsfreie Prüfung DG (2000)*Merkblatt B9 ,Merkblatt über die automatisierte Dauerüberwachung*. (In German.)

Inman DJ (2005)*Damage Prognosis*. John Wiley and Sons Ltd,Chichester.

Mufti A (2001)*Guidelines for Structural Health Monitoring*. Design Manual 2. ISIS Canada Research Network.

Sohn H,Farrar CR,Hemez FM,Shunk DD,Stinemates DW and Nadler BR (2003)*A Review of Structural Health Monitoring Literature:1996-2001*. Technical Report LA-13976-MS,Los Alamos National Laboratory.

第 12 章

桥梁健康监测术语和派生标准

12.1 高频使用术语

前面标有星号（*）的术语根据 ISO 2394 和 ISO 13822 定义。

加速度。 速度关于时间的变化率。通常，加速度容易通过振动测量获得。如果运动是理想的简谐振动，加速度的大小是振动幅值和圆频率平方的乘积。值得注意的是，加速度的平均值应该是零，实测的加速度幅值通常含有误差。

加速度计。 测量加速度的仪器。

低频率、低幅值的加速度计特别适用于桥梁动态测量。常用的类型包括压阻式、电容式和力平衡式加速度计。一般来说，加速度计是一个高频弹簧质量系统，弹簧通常由金属或陶瓷材料悬臂梁构成，在一定的加速度作用下发生弯曲。位移通过安装于梁上的应变计或电容变化测得，形成一个惠斯通电桥。

既定事实。 采用已被客观接受的理论或试验对认为是事实的对象予以解释。

英国语言哲学家 J. L. Austin 曾经说过："验证命题 p 正确需要保持 p 与事实相符合"。在自然科学领域，虽然他们仍然可以被解释，这些"事实"必须是科学事实，可以用严谨坚实的理论或具有重复性和可代替性的试验进行解释。其他的一些事实，比如从宗教的观点，也许不可以如此分类。

声发射（AE）。 作为快速能量释放的弹性波的传播，与受力材料塑性变形或缺陷发展相关。

声发射分析是研究材料局部损伤的一种有效方法。已经成功地被应用于压力容器的缺陷以及存储器或管道系统的渗漏的识别与定位，监测焊接应用、腐蚀过程、高压构件的局部放电以及保护层的去除。目前有关声发射应用的研究和发展包括土木工程结构监测，例如桥梁、管道、近海结构以及大体积混凝土和岩石结构的裂缝发展。

先进组合材料（ACM）。 由高强纤维增强的聚合物基质组成的材料，与其他传统材料相比，拥有明显的有利特征，例如轻质和高强度。

每种组合材料至少包含两部分：增强部分，是高强度、高刚度纤维及其周围基质，通常是一个高性能树脂系统，在微观层面上与增强材料相结合。常用的三种纤维增强材料包括碳或石墨、玻璃纤维以及芳纶。与传统的材料相比，它们主要的优势包括高强度和刚度、轻质、疲劳强度、冲击抗力以及腐蚀抗力。先进组合材料通常被应用于航空工业，应用领域已经逐渐扩展至体育用品和土木工程。碳纤维增强聚合物（CFRP）目前已经被广泛应用于桥梁的补强、加固和维修。

气动导纳方程。 表示由气动力组分获得速度波动频率特性的有效性传递函数。

通常希望低频范围内该函数的大小接近，而在高频范围内迅速降低。一个典型的例子是西尔斯函数，它反映气动升力的频率特性，与竖向速度组分的正弦波动有关。一般情况下，气动导纳不是由分析确定，而是需要试验估计。

气动不稳定性。气动力造成的结构动态不稳定。

由气动弹性现象引起的飞机机翼的动态失效，称为颤振，自早期飞行开始就是一个受普遍关注的工程问题。尽管激励机制不完全相同，1940 年发生的塔科马海峡大桥坍塌事故被认为是由颤振引起。覆冰输电线的弛振失稳是另一个空气动力不稳定现象。严格上讲，颤振是流线型结构的弯曲和扭转耦合作用，但是有时也可宽泛地使用，没有明确的定义。有时也表示为流体动力引起的灾难性结构振动，与结构运动耦合。

容许应力设计。在指定工作荷载作用下的结构应力不超过容许应力的结构设计方法。

基本上，名义荷载组合作用下的弹性计算应力必须小于材料屈服应力或屈曲应力除以安全因子。

环境振动测量（AVS）。通过测量由地震、风和交通等环境扰动引起的微小振动，用以确定结构的动态特性。

从数据可靠性的角度，使用激振器的受迫振动测试应该是评估桥梁动态特性的最好方法。然而，这通常需要相当大的工作量，而且价格昂贵，结构的正常运营也会被中断。环境振动测量对输入无须控制，因此是一个很好的代替方法。该方法基于以下几个基本假设：

- 输入激励由白噪声模拟的宽带随机过程。
- 系统特性由动态响应的功率谱密度函数表示。
- 测量动态响应的技术可靠。
- 数据采集和分析足够可靠。

因此，该方法的可靠性很大程度上由上述因素决定。

ARIMA 模型。自回归集成移动平均模型。

作为统计预测技术之一，由 Box 和 Jenkins 于 1976 年系统性地提出。ARIMA 时间序列分析采用滞后和移位揭示历史数据的模式并预测未来发展情况。

人工智能（AI）。由人造系统展示的智能，通常应用于可以模仿人类活动进行智能工作的一般计算机。

人工智能方法经常被应用于认知科学研究，明确地尝试模拟人类的认知子系统。人工智能研究将探索开发更加有用的机器。

专家系统和神经网络是最常用的人工智能应用技术。

＊评估。用以验证结构现有可靠度及将来使用情况的一系列工作。

平均正态功率谱密度（ANPSD）。使用多点记录获得的所有正则化功率谱密度函数的平均值，用以识别某一时刻所有可能参与振动的固有频率的方法。

该方法由 Felber 于 1993 年提出，可以作为一种快速有效的从实测环境振动中识别多阶结构振动模态的方法。可以方便地确定在特定方向的一系列运动中某点的最重要频率。然而，值得注意的是，使用该方法识别的峰值并不一定完全与固有频率相对应。

贝叶斯统计。通过概率的方法处理不确定性问题的一种统计方法。与统计推理和传统统计学的判定有所区别。

该方法的名字来自于 Thomas Bayes（1702～1761），但并没有完全来源于他的想法。贝叶

斯理论规定事件 A 和 B 的联合概率等于 B 条件下 A 的概率乘以 B 的概率，可以表示为

$$P(A \mid B) = \frac{P(A \bigcap B)}{P(B)} \tag{1}$$

贝叶斯统计与其他统计方法之间的最大区别在于，传统的统计学是利用模型或假定研究数据的概率，而贝叶斯统计则是通过数据研究模型的概率。这极大地提高了统计分析的功能。特别的，贝叶斯方法通过采用先验分布的方式，使得在分析过程中整合科学假定成为可能。可以用于处理对于传统方法来说结构过于复杂的问题。贝叶斯方法基于对概率的合理解释，对不确定性进行条件度量，与传统语言中"可能性"的意义相符合。

贝叶斯统计中有三个特别重要的术语：先验概率、后验概率和似然。先验概率表示在未有任何数据 D 之前假定的概率 $P(X)$，后验概率表示考虑了数据以后的概率 $P(X|D)$，似然表示数据 D 预计发生的概率，即基于特定模型的数据的条件概率 $P(D|X)$。由于 D 的概率与 X 的值有关，X 称为 $P(D|X)$ 的参量。基于贝叶斯定理，后验概率可以表示为先验概率和似然的乘积再除以 $P(D)$，称为证据。同时意味着未被观察的任何事件都不包含在计算当中。这是贝叶斯统计的一个主要原则：只有实际观察到的才与确定模型真实性的概率相关。

近年来，贝叶斯方法受到普遍关注并在许多领域扮演重要角色，包括专家系统、机器学习、模式识别以及在财务和法律中的应用。科学报告和公共决策中经常遇见的特殊情况，可采用客观贝叶斯方法，仅从已有的数据资料中获取可接受的信息。例如，如果某人的检查结果呈阳性，那么其患上 HIV 的可能性是真实的；或者某人的指纹出现在凶器上，那么判断其为真正凶手的可能性是真实的。

拍信号。振动幅值随两个组分的频差而变化的现象。

当两个振动组分在同一地点同时存在时，如果它们的频率非常接近，组合信号的幅值会发生有规则的变化，并与两个组分的频差成比例。这个频差被称为拍频。

蒲福风级。主要基于海浪状况的一种度量风力强度的经验方法。

Francis Beaufort 创立了 12 级风力量度标准，他是 200 年前的一位英国海军军官。通常指用以确定风力强度的简便方法，也适用于非航海情况并与平均风速建立起联系。

边界层风洞。一种有较长测试区并通过形成湍流边界层流用以模拟自然风的风洞。

在模型尺度下模拟自然风的微气象特征。这个概念最早是由丹麦工程师 Martin Jensen 提出，他通过试验研究得出一个结论："自然风引起的现象可以通过在边界层中的模型试验重现，与自然风的产生方式类似，并且其湍流线性比例与放置于其中的其他模型的线性比例一致"。该比例因子 (h/z_0) 被称为杰森数，其中，h 表示模型的线性尺寸，z_0 表示流粗糙度。边界层风洞的想法被 A. G. Davenport 和 J. E. Cermak 在北美全面发展，并已大规模应用于工业。

桥梁管理。考虑环境变化、公众预期和技术进步，用以维护结构安全和使用性能并符合成本效益，包含桥梁维护和运营的过程和决策框架。

屈曲。受压结构或构件的一个失稳破坏模式。

临界失稳荷载由结构的变形刚度和有效长度决定。屈曲也可能在扭转或扭转和弯矩组合作用下，或者构件的局部范围内发生。1907 年发生的 Quebec 大桥坍塌事故就是典型的桥梁屈曲失效实例。

抖振。由自然风中固有存在的湍流引起的动态激励或结构响应。抖振也可能由上游结构物产生的湍流所致。

通常考虑成由于风速波动产生的时变气动力造成的受迫振动进行分析。抖振是一个随机振动过程，有一定范围的频率组分和随机波动的振动幅值。振幅通常随风速的变大而变大。抖振通常是一种长期影响过程，例如疲劳损伤，是一个重要的工程问题。

体积弹性模量。轴向受力材料的应力和体积变化之比。

如果材料是均匀和各向同性的，体积弹性模量（K）与杨氏模量（E）和泊松比（ν）的关系可以表示为

$$K = \frac{E}{3(1-2\nu)} \tag{2}$$

拉索。柔性金属丝或丝组，用作抗拉结构组件。

拉索作为结构受拉组件通常被分为以下五种类型：

- 单根钢琴丝；
- 七丝钢绞线；
- 多丝螺旋钢绞线；
- 平行丝钢绞线；
- 锁丝钢绞线。

钢琴丝的抗拉强度高于 3000MPa，相对于普通结构钢有较小的延展性。杨氏模量约 205GPa。通常被组装成钢绞线。七丝钢绞线包括一根芯丝和单层六丝，拥有同样的斜度和螺旋方向。多丝螺旋钢绞线由在螺旋的相反方向连续旋转的丝层制作而成。平行丝钢绞线将所有钢丝平直放置，避免杨氏模量由于钢丝扭曲而减小。平行丝拉索适用于大跨悬索桥的主缆。锁丝钢绞线由不同形状的钢丝组合成钢绞线，表面光滑紧实。一般适用于短跨斜拉桥。

拉索一般认为是柔性的并仅受拉，然而，实际上有抗弯刚度。由于其较大的柔性，拉索通常会表现出相对大的静挠度。因此，会表现出非线性结构特性。一旦发生振动，拉索的结构阻尼较低，通常比其他结构构件小一个数量级。

倒谱分析。信号处理中的一个非线性滤波技术，经常应用于语言分析，在应用线性滤波进行去卷积比较困难时使用。

在许多逆问题中，应用傅立叶传递技术构建传递函数是可行的，只是会存在一定的模糊性。然而，倒谱分析技术往往在平滑或钝化传递函数方面非常有用，使重建的输入—输出数据的污染程度最小化。在数学上，当一个信号 x_n 的 Z 变换由 $X(z)$ 表示时，x_n 的倒谱定义为 $X(z)$ 对数的逆 Z 变换。

冲击试验。测试材料韧度的方法，通过冲击打破标准试件。

试件在重力摆锤的冲击作用下破坏，以一定的速度击打试件。高应变率断裂吸收的能量大小由剩余势能表示，即试件破坏时摇摆的最大高度。

舒适度。放松并感觉没有痛苦或忧虑的状态。

在上下文中应用于不同的水平，比如舒适度标准，需要考虑结构使用性能和步行者风环境。阶段分类是基于人们对安全、身体损害危险、疾病、不便以及厌恶等的关注。同时也受到人们的形态，比如步行、站立、坐立等，以及个人健康状况和穿着的影响。

卷积。一种数学运算，定义为空间中对一个函数在 x 和另一个函数在 x-u 的积分。

外力引起的结构动力响应可以由脉冲响应函数和力函数的卷积得到。在物理学的许多问题中，卷积通常是线性系统的叠加。

相关性。表示两个变量之间的统计相关程度。

相关性是描述两个信号之间的统计关系的最基本概念之一。例如，可以表示激励和动态响应的关系或者同一结构两个不同位置的动挠度之间的关系。作为一个特例，一个信号与其自身在一定时间间隔内的关系被称为自相关。两个不同信号之间的关系称为互相关。两个信号之间的关系可以用不同复杂程度的形式进行描述，包括相关函数、交互谱密度函数以及相干性。

腐蚀。化学反应引起的材料损伤，并导致材料特性退化。

完全防止腐蚀是相当困难的，但是需要通过材料的适当选择、设计、涂覆以及环境控制将腐蚀风险最小化，因为腐蚀最终将导致结构构件的破坏。应力腐蚀是一种材料失效机制，尤其当材料处于拉应力状态，通常是在材料中存在残余应力，超过一定的阈值并结合环境状态，尤其对温度环境特别敏感。1967 年发生的 Silver 大桥坍塌事故就是应力腐蚀的后果，该桥横跨俄亥俄河，是一座 680m 长的眼杆链悬索桥。

库仑阻尼。由于结构连接和支撑的滑移而产生的干摩擦引起的非线性阻尼。

蠕变。在大应力或高温作用下的金属缓慢流变。

作为一个瞬时应力—应变状态，在应力保持不变的情况下应变不断增加，称为蠕变。而在应变不变的情况下应力不断减小，称为松弛。确定蠕变或松弛行为的方法称为蠕变试验。标准的蠕变试验流程由美国材料测试协会（ASTM）定义。

临界阻尼。超过该阻尼值时，能量耗散足够大，以至于不发生振动。

在普通的结构振动中，阻尼大小由临界阻尼的百分数表示。对于众多土木工程结构，整体结构的阻尼为临界值的 1% 量级。

临界雷诺数。雷诺数是剪切流出现的分隔点，造成拖曳力和尾流的突然减小。

对于一个受横流作用的圆柱体，临界雷诺数 $(Re)_{cr} \approx 3 \times 10^5$。然而，实际上临界雷诺数只能指定为一个范围，而不是一个确定的数字。因其容易受许多因素影响，包括圆柱体表面粗糙度和湍流水平。试验中通过拖曳力的陡降以及尾流正常模式的损失进行鉴定。

* **损伤**。影响结构性能的结构状态不利变化。

损伤识别。现场无损结构损伤识别。

定期视觉检查提供了一种常规经济的结构状态评估手段。然而，其本质上是主观的，以致于结果的可靠性经常达不到预期的效果。再者，仅使用视觉检查无法识别桥梁的大部分不可见退化。结构健康监测系统可以做到经济适用、非破坏性和自动化，因此可以避免执行者的主观差异。特别地，它可以无遗漏地识别出所有重大结构损伤。

损伤识别可以分为以下四个等级：

- 是否存在损伤？
- 损伤发生在什么位置？
- 损伤的严重程度？
- 结构的剩余使用寿命是多少？

阻尼。结构耗散外力施加的能量的能力。

振动中的动能耗散包括众多因素，例如非完全弹性和结构材料的内部摩擦，构件连接处的摩擦以及支撑机制，周围环境引起的气动阻尼和水力阻尼，非线性结构特性，通过基础和子结构的耗能等。在上述的任何一项中，理论评估阻尼能力比较有限。因此，参考现场实测结果十分重要。

虽然阻尼机制各有不同，其对振动的整体作用通常可以考虑成一个等效黏滞阻尼，用阻尼比（ζ）表示。例如，如果系统的整体阻尼为临界值的1%，自由振动幅度将在11个周期之后减少至一半，而10%的阻尼将在每个周期使振幅降低至一半。当阻尼值等于或超过临界值，将不会发生振动。

数据采集（DAQ）。为了获得所需信息，通常由计算机进行的数据采样和处理。

数据采集系统包括合适的传感器，可以将测量参数转换为电信号，通过交互式的控制软件和硬件获取、显示、分析和存储于电脑。

数据挖掘。从数据库中提取潜在有用的未知信息。

在数据库中自动搜寻数据模式的过程，也被认为是数据库的知识发现，随着数据存放量的快速增长以及应用人工智能统计分析和搜寻技术的需求，数据挖掘获得较大的发展。

决策支持系统（DSS）。一个交互式的基于计算机的信息系统，通过从原始数据、资料和其他知识中获取有用信息，为决策者提供帮助。

50年前，决策支持系统已经发展成为一个强有力的交互式概念，可以应用于任何知识领域，以多学科交叉为基础，包括数据库研究、人工智能、人机交互、模拟方法、软件工程以及远程通讯。

自由度（DOF）。描述给定振动特性的位移数量。

自由度的概念仅适用于振动的数学模型。结构的振动可以考虑为多自由度（MDOF）系统，或近似认为是单自由度（SDOF）系统，依赖于结构概念模型的建立。

＊退化。影响结构性能的不利过程，包括可靠性随时间的变化。

结构性能退化可以由各种原因引起：

- 自然发生的化学、物理和生物过程。
- 重复性作用，如引起疲劳的荷载。
- 正常的或严重的环境影响。
- 使用过程中的磨损。
- 不恰当结构操作和维护。

离散傅立叶变换（DFT）。离散序列的傅立叶变换，通常实行快速傅立叶变换算法，计算效率极高。

延展性。材料发生塑性变形而不断裂的能力。

延展性通常由拉伸试验确定，但也可以在弯曲中考虑。延展性较好的材料在断裂之前拥有较大变形。因此，在相同的强度和硬度条件下，延展性好的材料更加受到青睐。缺乏延展性通常被称为脆性。如果条件发生改变，材料的延展性会发生变化。温度的降低使材料更趋向于脆性。

动态激励。导致结构动态响应的外来因素。

土木工程结构通常根据承受静态荷载的能力设计，包括恒荷载。然而，实际上结构也同样经受动荷载作用。桥梁结构的主要动态激励来源包括移动的车辆和行人、风、地震以及可能的冲击荷载。标准的设计方法必须涵盖以上预期的动力效应，将其看作是等效静态荷载，或者考虑动态放大系数，有时则需更加精细的动态分析。

地震。部分地壳的突然移动，通常由板壳或地质断层边界的能量逐渐累积引起。地震释放大量的应变能，以地震波的形式传播。

地壳厚约 50km，地质断裂从地面深处发生。断裂的源头称为震源，震源上部对应的地面的点称为震中。除板块运动之外，在板块边界地震同样也会由火山运动造成。大地震往往给基础设施造成灾难性的后果。

地震的大小与地质断裂能量释放大小有关，由里氏震级表示。另一方面，地震的强度可以通过特定位置的损伤程度来确定，通常由修正麦卡利烈度（MMI）表示。

特征频率。也叫固有频率。

特征模态。当结构以某一固有频率自由振动时幅值分布的特定形状，也称为振动模态。

弹性滞回。材料达到某一特定应力所需的应变能与该应力水平的弹性能之间的差值。

当施加的应力未立即引起相应的系统动态应变时，产生滞回现象，这将导致应力—应变曲线每个应力循环形成一个回路。曲线的面积对应于应变能，在一个振动周期内，顺时针回路面积即为热量被耗散的能量。弹性滞回与弹性变形能的商表示阻尼性能。

弹性。去除导致变形的荷载后材料回复原始形状的能力。

弹性是相对于塑性的概念，塑性是保持形变的趋势。线弹性材料的应力—应变曲线直线部分的斜率称为弹性模量或弹性系数。通常情况下，应力和应变在三个方向上均有正应力和剪应力分量，对于线弹性材料有 21 个弹性模量。当材料是均匀且各向同性时，由于对称性，弹性模量减为两个。

伸长率。在拉伸试验中，材料断裂后的计量长度增量与初始计量长度的比值。

材料延展性的一项重要指标，普通低碳钢的伸长率为 35％左右。伸长率不能用于预测在瞬态荷载或循环荷载作用下的材料行为。

环境噪声。喧嚣的或令人不愉快的不希望发生的声音。

环境噪声令人困扰和不悦，甚至会给人造成不同程度的健康或心理问题，例如听力损伤、失眠、高血压或者抑郁症。可能来自不同的声源，例如工厂、建造工地、车辆交通以及航空噪音。控制噪声的一个困难之处在于噪声的定义是相当主观的；有些声音对一部分人来说是噪声，而另外一些人则认为不是。甚至在音乐中，也很难明确定义什么是噪音。另一方面，实际上噪声控制技术已经成为一个越来越受重视的工程问题。降低噪声水平或控制空气和结构噪声值得关注，包括使用帷幕和屏障、吸声材料、声源封闭或者结构隔振等方法。

专家系统。基于软件的人工智能系统，分析信息并改善专门的数据库质量和数量。

专家系统的主要目标是为决策者提供以知识为基础的人工智能。该系统的最大特色是依赖于数据库而不是专家，专家的知识是基于对问题的理论理解，通过专业经验获得启发式的解决问题的方法。

伸缩仪。一种应变计，用于测量线性尺寸变化的设备。

极值分布。随机观测数据极值的极限分布，例如最大值或极小值。

在许多土木工程应用中，经常关注众多事件的最大值。关注实际观测结果的母体分布的上尾。Fisher 和 Tippett（1928）证明了极值分布只有三种形式。德国统计学家 Emil J. Gumel（1891-1966）对极值分析进行了主要的发展和完善。

失效。结构或构件无法提供预期服务功能的状态。

结构失效可以由各种原因造成，例如：屈服；疲劳失效；腐蚀失效；塑性或脆性断裂；蠕变断裂；以及由于设计不当或外部荷载超出预期值而发生的过大弹性挠度。

快速傅立叶变换（FFT）。可以快速计算离散傅立叶变换（DFT）的有效算法。

该方法应用非常普遍，由 Cooley 和 Tukey 在 1965 年提出。当然，还有一些其他的算法存在。

疲劳。重复循环应力对金属造成的不利影响。

疲劳断裂起始于微裂纹或缺陷，产生局部应力集中，进而发生裂纹增长或扩展，但结构未发生任何明显变形。这个过程的重复将导致结构韧性、强度和延性的降低，最终导致材料在相对较低应力水平的失效。

测试的失效循环次数（N）与特定的常幅应力水平（S）之间的关系曲线，称为 S-N 曲线或 Wöler 曲线，结构设计者可以根据该曲线对一定应力水平作用下的结构使用寿命进行初步预测。

疲劳失效受很多因素影响，包括应力水平、循环次数、结构构件的尺寸和形状、表面情况以及运营环境。历史上发生了一些由于疲劳引起的工程事故，包括 1842 年的法国凡尔赛铁路事故，1954 年三架 de Havilland Comet 战斗机坠机事故以及 1985 年的日本航空公司 123 航班坠机事故。

光纤传感器。使用光纤制成的高灵敏度传感器。

当光纤发生弯曲时，纤心处的光不再以等于或者大于临界角的角度到达覆层。意味着光进入覆层不能到达光纤的另一端。称为微弯损耗，并且光纤弯曲越大，损失越多。光纤可以作为一种将被测量转换为相应光辐射变化的传感器。因为光可以由强度、相位、频率和偏振等特征化参数表示，其中任何一个或多个参数的改变可以用来识别各种物理量，例如温度、应力和应变，转角或电磁流。光纤传感器的优点包括高灵敏度、抗电磁干扰、宽频带、轻巧、几何多样性以及经济。

纤维应力。不均匀应力分布中某一点的应力，例如梁受弯时表面的最大拉应力和最大压应力。

滤波器。通过分离信号的频率组分处理数据流的一种电子设备或数学算法。

滤波器的种类繁多，例如低通滤波器、高通滤波器和带通滤波器。对于监测数据，低通滤波器用于去除高频噪声并防止混淆现象，而高通滤波器被用于去除低频噪声，例如零飘。

有限元法。用于解决结构静态和动态问题的一种数值方法。广泛应用于各种工程问题，包括流体动力学、热传递以及材料科学。

发展该方法最初是为了研究航空器结构的动力分析。基本的思路是将任何形状的结构划分为大量简单的单元。如果某一单元的力—位移方程以矩阵形式表示，可以运用矩阵运算将所有单元的相互作用关系进行系统的概念直接的组合。借助于大容量计算机的快速发展，结构分析变得越来越简单有效。

力平衡式加速度计。广泛用于测量强地震运动的一种加速度计，基于力平衡原理。

力平衡系统不是通过确定质量块的位移而直接测量施加的惯性力，而是通过电磁力传感器测量补偿惯性力，如此一来，加速度计的质量块可以尽可能少的移动。该系统特别适用于低频范围测量。然而，可利用的频率带宽较窄，因为受限于反馈伺服回路引起的相位延迟。

傅立叶级数。由正弦函数和余弦函数组成的一个无穷级数，如果收敛的话可以近似表示各种周期性函数。

使用欧拉方程，傅立叶级数可以进一步变换为一系列指数函数。利用傅立叶级数进行的函数分析称为傅立叶分析或谐波分析。

傅立叶变换。一种积分变换，特别适用于随机振动分析中的时域和频域变量关系。

傅立叶变换的概念来源于傅立叶级数。傅立叶级数用于对周期性函数的分解，而傅立叶变换扩展了这个概念，并进一步用于非周期性函数。对实测数据进行离散傅立叶变换（DFT），尤其是快速傅立叶变换（FFT），是频域振动分析的最重要技术之一。

断裂韧性。冲击试验中受到冲击荷载时，材料抵抗裂纹扩展的能力。

频域分析（FDA）。采用频率而不是时间作为独立变量的动态分析。

振动分析最初是通过将外力及其引起的位移表示成时间的函数而建立。然而，当随机振动进入一定范围统计处理变得复杂时，将频率作为变量的分析方法变得更加可取。

相对于时域分析（TDA），频域分析是应用傅立叶变换将外力分解成不同频率组分进行动态分析，并通过叠加频率组分用以评估结构响应。对于一个非周期性力，可以无限大周期假设来完成。

频响函数（FRF）。当一个理想单自由度系统受到简单的简谐力作用时，响应与激励的比值。

频响函数也称为机械导纳函数，表明结构系统对激励频率的敏感性。当激励频率与固有频率相符时，达到峰值响应，幅值与系统的整体阻尼成反比。

弗劳德数。一个无量纲参数，表示为流体惯性力与重力或浮力引起的竖向力之间的比值。

弗劳德数可以定义为

$$Fr = \frac{V}{\sqrt{gL}} \tag{3}$$

其中，V 和 L 分别表示流速和特征长度，g 为重力加速度。如果同时考虑流体密度 ρ 的变化，密度弗劳德数可以将折减重力加速度 g' 替代重力加速度 g。

$$g' = g(1 - \frac{\Delta\rho}{\rho}) \tag{4}$$

当重力作为一个重要影响因素时，该参数将起到关键作用，例如索承结构的气动耗能或风致响应。

模糊逻辑。一个解决问题的控制系统，通过引入部分事实的概念，而不是用二进制表达一切。

L. Zadeh 在 1965 年提出了这个概念。事实的真实程度往往模糊不清，要么不确定，甚至可能并非如此。基于模糊或者丢失的信息，允许设置 0 和 1 之间的数值，但最终要给出一个明确的结论。有些工程师认为模糊逻辑是有争议的，但是已经被应用于许多实际项目，包括人工智能、神经网络以及模式识别。

全球定位系统（GPS）。一个世界范围内的无线电导航系统，由卫星和地面站点组成。该系统利用参考点网络精确计算地面上的任何位置。

全球定位系统提供了一种测量位置或位移的手段，而且不需要被测物体与某固定参考位置相连。它的工作原理是利用卫星无线电信号作为参考进行三角测量。根据测量方位的不同，全球定位系统的精度从米至厘米不等。

阵风系数。风速最大值与平均风速的比值。

同样的概念通常也用于风致动力响应的峰值与平均值的比值。风致抖振的峰值因子通常达到 3.5～4，变异系数约为 0.3。阵风系数约为 2 或略高于 2。

硬度。材料抵抗局部塑性变形的能力。

尽管大多数硬度试验包含缺口，但是硬度也可以作为材料抵抗局部回复的能力。是代表材料抗张拉和磨损性能的良好指标。

健康监测。跟踪与系统预期安全性和适用性相关的多方面结构性能和整体性。

如果结构健康监测系统是廉价的、非侵入性的并且自动化的，将会受到青睐，从而避免操作人员的主观输入，尤其是系统的实施或运营都不需要封闭桥梁。Carden 和 Fanning（2004）列出了结构识别的步骤如下：

- 结构中是否存在损伤。
- 损伤的位置。
- 损伤的程度。
- 结构剩余使用寿命的预期。

冲击能。在冲击试验中，使材料发生断裂所需的能量。

也可以称为冲击值、冲击强度以及冲击抗力，通常通过试件在一次冲击后吸收的能量进行测量，是材料韧性的衡量指标。

脉冲响应函数（IRF）。理想单自由度系统在单位脉冲荷载作用下，响应与冲击力的比值。

脉冲响应函数对外力函数的卷积，称为杜哈梅积分，表示冲击力引起的系统响应。频响函数和脉冲响应函数形成傅立叶变换对。

阶跃响应函数。理想静态单自由度系统在单位阶跃荷载作用下的响应。脉冲响应可以通过对阶跃响应求微分获得。

基础设施。为整体结构提供支撑框架的一组相互联结的结构单元。

这个概念应用非常广泛，比如社会基础设施，包括所有维持生命的社会设施、市政或公共服务的必要设施，特别是运输系统，比如道路、铁路、机场和水运交通，公用事业，例如防洪，防火，废物管理，紧急和安全服务，甚至公共教育，健康系统和社会保障事业。

＊检测。通过现场无损检查确定结构的现状。

定期视觉检查称为常规检测，跟进的更加详细的检查，称为详细检测，通过检查发现缺陷称为深入检测。

失稳。结构的一种失效模式，在静态或动态平衡中丧失结构整体性。

屈曲是一种静态失稳。也有动态失稳现象，比如参数激励和自激振动。

强度。通常表示单位面积或者体积的作用力，例如电、光、热或者声音。

表示平均时间内的能量流。信号波动的强度通常由变异系数表示，是均方根和平均值的比值。

逆问题。基于输出数据的系统参数识别。

一个实例是根据实测的振动数据估计结构参数。相对于传统的结构动力学响应计算，这是一个逆过程。逆问题存在于许多学科中，例如遥感、医学影像和材料无损试验。线性逆问题本质上可以用弗雷德霍姆第一类积分方程直接表示，但非线性问题会比较复杂。

＊调查。收集和评估通过检查、资料研究、荷载试验以及其他实验方法获取的信息。

杰森数。参见边界层风洞部分内容。

卡尔曼滤波。一种有效的递归滤波器，从一系列包含噪声的不完整测量信息中估计动力系统的状态。

基于前一时间步的估计状态，结合目前的测量结果，对当前的状态进行估计。举一个例子，根据物体位置的观测结果，可以提供准确且连续更新的物体位置和速度信息，但其中会包含一些误差。卡尔曼滤波是控制系统工程中的一个重要课题。到目前为止，已经发展了各种卡尔曼滤波器，包括最原始的卡尔曼简单滤波器、扩展滤波器、信息滤波器以及各种平方根滤波器。

卡门漩涡。在横流作用下存在于圆柱体背后的一列交替漩涡，也称为卡门-贝纳德涡列。

研究人员多次发现在横流作用下存在于圆柱体背后的一列交替漩涡，包括斯特劳哈尔，瑞利和贝纳德。然而，冯卡门的名字最为熟识，由于其在漩涡排列稳定性方面的工作。考虑圆柱体背后的两行交替漩涡，根据其几何位置从数学上考虑了一个稳定状态。

雷诺数取值范围为100～300，可以清晰地发现漩涡列，这是原始的卡门漩涡。然而，即使在更高的流速情况下并超出临界雷诺数时，交替涡旋脱落将存在于一个非流线型物体背后，这也可以被称为卡门漩涡。该涡旋脱落在工程上的意义在于结构的涡旋脱落激励。

激光多谱勒测振仪（LDV）。一种高灵敏度的光学仪器，用于测量移动物体的位移和速度。

由一个发射激光的激光头和一个处理反射激光的多谱勒频率的转换器组成。转换器的电压信号与物体的移动速度成比例。主要的类型包括：（a）平面外振动；（b）平面内振动；（c）三维振动。非接触式测量是该系统的独特优点，但必须注意的是，测量物体表面粗糙度引起的噪声容易对测量结果产生影响。

最小二乘法。通过最小化误差的平方和，定量获得一组数据的回归的过程。

多项式函数最常应用于最小二乘曲线拟合。如果控制参数超过一个，需应用多重回归方法。

生命周期。结构从诞生到拆除的整个阶段，包含所有工程方面的工作，如设计、施工、检测、管理、维修、改善和毁坏。

此概念是考虑结构的整体性能、服役和相关费用。结构生命周期评估包括成本效益、使用性能、环境影响以及可持续性。

极限状态。极限状态是根据挠度、振动水平等定义的一套性能标准，设计荷载作用下的结构必须符合这一参考状态。

它是用于结构设计的概念，代替容许应力设计的旧概念。最常用的极限状态是正常使用极限状态和承载能力极限状态。

线性可变差动变压器（LVDT）。一种用于测量线性位移的电子式传感器。

LVDT 是一种常用且可靠的位移传感器。包括带电磁铁线圈管和铁磁核心轴的空心金属套管，与被测物体连接并可以沿着测量轴自由来回移动。交变电流通过主线圈生成，使得电磁线圈产生电压，从而测量核心轴的移动距离。

荷载。施加于结构的或结构预期抵抗的外力。

通常包括结构的自重以及承担的交通、风、地震、温差、雨、雪、冰等，以及荷载动力放大效应、可能的碰撞和事故。

＊荷载试验。对结构或部分构件进行加载，测试评估其行为或特性，或者预测其承载力。

＊维护。定期干预用以保存适当的结构性能。

马尔可夫过程。一个统计过程，与过去的关系不超出之前的观测结果或者近期观测值。

也称为随机事件，其概率依赖于过程中最近发生的事件。这类特性的事件流称为马尔可夫链。大富翁或蛇梯棋游戏，其移动完全取决于骰子，属于马尔可夫链。而纸牌游戏则不同，纸牌代表过去移动的记忆。

质量参数。一个无量纲参数，表明结构质量的重要性。

根据工程问题的本质，以不同的方式定义质量参数。在桥梁模型的风洞试验中，定义为 $\mu = m/(\rho B^2)$，其中 m 是桥梁单位长度的结构质量，ρ 是空气密度，B 代表桥梁宽度。如果研究的对象是桥梁的扭转运动，那么质量参数表示为 $\upsilon = J/(\rho B^4)$，其中 J 是桥梁单位长度的极惯性矩。

* **材料特性。结构材料的力学、物理或化学性质。**

有时需要用到工程特性，包括材料密度、屈服强度、伸长率、抗拉强度、杨氏模量、泊松比、熔点、热扩散系数、比热容、电导率等。

MATLAB。一个数值计算环境，应该是最广泛使用的现代操作系统，核心语言跟其同名。

矩阵实验室的缩写。由 Cleve Moler 在 20 世纪 70 年代后期开发，在应用数学领域普遍采用。提供简便的矩阵运算、函数和数据绘图、算法实施、用户界面的创新以及与其他语言编写的程序的对接。

极大似然法。找到一个或多个参数值的过程，服从假定概率分布或似然并使其最大。

是一种功能强大的统计方法，用途很广，适用于大多数模型和不同类型的数据。此外，通过给出置信区间将不确定性定量化。背景理论相对简单。假设 x 是一个随机变量，其概率密度函数为 $p(x; \theta)$，其中 θ 是需要估计的一个未知数。在获得 N 个独立观察结果 $\{x_r\}$（$r = 1, 2, \cdots, N$）之后，似然函数可以定义为

$$L = \prod_{r=1}^{N} p(x_r; \theta) \tag{5}$$

θ 的最大似然估计通过最大化 $L(x_1, x_2, \cdots, x_N | \theta)$ 或者 $\partial \ln(L)/\partial \theta = 0$ 可以获得，计算过程中可以包含多个参数 θ。

熔点。固体转变为液体的温度。

液体转变为固体的温度称冰点。与沸点不同，熔点对压强不太敏感。钢的熔点约 1700K。

迈纳准则。预测由于累积疲劳损伤引起的结构失效的方法。

疲劳荷载很少是常幅的，因此需要采用累积损伤的方法进行评估，需要考虑变幅荷载作用下的平均裂纹扩展速率。该方法采用一个经验表达式，由 Palmgren（1924）和 Miner（1945）提出，其表达式可以表示为 $\sum_j n_j/N_j \geqslant 1$，作为失效准则。其中，$n_j$ 表示应力幅为 σ_j 时的应力循环次数，N_j 表示应力幅为 σ_j 时的失效应力循环次数。该准则简单而方便，然而迈纳准则毫无疑问也存在一定的问题。

模态质量。参与质量。

模态参数。关于振动模态的最基本信息，包括振动频率、振型和阻尼。

基于振动的结构健康监测的最终目标是通过识别模态参数确定结构损伤的存在、位置和程度。两个研究重点分别是：

• 这些参数的测量值是否产生持续可靠的结果。

• 观测的参数是否对结构损伤足够敏感。

通常，实测的模态数据不但受到可能结构损伤的影响，而且也受其他环境因素的影响，例如活荷载状态、温度和幅值变化。同时，结果还受到测量仪器、测量误差和噪声以及数据分析

的限制。因此，实测的模态数据是不完整的或存在不确定性。有必要采用概率的方法解决这些不确定问题。

修正麦卡利烈度。一个广泛接受的表示地震强度的指标，通过某一特定地点观测到的损伤情况进行度量。

对地震严重性的一个主观评估。离震中的距离和地面状况的不同，烈度有所变化。应该指出的是评估的烈度不一定与震级成比例。类似于风工程中的蒲福风级。

矩震级。表示地震的强度，可以替代李氏震级。是地震矩的度量指标，与地震破坏范围和能量释放相关。

该方法由 Hanks 和 Kanamori 在 1979 年提出，可以定义为

$$M = \frac{2}{3} \cdot \left[\log_{10}(M_0) - 9.1 \right] \tag{6}$$

其中 M_0 表示震级矩，单位为 Nm。地震矩表示地震期间转化的总能量，只有其中很小的一部分，约 1.6×10^{-5} 转化为地震能，被地震仪测到。

* **监测。对结构状态或作用力的频繁或连续观测或测量。**

蒙特卡罗方法。运用计算机执行随机抽样试验和生成随机数，模拟各种定性过程或者提供数学问题的近似解。

蒙特卡洛方法由核科学发展而来，考虑裂变材料的中子随机扩散概率问题。该方法经常被认为是一种统计抽样技术用于解决本质的概率问题，但也被应用于确定性问题。本书中其含义表示为利用随机数生成用于变量之间函数关系的数值模拟方法。当输入—输出关系的理论分析相当复杂时，尤其是非线性问题，该方法相当有效。

固有频率。结构最易被激发的频率。

固有频率由结构的质量和刚度决定，因此也叫特征频率。然而，其值也取决于结构振动的方式，即振动模态，例如，桥梁的振动可以是竖向弯曲、水平弯曲或扭转。即使是单独的竖向弯曲，桥梁可能在跨中出现最大振动挠度，或者跨中不发生挠度而在四分之一跨出现较大运动。每个振动模式有其相应的固有频率。

振动模式很大程度上受到结构支撑条件的影响。支撑条件称为边界条件。对于结构的设计，边界条件一般包括铰接、滚轴、固结以及弹簧支座。然而，这些边界条件，包括下部结构和基础，实际情况通常与数学假设有所不同。

固有频率通常在标准设计状态下估计，结构没有活荷载和极端温度效应。由于结构的实际瞬时质量和刚度可能与设计假设有所不同，现役桥梁的固有频率可能不同于计算值。

当系统阻尼增大时，固有频率将有所降低。然而，实际在土木工程结构中，这个影响可以忽略不计。例如，即使阻尼达到临界值的 10%，固有频率仅减小 0.5%。

如果激振频率等于或接近于某一固有频率，最容易引起结构振动，这种现象称为共振。如果激振力包含多个频率，最接近于固有频率的频率将会最有效地激发结构。结构对于不同激振频率的灵敏度通常用频响函数（FRF）表示，或者称为机械导纳函数。

对于非线性结构系统，固有频率与幅值有关。在这种情况下，微小振幅作用下的频率通常被定义为固有频率。

神经网络。一种探索变量之间相互关系的分析技术，通过建立一个在概念上类似于生物认知系统的网络系统。

作为一种数据挖掘技术，神经网络方法是一个通过探究数据用以寻找变量之间固有模式或者系统关系的分析过程。命名很明显来自于与生物认知系统的大脑和神经层的相似性。该方法基本上包括三个步骤，设计一个以特定目标为导向的网络架构，基于现有数据进行系统训练，一旦网络形成应用以预测。

神经网络一个突出的优点在于该方法可以应用于任何连续的输入—输出关系，不需要对潜在的模型进行假设。另一方面，一个重要的缺点是最终的结果依赖于网络的初始状态，经验解答无法深入给出物理现象的理论解释。

噪声。无法传递任何有用信息的随机信号。

在远程通信领域，已经发展了噪声信号的分析方法，并且成为动力学中最重要的工具之一。如果一个信号的强度在所有频率都相同，称为白噪声。无限带宽的白噪声是一个纯理论概念，实际的频带范围是有限的。有关白噪声的内容详见环境噪声一节。

非线性振动。结构的回复力和阻尼力与位移不成线性比例关系，或者外力与幅值有关，振动将表现为非线性。

刚度的非线性可以由材料的非线性引起，例如塑性，或者结构的非线性，例如拉索。在振动幅值较大时，结构的阻尼比通常也较大；而气动阻尼有时反而会急剧降低，甚至变成负值。这是由于激力很大程度与位移或者位移率成非线性的。所有这些因素表明结构振动可能变成非线性，除非振幅很小。然而，只要符合实际，我们尝试用线性近似的方法来解决此类问题。总体来说，非线性振动只能通过数值方法进行分析，没有闭合解。

尼奎斯特频率。可以用离散数据形式恰当表示信号内容的最大频率。

任何时间信号通常只可以在有限时间内被测量。因此，分析原始抽样信号得到的结果可能会不同于完整信号的预期结果，这个差别成为漏损。当原始的连续信号以一个恒定的抽样时间增量 Δt 抽样成离散时间数列时，由于采样分辨率的原因，所有高于 $f_N = 1/(2\Delta t)$ 的频率的信号内容将无法准确地表示。f_N 称为尼奎斯特（或折叠）频率。

数据数字化过程中的抽样时间增量选择引起的问题称混淆现象。为了减少误差，在分析之前可以将原始信号进行低通滤波，截止频率可以低于尼奎斯特频率。

偏移。除零之外的零状态读数。其后的任何读数都是不准确的，需要进行补偿。

参数估计。试验数据与数学模型拟合过程中的参数求值过程。

本书中也可能用其他术语，例如系统识别。发展了各种参数估计方法，尤其是控制工程领域，例如最大似然估计，预测性估计以及卡尔曼滤波。

参数激励。一种自激振动，其中刚度是随时间变化的，导致系统根据参数的组合产生不稳定性。

支架和拉索由于轴力周期性波动而造成的横向振动是常见的两个例子。运动方程采用马修方程的形式，在一定参数组合下的解变得不稳定。

参与质量。真正对振动有贡献的那部分物理质量，也叫模态质量，其幅值取决于振动模式。

考虑由弹性柱支撑的质量的摇摆振动。如果结构以基本模式振动，那么重物的振幅会比较大。然而，当结构以第二模式振动时，细柱的振幅将较大，而不是上面的重物。因此，有效的质量贡献实质上是相对于基本模式，而不是第二模式，即使结构的物理质量分布保持不变。模态质量可以通过对整体结构的单位长度质量乘以模态函数的平方进行积分得到，对应每个模态的值是唯一的。

模式识别。从原始数据中提取有用信息形成特征向量，并且基于模式特征对实测数据进行分类。

这是机器学习或人工智能领域中的一个研究方向。一般应用于自动语音识别，垃圾电子邮件分类，以及邮政信封上手写邮政编码的机器阅读。可以将这些技术有效地应用于结构参数估计。模式识别的最根本任务是：（1）学习特征向量与假定类别之间的概率关系；（2）基于贝叶斯决策理论推断识别的数据应归属于哪一个类别。近几年，神经网络被广泛应用于模式识别，已经成为学习过程的一个有效工具。

峰值计数。一个循环计数的方法，通过计数不规则时程数据的峰值和谷值并形成统计结果。

现场实测的有价值的结构行为相关的结果通常用冗长的、不规则的波动时间序列表示，比如加速度、应力、挠度等。对于工程师来说，需要做的最基本的一件事情是从实测数据中提取少量有用信息，比如为了疲劳分析。从记录的波动数据中计数循环次数是其中之一。目前有很多方法可以进行此项工作，例如峰值计数法、穿级计数法，定义为两个连续峰值之间的差。上述这些方法都称为单参数法。雨流计数法是一种双参数法，通常被认为是疲劳分析中最先进的记数方法。循环计数法只获得幅值的分布，而与频率信息无关。

峰值因子。动态峰值与其均方根的比值。

与阵风因子有所不同。如果动态信号是一个简单谐波，峰值因子为 $\sqrt{2}$。如果信号的幅值服从正态分布，峰值因子约为 3.6。一些特殊随机信号有较大的峰值因子，例如高层建筑的风致吸力的峰值因子甚至大于 10。

压电式加速度计。一种类型的加速度计，使用与悬臂梁连接的固态应变计单元并接入惠斯通电桥电路。

塑性。当形变应力减至等于或低于屈服强度时，材料保持形变的趋势。

泊松比。横向收缩应变与沿拉力方向的纵向伸长应变之间的比值。

实际上，一般材料泊松比的值都在 0（比如软木）至 0.5（比如橡胶）。钢的泊松比约为 0.29，因此其杨氏模量与剪切模量的比值为 1.55。

功率谱密度（PSD）。根据各频率组分的动能分布表示一个随机过程的函数。

功率谱密度是一个统计函数，由在每个频率的傅立叶变换的均方模组成。表示随机过程的频域特征。函数的纵坐标对应于某一特定频率的能量强度。在整个频率范围内功率谱密度的积分表示过程的方差。功率谱密度函数除以方差成为标准化谱密度。

当结构系统和激力都是线性的，并且可以应用叠加原理，输入（力）和输出（位移）的功率谱密度函数可以通过传递函数建立联系，可以表示为频响函数（FRF）的平方。

预测性估计。结合贝叶斯概率理论的参数估计。

使得估计的和真实的分布之间的平均散度最小化。散度可以通过 Kullback 和 Leibler 公式计算得到。最小化散度的分布对应于未知参数的积分。因此，预测性估计可以通过多个不同参数取平均近似处理。

概率分布。表示事件发生的概率小于或等于某个值的函数。

瞬态值 $X(t)$ 小于或等于某个值 x 的概率可以定义为函数 $P_X(\leq x)$，称为概率分布函数或者累积分布函数（CDF），对其求导数可以得到概率密度函数（PDF），$p_X(x)$。

本征正交分解（POD）。一种用于系统识别的统计方法，可以提供模态分解。

本质上是从多变量数据集合的特征信息中尝试提取不相关变量的最优集合，称为 POD 模式。发展该方法最初是为了分析湍流中的空间相干结构，现在已经广泛应用于结构动力学、材料处理以及更多的模式识别领域，包括智能材料结构的反馈控制设计。

比例极限。与应变直接成比例的最大应力值。

直线型应力-应变曲线的最大应力值。通常比屈服应力小一点，等于众多金属的弹性极限。

雨流分析。一种循环计数方法，通过定义峰值和谷值的等效序列进行疲劳寿命预测。

一般的疲劳寿命预测方法需要将实际的随机荷载历程与 Wöhler 曲线建立起联系，该曲线是以实验室中简单试件在常幅荷载作用下的试验结果为基础。雨流循环计数分析最早是由 Endo 等人在 1968 年为了克服这个难题而提出，后来被很多学者进一步发展，包括 Downing (1972)、Rychlik (1987) 等。该方法已经称为疲劳分析中的最先进方法，用以将冗长的不规则时程数据减少至少量的有用信息。

随机减量（RD）技术。一种通过平均随机噪声组分用以识别结构参数的技术。

随机减量技术由美国航空航天局的 H. A. Cole 在 20 世纪 60 年代末期提出，作为 FFT 的一个替换技术，用以识别动态参数以及运营中空间结构的损伤识别。其原理可以用一个简单的例子进行解释，结构在时间 t_0+t 的随机响应由以下三个部分组成：

- 初始位移 $x(t_0)$ 引起的组分。
- 初始速度 $\dot{x}(t_0)$ 引起的脉冲响应。
- 在时间 t_0 至 t_0+t 期间，随机荷载或噪声引起的零均值随机组分。

如果一个时间段内的 $x(t)$ 被采集，满足触发条件 $x(t)=a$，这部分数据的平均值将是初始位移 a 的一个自由衰减响应。这是由于上述（第三）项最终将平均并且可以忽略，而且初始速度的符号是随时间任意变化的，因此，最终的速度将为零。

该方法的优点在于只需相对较短的数据长度，虽然也可以将长期观测结果转化为少量数据。要求高度数字化，通常需要高于代表性频率一个数量级。而且，当同时存在两个或多个显著模态和频率时，该方法需要特别注意。为了隔离特殊模态，建议在处理之前用带通滤波器处理数据。特别的，当共存频率相近时，建议使用最小二乘法获得一个多频信号。

随机过程。生成一系列索引随机变量的过程，或者序列本身。

随机变量通常是时间序列，$X(t)$，从连续的模拟信号中抽样获得。所有可能的序列的集合称为总体，单个的序列集称为样本函数或实际函数。当随机过程的概率分布在一个时间段内不发生变化，称为稳态。当一个随机过程的时间总体均值相等时，称为各态历经过程。

随机振动。一种类型的振动，需要考虑结构系统或激力的不确定性。

高层建筑的风致振动、建筑大坝的地震激励、海浪作用下海洋石油平台的振动、飞行期间飞机的振动以及交通荷载引起的高速公路桥梁振动，都是随机振动。其中有些是周期性的，有些则不是。有些是稳态的，有些则是瞬态的，甚至是脉动的。然而，由于随机过程的不确定性，一般情况下采用统计的方法进行处理。

折减频率。一种频率的无量纲表示方式，通常应用于风工程和气动力学。

通常可以定义为

$$k = \frac{wB}{U} \tag{7}$$

其中

$$\omega = 2\pi f \tag{8}$$

w 表示圆频率，B 是线性结构尺寸，U 是平均风速。有时，直接使用频率 f 进行定义，而不使用圆频率 ω。折减频率的倒数称为折减速度。

折减速度。折减频率的倒数。

＊**参考周期。**选择的时间段，作为评估变量值的基础。

＊**修复。**维修或升级现役结构的工作。

可靠度。在一定时间周期内，结构在指定状态下执行预期功能的概率。

＊**剩余工作寿命。**现役结构的预期剩余寿命，在此期间，结构需要进行定期维护。

＊**维修。**通过对损坏的现有构件进行修复或者更换，从而改进结构的状态。

残余应力。结构或构件的内部应力状态，产生于先前的温度或机械过程，如预应力或焊接。

雷诺数。一个无量纲值，表示与湍流发展有关系的动态流体形态。

可以定义为

$$Re = \frac{VL}{v} \tag{9}$$

其中，V，L 和 v 分别表示平均流速、特征长度和运动流体黏度。本质上是流体惯性力和黏滞力的比值。当 Re 较小时，黏滞力相对于惯性力大很多，抑制流体的湍流发展，使其成为层流；相反当 Re 较大时，成为紊流。层流和紊流之间的转化通常是用临界雷诺数表示，根据确切的流动形态来确定。例如，对于一个内表面光滑的圆柱体，临界雷诺数约为 2300。

里氏震级。由里氏提出用来定义地震的震级，对标准地震仪记录的最大位移取对数获得。

里氏震级 M 与地震释放的能量 E 的关系可以近似表示为

$$\log_{10}(E) = 4.8 + 1.5M \tag{10}$$

其中，E 的单位为焦耳。震级 5.0 或以上的地震会对结构造成严重损伤。1 兆吨氢弹释放的能量大约相当于 7.4 震级。现在已经认识到该计量方法在接近 8.5 左右有饱和效应，使得区分地震级数变得相当困难，即使它们在规模上有明显的区别。目前，一些地震学家想用最近提出的矩震级的概念取代。

风险评级。将风险水平划分成不同种类的方法。

风险水平可以通过评估以下几项进行确定：（1）潜在威胁；（2）现有或计划系统的易损性；（3）可能发生的潜在影响。

鲁棒性。调控网络的优良特征，在大量参数值中产生明确的定性响应。

在计算机软件或网络系统中，表示系统的韧性，尤其是当有应力存在，或者面对无效输入时。例如，如果操作系统即使在缺少内存量或面对非法应用和漏洞时，也可以准确恰当地工作，那么就会被认为是鲁棒的。

安全性。面对失效、损伤、误差、事故或破坏时，结构的状态保护能力。

安全是结构设计、施工和维护中最重要的因素。然而，实际上，它是一个概率的概念，而且需要用可靠度的方法来确定结构的状态是否足以被接受。基于合适的参数模型并结合可靠度指标的可靠度分析是安全工程的一个重要课题。

* 安全规划。指定性能目标的计划，对结构需要考虑的情况，以及所有目前和将来的措施，例如设计、施工，运营和监测，用以确保结构的安全。

斯柯顿数。一个无量纲参数，表示质量和阻尼对涡激振动的联合作用。

以 Kit Scruton 命名，他是英国工业空气动力学方面的杰出工程师。可以定义为

$$Sc = \frac{m\zeta}{\rho D^2} \tag{11}$$

式中，m 是单位长度质量，ζ 是结构阻尼比，ρ 是流体密度，D 是结构特征线性尺寸。有时也可以定义为

$$Sc = \frac{2m\delta}{\rho D^2} \tag{12}$$

比第一个表达式大 4π 倍。如果漩涡激励可以看作是一个对简单波动激力的共振，引起的峰值响应将与斯柯顿数成反比。

地震波。地震引起的弹性波，在地壳中传播。不同类型的地震波包括体波和表面波。

地震波也可以由地表或以下的爆炸引起。固体介质尤其是地层中的波动机理相当复杂。体波包括两种，P 波和 S 波。P 波也叫纵波或压缩波，以音速传播，在水中的速度约为 1.5km/s，在岩石中速度约为 5～13km/s。S 波也叫横波或剪切波，在固体中的传播速度是 P 波的 60%。对于 S 波，振动方向与传播方向垂直。体波幅值的衰减速度与距震源径向距离的平方成反比。表面波分为两种，瑞利波和乐甫波，沿地表或介质界面传播。通常地震引起的灾难性破坏直接由表面波引起，使得地表发生竖向和水平运动。表面波的传播速度比 S 波的波速略小，幅值的衰减比体波更慢，与径向距离的均方根成比例。

传感器。设计用来从目标物体获取信息并将其转化为电信号的装置。

通常由以下三个部分组成：

- 传感元件，例如电阻、电容、晶体管、压电材料、光电二极管等。
- 信号解调和处理装置，例如放大、线性化、补偿和过滤。
- 与其他电子组件连接的传感器接口。

服役寿命。结构预期服役的时间。

适用性。结构服务或者满足使用者要求的能力。

剪变模量。材料在剪切荷载作用下，应力增量与应变增量的比值。

对于均质各向同性的弹性材料，只有两个相互独立的弹性模量。剪变模量（G）与杨氏模量（E）和柏松比（υ）的关系可以表示为

$$G = \frac{E}{2(1+\upsilon)} \tag{13}$$

对于结构钢，G 的值约为 80GPa。结构材料的剪变模量通过扭转试验确定，在 ASTM E-143 中有相应规定。

SI 单位制。国际单位制，为了简化科学语言而建立的国际单位系统。

该系统是在 1948 年召开的第九届度量衡会议中通过的决议成果，现在已经被大多数国家所接受，取代传统的当地单位系统。基于七个标准的基本单位：长度（m）、质量（kg）、时间（s）、电流（A）、温度（K）、光强（cd）、物质的量（mol），其他所有的单位均由其推导而来。该系统也规定了标准的前缀，例如千（k）、百万（M）、毫（m），用于表示多变量和子变量。

　　信号处理。一个数据分析系统，包括数据过滤、频域转换以及统计分析。

　　相似需求。工程模型测试中的比例要求，使得缩尺模型试验结果获得有物理意义的解释。

　　巴金汉Ⅱ定理规定，要求由参考量适当组合而成的一组无量纲参数在模型和原型中必须保持不变，并且控制方程也要进行无量纲化。然而，要使所有想要的无量纲参数都完全满足这个要求，只有在模型与原型完全一致的情况下才有可能发生。这就意味着对于任何缩尺模型试验，必须放宽一个或多个相似要求，这样模型试验才有可能实现。因此，实验机制的真正问题在于对实验结果的解释，了解哪个要求实际上被扭曲或者被忽视。无量纲参数常在桥梁气动力学风洞试验中出现，例如，雷诺数、弗劳德数、杰森数、折减频率、质量参数、阻尼比等。

　　模拟。对系统及其与环境的互动行为进行物理的、数学的或者基于软件的建模。

　　智能材料。在外部激励的控制过程中，材料的一个或多个特性可以发生显著变化。

　　外部输入可以是应力、温度、湿度、pH 值以及电磁场，可以驱动材料的响应。智能材料可以分为很多种，包括压电材料和热敏材料。

　　智能结构。随着环境的改变，结构的构造和性质也发生变化。

　　这个概念是从航空工程领域发展而来，在土木工程结构也进行了大量探索性的实施。例如，利用压电材料和嵌入式或表贴式光纤传感器系统监测结构的动力行为，用以驱动主动阻尼系统。除了承载功能，一个智能结构需要包括三个完整的组分：传感器、处理器和驱动器。

　　S-N 曲线。详见 **Wöhler** 曲线相关内容。

　　谱分析。利用自功率谱密度函数和互功率谱密度函数，对过程的频率特征进行动态分析。

　　频谱窗。谱分析中采用的权重函数，仅对频域中的带通滤波数据进行处理。

　　窗口是应用于获得更加平滑的频谱，使得对其的物理解释更加容易。窗口的基本要求是：(1) 窗口函数在整个频率范围内的积分等于 1；(2) 窗口函数应该关于零频率对称。在工程信号处理应用中有多种类型的窗口函数，包括数字滤波器，例如 Hanning 窗口和 Hamming 窗口。频谱窗口的逆傅立叶变换称为滞后窗口，属于时域窗口，可应用于自相关函数。

　　稳态过程。随机变量的概率密度函数（PDF）不随时间或位置的变化而发生改变的随机过程。

　　随机子空间识别。一种在 **MATLAB** 环境中开发的模态参数识别方法，适用于环境振动测试（**AVS**）。

　　该方法来源于白噪声激励作用下结构动力行为的随机状态空间表述。用于识别状态空间模型的矩阵分解数值过程均使用 MATLAB 的内嵌函数进行处理。

　　应变能。加载至断裂时，材料的能量吸收特性。相当于应力—应变曲线覆盖的区域面积，是一个表示材料韧性的指标。

　　应力集中。由于形状的原因，加荷物体中出现高于平均局部应力的现象。

　　导致应力集中的形状包括：裂纹、尖角、孔洞以及横断面变窄。区域最大应力与相应的平均应力的比值称为应力集中因子。

　　斯特劳哈尔数。一个无量纲参数，表示交替漩涡尾流的频率。

　　由捷克物理学家 V. Strouhal 提出，定义为 $St = fD/U$。f 是漩涡形成频率，U 是流速，D 是代表性结构尺寸，通常对流速进行标准化。斯特劳哈尔数通常是雷诺数的函数，$Re = UD/v$。例如，当雷诺数在亚临界范围内，二维圆柱体的斯特劳哈尔数约为 0.2。普通的板梁或箱梁桥面板的斯特劳哈尔数一般在 0.07～0.14 之间。

对称性。与镜像图像在形式、模式或样式的关系，用与原物在分割线或平面的对面的确切关系表示。

点对称表示关于对称轴旋转 $180°$ 的某一点位置存在同样的模式。对于任何艺术性创作，对称是一个极其重要的理念元素。作为一个宽泛的概念，尤其是对于物理学，对称有时意味着恒定。然而，需要注意的是镜像图像也可能拥有不同于原物的特征，例如对映体。

稳态过程 $x(t)$ 的自相关函数是一个偶函数，关于零点对称，或者可以表示为 $R_X(-\tau)=R_X(\tau)$。因此，该过程的功率谱密度 $S_x(f)$ 也是频率的偶函数。频率的负值没有实际的物理意义，因此，单边功率谱密度可以表示为

$$G_x(f)=\begin{cases}2S_x(f) & 0\leqslant f<\infty \\ 0 & \text{其他}\end{cases} \tag{14}$$

通常只用于定义正数的频率值范围。需要注意的是 $G_x(f)$ 覆盖的正数频率区域与原来的 $S_X(f)$ 覆盖的整个区域面积相等。

系统识别。通过已知系统响应确定结构特性的技术。

本书中同样也用了其他名称，比如模态识别和参数估计。系统识别对应于经典的动力分析，通常结构特性是已知的，而不同激励作用下的系统响应需要确定。系统识别方法大致可以分为两大类。第一类为时域方法，其中包括最小二乘法、随机减量法以及随机子空间法。第二类是采用傅立叶变换的频域方法，包括半功率带宽法、极大似然法等。

＊目标可靠度水平。确保结构安全性和适用性所需的可靠度水平。

热膨胀。温度升高产生的材料线性膨胀特性。

升高单位温度产生的材料应变，称为热膨胀系数。结构钢和混凝土的值约为 $12\times10^{-6}/℃$。

时域分析（TDA）。相对于频域处理方法，对信号及其函数进行关于时间的分析方法。

也可以参考频域分析（FDA）相关内容。

时间序列。相同时间间隔下变量的有序数列。

时间序列分析通常用于分析和理解从连续观测数据中采样得到的离散数据系统的特征，也用来拟合时间序列模型用以预测未来值。模型拟合技术有很多种，包括 Box-Jenkins ARIMA 模型和多变量模型。

韧性。金属承受冲击荷载的能力。

相对于脆性的概念。韧性可以理解为在突然施加的荷载作用下，金属自身内部分布应力和应变的能力。通常采用冲击试验获得，但也是一个相对的概念，因为除了材料的组分，韧性同时也受到金属形状的影响。

趋势剔除。将任何周期长于记录长度的频率成分数据特征剔除，通常采用最小二乘法或平均斜度法。

极限强度。材料在断裂之前的最大工程应力。通常，在确定极限强度时不考虑由于变化荷载引起的材料面积改变。

＊升级。对现役结构的改动，以提升其结构性能。

＊使用规划。包含结构预期用途的计划，罗列结构的运营条件，包括维护要求和相应的性能需求。

振动。结构或构件的周期性往复运动。

振动包括三个基本特征参数：运动重复的快慢（频率）；运动的大小（振幅）；在没有提供

新的激励能量的情况下，信号衰减的快慢（阻尼）。根据激励的来源不同，结构振动实际上是规则的周期动作，但很大可能是随机的，后者称为随机振动，通常采用统计的方法处理振动特性。

结构振动的不利影响可以从各方面进行研究。结构不能倒塌，必须保持完整性，以致于不会丧失适用性。即使结构是安全的可以正常服役，如果它会对使用者产生任何不舒适或者产生任何力学问题，例如过载、丧失功能或错位，那么也是无法接受的。再者，即使没有马上发生的问题，其他未来潜在的问题，例如结构疲劳损伤，甚至可能发生的材料腐蚀，都必须尽可能地避免。接受准则通常采用振幅和频率联合定义，但是也取决于结构遭受动态激励的频率和历时。引起桥梁振动的动态激励有多种来源，包括地震、风、移动车辆和行人，有时甚至是不可预期的冲击荷载，例如船撞桥墩或者机器运作以及爆炸。

涡激振动。风与结构的相互作用产生的气流漩涡引起的结构或构件的振动。

当气动力结构暴露于风环境，在尾流部分会产生交替漩涡（卡门漩涡），由物体分隔的气流形成。相对于漩涡的形成，会有向上的波动顶升力作用于结构。当漩涡的频率接近结构的固有频率时，会产生共振。这是涡激振动最基本的概念。然而，一旦振动被激发出来，结构运动也会影响气流的行为，导致更加复杂的气流与结构之间相互作用。与抖振不同，涡激振动通常只在有限的风速范围内可以观察到，而且一旦达到峰值，振幅会衰减。该振动通常表现为窄带频谱和规则振幅。

波动。一种振荡运动或扰动，能传播且通常不伴有质量的传递。

机械波连续介质中传播，比如空气、液体或固体，一般表现为声波、海洋波和地震波等。也有电磁波，包括可见光、红外线或紫外线、伽马射线等，可以在真空中传播。所有波都有共同的特性，包括反射、折射、衍射、干涉、散射和直线传播。拥有以上特性是波的必要条件。波可以用标准化的参数进行描述，例如频率、波长、振幅和周期。停留在一个地方的波称为驻波，移动的波称为行波。机械波中的物质粒子可以在波传播的方向或者与之垂直的方向振动。分别表示为纵波和横波。在地震波中，也可以分别称为 P 波和 S 波。

小波变换。将信号分解为与时间和尺度有关的组分的工具，采用所谓的小波系数。可以用来分析非稳态数据。

在信号分析中，傅立叶变换是一个多功能工具，但是它不适用于非稳态信号的识别。例如，由于傅立叶变换是针对整个信号长度，结果不能表示出信号中某个特定频率对应的时间段。它是频率分辨工具，不适用于时间指标。这就意味着如果将该方法应用于结构健康监测，可以识别损伤的存在、位置甚至程度，但不能确定发生的时间。小波变换基本上是变尺寸窗口技术的扩展应用。可以适用于低频长时间间隔以及高频短时间间隔的需求。

风谱输入。表示风引起的能量输入的大小，经常应用于现场输电线的振动。

具体的功率输入定义为

$$\bar{p} = \frac{p}{f^3 D^4 L} = 2\pi^2 \frac{m}{D^2}(\frac{a}{D})^2 \delta \tag{15}$$

式中，p 是风引起的功率，D 是圆柱直径，L 是索长，m 是单位长度有效索质量，f 是振动频率，a 是振动幅值，δ 是净对数衰减。

风洞。研究风与固体物之间相互作用的实验设备，试验时将实物模型放置于人工生成的气流当中。

风洞试验是为了测量物体周围的风场，作用于物体的风致力或者压强，以及风力引起的结构静态或动态行为。由于风与结构的相互作用很难通过分析的手段进行确定，尤其对于大部分土木工程的应用，风洞试验是良好的替代选择。然而，在风洞试验实施过程中，为了使试验结果可以有效地解释实际状况，必须恰当模拟结构模型和风场条件。试验规定的一套规则称为相似需求。在风洞试验中，使用人工生成的湍流边界层流模拟自然风称为边界层风洞（BLWT）。

窗口。应用于所需操作的权重函数，例如带通滤波，给定数据组的平滑或者失真。

任何一种数据测量都可以称为窗口化，因为测量周期不可能无限长以至于包含所有的原始数据。而且，测到的数据不可避免地受到传感设备特征的影响，例如频率响应、分辨率以及测量精度。窗口化操作可以在时域内进行也可以在频域内开展。时域窗口化和频域之间可以通过卷积变换形成。更多内容可以参考频谱窗口部分。

Wöhler 曲线。表示循环应力大小与材料的疲劳失效循环次数之间关系的曲线。

也称为 *S-N* 曲线。Wöhler 曲线是采用室内试验获得，通过施加理想的常幅正弦应力，直至试件失效。每次试验可以生成曲线中的一个点，尽管有时失效发生的时间超出预计时间。Wöhler 曲线允许设计者对结构在预期应力作用下的寿命进行估计。

屈服点。材料由弹性行为变为塑性行为的应力。

结构钢的屈服应力一般为 $300\sim400$MPa。屈服强度可以通过应力—应变曲线确定。它是对应于应力—应变曲线转折点的应力，采用指定应变对直线部分进行偏移。金属的偏移通常为 0.2%。

杨氏模量。当应力增量与应变增量呈线性关系时，应力增量与应变增量的比值。

钢的杨氏模量通常为 $200\sim210$GPa。当材料表现出非线性的应力—应变关系时，为了方便起见，通常采用等效杨氏模量的概念。杨氏模量在动态与静态的情况下可能有所不同。

12.2 动力学数学方程

12.2.1 结构动力学基础

12.2.1.1 单自由度系统动力学

根据分析的目的，很多结构可以采用一个简单的单自由度（SDOF）系统进行模拟。其中，自由度表示用于描述结构振动特征的位移数量。然而，自由度的概念仅适用于振动数学模型。同理，结构也可以采用多自由度（MDOF）系统进行描述，取决于如何对结构进行概念建模。

当一个结构采用单自由度系统进行建模，其中，质量为 m，刚度为 k，黏滞阻尼为 c，外部激力为 $F(t)$，可以采用运动方程对其动态位移 $z(t)$ 进行分析，运动方程定义为

$$m\ddot{z}(t) + c\dot{z}(t) + kz(t) = F(t) \tag{16}$$

或者

$$m(\ddot{z}(t) + 2\zeta\omega_0\dot{z}(t) + \omega_0^2 z(t)) = F(t) \tag{17}$$

其中，固有圆频率 ω_0 表示为

$$\omega_0 = 2\pi f_0 = \sqrt{\frac{k}{m}} \tag{18}$$

阻尼比 ζ 表示为

$$\zeta = \frac{c}{2\sqrt{mk}} \tag{19}$$

固有频率是结构的特性，仅由结构的质量和刚度决定。结构固有频率应该在质量和刚度的标准设计状态下进行评估。在该状态下，结构不受活荷载和极端温度的影响。然而，由于结构的瞬时质量和刚度实际上与设计假定可能有所不同，因此，必须注意运营状态下结构的固有频率可能与用方程（18）计算得到的值有所不同。

自由振动

当 $F(t)=0$，方程（16）的通解有三种情况。

（1）$\zeta < 1$（衰减振动）

$$Z_H(t) = e^{-\zeta \omega_0 t}[A\sin(\omega_D t) + B\cos(\omega_D t)] \tag{20}$$

其中，阻尼频率 ω_D 表示为

$$\omega_D = \omega_0 \sqrt{1-\zeta^2} \tag{21}$$

（2）$\zeta = 1$（临界阻尼）

$$Z_H(t) = (At + B)\sin(\omega_0 t) \tag{22}$$

（3）$\zeta > 1$（过阻尼）

$$Z_H(t) = e^{-\zeta \omega_0 t}[A\sinh(\omega_N t) + B\cosh(\omega_N t)] \tag{23}$$

其中

$$\omega_N = \omega_0 \sqrt{\zeta^2 - 1} \tag{24}$$

以上式中，积分常数 A 和 B 通过初始条件 $z_H(0)$ 和 $\dot{z}_H(0)$ 进行确定。

阻尼可以定义为结构在外力作用下耗散能量的能力。振动期间的动能耗散有许多不同的来源，例如非完全弹性和结构材料内部摩擦、结构构件接头摩擦和支撑机制、由周围环境引起的气动阻尼和流体动力阻尼、非线性结构特性、通过基础和下部结构的能量耗散等。阻尼能力的理论评估通常受限于所有这些来源，因此，参考现场经验结果显得尤为重要。一些实际的有关阻尼的信息可以参考后述第 12.2.4 节内容。

虽然阻尼的机制变化多端，对振动的总体效果通常可以考虑采用等效黏滞阻尼进行表述，用阻尼比（ζ）来表示与临界值的百分比。例如，如果系统的阻尼是临界值的 1%，其自由振动幅值将在 11 个周期后减少至一半，而 10% 的阻尼会使振动幅值在 1 个周期后减小至一半。当阻尼等于或超过临界值时，结构不发生振动，如上述方程（22）和（23）所示。

系统阻尼的增加会使固有频率稍微减少，如方程（21）所示。然而，对于土木工程结构实际上可以忽略不计。例如，即使阻尼为临界值的 10%，与没有阻尼的情况相比固有频率也只减少 0.5%。

受迫振动

简单简谐激励

在简单简谐激励下：$F(t) = F_0\sin(\omega t)$，$\omega = 2\pi f$

$$z_p(t) = M(\Omega, \zeta)\frac{F_0}{k}\sin(\omega t - \beta) \tag{25}$$

其中，Ω 为频率比，可以表示为

$$\Omega = \frac{\omega}{\omega_0} = \frac{f}{f_0} \tag{26}$$

β 称为相位滞后，可以表示为

$$\beta = \arctan(\frac{2\zeta\Omega}{1-\Omega^2}) \tag{27}$$

而动态荷载因子表示为

$$M(\Omega, \zeta) = \frac{1}{\sqrt{(1-\Omega^2)^2 + (2\zeta\Omega)^2}} \tag{28}$$

结构所受的动态激励一般来说不会是简单的简谐激励。然而，通过使用傅立叶变换将外部激励函数 $F(t)$ 分解至不同的频率组分，结构对每个频率组分的响应可以采用方程（25）进行确定，因此，结构的整体响应可以通过所有频率组分的响应的线性组合获得，除非系统是非线性的。

通常，一般激励下的系统响应可以表示为 $z(t) = z_p(t) + z_H(t)$。

* 动态荷载因子（或称为放大因子）的最大值可以表示为

$$M_{max} = \frac{1}{2\zeta\sqrt{1-\zeta^2}} \approx \frac{1}{2\zeta} \tag{29}$$

当

$$\Omega = \sqrt{1-2\zeta^2} \approx 1 \tag{30}$$

或者 $\omega \approx \omega_0$ 时，称为共振。

* 当简单的简谐激力表示为 $F(t) = F_0 e^{i\omega t}$，引起的系统响应可以表示为

$$z_p(t) = \frac{H(\omega)}{k} F(t) \tag{31}$$

其中

$$\frac{H(\omega)}{k} = \frac{1}{k} \frac{1}{(1-\Omega^2) + i(2\zeta\Omega)} \tag{32}$$

称为频率响应函数（FRF）。动态荷载因子是频率响应函数的幅值，可以表示为

$$\frac{|H(\omega)|}{k} = M(\Omega, \zeta) \tag{33}$$

频率响应函数有时也称为机械导纳函数，表示结构系统对激励频率的灵敏度。当激励频率与结构的固有频率相同时，响应达到峰值，响应的幅值与系统的总体阻尼成反比。

冲击荷载

受迫振动来源于冲击荷载 $F(t) = F_0$（$0 \leqslant t \leqslant \Delta t$），可以表示为 $z_p(t) = F_0 h(t) \Delta t$。

其中

$$h(t) = \frac{1}{m\omega_D} e^{-\zeta\omega_0 t} \sin(\omega_D t) \tag{34}$$

称为冲击响应函数（IRF）。频率响应函数与冲击响应函数是一对傅立叶变换对。

或者表示为

$$\frac{H(\omega)}{k} = \int_{-\infty}^{\infty} h(t) e^{-i\omega t} dt \quad \text{和} \quad h(t) = \frac{1}{2\pi} \int_{-\infty}^{\infty} \frac{H(\omega)}{k} e^{-i\omega t} dt \tag{35}$$

傅立叶变换是一个积分变换，特别适用于随机振动分析中的时域和频域变量。傅立叶变换的概念来源于傅立叶级数，是周期性函数的分解。傅立叶变换将该概念进行扩展，使之适用于

非周期性函数。使用离散傅立叶变换（DFT）对实测数据进行分析，尤其是以快速傅立叶变换（FFT）的形式，是频域振动分析的最重要技术之一。

杜哈梅积分

当系统受到外部荷载作用时，如果外力可以用函数 $F(t)$（$t \geq 0$）表示，结构的响应可以用杜哈梅积分表示为

$$Z_p(t) = \int_0^t h(\tau) F(t-\tau) d\tau \tag{36}$$

在数学上，当 $z(0) = \dot{z}(0) = 0$ 时，方程（36）是方程（16）的通解。

【例 12.1】当一个单自由度系统，质量为 m，刚度为 k，没有阻尼，受到外力 $F(t)$（$t \geq 0$）作用，引起的响应可以表示为

$$z_p(t) = \frac{F_0}{m\omega_0} \int_0^t \sin[\omega_0(t-\tau)] d\tau = \frac{F_0}{k}[1 - \cos(\omega_0 t)] \tag{37}$$

【例 12.2】当同一系统受到外力 $F(t) = F_0 \sin(\omega t)$ 作用，响应可以表示为

$$z_p(t) = \frac{F_0}{m\omega_0} \int_0^t \sin(\omega t) \sin[\omega_0(t-\tau)] d\tau = \frac{F_0}{k} \frac{\sin(\omega t) - \Omega \sin(\omega_0 t)}{1 - \Omega^2} \tag{38}$$

12.2.1.2 非线性振动

运动方程（16）描述了一个线性系统的动态行为。当结构的回复力或阻尼力与位移或时间导数不成线性比例时，或者外力依赖于振幅，振动将成为非线性振动。非线性刚度可以由材料的非线性或者结构的非线性引起，例如拉索或者应变硬化。当振幅较大时，结构阻尼比通常也较大；相反，气动阻尼则显著减小，甚至会变为负值。这是由于结构与周围流体的相互作用使得激力在很大程度上变为非线性。

所有这些因素表明，结构振动在实际中经常表现为非线性，除非动态幅值非常小。非线性振动仅可以通过数值的方法解决，没有闭合解。然而，我们可以尝试采用线性近似的方法，只要符合实际情况。关于该主题的另外一个重要讨论是涵盖无法完全解释的振动特性，除非不采用线性近似。

自由振动

考虑如下案例，一个典型的非线性运动方程，其中回复力有应变硬化效应，可以表示为

$$m\ddot{z} + c\dot{z} + k(1 + \varepsilon z^2)z = 0 \quad (\varepsilon \ll 1) \tag{39}$$

或者

$$\ddot{z} + 2\zeta\omega_0\dot{z} + \omega_0^2(1 + \varepsilon z^2)z = 0 \tag{40}$$

方程（39）称为杜分方程。如果忽略阻尼，其近似解可以表示为

$$z(t) \approx A\sin\left(\left(1 + \frac{3\varepsilon}{8}A^3\right)\omega_0 t\right) \tag{41}$$

$\omega = \omega_0(1 + 3\varepsilon A^3/8)$，表示振动频率其值依赖于振幅。显然，与线性振动不同，非线性系统的特征频率无法确定。

受迫振动

考虑上述同一非线性系统，受到一个简单的简谐激力作用，并考虑阻尼。运动方程可以表示为

$$\ddot{z} + 2\zeta\omega_0\dot{z} + \omega_0^2(1 + \varepsilon z^2)z = \frac{F_0}{m}\sin(\omega_e t) \tag{42}$$

当 ε＝0 时，为线性稳定状态响应，可以表示为

$$z(t) = A\sin(\omega_e t + \beta) \tag{43}$$

当 ε≠0 时，由于系统的非线性，引起的响应不仅限于激励频率组分，同时还有更高频率的简谐组分，例如

$$z(t) = \sum_{r=1,3,5\cdots} A_r\sin(r\omega_e t + \beta_r) \tag{44}$$

这是非线性振动的显著特征。

激励频率引起的响应也与线性情况下的响应不同。假设该问题的解类似于方程（43），除了 A 和 β 是时间的函数。因为稳态振动是通过考虑 $\dot{A}(t) = \dot{\beta}(t) = 0$ 确定，因此

$$\left(1 - \Omega^2 + \frac{3\varepsilon}{4}A^2\right)^2 A^2 + (2\zeta\Omega)^2 A^2 = \left(\frac{F_0}{k}\right)^2 \tag{45}$$

$$\beta = -\arctan\left(\frac{2\zeta\Omega}{1 - \Omega^2 + (3\varepsilon/4)A^2}\right) \tag{46}$$

其中，$\Omega = \omega_e/\omega_0$。

方程（44）表明，依赖于激励频率 ω_e，稳态振幅可以取三个不同的值。A-ω 图（图 12.1）表明其中的一个值实际上是一个不稳定极限环。依据 ω_e，振幅会发生一个突变（跳跃现象），同时稳态振幅的大小也会随 ω_e 的变化而不同，称为滞后现象。一般来说，当 $\Omega \approx 1$ 时，对应于线性系统的共振状态，非线性系统也会发生类似现象，称为谐波共振。然而，与线性系统有所不同，谐波共振伴随着跳跃和滞后现象，这是非线性振动的特点。

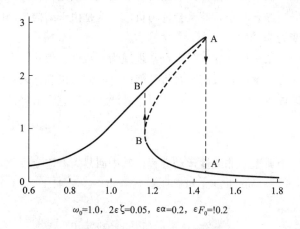

$\omega_0 = 1.0$, $2\varepsilon\zeta = 0.05$, $\varepsilon\alpha = 0.2$, $\varepsilon F_0 = !0.2$

图 12.1 非线性系统的滞后现象

混沌振动

非线性振动的另一个特点是，即使系统是确定的，系统对于一个规则简单的谐波激励的响应可能是十分随机的，拥有连续的频率分布。原因在于，一个高度非线性系统的响应对每个振动周期的不同初始状态非常敏感。图 12.2 为一个实例。这种振动响应看起来随机，实际上内部有一定的规则，称之为混沌振动。这种振动状态完全可以用 $(x, \dot{x}, t)$ 的轨迹进行描述，称为相位图。这种三维空间 $(x, \dot{x}, t)$ 称为相空间。沿着相位图以规则间隔获得不同点，并在 x-$\dot{x}$ 平面对这些点进行二维投影，称为庞加莱映射。如果系统的非线性运动变得稳定并且受限于一个有限区域，庞加莱映射成为有限模式，称之为吸引子。

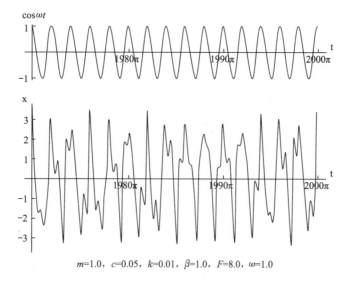

$m=1.0$，$c=0.05$，$k=0.01$，$\beta=1.0$，$F=8.0$，$\omega=1.0$

图 12.2　混沌振动实例

12.2.1.3　弹性结构动力学—模态分析

对结构实施动力有限元分析，可以得到其固有频率 ω_r 和相应的振型 $\phi_r(x)$（$r=1$，2，$\cdots$，N），结构在一个已知外力 $F(x,t)$ 作用下的动力响应可以通过计算得到。对于结构的第 r 阶振动模态，运动方程可以表示为

$$M_r[\ddot{q}_r(t) + 2\zeta_r\omega_r\dot{q}_r(t) + \omega_r^2 q_r(t)] = F_r(t) \tag{47}$$

其中

$$M_r = \int_L m(x)\phi_r^2(x)\mathrm{d}x \tag{48}$$

（式 48）表示广义质量。

$$F_r(t) = \int_L F(x,t)\phi_r(x)\mathrm{d}x \tag{49}$$

式（49）表示广义力。引起的结构响应可以表示为

$$z(x,t) = \sum_{r=1}^{N} q_r(t)\phi_r(x) \tag{50}$$

ζ_r 表示第 r 阶模态的假定阻尼。$\int_L[\cdots\cdots]\mathrm{d}x$ 表示对整个结构的积分。

【例 12.3】 如果结构为简支梁，跨度为 L，均布质量为 m，均匀弯曲刚度为 EI，该简支梁受轴力 T，其固有圆频率和相应的振型可以表示为

$$\omega_r = \left(\frac{r\pi}{L}\right)^2 \sqrt{\frac{EI}{m}} \sqrt{1 + \left(\frac{\gamma}{r\pi}\right)^2}, \quad \gamma^2 = \frac{TL^2}{EI} \tag{51}$$

$$q_r(x) = \sin\left(\frac{r\pi x}{L}\right) \quad r = 1,2,3\cdots \tag{52}$$

12.2.1.4　多自由度系统动力学—复杂特征值问题

考虑一个有 N 个自由度的结构的离散模型，其运动方程类似于单自由度系统，可以表示为

$$M\ddot{z}(t) + C\dot{z}(t) + Kz(t) = F(t) \tag{53}$$

其中，M、C 和 K 分别表示质量、阻尼和刚度矩阵，z 和 $F(t)$ 分别表示位移矢量和外力

矢量。

自由振动

自由振动分析中，阻尼的影响可以忽略不计，即

$$M\ddot{z}(t) + Kz(t) = 0 \tag{54}$$

因此，假设 $z(t) = \phi e^{i\omega t}$，固有频率 ω_r 和相应的特征向量 ϕ_r $(r=1, 2, \cdots, N)$ 可以表示为

$$|K - \omega^2 M| = 0 \tag{55}$$

下式

$$(K - \omega_r^2 M)\phi_r = 0 \quad (r = 1, 2, \cdots, N) \tag{56}$$

需满足模式矢量 ϕ_r，例如，任意给定其中一个矢量组分 ϕ_{r1}，其他组分根据该值进行确定。

当外力是结构位移的线性函数时，$F(t) = F_1 z(t) + F_2 \dot{z}(t)$，自由振动下的运动方程可以表示为

$$M\ddot{z}(t) + C\dot{z}(t) + Kz(t) = 0 \tag{57}$$

在这种情况下，该问题可用前述的方法进行处理，但频率方程将变得更加复杂，包括复杂系数

$$|K + i\omega C - \omega^2 M| = 0 \tag{58}$$

方程（57）可以改写为如下状态方程

$$\dot{X}(t) = AX(t) \tag{59}$$

其中

$$X = \begin{bmatrix} z \\ \dot{z} \end{bmatrix} \quad 并且 \quad A = \begin{bmatrix} 0 & I \\ -M^{-1}K & -M^{-1}C \end{bmatrix} \tag{60}$$

X 和 A 分别为 $2N \times 1$ 的状态向量和 $2N \times 2N$ 的状态矩阵，I 是一个 $N \times N$ 的单位矩阵。通过假设通解为 $X = \phi e^{st}$，可以得到固有频率和阻尼的复杂特征值为

$$(sI - A)\phi = 0 \tag{61}$$

其中，s 和 ϕ 分别表示特征值和特征向量，第 r 阶模态的固有圆频率 ω_r 和模态阻尼比 ζ_r 与与特征值 $s_r = \alpha_r \pm i\beta_r$ $(r=1, 2, \cdots, N)$ 有关，可以表示为

$$\omega_r = \sqrt{\alpha_r^2 + \beta_r^2} \quad 和 \quad \xi_n = -\frac{\alpha_r}{\sqrt{\alpha_r^2 + \beta_r^2}} \tag{62}$$

第 r 阶振动特征模态 $z_r(t)$ 可以表示为

$$z_r(t) = 2e^{-\xi\omega_r t} \left[c_{1r}\phi_r^R \cos(\omega_D t) - c_{2r}\phi_r^I \sin(\omega_D t) \right] \tag{63}$$

其中，$\omega_D = \omega_r \sqrt{1 - \xi_r^2}$，复杂特征模态为 $\phi_r = \phi_r^R \pm i\phi_r^I$，$c_{1r}$ 和 c_{2r} 根据初始条件确定。注意到位移矢量 $z_r(t)$ 的第 n 个组分可以表示为

$$z_{rn}(t) = 2e^{-\xi\omega_r t} \left[c_{1r}\phi_{rn}^R \cos(\omega_D t) - c_{2r}\phi_{rn}^I \sin(\omega_D t) \right] = 2e^{-\xi\omega_r t} \sqrt{(c_{1r}\phi_{rn}^R)^2 + (c_{2r}\phi_{rn}^I)^2} \cos(\omega_D t + \theta_{rn}) \tag{64}$$

其中，相位滞后 $\theta_{rn} = \arctan\left(\dfrac{c_{2r}\phi_{rn}^I}{c_{1r}\phi_{rn}^R}\right)$，对每个 n 都不同，这就意味着各个模态（n）对应的最大位移并不一定同时发生，或者不像无阻尼的情况，振动模态取决于时间或者不稳定。

受迫振动

获得模态值 ω_r 和 ϕ_r $(r=1, 2, \cdots, N)$ 后，就可以建立模态运动方程，表示为

$$M_r(\ddot{q}_r(t) + 2\xi_r\omega_r\dot{q}_r(t) + \omega_r^2 q_r(t)) = F_r^*(t) \tag{65}$$

其中，$M_r = \boldsymbol{\phi}_r^{\mathrm{T}}\mathbf{M}\boldsymbol{\phi}_r$ 和 $F_r^*(t) = \boldsymbol{\phi}_r^{\mathrm{T}}\boldsymbol{F}(t)$ 分别表示模态质量和模态激力，模态响应可以表示为

$$q_r(t) = A_r e^{-\xi_r\omega_r t}\cos(\omega_{\mathrm{D}r}t - \gamma_r) + \int_0^t F_r^*(\tau)h_r(t-\tau)\mathrm{d}\tau \tag{66}$$

其中

$$h_r(t) = \frac{1}{M_r\omega_{\mathrm{D}r}}e^{-\xi_r\omega_r t}\sin(\omega_{\mathrm{D}r}t) \tag{67}$$

式（67）表示第 r 阶模态的脉冲响应函数（IRF）。A_r 和 γ_r 可以通过模态初始条件确定，即

$$A_r = \sqrt{\left(\frac{\dot{q}_{r0} + q_{r0}\xi_r\omega_r}{\omega_{\mathrm{D}r}}\right)^2 + q_{r0}^2} \quad \text{和} \quad \gamma_r = \arctan\left(\frac{\dot{q}_{r0} + q_{r0}\xi_r\omega_r}{\omega_{\mathrm{D}r}q_{r0}}\right) \tag{68}$$

其中

$$q_{r0} = q_r(0) = \frac{\boldsymbol{\phi}_r\mathbf{M}}{M_r}z(0) \quad \dot{q}_{r0} = \dot{q}_r(0) = \frac{\boldsymbol{\phi}_r\mathbf{M}}{M_r}\dot{z}(0) \tag{69}$$

从而，总体响应可以表示为

$$z(t) = \sum_{r=1}^{L}\boldsymbol{\phi}_r q_r(t), \quad (L \leqslant N) \tag{70}$$

12. 2. 1. 5 模态参数识别技术

结构健康监测的目的在于追踪与系统预期安全性和适用性相关的结构性能和整体性。结构识别可以分为以下几个方面：

（1）结构是否存在损伤。

（2）损伤的位置。

（3）损伤的严重程度。

（4）预测结构的剩余使用寿命。

结构健康监测系统可以做到经济适用、非破坏性和自动化，因此可以避免执行者的主观差异。特别地，无论监测系统的实施还是运作都不需要封闭桥梁。

本书主要考虑基于振动的结构监测。理想情况下，可以尝试基于实测的模态参数识别结构的损伤和退化。因此，系统识别的目标与上述章节所述的传统动力分析相反。动力学分析中，在结构特性已知的情况下，确定结构在假定激力作用下的系统响应。另一方面，对于系统识别的情况下，需要从实测的系统响应中确定结构参数。

传统的模态识别是基于已知激力引起的结构响应，例如由人为施加的简单的谐波振动。在这种情况下，结构参数可以通过去除激力后的结构自由振动衰减轨迹获得，也可以通过简单的系统输入—输出传递函数进行识别。使用该方法的困难之处在于对大型土木工程结构施加激励。为了解决这一问题，最近发展了与基于输入—输出关系流程相对应的仅输出模态识别方法，该方法得益于对环境激励引起的低水平动态响应的高精度测量技术的发展。

用于确定结构参数的技术种类繁多。然而，最基本的思路是通过假定系统的数学模型，并最小化拟合模型和实测输出数据之间的预测误差。预测误差识别方法包括最小二乘法拟合和极大似然估计法。也与其他控制工程方法密切相关，例如贝叶斯最大后验估计和赤池信息准则。所谓的相关性方法是实施类似的流程，通过对预测误差和输出数据建立相关性，包含工具变量

技术和合理传递函数模型方法。还有子空间方法，用于确定状态空间模型。包含三个步骤：

（1）使用最小二乘法估计 k 步后的预测值。

（2）从中选择状态向量。

（3）使用这些状态和最小二乘法估计状态空间矩阵。

应用于自由振动测试的传统方法

关于数据的可靠性，使用激振器进行的受迫振动试验应该是用于桥梁动态特征评估的最好方法。然而，通常需要进行大规模操作，不仅成本高，而且会造成桥梁运营中断。如果这种方法可行，可以根据自由振动记录获得模态参数。与阻尼评估相比，确定固有频率不会有太大问题。本节主要介绍如何识别阻尼值。

自然对数衰减法可能是识别系统阻尼最经典和直接的方法。阻尼比通过 N 个连续波的振幅 A_j 比值获得，表示为

$$\zeta = \frac{1}{2\pi N}\ln\left(\frac{A_j}{A_{j+N}}\right) \tag{71}$$

N 值越大，结果更准确。如果阻尼很大，比较难获得准确值，因为 N 值可能较小。例如，当 $\zeta=0.15$ 时，振幅在三个周期后将较少超过 94%。即使阻尼不是太大，对于不同振幅水平，阻尼通常是变化的。因此，阻尼最好表示为

$$\zeta(A_j) = \frac{1}{8\pi}\ln\left(\frac{A_{j-2}}{A_{j+2}}\right) \tag{72}$$

确定 ζ 的更准确的方法是找到 $x(t)$ 的包络，表示为

$$A(t) = \sqrt{x(t)^2 + \tilde{x}(t)^2} \tag{73}$$

其中，$\tilde{x}(t)$ 为 $x(t)$ 的希尔伯特变换，定义为

$$\tilde{x}(t) = \int_{+\infty}^{-\infty}\frac{x(u)}{\pi(t-u)}\mathrm{d}u \tag{74}$$

自然对数衰减法是理想的实验室测试方法，能相对容易地获得自由振动衰减轨迹。然而，当涉及足尺现场测量时，通常很难获得较好的衰减曲线。

应用于环境振动测试的传统方法

环境振动测试对输入没有限制，是针对大规模受迫振动测试的具有吸引力的替代选择，可通过测量运营状态下结构的微小振动确定结构动态特性，例如地震、风和交通荷载。该方法基于以下基本假设：

（1）输入激励是一个宽带随机过程，可以用白噪声建模。

（2）系统特性可以采用动态响应的功率谱密度函数进行描述。

（3）动态响应测量技术足够可靠。

（4）数据采集和分析足够可靠。

因此，该方法的可靠性很大程度上由以上因素决定。产生的误差来源包括噪声污染、多个控制频率共存以及非线性或振幅依赖阻尼。

半功率带宽法

这种广泛被应用的方法基于单自由度系统的功率谱密度的宽度与系统的阻尼比成比例。如果原始数据为 $x(t) \approx e^{-\alpha t}\sin(\omega_0 t)$，其中 $\alpha=\zeta\omega_0$，功率谱密度（单边）可以表示为

$$G_x(\omega) = 2\alpha\left(\frac{1}{\alpha^2 + (\omega+\omega_0)^2} + \frac{1}{\alpha^2 + (\omega-\omega_0)^2}\right) \tag{75}$$

其峰值为

$$G_P = G_x(\omega_0) \approx \frac{2}{\alpha} \tag{76}$$

因为半峰值 $G_P/2$ 在 $\omega = (1 \pm \zeta)\omega_0$ 时给出，半功率峰值谱宽为 $\Delta\omega = 2\zeta\omega_0$。

该方法不能避免所有与频谱分析相关的统计误差。可能出现的一个问题是谱峰丢失。事实上，很有可能不需要得到该谱峰的精确读数。如果峰值丢失，半峰值带宽会比真实值大，阻尼会被过高估计。

还需注意，如果峰值不是功率谱密度而是响应幅值本身，或者是动态放大因子，则频宽 $\Delta\omega$ 应该在峰值处除以 $\sqrt{2}$ 而不是半功率。

自相关衰减法

这种长期被使用的方法是用来处理振动数据中有随机噪声的情况。通过获得数据的自相关函数，单自由度会给出一个衰减谐函数，并与随机噪声引起的快速衰减非振荡函数进行叠加。如果初始数据表示为

$$x(t) \approx A e^{-\xi\omega_0 t}\sin(\omega_0 t) + n(t) \tag{77}$$

其中，$n(t)$ 表示噪声，自相关函数可以表示为

$$R_x(\tau) = \frac{A^2}{2} e^{-\xi\omega_0\tau}\cos(\omega_0\tau) + C(\tau) \tag{78}$$

其中，$C(\tau)$ 表示快速衰减函数，而频率和阻尼可以通过第一项进行识别。如果可以得到相当长一段时间的记录，并仅有一个显著的系统频率，那么该方法是一个不错的选择。如果数据中包含两个或以上的接近的系统频率，那么获得精确结果将变得十分困难。

随机衰减法

随机噪声激励是客观存在的，并无可避免。随机衰减法一定程度上与自相关衰减法类似，也是一种时域的方法，由 NASA 开发并应用于航空和航天工业（Asmussen 1997）。该技术很简单，每当时间序列超过某一触发水平并伴随斜率的正负交替时，包括按预定长度添加和平均的数据段。该过程可以表示为

$$D_x(\tau) = \frac{1}{N}\sum_j x(t_j + \tau) \tag{79}$$

其中

$$x(t_j) \equiv x_s(\text{const}) \quad (j = 1, 2, 3, \cdots) \tag{80}$$

$$\dot{x}(t_j) \geqslant 0 (j = 1, 3, 5, \cdots) \quad \text{并且} \quad \dot{x}(t_j) \leqslant 0 \quad (j = 2, 4, 6, \cdots) \tag{81}$$

$D_x(\tau)$ 称为随机衰减信号，已经证实其与自相关系数 $\bar{R}_x(\tau)$ 成比例。一般来说，这些数据段可以分为如下三组：

(1) 确定性阶跃响应：$x_1(t) = x_0 e^{-at}\cos(\omega_0 t)$。

(2) 确定性脉冲响应：$x_2(t) = \dfrac{\dot{x}_0 + ax_0}{\omega_0} e^{-at}\sin(\omega_0 t)$。

(3) 瞬态随机响应：$x_3(t) = \dfrac{e^{-at}}{\omega_0}\int_0^t e^{-a\tau} q(\tau)\sin[\omega_0(t-\tau)]\mathrm{d}\tau$。

阶跃响应与初始位移 x_0 有关，脉冲响应由初始速度 $\dot{x}_0$ 引起，而随机响应则与激励函数中的各个随机组分 $q(t)$ 有关。获得这些数据段完整的时间历程并混合取平均后，第（2）和（3）组平均值趋于 0，只有第（1）组将维持不变，阻尼和频率可以被确定，即

$$x(t) = \frac{1}{N} \sum_{j=1}^{N} \left[x_1(t_j) + x_2(t_j) + x_3(t_j) \right] \rightarrow x_0 e^{-\alpha t} \cos(\omega_0 t) \tag{82}$$

该方法的优点在于只需相对较短的数据长度。然而，也需要高采样率，通常为 16 倍的 f_0 或更高。同样，当有两个或以上显著系统频率共存时该方法也不是十分有效。在这种情况下，建议在处理数据之前先用带通滤波器对数据进行过滤。尤其当共存频率较接近时，建议使用最小二乘曲线拟合获得多频率信号。

最大似然法

该方法采用一种技术对假定谱峰函数进行拟合，并将抽样频谱的联合概率最大化。这一过程中，假设谱峰与一个理想单自由度系统的机械导纳相一致，表示为

$$|H(f)| = \frac{1}{\sqrt{\left[1 - (f/f_0)^2\right]^2 + (2\zeta f/f_0)^2}} \tag{83}$$

系统在白噪声激励下的响应谱表示为

$$G_R(f) = |H(f)|^2 G_0 \tag{84}$$

因此

$$A_R = \int_0^\infty G_0 |H(f)|^2 \mathrm{d}f \approx \frac{\pi}{4} \frac{f_0 G_0}{\zeta} \tag{85}$$

式（85）表示响应谱的面积。该方法的思路是将从原始数据中获得的谱密度函数与理想谱相拟合，拟合函数归一化表示为

$$F(f_r) = \frac{4\zeta}{\pi} \frac{1}{\left[1 - (f_r/f_0)^2\right]^2 + (2\zeta f_r/f_0)^2} \tag{86}$$

似然函数 $L(f_0, \zeta)$ 定义为 $(F(f_r))^a$ 的乘积，或者取对数为

$$Q(f_0, \zeta) = \ln(L) = \sum_{r=1}^{N} \left[\alpha_r \ln(F(f_r))\right] \tag{87}$$

通过对函数 Q 取最大化，确定合适的 f_0 和 ζ，可以表示为

$$\frac{\partial Q}{\partial f_0} = 0 \quad \text{和} \quad \frac{\partial Q}{\partial \zeta} = 0 \tag{88}$$

然而，因为上述情况满足时 Q 取最大值，实际操作过程中，事实上更容易做到的是通过在某一范围内改变参数 f_0 和 ζ 而确定 Q 的最大值，而不是将上述条件与方程（88）联立方程组直接求解。该方法的显著优点在于只需相对较短的记录即可分析，对方差误差相对不敏感。但是，与其他简单方法相比，需要更多的计算工作量。

12.2.2　统计基本工具

12.2.2.1　随机过程的统计分析

基本概率

事件 E 的概率用 $P(E)$ 表示，或者 $P(E) = P_r[E]$。有以下三个基本的概率公理。当 A 是一个随机事件，那么

$$0 \leqslant P(A) \leqslant 1 \tag{89}$$

当 C 是一个确定性事件，那么

$$P(C) = 1 \tag{90}$$

相加定理表示为

$$P(A \bigcup B) = P(A) + P(B) - P(A \bigcap B) \tag{91}$$

在给定条件 B 下的事件 A 的概率称为条件概率，表示为 $P(A|B)$。贝叶斯定理指出

$$P(A \mid B)P(B) = P(A \bigcap B) = P(B \mid A)P(A) \tag{92}$$

随机变量统计量

由索引随机变量组成的序列称为随机过程。一组随机变量通常构成一个时间序列 $X(t)$，从连续模拟信号中抽样。所有可能的序列集合称为总体，单个序列称为样本函数。当随机过程的概率分布在一段时间内不发生明显变化时称为稳态。当随机过程的时间总体均值相等时，称为各态历经过程。

如果一个信号不含任何有用信息，称为噪声。噪声信号分析在远程通讯领域得到极大发展并成为动力学中的最重要工具之一。如果所有频率对应的信号强度都相等，这样的信号称为白噪声。无限带宽白噪声是一个纯理论上的概念，现实中其频带是有限的。

对于一个连续随机变量 $X(t)$（$-\infty < t < \infty$），定义累积分布函数（CDF）为

$$P_X(x) = P_r[X(t) \leqslant x] \tag{93}$$

概率密度函数（PDF）为

$$p_X(x)\mathrm{d}x = P_X(x + \mathrm{d}x) - P_X(x) \tag{94}$$

概率分布表示一个事件的概率小于或等于某一个值 x 的概率，满足如下条件

$$P_X(-\infty) = 0 \tag{95}$$

$$P_X(+\infty) = 1 \tag{96}$$

$$dP_X(x) = P_r[X(t) \leqslant x + \mathrm{d}x] - P_r[X(t) \leqslant x] = P_X(x + \mathrm{d}x) - P_X(x) \tag{97}$$

$$P_X(x) = \int_{-\infty}^{x} p_X(\xi)\mathrm{d}\xi \quad p_X(x) \geqslant 0 \tag{98}$$

$X(t)$ 的均值定义为

$$a_X = E[X(t)] = \int_{-\infty}^{\infty} x p_X(x)\mathrm{d}x \tag{99}$$

当同时研究多于一个随机过程 $X_K(t)$（$k=1, 2, \cdots, N$）时，均值有两种不同解法。可以采用总体均值

$$a_X(t) = \frac{1}{N} \sum_{k=1}^{N} X_K(t) \tag{100}$$

或者使用时间均值

$$a_X(k) = \frac{1}{T} \int_{0}^{T} X_K(t)\mathrm{d}t \tag{101}$$

当 $a_X(t) = a_X(k) = a_X$ 时，称为各态历经过程。

$X(t)$ 的第 n 阶矩定义为

$$m_X^{(n)} = E[x^n] = \int_{-\infty}^{\infty} x^n p_X(x)\mathrm{d}x \tag{102}$$

n 阶中心矩为

$$\mu_X^{(n)} = E[(x - a_X)^n] \tag{103}$$

用矩函数定义如下参数

$$m_X^{(0)} = 1 \quad m_X^{(1)} = a_X \tag{104}$$

$$m_X^{(2)} = \Psi_X^2 \quad 均方值 \tag{105}$$

$$\mu_X^{(0)} = 1 \quad \mu_X^{(1)} = 0 \tag{106}$$

$$\mu_X^{(2)} = \sigma_X^2 \quad \text{方差} \tag{107}$$

$$\sigma_X \quad \text{标准差} \tag{108}$$

$$c_X = \frac{\sigma_X}{a_X} \quad \text{变异系数} \tag{109}$$

$$\gamma_X^{(1)} = \frac{\mu_X^{(3)}}{\sigma_X^{(3)}} \quad \text{偏度系数} \tag{110}$$

$$\gamma_X^{(2)} = \frac{\mu_X^{(4)}}{\sigma_X^{(4)}} \quad \text{峰度系数} \tag{111}$$

有时将 $X(t)$ 变为如下简便形式

$$Z(t) = \frac{X(t) - a_X}{\sigma_X} \tag{112}$$

得到 $a_Z = 0$ 和 $\sigma_Z = 1$。

动态峰值与均方根的比值称为峰值因子。如果动态信号是一个简单的谐波波动，峰值因子为 $\sqrt{2}$。如果信号幅值满足正态分布，峰值因子约为 3.6。一些特殊随机信号有非常高的峰值因子。例如，高层建筑的风致吸力有时峰值因子会超过 10。

标准傅立叶级数展开

在收敛的情况下，可将近似于多个周期函数的由正弦和余弦函数组成的无穷级数称为傅立叶级数。使用欧拉方程能把傅立叶级数进一步转换为指数函数。研究由傅立叶级数表示的函数称为傅立叶分析或者谐波分析。

如果 $x(t)$ 是周期性的，周期为 T_p，$x(t)$ 可以通过傅立叶级数表示为

$$x(t) = \frac{A_0}{2} + \sum_{k=1}^{\infty} \left[A_k \cos\left(\frac{2\pi kt}{T_p}\right) + B_k \sin\left(\frac{2\pi kt}{T_p}\right) \right] \tag{113}$$

其中

$$A_k = \frac{2}{T_p} \int_0^{T_p} x(t) \cos\left(\frac{2\pi kt}{T_p}\right) dt \quad (k = 0, 1, 2\cdots) \tag{114}$$

$$B_k = \frac{2}{T_p} \int_0^{T_p} x(t) \sin\left(\frac{2\pi kt}{T_p}\right) dt \quad (k = 1, 2, 3\cdots) \tag{115}$$

相关函数

相关性是衡量两个变量的统计关联性的指标。是描述两个信号统计关系的最基本概念之一。可以是激励和动态响应之间的关系，也可以是同一结构两个不同位置的动挠度之间的关系。作为一种特殊情况，在给定的时间间隔内，信号与其本身的相关性称为自相关，对应于两个信号之间的互相关。两个信号之间的相关性可以采用多种形式进行描述，复杂程度不同，包括相关函数、互谱密度函数和相干性。

自相关函数定义为

$$R_X(\tau) = E[x(t)x(t+\tau)] \tag{116}$$

标准化后为

$$\widetilde{R}_X(\tau) = \frac{R_X(\tau)}{\sigma_X^2} \tag{117}$$

式（117）称为自相关系数。

谱分析

使用自功率谱密度函数和互功率谱密度函数并基于随机过程频率特征的动态分析称为谱分析。功率谱密度（PSD）是采用各频率组分对应的动能分布对随机过程进行描述的函数，是一个统计函数，由各个频率傅立叶变换的平均平方模组成。代表了过程在频域的随机特性。函数的纵坐标为某一特定频率的能量强度，功率谱密度在整个频率范围内的积分表示随机过程的方差。当结构系统和激励都是线性时，可以使用叠加原理，输入（力）和输出（位移）的功率谱密度函数可以通过传递函数建立联系，是频率响应函数（FRF）的平方。

谱密度函数（SDF）定义为自相关函数的傅立叶变换，表示为

$$G_X(f) = 2\int_{-\infty}^{\infty} R_X(\tau)e^{-i\omega\tau}\,\mathrm{d}\tau = 4\int_{-\infty}^{\infty} R_X(f)\cos(\omega\tau)\,\mathrm{d}\tau \tag{118}$$

其中 $f = \omega/(2\pi)$。且

$$R_X(\tau) = \frac{1}{2\pi}\int_0^{\infty} G_X(f)\cos(\omega\tau)\,\mathrm{d}\omega \tag{119}$$

并且

$$R_X(0) = \int_0^{\infty} G_X(f)\,\mathrm{d}f = E[x^2] \tag{120}$$

方程（118）定义的谱密度称为单边，因为其只在正频率范围内定义。傅立叶变换在自相关函数的简单应用将得到双边谱密度 $S_X(f) = S_X(-f)$（$-\infty < f < +\infty$）。由于负频率没有物理意义，谱密度通常定义为

$$G_X(f) = \begin{cases} 2S_X(f) & (0 \leqslant f < \infty) \\ 0 & \text{其他} \end{cases} \tag{121}$$

如上所示，谱密度函数的数学定义包括傅立叶变换（见第 12.2.1.1 节）。两个与傅立叶变换相关的函数，例如自相关函数和谱密度函数，形成一个傅立叶变换对，表示为

$$F(\omega) = \int_{-\infty}^{\infty} f(t)e^{-i\omega t}\,\mathrm{d}t \tag{122}$$

$$F(t) = \frac{1}{2\pi}\int_{-\infty}^{\infty} f(\omega)e^{-i\omega t}\,\mathrm{d}\omega \tag{123}$$

值得注意的是傅立叶变换有时采用稍微不同的形式定义，表示为

$$F(\omega) = \frac{1}{\sqrt{2\pi}}\int_{-\infty}^{\infty} f(t)e^{i\omega t}\,\mathrm{d}t \tag{124}$$

$$F(t) = \frac{1}{\sqrt{2\pi}}\int_{-\infty}^{\infty} f(\omega)e^{-i\omega t}\,\mathrm{d}\omega \tag{125}$$

与前面的定义相比，最终函数的常数因子有所不同，但其物理意义相同。

两个时间级数的统计量

考虑 $X(t)$ 和 $Y(t)$（$-\infty < t < \infty$）。除了 X 和 Y 的概率函数，定义联合概率密度函数表示为

$$p_{XY}(x, y) = \frac{P_r[x \leqslant x(t) \leqslant x + \mathrm{d}x, y \leqslant y(t) \leqslant y + \mathrm{d}y]}{\mathrm{d}x\mathrm{d}y} \tag{126}$$

联合累积分布函数表示为

$$p_{XY}(x, y) = P_r[x(t) \leqslant x, y(t) \leqslant y] \tag{127}$$

如果 $X(t)$ 和 $Y(t)$ 统计上相互独立，那么 $p_{XY}(x, y) = p(x)p(y)$，以及 $P_{XY}(x, y) = P(x)P(y)$。

变量转换

若变量 $X(t)$ 的已知概率密度函数为 $p(x)$，$Y=f(X)$ 的概率密度函数为 $p(y)=p(x) \cdot |\mathrm{d}x/\mathrm{d}y|$。当 $x=f_1(r, s)$ 和 $y=f_2(r, s)$，那么

$$p(r,s) = p(x,y) \frac{\partial(x,y)}{\partial(r,s)} = p(x,y) \times \begin{vmatrix} \partial x/\partial r & \partial x/\partial s \\ \partial y/\partial r & \partial y/\partial s \end{vmatrix} \tag{128}$$

相关性函数和谱定义为

协方差

$$C_{XY} = E[(x-a_X)(y-a_Y)] = E[xy] - a_X a_Y \tag{129}$$

$$\rho_{XY} = \frac{C_{XY}}{\sigma_X \sigma_Y} \quad (相关系数) \quad \leqslant 1 \tag{130}$$

互相关函数

$$R_{XY}(\tau) = E[x(t)y(t+\tau)] = R_{YX}(-\tau) \tag{131}$$

互相关系数

$$\widetilde{R}_{XY}(\tau) = \frac{R_{XY}(\tau)}{\sigma_X \sigma_Y} \tag{132}$$

互谱密度函数

$$G_{XY}(f) = 2\int_{-\infty}^{\infty} R_{XY}(\tau) e^{-i\omega\tau} \mathrm{d}\tau = C_{XY}(f) - iQ_{XY}(f) \tag{133}$$

其中

$$R_{XY}(\tau) = \int_0^{\infty} C_{XY}(f)\cos(\omega\tau) + Q_{XY}(f)\sin(\omega\tau)\mathrm{d}f \tag{134}$$

并且

$$R_{XY}(0) = E[x(t)y(t)] = \int_0^{\infty} C_{XY}(f)\mathrm{d}f \tag{135}$$

同样

$$C_{XY}(f) = 2\int_0^{\infty} [R_{XY}(\tau) + R_{YX}(\tau)]\cos(\omega\tau)\mathrm{d}\tau = C_{XY}(-f) \tag{136}$$

$$Q_{XY}(f) = 2\int_0^{\infty} [R_{XY}(\tau) - R_{YX}(\tau)]\sin(\omega\tau)\mathrm{d}\tau = -Q_{XY}(-f) \tag{137}$$

相干函数

$$coh_{XY}(f) = \gamma_{XY}^2(f) = \frac{|G_{XY}(f)|^2}{G_X(f)G_Y(f)} = \frac{G_{XY}(f)^2 + Q_{XY}(f)^2}{G_X(f)G_Y(f)} \tag{138}$$

有时用以下定义替代方程（138）：

根相干

$$\sqrt{coh_{XY}(f)} = \gamma_{XY}(f) \tag{139}$$

协相干

$$cocoh_{XY}(f) = \frac{|G_{XY}(f)|}{\sqrt{G_X(f)G_Y(f)}} \tag{140}$$

12.2.2.2　离散时间序列的统计处理

一个时间级数表示等间距时间间隔下变量值的有序序列。时间级数分析用于理解连续观测值中的抽样离散数据系统的特征，以及用于预测未来值的时间级数模型的拟合。一个连续信号

$X(t)$（$-\infty<t<\infty$）通常是仅为一段有限时间内 $0\leqslant t\leqslant T$ 的一个时间级数，表示为

$$x_j = X(t_0 + j\Delta t) \quad (j = 0,1,2,\cdots,N) \tag{141}$$

其中，$T=N\Delta t$ 是总采样时间，$f_s=1/\Delta t$ 是采样频率，起始时间可以选为 $t_0=0$。$f_c=1/(2\Delta t)=f_s/2$ 表示尼奎斯特频率。N 通常取偶数。尼奎斯特频率的意义将在后文解释。

所需的统计学术语与表述连续信号的用语类似，具体如下：

均值

$$a_X = \frac{1}{N}\sum_{j=1}^{N} x_j \tag{142}$$

N 阶中心矩

$$\mu_n = \frac{1}{N}\sum_{j=1}^{N} (x_j - a_X)^n \tag{143}$$

标准差

$$\sigma_X = \sqrt{\mu_2} \tag{144}$$

数据转换可以采用与连续变量同样的方式，表示为

$$z_j = z(j\Delta t) = \frac{x_j - a_X}{\sigma_X} \tag{145}$$

其中 $\Delta t=T/N$，得到 $a_Z=0$ 和 $\sigma_Z=1$。

趋势去除

有时需要校正去除数据的趋势，定义为任何周期长于记录时间的频率组分。经常采用的方法包括平均斜率法：对于 $T=N\Delta t$

$$\hat{z}_j = z_j - \alpha_Z(t - \frac{T}{2}) \quad (j = 1,2,\cdots,N) \tag{146}$$

其中

$$\alpha_Z = \frac{1}{\Delta t \cdot \nu(N-\nu)}\Big[\sum_{j=N-\nu}^{N} z_j - \sum_{j=1}^{\nu} z_j\Big] \tag{147}$$

最大整数 $\nu\leqslant N/3$。

最小二乘法：期望的拟合表示为

$$\hat{z}_j = \sum_{k=0}^{K} b_k(j\Delta k)^k \quad (j = 1,2,\cdots,N) \tag{148}$$

其中，b_k 的值应使 $Q(b) = \sum_{j=1}^{N}(z_j - \hat{z}_j)^2$ 最小化。因此，$\partial Q/\partial b_r=0$，或者

$$\sum_{k=0}^{K} b_k \sum_{j=1}^{N}(j\Delta t)^{k+r} = \sum_{k=0}^{K} z_j(j\Delta t)^r \quad (r = 0,1,\cdots,K) \tag{149}$$

例如，$K=1$

$$b_0 = \frac{2(2N+1)\sum_{j=1}^{N} z_j - 6\sum_{j=1}^{N}(jz_j)}{N(N-1)} \tag{150}$$

并且

$$b_1 = \frac{12\sum_{j=1}^{N}(jz_j) - 6(N+1)\sum_{j=1}^{N} z_j}{\Delta t \cdot N(N-1)(N+1)} \tag{151}$$

不建议 $K\geqslant4$。

离散过程的统计学函数

以下定义与连续过程的定义一致。

概率质量函数（PMF）

当 Z 是离散型随机变量，那么

$$p_Z(z) = P_r[Z=z] \tag{152}$$

累积分布函数（CDF）

$$p_Z(z) = P_r[Z \leqslant z] \tag{153}$$

自相关函数

当最大滞后数为 m

$$R_Z(k\Delta\tau) = \frac{1}{N-k}\sum_{j=1}^{N-k}z_j z_{j+k} \approx \frac{1}{N}\sum_{j=1}^{N-k}z_j z_{j+k} \tag{154}$$

对于 $k=0, 1, \cdots, m \ll N$，分辨带宽由 m 决定，那么

$$B_e = \frac{1}{m\Delta t} = \frac{2f_c}{m} \tag{155}$$

自相关系数表示为

$$\tilde{R}_Z(k\Delta\tau) = \frac{R_Z(k\Delta\tau)}{\sigma_Z^2} \tag{156}$$

标准傅立叶级数展开

如果考虑样本记录 $z(j\Delta t)$ $(j=1, 2, \cdots, N)$ 为周期是 $T_p = N\Delta t$ 的周期函数，T_p 表示总体记录长度，那么

$$z_j = z(j\Delta t) = A_0 + \sum_{k=1}^{N/2}A_k\cos\left(\frac{2\pi kj}{N}\right) + \sum_{k=1}^{(N/2)-1}B_k\sin\left(\frac{2\pi kj}{N}\right) \tag{157}$$

其中，$A_0 = a_Z = 0$，并且对于 $k=1, 2, \cdots, N/2-1$

$$A_k = \frac{2}{N}\sum_{j=1}^{N}z_j\cos\left(\frac{2\pi kj}{N}\right) \tag{158}$$

$$A_{N/2} = \frac{1}{N}\sum_{j=1}^{N}\cos(j\pi) \tag{159}$$

$$B_k = \frac{1}{N}\sum_{j=1}^{N}z_j\sin\left(\frac{2\pi kj}{N}\right) \tag{160}$$

离散傅立叶变换

离散型索引级数的傅立叶变换称为离散傅立叶变换（DFT）。通常采用快速傅立叶变换算法进行计算，效率较高。定义表达式为

$$Z_k = \sum_{j=0}^{N-1}z_j e^{-\frac{2\pi kj}{N}i} \quad (k=0,1,\cdots,N-1) \tag{161}$$

$$z_j = \frac{1}{N}\sum_{k=0}^{N-1}Z_k e^{\frac{2\pi jk}{N}i} \quad (j=0,1,\cdots,N-1) \tag{162}$$

谱密度函数（SDF）

$$G_Z(f_k) = \frac{2\Delta t}{N}|\zeta_k|^2 = \left(\sum_{j=0}^{N-1}Z_j\cos\left(\frac{2\pi kj}{N}\right)\right)^2 + \left(\sum_{j=0}^{N-1}Z_j\sin\left(\frac{2\pi kj}{N}\right)\right)^2 \tag{163}$$

谱密度函数通常可以采用快速傅立叶变换常规程序获得。快速傅立叶变换（FFT）是一种用于快速计算离散傅立叶变换的高效算法。由 Cooley 和 Tukey 在 1965 年提出并被广泛应用。

当然也有其他一些算法。

两个离散过程的统计学函数

假设两个标准时间级数 x_j 和 y_j，并且 $t_k = j\Delta t$，$\Delta t = T/N$。假定 $a_X = a_Y = 0$。

互相关函数

当最大滞后数为 m，那么

$$R_{XY}(k\Delta t) = \frac{1}{N-k}\sum_{j=1}^{N-k} x_j y_{j+k} \approx \frac{1}{N}\sum_{j=1}^{N-k} x_j y_{j+k} \tag{164}$$

对于 $k=0,1\cdots,m\ll N$，互相关系数等于

$$\widetilde{R}_{XY}(k\Delta t) = \frac{R_{XY}(k\Delta t)}{\sigma_X \sigma_Y} \tag{165}$$

互谱密度

或者，像方程（161）那样，考虑 x_j 和 y_j 的离散傅立叶变换，互谱密度函数可以定义为

$$G_{XY}(f_k) = C_{XY}(f_k) - iQ_{XY}(f_k) \quad k = 0,1\cdots,m\ll N \tag{166}$$

其中

$$G_{XY}(f_k) = 2\Delta t\Big[A_0 + 2\sum_{j=1}^{m-1} A_j \cos\Big(\frac{\pi kj}{m}\Big) + (-1)^k A_m\Big] \tag{167}$$

式（167）称为协谱，其中

$$Q_{XY}(f_k) = 4\Delta t\sum_{j=1}^{m-1} B_j \sin\Big(\frac{\pi kj}{m}\Big) \tag{168}$$

式（168）称为四分谱。此外

$$A_j = \frac{R_{XY}(j\Delta t) + R_{YX}(j\Delta t)}{2} \quad \text{且} \quad B_j = \frac{R_{XY}(j\Delta t) - R_{YX}(j\Delta t)}{2} \tag{169}$$

互谱密度通常也直接通过快速傅立叶变换计算得到。

12.2.2.3　常用概率分布

基于简单离散随机试验的模型-二项分布

进行一系列彼此相互独立的随机试验，得到二元结果，例如，S 表示成功，或者 F 表示失败，称为伯努利试验。如果在伯努利试验中，成功率为 p，重复次数为 n，那么成功的次数 X 服从二项分布，其概率质量分布为

$$p_X(x) = \binom{n}{p} p^x (1-p)^{n-x} \quad (x = 0,1,2,\cdots,n) \tag{170}$$

累积分布函数可以表示为

$$P_X(x) = \sum_{r=0}^{x} \binom{n}{r} p^r (1-p)^{n-r} = 1 - \frac{B_p(x+1, n-x)}{B(x+1, n-x)} \tag{171}$$

其中，$B(a,b)$ 为 β 函数，$B_p(a,b)$ 表示不完全 β 函数，定义为

$$B(a,b) = \int_0^1 t^{a-1}(1-t)^{b-1}\mathrm{d}t = \frac{\Gamma(a)\Gamma(b)}{\Gamma(a+b)} \quad (a,b>0) \tag{172}$$

$$B_z(a,b) = \int_0^z t^{a-1}(1-t)^{b-1}\mathrm{d}t \quad (0<z<1) \tag{173}$$

该分布的均值和方差表示为

$$a_X = E[X] = \sum_{x=-\infty}^{\infty} x p_x(x) = \sum_{x=0}^{n} x \binom{n}{x} p^x (1-p)^{n-x} = np \tag{174}$$

$$\sigma_X^2 = E[X^2] - E^2[X] = np(1-p) \tag{175}$$

第一次成功时试验的次数 N 服从几何分布，表示为

$$p_N(n) = p(1-p)^{n-1} \quad (n = 1, 2, \cdots) \tag{176}$$

均值为 $a_N = 1/p$，方差为 $\sigma_N^2 = (1-p)/p^2$；a_N 也称为平均重现期。

基于随机事件的模型——泊松分布

假设车辆随机到达某一指定地点。令 $N(t)$ 表示在时间段 $(0, t]$ 内到达该地点的次数，满足以下条件：

(1) 在非重叠时间段内的到达次数相互独立。

(2) 在一小段时间 Δt 内的平均到达率 λ 定义为：

① 在 Δt 时间段内到达一次的概率与 Δt 成比例，即

$$P(1, \Delta t) = P_r[N + (t + \Delta t) = n + 1 \mid N(t) = n] = \lambda \Delta t \tag{177}$$

② 多于一次到达的概率可以忽略不计，并且当 $\Delta t \to 0$ 时概率趋于 0。因此，Δt 时间段内到达次数为零的概率表示为 $1 - P(1, \Delta t)$，即

$$P(0, \Delta t) = P_r[N + (t + \Delta t) = n \mid N(t) = n] = 1 - \lambda \Delta t \tag{178}$$

(3) 该过程从零时刻开始且记录数为零，即 $N(0) = 0$。

满足以上条件的随机过程称为泊松过程。

可以推导出 $N(t)$ 的概率密度函数 $p_N(n, t)$。在时间 $t + \Delta t$ 内记录数为 n 的概率可以是：①在 t 时刻得到记录数 n，并且在 Δt 后的时间内没有新的车辆到达；②在 t 时刻得到记录数 $n-1$，并且 Δt 时间内有一辆车到达。因此

$$p_N(n, t + \Delta t) = p(0, \Delta t) \cdot p_N(n, t) + P(1, \Delta t) \cdot p_N(n-1, t) \tag{179}$$

$$= (1 - \lambda \Delta t) \cdot p_N(n, t) + \lambda \Delta t \cdot p_N(n-1, t) \tag{180}$$

或者

$$\frac{p_N(n, t + \Delta t) - p_N(n, t)}{\Delta t} = -\lambda \cdot p_N(n, t) + \lambda \cdot p_N(n-1, t) \tag{181}$$

考虑 $\Delta t \to 0$，在 $n = 1, 2, \cdots$ 时建立以下方程

$$p_N(n, t) + \lambda p_N(n, t) = \lambda \cdot p_N(n-1, t) \tag{182}$$

通过使用归纳法，得到

$$p_N(n, t) = \frac{(\lambda t)^n e^{-\lambda t}}{n!} \quad (n \geqslant 0) \tag{183}$$

即泊松分布，其均值和方差分别为

$$a_N(t) = \lambda t, \quad \sigma_N^2(t) = \lambda t \tag{184}$$

指数分布

T 表示第一次车辆到达的时间，则 $T > t$ 的概率为 $1 - P_T(t)$，与 t 时刻之前没有车辆到达的概率相等。因此

$$1 - P_T(t) = \Pr[N(t) = 0] = \frac{(\lambda t)^0 e^{-\lambda t}}{0!} = e^{-\lambda t} \tag{185}$$

T 的累积分布可以用指数分布表示，即

$$P_T(t) = \Pr[T \leqslant t] = 1 - e^{-\lambda t} \tag{186}$$

密度函数为

$$P_T(t) = \lambda e^{-\lambda t} \quad (t \geqslant 0) \tag{187}$$

均值和方差为

$$a_T = \frac{1}{\lambda}, \quad \sigma_T^2 = = \frac{1}{\lambda^2} \tag{188}$$

伽马分布

对于一个泊松过程，第 k 次到达的时间 S_k 的分布值得探讨。车辆到达的时间间隔 T_i（$i = 1, 2, \cdots, k$）相互独立，并满足有相同参数 λ 的指数分布，$X_k = T_1 + T_2 + \cdots + T_k$。反复应用卷积积分，对于任意的 $k = 1, 2, \cdots; s \geqslant 0$：

$$p_s(s) = \frac{\lambda(\lambda s)^{k-1} e^{-\lambda x}}{\Gamma(k)} \tag{189}$$

均值和方差分别为

$$a_S = \frac{k}{\lambda}, \quad \sigma_S^2 = \frac{k}{\lambda^2} \tag{190}$$

累积分布表示为

$$P_S(s) = \int_0^s p_S(s) \mathrm{d}s = \frac{\Gamma(k, \lambda s)}{\Gamma(k)} \tag{191}$$

其中，$\Gamma(k, x)$ 为不完全伽马函数，定义为

$$\Gamma(k, x) = \int_0^x e^{-u} u^{k-1} \mathrm{d}u \tag{192}$$

正态分布或者高斯分布

根据中心极限定理，如果随机变量 $Y_j(k)$（$j = 1, 2, \cdots, N$）在统计学上互不相关，$X(k)$ 在 $N \to \infty$ 时满足渐近正态分布，其中 $X(k)$ 表示变量的总和，定义为

$$X(k) = \sum_{j=1}^{N} Y_j(k) \tag{193}$$

正态分布或高斯分布 $N(a_X, \sigma_X^2)$ 表示为

$$p_X(x) = \frac{1}{\sqrt{2\pi}\sigma_X} \exp\left(-\frac{(x - a_X)^2}{2\sigma_X^2}\right) \tag{194}$$

或者，令 $Z = (X - a_X)/\sigma_X$，那么

$$p_Z(z) = \frac{1}{\sqrt{2\pi}} \mathrm{e}^{-\frac{z^2}{2}} = N(0, 1) \tag{195}$$

累积分布函数表示为

$$P_Z(z) = \frac{1}{\sqrt{2\pi}} \int_{-\infty}^{z} e^{-\frac{\xi^2}{2}} d\xi = \frac{1}{2}\left[1 + erf\left(\frac{z}{\sqrt{2}}\right)\right] \tag{196}$$

其中

$$erf(x) = \frac{2}{\sqrt{\pi}} \int_0^x e^{-t^2} \mathrm{d}t = \frac{2}{\sqrt{\pi}}\left(x - \frac{x^3}{3} + \frac{x^5}{10} - \cdots\right) \tag{197}$$

式（197）称为高斯误差函数。

偶数 n 的 n 阶中心矩表示为

$$\mu_Z^{(n)} = E[z^{2n}] = \frac{n!}{2^{n/2}(n/2)!} \tag{198}$$

从而得到

$$\gamma_Z^{(2)} = \frac{\mu_X^{(4)}}{\mu_X^4} = 3 \tag{199}$$

式（199）称为所谓的"标准"峰度或者平滑度。

对于两个或两个以上变量的联合行为，最常用的是多变量正态分布。其中，双变量正态分布表示为

$$p_{XY}(x,y) = \frac{1}{2\pi\sigma_X\sigma_Y\sqrt{1-\rho_{XY}^2}}\exp\left(-\frac{Z_X^2+Z_Y^2-2\rho_{XY}Z_XZ_Y}{2(1-\rho_{XY}^2)}\right) \tag{200}$$

其中，$Z_X=(x-a_X)/\sigma_X$ 和 $Z_Y=(y-a_Y)/\sigma_Y$ 是标准化随机变量，而 $\rho_{XY}=C_{XY}/\sigma_X\sigma_Y$ 是 x 和 y 的相关系数。

更一般化，考虑 N 个随机变量 $x_j(k)$ （$k=1$，2，…，N），这些变量可能是互相相关的，其均值、方差和协方差定义为

$$a_j = E[x_j(k)] \tag{201}$$

$$a_j^2 = E[(x_j(k)-a_j)^2] = C_{jj} \tag{202}$$

$$C_{ij} = E[(x_i(k)-a_i)(x_j(k)-a_j)] \tag{203}$$

联合分布称为 N 维正态分布，其密度函数为

$$p(x_1,x_2,\cdots,x_N) = \frac{1}{(2\pi)^{N/2}\sqrt{|\boldsymbol{C}|}}\exp\left(\left(-\frac{1}{2|\boldsymbol{C}|}\right)\sum_{i=1}^{N}\sum_{j=1}^{N}|C_{ij}|(x_i-a_i)(x_j-a_j)\right)$$

$$\tag{204}$$

其中，$\boldsymbol{C}$ 为 C_{ij} 的协方差矩阵，$|\boldsymbol{C}|$ 为 $\boldsymbol{C}$ 的行列式，C_{ij} 为行列式 $|\boldsymbol{C}|$ 中 C_{ij} 的余因子，定义为 $N-1$ 阶行列式，表示为去掉 $\boldsymbol{C}$ 的第 i 行和第 j 列后再乘以 $(-1)^{i+j}$。

其他与正态相关的分布

卡方分布

Y_n 表示 n 个独立正态随机变量的平方和，其概率密度函数和累积分布函数分别为

$$p_Y(y) = \frac{(y)^{n/2-1}}{2^{n/2}\Gamma(n/2)}e^{-\frac{y}{2}} \tag{205}$$

$$P_Y(y) = \frac{y(n/2,y/2)}{\Gamma(n/2)} \tag{206}$$

在上述表达式中，$\gamma(z,p)=\int_0^P e^{-t}t^{z-1}\mathrm{d}t$，其中 $R_e(z)>0$，为不完全 γ 函数。均值和方差分别为 n 和 $2n$，其中 $n=1$，2，…称为自由度。

瑞利分布

表示 $Y=\sqrt{X_1^2+X_2^2}$ 的分布，其中 X_1 和 X_2 都是正态变量。例如，如果 X_1 和 X_2 分别为风速矢量的南—北和东—西分量，并且都服从正态分布，Y 表示风速大小，不包括风速方向，其概率密度函数和累积分布函数分别表示为

$$p_Y(y) = \frac{y}{\alpha^2}e^{-\frac{y^2}{2\alpha^2}} \quad y \geqslant 0 \tag{207}$$

$$P_Y(>y) = e^{-\frac{y^2}{2\alpha^2}} \tag{208}$$

均值和方差为

$$a_X = \alpha\sqrt{\frac{\pi}{2}} \approx 1.253\alpha, \quad \sigma_X^2 = \alpha^2\left(2-\frac{\pi}{2}\right) \tag{209}$$

威布尔分布

瑞利分布只有一个参数，有时缺乏灵活性，不能很好地拟合数据，威布尔分布则可以弥补

这一不足。其概率密度函数和累积分布函数分别表示为

$$p_X(x) = \frac{k}{c}\left(\frac{x}{c}\right)^{k-1}\exp\left(-\left(\frac{x}{c}\right)^k\right) \tag{210}$$

$$P_X(>x) = \exp\left(-\left(\frac{x}{c}\right)^k\right) \tag{211}$$

均值和方差分别为

$$a_X = c\Gamma\left(1+\frac{1}{k}\right), \quad \sigma_X^2 = c^2\left[\Gamma\left(1+\frac{2}{k}\right)-\Gamma^2\left(1+\frac{1}{k}\right)\right] \tag{212}$$

当 $c = \alpha\sqrt{2}$ 且 $k=2$ 时，威布尔分布与瑞利分布一致。

【例 12.4】 ［每小时平均风速的分布］任意位置平均风速矢量的南—北和东—西分量可以表示为

$$X = U\cos(\theta) \quad \text{和} \quad Y = U\sin(\theta) \tag{213}$$

其中，U 表示该点的平均风速，不包括方向，θ 表示从正北算起的风向方位角。除非有特殊的地形原因，X 和 Y 均满足如下的正态分布

$$p_X(x) = \frac{1}{\sigma_X\sqrt{2\pi}}e^{-\frac{x^2}{2\sigma_X^2}}, \quad p_Y(y) = \frac{1}{\sigma_Y\sqrt{2\pi}}e^{-\frac{y^2}{2\sigma_Y^2}} \tag{214}$$

U 和 θ 的联合概率定义为

$$p(U,\theta) = p(X,Y)\frac{\partial(X,Y)}{\partial(U,\theta)} \tag{215}$$

然而，由于 X 和 Y 在统计学上相互独立，$p(X,Y) = p_X(x)p_Y(y)$，并且

$$\frac{\partial(X,Y)}{\partial(U,\theta)} = \begin{vmatrix} \cos(\theta) & -U\sin(\theta) \\ \sin(\theta) & U\cos(\theta) \end{vmatrix} \tag{216}$$

因此

$$p(U,\theta) = \frac{U}{2\pi\sigma_X\sigma_Y}\exp\left(-\left(\frac{x^2}{2\sigma_X^2}+\frac{y^2}{2\sigma_Y^2}\right)\right) \approx \frac{U}{2\pi\sigma^2}e^{-\frac{U^2}{2\sigma^2}} \tag{217}$$

其中，假设 $\sigma_X \approx \sigma_Y \approx \sigma$ 为常数。U 和 θ 的概率密度函数分别为

$$p(U) = p(U, 0 \leqslant \theta < 2\pi) = \frac{U}{\sigma^2}e^{-\frac{U^2}{2\sigma^2}} \quad \sigma_U \approx 0.655\sigma \tag{218}$$

$$p(\theta) = p(0 \leqslant U < \infty, \theta) = \frac{1}{2\pi}\int_0^\infty \frac{U}{\sigma^2}e^{-\frac{U^2}{2\sigma^2}}\mathrm{d}U = \frac{1}{2\pi} \tag{219}$$

该计算式偏向瑞利分布 $P(U) = e^{-\frac{U^2}{2\sigma^2}}$。但是，实际上气象观测表明更符合威布尔分布 $P(U) = e^{-\left(\frac{U}{C}\right)^K}$。

12.2.2.4　谱分析相关误差

在进行谱分析过程中，会有几种统计学误差。主要包括：①偏移误差；②方差误差；③混淆现象。也可能会出现由于数据的非线性和非稳态造成的复杂情况（Bendat 和 Piersol，1986）。

偏移误差

估计谱密度的偏移项，或者由于频率分辨率引起的误差，根据标准化误差通常表示为

$$\varepsilon_B[G_X(f)] = \frac{B_e^2}{24}G_X''(f) \approx -\frac{B_e^2}{3B_r^2} \tag{220}$$

其中，B_e 为窄带频率分辨率滤波带宽，B_r 为半功率带宽。通过降低频率分辨率或者增加傅立叶变换的点数可以减小该误差。

方差误差

方差误差是估计平均功率谱每个值的直接结果。由于单个功率谱值的大小是随机的，其平均值也是随机的，这些值的分布与卡方分布类似。随机误差或标准误差可以表示为

$$\varepsilon_\nu[G_X(f)] = \frac{1}{\sqrt{N}} \tag{221}$$

其中，N 为谱估计中使用的数据块数。

假频和尼奎斯特频率

假频是一种潜在的与数据采样有关的误差源。数据采样通常以等时间间隔 Δt 进行。如果 Δt 太短，数据会高度冗余；另一方面，如果 Δt 太长，数据无法适当地识别频率组分。例如，从原始数据中定义频率组分至少需要每个周期两个数据点。因此，在采样率为 $1/\Delta t(Hz)$ 下能确定的最高频率为 $f_N = 1/(2\Delta t)$，该频率称为尼奎斯特频率（或折叠频率）。

如果高于尼奎斯特频率，信号内容不能通过离散型数据进行适当的描述。任何时间信号通常只能测量有限的时间周期。因此，从原始信号中提取的样本数据的分析结果可能与整个无线信号的预期结果有所不同，这种差异称为漏失。数据采样时间步长选择引起的问题称为假频。为了减小这些误差，通常会在分析之前考虑对原始信号进行低通滤波处理，最好以低于尼奎斯特频率进行处理。一般来说，数据非平稳性和非线性引起的误差难以判断。例如，非平稳性几乎一直存在，即使是风致结构响应，而通常是假定为局部平稳性进行分析。有时必须在获得测量数据用于分析之前作出工程判断。

漏失

漏失可以通过以下方式进行考虑，假设有一个连续时间信号 $X(t)$（$-\infty < t < \infty$），其傅立叶变换定义为 $\Psi(f)$（$-\infty < f < \infty$）。$X(t)$ 的测量只能在一有限的周期（$0 \leqslant t \leqslant T$）内完成，在数学上等同于对信号应用窗函数 $w(t)$，即 $x(t) = w(t)X(t)$（$-\infty < t < \infty$）。$w(t)$ 是一个时间加权函数，定义为

$$w(t) = \begin{cases} 1 & |t| \leqslant T/2 \\ 0 & |t| > T/2 \end{cases} \tag{222}$$

因此，$x(t)$ 的傅立叶变换以卷积积分形式给出为

$$\xi(f) = \int_{-\infty}^{\infty} \Psi(\alpha) W(f-\alpha) d\alpha \quad -\infty < f < \infty \tag{223}$$

其中

$$W(f) = \frac{\sin(2\pi f T)}{2\pi f} \quad -\infty < f < \infty \tag{224}$$

式（224）表示 $w(t)$ 的傅立叶变换。$\xi(f)$ 与 $\Psi(f)$ 的差异称为漏失。

12.2.2.5 频谱窗

频谱窗是应用于谱分析中的权函数，用于处理频域中的带通滤波数据。谱窗用以获取平滑谱，以至于更加容易解释其物理意义。谱窗的基本要求包括：①窗函数在整个频域内的积分应该等于 1；②窗函数应关于零频率对称。谱窗的傅立叶逆变换称为滞后窗，是时域内可应用于自相关函数的窗。

通常，样本谱有很多波动，需要利用加权平均使其变得光滑并减少波动。一个简单的时域内的数据窗可应用移动平均值法，即移动一个窗的中心点并持续对其宽度 b 内的数据取平均值，如

$$f(t) = \bar{f}_b(t) = \frac{1}{b} \int_{1-b/2}^{1+b/2} f(\tau) \mathrm{d}\tau \tag{225}$$

矩形脉冲窗

$$w(t) = 1/b \quad (\mid t \mid \leqslant b/2) \tag{226}$$

由于

$$w(t-\tau) = \begin{cases} 1/b & t-b/2 \leqslant \tau \leqslant t+b/2 \\ 0 & 其他 \end{cases} \tag{227}$$

卷积可以表示为

$$\bar{f}_b(t) = \int_{-\infty}^{\infty} f(\tau) w(t-\tau) \mathrm{d}\tau \tag{228}$$

其傅立叶变换等于 $F(f)$ 和 $W(f)$ 的乘积。其中，$F(f)$ 和 $W(f)$ 分别是 $f(t)$ 和 $w(t)$ 的傅立叶变换。$W(f)$ 表示为

$$W(f) = \int_{-\infty}^{\infty} w(t) e^{-2\pi i f t} \mathrm{d}t = \frac{\sin(\pi b f)}{\pi b f} = dif(bf) \tag{229}$$

其中

$$dif(x) = \frac{\sin(\pi x)}{\pi x} \tag{230}$$

式（230）称为衍射函数。

谱窗

应用谱窗可以使波谱本身变得光滑，即

$$\bar{S}(f) = \int_{-\infty}^{\infty} S(g) W(f-g) \mathrm{d}g \tag{231}$$

这需要满足 $\int_{-\infty}^{\infty} W(f) \mathrm{d}f = 1$ 和 $W(f) = W(-f)$，从而 $\int_{-\infty}^{\infty} S(f) \mathrm{d}f$ 的面积恒定。谱窗的形状可以是矩形，当然也有其他更多的形状。不过最关键的是产生平均值的谱窗有效宽度。通常定义为

$$B_e = \left[\int_{-\infty}^{\infty} W^2(f) \mathrm{d}f \right]^{-1} \tag{232}$$

矩形窗的有效宽度是为 b。$W(f)$ 在 $f=0$ 处取得峰值，并在 $f=1/b$ 处减为零。因此，实际上是一个低通滤波器。然而，在 $f > 1/b$ 范围内，该函数存在小的波动，称为旁瓣。

滤波器

滤波器是描述通过分离信号的频率组分来处理数据流的电子装置或数学算法的术语。工程信号处理中包含多种滤波函数，包括数字滤波器，如汉宁窗和汉明窗。

汉宁窗

应用方程（169），如果一个功率谱密度的原始估计表示为 $G_k(f)$，其中 $k=1, 2, \cdots, m$，使用汉宁窗得到 G_k 的光滑估计表示为

$$\bar{G}_0 = 0.5 \cdot (G_0 + G_1) \tag{233}$$

$$\bar{G}_k = 0.25 \cdot G_{k-1} + 0.50 \cdot G_k + 0.25 \cdot G_{k+1} \quad (k=1,2,\cdots,m-1) \tag{234}$$

$$G_m = 0.5 \cdot (G_{m-1} + G_m) \tag{235}$$

该窗经常应用于快速傅立叶变换之前，用以避免假频现象。由 Julius von Hann 提出，之所以广为人知是因为其具有较好的漏失特征，比如低峰旁瓣高度以及远离中心瓣的旁瓣快速衰减率。

汉明窗

另一种数字滤波器是以 R. W. Hamming 命名，同样被广泛使用。替代方程（234）定义为

$$\overline{G}_k = 0.23 \cdot G_{k-1} + 0.54 \cdot G_k + 0.23 \cdot G_{k+1} \quad (k = 1, 2, \cdots, m-1) \tag{236}$$

12.2.2.6 小波分析

小波变换是一种将信号分解成与时间和尺度有关的各个组分的工具，表现为小波系数的形式。是傅立叶变换概念的延伸，更适合应用于分析非稳态数据。

傅立叶变换是一种非常有用的信号分析工具，但不适用于识别非稳态信号。例如，由于傅立叶变换应用于整个信号长度，其结果无法表明特定频率存在于信号的时间段。是用于频率分辨而不是时间分辨的工具。这就意味着如果该方法应用于结构健康监测，可以识别损伤的存在、位置，甚至严重程度，但不能确定发生的时间。小波变换不像傅立叶变换那样仅使用正弦和余弦基函数。相反，小波变换能无限可能地选择基函数。因此，小波分析能快速获取诸如傅立叶分析等其他时频方法较难得到的信息。

小波变换基本上是窗技术的扩展应用，带有可变尺寸窗，允许使用低频信息需要的长时间间隔和高频信息需要的短时间间隔。

对信号应用一个选定的小波函数，小波系数的计算可以表示为

$$W_X(a,b) = \frac{1}{\sqrt{|a|}} \int_{-\infty}^{\infty} x(t) \Psi^* \left(\frac{t-b}{a} \right) dt \tag{237}$$

其中，$W_X(a, b)$ 是信号 $x(t)$ 在位置（或偏移）b、尺度 a 下的小波系数。尺度 a 和频率 f 成反比。Ψ^* 是小波函数 $y(t)$ 的复共轭，其逆变换表示为

$$x(t) = \frac{1}{C_\Psi} \int_{-\infty}^{\infty} \int_{-\infty}^{\infty} W_X(a,b) \frac{1}{\sqrt{a}} \Psi \left(\frac{t-b}{a} \right) \frac{da db}{a^2} \tag{238}$$

C_Ψ 为容许常数，定义为

$$C_\Psi = \int_{-\infty}^{\infty} \frac{|\Psi(\omega)|^2}{|\omega|} d\omega < \infty \tag{239}$$

$\Psi(\omega)$ 是 $\Psi(t)$ 的傅立叶变换。

离散时间序列 $x(n)$ 的离散小波变换定义为

$$C_{j,k} = \frac{1}{2^{j/2}} \sum_n x(n) \Psi_{j,k}(n) \quad 其中 \quad \Psi_{j,k}(n) = \frac{1}{2^{j/2}} \Psi \left(\frac{n}{2^j} - k \right) \tag{240}$$

$\Psi(n)$ 为小波函数，j, k 分别称为尺度系数和偏移系数。$C_{j,k}$ 代表相应的小波系数。这种情况的逆变换表示为

$$x(n) = \sum_j \sum_k C_{j,k} \Psi_{j,k}(n) \tag{241}$$

12.2.3 随机振动

12.2.3.1 单自由度系统

单自由度系统的频率响应函数为 $H(f)/k$，当其受到随机激励 $F(t)$ 作用时，系统响应 $x(t)$ 按下式计算得到平均响应

$$a_X = \frac{a_F}{k} \tag{242}$$

响应谱为

$$G_X(f) = \frac{|H(f)|^2}{k^2} G_F(f) \tag{243}$$

其中，$G_F(f)$ 为激力谱（单边）。

均方根响应 σ_X 可以用如下积分计算

$$\sigma_X^2 = \int_0^\infty G_X(f)\mathrm{d}f = \frac{1}{k^2}\int_0^\infty |H(f)|^2 G_F(f)\mathrm{d}f \tag{244}$$

最大响应通常估计为

$$\hat{x} = a_X + g_X\sigma_X \tag{245}$$

其中

$$g_X = \sqrt{2\ln(\nu T)} + \frac{\gamma}{\sqrt{2\ln(\nu T)}} \tag{246}$$

表示峰值因子。$\gamma = 0.5772\cdots$ 称为"欧拉-马歇罗尼常数"，T 为评价周期，ν 为周期率，定义为

$$\nu = \frac{1}{\sigma_X}\sqrt{\int_0^\infty f^2 G_X(f)\mathrm{d}f} \tag{247}$$

【例 12.5】［作用于弹性梁 $z = a$ 处的随机点荷载 $F(t)$］通过模态分析，梁响应可以表示为 $x(z, t) = \sum_r \phi_r(z) q_r(t)$。因此，该响应的方差近似为 $\sigma_X^2(z) \approx \sum_r \phi_r^2(z)\overline{q_r^2}$，其中模态方差为

$$\overline{q_r^2} = \frac{\phi_r^2(a)}{M_r\omega_r^2}\int_0^\infty |H_r(f)|^2 G_F(f)\mathrm{d}f \tag{248}$$

其中

$$|H_r(f)|^2 = \frac{1}{(1-\Omega_r^2)^2 + (2\zeta_r\Omega_r)^2} \quad \text{且} \quad \Omega_r = \frac{\omega}{\omega_r} \tag{249}$$

ω_r 和 ζ_r 分别代表第 r 阶振动模态的圆频率和阻尼比。

$G_F(f)$ 为随机激励 $F(t)$ 的功率谱密度。例如，如果激励谱为白噪声 G_0 （$0 < f < \infty$），方程（248）简化为

$$\overline{q_r^2} = \frac{\phi_r^2(a)}{M_r\omega_r^2}G_0\frac{\pi f_r}{4\zeta_r} \approx \frac{0.7854f}{K_r\zeta_r} \tag{250}$$

如果系统的作用荷载超过一个 $F(a_j, t)$ （$j = 1, 2, \cdots, N$），响应谱为

$$\overline{q_r^2} = \sum_{i=1}^N \sum_{j=1}^N \frac{\phi_r(a_i)\phi_r(a_j)}{M_r\omega_r^2}\int_0^\infty |H_r(f)|^2 G_F(a_i, a_j; f)\mathrm{d}f \tag{251}$$

其中，互谱 $G_F(a_i, a_j; f)$ 可以近似表示为

$$G_F(a_i, a_j; f) = \sqrt{G_F(a_i, f)G_F(a_j; f)}\gamma_F^2(a_i, a_j; f) \tag{252}$$

12.2.3.2　分布式随机激励

当一个弹性结构受到一个分布式随机激励 $F(z, t)$ 作用时，通过延伸方程（251）的概念，第 r 阶振动模态的响应谱表示为

$$\overline{q_r^2} = \frac{1}{M_r\omega_r^2}\int_0^\infty |H_r(f)|^2 \int_L\int_L G_F(z_1, z_2; f)\phi_r(z_1)\phi_r(z_2)\mathrm{d}z_1 z_2\mathrm{d}f \tag{253}$$

对于分布式随机荷载作用于弹性梁的情况，通常 $G_F(z; f)$ 不随空间坐标变化，并且互相关可以简化为

$$G_F(z_i, z_j; f) = G_F(f)\gamma_F^2(\Delta_{i,j}, f) \tag{254}$$

其中，$\Delta_{i,j} = |z_i - z_j|$ 表示 z_i 和 z_j 之间的距离，那么

$$\sigma_X^2(z) \approx \sum_r \frac{\Phi_r^2(z)}{M_r \omega_r^2} \int_0^\infty |H_r(f)|^2 |J_r(f)|^2 G_F(f) \mathrm{d}f \tag{255}$$

其中

$$|J_r(f)|^2 = \int_L \int_L \gamma_F^2(\Delta_{1,2}, f) \phi_r(z_1) \phi_r(z_2) \mathrm{d}z_1 z_2 \tag{256}$$

式（256）称为联合接纳函数。

12.2.3.3 极值分析

极值分布是极值的极限分布，例如大量随机观测值的最大值和最小值。在许多土木工程应用中，通常关注一些事件的最大值。这就意味着精力主要集中于实际观测值的母体分布的上尾部分。Fisher 和 Tippett 在 1928 年证实极值分布只有三种情况。德国统计学家 Emil J. Gumbel（1891～1966）将极值分析进行了很大程度的发展和阐述。

母体分布的极值估计

考虑随机变量 X_j（$j=1, 2, \cdots, N$），最大值为 $Y=\max(X_j)$。在 n 个离散事件中 Y 不超过某个值 y 的概率可以通过母体的累积分布函数表示为

$$P_Y(<y) = [P_X(<y)]^n \tag{257}$$

对于 y 的较大值，$P_Y(>y)$ 通常较小。因此

$$1 - P_Y(>y) = [1 - P_X(>y)]^n \approx 1 - nP_X(>y) \tag{258}$$

或者

$$P_Y(>y) \approx nP_X(>y) \tag{259}$$

【例 12.6】［每年最大风速］如果 $P_Y(>y)$ 表示每年实测最大每小时平均风速（超过 y），其倒数为重现期 R。每小时平均风速的分布可以用威布尔分布表示为

$$P_X(>y) = e^{-(y/C)^K} \tag{260}$$

因此，每年最大风速可以表示为

$$y(R) = C(\ln(nR))^{1/K} \tag{261}$$

其中，根据经验 $n \approx 10^3$。

极值 I 型分布

假设从母群中随机抽取 n 个样本。母群样本个数足够大以至于抽取样本不会影响其分布。在抽样过程中，保留最大值而将剩余样本重新放回母群中。重复这一过程，抽样最大值将形成自己的分布，并且随着 n 的增大逐渐与母群不同。这对应于极值分布。Fisher 和 Tippett 在 1928 年证实极值分布只有三种极限函数形式，相互类似但由于母体分布上尾部分特性的不同又有所不同。Gumbel 称之为渐近线，因为当 $n \to \infty$ 时逐渐逼近。

第一种称为极值 I 型分布，在 X 的分布满足如下条件时形成：①正向无穷大；②上尾部分以指数形式衰减，即 $P_X(<x) \approx 1 - e^{-g(x)}$。其中，$g(x)$ 是 x 的单调递增函数。累积函数表示为

$$P_{\hat{x}}(<\hat{x}) = e^{-e^{-\alpha(\hat{x}-u)}} \tag{262}$$

对于 $-\infty < \hat{x} < \infty$，其中，$u$ 为众数，即最可能取的值，α 为分散度。密度函数为

$$p_{\hat{x}}(\hat{x}) = \frac{\mathrm{d}P_{\hat{x}}(<\hat{x})}{\mathrm{d}\hat{x}} = \alpha e^{-\alpha(\hat{x}-u)-e^{-\alpha(\hat{x}-u)}} \tag{263}$$

均值为

$$a_{\hat{x}} = u + \frac{\gamma}{\alpha} \tag{264}$$

其中，γ 为欧拉常数，方差为

$$o_{\hat{x}}^2 = \frac{\pi^2}{6\alpha^2} \tag{265}$$

因此，两个参数可以确定为

$$u = a_{\hat{x}} - \frac{\gamma}{\alpha} \approx a_{\hat{x}} - 0.450\sigma_{\hat{x}} \tag{266}$$

$$\frac{1}{\alpha} = \frac{\sqrt{6}}{\pi}\sigma_{\hat{x}} \approx 0.7797\sigma_{\hat{x}} \tag{267}$$

极值 II 型分布和极值 III 型分布

当变量的母体分布限于零值的左侧，但不限于感兴趣尾部右侧时，可以应用极值 II 型分布。极值 $\hat{x}$，$\hat{x} \geqslant 0$ 的概率函数定义为

$$P_{\hat{X}}(<\hat{x}) = e^{-(u/\hat{x})^k} \tag{268}$$

$$p_{\hat{X}}(x) = \frac{k}{u}\left(\frac{u}{\hat{x}}\right)^{k+1} e^{-(u/\hat{x})^k} \tag{269}$$

j 阶矩表示为

$$E[\hat{x}^j] = \int_{-\infty}^{\infty} \hat{x}^j p_{\hat{x}}(\hat{x})d\hat{x} = u^j \Gamma\left(1 - \frac{j}{k}\right) \tag{270}$$

可以得到

$$a_{\hat{x}} = u\Gamma\left(1 - \frac{1}{k}\right) \quad (k > 1) \tag{271}$$

$$o_{\hat{x}}^2 = u^2\left[\Gamma\left(1 - \frac{2}{k}\right) - \Gamma^2\left(1 - \frac{1}{k}\right)\right] \tag{272}$$

如果 X 服从参数为 u_x 和 k 的极值 II 型分布，则 $Y = \ln(X)$ 服从参数为 $u_y = \ln(u_x)$ 和 $\alpha = k$ 的极值 I 型分布。

极值 III 型分布通常用于处理最小值模型。如果变量 $X \geqslant 0$，最小值的概率分布实际上与威布尔分布等同。

阀交概率

Rice 在 1954 年提出，单位时间内上跨 $x = a$ 的预期数目可以形成一个稳态随机过程 $X(t)$，表示为

$$N_X^+(a) = \int_0^{\infty} \dot{x}p(a,\dot{x})d\dot{x} \tag{273}$$

其中，$p(x, \dot{x})$ 表示 x 和 $\dot{x}$ 的联合概率密度函数。对于一个零均值的高斯稳态随机过程，$p(x, \dot{x}) = p(x) \cdot p(\dot{x})$，其概率密度函数为

$$p_X(x) = \frac{1}{\sqrt{2\pi}\sigma_X}e^{-\frac{\dot{x}}{2\sigma_X^2}} \tag{274}$$

因此

$$N_X^+(a) = p_X(a)\int_0^{\infty} \dot{x}p(\dot{x})\mathrm{d}\dot{x} = \sqrt{2\pi}\nu\sigma_X p_X(a) \tag{275}$$

其中

$$\nu = \frac{1}{2\pi}\frac{\dot{\sigma}_X}{\sigma_X} = \frac{1}{\sigma_X}(\int_0^{\infty} f^2 G_X(f)\mathrm{d}f)^{1/2} = N_X^+(0) \tag{276}$$

表示零上跨频率，称为周期率，通常被认为是过程的预期频率。$G_X(f)$ 为 $X(t)$ 的功率谱

密度。

将方程（276）代入方程（275）中，上跨数可以表示为

$$N_X^+(a) = \frac{1}{2\pi}\frac{\dot{\sigma}_X}{\sigma_X}e^{-\frac{a^2}{2\sigma_X^2}} \tag{277}$$

$N_X^+(a)$ 随着阈值 a 的增加而减小。对于给定的 σ_X，交叉率随着均方根速度 $\dot{\sigma}_X$ 的增加而增加。

窄带包络的概念

根据经验，对于有中带频率 f_m 的窄带过程，大部分跨数在各周期循环中群集出现，群集之间也有一定的间隔时间。这种情况下等待时间显然不服从指数分布。对于工程设计来说，通常对第一个跨数感兴趣，而同一群集中的其他跨数较为次要。针对这一情形，Rice 引入包络函数 $R(t)$ 的概念。采用之前类似的方法可以获得包络的上跨率，并且

$$N_R^+(a) = \sqrt{2\pi}\frac{a}{\sigma_X}\sqrt{\nu^2 - f_m^2}e^{-\frac{a^2}{2\sigma_X^2}} \tag{278}$$

如果 ν 和 f_m 相等，包络上跨为零。

首次穿越失效概念

基本表达式

考虑一个稳态随机应力过程 $S(t)$，材料强度定义为 $R(t)$。通常 $R(t)$ 是时间的确定性函数。在一个小的时间增量 Δt 内，$S(t)$ 上跨 $R(t)$ 形成一个点过程，其交叉率采用泊松分布进行描述。那么，Δt 内没有上跨的概率为

$$P(Y < R) = \exp(- N_R^+(t)\Delta t) \tag{279}$$

考虑结构的使用寿命为 T，$\Delta t = T/k$，其中 $k \to \infty$ 且 $\Delta t \to 0$，在 T 内不发生上跨的概率为

$$P(Y < R) = \prod_{j=1}^{k}\exp(- N_R^+(t_j)\Delta t) = \exp\Big(- \sum_{j=1}^{k}N_R^+(t)\Delta t\Big) \to \exp\Big(- \int_0^T N_R^+(t)\mathrm{d}t\Big) \tag{280}$$

因此，失效概率定义为

$$P_f = 1 - \exp\Big(- \int_0^T N_R^+(t)\mathrm{d}t\Big) \tag{281}$$

其中，如果 $X(t)$ 是一个高斯过程，$N_R^+(t)$ 由方程（277）给出，或者

$$N_R^+(t) = \nu\exp\Big(- \frac{1}{2}\Big(\frac{R(t) - a_S}{\sigma_S}\Big)^2\Big) \tag{282}$$

【例 12.7】 设 R 为常数，因此 N_R^+ 也是常数，那么 $p_f \approx N_R^+ T$。

【例 12.8】 设 $X(t)$ 是一个中心频率为 f_m 的窄带高斯过程，因为 $\nu = f_m$，可以得到

$$p(f) \approx f_m T\exp\Big(- \frac{1}{2}\Big(\frac{R - a_S}{\sigma_S}\Big)^2\Big) \tag{283}$$

循环计数

现场观测的有价值的结构行为数据通常表现为长期且不规则波动的时间历程，比如加速度、应力、挠度等。对于工程师来说，极其重要的工作是将信息量简化，比如用于疲劳分析。对波动数据进行循环计数是简化数据的方法之一。

执行这一过程有多种方法，比如峰值计数、水平交叉、幅值循环等，定义为两个连续峰值的差值，所有这些方法均称为单参数法。雨流分析是一种双参数法，是目前最先进的计数方法，已经成功应用于疲劳分析。循环计数得到的是幅值分布，而与频率信息无关。

峰值计数

作为一种相对简单的方法，识别大于均值的局部最大值，每个最大值配对有相同幅值的局部最小值，从而获得一个等效时间历程。

幅值循环

幅值定位为两个连续局部极值之差，作为半个循环进行计数。

雨流计数

疲劳寿命预测中需要将随机荷载作用下的真实寿命情况与 Wöhler 曲线建立起联系，该曲线基于简单试件在常幅荷载作用下的试验结果。雨流计数分析法是为了克服这一困难，由 Endo 等人在 1968 年首先提出，随后被 Downing（1972）和 Rychlik（1987）等研究人员不断发展，已经被认为是目前最先进的疲劳分析计数方法。图 12.3 描述了雨流计数的基本原理，是关于时间的应变时间历程，时间轴竖直向下，应变峰值连接线被想象成一系列的宝塔屋顶，雨水从上面滴落。

计数半循环的定义需要遵循如下规则：

（1）雨流起始于每个应变峰和应变谷的内部。

（2）如果雨流遇到另外一个从上部屋顶流下来的流，则必须停止。

（3）除非雨流停止，否则一直流到屋顶尖端并落下。

（4）起始于每个应变谷的雨流允许可以滴落并继续，如果到达比其开始点的谷值还小的应变谷，必须停止。

（5）起始于每个应变峰的雨流允许可以滴落并继续，如果到达比其开始点的峰值还大的应变峰，必须停止。

因此，一个随机时间序列被简化为一个等效逆转对。通过建立计数矩阵，获得闭合循环发生的次数，便于疲劳寿命的预测。

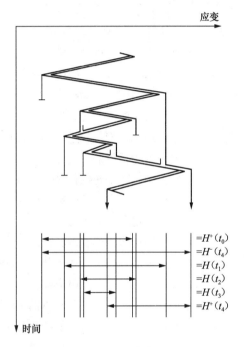

图 12.3　雨流循环计数（Rychlik，1987）

12.2.3.4　模拟技术

识别了随机过程的特征之后，比如观测到的动态激励，可以利用数学函数或者时间序列对过程进行模拟，并用于对该过程的进一步预测。大量研究人员已经发展了多种模拟技术，以下介绍一个典型例子。

傅立叶级数的应用

$x(t)$ 为满足 $a_X=0$ 的稳态高斯随机过程，其功率谱密度函数为 $G_X(\omega)$，$x(t)$ 的样本函数可以近似模拟为

$$x^d(t) = \sum_{k=1}^{N} \sqrt{2G_X(\omega_k)\Delta\omega}\cos(\omega_k t + \phi_k) \qquad (284)$$

其中

$$\omega_k = \omega_L + \left(k - \frac{1}{2}\right)\Delta\omega \quad (k=1,2,\cdots,N) \qquad (285)$$

同时

$$\Delta\omega = \frac{\omega_U - \omega_L}{N} \qquad (286)$$

ω_U 和 ω_L 是 $G_X(\omega)$ 的上下边界，相位角 ϕ_k 为随机产生的彼此独立的变量，并且在 $0 \leqslant \phi_k \leqslant 2\pi$ 范围内满足平坦分布，N 是一个足够大的整数。随机变量 X 的累积分布函数为 $P_X(x)$，可以采用蒙特卡罗方法产生随机数。

如果模拟的随机过程是非稳态的，比如地震波，模型函数可以假设为 $f(t) = g(t)x(t)$。其中，$g(t)$ 是已知的有关时间的确定性函数。这种情况下，模拟样本函数表示为 $f^d(t) = g(t)x^d(t)$。

可以应用 ARIMA 时间序列对过程进行模拟（Box 和 Jenkins，1976）。

12.2.4　阻尼相关事项

12.2.4.1　振动阻尼的一般特点

了解外力作用下结构耗散能量的能力，是对建筑、塔、桥梁以及其他土木工程结构进行动力学分析的最基本知识。对于已经建成的建筑物来说，能量耗散可以通过多种途径实现。Bleich 和 Teller（1952）以及 Van Koten（1974）列出了以下来源：

（1）结构材料的不完全弹性。

（2）结构连接处相对较小位移引起的塑性屈服和摩擦。

（3）混凝土等材料的内摩擦。

（4）楼盖结构或基座的伸缩缝摩擦。

（5）桁架和梁的支座端摩擦。

（6）气动阻尼和流体动力阻尼。

（7）拉索等结构的非线性特性。

（8）通过地面基础及其他下部结构的能量耗散。

（9）安装于结构的人造阻尼器。

在某种程度上，基于一些基本的试验信息，理论的方法可以用于估计结构动力行为的阻尼效应。然而，由于这些机制的复杂性和相互作用，现实中的结构测量对于找到复合结构的整体阻尼能力极其重要。

12.2.4.2　阻尼源

阻尼源包括各种类型。可以进一步参考 Richart 等人（1970）、Nashif 等人（1985）以及 Soong（1990）的研究成果。本文中阻尼的大小采用阻尼比（ζ）表示，或者称为临界百分比。

材料阻尼

由于结构材料的塑性和黏弹性行为，材料阻尼固有存在。常见于传统的黏滞型材料。以下材料的阻尼比（ζ），或者称为临界阻尼百分比，一般通过大量的实验结果获得并被普遍接受：钢材：$\zeta = 0.001 \sim 0.004$；混凝土：$\zeta = 0.010 \sim 0.020$；木材：$\zeta = 0.020 \sim 0.025$。随着应力的增加，如果超过比例极限，将产生附加阻尼。材料的阻尼能力可以定义为一个周期内振荡耗散的能量 ΔW 与该周期内积累的最大能量 W 的比值（图 12.4），即

$$\Delta W = \oint F \mathrm{d}x = \int_0^T F \frac{\mathrm{d}x}{\mathrm{d}t} \mathrm{d}t \qquad (287)$$

由于材料的非线性导致滞回环的形成，如图 12.5 所示，磁滞环包围的面积（A）表示一个完整周期内耗散的能量。当应力与应变以及应变率满足如下关系时

$$\sigma = E'\varepsilon + \infty \frac{E''}{\omega} \frac{d\varepsilon}{dt} \tag{288}$$

应力—应变滞回环形成一个椭圆，如图 12.5 所示，并且 $A = \oint \sigma d\varepsilon$。

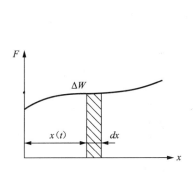

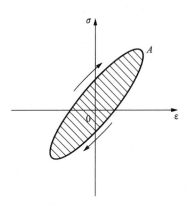

图 12.4　力—位移关系　　　　　　　　图 12.5　应力—应变滞回环

有一些特殊的金属合金称为高阻尼合金，有非常高的阻尼特性。在这些特殊的合金中，高阻尼的获取通常需要衡量刚度、强度、耐久性、抗腐蚀性、成本、机械加工性或者长期稳定性，通常不适合用作建筑材料。且具有高度的非线性和热敏性，例如 Sonoston（Jones 和 Trapp，1971），在市场上可以买到。

同样值得提及的是复合材料，即两种或以上材料在宏观上均匀地组合。纤维材料可以均匀地嵌入一个或多个方向，或者短纤维随机嵌入基体中。铝基体或者钛基体中的硼纤维以及树脂基体中的碳纤维就是典型的例子。通常，制作复合材料的目的在于增加材料的刚度，减小材料的整体密度，并且不改变材料的阻尼特性。不利因素包括抗腐蚀和冲击损伤的性能较低、高成本、难维修等。阻尼不一定高，但通常高度非线性。

还有一些材料归类为黏弹性材料。许多聚合材料和玻璃材料表现出高度的黏弹性阻尼，可以参考 Oberst（1986）和 Grootenhuis（1969）。

库伦摩擦阻尼

结构连接处的摩擦能够耗散大量能量，比如螺栓连接、铆钉连接或者结构构件之间简单的面接触、覆层连接、砌体外墙、复合地板等。这些情况下的阻尼力大小直接与摩擦系数（μ）、单位面压力（P_N）以及接触面积（S）成比例，即

$$F_f = \mu S P_N \tag{289}$$

摩擦系数（μ）的典型值如下：铜对钢，0.15；钢对钢，0.15；皮革对钢，0.35；尼龙对金属，0.30；塑料对金属，0.05。

一般来说，静摩擦系数大于动摩擦系数。对于稳态振动，每个周期中相对速度两次等于零，因此有效摩擦系数介于两个极值之间。上述值在一定程度上反映了这种情况。

库伦阻尼的自由振动在时间 T_e 内完全衰减，如下式表示

$$\frac{T_e}{T_0} = \frac{y_0 k}{4F_f} \tag{290}$$

其中，T_0 为振动的固有周期，k 为刚度，y_0 为初始振幅。

基础的辐射阻尼

能量由结构传递至无限边界的土体中。辐射阻尼大小取决于土体特性以及下部结构的尺寸。根据等效弹簧常数（k）和阻尼比（ζ），以下列出了几种土体刚度，与理想弹性半空间中的刚性圆形基础的各种振动模态有关，参考 Richart 等人（1970）和图 12.6。

$$\text{垂直}\quad k_z=\frac{4Ga}{1-\nu}\qquad \zeta_z=\frac{0.425}{\sqrt{B_z}}\qquad B_z=\frac{1-\nu}{4}\frac{m}{\rho a^3}$$

$$\text{摇摆}\quad k_\phi=\frac{8Ga^3}{3(1-\nu)}\qquad \zeta_\phi=\frac{0.15}{(1+B_\phi)\sqrt{B_\phi}}\qquad B_\phi=\frac{3(1-\nu)}{8}\frac{I_\phi}{\rho a^5}$$

$$\text{水平}\quad k_x=\frac{32(1-\nu)Ga}{7-8\nu}\qquad \zeta_x=\frac{0.288}{\sqrt{B_X}}\qquad B_x=\frac{7-8\nu}{32(1-\nu)}\frac{m}{\rho a^3}$$

$$\text{旋转}\quad k_\theta=\frac{16}{3}Ga^3\qquad \zeta_\theta=\frac{0.50}{1+2B_\theta}\qquad B_\theta=\frac{I_\theta}{\rho a^5}$$

在这些例子中，m 为半空间质量，I 为半空间质量惯性矩，a 为基础半径，G 为弹性介质的剪切模量，ρ 为弹性介质的密度，ν 为弹性介质的泊松比。

作为其他各种基础形式的近似处理，采取实际接触面积为 πa^2 获得一个等效基础半径 a。

然而，一般来说动刚度应该为激励频率的函数。因此，其复杂函数形式可以表示为

$$K(\omega)=k[f_1(\omega)+if_2(\omega)] \tag{291}$$

$C=1/K$ 称为动柔量。f_1 和 f_2 通常为 $\omega a/V_S$ 的函数，如图 12.7 所示。其中，$V_S=\sqrt{G/\rho}$，见 Hsieh（1962）。阻尼比为 $\zeta=f_2/2f_1$。针对动刚度的推导已经做了大量研究，包括辐射阻尼，方程（291）可以针对不同形式的基础、桩基以及嵌入影响。以上属于土结构相互作用问题。解析解通常比较复杂，包括所谓的混合边界条件问题，可以通过假定基础下部接触压力分布从而进行简化。需要注意的是静态情况对应于 $\omega \to 0$，得到 $f_1 \to 1$ 和 $f_2 \to 0$。

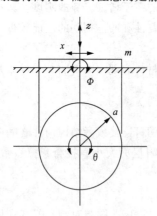

图 12.6　位移的四个方向
（Richart 等人，1970）

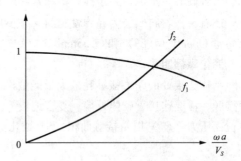

图 12.7　方程（291）定义的函数的一般趋势

气动阻尼

气动阻尼通常由结构在风中移动时的"风扇"行为造成。该阻尼在静止空气中通常可以忽略不计，然而对于流体动力阻尼将作为一个主要因素。气动阻尼的大小或多或少与风速成比例，但也取决于振动幅值。随着结构几何形状的不同而发生较大变化。建筑和桥梁的气动阻尼

大小分别约为临界阻尼的 1%和 5%，在一些例子中也可能是负值，造成气动不稳定性。

考虑作用于单自由度系统的线性气动力，运动方程表示为

$$m\frac{\mathrm{d}^2 x}{\mathrm{d}t^2} + c\frac{\mathrm{d}x}{\mathrm{d}t} + kx = \frac{\rho V^2}{2}A\left(F_R x + F_I \frac{\mathrm{d}x}{\mathrm{d}t}\right) \tag{292}$$

或者

$$m\frac{\mathrm{d}^2 x}{\mathrm{d}t^2} + \left(c - \frac{\rho V^2 A F_I}{2}\right)\frac{\mathrm{d}x}{\mathrm{d}t} + \left(k - \frac{\rho V^2 A F_R}{2}\right)x = 0 \tag{293}$$

其中，m，c，k 分别为系统的质量、阻尼和刚度。A 为受风面积，ρ 和 V 为空气密度和风速，F_R 和 F_I 为气动力因子。

从方程（293）可以看出，如果 $F_I > 2c/(\rho V^2 A)$，总阻尼变为负值。这就意味着一旦结构开始振动，幅值将无限增加并最终导致结构破坏，称为气动失稳或颤振。类似地，如果 $F_R > 2k/(\rho V^2 A)$，总刚度变为负值，结构变得不稳定也将导致破坏，这种现象称为发散。一般来说，F_R 和 F_I 为折减风速 $V_r = V/(f\sqrt{A})$ 的函数，其中 f 为振动的频率，在这种情况下 f 和固有频率非常接近。一般说来，气动力因子通过试验获得。然而，当风速远大于物体的移动速度时，可以引入所谓的准稳态假设，也就是说，任意时刻的气动力仅取决于那一特定时刻物体的瞬时位置，而瞬时记忆效应或者运动历史可以忽略不计。如果该假设得到证实，气动阻尼可以表示为

上升　　$\zeta_{z,\mathrm{aero}} = \dfrac{\rho V A}{4m\omega_z}\dfrac{\mathrm{d}C_L}{\mathrm{d}\alpha}$

拖曳　　$\zeta_{x,\mathrm{aero}} = \dfrac{\rho V A}{2m\omega_x}C_D$

俯仰　　$\zeta_{\theta,\mathrm{aero}} \propto \dfrac{\rho V A^{2/3}}{4\Theta\omega_\theta}\dfrac{\mathrm{d}C_M}{\mathrm{d}\alpha}$

变量 ω_z，ω_x，ω_θ 分别为上升、拖曳和倾斜运动的固有圆频率。m 和 Θ 分别为物体的质量和质量惯性矩，C_L，C_D，C_M 分别为气动上升力、气动拖曳力和气动俯仰力矩的系数。

12.2.4.3　人造阻尼器

振动控制的概念

振动控制可以通过如下方法实现：（1）减少作用于结构的外界扰动；（2）增加阻尼力用以耗散系统动能。通过选择和调整几何细节或者增加整流罩（图 12.8）可以改进结构气动性能，经常使用角叶片和涡激抑制器避免风的不利动力影响，参考 Wardlaw（1992）。这些做法是第（1）类振动控制的典型代表。减少地震响应的基础隔震也属于这一类。

要使结构完全不受地面运动的影响，显然是不可能的。然而，可以采用的思路是，允许基础与地面有一定程度的相对位移，如此一来可以降低由地面传递给基础的激励（图 12.9）。同时，一般实际的做法是采用某种带有隔振机制的阻尼，耗散一部分与相

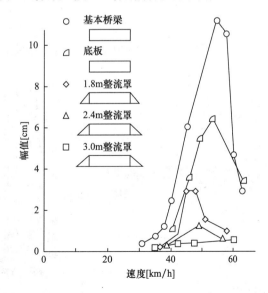

图 12.8　Longs Creek Bridge 的整流罩（Wardlaw，1994）

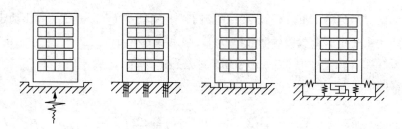

图 12.9　隔震方法

对速度成比例的动能。如果通过增加任何带有隔振机制的阻尼系统实现这一目的，人为增加的阻尼则属于第（2）类振动控制。

　　第（2）类振动控制最典型的做法是安装人工阻尼器，如在移动节点处额外地增加黏滞材料或摩擦机制。纽约的世贸中心塔，每栋建筑的框架安装了将近 10000 个黏弹性阻尼器单元。人工阻尼器也可以是一种相当复杂的机械系统，需要外界提供额外能量才能运作。需要额外能量来控制结构振动的阻尼器系统称为主动控制系统，参考 Soong（1990）和 Hirsch（1994）。陀螺稳定器是通过旋转陀螺仪稳定船运动的系统，它是一个主动控制系统的例子。另一方面，参考文献中列出的许多人造阻尼器，例如减震器、悬链、水体晃动池等（图 12.10），通常不需要外界提供任何能量。它们的运作由主结构本身的振动进行触发，因此产生的作用可以进行能量耗散。这种阻尼器称为被动控制系统。调谐质量阻尼器既可以是主动的也可以是被动的。

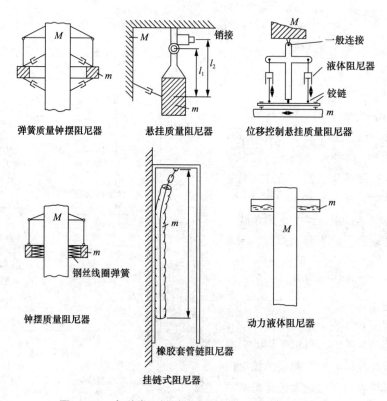

图 12.10　各种类型被动阻尼器（Ruscheweyh，1982）

被动阻尼器

最简单的被动阻尼器类型包括液压减震器，常用于桥梁的拉索减振，以及用于建筑结构框架增强其地震抵抗力的黏弹性或滞回型剪切阻尼器。这些阻尼器在原理上并不是很复杂。特别的阻尼器包括调谐质量阻尼器（TMD）和液体晃动阻尼器（LSD）。它们有相同的机械原理，包含一个辅助的振动系统，固体质量（TMD）或者液体质量（LSD）。

调谐质量阻尼器

调谐质量阻尼器有一个质量弹簧阻尼器辅助系统，将其固有频率与主系统或主结构的频率调成一致，从而吸收和耗散主结构的振动能量。最初的想法由 Den Hartog 在 1956 年针对简谐激励的情况进行广泛讨论。但是，在土木工程应用中，激励通常应该定义为有特定带宽的随机过程，因此调谐质量阻尼器的物理设计参数的选择要求能反映实际情况并使之行之有效。在过去的 30 年里，调谐质量阻尼器已经被应用于一些大型结构，包括悉尼中心点塔、多伦多国家电视塔、波士顿约翰汉考克大厦、纽约花旗银行中心大厦等，同时也用于稳定各种结构，尤其在结构达到完全设计刚度之前的施工阶段（图 12.11）。

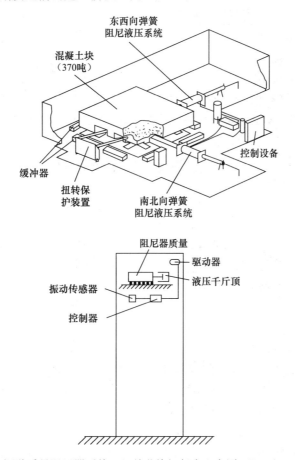

图 12.11　调谐质量阻尼器系统，纽约花旗银行中心大厦（Ruscheweyh，1982）

考虑到外界激励的差异性，表 12.1 归纳了调谐质量阻尼器设计的优化物理参数，见 Fujino 和 Abé（1993）。表 12.1 列出的阻尼器设计优化包括：

（1）对于任何激励频率，使响应维持尽可能低（简谐激励和地面运动）。

表 12.1 各种激励下调谐质量阻尼器的最优设计参数

激励	$\beta=\omega_T/\omega_S$	ζ_T	ζ_{eff}	最优化
谐波激励	$\dfrac{1}{1+\mu}$	$\sqrt{\dfrac{3\mu}{8(1+\mu)}}$	$\dfrac{1}{2}\sqrt{\dfrac{\mu/2}{1+\mu/2}}$	(1)
谐波地面运动	$\dfrac{1}{\sqrt{1+\mu}}$	$\sqrt{\dfrac{3\mu}{8(1+\mu/2)}}$	$\dfrac{1}{2}\sqrt{\dfrac{\mu(1+\mu)}{2}}$	(1)
自由振动	$\dfrac{1}{1+\mu}$	$\dfrac{\mu}{\sqrt{1+\mu}}$	$\dfrac{1}{2}\sqrt{\dfrac{\mu}{1-\mu/4}}$	(2)
自激振动	$\dfrac{1}{\sqrt{1+\mu}}$	$\dfrac{1}{2}\sqrt{\dfrac{\mu}{1+\mu/2}}$	$\dfrac{1}{2}\sqrt{\dfrac{\mu(1+\mu)}{1+\mu}}$	(3)
随机激励	$\dfrac{\sqrt{1+\mu/2}}{1+\mu}$	$\dfrac{1}{2}\sqrt{\dfrac{\mu(1+3\mu/4)}{1+3\mu/2}}$	$\dfrac{1}{4}\sqrt{\dfrac{\mu(1+\mu)}{1+3\mu/4}}$	(4)

注：ω_T—阻尼器的固有圆频率；ω_S—结构的固有圆频率；ζ_T—阻尼器本身的阻尼比；ζ_{eff}—包括阻尼器影响的模态阻尼；μ—结构的阻尼器质量或模态质量（$\leqslant 1$）。

(2) 使模态阻尼最大化（自由振动）。

(3) 使容许负阻尼最大化（自激振动）。

(4) 使均方根响应最小化（随机激励）。

调谐质量阻尼器的应用中需注意一些重要方面。

当结构经受稳态激励时，调谐质量阻尼器最有效，因为在耗散能量之前需要一些时间传递振动能量。因此，结构在冲击荷载和地震等非稳态激励作用时，不是很有效。调谐质量阻尼器的频率达到同步时将变得非常有效。然而，设计参数的轻微偏差会极大降低其有效性。例如固有频率的估计存在一定程度不可避免的不确定性，该类型阻尼器的缺点在于其缺乏鲁棒性能。

对于众多模态质量非常大的土木工程结构来说，阻尼系统需要的辅助质量会很大。同样，为了使阻尼器高效运作，可能需要较大的阻尼器移动行程。限制该行程会使阻尼器不完全有效。为了弥补这些不足，安装于纽约花旗银行中心大厦的调谐质量阻尼器属于主动控制系统。该阻尼器实际上是一个液压伺服系统，控制一个 400t 重的质量块的运动，在两个相互垂直的方向上由液压系统支撑。该阻尼系统的质量约为建筑质量的 1%。具有气动弹簧刚度并且提供液压式阻尼（Petersen，1980）。

调谐液体阻尼器

用液体代替固体同样能在调谐质量阻尼器的概念中应用，称为调谐液体阻尼器（TLD）。这种情况下，水体在容器中晃动，重力场提供回复力，因此也称为调谐晃动阻尼器。调谐液体阻尼器已经在航空和航天工业以及海洋船舶中得以应用。使用液体有如下几方面的优势：

- 能在轻微扰动下工作，由于固体表面的摩擦阻力，调谐质量阻尼器有时对轻微扰动没有效果。
- 阻尼器系统本身构造简单、成本低廉。
- 一个阻尼器能对两个或多个方向的结构运动有效。
- 安装简单，重置方便。
- 维护简便，不太可能发生老化问题，比如疲劳失效。

和调谐质量阻尼器一样，调谐液体阻尼器同样需要适当的频率调谐以及选择合适的阻尼器阻尼，从而使系统高效运行。基本上有如下两种类型的调谐液体阻尼器：

- 相对小的容器装有较浅液体（Fujino 等人，1988）。能量耗散主要由大振幅表面波浪破碎引起，而阻尼器频率的同步性对整体性能没有太大的影响。然而，在小振幅时阻尼效应对频率调谐十分敏感。除非包含波浪破碎，非线性表面波理论可以精确地预测固有频率。
- 大水池装有较深的水（Ueda 等人，1991）。水的运动变成相对平稳的晃动，可以应用 Housner 晃动模型。然而，为了增加阻尼器的阻尼，通常通过插入各种栅格、网状物以及栅栏用以形成扰动，这也一定程度上增加了晃动频率。因为阻尼的理论预测非常困难，其有效性很大程度依赖于试验评估。同原理的另一种应用称为调谐液柱阻尼器（TLCD），通常有一个如 U 形管之类的液柱作为辅助质量。频率可以通过调整水面上的空气压强进行控制，通过对管开口可以改变阻尼。

主动阻尼器

结构的主动控制已经应用于飞机和航天器，但应用于土木工程结构的时间不长（Soong，1990 和 Hirsch，1994）。然而，与被动阻尼器相比，实际上其往往更能有效地控制不同频率和不同振动模式的结构振动，可以预见将来会得到更广泛的应用（François 等人，2000）。到目前为止，一些成功的应用实例包括纽约第一国家城市公司大厦（Petersen，1980），以及大阪的水晶塔（Nagase 和 Hisatoku，1992）。同样，在过去 10 年中，日本经常在悬索桥桥塔施工时采用主动振动阻尼器，用于控制其涡激振动。在这些情况下使用主动阻尼器，具有显著优势，因为固有频率几乎在不断变化，也由于倾向于安装相对较小的阻尼器，能同时对两个或多个振动模态有效。

还有另外一类主动阻尼器，通过安装气动主动控制装置用以减小建筑或桥梁的风致运动。机械控制的附加板能有效控制机翼或流线型浅箱梁发生震颤失稳（Kobayashi 和 Nagaoka，1992）。

12.2.4.4　振动对人体的影响

人对运动和应力的敏感性

人体受到振动时产生的运动和应力包括以下几种影响：

- 体育活动或身体功能的直接干扰。
- 损伤或破坏。
- 二次效应，如机体改变（Harris，1976）。

机械干扰

一些类型的位移、速度和加速度对感官和神经肌肉活动有非常强烈的干扰，如阅读、说话、定位等。例如，某一确定的频率范围会对视觉敏锐度造成干扰，并与振幅成比例。

机械损伤

加速力作用下形成的冲击或振动会造成人体的机械损伤，包括骨折、肺损伤、肠内壁损伤、脑损伤、心脏损伤、耳朵损伤、软组织撕裂或破损以及一些种类的慢性损伤，例如关节劳损和循环系统中断。人对机械振动的反应通常取决于频率，尤其是等于或接近内脏器官的共振频率。而且，当身体剧烈摇晃时，会不断加热。

生物反应

应力和运动可以刺激各种受体器官，或者激励一部分神经系统和激素活力。这些变化难以测量，因为有一定的主观性。尽管如此，相当多的间接证据表明这些反应模式的真实性，例如疲劳、工作能力的改变、保持专心的能力等。同样地，还有一些敏感的情绪反应，如恐惧或生气，引起自动的补偿或防御行为。

基于 ISO 的人体容忍标准

发展了用于全身振动人体评估的一般指南，即 ISO 2631（ISO 1980）。三种不同程度的人体不适区分如下：

- 舒适降低界限——适用于日常生活活动中对干扰的容忍，例如听、读和写。
- 疲劳效率降低界限——该程度上循环振动导致人员疲劳并降低工作效率。
- 暴露极限——定义为与人类健康和安全有关的最大振动容忍度，比前面两种大得多。

图 12.12 中给出的是疲劳效率降低界限。在此基础上乘以 2 可以粗略得到暴露极限，除以 3 大约可以得到舒适降低界限。这些界限还取决于振动对人体的作用方向。图 12.13 给出了参考坐标。这里给出的标准是就有效加速度而言的，是对于暴露时间 T 上的均方根值。

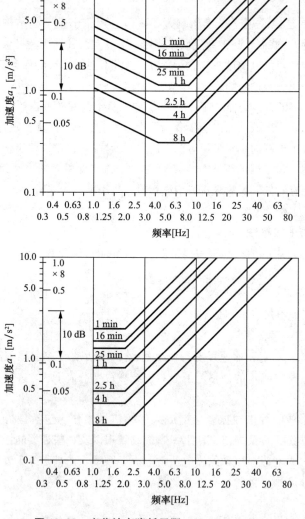

图 12.12　疲劳效率降低界限（Harris，1976）

可接受舒适度的设计准则

显然，身体忍耐或人类感觉本身的知识不能自动确定适用于每个人的可接受水平，例如，Melbourne 和 Cheung 在 1988 年指出："办公室工作人员的忍耐程度是最低的，公寓居住者相

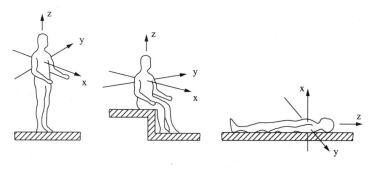

图 12.13　身体位置的参考坐标

对比较高，塔顶的用餐者更高"；也取决于能提高居住者意识的视觉和听觉信号。发展结构设计标准的关键在于不可接受运动的水平和频率。

事实上，我们不考虑身体伤害或机能干扰的标准。关于人们的安全，土木工程结构能服务于人类并且不会带来任何严重的不适。因此，重要的不仅是个人的感觉，还有由此产生的精神状态。这很难去下定义，因为这不仅是一个有关加速度和频率的函数的问题，同时还受到各种生理和心理因素的影响。然而，不管如何都需划定界限。

影响因素包括个人的位置（行走、站立、坐或躺）、关注的事物与知识、任何视觉或听觉信号的存在、当天特定的健康状况等。早期已经执行了大量有关人类容忍峰值加速度的试验研究，并作为频率的函数，参考 Harris（1976）以及 Wiss 和 Parmelee（1974）。图 12.14 是一个粗略的总结。然而，这些研究涉及的频率下限仅为 1Hz。只有少数工作研究了 1Hz 以下的区域，Melbourne（1998）做了较好的总结工作，如图 12.15 所示。图 12.15 中的加速度以均方根（RMS）的形式给出，理论上其结果应该乘以 $\sqrt{2}$ 再与图

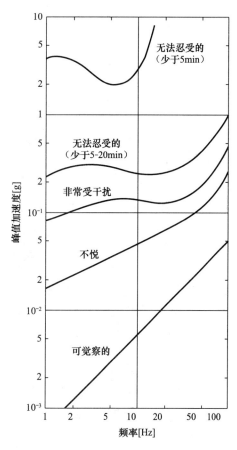

图 12.14　基于众多研究结果的可容忍峰值加速度

12.14 的峰值进行比较，由于图 12.15 中提及的运动均为假定的正弦波。Melbourne 建议合适的乘积因子应该选为 2～2.5。

特别值得注意的是 Chen 和 Robertson（1973）在设计纽约世贸中心塔工作中得到的结果，如图 12.15 所示。该结果给出了人类感知差异的基本范围—全体人口的感知范围跨越了 10 个加速度。Irwin 在 1979 年提出的阈值下限表明是运动感知的一个较好的下限。Chang 在 1973

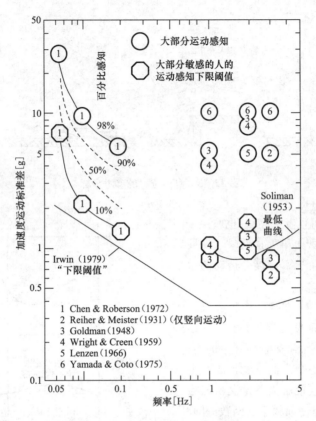

图 12.15 人体暴露于 1rm Hz 以下频率的研究总结（Melbourne，1998）

年对不同来源的结果做了类似的比较，如图 12.16 所示，尽管成果欠缺决定性。Khan 和 Parmelee 在 1971 年设计芝加哥约翰汉考克中心时，进行了一个试验计划用以研究不同位置的加速度，并发现个人的感知差异比身体位置的影响更重要。对于 0.13Hz 的频率，4mg 对应感知水平，2mg 作为干扰水平，与其他研究结果相当一致。

特别地，对于高层建筑的风致运动，结构响应的预测方法在 20 世纪 70 年代末基本上已经建立。但是其可接受标准至今尚未建立。Hansen 等人在 1974 年首次系统地研究了这一问题。研究结果表明如果重现期为 6 年，均方根加速度不应超过 5mg，从而避免办公楼的空闲。

基于大量足尺观测和试验，Chen 和 Robertson（1973）以及 Irwin（1986）发展了一个表示人类居住舒适程度一般表达式，即

$$\sigma_a = e^{-3.56-0.41\ln(n)} \tag{294}$$

其中，σ_a 为均方根加速度 $[m/s^2]$，n 为近似服从正态分布的频率（Hz）。

方程（294）已经被 ISO 6897（ISO 1984a）引用，作为表示加速度水平的一个满意值，在该水平约有 2% 的住户会给予否定的评论。Melbourne 和 Cheung 在 1988 年进一步发展了重现期少于 10 年的峰值加速度标准，表示为

$$\hat{a} = \sqrt{2\ln(nt)}\left[0.68 + \sqrt{\ln(R)}/5\right]e^{-3.56-0.41\ln(n)} \tag{295}$$

其中，$\hat{a}$ 为水平面内的峰值加速度（m/s^2），R 为重现期（年），T 为风暴的评价周期（600s）。

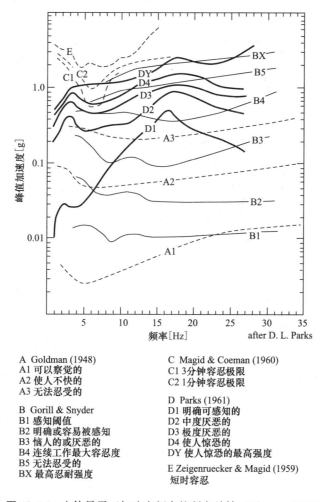

A Goldman (1948)
A1 可以察觉的
A2 使人不快的
A3 无法忍受的

B Gorill & Snyder
B1 感知阈值
B2 明确或容易被感知
B3 恼人的或厌恶的
B4 连续工作最大容忍度
B5 无法忍受的
BX 最高忍耐强度

C Magid & Coeman (1960)
C1 3分钟容忍极限
C2 1分钟容忍极限

D Parks (1961)
D1 明确可感知的
D2 中度厌恶的
D3 极度厌恶的
D4 使人惊恐的
DY 使人惊恐的最高强度

E Zeigenruecker & Magid (1959)
短时容忍

图 12.16 人体暴露于加速度频率的研究总结（Chang，1973）

方程（294）和方程（295）在图 12.17 中表示。除此之外，考虑到视觉和听觉信号的重要性，Isyumov 等人在 1995 年提出暂定指南，如表 12.2 所示。这些指南没有认识到频率依赖性的重要性。然而，Melbourne 在 1998 年认为尽管对这些影响的准确评价还需大量工作，但至少可以避免建筑运动感知问题。

12. 2. 4. 5 其他社会经济影响

生产—质量标准

土木工程结构振动的接受标准需要从多方面进行考虑。首先，结构不能倒塌并且要维持其结构整体性，这样才能够满足适用性。第二，即使结构是安全的并且能够使用，如果人们感到不舒适或者造成一些机械问题，比如应力超限、故障或者未对齐，也不可接受。第三，即使没有即刻发生的问题，今后可能产生的问题都应该谨慎地避免，比如结构疲劳损伤，甚至是可能发生的材料腐蚀。

因此，结构振动的可接受标准需要通过以下三个方面建立：（1）结构标准；（2）生理标准；（3）生产—质量标准。前面章节讲述的与人类容忍和知觉有关的标准对应于第（2）类。尤其

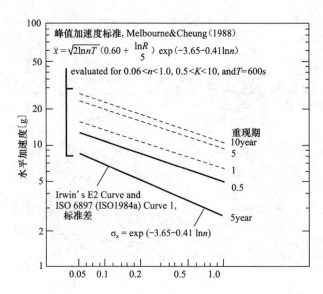

图 12. 17 Melbourne 和 Palmer（1992）确定的峰值加速度标准

表 12.2 高层建筑风致运动的暂定指南（Isyumov 等人，1995）

结构类型	可接受的每小时峰值（10Mg）	
	年度事件	10 年事件
产生的峰值加速度（顶层）		
应该等于或低于：		
住宅	5～7	10～25
旅馆	7～9	15～20
办公室	9～12	20～25
扭转速度峰值（顶层）	1.5	3.0
应该等于或低于		

对于工业和科研工作，需要建立更多以目标为导向的标准，这也是第（3）类标准存在的原因。不过事实上，在这方面没有任何被普遍接受的标准。

有许多国家和国际的规范和建议，例如 ISO 2372 和 2373（1974），但是很难从中建立一套统一的规则。单个类型机器的特殊数据在参考文献中也能找到，例如 Major（1980）和 Harris（1976）。由 Korenev 和 Rabinovič 在 1980 年提出的，尤其是针对与机器和设备使用有关的可接受标准，由 Bachmann 和 Ammann 在 1987 年列出，参考表 12.3。

表 12.3 机器和设备使用的可接受标准

种类	器械	峰值加速度（mm/s²）频率范围：1～10Hz	最大速度频率范围：10～100Hz（mm/s）
I	高灵敏度光学仪器，机械测量仪器等	6.3	0.1
II	用于研磨、铣削等的普通灵敏度机器	63	1
III	用于常规精度金属加工的低灵敏度机器	250	4
IV	钝感机器，如鼓风机、振动机等	>250	>4

结构方面

结构标准需要与几个不同水平的影响共同考虑：

(1) 可能积累至最终疲劳失效的损伤程度。

(2) 永久损伤的发展，比如塑性变形和裂缝。

(3) 导致结构不适用的严重损伤。

(4) 结构倒塌。

Bachmann 和 Ammann 在 1987 年给出了下列参数作为结构标准的元素：

(1) 结构材料的种类和质量，尤其是延展性。

(2) 施工类型。

(3) 基础性质。

(4) 重要承载构件的主要尺寸。

(5) 结构的已使用年限。

(6) 振动效应的持续时间。

(7) 振动的特征，即频率、振幅和阻尼。

全世界没有统一的标准。例如，ISO Standard 4866 (ISO 1984b) 建议的草案将结构分成四个不同的种类，并以伪谱的形式进行考虑，或者响应速度相对于频率。图 12.18 描述了结构在爆破作用下的振动极限标准，该标准被美国矿务局采纳，参考 Richart 等人（1970）。图中给出了位移、速度和加速度的同步值，每个物理量的极限状况形成一个包络区域。落在该区域以外的数据点违背失效条件。两个阴影区域描述了结构损伤的可能性，尤其对于墙体来说，可能由于稳态振动引起。

Leet 在 1960 年提出了频率范围达到 50 Hz 时结构振动的安全极限（图 12.19）。需要注意的是，振动极限通常以速度的形式给出，但是当结构处于较高频率范围时更适合以加速度的形式给出。

更多当代标准

Bachmann 和 Ammann 在 1987 年对有关结构标准的各种规定和实施规程做了简明的调查。作为典型的代表，德国和瑞士的规范分别在表 12.4 和表 12.5 中进行了阐述。

整体接受水平

通过对现有各种规范的回顾，Bachmann 和 Ammann 在 1987 年建议了整体接受水平（表 12.6）。表 12.6 中包括了一些实例，包括人行桥和一些公共建筑。Bachmann 和 Ammann 于 1987 年明确指出，本意是要提供一个"粗糙但简单的全球标准"，当然该标准在使用过程中需要特别注意，但是无论如何是非常有用的，尤其对于临时分析。

图 12.20 是一个初步建议，作为目前研究的全面总结。一般说来，不适标准要比结构标准严格许多，因此对于结构设计目的而言更加关键。图 12.20 给出的不适标准大致对应于图 12.14 中的不悦曲线、图 12.17 中给出的 $R = 5$ 年的峰值加速度标准，以及低频范围 Chen 和 Robertson 界限的中线。当然这只是一个比较粗糙的指标，不能盲目地应用于所有结构。当结构所需服务对环境的安静程度特别敏感时，需要特别注意，因为图 12.20 未考虑上述的生产质量标准。

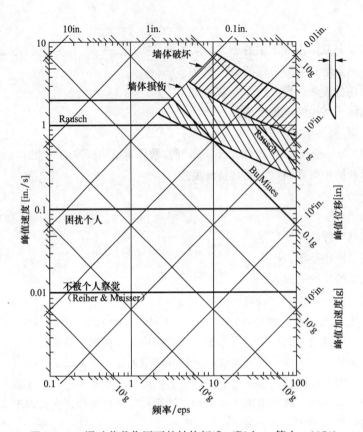

图 12.18 爆破荷载作用下的结构标准（Richart 等人，1970）

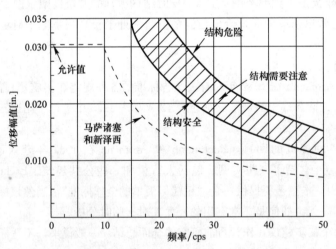

图 12.19 结构标准（Leet，1960）

表 12.4 标准 DIN 4150（1983）

结构类型	峰值速度极限	
	频率范围（Hz）	速度（mm/s）
工业建筑	$f \leqslant 10$	20
住宅建筑	$10 < f \leqslant 50$	$15 + f/2$
易损建筑	$50 < f \leqslant 100$	$30 + f/5$

表 12.5　标准 SN 640312（1978）

结构类型	机器或交通荷载		爆破荷载	
	频率（Hz）	速度极限（m/s）	频率（Hz）	速度极限（m/s）
I（工业结构）	10～30	12	10～60	30
	30～60	12～18	60～90	30～40
II	10～30	8	10～60	18
	30～60	8～12	60～90	18～25
III	10～30	5	10～60	18
	30～60	5～8	60～90	12～18
IV（易损结构）	10～30	3	10～60	8
	30～60	3～5	60～90	8～12

表 12.6　整体接受水平结构标准（Bachmann 和 Ammann，1987）

结构	接受水平	说明
行人结构	$a \leqslant 5\% \sim 10\%g$	通常较低值不会产生不适
办公楼	$a \leqslant 2\%g$	德国工业标准和英国标准可能得到不同的值
体育馆	$a \leqslant 5\% \sim 10\%g$	只有下述情况建议取较高值： （1）声学效应较小，而且 （2）仅参与者在振动楼层上或附近
舞厅和 音乐厅	$a \leqslant 5\% \sim 10\%g$	与体育馆相同
工业厂房	$v \leqslant 10\text{mm/s}$	高质量产品的工厂需要更加严格的限制

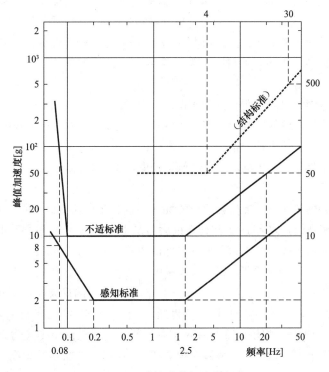

图 12.20　建议峰值加速度标准

12.3　桥梁的风致振动

12.3.1　一般背景

12.3.1.1　桥梁空气动力学的早期发展史

对于该话题，很多人可能会想到 67 年发生的塔科马海峡悬索桥倒塌事件。从那以后，所有大型桥梁的设计和建造，尤其是大跨度索承桥都汲取了塔科马大桥的教训。与此同时，在试验力学和分析方法等方面都有了显著的技术进步。本章简单回顾了这段历史，并对那些有待解决的问题进行了重点关注。

风的静态作用

自古以来，风就是住宅建筑物和城市规划设计的一个重要考虑因素。然而，直到 18 世纪人们才在结构设计中更科学地考虑风荷载的影响。作为英格兰的第一位土木工程师，John Smeaton 在 1759 年向英国皇家协会提交了风荷载表格。Smeaton 的表格质量很高并超越了那个时代，但其重要性并没受到当时工程师的认可。直到 19 世纪，当铸铁成为一种广泛使用的新材料，结构的尺寸不断增加以至于作用于其上的风荷载成为一个越来越严重的问题，人们才真正认识到这份表格的重要性。1879 年泰河湾桥的失效引起工程师对风荷载的重视。显然，这是桥梁空气动力学历史的转折点。

塔科马海峡悬索桥的破坏

桥梁空气动力学历史的第二个转折点是 1940 年发生的塔科马海峡悬索桥的倒塌。该桥主跨 854m，是当时规模最大的桥梁之一。塔科马海峡悬索桥的横向设计风荷载为 2.4kPa，近似等效于 50m/s 的风速。然而实际发生的是，桥梁在相当小的风荷载作用下以竖向弯曲模态持续振动，甚至在建造过程中也是如此。1940 年 11 月 7 日，往常的弯曲振动突然转变为剧烈的扭转运动，该桥在风速小于 20m/s 的情况下发生倒塌。这显然不是静态风荷载问题，而是动力失稳。

在塔科马海峡悬索桥之前，所有桥梁的设计均未考虑风的动力作用。但这并不意味着没有桥梁由于风的动力作用而倒塌。1836 年 11 月 30 日，大风使英格兰布莱顿的 4 个 78m 跨长的桥墩中的一个发生倒塌。该事件的报告阐述了剧烈的扭转运动和最终的桥面失效。令人惊奇的是，这些图表与一个世纪后发生的塔科马桥倒塌的图片惊人地相似。

挠曲理论的应用

事实上，在过去的 200 年，现代悬索桥的发展一直受到风荷载的困扰。自从 Thomas Telford 的麦奈海峡大桥开始，许多 19 世纪建造的大型悬索桥被风摧毁或严重损坏。John Röbling 是在解决该问题方面比较成功的工程师之一，他试图通过增加重梁和大量拉索用以确保结构的整体刚度。尼亚加拉铁路桥（1855）和布鲁克林大桥（1883）均是他的杰作。

跨径通常是桥梁建造遇到的挑战。在过去的 200 年，桥梁的最大跨径不断刷新历史，其中大部分为悬索桥。最大跨径的陡增出现在 20 世纪 30 年代早期，得益于挠曲理论的应用。Melan 教授发展了一套新理论，将桥面挠曲融入应力分析，这一想法使得应力计算更加准确。然而，当该理论应用于悬索桥设计时，解释变得有所不同，即："加劲梁柔度越大，承受的应力越小"。

乔治华盛顿大桥（1931）的设计应用了该理论并采用了相当简单的方式，实际上完全没有加劲梁，是第一座净跨超过 1000m 的桥梁。金门大桥（1937）的建成也得益于该理论。带有板梁加劲的悬索桥的出现同样也遵循该理论，如布朗克斯白石大桥（1939）和塔科马桥（1940）。在同一时期，Röbling 之前提出的重质量稳定性观点没有受到足够重视。不幸的塔科马事件也因此发生。

近年来，最大桥梁跨度获得了另一个快速发展。其中包括许多因素，但最重要的是高强钢和焊接技术的进步以及电子计算机和计算技术的发展。与此同时，设计和建造这些桥梁的工程师的数量已经与半个世纪前不可同日而语了。

12.3.1.2　风致桥梁振动的一般特征

桥梁的风致动力响应有多种，可以通过经验、测量和试验研究进行确定。响应的差异在于气动力作用的不同机制或者与结构的相互作用，很大程度上取决于结构的类型。表 12.7 列出了典型的分类，尽管其给出的例子不一定是桥梁结构。三种动力响应的差异格外重要，可以通过两种不同的方法进行确定：一种是根据响应曲线，表示响应幅值随风速大小的变化；另一种是动力学特征。阻尼效应可以采用第一种方法清楚表示，而对于第二种方法的统计处理，谱分析通常最有效。

表 12.7　不同种类的风致结构响应

响应类型		例子
静态行为	横向挠曲或屈曲	悬索桥
	倾覆	塔、高层建筑
	负压	平屋面、窗玻璃
	失稳或屈曲	壳体结构
	失稳或发散	轻梁
动力响应	抖振	高层建筑、桥面板
	涡激振动	烟囱、桥面板
	失稳或弛振	冰覆拉索
	扭转失稳	桥面板
	失稳或颤振	翼板

12.3.1.3　桥梁空气动力学的发展

从塔科马事件至今

塔科马桥倒塌之后，Farquharson 在美国立即展开对悬索桥空气动力稳定性的深入研究，后来 von Kármán 和 Vincent 也加入其中。他们完成了桥梁模型的风洞试验等开创性工作，不仅富有成效（包括塔科马海峡大桥的重建和其他重要桥梁的气动性能的改进，如金门大桥、乔治华盛顿大桥和布朗克斯白石大桥），而且成为全世界大型悬索桥抗风设计研究工作的先例。在英国，由于二战后 Severn 大桥和 Forth crossings 大桥建造的需要，Frazer，Scruton 和其他研究人员也开展了类似的工作。

在早期，最重要的是不要重蹈塔科马事件的覆辙，重点定位于找出临界风速，防止特定横截面桥面板的动态失稳，并确保这一临界阈值高于预期的设计风速。

同时也进行了理论分析，包括颤振原理应用（Bleich，1949），横向屈曲分析（Hirai，1947），抖振分析（Davenport，1958）等。理论分析需要桥面板的气动力信息，相关的测量技术获得了显著进步。电子计算机和计算技术的快速发展与其携手并进，用于更复杂精确的分析。统计可靠度理论的应用也是该领域的一个重要进步。

自然风的模拟

风洞最初是在 19 世纪末由土木工程师发展起来。然而，随着莱特兄弟的成功飞行经历，风洞成为航空领域的一个重要试验工具。战后，土木工程师开始使用风洞，在常规的航空风洞内对桥梁模型进行风洞试验，采用理想的均匀平稳气流而不是模拟的自然风。丹麦工程师 Nøkkentved 和 Jensen 对此作出了贡献，他们引入模拟自然风的概念，这对于在模型试验中产生适当的风致响应十分必要。

跟随 Jensen 的先驱性工作（1958），加拿大的 Davenport 在 20 世纪 60 年代进一步发展了边界层风洞的概念。Davenport 对许多重要结构应用大尺度强自然风模拟，包括纽约世贸中心双子塔、芝加哥希尔斯大厦以及多伦多国家电视塔。桥梁也不例外，位于加拿大新斯科舍省哈利法克斯的 Thomas MacKay 悬索桥可能是第一座在合理比例的湍流边界层风洞中进行测试的桥梁，包括其桥面板施工阶段。

12.3.1.4　桥梁空气动力学的近期发展趋势

现在应该可以接受这样的陈述，桥梁设计不会重复先前塔科马海峡大桥的问题。然而，如今的桥梁工程师有他们自己要处理的问题，而桥梁空气动力学的焦点已经有所转移。在过去的四十年，大跨度桥梁的一个显著发展是，相对于传统的悬索桥，斜拉桥在跨度上越来越有竞争力，而悬索桥的最大跨径也有了极大的增加。当跨度增大时，对风的稳定性自然成为一个更加严重的问题。这不仅是对竣工的桥梁而言，同时也贯穿其施工阶段。近年来，桥梁空气动力学领域的一般趋势包括以下几点：

（1）使用状态安全。工程的重点不仅在于确保桥梁作为一个结构而存在，而且需要考虑结构作为基础设施的一部分，应具有更好的适用性，包括运输安全和耐久性问题预防，如疲劳损伤。

（2）施工阶段的桥梁空气动力学。施工期条件一般来说不是很令人满意，然而这个问题在传统研究中很少受到关注，包括对合理设计条件和振动控制措施的考虑。

（3）桥梁抗风研究的另外一个焦点是结构构件的动态问题，尤其是拉索。已经有大量关于斜拉索振动的报告。拉索极具柔性而且其结构阻尼一般来说低于其他结构构件，因此，更容易受动态风作用的影响。需要识别由振动引起的累积损伤并给予重点关注。

（4）成效设计的发展趋向于不仅在定性上对抗风研究结果提出严格要求，更体现在定量标准上。同时也希望获得的响应预测不仅满足传统的保守设计，而且尽可能地接近实际，从而可以与足尺观测结果进行比较。

（5）当代研究主题包括：

- 各种风洞测试方法的比较基准研究。
- 足尺测量和预测验证。
- 风场数值模拟用于时域响应分析，包括有关计算流体动力学的应用问题。
- 识别一般公路桥面板构造的颤振导数及其湍流效应。
- 抖振理论的精细化以及更准确的响应预测。
- 风偏角的研究。
- 拉索动力学，尤其是倾斜拉索的驰振。

- 涡激振动的机理。
- 振动控制方法的进一步发展。

12.3.2　气动力方程

12.3.2.1　力组分的定义

当一个三维结构暴露在气流当中，主要考虑 3 个力组分，包括提升力、拖曳力和侧向力，以及 3 个力矩组分，包括俯仰力矩、横摆力矩和滚动力矩。然而在很多风工程问题中，没有必要考虑所有 6 个组分，只需采用一个二维数学模型。

最初用于翼板的节片理论假定，通常也被应用于桥梁。由于桥梁一般沿着跨度方向延伸，而我们主要考虑的是桥梁在垂直于跨度方向的风作用下的行为。通常不需要考虑整体结构，只需考虑单位桥梁长度的一个二维节片（在平均风向上用两个平面截取）。这一思路与二维弹性理论的平面应变分析相同。

在这种情况下，仅需考虑 3 个组分，即提升力、拖曳力和俯仰力矩。考虑每个节段位置，作为整桥跨度的一部分拥有统一的特性。对应于提升力、拖曳力和俯仰力矩的位移为（h，p，α）。在以下章节，仅考虑这三个方向用于建立气动力组分方程，如图 12.21 所示。

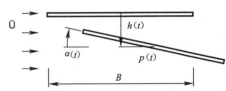

图 12.21　分析中考虑的 3 个位移

对应于力的组分，经常用到以下无量纲系数，分别称为提升力系数、拖曳力系数和俯仰力矩系数，表示为

$$C_{\mathrm{L}} = \frac{L}{\rho \overline{U}^2/2 \cdot B} \quad C_{\mathrm{D}} = \frac{D}{\rho \overline{U}^2/2 \cdot B} \quad C_{\mathrm{M}} = \frac{M}{\rho \overline{U}^2/2 \cdot B^2} \tag{296}$$

其中，$\overline{U}$ 为垂直于桥梁轴方向的平均风速，ρ 为空气密度，B 为桥面板宽度，L、D 和 M 分别表示暴露于风中的单位长度桥面板的二维提升力、拖曳力和俯仰力矩。

12.3.2.2　准稳态空气动力学

常用的另一个假定是准稳态近似，就是说在任何情况下气动力仅取决于特定时刻相对于风的物体的瞬时位置。换句话说，忽视气动模型的时间记忆效应和运动历史。

上述讨论的节片理论近似是明确的，并且其应用总体上可以接受。然而，对于准稳态近似并非如此。对于相对高风速的情况可以接受，但对于涡激情况显然不可接受。当应用准稳态近似时，3 个气动力组分表示为

$$L = \frac{\rho \overline{U}_{\mathrm{rel}}^2}{2} B C_{\mathrm{L}} \quad D = \frac{\rho \overline{U}_{\mathrm{rel}}^2}{2} B C_{\mathrm{D}} \quad \text{and} \quad M = \frac{\rho \overline{U}_{\mathrm{rel}}^2}{2} B^2 C_{\mathrm{M}} \tag{297}$$

其中，$\overline{U}_{\mathrm{rel}}$ 为相对风速，表示为 $\overline{U}_{\mathrm{rel}} = \overline{U} + u - \dot{p}$。速度矢量表示为（$\overline{U} + u$，$v$，$w$）。力和力矩系数表示为

$$C_F = C_F(\alpha) + \frac{\mathrm{d}C_F}{\mathrm{d}\alpha} \alpha_{\mathrm{rel}} \quad (F = \mathrm{C,D,M}) \tag{298}$$

其中，α_{rel} 为相对风攻角，表示为

$$\alpha_{\mathrm{rel}} = \alpha - \frac{\dot{h} + nB\dot{\alpha} - w}{\overline{U} + u - \dot{p}} \approx \alpha - \frac{\dot{h} + nB\dot{\alpha} - w}{\overline{U}} \tag{299}$$

其中，n 是一个无量纲因子，表示气动提升力作用位置。对于低折减频率的薄翼板，比如

$n \approx 0.25$，力组分可以表示为

$$F = \overline{F} + F_{\mathrm{f}} + F_{\mathrm{b}} \quad (F = \mathrm{L}, \mathrm{D}, \mathrm{M}) \tag{300}$$

第一项为静态组分，可以表示为

$$\overline{L} = \frac{\rho \overline{U}^2}{2} B C_{\mathrm{L}}(\alpha) \tag{301}$$

$$\overline{D} = \frac{\rho \overline{U}^2}{2} B C_{\mathrm{D}}(\alpha) \tag{302}$$

$$\overline{M} = \frac{\rho \overline{U}^2}{2} B^2 C_{\mathrm{M}}(\alpha) \tag{303}$$

第二项为运动从属组分，表示为

$$L_{\mathrm{f}} = \frac{\rho \overline{U}^2}{2} B \left(\frac{\mathrm{d}C_{\mathrm{L}}}{\mathrm{d}\alpha} \alpha - 2 C_{\mathrm{L}} \frac{\dot{p}}{\overline{U}} + \frac{\mathrm{d}C_{\mathrm{L}}}{\mathrm{d}\alpha} \frac{\dot{h} - nB\dot{\alpha}}{\overline{U}} \right) \tag{304}$$

$$D_{\mathrm{f}} = \frac{\rho \overline{U}^2}{2} B \left(\frac{\mathrm{d}C_{\mathrm{D}}}{\mathrm{d}\alpha} \alpha - 2 C_{\mathrm{D}} \frac{\dot{p}}{\overline{U}} + \frac{\mathrm{d}C_{\mathrm{D}}}{\mathrm{d}\alpha} \frac{\dot{h} - nB\dot{\alpha}}{\overline{U}} \right) \tag{305}$$

$$M_{\mathrm{f}} = \frac{\rho \overline{U}^2}{2} B \left(\frac{\mathrm{d}C_{\mathrm{M}}}{\mathrm{d}\alpha} \alpha - 2 C_{\mathrm{M}} \frac{\dot{p}}{\overline{U}} + \frac{\mathrm{d}C_{\mathrm{M}}}{\mathrm{d}\alpha} \frac{\dot{h} - nB\dot{\alpha}}{\overline{U}} \right) \tag{306}$$

而最后一项抖振力，可以表示为

$$L_{\mathrm{b}} = \frac{\rho \overline{U} B}{2} \left(2 C_{\mathrm{L}} u(t) + \frac{\mathrm{d}C_{\mathrm{L}}}{\mathrm{d}\alpha} w(t) \right) \tag{307}$$

$$D_{\mathrm{b}} = \frac{\rho \overline{U} B}{2} \left(2 C_{\mathrm{D}} u(t) + \frac{\mathrm{d}C_{\mathrm{D}}}{\mathrm{d}\alpha} w(t) \right) \tag{308}$$

$$M_{\mathrm{b}} = \frac{\rho \overline{U} B^2}{2} \left(2 C_{\mathrm{M}} u(t) + \frac{\mathrm{d}C_{\mathrm{M}}}{\mathrm{d}\alpha} w(t) \right) \tag{309}$$

第一项只与静态位移有关，在动态分析中可以不考虑。力系数的斜率在静态角附近给出，如果横截面关于水平面对称，C_{L}，C_{M} 和 $\mathrm{d}C_{\mathrm{D}}/\mathrm{d}\alpha$ 接近于 0，因此

$$L(t) \approx \frac{\rho \overline{U} B}{2} B \frac{\mathrm{d}C_{\mathrm{L}}}{\mathrm{d}\alpha} \left(\alpha - \frac{\dot{h} - nB\dot{\alpha}}{\overline{U}} \right) + \frac{\rho \overline{U} B}{2} \frac{\mathrm{d}C_{\mathrm{L}}}{\mathrm{d}\alpha} w(t) \tag{310}$$

$$D(t) \approx - \rho \overline{U}^2 B C_{\mathrm{D}} \dot{p} + \rho \overline{U} B C_{\mathrm{L}} u(t) \tag{311}$$

$$M(t) \approx \frac{\rho \overline{U}^2}{2} B^2 \frac{\mathrm{d}C_{\mathrm{M}}}{\mathrm{d}\alpha} \left(\alpha - \frac{\dot{h} - nB\dot{\alpha}}{\overline{U}} \right) + \frac{\rho \overline{U} B^2}{2} \frac{\mathrm{d}C_{\mathrm{M}}}{\mathrm{d}\alpha} w(t) \tag{312}$$

12.3.2.3　不稳定气动力系数

考虑虚拟质量效应，运动从属力组分一般可以表示为

$$\begin{bmatrix} L_{\mathrm{f}} \\ D_{\mathrm{f}} \\ M_{\mathrm{f}} \end{bmatrix} = \begin{bmatrix} L_{\dot{h}} & L_{\ddot{h}} & L_{\dot{\alpha}} & L_{\ddot{\alpha}} & L_{\dot{p}} & L_{\ddot{p}} \\ D_{\dot{h}} & D_{\ddot{h}} & D_{\dot{\alpha}} & D_{\ddot{\alpha}} & D_{\dot{p}} & D_{\ddot{p}} \\ M_{\dot{h}} & M_{\ddot{h}} & M_{\dot{\alpha}} & M_{\ddot{\alpha}} & M_{\dot{p}} & M_{\ddot{p}} \end{bmatrix} \times \begin{bmatrix} \dot{h} \\ \ddot{h} \\ \dot{\alpha} \\ \ddot{\alpha} \\ \dot{p} \\ \ddot{p} \end{bmatrix} \tag{313}$$

系数矩阵的组分一般称为气动导数，是折减速度的函数，表示为

$$V_{\mathrm{r}} = \frac{\overline{U}}{\omega B} \tag{314}$$

或者表示为折减频率的函数

$$K = \frac{1}{V_r} = \frac{\omega B}{\overline{U}} \tag{315}$$

仅在有限几种情况下获得了导数的解析表达式，一个是理想平板在耦合举倾模式下受到简单的简谐运动，伴随极小的振幅和平均零攻角；另一个是提升力作用于平板，由阶梯式位置变化引起，$h=1$ 和 $a=1$，暴露于零攻角均匀气流。

对于其他情况，气动导数需由试验确定。通常假定一个简单的简谐振动。对于这种情况，尽管速度相位相差 $90°$，加速度和位移由于同相位是一致的。Scanlan 给出的表达式已被广泛采用，即

$$\begin{bmatrix} L_f \\ D_f \\ M \end{bmatrix} = \frac{\rho \overline{U}^2 B}{2} \begin{bmatrix} KH_1^* & KH_2^* & K^2 H_3^* & \cdots & K^2 H_4^* & K^2 H_5^* & K^2 H_6^* \\ KP_5^* & KP_2^* & K^2 P_3^* & \cdots & K^2 P_6^* & KP_1^* & K^2 P_4^* \\ BKA_1^* & BKA_2^* & BK^2 A_3^* & \cdots & BK^2 A_4^* & BKA_5^* & BK^2 A_6^* \end{bmatrix} \times \begin{bmatrix} \dot{h}/\overline{U} \\ B\dot{\alpha}/\overline{U} \\ \alpha \\ h/B \\ \dot{p}/\overline{U} \\ h/B \end{bmatrix} \tag{316}$$

其中，18 个气动导数，H_1^*，H_2^*，$\cdots$，A_6^* 是折减频率的函数，$K = \omega B / \overline{U}$。对于平板的气动力学，气动导数表示为

$$H_1^* = -\frac{\pi}{k} F(k) \qquad\qquad H_2^* = -\frac{\pi}{4k}\left(1 + F(k) + \frac{2}{k} G(k)\right)$$

$$H_3^* = -\frac{\pi}{4k^2}\left(2F(k) - kG(k)\right) \qquad H_4^* = \frac{\pi}{2}\left(1 + \frac{2}{k} G(k)\right)$$

$$A_1^* = \frac{\pi}{4k} F(k) \qquad\qquad A_2^* = \frac{\pi}{16k}\left(-1 + F(k) + \frac{2}{k} G(k)\right)$$

$$A_3^* = \frac{\pi}{8k^2}\left(\frac{k^2}{8} + F(k) - \frac{k}{2} G(k)\right) \quad A_4^* = -\frac{\pi}{4k} G(k)$$

并且

$$H_5^* = H_6^* = A_5^* = A_6^* = 0 \quad P_j^* = 0 \quad (j = 1, 2, \cdots, 6)$$

其中，$F(k)$ 和 $G(k)$ 表示泰奥多森函数的实部和虚部，通过汉克尔函数

$$H_\nu^{(2)}(k) = J_\nu(k) - iY_\nu(k) \quad (\nu = 0, 1) \tag{317}$$

表示为

$$C(k) = F(k) + iG(k) = \frac{H_1^{(2)}(k)}{H_1^{(2)}(k) + iH_0^{(2)}(k)} \tag{318}$$

或者

$$F(k) = \frac{J_1(k)\left[J_1(k) + Y_0(k)\right] + Y_1(k)\left[Y_1(k) - J_0(k)\right]}{\left[J_1(k) + Y_0(k)\right]^2 + \left[Y_1(k) - J_0(k)\right]^2} \tag{319}$$

$$G(k) = \frac{Y_1(k)Y_0(k) + J_1(k)J_0(k)}{\left[J_1(k) + Y_0(k)\right]^2 + \left[Y_1(k) - J_0(k)\right]^2} \tag{320}$$

通过使用贝塞尔函数，$J_\nu(k)$ 和 $Y_\nu(k)$ $(\nu = 0, 1)$，其中 $k = K/2$ 通常表示折减频率（图 12.22）。

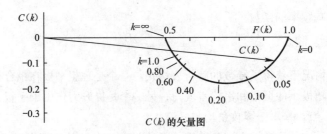

图 12.22 $C(k)$ 的矢量图（Fung，1955）

12.3.2.4 瞬态力

然而这些气动导数的定义是假设运动物体是进行一个简单的简谐耦合振动，就像是翼板的颤振分析，振幅极小。因此，不能直接应用于对任何瞬态运动的描述，可以通过对阶跃导纳力函数的卷积来获得。

当一个弦长为 B 的二维薄翼板置于均匀流 $\overline{U}$ 中，风攻角为 α 并从零开始阶梯式递增。仅有一半的提升力立即有效，而另一半提升力将逐渐得到（图 12.23），表示为

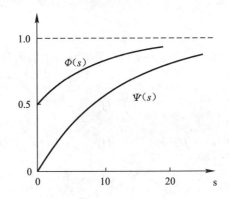

图 12.23 瓦格纳和库斯纳函数（Fung，1955）

$$L(\tau) = \pi\rho\overline{U}^2 Ba\Phi(\tau) \tag{321}$$

其中，$\tau = 2\overline{U}t/B > 0$ 是无量纲时间，$\Phi(\tau)$ 为瓦格纳函数，近似表示为

$$\Phi(\tau) = 1 - 0.165e^{-0.0455\tau} - 0.335e^{-0.300\tau} \tag{322}$$

瓦格纳函数与泰奥多森函数之间可以通过拉普拉斯逆变换表示为

$$\Phi(\tau) = L^{-1}\left[\frac{C(-is)}{s}\right] \tag{323}$$

这种关系表明阶跃提升和稳态正弦提升形成拉普拉斯变换对。指数函数的拉普拉斯变换可以表示为

$$L[e^{at}] = \frac{1}{s-a} \tag{324}$$

通常，非稳定气动力项可以通过一系列拉普拉斯变量形式的局部函数近似表示（Karpel，1981）。目前用于非稳定广义力系数的近似函数的最普遍形式为 Roger 表达式（Roger，1977），表示为

$$\mathbf{A}_P = \mathbf{Q}_1 + \mathbf{Q}_2 p + \mathbf{Q}_3 p^2 + \sum_{j=1}^{N}\frac{p}{p+\gamma_j}\mathbf{R}_j \tag{325}$$

当提升力由一个突然施加的向上恒风 $w_0(t)$ 作用时，另一个基本的表达式为

$$L(\tau) = \pi\rho\overline{U}^2 B \frac{w_0}{\overline{U}}\Psi(\tau) \tag{326}$$

其中，$\tau = 2\overline{U}t/B$ 表示无量纲时间，$\Psi(\tau)$ 为阶跃导纳，这一特殊情况称为库斯纳函数（图 12.23）。库斯纳函数与瓦格纳函数类似，在零时刻起始于 0，当 $\tau \to \infty$ 时，渐渐趋近于其稳态值 1。如果风是一个任意竖向速度分布 $w(t)$，提升力成为卷积或者杜哈梅尔积分，包含库斯纳函数的导数，相当于脉冲响应函数，表示为

$$L(\tau) = \pi\rho\overline{U}^2 B \int_0^\infty w(\tau-s)\Psi'(s)\mathrm{d}s \tag{327}$$

特别地，如果风变化是正弦形式，$w(s) = w_0\mathrm{e}^{iks}$，其中 $k = \omega B/2\overline{U}$，提升力表示为

$$L(s) = \pi\rho\overline{U}^2 B \frac{w(s)}{\overline{U}}\Theta(k) \tag{328}$$

其中，$\Theta(k)$ 为希尔斯函数，与库斯纳函数表示为

$$\Theta(k) = \int_0^\infty \Psi'(s)\mathrm{e}^{-iks}\mathrm{d}s = ik\int_0^\infty \Psi(s)\mathrm{e}^{-iks}\mathrm{d}s \tag{329}$$

以上阐释的卷积积分概念成为一个重要的时域分析工具。

12.3.3　空气动力失稳

12.3.3.1　空气动力失稳的概念

举例来说，考虑一个梁的扭转运动。如果外部激励是一个第 12.3.2.2 节中定义的俯仰力矩，二维运动方程表示为

$$J\ddot{\phi} + C\dot{\phi} + K\phi = \frac{\rho\overline{U}^2}{2}B^2 C_M(\phi, \dot{\phi}, \cdots) \tag{330}$$

其中，J 为极质量矩，C 和 K 表示适当的阻尼和结构刚度，C_M 未知。然而，如果 $C_M = a\phi + b\dot{\phi}$，可以简单表示为

$$\ddot{\phi} + 2\zeta_S\omega_T\dot{\phi} + \omega_T^2\phi = \frac{\rho\overline{U}^2 B^2}{2J}(a\phi, b\dot{\phi}) \tag{331}$$

其中，$\omega_r = \sqrt{K/J}$ 和 $\zeta_S = C/(2J\omega_T)$，或者

$$\ddot{\phi} + 2(\zeta_S + \zeta_a)\omega_T\dot{\phi} + \omega_T^2(1 - S_a)\phi = 0 \tag{332}$$

其中

$$\zeta_a = \frac{\rho\overline{U}^2 B^2}{4\omega_T J}b(U_r), \quad S_a = \frac{\rho\overline{U}^2 B^2}{2J\omega_T^2}a(U_r), \quad U_r = \frac{\overline{U}}{B\omega_T} \tag{333}$$

由于气动导数 a 和 b 未知，方程（332）表明可能存在两种类型的气动失稳，表示为

$$\zeta_S + \zeta_S < 0 \to 负阻尼 \to 颤振 \tag{334}$$

$$S_a > 1 \to 负刚度 \to 发散 \tag{335}$$

12.3.3.2　桥梁颤振分析的发展历史

颤振和不稳定空气动力学

在飞行早期，由气动弹性现象引起的飞机机翼的动力失效已经被关注，但直到 20 世纪 20 年代非稳态机翼理论才真正获得发展。1922 年，Birnbaum 第一次给出了简谐振动平板的气动提升力的解析表达式，通过应用附着涡的 Prandtl 理论。在以后的十年里，对振动二维板的不

稳定气动力的分析受到了广大空气动力学家的关注，诸如 Wagner、Glauert、Küssner、Duncan 和 Collar，而 Theodorsen 在 1935 年对该问题进行了最全面的解答。类似的解决方法也在欧洲由 Küssner 和 Schwartz、Cicala、Schmieden、Ellenberger 等提出，但是 Theodorsen 在 1930 年给出的解决方法应用最为广泛。

塔科马海峡大桥的倒塌事故发生不久，经常被拿来与覆冰拉索的弛振以及飞机机翼的颤振进行比较。Bleich 在 1949 年尝试采用 Theodorsen 空气动力学表达式将该事故作为颤振进行分析，结果发现临界颤振风速计算值高于塔科马海峡的风速。显然，通过势流理论计算的机翼颤振系数不能直接应用于比较钝的气动力学截面形式，比如桥梁断面。

Bleich 试图通过修正 Theodorsen 表达式解决这一缺陷，考虑了一个附加提升力项对应于桥面板前端形成的涡流效应，但不是十分成功。Pugsley 对此发表评论，表示通过试验确定的气动系数比 Theodorsen 系数更加有效。他是正确的。后来，由于 20 世纪 60 年代后期在 Severn 大桥和 Lillebælt 大桥上的成功应用，采用扁平流线型箱梁作为悬索桥加强主梁越来越普遍。在这些实例中，气流分离要比塔科马截面小得多，而 Bleich 采用 Theodorsen 力的初始计算实际上获得了一个十分合理的近似值。

不稳定气动力的试验确定

Theodorsen 的分析基于势流理论，假定流体沿着物体的刚性表面流动。然而，颤振失稳的基本特性为流体分离。失速颤振现象是一个特别的螺旋桨和涡轮叶片失稳问题，其特征表现为临界颤振速度骤降引起俯仰或扭转振动以及强非线性响应。

自 20 世纪 30 年代开始，在涉及流体分离，没有任何确定失速机翼的不稳定气动力的分析方法时，尝试对其进行了广泛的试验评估。基本上有两种途径，一种是当物体做特定运动时，通过测力计、应变仪等工具直接测量气动力组分；另一种是通过物体运动间接计算力。同样的原理已经应用于翼板和桥面板。

Försching 使用直接方法对各种棱柱体的不稳定气动力进行测量。Ukeguchi 等人在 1966 年第一个将其应用于桥面板截面。刚性桥面板模型在二维气流中做特定频率和振幅范围的简谐运动，并识别模型支撑处的反力。Halfman 在 1952 年将其广泛应用于翼板气动力研究。在日本，受迫振动技术得到广泛发展，各种钝体断面气动力学及其非线性特征得到研究。最近发展的高速压力扫描技术可以同步测量多点的动态压力信号并实时集成，应用该项技术可以为受迫振动方法有效测量不稳定气动力（King 等人，1991）。

相对于直接测量方法，气动力的间接测量通过识别气流中模型的响应，通常需要较为简单的实验装置及熟练的操作。Scanlan 和 Sabzevari 在 1968 年首次将该方法应用于桥梁空气动力学，并已在世界范围内广泛应用。系统识别技术的应用极大促进了该方法的发展，近几年几乎同时在欧洲、美国和日本得到发展（比如，Poulsen 等人，1991）。

大部分测量方法适用于二维平稳气流，力系数假定由位移和其对时间的一阶导数的线性组合获得。研究人员已经尝试研究湍流影响和导数的非线性，但方法和结果对于实际应用来说仍然过于复杂。

二维颤振分析表达式

一旦建立了不稳定气动力，可以确定气动失稳的临界状态。分析此类问题的最传统的方法是应用片条假定。其中，气流和物体之间的相互作用通过与结构纵轴垂直的二维截面确定。因此，任何沿结构纵轴的三维效应均假定被忽略。运动方程可以表示为

$$\begin{bmatrix} m & 0 \\ 0 & J \end{bmatrix}\begin{bmatrix} \ddot{h} \\ \ddot{\alpha} \end{bmatrix} + \begin{bmatrix} C_h & 0 \\ 0 & C_a \end{bmatrix}\begin{bmatrix} \dot{h} \\ \dot{\alpha} \end{bmatrix} + \begin{bmatrix} K_h & 0 \\ 0 & K\alpha \end{bmatrix}\begin{bmatrix} h \\ \alpha \end{bmatrix} = \begin{bmatrix} L_h \\ M\alpha \end{bmatrix} \tag{336}$$

拖曳运动对于机翼来说一般认为不重要。在常规的颤振分析中，另一项假定为：不稳定气动力表示为折减频率的函数 $K=\omega B/\overline{U}$，假设在提升和俯仰中物体做简单的简谐运动，同时伴随相同的频率（f）和振幅。因此，方程（336）中，左侧均相对于时间建立，而气动力项实际上在频域给出。这就意味着该方程只在物体做特定运动时才适用，即

$$h(t) = h_0\,e^{i\omega t}, \quad \alpha(t) = \alpha_0\,e^{i\omega t} \tag{337}$$

将方程（337）代入方程（336），可以确定颤振条件 $\overline{U}_F$ 和 ω_F，而这个过程称为颤振分析。

二维颤振简化公式

在计算机出现之前，颤振分析必要的数值计算需要大量的努力。由于其计算过程十分冗长，考虑采用各种颤振计算的简化方法。对于一个薄翼板，由于气动力学工具是独特制定，对一组结构参数只需进行一次运算。Theodorsen 和 Garrick 在 1940 年进行了大量的参数研究并给出了一个计算翼板颤振速度的近似方程。对于桥面板的情况，几个研究人员进行了类似的尝试，其中最常提及的是 Selberg 公式，表示为

$$\overline{U}_F = \kappa B f_T \sqrt{\frac{r^*}{\mu}\left[1 - \left(\frac{f_V}{f_T}\right)^2\right]} \tag{338}$$

其中

$$r^* = \frac{r}{B}, \quad r = \sqrt{\frac{J}{m}}, \quad \mu = \frac{\rho B^2}{m} \tag{339}$$

m 和 J 表示桥面板单位长度的质量和质量矩，f_V 和 f_T 分别表示弯曲和扭转基本固有频率。系数 κ 用于调整由于桥面板截面形状不同造成的颤振速度差异，平板时取 1。Selberg 在 1963 年给出了一些气动力学钝化断面和不同风攻角的 κ 值。Klöppel 和 Weber、Rocard、Frandsen 以及同时期的其他一些研究人员也发展了一些类似的方法。

时域和频域分析

桥梁颤振分析一般在频域内执行，但也有在时域内进行的尝试工作。Scanlan 等人在 1974 年首次在时域内完整地解决该问题，介绍了在航空领域较早提出的阶跃函数。这一观点也被 Bucher 和 Lin 在 1988 年进一步发展至耦合模态颤振。当时遇到的困难之一是建立一个合适的功能因子用以定义对应于试验获得气动力学导数的阶跃函数，尤其是对于横截面并非流线型的情况。直到最近，发展有效的不稳定气动力时域表达式获得了广泛关注，同时可以与结构的有限元模型相结合，并包含过去被忽视的所有非线性问题。这一进展已经应用于大量特大跨桥梁项目的规划，例如明石海峡大桥、大贝尔特海峡大桥以及墨西拿海峡大桥。

Miyata 等人在 1995 年清楚地陈述了时域方法在预测风荷载作用下桥梁结构行为的优点，尤其是当与结构有限元模型相结合时。使用的表达式是常规的准稳态空气动力学方程并结合片条假定。Kovács 等人在 1992 年也采用了基本相同的方法。另一方面，Diana 等人在 1992 年提出了一个修正的准稳态理论，通过引入折减速度的等效力系数线性化的概念。该原理除了不能处理空气动力学记忆效应以及展向提升力一致性，在许多情况下已证实了其适用性。自激励的另一模型是通过有理函数近似表示不稳定气动力，可以认为是拉普拉斯变换函数（Tiffany 和 Adams 等人，1988）。大体上，该想法与使用阶跃函数相同。Xie 在 1985 年将该方法作为一个状态空间法广泛应用于三维多模态桥梁颤振分析。其他研究人员，包括 Lin 和 Li 等人（1993）、

Boonyapingyo 等人（1994）以及 Fujino 等人（1995）也采用了类似的方法。

12.3.3.3 三维颤振分析

直接方法与模态方法

不使用片条假定的三维结构颤振分析时间相对较短。可以采用两种方法进行计算：一种是直接对三维有限元结构模型应用不稳定气动力，不论是在频域还是时域（直接方法）；另一种是在各种振动模态下分别考虑结构响应并进行整合（模态叠加方法）。

直接方法由 Miyata 和 Yamada 在 1990 年提出，通过使用频域内的气动导数将导致复杂的特征值问题。该方法比较直接，但缺点在于其需要巨大的计算量并且需要解决复杂的特征值问题，整个过程相当耗时。另一方面，模态叠加方法已经得到广泛应用，发展了多种方法用于分析频域内的多模态颤振。Ager（1989，1991）和 Chen（1994）发展了模态技术用以解决线性二次特征值方程。随着应用于航空工业中的 p-K 方法的发展，Namini 等人（1992）和 Chen（1995）提出了一种更一般性的数值方法，称为 p-K-F 方法，通过求解模态方程确定颤振前后的结构行为。在这些方法的基础上，Lin 和 Yang（1983）、Jones 和 Scanlan（1991）、Tanaka 等人（1992）、Jain 等人（1996）以及其他一些学者直接使用行列式搜索法用于计算阻抗矩阵一般项的复杂特征值。

颤振方程表达式

其他学者对实际的计算流程进行了详细解释，例如 Miyata 和 Yamada（1990）和 Ge 和 Tanaka（1999）。然而，三维颤振分析的一般表达式可以简要概述如下。离散成一个 n 个自由度结构的桥梁的运动方程可以表示为

$$\mathbf{M}_S \ddot{\delta} + \mathbf{C}_S \dot{\delta} + \mathbf{K}_S \delta = \mathbf{F}_v \dot{\delta} + \mathbf{F}_d \delta \tag{340}$$

其中，$\mathbf{M}_S$、$\mathbf{C}_S$ 和 $\mathbf{K}_S$ 表示结构的质量、阻尼和刚度矩阵，δ 为结构挠曲向量，$\mathbf{F}_v$ 和 $\mathbf{F}_d$ 分别表示不稳定气动力矩阵的速度和位移部分，如前述方程（313）所示。风的静态作用与方程右边的气动力可以在颤振分析中去除，方程（340）可以简化为

$$\mathbf{M} \ddot{\delta} + \mathbf{C} \dot{\delta} + \mathbf{K} \delta = 0 \tag{341}$$

其中，$\mathbf{M} = \mathbf{M}_S$，$\mathbf{C} = \mathbf{C}_S - \mathbf{F}_v$ 以及 $\mathbf{K} = \mathbf{K}_S - \mathbf{F}_d$。如果考虑模态叠加方法，方程（341）可以表示为

$$\widetilde{\mathbf{M}} \ddot{\boldsymbol{\Phi}} + \widetilde{\mathbf{C}} \dot{\boldsymbol{\Phi}} + \widetilde{\mathbf{K}} \boldsymbol{\Phi} = 0 \tag{342}$$

其中，$\widetilde{\mathbf{M}} = \mathbf{X}^T \mathbf{M} \mathbf{X}$，$\widetilde{\mathbf{C}} = \mathbf{X}^T \mathbf{C} \mathbf{X}$ 以及 $\widetilde{\mathbf{K}} = \mathbf{X}^T \mathbf{K} \mathbf{X}$ 分别表示广义质量、阻尼和刚度矩阵。位移矢量可以表示为

$$\delta = \mathbf{X} \boldsymbol{\Phi} \tag{343}$$

其中，$\mathbf{X}$ 和 $\boldsymbol{\Phi}$ 分别表示为模态矩阵和广义坐标向量。通过在广义坐标假定一个简单的简谐振动，即

$$\boldsymbol{\Phi}(t) = \boldsymbol{\Phi} e^{\lambda t} \tag{344}$$

其中，$\lambda = \lambda_R + i \lambda_I$，而颤振条件表示为

$$|\lambda^2 \widetilde{\mathbf{M}} + \lambda \widetilde{\mathbf{C}} + \widetilde{\mathbf{K}}| = 0 \tag{345}$$

相应的圆频率 ω 和阻尼比 ζ 可以根据复杂特征值定义为

$$\omega = \sqrt{\lambda_R^2 + \lambda_I^2}, \quad \zeta = \frac{\lambda_R}{\sqrt{\lambda_R^2 + \lambda_I^2}} \tag{346}$$

$\zeta=0$ 时确定颤振临界速度 $\overline{U}_{\mathrm{F}}$，而根据相应的 λ_{I} 值确定 ω_{F}。

模态参与

假定在自激气动力作用下固有模态之间发生动态耦合，几乎所有的三维颤振分析都是在频域内执行，并基于模态叠加的想法。然而，应该注意的是关于该假设存在一些基本问题。首先，参与失稳的固有模态的数量和类型，特别是对于大型结构或者正在施工的刚度尚未完整的结构，失稳可以由超过两个振动模态引起。其次，该模态组合只是对颤振模态的一个近似表达，无从考证其正确性。尤其当参与模态之间缺乏几何关系，颤振模态变得相当复杂。从这一角度来看，需要发展一个更加全面和准确的方法用于颤振模态分析，同时提高对索承桥梁气动失稳的理解。

Ge 和 Tanaka 在 1999 年通过考虑振动多重固有模态和全固有模态的参与研究模态问题，对于大跨度索承桥梁尤其重要。多重模态和全模态颤振分析方法均采用了线性不稳定气动力的一般表达式，包括 18 个无量纲气动导数，考虑竖向弯曲、俯仰扭转和横向弯曲及其模态相互作用。多重模态方法采用多自由度模型技术并在结构运动方程中包含自激气动力相互作用，形成一个与颤振中参与的固有模态数量同阶的不对称特征值问题。特征矩阵的特征值解表示存在预先选择的对应于给定风速的振动。对于全模态方法，没有必要假定颤振模态为目标结构的一些固有模态的组合。实际上，该方法有不对称特征值问题，包括完整的固有模态并代表所有可能的系统振动，但是只能解决前几个特征根，其中包括最重要的对应于最低颤振速度的根。

比较前述两种方法的数值结果发现，假定仅有基本弯曲和扭转固有模态参与颤振响应，得到的结果趋于保守。并且，包含足够数量固有模态的多重模态分析可以得到一个近似于全模态分析方法的具有较好准确度的解答。

12.3.3.4　驰振

气动钝化截面的结构有时会在与风向垂直的平移运动中发生气动失稳，比如塔、起重机以及冰覆拉索，由于其激烈的特征被称为驰振。驰振是一种自激运动，并且结构运动本身是由于负气动阻尼引起。与前述的颤振失稳的主要区别在于：

(1) 驰振的振动幅值会变得很大，远超过截面线性尺寸，经常导致结构破坏。

(2) 振动趋向于导致强烈的非线性。

(3) 响应通常受到湍流的影响。

由于驰振运动在高风速下常常有非常大的振幅，只有在清晰地识别作用于结构截面气动力的情况下，响应才可以通过应用准稳定分析进行预测。Den·Hartog 在 1932 年给出了失稳标准，表示为

$$\left| \frac{\mathrm{d}C_{\mathrm{L}}}{\mathrm{d}\alpha} + C_D \right|_{\alpha=0} < 0 \tag{347}$$

对于大桥主梁，特别是箱形截面有时满足上述条件，即，当箱梁高度较大时，例如大于桥面板宽度的四分之一。

驰振区别于颤振失稳的一个特征是其强烈的非线性。由于这种情况下的动态位移较大，风向与桥面板的相对风攻角可以表示为

$$\alpha = \arctan\left(\frac{\dot{z}}{U} \right) \tag{348}$$

这种情况的气动提升力被替换为一个横向力，在 $-z$ 方向为正，定义为

$$F_z(\alpha) = -(L\cos(\alpha) + D\sin(\alpha)) = \frac{\rho \overline{U}^2}{2} d \cdot C_{Fz}(\alpha) \tag{349}$$

其中，提升力和拖曳力定义为

$$L(\alpha) = \frac{\rho \overline{U}_{rel}^2}{2} d \cdot C_L(\alpha), \quad D(\alpha) = \frac{\rho \overline{U}_{rel}^2}{2} d \cdot C_D(\alpha), \quad \overline{U}_{rel} = \overline{U}\sec(\alpha) \tag{350}$$

因此，横向力系数为

$$C_{Fz}(\alpha) = -(C_L + C_D\tan(\alpha))\sec(\alpha) \tag{351}$$

并且

$$\frac{dC_{Fz}}{d\alpha} = -\left[\frac{dC_L}{d\alpha} + C_D(1 + 2\tan^2(\alpha))\right]\sec(\alpha) - \left(C_L + \frac{dC_D}{d\alpha}\right)\tan(\alpha)\sec(\alpha) \tag{352}$$

当 $dC_{Fz}/d\alpha$ 在 $\alpha = 0$ 的值为正时，横向力激发振动。方程（347）给出的 Den Hartog 标准是失稳的必要条件。通过代入方程（348）～方程（351），得到

$$C_{Fz}(\alpha) = \sum_{i=odd} A_i \left(\frac{\dot{z}}{U}\right)^i + \sum_{j=even} A_j \left(\frac{\dot{z}}{U}\right)^j \frac{\dot{z}}{|\dot{z}|} \tag{353}$$

在许多情况下，振动的一阶模态在响应中起到支配作用，因此

$$Q_i(t) = \int_L L(y, t)\Psi_i(y)dy \approx \frac{\rho \overline{U}d}{2} A_1 \dot{q}_1 \int_L \Psi_1^2(y)dy \tag{354}$$

因此，作为一阶方程

$$\ddot{q}_1 + 2\omega_1\left(\zeta_1 - \frac{\rho \overline{U}d}{4\omega_1 m_e}A_1\right)\dot{q}_1 + \omega_1^2 q_1 = 0 \tag{355}$$

从而得到 Den Hartog 标准的精确形成，表示为

$$\left[\frac{dC_L}{d\alpha} + C_D\right]_{\alpha=0} < \frac{4\omega_1 m_e}{\rho \overline{U}d}\zeta_1 \tag{356}$$

上式中 m_e 为一个等效质量。进而，非线性运动方程可以表示为

$$\ddot{z} + \omega_1^2 z + F(\dot{z}) = 0 \tag{357}$$

其中

$$F(\dot{z}) = 2\zeta_1\omega_1\dot{z} - \frac{\rho \overline{U}^2 d}{2m}\left[\sum_{i=odd} A_i \left(\frac{\dot{z}}{\overline{U}}\right)^i + \sum_{j=even} A_j \left(\frac{\dot{z}}{\overline{U}}\right)^j \frac{\dot{z}}{|\dot{z}|}\right] \tag{358}$$

根据能量原理

$$W = \oint F(\dot{z})dz(t) = 0 \tag{359}$$

这将决定一定风速范围内的非线性极限循环。

12.3.3.5 扭转失稳

考虑一个单自由度系统，扭转失稳应与单自由度驰振一同考虑。然而，由于选取有效风攻角存在一定困难，其准稳态分析并不是十分简单。Blevins 在 1990 年较好地总结了 Modi 以及 Nakamura 和 Mizota 的分析工作。

为了避免任何可能的不明确，使用不稳定气动力更加有意义。相关项有俯仰力矩的 A_2^* 和 A_3^*。因此，运动方程为

$$\ddot{\alpha} + 2\zeta_a\omega_a\dot{\alpha} + \omega_a^2\alpha = \frac{\rho \overline{U}^2}{2J}B^2\left(KA_2^* \frac{B\dot{\alpha}}{\overline{U}} + K^2 A_3^* \alpha\right) \tag{360}$$

其中，如前所述，气动力系数 A_2^* 和 A_3^* 假定为折减频率 $K = \omega B/\overline{U}$ 的函数。如果假设不

与其他任何模态发生耦合，$\omega = \omega_a$，失稳起始的临界条件定义为

$$A_2^* = \frac{4J\zeta_a}{\rho B^4} \tag{361}$$

12.3.4　抖振

12.3.4.1　一般特征

抖振是由风的湍流引起的动态结构响应，固有存在于自然风或由上游物体的存在而产生，通常作为由速度波动引起的时变气动力作用下的受迫振动进行考虑和分析。抖振是一个随机振动，包含宽幅频率组分并且其振幅是随机波动的。然而，桥面板的抖振通常表现为窄带响应，仅出现首几个模态并且振幅相当随机，并随着平均风速的增加以抛物线的形式增加，峰值响应幅值一般为均方根响应的 4 倍以上。抖振对结构的影响是长期性的但通常不会造成灾难性的后果，比如疲劳损伤可能会成为一个严重的工程隐患。

12.3.4.2　分析预测

二维准稳态假定

通过应用常规准稳态空气动力学和片条理论的概念，单位桥面板长度的二维气动提升力可以近似表示为

$$L(y,t) = \frac{\rho \overline{U}^2}{2} B \frac{dC_L}{d\alpha} \frac{w - \dot{z}}{\overline{U}} \tag{362}$$

其中，$dC_L/d\alpha$ 为提升力斜率，$w(t)$ 为速度矢量的垂直分量。方程（362）是通过将提升力系数替换为提升力斜率和瞬时风攻角的乘积 $(w - \dot{z})/\overline{U}$ 而得到。空气动力学阻尼可以表示为

$$\zeta_{ai} = \frac{\rho \overline{U} B}{4\omega_i M_i} \frac{dC_L}{d\alpha} \int_L \Psi_i^2(y) dy \tag{363}$$

并且，对应于桥面板竖向弯曲的抖振力为

$$Q_i(t) = \frac{\rho \overline{U} B}{2} \frac{dC_L}{d\alpha} \int_L w(y,t) \Psi_i(y) dy \tag{364}$$

通过对方程（364）进行自相关运算并应用傅立叶变换，谱密度函数 $Q_i(t)$ 可以表示为

$$G_{Qi}(f) = \left(\frac{\rho \overline{U}}{2} \frac{dC_L}{d\alpha}\right)^2 \int_L \int_L |X_a(y_1, y_2; f)|^2 G_w(y_1, y_2; f) \Psi_i(y_1) \Psi_i(y_2) dy_1 dy_2 \tag{365}$$

气动导纳与联合接纳

在方程（365）中，出现了一个新函数 X_a，是代表气动提升力在激发结构中的整体有效性。主要是一个频率的函数，而且在片条理论中假定提升力展向相关，可以与速度的横向相关建立联系，表示为

$$|X_a(y_1, y_2; f)|^2 G_w(y_1, y_2; f) \approx |X_a(f)|^2 G_w(f) \widetilde{R}_L(y_1, y_2; f) \tag{366}$$

因此

$$G_{Qi}(f) \approx \left(\frac{\rho \overline{U} B}{2} \frac{dC_L}{d\alpha}\right)^2 |X_a(f)|^2 G_w(f) |J_i(f)|^2 \tag{367}$$

其中

$$|J_i(f)|^2 = \int_L \int_L \widetilde{R}_L(y_1, y_2; f) \Psi_i(y_1) \Psi_i(y_2) dy_1 dy_2 \tag{368}$$

式（368）表示联合接纳函数。$\widetilde{R}_L = (y_1, y_2; f)$ 为提升力相关系数，通常近似为

$$\widetilde{R}_L = (y_1, y_2; f) \approx \exp\left(-c\left(\frac{f\Delta y}{\overline{U}}\right)^k\right) \tag{369}$$

其中，$\Delta y = |y_1 - y_2|$。力相关经常假定为速度相关，而实际上已经发现提升力比速度组分更趋于相关，这意味着基于该假定计算出的响应将略少于实际值。$|X_a(f)|^2$ 称为气动导纳函数。

【例 12.9】[拖曳激励作用下的水平线形结构] 考虑一根水平梁的抖振响应，长度为 L，单位长度质量为 m，横向弯曲刚度为 EI。受到垂直于梁轴的湍流风作用，包括由于波动拖曳产生的水平弯曲运动，运动方程为

$$m\ddot{x} + (EIx'')'' = p(y, t) \tag{370}$$

响应表示为 $x(y, t) = \sum_r \phi_r(y) q_r(t)$，模态物理量表示为

$$M_r = \int_L m(y) \phi_r^2(y) \mathrm{d}y \tag{371}$$

$$K_r = (2\pi f_r)^2 M_r \tag{372}$$

$$C_r = 2\zeta_r \sqrt{M_r K_r} \tag{373}$$

$$Q_r(t) = \int_L p(y, t) \phi_r(y) \mathrm{d}y \tag{374}$$

模态运动方程表示为

$$M_r(\ddot{q}_r + 2\zeta_r \omega_r \dot{q}_r + \omega_r^2 q_r) = Q_r(t) \tag{375}$$

均方响应表示为

$$\sigma_x^2(y) = \sum_i \sum_j \overline{q_i q_j} \phi_i(y) \phi_j(y) \approx \sum_r \overline{q_r^2} \phi_r^2(y) \tag{376}$$

其中

$$\overline{q_r^2} = \frac{1}{K_r^2} \int_0^\infty |H_r(f)|^2 G_{Q_r}(f) \mathrm{d}f \tag{377}$$

$$G_{Q_r}(f) = \int_L \int_L G_P(y_1, y_2; f) \phi_r(y_1) \phi_r(y_2) \mathrm{d}y_1 \mathrm{d}y_2 \tag{378}$$

并且

$$G_p(y_1, y_2; f) = G_P(f) \widetilde{R}_P(y_1, y_2; f) \tag{379}$$

力相干性 $\widetilde{R}_P(y_1, y_2; f)$ 未知。Davenport 假定其与速度相干性 $\widetilde{R}_u(y_1, y_2; f)$ 相同，即

$$\widetilde{R}_P(y_1, y_2; f) = \widetilde{R}(y_1, y_2; f) = e^{-f|y_1 - y_2|/\overline{U}} \tag{380}$$

因此

$$G_{Q_r}(f) = G_P(f) |J_r(f)|^2 \tag{381}$$

其中

$$|J_r(f)|^2 = \int_L \int_L \widetilde{R}_P(y_1, y_2; f) \phi_r(y_1) \phi_r(y_2) \mathrm{d}y_1 \mathrm{d}y_2 \tag{382}$$

表示联合接纳函数。代入这些表达式，均方模态响应表示为

$$\overline{q_r^2} = \frac{1}{K_r^2} \int_0^\infty |H_r(f)|^2 G_{Q_r}(f) \mathrm{d}f = \frac{1}{K_r^2} \int_0^\infty |H_r(f)|^2 |J_r(f)|^2 G_P(f) \mathrm{d}f \tag{383}$$

其中

$$|H_r(f)|^2 = \frac{1}{(1 - (f/f_r)^2)^2 + (2(\zeta_{s,r} + \zeta_{a,r}) f/f_r)^2} \tag{384}$$

$$G_P(f) = \left(\frac{2\overline{P}}{\overline{U}}\right)^2 \mid X_r(f)\mid^2 G_u(f) \tag{385}$$

$\zeta_{S,r}$ 和 $\zeta_{a,r}$ 分别表示结构阻尼和气动阻尼。基于准稳态理论，第 r 阶模态的气动阻尼可以近似表示为

$$\zeta_{a,r} = \frac{\rho A C_D \overline{U}}{2\omega_r m_r} \tag{386}$$

其中

$$m_r = \frac{\displaystyle\int_L m(y)\phi_r^2(y)\mathrm{d}y}{\displaystyle\int_L \phi_r^2(y)\mathrm{d}y} \tag{387}$$

气动导纳函数 $\mid X_r(f)\mid^2$ 需要进行定义，对于这种分析需要注意如下几个重要方面：

(1) 忽略模态耦合项，尽管这不应该有太大影响。

(2) 展向力相干可能高于假定。

(3) 气动导纳：是一个替罪羊？

(4) 对于不稳定气动力，如果可能的话最好使用实测导数。

【例 12.10】［提升激励作用下的水平线形结构］考虑【例 12.9】中的梁，由于提升力引起的抖振激励，响应可以表示为

$$z(y,t) = \sum_r q_r(t)\phi_r(y)B \tag{388}$$

模态运动方程表示为

$$\ddot{q}_r + 2(\zeta_{S,r} + \zeta_{a,r})\omega_r \dot{q}_r + \omega_r^2 q_r = \frac{Q_r(t)}{M_r} \tag{389}$$

其中

$$M_r = \int_L m(y)\phi_r^2(y)\mathrm{d}y \tag{390}$$

通过使用 Scanlan 型气动导数，气动阻尼可以表示为

$$\zeta_{a,r} = -\frac{H_1^*}{2\mu_r}\int_L \phi_r^2(y)\mathrm{d}y \tag{391}$$

其中，$\mu_r = M_r/L\rho B^2$ 为模态质量比，导数 H_1^* 为折减频率 $K = B\omega_r/\overline{U}$ 的函数。如果采用准稳态方法，那么

$$\zeta_{a,r} = \frac{1}{4\mu_r L}\frac{1}{K}\frac{\mathrm{d}C_L}{\mathrm{d}\alpha}\int_L \phi_r^2(y)\mathrm{d}y \tag{392}$$

广义抖振力可以表示为

$$Q_r(t) = \frac{\rho\overline{U}}{2}\frac{\mathrm{d}C_L}{\mathrm{d}\alpha}\int_L w(y,t)\phi_r(y)\mathrm{d}y \tag{393}$$

$Q_r(t)$ 的自相关为

$$R_{Q_r}(\tau) = \left(\frac{\rho\overline{U}}{2}\frac{\mathrm{d}C_L}{\mathrm{d}\alpha}\right)^2\int_L\int_L \overline{w(y_1,t)w(y_2,t+\tau)}\phi_r(y_1)\phi(y_2)\mathrm{d}y_1\mathrm{d}y_2 \tag{394}$$

通过应用傅立叶变换，可以得到 $Q_r(t)$ 的谱密度函数。考虑气动导纳的概念，那么

$$G_{Q_r}(f) = \left(\frac{\rho\overline{U}}{2}\frac{\mathrm{d}C_L}{\mathrm{d}\alpha}\right)^2\mid X_r(f)\mid^2\int_L\int_L C_w(y_1,y_2;f)\phi_r(y_1)\phi_r(y_2)\mathrm{d}y_1\mathrm{d}y_2 \tag{395}$$

其中，$C_w(y_1,y_2;f) = G_w(f)R_w(y_1,y_2;f)$ 为速度组分 $w(t)$ 的协谱。通常应用速度相关

而不是力相关，这一近似可能不对，且很有可能低估结构响应。模态响应谱表示为

$$G_{qr}(f) = \frac{|H(f)|^2}{K_r^2}G_{Q_r}(f) \tag{396}$$

其中

$$|H_r(f)|^2 = \frac{1}{(1-(f/f_r)^2)^2 + (2(\zeta_{\mathrm{S},r} + \zeta_{\mathrm{a},r})f/f_r)^2} \tag{397}$$

因此

$$\sigma_{qr}^2 = \int_0^\infty G_{qr}(f)\mathrm{d}f = \left(\frac{\rho B\overline{U}}{2K_r}\frac{\mathrm{d}C_\mathrm{L}}{\mathrm{d}\alpha}\right)^2\int_0^\infty G_w(f)|J_r(f)|^2|H_r(f)|^2\mathrm{d}f \tag{398}$$

其中，联合接纳函数定义为

$$|J_r(f)|^2 = \int_L\int_L \widetilde{R}_w(y_1,y_2;f)\phi_r(y_1)\phi(y_2)\mathrm{d}y_1\mathrm{d}y_2 \tag{399}$$

均方响应表示为

$$\sigma_\mathrm{z}^2(y) \approx \sum_r \sigma_{qr}^2\phi_r^2(y) \tag{400}$$

【例 12.11】[竖向线形结构的顺风向响应] 考虑一个薄的竖向结构，比如塔。高度为 H，受到边界层风作用。平均速度分布一般表示为

$$\overline{U}(z) = \overline{U}_\mathrm{H}\left(\frac{z}{H}\right)^\alpha \tag{401}$$

应用模态分析，那么

$$x(y,t) = \sum_r \phi_r(z)q_r(t) \quad \sigma_x^2(z) \approx \sum_r \overline{q_r^2}\phi_r^2(z) \tag{402}$$

该表达式得出 $\overline{q_r^2}$ 与前述同，除了气动阻尼可以近似表示为

$$\zeta_{\mathrm{a},r} \approx \frac{1}{M_r\omega_r}\int_0^H \frac{\overline{P}(z)}{\overline{U}(z)}\phi_r^2(z)\mathrm{d}z \tag{403}$$

并且

$$\overline{P}(z) = \frac{\rho\overline{D}C_\mathrm{D}}{2}\overline{U}^2(z) \tag{404}$$

广义力 $Q_r(t)$ 的谱密度表示为

$$G_{Q_r}(f) = \int_0^H\int_0^H G_\mathrm{P}(z_1,z_2;f)\phi_r(z_1)\phi_2(z_2)\mathrm{d}z_1\mathrm{d}z_2 \tag{405}$$

其中

$$G_\mathrm{P}(z_1,z_2;f) = \sqrt{G_\mathrm{P}(z_1,f)G_\mathrm{P}(z_2,f)} \cdot \overline{R}_\mathrm{P}(z_1,z_2;f) \tag{406}$$

其中

$$G_\mathrm{P}(z,f) = \left(\frac{2\overline{P}(z)}{\overline{U}(z)}\right)^2|X_\mathrm{a}(f)|^2 G_\mathrm{u}(z,f) \tag{407}$$

其中

$$G_\mathrm{u}(z,f) \approx G_\mathrm{u}(H,f) \tag{408}$$

并且

$$\widetilde{R}_\mathrm{P}(z_1,z_2;f) \approx \widetilde{R}_\mathrm{u}(z_1,z_2;f) \approx \exp\left(-c_\mathrm{V}\frac{f|z_1-z_2|}{\overline{U}(z_\mathrm{m})}\right) \tag{409}$$

因为 $z_\mathrm{m} = \dfrac{z_1+z_2}{2}$，得到

$$\sqrt{G_{\mathrm{P}}(z_1,f)G_{\mathrm{P}}(z_2,f)} = 4\,\frac{\overline{P}(z_1)}{\overline{U}(z_1)}\,\frac{\overline{P}(z_2)}{\overline{U}(z_2)}\mid X_{\mathrm{a}}(f)\mid^2 G_{\mathrm{u}}(f) \tag{410}$$

并且

$$\frac{\overline{P}(z)}{\overline{U}(z)} = \frac{\rho\overline{D}C_{\mathrm{D}}}{2}\overline{U}(z) = \frac{\overline{P}_{\mathrm{H}}}{\overline{U}_{\mathrm{H}}}\,\frac{\overline{U}(z)}{\overline{U}_{\mathrm{H}}}\quad \overline{P}_{\mathrm{H}} = \frac{\rho\overline{D}C_{\mathrm{D}}}{2}\overline{U}_{\mathrm{H}}^2 \tag{411}$$

代入这些表达式，得到

$$G_{\mathrm{Q}r}(f)\approx\left(\frac{2\overline{P}_{\mathrm{H}}}{\overline{U}_{\mathrm{H}}}\right)G_{\mathrm{u}}(f)\mid X_{\mathrm{a}}(f)\mid^2\times\int_0^H\int_0^H\widetilde{R}_{\mathrm{u}}(z_1,z_2;f)\phi_r(z_1)\phi_r(z_2)\frac{\overline{U}(z_1)\overline{U}(z_2)}{\overline{U}_{\mathrm{H}}^2}\mathrm{d}z_1\mathrm{d}z_2 \tag{412}$$

$$\mid J_r(f)\mid^2 = \int_0^H\int_0^H\frac{\overline{U}(z_1)\overline{U}(z_2)}{\overline{U}_{\mathrm{H}}^2}\exp\left(-c_{\mathrm{V}}\,\frac{f\mid z_1-z_2\mid}{\overline{U}\mathrm{m}}\right)\phi_r(z_1)\phi_r(z_2)\mathrm{d}z_1\mathrm{d}z_2$$

$$\approx\frac{1}{(1+\alpha)^2}\,\frac{1}{1+\dfrac{c_{\mathrm{V}}}{3}\,\dfrac{fH}{\overline{U}_{\mathrm{H}}}} \tag{413}$$

其中，$\phi(z)=\dfrac{z}{H}$。例如，可以假定 $c_{\mathrm{V}}=8$。

【例 12.12】［有水平跨度的竖向结构］现实中，在以上分析中需要考虑结构的宽度。因此，目前在水平和竖向考虑的联合接纳函数可以表示为

$$G_{\mathrm{Q}}(f) = \left(\frac{2\overline{P}_{\mathrm{H}}}{\overline{U}_{\mathrm{H}}}\right)^2\mid J_{\mathrm{V}}(f)\mid^2\mid J_{\mathrm{H}}(f)\mid^2 G_{\mathrm{u}}(f) \tag{414}$$

其中

$$\mid J_{\mathrm{V}}(f)\mid^2\approx\frac{1}{(1+\alpha)^2}\,\frac{1}{1+\dfrac{8}{3}\,\dfrac{f_{\mathrm{H}}}{\overline{U}_{\mathrm{H}}}}\quad\text{且}\quad\mid J_{\mathrm{H}}(f)\mid^2\approx\frac{1}{1+10\dfrac{fB}{\overline{U}_{\mathrm{H}}}} \tag{415}$$

此外

$$\left(\frac{\sigma_X}{\overline{X}}\right)^2 = 16(1+\alpha)^2 I_{\mathrm{u}}^2\int_0^\infty\mid J_{\mathrm{V}}(f)\mid^2\mid J_{\mathrm{H}}(f)\mid^2\frac{G_{\mathrm{u}}(f)}{\sigma_{\mathrm{u}}^2}\mathrm{d}f \tag{416}$$

因此

$$\left(\frac{\sigma_X}{\overline{X}}\right)^2\approx16(1+\alpha)^2 I_{\mathrm{u}}^2\left[\mid J_{\mathrm{V}}(f)\mid^2\mid J_{\mathrm{H}}(f)\mid^2\frac{G_{\mathrm{u}}(f)}{\sigma_{\mathrm{u}}^2}\int_0^\infty\mid H(f)\mid^2\mathrm{d}f\right.$$

$$\left.+\int_0^\infty\mid J_{\mathrm{V}}(f)\mid^2\mid J_{\mathrm{H}}(f)\mid^2\frac{G_{\mathrm{u}}(f)}{\sigma_{\mathrm{u}}^2}\right] \tag{417}$$

并且

$$\int_0^\infty\mid H(f)\mid^2\mathrm{d}f = \frac{\pi_{f0}}{4\zeta_{\mathrm{S}}} \tag{418}$$

其中，f_0 为特征频率，ζ_{S} 为结构阻尼。最后得到

$$\int_0^\infty\mid J_{\mathrm{V}}(f_0)\mid^2\mid J_{\mathrm{H}}(f_0)\mid^2\frac{G_{\mathrm{u}}(f)}{\sigma_{\mathrm{u}}^2}\mathrm{d}f\approx\int_{-\infty}^{\ln(f)}\frac{fG_{\mathrm{u}}(f)}{\sigma_{\mathrm{u}}^2}\mathrm{d}\ln(f) \tag{419}$$

其中，$f=3\overline{U}_{\mathrm{H}}/(8H)$。该表达式已被加拿大国家建筑规范所采用，用以考虑高层建筑的风荷载。

12.3.4.3　气动导纳

气动导纳是一个传递函数，表示气动力组分获得速度函数频率特性的效率，与流动湍流中

物体的几何外形有关。即使考虑一个理想的二维片条假定，由于有两个速度组分 (u, w) 并且各自对三个力组分 (L, D, M_P) 均有影响，因此物体的每个截面可能有 6 个不同的导纳函数，而只有其中的 3 个可能有实际意义。对以下函数进行解析评估十分困难。

希尔斯函数

一个典型的例子是，在一个正弦变化的 w 组分作用下的翼板，Sears 在 1941 年将该情况表示为

$$L = \frac{\rho \overline{U}^2}{2} B \frac{\mathrm{d}C_{\mathrm{L}}}{\mathrm{d}\alpha} \frac{w(t)}{\overline{U}} \Theta(k) \tag{420}$$

其中，$k = \dfrac{\pi f B}{\overline{U}}$ 和 $w(t) = w_0 \sin(\omega t)$。希尔斯函数 $\Theta(k)$ 表示为

$$\Theta(k) = (J_0(k) - iJ_1(k))C(k) + iJ_1(k) \tag{421}$$

使用 $C(k) = F(k) + iG(k)$，也可以表示为

$$|\Theta(k)|^2 = (J_0^2 + J_1^2)(F^2 + G^2) + J_1^2 + 2J_0 J_1 G - 2J_1^2 F \approx \frac{1}{1 + 2\pi k} \quad \text{(Liepmann,1952)} \tag{422}$$

达文波特表达式

$u(t)$ 和拖曳力 $D(t)$ 之间的导纳函数由 Davenport 在 1964 年通过速度相关的表面积分获得。当垂直于流体的一个平面上的压力相关近似表示为

$$\widetilde{R}_{\mathrm{u}}(f) \approx \exp\left(-k \frac{f\Delta}{\overline{U}}\right) \tag{423}$$

其中，$k \approx 7$，导纳函数为

$$|X(f)|^2 = \frac{1}{A^2} \int_0^D \int_0^D \int_0^B \int_0^B \widetilde{R}_{\mathrm{u}}(\Delta y)\widetilde{R}_{\mathrm{u}}(\Delta z)\,\mathrm{d}y_1\,\mathrm{d}y_2\,\mathrm{d}z_1\,\mathrm{d}z_2 \tag{424}$$

其中，$\Delta y = |y_1 - y_2|$ 和 $\Delta z = |z_1 - z_2|$。当 $B = D = \sqrt{A}$（正方形板）时，该表达式为

$$|X(f)|^2 = \left[\frac{2}{(k\xi)^2}(k\xi - 1 + \mathrm{e}^{-k\xi})\right]^2, \quad \xi = \frac{f\sqrt{A}}{\overline{U}} \tag{425}$$

维克瑞表达式

如同之前类似的概念，Vickery 在 1965 年得出如下表达式

$$|X(f)|^2 = \frac{1}{[1 + (2f\sqrt{A}/\overline{U})^{4/3}]^2} \tag{426}$$

实测结果

为通过试验测得气动导纳函数，曾经做了大量的尝试。一般的方法都是采用获得同时作用于截面模型的总体力谱与速度谱的比值。然而，由于测试环境不可能是理想的二维条件，经常存在的问题是对结果有两种不同的影响：任意特定截面的截面力的二维频率传递影响及其展向相干影响。为了避免这一问题，可通过识别沿窄带的截面周围的压力分布并分别测量这两个影响。最近，一种快速压力扫描装置的出现使其成为可能。有数据表明真实的二维导纳可能比想象的小很多，但同时展向力相关似乎比速度组分高很多。

12.3.4.4 峰值因子

特定采样周期内的稳态随机函数的最大瞬时值可以通过过程的统计特征估计得到，并表示为与标准差的比值。首先考虑一个稳态随机程序 $x(t)$，服从均值为 a_x 和标准差为 σ_x 的正态概

率分布。定义折减变量 $\eta=(x-\alpha_x)/\sigma_x$，过程的概率密度可以表示为

$$P(\eta) = \frac{1}{\sqrt{2\pi}} e^{-\eta^2} \tag{427}$$

Cartwright 和 Longuet-Higgins 首次推导了稳态随机过程最大值的累积分布函数的表达式。对于一个较大值 η，且 $\varepsilon \neq 1$，分布函数 $q(\eta)$ 可以近似表示为

$$q(\eta) \approx \sqrt{1-\varepsilon^2}\, e^{-\eta^2/2} \tag{428}$$

其中

$$\varepsilon = \sqrt{1 - \frac{m_2^2}{m_0 m_4}} \qquad m^r = \int_0^\infty n^r G(n)\mathrm{d}n \tag{429}$$

其中，$G(n)$ 为随机过程的功率谱。达文波特利用该表达式以及赖斯理论给出了极大值数量 N，$N \to \infty$，对于一个给定的周期 T：

$$N = \sqrt{m_4/m_2} \tag{430}$$

最大值的概率密度表示为

$$P_{max}(\eta)\mathrm{d}\eta = e^{-\xi}\mathrm{d}\xi \tag{431}$$

其中

$$\xi = Nq(\eta) = vT\exp\left(-\frac{\eta^2}{2}\right) \qquad v = \sqrt{\frac{m_2}{m_0}} \tag{432}$$

或者，相反地

$$\eta = \sqrt{2\ln(vT) - 2\ln(\xi)} = \sqrt{2\ln(vT)} - \frac{\ln(\xi)}{\sqrt{2\ln(vT)}} - \frac{(\ln(\xi))^2}{2(2\ln(vT))^{3/2}} + \cdots \tag{433}$$

利用这些方程，可以确定分布的特性。例如，均值表示为

$$\overline{\eta_{max}} = \int_{-\infty}^\infty \eta P_{max}(\eta)\mathrm{d}\eta = \int_{-\infty}^\infty \eta e^{-\xi}\mathrm{d}\xi = \sqrt{2\ln(vT)} + \frac{\gamma}{\sqrt{2\ln(vT)}} \tag{434}$$

其中，$\gamma = 0.5772$ 为欧拉常数，T 是采样周期。由于均方值表示为

$$\overline{\eta_{max}^2} \int_{-\infty}^\infty \eta^2 e^{-\xi}\mathrm{d}\xi \tag{435}$$

标准差为

$$\sigma(\eta_{max}) = \overline{\eta_{max}^2} - (\eta_{max})^2 = \frac{\pi}{\sqrt{6}}\sqrt{2\ln(vT)} \tag{436}$$

由方程（431）的最大值，可以得到

$$\mathrm{mode}(\eta_{max}) = \sqrt{2\ln(vT)} \tag{437}$$

并且概率密度为 $\sqrt{2\ln(vT)}/e$。

Davenport 在 1964 年对该理论做了如下评论："物理量 v 可以在物理上解释为能量谱中大部分能量集中的频率。因此，举例来说，当谈及风引起的结构响应时，轻阻尼系统通常接近固有频率。此外，对于风荷载问题，我们一般比较关注在一段时间内，比如一小时，可能出现的最大预测值。这些条件大体建议 vT 的取值在 $10^2 \sim 10^4$ 之间。"图 12.24 给出了 $vT=10^2$，10^3 和 10^4 的概率密度函数。为了进行比较，图中也给出了总体分布。图 12.24 强调了最大值分布的狭窄特点，特别是对于 vT 的较大值。实际上，在很多问题中假定最大值为平均最大值并且忽略变异性。从图 12.24 发现，实际的情况中在一小时内的峰值可能超过均值的 3.5～4.5 倍

标准差。

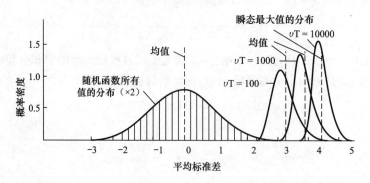

图 12.24　各种 vT 的最大值分布（Davenport，1964）

12.3.4.5　时域分析

　　如同其他动力学分析一样，抖振分析的表达式首先在时域内得到发展。然而，其发展是通过线性化方程实现并在频域内进行解决，而这一实践仍在进行。最近几年，计算机辅助技术飞速发展，飞机机翼的主动颤振控制已促使需要以时变模式表达不稳定气动力。以频域内获得的气动试验数据为基础，在时域内发展了非常有效的算法用以执行机翼的伺服控制。

　　在桥梁空气动力学领域，即使最初的表示式是在时域建立，同样主要应用频域方法解决风荷载作用问题。在第 12.3.3.2 节已有简要陈述，Scanlan 等人在 20 世纪 70 年代首次在时域内对该问题进行了全面解答，介绍了在航空领域较早提出的阶跃函数。直到最近，发展有效的不稳定气动力时域表达式获得了广泛关注，同时可以与结构的有限元模型相结合，并包含过去被忽视的所有非线性问题。这一进展已经应用于大量特大跨桥梁项目的规划，例如墨西拿海峡大桥和明石海峡大桥。

　　在时域内建立时变风荷载的表达式可以归纳如下：

　　（1）桥面板在某一时刻 t 受到瞬时湍流风激发，但同时在 $t-\tau$ 时刻也受到桥面板附近漩涡的影响。就是说风荷载包含一个记忆效应，或者在激励和真正的气动力之间存在一个相位滞后。在频域内该记忆效应通过气动导纳函数表示。

　　（2）移动的流体形成桥面板的初始作用力。同时，桥面板的运动与流体媒介相互作用并产生附加力，与物体运动不同相位。这些依赖于运动的自激力可以表示为一个或多个自由度，各自独立或者互相耦合。

　　（3）气动力沿桥跨方向并不是完全相关。临近的湍流风在展向的相关性并结合桥面板的振型，控制着气动力沿展向的分布。同时，相对于片条理论的假定，气动力展向相干性并不一定与临近的湍流一致。看起来力的展向相干性也取决于桥面板几何特性，尤其是其纵横比，湍流长度尺度以及湍流强度。

　　（4）风的模拟也有其自身的困难。一个适当的模拟应该对风波动的所有单点和两点统计量进行建模。局部应该遵循每个风组分以及所有速度分量的自谱和互谱的一阶矩和二阶矩。文献中可以找到这方面的讨论。这个问题非常重要，因为即使风荷载算法非常好，如果风场输入不恰当，结果必将严重失真。

　　对桥梁空气动力学中关于时间域分析的文献进行了简要回顾，文献中涉及的方法可以分为以下 5 类：

　　（1）准稳态空气动力学；

　　（2）修正的准稳态空气动力学；

　　（3）阶跃函数（傅立叶变换）；

　　（4）有理函数近似（拉普拉斯变换）；

　　（5）等效振荡器（神经网络和黑箱）。

　　Miyata 等人在 1995 年清楚地陈述了时域方法在预测风荷载作用下桥梁结构行为的优点，尤其是当与结构有限元模型相结合时。假定为稳态空气动力学以及片条理论，使用的表达式相当简单，并与 Davenport 的表达式非常一致。Kovács 等人在 1992 年也采用了基本相同的方法，除了包含用于大变形的结构非线性的有限元结构模型，用以评估极限使用状态。尽管这些准静态空气动力学方法存在许多缺点，Miyata 等人在 1995 年对一个大型悬索桥的计算结果与风洞试验结果相当吻合。局限性表现为：

　　（1）除了风荷载模型中气动阻尼的准稳态表达式，不包括运动引起的力。

　　（2）表示成气动导纳的记忆函数，过滤了风场模拟。

　　（3）力的展向相关性描述不足。

　　（4）假定气动提升力的中心固定于桥面板宽度的四分之一处。

　　最后的这个假定允许包含了扭转运动，定义为明显的风攻角或者在第 12.3.2.2 节中给出的相对风速。气动中心的位置随折减速度变化而改变。

　　Diana 等人在 1992 年和 1995 年采用了类似的方法对墨西拿海峡大桥的相关工作展开了研究，通过发展修正的准稳态理论改变了上述的一些局限性。在此，运动引起的力完全包含于气动力的表达式，通过试验确定气动导数。气动中心的位置也通过气动导数确定。注意到 Diana 等人提出了一个气动导数的不同形式，因此可以解释为准稳态表达式的导数。在高折减速度时，过程几乎是准稳态的，并且气动导数趋于 1。

　　为了包括运动引起的力，Diana 等人在 1992 年提出了一个对每个折减速度的等效线性化公式，表示为

$$C_L^*(\alpha_e) = C_{Ls}(\alpha_0) + \int_{\alpha 0}^{\alpha e} K_L^* \, d\alpha \tag{438}$$

　　其中，$C_L^*(\alpha_e)$ 为修正气动力系数，$C_{Ls}(\alpha_0)$ 为在平衡位置角度为 α_0 时的静态系数，K_L^* 为气动导数（也就是提升力随折减速度的变化率）。α_e 定义为明显风攻角，表示为

$$\alpha_e = \alpha - \frac{\dot{z}}{U} - n\frac{B\dot{\alpha}}{U} \tag{439}$$

　　其中，z 和 α 分别表示竖向位移和桥面板旋转角，B 为桥面板宽度，$\overline{U}$ 为平均风速，n 为气动中心位置，是折减速度的函数。该表达式的适用性已多次被证实，除了用于处理高阶振动模态。局限性归因于记忆效应和 Diana 等人未解决的力的展向相干性。

　　在历经几年的一系列论文中，Scanlan 等人在 1972 年和 1974 年描述了阶跃函数的使用，在气动力的时域表达式中包含了运动引起的力。自激力 F_{Ls} 的表达式为

$$F_{Ls} = \frac{\rho \overline{U}^2 B}{2} \frac{dC_L}{d\alpha} \int_0^s \left(\Phi_L(s_\tau) \alpha'(\tau) + \Psi_L(s - \tau) \frac{z''(\tau)}{B} \right) d\tau \tag{440}$$

　　其中，$s = \overline{U}t/B$，$\Phi_L(s)$ 表示由于风攻角逐步变化产生的阶跃响应函数，$\psi_L(s)$ 表示与竖向速度逐步变化有关的阶跃响应函数。$\Phi_L(s)$ 和 $\psi_L(s)$ 可以表示为

$$\Phi_L(s) = c_0 + c_1 e^{c_2 s} + c_3 e^{c_4 s} + \cdots \tag{441}$$

其中，系数 c_i 通过对试验获得的气动导数的非线性最小二乘拟合获得。虽然该方法看似有效，但在文献中很难找到其具体应用实例。

更近一段时间，Lin 和 Li 在 1993 年基于阶跃函数的概念提出另一种桥面板自激励模型。自激励荷载表示为由于单位脉冲竖向位移和转角引起的响应函数的卷积积分。脉冲响应函数通过对由于风攻角 α 的变化引起的力矩的频率响应函数进行傅立叶逆变换而得到，例如

$$\tilde{F}_{Ms}(\omega) = \rho B^2 \overline{U}^2 \left[c_1 + ic_2 \frac{\omega B}{\overline{U}} + \sum_j \sum_k \frac{ic_j \frac{\omega B}{\overline{U}}}{c_k + i \frac{\omega B}{\overline{U}}} \right] \tag{442}$$

$$F_{Ms}(\omega) = \rho B^2 \overline{U}^4 \omega^2 [A_3^*(K) + iA_2^*(K)] \tag{443}$$

其中，系数 c_j 是通过对试验获得的气动导数 $A_j^*(K)$ 和 $H_j^*(K)$ 的非线性拟合获得。Li 和 He 在 1995 年给出了一种试验确定系数 c_j 的方法，并且最终得到脉冲响应函数。Xiang 等人在 1995 年给出了应用该公式进行运动引起的力的计算完整例子。尽管抖振力是通过准稳态空气动力学计算得到，对汕头湾大桥的时域预测和风洞试验结果进行了比较，结果相当吻合。

Fujino 等人 1995 年在解决桥梁颤振的主动控制中建立了时域内运动引起的力的表示方法，该方法直接受航空航天工业领域工作的启发。有理函数近似用以表示线性时间不变状态空间的桥面板运动，不稳定气动力并非明确依赖于折减速度。试验获得的气动导数在折减频域以表格的形式进行存储，并且通过有理函数和一系列系数在拉普拉斯域内近似。然后，有理函数通过拉普拉斯逆变换至时域用以解决状态空间运动方程，参见 Tiffany 和 Adams (1988)。精度等级是用于近似的气动状态数量的函数，然而一旦数值问题得到解决，该方法将变得十分有效，目前已应用于航空航天领域，例如 Tewari 和 Brink-Spulink (1992)。

Li 和 He 在 1995 年也提出了一个不稳定力计算公式，包括运动引起的力的有理近似，而抖振力表示为通过风洞试验确定的脉冲气动传递函数的卷积积分。给出了一个计算实例，但未给出与物理模型实测气弹响应的比较。该方法似乎是以上介绍的方法中最全面的。Yagi 在 1997 年的分析沿用相同的思路，虽然其工作明显独立于以上任何方法。

最终，Diana 等人在 1995 年利用由桥面板和等效振荡器组成的数值模型开展了研究表示时域气动力的新方法，包括抖振、运动引起的力以及漩涡脱落力。该新方法包括"黑箱模型"、神经网络模型以及带扩展卡尔曼滤波的复杂参数识别算法。该方法的初步评估结果十分令人满意，特别是对于非线性现象，如漩涡脱落引起的振动。

12.3.5 涡激振动

12.3.5.1 一般特征

风与结构相互作用产生的漩涡导致结构的振动。当一个气动钝化物体暴露于风中，尾流经常出现一串交互漩涡或卡门漩涡，由物体分离的流体形成。漩涡的形成会对物体作用一个向上的波动提升力。因此，当漩涡形成的频率接近于结构的固有频率，将形成共振。这是漩涡激励的最基本概念。然而，一旦物体发生振动，物体运动本身将影响流体行为，最终导致流体和结构之间更为复杂的相互作用。

不同于抖振，漩涡激励通常只能在一个或者几个有限的风速范围内被观测到，而且其振幅也有所限值不会发生发散。振动通常表现为窄带频谱和有点规则的振幅。桥面板通常是竖向弯曲振动，有时也会发生扭转振动。该现象对结构阻尼的大小以及风湍流的存在比较敏感。桁架

加强的桥梁一般不会发生严重的漩涡激励，除了装有坚硬的栏杆或护栏。

漩涡引起的桥面板振动比较普遍，通常是考虑桥梁抗风稳定性的主要关注问题。经常被认为是一个相对简单的问题，可以通过进行简单截面模型风洞试验进行确定。主要是因为应用于该现象的设计标准通常只是简单地考虑截面是"好"还是"坏"，表示对于一个给定的结构阻尼在一个可能的风速范围内是否会发生明显的漩涡引起的响应。但是，若要得到更加准确的评估结果，预测中需表明真实响应水平与阻尼和风场特征的量化关系。

显然，最可靠的预测方法是使用整桥的气弹模型和适当的自然风条件模拟。在这种情况下可能存在的问题是风速。通常，风洞的可用风速范围对于适当的测量来说太高。另一方面，如果要进行截面模型测试，存在的问题为是否可以从测试结果中获得一个可靠的响应预测。

12.3.5.2　分析预测

受迫振动模型

漩涡脱落激励最典型的处理是将其考虑为由桥面板上下表面交替作用的周期性漩涡脱落引起的气动力的共振。基于此，可以得到如下两个最基本的无量纲参数：

$$\mathrm{St} = \frac{fd}{\overline{U}} \quad \text{斯特劳哈尔数} \tag{444}$$

$$\mathrm{Sc} = \frac{m\zeta}{\rho d^2} \quad \text{斯柯顿数} \tag{445}$$

其中，f 为漩涡形成频率，与固有频率一致，d 为桥面板横截面的代表性线性尺寸，常为深度，$\overline{U}$ 为平均风速，m 为单位桥面板长度的质量，ζ 为结构的临界阻尼比，ρ 为空气密度。考虑普通板梁或箱梁桥面板，斯特劳哈尔数一般在 $0.07 \sim 0.14$ 范围内，见图 12.25 和图 12.26。最简单的分析是假定一个简谐波动力，即

$$\hat{L}(y,t) = \frac{\rho \overline{U}^2}{2} d \cdot \hat{C}_L \sin(2\pi f_s t) \tag{446}$$

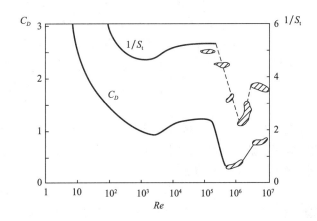

图 12.25　圆柱体的斯特劳哈尔数和雷诺数（Miyata，1997）

沿桥梁跨向的二维截面工作。同时，假定提升力沿桥跨方向完全相关。在这种情况下，响应幅峰值 $\hat{z}$ 可以简化为

$$\frac{\hat{z}}{d} = \left(\frac{U_R}{4\pi}\right)^2 \frac{\hat{C}_L}{\mathrm{Sc}} \quad \text{其中} \ U_R = \frac{1}{\mathrm{St}} = \frac{\overline{U}}{fd} \tag{447}$$

$\hat{C}_L$ 是一个与横截面形状、雷诺数、湍流尺度和结构纵横比有关的函数，一般在 $0.2 \sim 0.4$

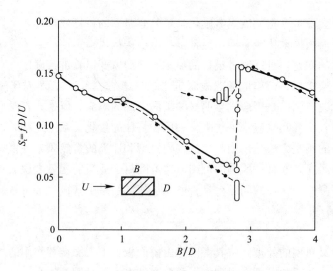

图 12.26   矩形棱柱的斯特劳哈尔数和雷诺数

范围内，且独立于响应幅值。注意到实际中桥面板质量可能沿跨向不是常量。总体来说，也存在振动模态 $\Psi_i(y)$ 的影响。考虑到这些因素，方程（445）中的 m 应该替换为一个有效质量，定义为

$$m_e = \frac{\int_L m(y)\psi_i^2(y)\mathrm{d}y}{\int_L \psi_i^2(y)\mathrm{d}y} \tag{448}$$

行为影响因素

实际中观测到的漩涡激励与上述的解释有所出入。以下考虑最重要的三个问题。

频率锁定

从方程（444）来看，漩涡形成的频率与平均风速成比例。然而，一旦振动开始，物体运动将控制周围的流体模式，并且将导致漩涡脱落与振动频率同步，不符合斯特劳哈尔数准则。漩涡频率在一个特定的风速范围内保持不变，该情况称为锁定现象，意味着自激振动而不是简单的受迫振动和共振。

相关长度

漩涡激励机制实际上并不是沿着整座桥跨方向均匀分布，也就是说，激力的互相关沿着桥梁轴向递减。由于锁定效应，激力在模态的波腹点达到最大值。相关性的总体趋势是随着振动幅值的增加而增加，随着湍流的减少而增加。

湍流

在临近风中存在湍流，将扰乱激力的正常模式并因此降低响应水平。通常在所有的漩涡激励风洞试验中能观察得到，因此，工程师总是希望能转移风洞试验中观测到的漩涡脱落激励，或者至少减少幅值。实际上风湍流固有存在于自然风。过去的经验表明当进行抖振评估时桥趾处的湍流并不一定很大，且漩涡激励的大小可以与稳流作用下的风洞试验预测值相当。

精细方法

经验表明即使在稳流作用下且 d 是均匀的，波动的提升力也不是严格周期性的，但有一个与斯特劳哈尔频率 f_s 接近的窄带频谱。f_s 可以通过 $S_t \cdot \overline{U}/d$ 定义。在临近流中的大尺度湍流

可以考虑成是一个缓慢变化的平均速度 $\overline{U}$，影响中心频率 f_s。因此，如果平稳流中的波动力服从正弦曲线，高斯湍流将导致高斯形式谱的提升力，因此

$$\frac{f \cdot G_L(f)}{\sigma_L^2} = \frac{f/f_s}{b\sqrt{\pi}} \exp\left(-\left(\frac{1-f/f_s}{b}\right)^2\right) \tag{449}$$

其中，σ_L 为均方根提升力，b 为带宽参数。

带宽参数 b 主要取决于大尺度湍流。足尺试验表明近似表达式为 $b=0.10+2\sigma_u/\overline{U}$。同时也建议一个相当窄的带宽，一般为 80% 的变化在 f_s 的 ±20 频率范围内。上述谱用以拟合 f_s $(1\pm b)$ 的频率范围（Vickery，1994）。

$Q_i(t)$ 的谱可以通过 $L(y,t)$ 的谱给出，其标准化协谱表示为

$$G_{Qi}(f) = \int_L \int_L \sqrt{G_L(y_1,f)G_L(y_2,f)} \widetilde{R}_L(y_1,y_2)\Psi_i(y_1)\Psi_i(y_2)\mathrm{d}y_1\mathrm{d}y_2 \tag{450}$$

其中，$G_L(y,f)$ 由方程（449）给出。$\widetilde{R}_L(y_1,y_2)$ 为作用于固定结构的波动提升力的展向相关性。对于一个发展良好的漩涡脱落激励，其振幅峰值一般表示为两倍的均方根值。

展向相关

展向相关随湍流衰减，随振动振幅的增大而显著提高。然而，结构运动的幅值足够大以至于有显著影响，依赖于运动的气动阻尼的影响在确定响应水平时变得更加主导。对于桥面板的漩涡激励，实测的相关性是非常必要的，但尚未可得。如果有任何新的试验结果，有必要将其作为参考。由于缺乏可靠的信息，保守起见，对于给定的跨长可以取值为 1。

纵横比、湍流等

斯特劳哈尔数取决于结构的表面粗糙度、雷诺数、湍流以及结构纵横比 $\Lambda=l/d$。一个理想的观点是雷诺数在其实际的范围内影响极小。一些参考文献给出了纵横比的影响。典型高速公路桥梁截面的斯特劳哈尔数一般为 $1/6.5 \sim 1/13$，并且随着粗糙度的增加而缓慢减小，随湍流强度的增加而增大。

提升力系数被认为会受到湍流强度的极大影响，当湍流尺度等同或小于结构宽度时，也受到湍流尺度的影响。关于典型桥面板截面问题的了解不足，可参考烟囱结构的类似知识。英国规范建议形成一个特征激励参数 $C_L/(St)^2$。均方根提升力系数 σ_{CL} 的数量级大小一般为 $0.1 \sim 0.2$。

运动引起的力

依赖于运动的力可以表示为

$$L_z(y,t) = \frac{\rho\overline{U}^2}{2}\left(\frac{\omega d}{U}\right)^2\left[H_4^* z + H_1^* \frac{\dot{z}}{\omega}\right] \tag{451}$$

其中，总体来说，气动系数或导数 H_1^*，H_4^* 是依赖于振幅的，只通过试验方法确定，H_1^* 将决定气动阻尼的大小。该想法在圆柱烟囱结构的应用更加详尽，参见 Vickery（1994）和 Ruscheweyh（1994）。

12.3.5.3　桥梁的典型箱截面

典型箱截面最大响应的临界折减速度可以表示为（Wyatt 和 Scruton，1981）：

B/D	$(U/fD)_{cr}$
<1.25	6.5
$1.25-10$	$5.5+0.8 \cdot B/D$
>10	13.5

其中，B 和 D 代表箱梁的宽度和深度，$\overline{U}$ 为平均风速。动态响应幅值的精确预测十分困难，除非气动提升力已精确可知。基于以往的经验，日本阪神高速公路管理局建议了一个简单的分析（Miyata，1997）。

考虑一座典型箱梁高速公路桥梁，应用二维分析，即

$$m\ddot{y} + c\dot{y} + ky = \frac{\rho \overline{U}^2}{2} BC_L \frac{\dot{y}}{\overline{U}} \tag{452}$$

其中

$$C_L \approx 0.625 \left(\frac{D}{B}\right)^2 \frac{B}{y} \tag{453}$$

响应幅值的峰值为

$$\hat{y} = \frac{\rho \overline{U} B^2 C_L}{8\pi mf\zeta} \tag{454}$$

由于 $(\overline{U}/fD)_{\text{cr}} \approx 1.67\alpha$，方程（454）表示为

$$\hat{y} = K_R \frac{\alpha \rho D^2 B}{8\pi m\zeta} \tag{455}$$

其中，K_R 为考虑湍流影响的因子（$\leqslant 1$），并且

$$\alpha = \begin{cases} 1.8 - 0.125Sc & (Sc < 4.8) \\ 1.2 & (Sc \geqslant 4.8) \end{cases} \tag{456}$$

进一步对此做分析，风洞试验结果表明最大响应幅值的范围为

$$\frac{y}{B} \frac{m\zeta}{\rho BD} \leqslant \begin{cases} 0.024 & (B/D \leqslant 5) \\ \dfrac{0.12}{B/D} & (5 < B/D < 13) \end{cases} \tag{457}$$

12.3.5.4 控制和抑制

结构振动可以通过安装振动阻尼器而减弱。在现代大型桥梁设计的发展过程中，有大量有关桥面板空气动力学性能的发展，比如使用浅薄或封闭的截面以及各种边缘处理，用以减小桥梁的动态响应，而并非完全抑制。提出一个气动力学最佳横截面的全面理论相当困难，但是通过学习以往的经验是一项重要的实际技术。Wardlaw 在 1992 年给出了有关成功经验的较好回顾，的确是这方面的一个宝库。

总体来说，可以得出以下观点：

（1）桥面板的失稳经常由桥面板横截面尖角处的漩涡引起。通常来说，桥面板最好有一个开放的横截面，至少部分封闭或从尖端边缘延伸出整流装置。

（2）另一种可能是在空腔内安装展向竖直挡板，比如在边缘板或箱梁之间的空间，有助于减少漩涡的形成。

（3）边缘整流装置被证明在减弱漩涡激励方面行之有效，可以是一个向外的三角形或者更加流线型。

（4）塔柱通常是矩形横截面，这将容易形成漩涡激励。通过在角部安装小型叶片或去除尖锐的边缘，对于改进空气动力学性能是有效的。

（5）在任何这些条款中，风洞是确定方法是否有效以及合适尺寸的一个不可缺少的工具。

12.3.6　拉索空气动力学

12.3.6.1　风致拉索振动的分类

作为中等跨径和大跨度桥梁的一个结构选择形式，斜拉桥的发展在 20 世纪最近几十年中发展显著。作为斜拉桥上部结构的一个基本组成部分，斜拉索在斜拉桥的动态行为中起到了重要作用。拉索极易遭受风的影响，主要由于其低阻尼特性。在过去几年里，科研人员在阐述各种类型的风致拉索振动机理方面已经做了大量工作，同时也寻找解决办法用以缓解工程问题。此外，随着斜拉桥跨度的快速发展，特别是倾斜拉索的新型失稳类型的出现，如风雨振，高速漩涡激励以及干燥倾斜拉索弛振，对桥梁工程师产生了新的挑战。本节的目的是为了对不同类型的风致拉索振动及其最新进展进行全面回顾。

依据其激励机制以及历史背景，风致拉索振动可以分成以下几组类别：

(1) 漩涡引起的振动，或风弦振动。

(2) 阵风引起的抖振。

(3) 覆冰拉索的驰振。

(4) 尾流干扰，或尾流驰振和共振抖振。

(5) 支座运动引起的参量激励。

(6) 拖曳失稳相关的雷诺数。

(7) 风雨振。

(8) 高速漩涡激励。

(9) 干燥倾斜拉索驰振。

前两种类型的振动一般来说振幅较小，可能会引起与其有关的疲劳失效工程问题。最后三种类型的振动主要与倾斜拉索有关，如桥梁斜拉索，而且风雨振在实际当中发生最频繁。风雨振的激励机制近些年已经得到了较好认识，实践中也成功应用了一些有效的控制方法。但是，对最后两种类型的振动的了解仍然很少，需要更全面的研究。干燥倾斜拉索驰振尤其需要被关注，因其将导致大振幅运动，而且对于在什么条件下发生这种类型的振动以及发生的原因到目前为止还未完全了解。

12.3.6.2　涡激振动或风弦振动

由漩涡脱落引起的小幅振动，其名称来自于风弦琴——一个具有同样机械原理的古希腊乐器。激励的基本机制是对漩涡脱落频率 f_V 的共振，表示为

$$f_V = St\, \frac{\overline{U}}{D} \tag{458}$$

其中，$\overline{U}$ 为平均风速，D 为拉索外径，St 为斯特劳哈尔数，对圆截面来说其值近似为 $0.19 \sim 0.20$，雷诺数为 $\sim 10^5$ 或更小。作为一个例子，如果假定 D=0.16m，St=0.19，平均风速 $\overline{U}$=5~25m/s，相应的漩涡脱落频率在 f_V=10~50Hz。由于拉索的固有频率一般在 0.2~2Hz，共振只在振动频率为 10~50Hz 出现更高的谐振模态，机械自身阻尼可能相当高。最大振动幅值通常不会超过拉索直径。风湍流一般来说趋向于减小响应幅值，甚至减弱至相当于暴露于平稳气流中的一半（Ehsan 等人，1990）。

风激励的相同机理可以给塔、烟囱和桥面板造成更加严重的工程问题。对于该主题已经进行了大量的试验和理论分析研究，而且其结果已在实践设计规范中体现。然而，拉索的漩涡脱

落激励可能造成拉索夹具附近的疲劳损坏，对工程师来说并不是主要关注的问题。对于输电线路，在实际中一般会安装斯多克桥式阻尼器（Leblond 和 Hardy，1999），或者在导线周围安装螺旋绝缘棒。值得注意的是斯多克桥式阻尼器也有助于减小线缆扭曲，但其同样也有疲劳失效的问题。对于桥梁拉索，黏滞阻尼器被广泛使用。Sauter 等人在 2001 年提出了一种新型被动阻尼器拉索。阻尼器拉索的松弛特性使得弯曲运动过程中由于拉索股间的摩擦引起较大静力黏滞，从而有效地耗散能量。

12.3.6.3　阵风引起的抖振

对于索结构来说，除了输电线路，阵风引起的随机振动并不是一个非常严重的问题，在这方面，有一些基本的参考文献，包括美国土木工程师协会的研究工作（ASCE，1984）。一个基本的想法是建立一个阵风响应因子用以通过频域内的常规抖振分析预测动态响应，该方法基于 Davenport 在 1979 年发表的研究成果。对该部分内容的进一步的改进应该包括 展向力相关性、风偏角效应以及沿拉索跨度的纵荷载。对于桥梁拉索，抖振通常不是一个非常严重的问题。斜拉索的拉力一般有助于限制抖振的振幅。有时抖振是尾流干扰的后果，由于上游物体的存在造成下游拉索的扰动。数十年前，沿金门大桥主缆的电线发生振动，可能就是这类抖振。Virlogeux 在 1998 年指出当有两个平行的索面时，尾流抖振可以产生桥梁的气动失稳。如果风从拉索的上游索面移动至下游索面所需的时间等于桥面板扭转振动周期的一半，那么拉索抖振将增强桥面板的振动并最终导致桥梁失稳。但据作者所知，该现象在实际中尚未发生过。这一机理将在第 12.3.6.5 节中再次涉及。

12.3.6.4　覆冰拉索驰振

导线上覆冰改变其横截面几何尺寸，因而改变其空气动力学特征，可能导致空气动力学失稳，称为驰振。此类运动主要发生在竖直方向并伴随一个较低频率，一般小于 1Hz，以及较大的振幅，如 10~20m，足以造成严重的设计和施工问题。这一机理的主要原因是提升力对于风攻角 α 的曲线中存在明显的负斜率，当拉索运动时与提升力作用在同一方向上。因此，周围气流的能量不断地补充给系统，导致了一个类似颤振的不稳定运动。如第 12.3.3.4 节讨论过，Den Hartog 在 1932 年给出的失稳标准表示为

$$\frac{\partial C_{\mathrm{L}}}{\partial \alpha} + C_{\mathrm{D}} < 0 \tag{459}$$

其中，C_{L} 和 C_{D} 分别表示提升力系数和拖曳力系数。

然而，严格来说，拖曳力在一定程度上也取决于风攻角，拉索运动趋于一个椭圆路径，与扭转的气动耦合引起了不稳定性（Lilien，1997）。另一方面，在高速风作用下的拖曳力和俯仰力矩引起的静态挠曲可以有效地改变横截面的空气动力学特征，甚至能够稳定拉索（Novak 和 Tanaka，1974）。Fujino 等人在 1997 年对非圆截面拉索的类似行为也进行了讨论。因为驰振的动态振幅十分巨大，拉索的受力行为变为高度的非线性。不像扭转颤振，风湍流对于驰振不必作为一个稳定因子（Novak 和 Tanaka，1974）。工程问题不限于输电导线，一些研究表明同样的激励机制可能导致重型拉索的驰振，并导致拉索塔的倒塌（Novak 等人，1978）。据报道，2004 年 2 月在丹麦和瑞典之间的厄勒海峡观察到的桥梁拉索的剧烈振动可能是由于覆有冰雪的拉索产生的驰振。Lilien 在 1997 年给出了与驰振研究有关的全面的参考文献列表。如同第 12.3.3.4 节所述，驰振分析在原理上并不包含太多的理论困难。然而，需要可靠的气动数据作为支撑条件，包括各种天气情况下形成的实际的自然冰形状范围。这些数据的收集将极大地

帮助驰振的理论研究。

12. 3. 6. 5　尾流干扰引起的振动

　　风引起的结构动态行为可能因其相邻结构而彻底改变。这些导致空气动力学激励的机制不会对单一独立结构而存在。流体与结构相互作用方面已经进行了大量的研究，存在的问题包括热交换器内部紧密分布管道之间的内部流体流动或者用于高压电力传输线路的捆绑导线。其他一些临近效应与拉索、塔和烟囱有关。由于紧密

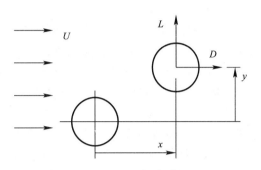

分布结构周围的流体模式的复杂性，提出了几种不同的驱动机制。例如，Zdravkovich 在 1997 年研究了位置紧密相邻的两个圆柱之间的各种空气动力学相互作用（图 12.27）。特别是当两个圆柱位置交错布置时的情况。主要的响应包括：（1）共振抖振，上游物体的漩涡尾流与尾流中的结构的固有频率一致产生共振；（2）尾流驰振，尾流剪切流中的提升力和拖曳力导致浸没圆柱的耦合两自由度失稳。

图 12. 27　顺序放置的两个圆柱

　　尾流干扰驰振发生在当两个圆柱紧密放置或者宽松布置时。对于紧密布置，两个圆柱周围的流体受到两个圆柱之间气动干扰而发生显著改变。Yobuko 大桥的拉索振动就是这种类型（Yoshimura 等人，1995）。对于紧密布置圆柱的不稳定性进行了大量的研究工作，尤其是对热交换器束（Chen，1987）和桥梁斜拉索（Yoshimura 等人，1995）。失稳发生于 $-2 < y/D < 2$ 和 $1 < x/D < 4$ 的范围内。开始于临界折减速度 $(\overline{U}/fD)_{cr} \approx 40$ 时，一般对应于流体速度 5～20m/s，并符合最大幅值小于 3D 的椭圆轨迹。该运动对斯特劳哈尔数比较敏感 $Sc = m\zeta/(\rho D^2)$，且当 $Sc > 50$ 时变得很难识别。为了减小振动幅值，在实践中采用了在拉索端部安装黏滞阻尼器或者采用连接杆将临近拉索进行连接。然而，这些方法对较长拉索并不适用。随着间距的增加，干扰效应减小直到达到下一个"大间距"的不稳定范围，$8 < y/D < 20$。干扰效应仅出现在下游圆柱，上游结构周围的流体不再受第二根拉索的影响。对于宽松布置结构的干扰效应的研究较少，除了捆绑导线的尾流驰振，Wardlaw 在 1994 年全面陈述了分析和测试结果。高压输电线需要将导线捆绑并悬空以避免对地面放电，平行导线的间隔一般在 10～20 个导线直径范围内，通常采用间隔装置将跨度分为 50～60m 的子跨，这是形成具有明显不同类型的拉索振动的原因，称为尾流干扰引起的子跨振动。

　　如果上游拉索固定，下游导线将以几乎水平的长轴做椭圆轨迹运动，振幅足够大以至于导线之间将发生碰撞。尽管是下游导线发生空气动力学不稳定，但现场观测报告发现，存在做反相运动的导线对，两者振幅类似并且频率范围在 1～4Hz。这与发生在更高频率 10～50Hz 的漩涡脱落激励以及频率小于 1Hz 的覆冰导线驰振形成对比。在 20 世纪 70 年代对这种振动的空气动力学机制进行了大量研究，到目前为止已经有了较好的认识。研究工作包括气动力测量（Wardlaw 和 Cooper，1974）和数学分析（Simpson 和 Flowers，1977）。研究表明，迎风物体尾流的风速梯度的存在将引起下游拉索的提升力和拖曳力。这种激励发生的最敏感的区域大约在距离外边缘剪切层四分之一尾流宽度处，提升力达到最大值。

　　抑制该类运动的一个常规做法是不等间距地安装具有柔韧性的隔圈阻尼器。然而，隔圈阻尼器对失稳的影响到目前为止仍然不清楚。不同的研究得出的结论各有不同。加拿大魁北克水

力公司建议使用低水平阻尼（Hardy 和 Bourdon，1979），而 Price 和 Paidoussis 在 1988 年建议使用高水平阻尼。

最近，在日本明石海峡大桥的吊索上观察到了预期之外的尾流引起的颤振。拉索间距为 9D，垂直于桥梁轴线，直径为 10mm 的螺旋形钢丝绳缠绕于拉索，以有效抑制尾流引起的颤振以及漩涡脱落激励。

12.3.6.6 参量激励

拉索的振动可以由锚固点的运动引起，这一观点首先由 Kovács 和 Leohardt 在 1982 年提出。有时在索承结构中可以观察到这一现象，比如斜拉桥和拉索塔。尤为重要的一点是拉索不仅可以由其固有频率激发而且可由两倍固有频率激发。

最可能发生的情况是激励频率约等于或两倍于拉索的一阶固有频率，这只是拉索的一个间接气动激励。但是，这会成为一个严重的问题并需做简要阐述。由于其低结构阻尼特性，即使端部激励很小，拉索运动也可以表现为大振幅。而且，桥梁拉索存在一个宽泛的固有频率范围，其中有些拉索很可能随着风或交通荷载引起的桥面板或桥塔的移动而发生共振。桥梁拉索的参量激励包括非线性特征和参数的变化，是一个非常有趣的研究课题但目前尚未展开全面研究（Gani 和 Tanaka，2005）。然而，由于极小的下垂和端部运动，拉索振动可能保持线性（Liu 等人，2005）。据报道，第二座 Severn 大桥的拉索经历了剧烈的振动。当安装连接杆以减小拉索振动时，由于其失去了一个有效的调谐质量阻尼器（Stubler 等人，1999），桥面板开始发生振动。而在诺曼底大桥，通过增加拉索之间的连接杆用以避免共振的发生（Virlogeux，1995）。

12.3.6.7 雷诺数相关的拖曳失稳

大约 40 多年前，在横跨英国塞汶河的一根钢绞导线上观察到雷诺数相关的拖线失稳现象。明确没有相关的竖向导线运动下，振动非常剧烈以至于造成由导线碰撞引起的大规模电力故障。一个有趣的现象是发生失稳的风速和风向都在一个相对较窄的范围内。该案例涉及的物理尺寸如下：主跨长度为 1619m，垂度为 80.5m，线缆直径为 43mm，线缆质量为 6.40kg/m。振动频率为 0.128～0.130，大约对应于一阶不对称横向摆动模态。观察到的平均风速为 13～15m/s，大多数时间内平均风向在 10°～25°，由垂直于线缆方向变为平行于线缆方向。大量的研究结果表明这种特殊的失稳是由于拖曳力对雷诺数的敏感性造成（Davis 等人，1963；Richards，1965）。

众所周知，圆柱体的气动力学对临界雷诺数附近的流体速度的改变非常敏感。临界雷诺数受物体表面粗糙度、纹理及湍流的影响，随着风速的增加，拖曳力突然减小。如果拉索随着风向来回摆动，相对风速的改变发生在敏感的风速范围内，就有可能在物体运动的同一方向产生气动力，因此产生负气动阻尼。对于光滑圆形截面，这种拖曳力发生在雷诺数为 $2 \times 10^5 \sim 5 \times 10^5$ 范围内。考虑拉索直径为 50～150mm，可能发生失稳的风速为 20～60m/s，这种情况可能会出现，但现实中从未有相关报道。

对于塞汶河的案例，螺旋状钢绞导线对空气动力学特征有两个重要影响。第一，由于表面粗糙度的原因，导线的临界雷诺数大约比光滑圆柱体小一个数量级，为 $2.6 \sim 4.0 \times 10^4$。第二，在斜风中，钢绞导线表面对流体产生作用使得一面与风平行而反面不同，导致流体发生偏斜从而产生提升力。这一影响在临界雷诺数时被进一步放大，拖曳阻尼机制也产生作用。这种机制造成大幅值运动和碰撞。作为对应措施，导线用 PVC 胶带缠绕用以消除绞合表面的不利影响。

考虑雷诺数和拉索尺寸的范围，在斜拉桥中也有类似的失稳。然而，目前还没有由于该机制引发的特例。

12.3.6.8　风雨振

风雨激励引起的拉索振动是桥梁拉索振动的常见形式。Hikami 在 1986 年首次报道了日本 Meiko-Nishi 大桥的拉索风雨振。令人好奇的是该现象在特定的风场条件下被观察到，但是仅仅是当下雨的时候才会发生。观察到的振动幅值约为 2D，D 为拉索直径，一般为 14cm，风速为 8～14m/s。简单分析后得出的结论为观察到的振动为未知类型。观察到的频率为 1～3Hz，低于漩涡脱落激励的斯特劳哈尔频率。拉索之间的间距较大不会造成气动干扰。因此，该拉索振动被假定为由风和雨共同作用引起的新型失稳。

这种新型的激励机制报道后，很显然之前报道过的其他桥梁的拉索振动可能实际上也属于该类型。表 12.8 列出了之前报道的该类型的拉索振动案例。其他报道的案例包括在风雨条件下观察到的架空导线（Hardy 和 Bourdon，1979）、亨伯悬索桥倾斜吊索（Zasso，1992），以及两座拱桥的竖向吊杆（Ruscheweyh 和 Verwibe，1995；Verwiebe，1998）。在拱桥案例中，竖向吊杆的剧烈振动造成其与加固板焊接节点的疲劳损伤。

表 12.8　风雨激励引起的拉索振动报道案例

桥梁名称	国家	观察年份	最大双倍振幅（m）	参考文献
Köhlbrand	德国	1974	～1	Ruscheweyh 和 Hirsch（1974）
Brottonne	法国	1977	～0.6	Wianecki（1979），Hikami（1986）
Meiko-Nishi	日本	1984	0.55	Hikami 和 Shiraishi（1988）
Farø	丹麦	1985	～2	Langsø 和 Larsen（1987）
Aratsu	日本	1988	～0.6	Yoshimura 等人（1989） Yoshimura 等人（1995）
Tenpozan	日本	—	≈2	Miyasaka 等人（1987） Ohshima 和 Nanjo（1987） Cremer 等人（1995）
Ben Ahin	比利时	1988	～1	Lilien 和 Pinto da Costa（1994）
Burlington	佛蒙特	1990s	—	Virlogeux（1998）
Glebe Island	澳大利亚	1990s	—	Virlogeux（1998）
南浦	中国	1992	—	Cheng（pers. comm.）
杨浦	中国	1995	—	Gu 等人（1998）
Erasmus	荷兰	1996	～1.4	Geurts 等人（1998）
øresund	丹麦—瑞典	2001	较大	Larsen 和 Lafrenière（2005）
Cochrane	阿拉巴马	2002-04	～1.5	Irwin 等人（1999，2005）

通过现场观测和风洞试验，对这类振动的特征和一些特别条件进行了归纳（Hikami 和 Shiraishi，1988；Yoshimura 等人，1989；Main 等人，2001；Matsumoto，1998；Stubler 等人，1999；Matsumoto 等人，2001），包括：

- 中雨—细雨和大雨都不会产生引起风雨振。
- 风速在 6～18m/s 范围内，尤其是在 8～12m/s 范围内。
- 拉索频率为 0.6～3.0Hz。
- 拉索直径为 140～225mm。
- 雷诺数为 $6×10^4～2×10^5$，是次临界至临界的过渡范围。

- 大多数情况下，拉索位于桥塔的下风处。
- 许多情况下，拉索的水平倾角为 20°～45°。
- 相对于索面的风向为 20°～60°。

导致这种类型振动的原因可以分成两步。首先，拉索表面上覆水流的形成似乎是一个关键因素（Hikami，1986；Yamada 等人，1991），是重力、毛细力和气动力之间的平衡结果，水流有效地改变了拉索的横截面几何尺寸，并因此改变作用于其上的气动力。根据水流的位置和尺寸的不同，趋向于形成风攻角小幅变化的提升力曲线负斜率，同时也显著减小拖曳力，最终导致 Den Hartog 类型的驰振失稳（Yamaguchi，1990）。其次，一旦拉索发生运动，上覆水流将沿着拉索表面做环向振荡，而且该运动可以与拉索的弯曲振动实现气动耦合，使得模态气动阻尼变为负值。自然地，会使振动加强（Hikami，1986；Yamaguchi，1990；Ruscheweyh，1999）。相对于上述解释，Bosdogianni 和 Olivari 在 1996 年不认为水流的运动会对失稳产生影响。事实上，对第二个触发因素的大量研究识别出三种基本的不同激励机制，与风雨条件下的纵向风、横向风以及主要横向风拉索振动有关（Verwiebe，1998；Verwiebe 和 Ruscheweyh，1998），本质上取决于拉索方位和风速。Flamand 在 2001 年揭示了激励与在拉索表面运动的薄水膜层的厚度有关，以及水膜层厚度和表面速度的关系。

关于这一主题有许多其他的研究。Yamaguchi 在 1990 年的工作表明这本质上是一个驰振失稳。Geurts 等人在 1998 年以及 Geurts 和 Staalduinen 在 1999 年基于单自由度驰振理论发展了一个数值模型，用以预测 Erasmus 大桥的风雨振引起的拉索响应，振动振幅的分析结果近似符合实测数据。Xu 和 Wang 在 2001 年提出了一个模型，考虑了风、拉索和水流之间的相互作用。预测的稳态响应表明，可以获得上覆移动水流的倾斜拉索在诸如速度限制和振幅限制情况下的主要特征。Gu 和 Lu 在 2001 年指出初始水流位置对产生拉索失稳的重要性。不同固有频率拉索的初始水流位置的"不稳定区域"和瞬时水流位置的"危险区域"被识别（Matsumoto 等人，1995a）。另一方面，发现沿拉索方向的气流组分是引起振动的根本原因。

已经开发了各种类型的结构的和空气动力学的方法用以抑制和控制振动，其有效性均被证实，比如通过安装油压阻尼器增加系统阻尼（Yoshimura 等人，1989）、液压阻尼器（Geurts 等人，1998；Geurts 和 Staalduinen，1999）、黏滞摩擦阻尼器（Kovács，1999），或者通过使用连接杆连接长拉索（Langsø 和 Larsen，1987；Hikami 和 Shiraishi，1988；Kusakabe 等人，1995；Virlogeux，1998）。Ruscheweyh 和 Verwiebe 在 1995 年证实了在拱桥的竖向吊杆上安装调谐质量阻尼器是有效的。对于气动力措施的开发，主要的想法是打破上覆水流的形成。因此，各种方法已经提出并应用于桥梁拉索，例如将螺旋钢丝缠绕于拉索表面（Flamand，1994；Bosdogianni 和 Olivari，1996），采用带波纹的拉索（Kobayashi 等人，1995；Virlogeux，1998），或者采用轴向凸起的拉索表面（Saito 等人，1994）。所有这些措施在现场都得到成功应用并被证实具有不同程度的有效性。拉索表面粗糙度的影响也通过风洞试验进行研究（Miyata 等人，1994）。Verwiebe 和 Ruscheweyh 在 1998 年提出的有关偏转拉索表面的水用以控制运动的提议则需要做进一步的研究。

关于控制需要的阻尼的大小，Irwin 在 1997 年建议如果斯柯顿数大于 10，那么振动可以减小至无害程度，即

$$Sc = \frac{m\zeta}{\rho D^2} > 10 \tag{460}$$

其中，m 为单位长度的拉索质量，ζ 为临界阻尼比，ρ 为空气密度，D 为拉索直径。这一观点也被日本的经验所支持（Yamada，1997）。例如，考虑对于一座桥梁的拉索，$D=15\sim20\text{cm}$ 且 $m=100\text{kg/m}$，结构阻尼近似为 $\zeta=0.5\%$ 或更大。

12.3.6.9　干燥倾斜拉索的高速旋涡激励

尽管大部分观察到的拉索振动属于风雨振类型，但在现场和风洞试验中都已经发现干燥倾斜拉索在没有降雨的情况下也经受大幅值振动。Matsumoto 等人在 1989 年报道了在无降雨条件下的拉索振动具有风雨振的特征，台风期间风速达到 40m/s 时，最大振幅达到 23cm。Matsumoto 等人在 1995 年进一步解释了在 Higashi-Kobe 大桥也发生了类似的拉索振动。这些现象没有通过现有的理论进行合理解释，而归因于高速漩涡脱落激励。因为与常规的卡门漩涡激励引起的振动相比，观察到的不稳定性出现在较高折减风速范围内，以 20 的倍数出现，即 $U_R=20，40，60，\cdots$。

Matsumoto 在 1998 年尝试利用三维卡门漩涡相互作用的概念对该振动机理进行解释。当风吹过一根倾斜拉索时，漩涡总体上在尾流散布。此外，因为风与拉索斜交，也存在一个轴向气流，这可能形成并散布沿拉索轴向的漩涡。扰动尾流中两个分离的剪切层之间的流体相互作用的轴向流发挥着类似于分流板的作用，行为如同"气帘"（Matsumoto 等人，1990）。他们解释为是轴向漩涡和卡门漩涡之间的流体相互作用，同时也是拉索运动导致了这种高速漩涡激励。在他们进行的试验研究中，轴向漩涡脱落的频率是卡门漩涡脱落的 1/3。因此，卡门漩涡每三个就放大一次，这与观察到的失稳出现在离散折减风速为 20，40，60，$\cdots$是一致的。间歇放大的卡门漩涡也很好地解释了在试验中以及 Meiko-Nishi 大桥中观测到的差拍现象。

作为一种抑制振动的方法，Matsumoto 建议使用附在拉索表面的离散椭圆板（Matsumoto 等人，1995），这样，不仅轴向流的形成，还有上覆水流的形成都能得到阻止。因此，这种气动措施可以帮助控制风雨振和高速漩涡脱落。同时，对于类似的其他拉索风致激励，阻尼装置也将有效地工作。

尽管对这类振动的研究已经开展好几年，而且随着激励机理逐渐变得清晰，研究进展似乎令人满意，但是对于解释这一现象并做出合理预测仍然存在大量未知数，抑制和消除运动所需的精确阻尼水平也应该进行定量预测。由于建议的三维漩涡脱落机理很大程度依赖风洞试验的条件以及拉索对风的偏转角，对实际桥梁拉索的足尺观测和拉索模型测试之间的条件进行比较研究变得非常重要。

12.3.6.10　干燥倾斜拉索的驰振

开端

干燥倾斜拉索的驰振是一个相对较新的课题，其概念直到最近才变得清晰。首先，它是研究风雨振的副产品。已经开展了一些针对该现象的试验研究工作（Saito 等人，1994；Miyata 等人，1994；Mastumoto 等人，1995a，2005；Cheng 和 Tanaka，2002；Cheng 等人，2003a，b）。到目前为止，仅在风洞试验中进行观察。这些研究得到的结果表明，如果风是倾斜的，那么倾斜于风的拉索失稳可能有如同驰振的响应特征，如图 12.28 所示。这些结果对风洞试验中的模型条件十分敏感，因此，有时很难重复试验。然而，如果实际上如预测般发生，将成为一个非常严重的工程问题。尽管此类拉索振动在实际桥梁中从未被观察到，实际上一些现场观测结果更趋向于解释为驰振而不是称为风雨振（Virlogeux，1998；Irwin 等人，1999）。

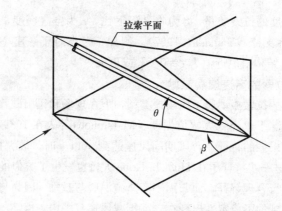

图 12.28 带有抗风角度的圆柱形构造

Saito 等人在 1994 年提出了一个表明临界风速的失稳标准（图 12.29），表示为

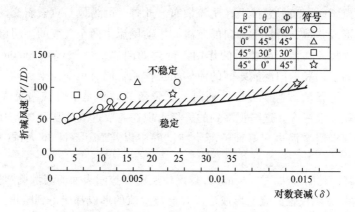

图 12.29 Saito 等人在 1994 年提出的失稳标准

$$(U_R)_{cr} \approx 35 \sqrt{Sc} \tag{461}$$

其中，$U_R = \overline{U}/(fD)$ 为折减风速，$Sc = m\zeta/(\rho D^2)$ 为斯柯顿数。根据 Saito 等人的观点，该标准适用条件为拉索轴与风向的夹角成 $30°\sim60°$ 的情况。这对于一般直径为 $150\sim200\text{mm}$ 的桥梁拉索来说成了一个困难的设计条件，因为太多桥梁拉索将处于"易于驰振"的范围之内。然而，现实是许多现存的拉索似乎幸免于遭受这种失稳。在这种情况下，需要加强进一步的研究工作。

目前需要一个对于干燥倾斜拉索驰振的更精确的失稳标准，并建立有关建议标准的物理参数的范围。为了评估 Den Hartog 驰振标准是否适用于对此类现象的解释，需要测量作用于倾斜拉索上的气动力。

提出了一些与这种失稳的激励机理有关的课题中，其中之一就是沿着拉索轴向的气流的作用及其与拉索背后的卡门漩涡之间可能的相互作用。这是由 Matsumoto 等人在 1995 年提出的，指出实际上轴向气流也在风雨振中扮演着一个重要的角色。通过在试验中引入人工轴向气流，Matsumoto 等人在 1995 年证实轴向气流的存在可以引起提升力的负斜率，而且当轴向气流的速度比临近气流的速度大 30% 时，会发生干燥倾斜拉索的驰振。但问题是，这个人工施加的轴向气流是否可以较好地代表现实中倾斜拉索背后的气流情况。

Larose 和 Zan 在 2001 年提出了另外一个重要的情况，在临界雷诺数范围内可以清晰地观察到失稳。有意思的是，所有观察到的风雨振几乎都精确地发生于临界雷诺数。那么问题是，它为什么会与失稳有关系以及怎样产生联系，包括干燥拉索驰振。

两种测试系列——渥太华和米兰

NRCC/UO/RWDI 的渥太华项目

作为渥太华大学、RWDI 有限公司和加拿大国家研究委员会的一个合作研究项目，最近对渥太华地区发生的倾斜拉索的振动进行了一系列风洞试验研究。这项研究包括两阶段：用于响应测量的动态模型试验和用于研究作用于拉索上的气动力的静态压力模型。动态模型为一足尺拉索节段，总长 6.7m，直径为 0.16m，线质量为 60.8kg/m。该模型与风斜角，等效角度 $\phi = 35° \sim 60°$，$\alpha = 0° \sim 60°$。ϕ 为拉索与风的斜角角度，是风平面与圆柱轴线的角度，α 为风平面与振动平面之间的夹角。他们成功地重复了高速漩涡激励，在其中的一个特别情况（$\phi = 60°$ 和 $\alpha = 54.7°$），风速为 32m/s 时出现了干燥倾斜拉索的弛振。这个模型的几何构造等同于与平均风向倾斜和偏转 45° 的真实桥梁的拉索，斯柯顿数为 $m\delta/(\rho D^2) = 1.8$。

在图 12.30 中，将试验结果与 Saito 等人在 1994 年提出的失稳标准进行对比，同时也与一些在日本得到的试验结果相比较（Miyata 等人，1994；Honda 等人，1995）。显然，对于初始失稳 Saito 等人的标准比其他试验结果保守得多。

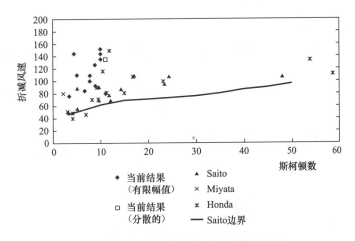

图 12.30　倾斜拉索的各种动态测试结果

测量结果清晰地表明，失稳或者弛振发生于特别组合的竖向倾斜和水平偏转角，对应于临界雷诺数的风速，在提升力负斜率以及拖曳力的显著减小的情况下满足 Den Hartog 失稳标准（Cheng 等人，2003a）。对此进一步研究，讨论了考虑和不考虑展向力相关性的失稳，结合振幅限制和高速漩涡激励现象（Cheng 和 Tanaka，2005）。基于这些研究结果，Macdonald 在 2005 年介绍了一种更加一般化的二维失稳标准，应用于上述特殊情况并得到了满意的测试结果。下文中将详细阐述该原理。

米兰试验

2004 年，通过使用米兰理工大学的一个大型风洞，将一根长 6m、直径为 316mm 的圆柱水平刚性固定并可以有多个水平偏转角，测量截面气动力及其展向相干性。重点是为了发现临界雷诺数范围内的气动力行为。从这一系列试验中发现许多极其有趣的结论，以下列出了与倾斜拉索驰振有关的一些发现：

（1）在前述渥太华平稳气流研究中观察到的，倾斜圆柱存在的不对称和 $Re=1.6\times10^5$ 的范围，在 2.5% 的湍流下得到证实，较好地代表了现场桥梁拉索的情况。

（2）对于渥太华的研究，发现截面提升力在沿圆柱不同位置显著不同，即使是相距一倍直径间隔。

（3）在这个雷诺数范围内，由于风速改变造成的提升力的非线性变化，可以大致解释为失稳的准稳态原因。

（4）得到了在临界雷诺数范围内的作用于偏斜拉索上的一组完整的稳定和不稳定气动力，这是对渥太华研究的补充试验。

关键问题

起始标准

如前述，Macdonald 在 2005 年对倾斜拉索驰振进行了一般准稳态分析，包括雷诺数变化的影响，并得到了一个弛振失稳的一般化二维标准，即

$$Z_s = \frac{\zeta_s mfn}{\nu/\rho} > Real\left(\frac{Re}{16\pi}\left(-h(C_D)+\sqrt{g^2(C_D)+g^2(C_L)-h^2(C_L)}\right)\right), \quad (462)$$

其中，ρ 为空气密度，$Re=\dfrac{DU}{\nu}$ 为雷诺数，D 为拉索直径，C_D 为拖曳系数，C_L 为提升力系数，$\omega_n=2\pi f_n$ 为固有圆频率，ζ_s 为结构阻尼比，m 为单位长度拉索质量，U 为风速，而且

$$g(C_F) = C_F\left(2\sin(\phi)-\frac{1}{\sin(\phi)}\right)+\frac{\partial C_F}{\partial Re}Re\sin(\phi)+\frac{\partial C_F}{\partial \phi}\cos(\phi) \quad (463)$$

并且

$$h(C_F) = g(C_F) + \frac{2C_F}{\sin(\phi)} \quad (464)$$

其中，C_F 为 C_D 或者 C_L，ϕ 为拉索与风向的夹角，定义为气流速度相对于圆柱轴线的夹角。气动力的定义及其系数如方程（465）所示。图 12.31 和图 12.32 阐述了角度关系。

$$F_x = \frac{\rho U_R^2 D}{2}(C_D\cos(\alpha_R)-C_L\sin(\alpha_R)) \quad (465)$$

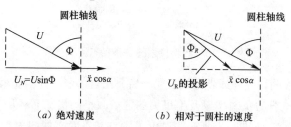

（a）绝对速度　　　　　　（b）相对于圆柱的速度

图 12.31　拉索-风平面（Macdonald，2005）

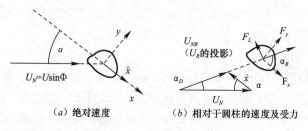

（a）绝对速度　　　　　　（b）相对于圆柱的速度及受力

图 12.32　垂直于圆柱的平面（Macdonald，2005）

其中，U_R 为相对速度的大小，α_R 为相对风攻角。

值得注意的是，方程（462）的右侧是 Re 和 ϕ 的函数，并且独立于拉索运动的方向。另外，方程（462）是对圆柱体的简化。一个更加一般化的表达式及其推导由 Macdonald 和 Larose 在 2006 年提出。Larose 等人在 2003 年对临界雷诺数范围内的倾斜拉索的提升力和拖曳力组分进行了详细测量。基于该分析和已有的空气动力学数据，Macdonald 预测当拉索—风夹角在 $75°\sim 90°$ 时存在另一个失稳区域。事实上，该分析的一个现实意义在于表明了气动负阻尼的大小可以进行实际计算。因此，可以预测用以抑制失稳的系统的附加阻尼大小。

临界雷诺数

Larose 和 Zan 在 2001 年特别强调了拉索振动对雷诺数的敏感度。值得注意的是所有观察到的风雨振几乎都发生在临界雷诺数范围内。由渥太华团队研究的干燥倾斜拉索驰振案例也在临界雷诺数范围内。注意到常规 Den·Hartog 标准将表明在这一范围内对应于拖曳的失稳，但通过考虑雷诺数对力系数的影响，由于 $Re\text{-}\partial C_L/\partial Re$ 项，倾斜拉索驰振的主导原因事实上是提升力的差别（Larose 和 Macdonald）。

临界雷诺数对表面粗糙度、湍流、拉索运动和不垂直于圆柱轴线的流体角度比较敏感。最近的研究结果进一步表明雷诺数对气动力分布以及产生的拉索运动的影响高度依赖于相对于平均流向的物体方位（Larose 等人，2003a；Macdonald，2005）。

至 2005 年，关于这种特殊失稳的最新进展陈述如下：

（1）干燥倾斜拉索的驰振作为一种可能的失稳确实存在。

（2）对于与风斜交的拉索，这是独特的空气动力学现象。

（3）失稳发生于临界雷诺数范围内。

（4）拉索在一些特别的几何位置会变得不稳定。

（5）可以根据方程（462）预测需要抑制失稳的额外阻尼的大小。

12.3.7　风洞试验

12.3.7.1　相似条件

引言

当需要评估风对桥梁的可能影响时，实践中通常采用风洞试验。在这些试验中应用的建模技术可能不同，但是试验需要的相似条件被认为是相对完善的而且已经实践了相当长的一段时间。另一种方法是，根据经验的知识，基于准理论数学模型预测风效应。根据问题不同，也有可能应用计算流体力学技术，尽管其应用范围仍然有些局限。无论应用哪种建模技术，需要牢记的是试验或理论模型是永远不可能完全满足相似条件的。这意味着现实中对结果的合理解释是预测结果的基本环节。

例如，使用高性能计算机进行结构分析一般被认为是相当准确的。然而，无论计算有多么准确，显然结果的可信度主要取决于作为计算机输入的结构及其边界条件的数学表达方式。该过程中包含了空气动力学因子，使得问题一直比较复杂。

试验模拟甚至更加复杂，对一个物理现象进行建模的一般条件在本质上与风工程问题相同，一般涉及某一空间内的风流动行为及其与场地边界的几何和力学特征的相互作用。为了在这些问题中正确建模，基于 Buckingham Ⅱ 原理，在模型和原型中需要一组不变的包含参考物理量适当组合的无量纲参数，使得控制方程也无量纲化，各种边界条件也必须保持无量纲的形式。这一原则相当重要，因为大部分风工程问题不能只通过理论方法得到解决。

为了正确建模，原型中的所有无量纲参数必须与模型保持一致。然而，参数的完全复制是不现实的。事实上，只有当模型和原型完全相同时，所有的条件才能满足。因此，基于对现象的了解和主要参数的认识，对每个试验必须决定哪些参数可以适当放宽条件。也许只能模拟整个过程中的一部分用以阐明未知机理。或者，分析方法能够弥补物理建模的不足。

相似条件

几何一致性

首先，需要模型和原型在几何上相似，这意味着对所有线性尺寸必须采用相同的比例因子。涉及的线性尺寸包括：

- 需要建模的结构的线性尺寸。
- 周围地形的线性尺寸。
- 涉及结构的表面粗糙度。
- 风场的线性尺寸，包括地表粗糙度、湍流尺度、大气边界层厚度等。

在实际过程中，当线性比例被放大时，经常难以在模型的尺度复制结构的细节，这是导致物理模型研究发生偏差的一个显著原因。

运动一致性

流场通过 6 个变量进行定义。3 个速度分量 (u, v, w)，空气密度 ρ_a (kg/m^3)，压力 p (N/m^2)，以及温度 T (K)，全部作为空间和时间变量的函数 (x, y, z, t)。然而，在桥梁动力学案例中，ρ 和 T 一般认为是常量。因此，流体状态由 4 个方程决定：3 个动量守恒方程 (Navier-Stokes) 和质量守恒方程，即

$$\frac{D}{Dt}V = -\frac{\Delta p}{\rho \alpha} + v \nabla^2 V \tag{466}$$

$$\nabla V = 0 \tag{467}$$

其中，$V = (u, v, w)$ 是速度向量 (m/s)，v 为运动黏度 (m^2/s)。

结构行为受到许多变量的影响。忽略温度的影响，主要参数包括：L 为结构的线性尺寸 (m)，ρ_m 为材料密度 (kg/m^3)，g 为重力加速度 $(\approx 9.8m/s^2)$，E 为杨氏模量 (N/m^2)，ζ 为结构阻尼比。考虑这些属性，对于物理模拟所需考虑的无量纲参数包括：

雷诺数 　　$\Re = \dfrac{VL}{v}$

弗劳德数 　$Fr = \dfrac{v}{\sqrt{gL}}$

密度比 　　$\dfrac{\rho_m}{\rho_a}$

柯西数 　　$Ca = \dfrac{E}{\rho_a V^2}$

结构阻尼 　ζ

边界条件

作为边界条件，需要考虑以下因素：

压力梯度

$$p(x, y, z_g) \tag{468}$$

临近流体：平均流速

$$\overline{U}(y, z \leqslant z_g) \tag{469}$$

频谱数量

$$G_{jj}(y, z; f) \quad (j = u, v, w) \tag{470}$$

互相关

$$R_{ij}(\Delta x, \Delta y, \Delta z; f) \quad (i, j = u, v, w) \tag{471}$$

测试截面边界的几何形状。

对上述这些因素的模拟，特别是与风洞设施相关的将在第 12.3.7.2 节中讨论。

无量纲参数的讨论

一般来说不可能满足所有的条件。例如，考虑 $Re = VL/v$，$Fr = V/\sqrt{gL}$。如果 v 和 g 在模型和原型中一致，当且仅当两个系统有相同的 V 和 L 时，这些条件将同时满足。换句话说，这些系统必须完全相同。如果这些条件不能完全满足，有必要了解每个相似条件的有限性以及当条件被适当放宽可能产生的影响。

雷诺数

雷诺数可以定义为流体惯性力与流体黏滞力的比值。在大部分风洞试验中，不太可能满足雷诺数相似条件。事实上，黏滞力通常至少小一个数量级，且与惯性力相比，相对来说不重要。然而，这些条件的不满足所带来的后果必须仔细研究。以下三个方面尤为重要：

（1）众所周知，由于流体分离点的变换，圆柱周围的流体模式对 Re 的变化非常敏感。尾流宽度和拖曳力以及漩涡形成的频率也相应发生改变。在对光滑曲面几何形状的结构进行建模时，适当考虑这些影响极为重要。同时也应该注意到，临界雷诺数也取决于刚体边界的表面粗糙度以及临近气流的湍流水平。

（2）对于带有尖角的截面周围的流体，流体分离点不会移动而且流体模式对雷诺数的变化较不敏感。然而，由上游尖角分离后形成的宽幅尾流可能重新附着于物体表面，这取决于物体截面的纵横比或者尾部长度。流体的重新附着必然导致拖曳力的减小以及斯特劳哈尔数 $St = fd/V$ 的增大。这一变化情况发生的物体临界纵横比取决于雷诺数以及转角半径和气流湍流水平。同时也应该注意到，该因素受到风洞阻塞比的影响。雷诺数对桥梁试验结果的影响在过去几年就已经备受关注（Matsuda 等人，2003）。

（3）在涉及风湍流影响的问题中，有必要正确地模拟速度谱。Townsend 在 1976 年已经指出"如果雷诺数足够大并允许湍流，那么几何相似的流体将成为动态和结构上的相似"。然而，需要记住的是，雷诺数会对能量谱的惯性区的存在起到一定作用。随着雷诺数的增加，分布的高频末端将得到延伸以至于湍流能量的总体耗散保持不变。另一方面，当雷诺数较小时，消耗漩涡的尺度与主导漩涡的代表尺度的比值将高度取决于黏度。因此，由于惯性区的变窄导致对湍流结构的错误模拟。

弗劳德数

弗劳德数是流体惯性力与由于重力或浮力引起的竖向力的比值。弗劳德相似对于诸如悬浮粒子耗散以及重力作为主导因素的索承结构的风致响应等情况十分重要。对于气弹试验，弗劳德尺度经常成为流体自身的唯一可用匹配参数。无论何时需要考虑重力场的影响，这个条件都不能被忽视。然而，基于问题的本质，当结构的回复力严格由弹力提供时，该相似条件可以适当放宽。因此，时间尺度将最可能通过调节频率决定。

密度比

结构密度 ρ_m 与空气密度 ρ_a 的比值必须一致。这里，ρ_m 不必是使用的材料的密度，只需是结构整体的表观密度。因此，通常采用密度比 μ 的概念，即

$$\frac{\rho_m}{\rho_a} = \frac{\rho_m L^2}{\rho_a L^2} \Rightarrow \frac{m}{\rho_a B^2} = \mu \tag{472}$$

对于桥梁模型的情况，m 为单位长度的桥梁质量，B 为桥板宽度。对于扭转问题，质量参数变为 $J/\rho_a B^4 = \mu(r/B)^2$ 而不是 μ，这里 J 代表结构单位长度的极质量惯性矩。

柯西数

柯西数为流体的弹性力与惯性力的比值，可以表示为

$$Ca = \frac{E}{\rho_a V^2} = \frac{EL^4/L^2}{\rho_a V^2 L^2} \Rightarrow \frac{mL^4 \omega^2/L^2}{\rho_a V^2 L^2} = \left(\frac{\omega L}{V}\right)^2 \frac{m}{\rho_a L^2} \Rightarrow \frac{\mu}{V_R^2} \tag{473}$$

由于质量比为一个条件，这意味着折减速度的一致性，即

$$V_R = \frac{V}{fL} \tag{474}$$

或者其逆运算，折减频率，$f_R = fL/V$，作为一个相似参数。这成为结构气弹试验中的基本条件之一。通常，在一定范围的折减速度内进行试验测试并不困难，以用于涵盖现实中的等效范围。

临界阻尼比

结构阻尼的大小是预测结构动态响应的一个重要参数。然而，问题是其值即使对于现役结构都不确定。通常，风洞试验在一定的阻尼比范围内进行。质量和阻尼是设计和制作风洞模型的两个最重要的因素，而且这两个条件有时结合在一起，以斯柯顿数或者质量阻尼参数的形式给出，表示为

$$Sc = \frac{m\zeta}{\rho_a d^2} \tag{475}$$

这个参数的概念最初用来表示涡激响应的振幅峰值的一个简单解析模型，应该记住斯柯顿数不必总是作为一个描述响应特征的单一参数而起作用。一般来说，质量和阻尼参数必须单独检查（Tanaka 和 Yamada，1987）。注意到斯柯顿数有时定义为 $Sc = 2m\delta/(\rho_a d^2)$，是由方程(475)定义的数值的 4π 倍。

12.3.7.2 自然风的风洞模拟

基本原则和历史

对于结构的模型试验，需要尽量真实地考虑外部荷载条件，并与结构状态相结合。然而，对于桥梁的模型试验，风荷载通常被简单地考虑成均匀平稳的气流，与水平面存在或者不存在一定的风攻角，而且总是与桥梁轴线垂直。对荷载条件的这种简化类似于将地震激励简化为一个简单的简谐地面运动，这可能是一个相对保守的假定，但并不是没有例外。

20 世纪 30 年代和 40 年代对建筑模型的风洞研究表明，风湍流对试验结果有显著影响，比如压力分布模式。与此同时，气象学家应用普朗特边界层理论解释较低大气层结构。然而，当时风洞试验最基础的原理还未得到清晰认识，直到 Martin·Jensen 提出如下观点："自然风为湍流，该现象发生于风边界层，而且应该强调的是，其高度依赖于边界层的本质。正确的模型试验必须在一个湍流边界层中实施，且模型规定需要将该边界层根据速度剖面建立比例关系。"（Jensen，1958）

随着塔科马海峡悬索桥的倒塌，航空工程师对土木工程试验空气动力学的应用做出了巨大贡献。同时，在气流平稳均匀而不是模拟自然风的常规航空风洞中进行如桥梁等结构的试验已经成为一种惯例。可以说这是航空领域的一个边际效应贡献。继 Jensen 的微气象学考虑之后，20 世纪 60 年代早期 Davenport 提出自然风特征表达式及其物理模拟，这对该工程领域的实践有着显著影响。

自然风特征

气象学家和风工程师对物理风洞模型和数学模拟模型的风特征的相似条件已经进行了广泛讨论（Plate，1982）。风的模拟可以考虑两个方面：（1）临近每个项目现场的湍流边界层风的平均特征；（2）临近结构的风场构造，这很大程度上受到特殊地形条件包括周围结构的影响。这两点有时分别称为远场模拟和近场模拟。

为了方便起见，考虑沿平均风水平方向为 x 坐标，假定与桥梁纵轴垂直，z 坐标竖直向上，y 坐标沿桥梁纵向。对桥梁试验的风场特征一般通过以下参数进行定义：

平均速度分布

$$\overline{U}(y,z) \tag{476}$$

湍流强度

$$I_u(y,z), \quad I_v(y,z), \quad I_w(y,z) \tag{477}$$

速度谱

$$G_u(f), \quad G_v(f), \quad G_w(f) \tag{478}$$

速度相关性

$$R_{uu}(\Delta y, \Delta z) \quad R_{uv}(\Delta y, \Delta z) \tag{479}$$

对于所有这些因素，当模型旋转用以观察水平倾斜角的影响时，需要在 x 方向的一定长度内的流场保持总体均匀性。

已经有很多研究较好地总结了自然风的特征（Counihan，1973；ESDU，1986）。在高程 z，假定中性稳定的大气湍流的一个简单数学模型，一般可以表示为如下形式：

湍流强度

$$I_u \frac{1}{\ln(z/z_0)}, \quad I_v = 0.8 I_u, \quad I_w = 0.5 I_u \tag{480}$$

湍流尺度

$$L_u^x = 2.93z, \quad L_u^y = L_u^z = 0.98z, \quad L_v^x = L_v^y = L_v^z = 0.73z \tag{481}$$

并且

$$L_w^x = L_w^y = L_w^z = 0.37z \tag{482}$$

速度谱

$$\frac{fG_u(f)}{\sigma_u^2} = \frac{22n}{(1+33n)^{5/3}}, \quad \frac{fG_v(f)}{\sigma_v^2} = \frac{6.3n}{(1+9.5n)^{5/3}} \tag{483}$$

并且

$$\frac{fG_w(f)}{\sigma_w^2} = \frac{1.3n}{1+5.3n^{5/3}} \tag{484}$$

其中，$n = fz/\overline{U}(z)$。

相干函数

$$\gamma_{ii}(f, \Delta r_j) \approx \exp\left(-k_{ij}\frac{f \Delta r_j}{\overline{U}(z)}\right) \quad (i=u,v,w; j=x,y,z) \tag{485}$$

以上提出的所谓的 Davenport 类型相干问题实际上是该模型在频率为零取值为 1 的相干函数。然而，现场实测结果表明其值应该小于 1。ESDU 在 1986 年遵从这一函数形式。相反，von Kármán 在 1948 年提出的为人熟知的模型与现场实测结果则相当一致，尤其是在低频范围内。

边界层风洞

Jensen **试验**

使用配备不同粗糙程度地板的一个长风洞（长 5.5m，宽 0.6m），Jensen 生成了各种粗糙长度 z_0 的湍流边界层流体，如表 12.9 所示。边界层厚度可以通过当 $2\times10^3 < Re < 5\times10^5$ 时以 $\delta(x) = z_0^{0.2} 0.341 x^{0.8}$ 近似给出。

表 12.9　各种类型地板覆盖层

地板覆层	z_0（cm）	δ（cm）
光滑薄纸板	1.5×10^{-3}	10
光滑纤维板	$0.9\sim1.8\times10^{-3}$	10
砂纸	2.5×10^{-2}	12
波纹纸板（$h=0.35$cm，$\lambda=0.90$cm）	$4.1\sim6.7\times10^{-2}$	14
小碎石（$1.5\sim2$cm）	0.37	15
木头片，2.5cm（h）×2.0cm（w）	0.41	20
10～20cm 间距，角度≤20°		
大碎石（3～6cm）	0.86	22
"城市模型"，7.0cm（h）×2.9cm（w）排列	3.50	30
角度≤20°		

Jensen 在现场对 $z_0 = 0.95$cm 的一座高 160cm 的建筑周围的风致压力进行测量。然后，在风洞中放置 1：20 缩放比的模型并尝试重现风致压力分布，发现当 h/z_0 与足尺值一致时，获得了正确的压力分布；而当 h/z_0 不一致时，压力分布模式显著不同。

Jensen 根据这些结果得出结论，只有在与自然风产生方式类似的边界层中及其湍流线性尺度与其他模型的线性缩放比一致时，模型试验才可以得出与自然风条件下一致的结果。h/z_0 称为杰森数。20 世纪 60 年代，加拿大的 Davenport 和美国的 Cermak 在很大程度上对 Jensen 有关在风洞中试验模拟大气边界层的想法进行了扩展。

边界层风洞模拟的发展

自那以后，自然风的模拟以及各种风工程现场研究获得了显著进步。边界层模拟的想法现在已经成为风工程问题的试验和分析模拟中必须满足的最基本条件之一。

在加拿大西安大略大学由 Davenport 最先建立的边界层风洞，工作区长约 24m，宽 2.4m，高度可以调节，在入口处为 1.7m，而末端变为 2.3m。顶部高度的可调节性允许控制沿风洞长度方向的压力梯度，可调节的稳定风速范围为 0.5～15m/s。中性条件下的大气边界层流体的模拟可以通过在风洞底板放置各种粗糙程度覆层来实现。代表性的幂律指数在 0.34 范围内，与自然风相比的线性尺度一般为 1：400～1：500。

产生速度分布的其他方法

对于人工产生厚边界层而不丢失所需特征进行了众多尝试，包括分级纱布、棒条和板网格及其他漩涡生成类型、栅栏及其他上游截面粗糙形式。还有更加复杂的方法，比如相对喷机和脉动网格的应用，但比较昂贵。在这些方法当中，最成功的是在风洞测试截面入口处放置三角螺旋。这项技术主要是在加拿大国家研究委员会的低速空气动力学实验室内开发的。此项工作最初由 Templin 在 1968 年为了在没有一个长的逆风提取的条件下产生一个厚边界层而开展。因此，发挥出了航空风洞的全部潜力用以实现风工程相关目的。由 Standen 和 Campbell 及其同事进一步发展，并由 Irwin 在 1981 年基本完成。

最初的观点是设计螺旋形获得预期的幂律风谱，在下游距离约 6 个螺旋高度的位置有一个可以接受的横向均匀性。计算中没有考虑湍流特征。Standen 和 Campbell 及其同事成功模拟了平均流场分布，但运算需要进一步改进。而且，螺旋的形状仍未确定。在许多试验之后，Ir-win 认为直角三角形是一个合理的选择并给出了其设计的运算（Irwin，1981）。

相似条件的失真及其后果

即使假定大气边界层流体的所有一般特征都被很好地定义，在建模过程中还是会发生边界层模拟的失真。首先，由于建模对象场地周围的地形不均匀导致所需流体不能被很好地定义；其次，由于流体模拟本身在方法上可能存在不妥。

为了对该问题进行有效讨论，简便的方法是将其限制于结构问题，不考虑建模偏差等。对于风环境的建立，目前的一般做法是在一个相对均匀的地形（远场模拟）建立背景边界层，然后根据现场周围的详细情况对其调整，一般的范围为半径 300～500m（近场模拟）。远场模拟可用于本节所讨论的现场边界整体特征。另一方面，近场是为了提供在很大程度上非均匀的且难以精确定义的复杂相互作用。Surry 在 1982 年尝试在这一框架内对结构进行有效分类，并对模拟问题的各个方面进行详细讨论。

12.3.7.3　数学模拟

数值模拟技术在风工程及相关领域的应用过程中经历了不同的阶段，而且客观地说，直到最近才达到相当实际的阶段。流体力学数值分析的首次应用是为了获得无黏滞流体方程的解决方法，该方程表示为 $w(x,y)=\varphi+i\Psi$，仅适用于层流。下一步发展是通过直接应用各种数学积分技术解决 Navier-Stokes 方程。当然对于这种情况，需要引入一个合适的湍流模型解释雷诺应力。

基本方程

不管怎样，不可压缩流可以通过以下方程进行描述

$$\frac{\partial u_i}{\partial t}+u_j\frac{\partial u_i}{\partial x_j}=-\frac{1}{\rho}\frac{\partial p}{\partial x_i}+\frac{\partial}{\partial x_j}\left(v\frac{\partial u_i}{\partial x_j}\right) \tag{486}$$

$$\frac{\partial u_i}{\partial x_i}=0 \tag{487}$$

p 和 T 接近于标准状态，最小湍流尺度一般比分子自由路径的平均值大许多。这意味着流体湍流不太可能用 Navier-Stokes 方程表示。湍流本质上可以考虑为是一种连续介质现象。应注意到存在没有湍流的微观世界，如细菌或精子的运动。力学原理可以完全描述为黏滞层流。

以上方程的组合描述了所有可能的湍流现象，但这些方程的数值分析不一定提供所有的正确解答。因为在数值分析中，连续物理量通过离散量近似处理，因此，对应于计算中采用的不同网格尺寸相当于一个低通滤波的等效截止频率。一般来说，有必要考虑高频的速度波动用以

掌握湍流的特征，因此需要非常高性能的计算机。

引入 $p \rightarrow \overline{P} + p(t)$ 和 $u_i \rightarrow \overline{U}_i + u_i(t)$，得到如下雷诺方程

$$\frac{\partial \overline{U}_i}{\partial t} + \overline{U}_j \frac{\partial \overline{U}_i}{\partial x_j} = -\frac{1}{\rho} \frac{\partial \overline{P}}{\partial x_i} + \frac{\partial}{\partial x_j} \left(v \frac{\partial \overline{U}_i}{\partial x_j} - \overline{u_i u_j} \right) \tag{488}$$

对应于雷诺应力项，最后一项表示由速度波动引起的动量发散。方程（488）描述了湍流平均场，意味着该方程未给出较好的波动，并且风速和压力的空间梯度相对平滑。因此，对于有限差分法的应用，方程（488）要比方程（486）简单。许多数值模拟尝试由这个方程开始。

黏滞项的讨论

通过引入代表性长度尺度 L 和速度尺度 V，可以得出

$$u_i^* = \frac{u_i}{V}, \quad x_i^* = \frac{x_i}{L}, \quad t^* = \frac{tV}{L}, \quad p^* = \frac{p}{\rho_a V^2} \tag{489}$$

并且，$Re = VL/v$，方程（486）变为

$$\frac{\partial u_i^*}{\partial t^*} + u_j^* \frac{\partial u_j^*}{\partial x_j^*} = \frac{\partial p^*}{\partial x_i^*} + \frac{1}{Re} \frac{\partial^2 u_i^*}{\partial x_j \partial x_j} \tag{490}$$

方程（490）的最后一项，由分子黏性引起的散布，与 Re 成反比。这意味着当 $Re \rightarrow \infty$ 时，分子黏性的影响不能很好地被观察到。

当使用方程（488）时，通常引入漩涡黏性 K_m 对雷诺应力建模。对于这种情况，当 $K_m \sim VL$：

$$Re = \frac{VL}{K_m} \sim 1 \tag{491}$$

湍流的最重要特征之一是各种漩涡尺度的存在及其层叠过程。漩涡最小尺度称为"Kolmogorov 微尺度 η"，可以近似表示为

$$\eta \sim \left(\frac{v^3}{\varepsilon} \right)^{1/4} \tag{492}$$

其中，ε 为单位时间单位质量的黏滞耗散率，或定义为

$$\varepsilon = v \overline{\left(\frac{\partial u_i}{\partial x_j} \right) \cdot \left(\frac{\partial u_i}{\partial x_j} \right)} \tag{493}$$

其单位为 m^2/s^3。由于黏滞引起的在这一尺度下的作为热能的漩涡，在一个较 η 大的尺度中，ε 与能量转移机制有关，可以近似表示为

$$\varepsilon \sim V^3/L \tag{494}$$

其中，$V \sim \sigma_u$ 且 $L \sim L_u^x$。因此，$\frac{\eta}{L} \sim (Re)^{-3/4}$，其中，$Re = \frac{VL}{v}$，$\eta$ 和 L 是湍流数值模拟中最重要的线性尺度。

直接模拟问题

如果湍流场问题得到解决，就意味着需要包括能量耗散机制并作为解决方法的一部分，并且仅在 η 的尺度中才能实现。如果有限差分的网格尺寸 h 比 η 大得多，将不在这个解决方法中讨论该机制。至少需要在 $h \sim \eta$，因此，$h/L \sim (Re)^{-3/4}$。如果 L 是数值模拟空间的线性尺寸，$L/h = N$ 为一个方向上的网格数。在一个三维场中，网格数为 $N = (L/h)^3$，或者

Re	10^4	10^6	10^8
N	10^9	10^{13}	10^{18}

在实际风工程问题中，$Re > 10^6$。因此，$N > 10^{13}$，意味着需要湍流模拟模型。

如果为了计算速度和压力，在每个网格点的合适初始条件和边界条件下考虑 Navier-Stokes 连续方程，对于这一过程所需的数学运算为 10^2，并且重复 10^2 次，意味着 10^2 步及时进行，并且每个数学运算所需的时间约为 10^{-6} s，总的计算时间为

$$10^{13} \times 10^2 \times 10^2 \times 10^{-6} = 10^{11} \text{s} = 1.16 \times 10^6 \text{ 天} \approx 3200 \text{ 年！} \tag{495}$$

雷诺应力通过各种假设进行模拟，诸如 $K_m \dfrac{\partial u_i}{\partial x_j}$，其中 $K_m \propto u_{ij}$ 等，为了考虑一个特定网格区域的空间数量平均值，已经考虑使用粗粒化方法，比如大漩涡模拟。

12.3.7.4　风洞试验技术

整桥模型试验

塔科马海峡悬索桥失效后立即进行了整桥模型试验。当工程师面对诸如此类的意外事件时，他们自然会尝试利用缩尺模型重现实际发生的事情用以找出桥梁失效的原因。包括制作大型结构模型以及容纳其中的大型风洞，因此这将成为一项昂贵的操作过程。

Farquharson 教授通过整桥模型试验，成功发现了：（1）重塑原塔科马海峡大桥的失效机制；（2）设计了一座气动力稳定的新桥；（3）建立了一套桥梁测试的新方法。其他研究人员基于此继续进行研究，包括英国 NPL 的 Scruton 及其同事。然而，导致桥梁最终破坏的临界风速比现实中的小很多，其试验结果没有定量重塑实际发生的事物。这可能部分归因于桥梁模型在力学上等效于桥梁原型，服从弗劳德相似，但是施加的风荷载是平滑均匀的气流而没有尝试模拟自然风特征。实际上，直到 20 世纪 60 年代才开始引入自然风的模拟。

桥梁主梁的整体刚度通过一些中心加强杆提供，并且主梁的几何构造由非结构材料短模块组成。质量和质量惯性矩可以通过在任何方便的隐秘位置安装附加质量简单地进行调整。桥塔可以采用与主梁类似的方法制作。主缆的轴向刚度必须合理模拟，通常采用非常薄的钢丝和附加离散质量对其进行调整。由于大型风洞的可用性和风洞生成的湍流线尺度，大跨度桥梁的缩放比经常非常有限。有关后一个条件，如果对 u 组分湍流假定 Kaimal 型谱，目前对该组分的高质量匹配可能不是很可行。

模型设计流程如下：

（1）动态有限元建模分析用以确定特征频率 ω_j 和模态 $\phi_j(x)$。

（2）模型尺度的动态分析用以确定边界条件、简化程度等。

（3）需要弗劳德相似（$\lambda_V = \sqrt{\lambda_L}$），特别对于悬索桥。

（4）质量、质量惯性矩以及刚度的模拟。

（5）拉索轴向刚度、质量以及拖曳力的模拟。

节段模型试验

试验的基本思路是利用桥梁有代表性的部分刚性节段模拟承受风荷载（Hjorth-Hansen 1992）。根据定义，该试验方法忽略任何展向的结构变化和风场特征。该模型可以几乎不动或者为了测量其支座反力施加一个受迫运动，或者为了测量响应将其自由悬挂于一定的气流中。试验通常仅考虑竖向弯曲和扭转运动，然而，也可能包括拖曳摆动。风场可以是稳定的或者湍流，但很难包括较高精度的湍流影响，特别在低频范围内。

所需的相似条件通常包括以下项目：

• 桥面板的几何构造。

- 质量参数 $\mu = m/\rho B^2$ 和 $\upsilon = \mu \ (r/B)^2$。
- 结构阻尼 ζ_T 和 ζ_V。
- 折减速度 $\overline{U}/f_T B$ 或 $\overline{U}/f_V B$。
- 频率比 f_T/f_V。
- 旋转中心位置。

其中，m，r 和 B 分别表示线质量、回转半径以及桥面板宽度，ρ 为空气密度，ζ_T 和 ζ_V 是分别表示扭转临界阻尼比和竖向弯曲临界阻尼比，f_T 和 f_V 分别表示扭转特征频率和竖向弯曲特征频率。雷诺数的影响被忽略，但对于该试验的影响不大。然而应该注意到，雷诺数一般情况下对桥梁响应和实测气动力确实存在一定的影响（Matsuda 等人，2003）。

提升力、拖曳力和俯仰力矩中的气动力系数以及所有的 18 个依赖于运动的颤振导数可以通过节段模型试验进行有效测量。动态试验通常可以有效地预测气动失稳，包括扭转和驰振，以及探索可能出现的漩涡脱落激励。然而，对于抖振的预测需要进行更多的研究工作。

可以预见有关临近流的一些错误，因为对于流体来说很难形成完全的二维形式。由于模型需要风洞墙体的支撑，因此气流有可能从这些孔洞中泄露，事实上，已经做出各种尝试阻止或减少端部泄露。为了保持试验的二维特征，有必要给定一个确定的模型纵横比。Hjorth-Hansen 在 1992 年对有关悬挂索具、拖曳钢丝、扭转振动模式、控制系统阻尼的装置以及其他实用建议等方面进行了研究，用以确保测量的高准确度（图 12.33）。

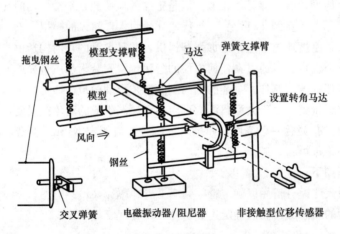

图 12.33 动力装备的典型配置（Hjorth-Hansen，1992）

拉条模型试验

使用拉条模型可以弥补节段模型和整桥模型这两种常规试验方法的不足。该方法的基本思路是根据桥面板的几何形状和质量分布进行模拟，但是其刚度只由锚定之间的拉伸钢丝提供。桥面板的几何尺度必须选择与风湍流的线性缩放比一致，由于较大缩放比较困难，通常不包括主缆的模拟。拉伸钢丝将以半个正弦波的模式振动，得到的试验结果必须适当处理得到真实桥梁的响应，并考虑桥梁预期的模态。竖向弯曲频率通过钢丝拉力进行调节，然而其与扭转频率的比值很大程度上受两根分离钢以及位于扭转中心的弹性管的控制。

此项技术首先由 Davenport 在 1972 年提出，作为对悬索桥空气动力学早期阶段试验的二次研究，包括其三维响应特征用以模拟湍流风。拉条模型试验的一个主要目的是进行与模拟自然风的线性缩放比一致的桥面板的动态特征模拟，并未涉及制作整桥模型的复杂性。不可避免的是，结构模拟中存在不正确性。由于主缆根本没有得到模拟，任何重力加速度影响以及相关的结构的非线性都被忽略。一个优点是长度比例的自由选择以及时间标度的相互独立，这意味着雷诺数和弗劳德数相似条件都不满足。

对拉条模型的基本响应特征进行研究，一定程度上假定气动导数和气动导纳函数已知，证实总体上响应与抖振和颤振理论相吻合。事实上，这种方法的优点是拉条模型的结果被用来作为抖振理论的输入时，避免了定义气动导纳函数的复杂程度。同时，由于气动导数的非线性引起的可能复杂性也不必考虑（Tanaka 和 Davenport，1982）。

最近发展的用于测量风致压力波动的高速扫描技术使该方法得以在更多方面应用。结合 Storebælt 大桥的空气动力学研究，拉条模型被用来测量不稳定气动导数、气动导纳函数以及提升力的空间相关性（Davenport 等人，1992）。

扩展阅读

Agar T(1989)Aerodynamic flutter analysis of suspension bridges by a modal technique. *Journal of Engineering Structures* **11**(2),75-82.

Agar T(1991)Dynamic instability of suspension bridges. *Computers and Structures* **41**(6),1321-1328.

Ang A and Tang W (1975)*Probability Concepts in Engineering Planning and Design；Basic Principles*. Wiley,Chichester.

Ang A and Tang W(1984)*Probability Concepts in Engineering Planning and Design：Decision,Risk,and Reliability*. Wiley,Chichester.

ASCE(1984)*Guidelines for Transmission Line Structural Loading. Structural Division*,American Society of Civil Engineers.

Asmussen J(1997)*Modal analyis based on the random decrement technique；Application to civil engineering structures*. PhD thesis,Aalborg University.

Ayoride E and Warburton G(1980)Minimizing structural vibrations with absorbers. *Earthquake Engineering and Structural Dynamics* **8**,219-236.

Bachmann H and Ammann W(1987)Vibrations in structures-induced by man and machines. In *Structural Engineering Documents*,3rd edn,1ABSE,Zürich(Switzerland).

Balageas D (ed.)(2002)*Proceedings of the 1st European Workshop on Structural Health Monitoring*,Paris.

Bendat J and Piersol A(1986)*Random Data；Analysis and Measurement Procedures*,2nd edn. Wiley,Chichester.

Benjamin J and Cornell C(1970)*Probability,Statistics and Decision for Civil Engineers*. McGrw-Hill.

Biggs J(1954)Wind Forces on Structures,Final Report of the Task Committee. *Transactions of the American Society of Civil Engineers*.

Bleich F(1949)Dynamic instability of truss-stiffened suspension bridges under wind action. *Transactions of the American Society of Civil Engineers* **114**,1177-1222.

Bleich F and Teller L(1952)Structural damping in suspension bridges. *Transactions of the American Society of Civil Engineers*,*Paper* **2486**.

Blevins R(1990)*Flow-Induced Vibration*,2nd edn. Van Nostrand Reinhold.

Boonyapingyo V,Yamada H and Miyata T(1994)Wind-induced nonlinear lateral-torsional buckling of cable-stayed bridges. *Proceedings of the American Society of Civil Engineers*,**120**(ST2),486-506.

Bosdogianni A and Olivari D(1996)Wind-and rain-induced oscillations of cables of stayed bridges. *Journal of Wind Engineering and Industrial Aerodynamics* **64**,171-185.

Box G and Jenkins G(1976)*Time Series Analysis；Forecasting and Control*. Holden-Day.

Brigham E(1974)*The Fast Fourier Transform*. Prentice-Hall.

Brika D and Laneville A(1997)The power imparted by wind to a flexible circular cylinder in the wake of another stationary cylinder. *Institute of Electrical and Electronic Engineers*, *Transactions on Power Delivery* **12**(1), 398-405.

Bucher C and Lin Y(1988)Stochastic stability of bridges considering coupled modes. *Proceedings of the American Society of Civil Engineers*, **114**(EM2), 2055-2071.

Bucher C and Lin Y(1989)Stochastic stability of bridges considering coupled modes. *Proceedings of the American Society of Civil Engineers*, **115**(EM2), 384-400.

Bullard F(2001)A *Brief Introduction to Bayesian Statistics*. North Carolina School of Science and Mathematics.

Carden E and Fanning P(2004)Vibration based condition monitoring: a review. *Structural Health Monitoring* **3**(4), 355-377.

Cartwright D and Longuet-Higgins M(1956)Statistical distribution of the maxima of a random function. *Proceedings of the Royal Society*, *London*, **A237**, 212-232.

Cermak J(ed.)(1975)*Proceedings of the 2nd U. S. National Conference on Wind Engineering*, Colorado State University Paper IV-21, Fort Collins, CO.

Cermak J(1987)Advances in physical modeling for wind engineering. *Proceedings of the American Society of Civil Engineers*, **113**(EM5), 737-756.

CETS(1984)*Guidelines for Transmission Line Structural Loading*. Technical Report, Committee on Electrical Transmission Structures. Structural Division, American Society of Civil Engineers.

Chang F(1973)Human response to motions in tall buildings. *Proceedings of the American Society of Civil Engineers*, **98**, 1259-1272.

Chang F(ed.)(2003)*Proceedings of the 4th International Workshop on Structural Health Monitoring* Stanford, CA.

Chen P and Robertson L(1973)Human perception thresholds of holizontal motion. *Proceedings of the American Society of Civil Engineers*, **98**, 1681-1695.

Chen S(1987)A general theory for dynamic instability of tube arrays in cross flow. *Journal of Fluids and Structures* **1**, 35-53.

Chen X, Matsumoto M and Kareem A(2000a)Aerodynamic coupling effects on flutter and buffeting of bridges. *Proceedings of the American Society of Civil Engineers*, **126**(EM1), 17-26.

Chen X, Matsumoto M and Kareem A(2000b)Time domain flutter and buffeting response analysis of bridges. *Proceedings of the American Society of Civil Engineers*, **126**(EM1), 7-16.

Chen Z(1994)The three dimensional analysis of behavior investigation on the critcal flutter state of bridges. *Proceedings of the International Symposium on Cable-Stayed Bridges*, pp. 302-307, Shanghai.

Cheng S(1995)A *3D finite element flutter analysis of long span bridges*. Master's thesis, Tongji University, Shanghai. (In Chinese.)

Cheng S and Tanaka H(2002)Aerodynamics of dry inclined cables. *Proceedings of the 2nd International Conference Advances in Wind and Structures*, pp. 361-368, Pusan, Korea.

Cheng S and Tanaka H(2005)Correlation of aerodynamic forces on an inclined circular cylinder. *Wind and Structures*, *an International Journal* **8**(2), 135-146.

Cheng S, Irwin P, Jakobsen J, Lankin J, Larose G, Savage M, Tanaka H and Zurell C(2003a)Divergent motion of cables exposed to skewed wind. *Proceedings of the 5th International Symposium on Cable Dynamics*(ISCD), pp. 271-278, Santa Margherita.

Cheng S, Tanaka H, Irwin P and Jakobsen J(2003b)Aerodynamic instability of inclined cables. *Proceedings of the 5th International Symposium on Cable Dynamics* (ISCD), pp. 69-76, Santa Margherita.

Clough R and Penzien J(1993)*Dynamics of Structures*, 2nd edn. McGraw-Hill.

Cole H(1973)*On-line Failure Detection and Damping Measurements by Random Decrement Signatures*. Nasa-cr-2205, NASA.

Cook N(1985)*The Designer's Guide to Wind Loading of Building Structures*, Part 1. Butterworths.

Cook N(1990)*The Designer's Guide to Wind Loading of Building Structures*, Part 2. Butterworths.

Cremer JM, Cournasse C, Goyet V, Lothaire A and Dumontier A(1995)The stays, their dynamic behaviour, their equipments-bridges at Ben-Ahin, Wandre and upon Alzette. *Proceedings of the International Symposium on Cable Dynamics*, pp. 473-480, Liège, Belgium.

Cunha A and Caetano E(2005)From input-output to output-only modal identification of civil engineering structures. *Proceedings of the 1st International Operational Modal Analysis Conference*, pp. 11-27, Copenhagen.

Davenport A(1962)The buffeting of suspension bridge by stormy winds. *Proceedings of the American Society of Civil Engineers*, **83**(ST3), 233-268.

Davenport A(1964)Note on the distribution of the largest value of a random function with application to gust loading. *Proceedings of the Institute of Civil Engineers*, **28**, 187-196.

Davenport A(1979)Gust response factors for transmission line loading. *Proceedings of the 5th International Conference on Wind Engineering*(ICWE), pp. 899-910, Fort Collins, Colorado.

Davenport A and Isyumov N(1967)The application of the boundary layer wind tunnel to the prediction of wind loading. *Proceedings 2nd International Conference on Wind Engineering* (ICWE), pp. 201-230.

Davenport A and Wardlaw R(1964)LR416, National Research Council Canada.

Davenport A, King J and Larose G(1992)Taut strip model tests. In *Aerodynamics of Large Bridges*, pp. 113-124. Balkema.

Davis D, Richards D and Scriven R(1963)Investigation of conductor oscillation on the 275 kV crossing over the River Severn and Wye. *Proceedings of the Institute of Electrical Engineers*, **110**, 205-219.

De Roeck G and Peeters B(2000)Benchmark study on system identification through ambient vibration measurements. *Proceedings of the 18th International Model Analyis Conference*, pp. 1106-1112, San Antonio, Texas.

Den Hartog J(1932)Transmission line vibration due to sleet. *American Institute of Electrical Engineers Transaction* **51**, 1074-1076.

Den Hartog J(1956)*Mechanical Vibrations*, 4th edn. McGraw-Hill.

Diana G, Cheli F, Zasso A, Collina A and Brownjohn J(1992)Suspension bridge parameter identification in full scale test. *Journal of Wind Engineering and Industrial Aeroynamics* **41**, 165-176.

Diana G, Cigada A, Damsgaard A, Lavose GL and Falco M(1993)Comparison between wind tunnel test on a full aeroelastic model of the proposed Messina Bridge and numerical results. *Proceedings of the 3rd Asia-Pacific Symposium on Wind Engineering*, Hong Kong, Vol. 1, pp. 137-142, Hong Kong.

Diana G, Cheli F and Resta F(1995)Time domain aeroelastic force identification on bridge decks. *Proceedings of the 9th International Conference on Wind Engineering*, New Delhi, Vol. 2, pp. 938-949.

Doebling S, Farrar C and Prime M(1998)A summary review of vibration-based damage identification methods. *The Shock and Vibration Digest* **30**(2), 91-105.

Dowell E(1989)*A Modern Course in Aeroelasticity*, 2nd edn. Kluwer Academic Publishers.

Downing S and Socie D(1982)Simple rainflow counting algorithms. *International Journal on Fatigue* 4(1), 31-40.

Ehsan F, Scanlan R and Bosch H(1990)Modelling spanwise correction effects in the vortex-induced response of flexible bridges. *Journal of Wind Engineering and Industrial Aerodynamics*, **36**(1-3), **1105-1113**.

ESDU(**1985**)*Fluctuating Loads and Dynamic Response of Bodies and Structures in Fluid Flow - Background Information*. Technical Report No. **77032**, Engineering Science Data Unit, London.

ESDU(**1986**)*Characteristics of Atmospheric Turbulence Near the Ground*. Technical Report No. **86010**, Engineering Science Data Unit, London.

Falco M, Curami A and Zasso A(**1992**)Nonlinear effects in sectional model aeroelastic parameters identification. *Journal of Wind Engineering and Industrial Aerodynamics* **42**, **1321-1332**.

Farar C, Doebling S and Nix D(**2001**)Vibration-based structural damage identification. *Philosophical Transactions of the*

Royal Society, *London* **A359**, 131-149.

Felber A(1993)*Development of a hybrid bridge evaluation system*, PhD thesis, University of British Columbia, Vancouver.

Fisher R and Tippett L(1928)Limiting forms of the frequency distribution of the largest or smallest member of a sample. *Proceedings of the Cambridge Philosophical Society*, **24**, 180-190.

Flamand O(1994)Rain-wind induced vibration of cables. *Proceedings of the International Conference on Cablestayed and Suspension Bridges*, Vol. 2, pp. 523-531, Deauville.

Flamand O(2001)An explanation of the rain-wind induced vibration of inclined stays. *Proceedings of the 4th International Symposium on Cable Dynamics*, pp. 69-76, Montreal, Canada.

Francois A, De Man P, Bossens F and Preumont A(2000)*State-of-the-Art Review of MR Fluids Technology and Semi-active Control*. Consistent Semiactive System Control Workpackage No. 1.

Fujino Y and Abé M(1993)Design formulas for tuned mass dampers based on a perturbation technique. *Earthquake Engineering and Structural Dynamics* **22**, 833-854.

Fujino Y, Pacheco B and Sun L(1988)Fundamental study on tuned liquid damper-A new damper for building vibrations. *Proceedings of the Symposium on Serviceability of Buildings*, Ottawa.

Fujino Y, Wilde K, Masubawa J and Bhartio B(1995)Rational function approximation of aerodynamic forces on bridge deck and its application to active control of flutter. *Proceedings of the 9th International Conference inWind Engineering*, Vol. 2, pp. 994-1005, New Delhi, India.

Fung Y(1955)*An Introduction to the Theory of Aeroelasticity*. Wiley.

Gani F and Tanaka H(2005)Parametric excitation of stay-cables. *Proceedings of the 6th International Symposium on Cable Dynamics*, Chaleston, South Carolina.

Ge Y and Tanaka H(1999)Aerodynamic flutter analysis of cable supported bridges by multi-mode and full-mode approaches. *Journal of Wind Engineering and Industrial Aerodynamics* **86**, 123-153.

Geurts C and Staalduinen P(1999)Estimation of the effects of rain-wind induced vibration in the design state of inclined stay cables. In *Wind Engineering into the 21th Century* pp. 885-892. Balkema.

Geurts C, Vrouwenvelder T, Staalduinen P and Reusink J(1998)Numerical modeling of rain-wind-induced vibration: Erasmus Bridge, Rotterdam. *Structural Engineering International* **8**(2), 129-135.

Grootenhuis P(1969)Vibration control with viscoelastic materials. *Proceedings of Society for Environmental Engineering*, **38**(3-9).

Gu M and Lu Q(2001)Theoretical Analysis of wind-rain induced vibration of cables of cable-stayed bridges. *Proceedings of the 5th Asia-Pacific Conference on Wind Engineering*, pp. 125-128, Kyoto.

Gumbel E(1958)*Statistics of Extremes*. Columbia University Press.

Hanks T and Kanamori H(1979)A moment magnitude scale. *Journal of Geophysical Research* **84**(B5), 2348-2350.

Hansen R, Reed J and Vannarcke E(1974)Human response to wind-induced motion on buildings. *Proceedings of the American Society of Civil Engineers*, **99**, 1589-1605.

Hardy C and Bourdon P(1979)The influence of spacer dynamic porperties in the control of bundle conductor motion. *Institute of Electrical and Electronics Engineers-Power Engineering Society Summer Meeting*, Vancouver.

Haritos N and Owen J(2004)The use of vibration data for damage detection in bridges: a comparison of system identification and pattern recognition approaches. *Structural Health Monitoring* **3**(2), 141-163.

Harris C(1976)*Shock and Vibration Handbook*, 2nd edn. McGraw-Hill.

Hikami Y(1986)Rain vibrations of cables of cable stayed bridge. *Journal of Wind Engineering*. (In Japanese), **27** 17-28.

Hikami Y and Shiraishi N(1988)Rain-wind induced vibrations of cables in cable-stayed bridges. *Journal of Wind Engineering and Industrial Aerodynamics* **29**, 409-418.

Hirsch G(1994)Damping measures to control wind-induced vibrations. In *Wind-Excited Vibrations of Structures*, pp. 1-50. Springer-Verlag.

Hjorth-Hansen E(1992)Section model test,In *Aerodynamics of Large Bridges*,pp. 95-112. Balkema.

Hodges D and Piercs G(2002)*Introduction to Structural Dynamics and Aeroelasticity*. Cambridge University Press.

Honda A,Yamanaka T,Fujiwara T and Saito T(1995)Wind tunnel test on rain-induced vibration of the stay-cable. *Proceedings of the 1st International Symposium on Cable Dynamics*,pp. 225-262,Liege.

Hsieh T(1962)Foundation vibrations. *Proceedings of the Institute of Civil Engineers*,**22**,211-226.

Ibrahim S(1977)Random decrement technique for modal identification of structures. *Journal of Spacecrafts and Rockets* **11**(14),696-700.

Ibrahim S and Miklucik E(1977)A method for the direct identification of vibration parameters from the free response. *Shock and Vibration Bulletin* **47**(4),183-198.

Iliff K(1987)*Aircraft Parameter Estimation-AIAA Dryden Lecture in Research for 1987*. TM 88281,NASA.

Irwin P(1977)*Wind Tunnel and Analytical Investigations of the Response of Lions Gate Bridge to a Turbulent Wind*. LTR-LA-210,National Research Council,Canada.

Irwin P(1979)Human response to dynamic motion of structures. *The Structural Engineer* **9**(56A),237-244.

Irwin P(1981)Design and use of spires for natural wind simulation. *Journal of Wind Engineering and Industrial Aerodynamics* **7**,361-366.

Irwin P(1986)Motion in tall buildings. *Proceedings of the Conference onTall Bridges and Urban Habitat*,pp. 759-778,Chicago.

Irwin P(1992)Full aeroelastic model test. In *Aerodynamics of Large Bridges*,pp. 125-135. Balkema.

Irwin P(1997)Wind vibrations of cables on cable-stayed bridges,building to last. *Proceedings of the American Society of Civil Engineers Structural Congress XV*,pp. 383-387,Portland,Oregon.

Irwin P,Nedim A and Telang N(1999)Wind induced stay cable vibrations-a case study. *Proceedings of the 3rd International Symposium on Cable Dynamics*,pp. 171-176,Trondheim,Norway.

ISO(1980)*Guidelines for Evaluation of Human Exposure to Whole-body Vibration*. ISO 2631,International Standards Organization.

ISO(1984a)*Guidelines for the Evaluation of the Response Occupants of Fixed Structures,Especially Buildings and Off-shore Structures,to Low Frequency Horizontal Motion*(*0. 063 to 1 Hz*). ISO 6897,International Standards Organization.

ISO(1984b)*Mechanical Vibrations and Shock Measurement and Evaluation of Vibration Effects on Buidlings*. ISO/DIS 4866,International Standards Organization.

Isyumov N(1995)Motion perception tolerance and mitigation. *Proceedings of the 5th World Congress of Council on Tall Buildings and Urban Habitat*,Amsterdam.

Jaeger J and Newstead G(1949)*An Introduction to the Laplace Transformation with Engineering Applications*. Methuen Young books,London.

Jain A,Jones N and Scanlan R(1996)Coupled flutter and buffeting analysis of long-span bridges. *Proceedings of the American Society of Civil Engineers*,122(ST7),716-725.

Jakobsen J(1995)*Fluctuating wind load and response of a line-like engineering structure with emphasis on motioninduced wind forces*. PhD thesis,Norges Tekniske Høgskole,Trondheim.

Jensen M(1958)The model-law for phenomena in natural winds. *Ingenioren,International edition* **4**(2),121-128.

Jones D and Trapp W(1971)Influence of additive damping on resonance fatigue of structures. *Journal of Sound and Vibration* **17**(2),157-185.

Jones N and Scanlan R (1991) Issues in the multi-mode aerodynamic analysis of cable-stayed bridges. *Infrastructure International*,281-290.

Karpel M(1981)*Design of Active and Passive Flutter Suppression and Gust Alleviation*. Contractor Report 3482,NASA.

Khan F and Parmelee R(1971)Service criteria for tall buildings for wind loading. *Proceedings of the 3rd International Conference Wind Effects on Buildings and Structures*,pp. 401-408,Tokyo.

Kim J and Lyon R(1992)Cepstral analysis as a tool for robust processing,deverberation and detection of transients. *Mechanical Systems and Signal Processing* **6**(1),1-15.

King J,Davenport A and Larose G(1991)*A Study of Wind Effects for the Storebœlt Bridge Tender Design*,Denmark. BLWT-SS31-1991,University of Western Ontario.

Kobayashi H,Minami Y and Miki M (1995) Prevention on rain-wind induced vibration of an inclined cable by surface processing. *Proceedings of the 9th International Conference on Wind Engineering*,pp. 753-758,New Delhi.

Kobayashi Y and Nagaoka H(1992)Active control of flutter of a suspension bridge. *Journal of Wind Engineering and Industrial Aerodynamics* **41**,143-153.

Korenev B and Reznikov L(1993)*Dynamic Vibration Absorbers:Theory and Technical Applications*. Wiley,Chichester.

Kotz S and Nadarajah S(2000)*Extreme Value Distributions-Theory and Applications*. Imperial College Press,London.

Kovács I and Leonhardt F(1982)Zur Frage der Seilschwingungen und der Seildämpfung. *Die Bautechnik* **10**,325-332.

Kovács I,Svensson H and Jordet E(1992)Analytical aerodynamic investigation of the cable-stayed Helgeland bridge. *Proceedings of the American Society of Civil Engineers*,**118**(ST1),**147-168**.

Krishna P(ed.)(**1994**)*Advances in Engineering*. Wiley Eastern Ltd.

Kovacs I,Strommen E and Hjorth-Hansen E(**1999**)Damping devices against cable oscillations on Suuingesund Bridge. *Proceedings of the 3rd International Symposium on Cable Dynamics*,pp. 145-150,Trondheim.

Kusakabe T,Yokohama K,Kanazaki T and SekiyaM(1995)The effects of cable cross ties for wind-induced vibration. *Proceedings of the 9th International Conference on Wind Engineering*,pp. 783-792,New Delhi.

Langsø H and Larsen O(1987)Generating mechanisms for cable-stay oscillations at theFarø Bridge. *Proceedings of the International Conference on Cable-stayed Bridges*,pp. 1023-1033,Bankok.

Larose G(1992)*The response of suspension bridge deck to turbulent wind:the taut strip approach*. MESc thesis,University of Western Ontario.

Larose G(1997)*The dynamic action of gusty winds on long-span bridges*. PhD thesis,Technical University of Denmark.

Larose G and Zan S(2001)The aerodynamic forces on the stay cables of cable-stayed bridges in the critical Reynolds number range. *Proceedings 4th International Symposium on Cable Dynamics*,pp. 77-84,Montreal.

Larose G,Jakobsen J and Savage M(2003a)Wind-tunnel experiments on an inclined and yawed stay-cable model in the critical Reynolds number range. *Proceedings of the 5th International Symposium on Cable Dynamics*,pp. 279-286,Santa Margherita.

Larose G,Jakobsen J and Savage M(2003b)Wind-tunnel experiments on an inclined and yawed stay-cable model in the critical Reynolds number range. *Proceedings of the 11th International Conference on Wind Engineering*,Vol. 2,pp. 1705-1712,Lubbock,Texas.

Larose G,Zasso A and Grappino S(2005)Experiments on a yawed stay cable in turbulent flow in the critical reynolds number range. *Proceedings of the 6th International Symposium on Cable Dynamics*,Charleston.

Larsen A(ed.)(1992)*Aerodynamics of Large Bridges:Proceedings of the First International Symposium*. Balkema,Copenhagen,Denmark.

Larsen A and Esdahl S(eds)(1998) *Bridge Aerodynamics:Proceedings of the International Symposium on Advances in Bridge Aerodynamics*. Balkema.

Larsen A and Lafreniere A(2005)Application of a limit cycle oscillator model to bridge cable galloping. *Proceedings of the 6th International Symposium on Cable Dynamics*,Charleston,South Carolina.

Leblond A and Hardy C(1999)On the estimation of a $\vartheta \leqslant 45°$complex matrix of symmetric Stockbridge-type dampers. *Proceedings of the 3rd International Symposium on Cable Dynamics*,pp. 139-144,Trondheim.

Leet L(1960)*Vibrations from Blasting Rocks*. Harvard University Press.

Li M(1993)*Buffeting response of large bridges in atmospheric turbulence*. PhD thesis,Southwestern Jiatong University, Chengdu.

Li M and He D(1995)Buffeting response of large bridges. *Proceedings of the 9th International Conference on Wind Engi-*

neering , Vol. 2, pp. 893-904, New Delhi.

Liepmann H(1952)On the application of statistical concepts to the buffeting problem. *Journal of the Aeronautical Sciences* **19**(12), 793-800.

Lilien J(1997)Galloping of overheard electrical lines, mechanisms, wind tunnel experiments - field measurements. *Proceedings of the 2nd International Symposium on Cable Dynamics* , pp. 37-48, Tokyo.

Lilien J and Pinto da Costa A(1994) Amplitudes caused by parametric excitations on cable stayed structures. *Jorunal of Sound and Vibration* **174**(1), 64-90.

Lin Y and Li Q(1993)New stochastic theory for bridge stability in turbulent flow. *Proceedings of the American Society of Civil Engineers* , **119** (EM1), 113-127.

Lin Y and Yang J(1983)Multi-mode bridge response to wind excitation. *Proceedings of the American Society of Civil Engineers* , **109**(EM2), **586-603**.

Liu M, Zuo D and Jones N(**2005**)Deck-induced stay cable vibrations: Field observations and analytical model. *Proceedings of the 6th International Symposium on Cable Dynamics* , Charleston, South Carolina.

Ljung L(1999)*System Identification: Theory for the User* . Prentice Hall.

Macdonald J(2005)Quasi-steady analysis of inclined cable galloping in the critical Reynolds number range. *Proceedings of the 6th International Symposium on Cable Dynamics* , Charleston, South Carolina.

Macdonald J and Larose G(2004)Quasi-steady analysis of dry inclined able galloping in the critical Reynolds number range. *Proceedings of the UK Wind Engineering Society* , Cranfield.

Macdonald J and Larose G(2006)A unified approach to aerodynamic damping and drag/lift instabilities, and its application to dry inclined cable galloping. *Journal of Fluids and Structures* , **22**(2), 229-252.

Madsen H, Krenk S and Lind N(1986)*Methods of Structural Safety* . Prentice-Hall.

Main J, Jones N and Yamaguchi H(2001)Characterization of rain-wind induced stay-cable vibrations from full-scale measurements. *Proceedings of the 4th International Symposium on Cable Dynamics* , pp. 235-242, Montreal.

Major A(1980)*Dynamics in Civil Engineering : Analysis and Design* . Akademial Klado.

Mann J(1994)The spatial structure of neutral atmospheric surface-layer turbulence. *Journal of Fluid Mechanics* , **273**, **141-168**.

Matsuda K, Cooper K and Tanaka H(**2003**)The analysis of wind-induced static displacements and flutter for longspan suspension bridges using steady and unsteady aerodynamic forces measured at high Reynolds numbers. *Proceedings 11th International Conference of Wind Engineering* , Vol. 1, pp. 649-656, Texas.

Matsumoto M(1998)Observed behaviour of prototype cable vibration and its generation mechanism. In *Bridge Aerodynamics* , pp. 189-211. Balkema.

Matsumoto M, Yokohama K, Miyata T, Fujino Y and Yamaguchi H(1989)Wind-induced cable vibration of cablestayed bridges in Japan. *Proceedings of the Canada-Japan Workshop on Bridge Aerodynamics* , pp. 101-110, Ottawa.

Matsumoto M, Shiraishi N, Kitazawa M, Knisely C, Shirato H, Kim Y and Tsujii M(1990)Aerodynamic behavior of inclined circular cylinders-cable aeroynamics. *Journal of Wind Engineering and Industrial Aerodynamics* **33**, 63-72.

Matsumoto M, Ishizaki H, Kitazawa M, Aoki J and Fujii D(1995a)Cable aerodynamics and its stabilization. *Proceedings of the 1st International Symposium on Cable Dynamics* , pp. 289-296, Liège.

Matsumoto M, Yamagishi M, Aoki J and Shiraishi N(1995b)Various mechanisms of inclined cable aerodynamics. *Proceedings of the 9th International Conference on Wind Engineering* , pp. 759-770, New Delhi.

Matsumoto M, Shirato H, Yagi T, Jones N and Hayashi T(2001)Field observation system of cable aerodynamics in natural wind. *Proceedings of the 4th International Symposium on Cable Dynamics* , pp. 219-225, Montreal.

Matsumoto M, Yagi T, Oishi T and Adachi Y(2005)Effects of axial flow and Kármán vortex interferences on drystate cable galloping of inclined stay-cables. *Proceedings of the 6th International Symposium on Cable Dynamics* , Charleston.

Melbourne W(1998)Comfort criteria for wind-induced motion in structures. *Structural Engineering International* **8**(1), 40-44.

Melbourne W and Cheung J(1988)Designing for serviceable accelerations in tall buildings. *Proceedings of the 4th International Conference on Tall Buildings*, pp. 148-155, Hong Kong and Shanghai.

Melbourne W and Palmer T(1992)Accelerations and comfort criteria for building underoing comply motions. *Journal of Wind Engineering and Industrial Aerodynamics* **41**, 105-116.

Miyasaka Y, Ohshima K and Nakabayashi S(1987)*Experimental Study on Ajikawa Bridge Cable Vibration*. Report No. 7, Hanshin Expressway Public Corporation Engineering.

Miyata T(ed.)(1997)*Wind Engineering of Structures*. Japanese Society of Steel Construction. (In Japanese.)

Miyata T(ed.)(1999)*Long-Span Bridges and Aerodynamics*. Springer-Verlag.

Miyata T, Yamada H and Hojo T(1994)Aerodynamic response of PE stay cables with pattern-indented surface. *Proceedings of the International Conference on cable-stayed and Suspension Bridges*, Vol. 2, pp. 515-522, Deauville.

Miyata T, Yamada H, Boonypinyo V and Santos J(1995)Analytical investigation on the response of a very long suspension bridge under gusty wind. *Proceedings of the 9th International Conference on Wind Engineering*, Vol. 2, pp. 1006-1017, New Delhi, India.

Modi V and Welt F(1988)Damping of wind induced oscillations through liquid sloshing. *Journal of Wind Engineering and Industrial Aerodynamics* **30**, 85-94.

Mufti A(ed.)(2002)*Proceedings of the 1st International Workshop on Structural Health Monitoring*. ISIS Canada Research Network, Winnipeg.

Nagase T and Hisatoku T(1992)Tuned-pendulum mass damper installed in the Crystal Tower. *The Structural Design of Tall Buildings* **1**, 35-36.

Namini A, Albrecht P and Bosch H(1992)Finite element-based flutter analysis of cable-suspended bridges *Proceedings of the American Society of Civil Engineers*, **118**(ST6), 1509-1526.

Nashif A, Jones D andHenderson J(1985)*Vibration Damping*. Wiley, Chichester.

Newland D(1993)*An Introduction to Random Vibrations, Spectral and Wavelet Analysis*, 3rd edn. Addison Wesley Logman.

Novak M and Tanaka H(1974)Effect of turbulence on galloping instability. *Proceedings of the American Society of Civil Engineers*, **100** (EM1), 27-47.

Novak M, Davenport A and Tanaka H(1978)Vibrations of towers due to galloping of iced guy cables. *Proceedings of the American Society of Civil Engineers*, **104**(EM2), 457-473.

Oberst H(1986)Reduction of noise by the use of damping materials. *Philosophical Transactions of the Royal Society, London* **A263**, 441-453.

Ohshima K and Nanjo M(1987)Aerodynamic stability of the cables of a cable-stayed bridge subject to rain (A case study of the Aji River Bridge). *Proceedings of the US-Japan Joint Seminar on Natural Resources*.

Panofsky H and Dutton J(1984)*Atmospheric Turbulence. Models and Methods for Engineering Application*. Wiley, Chichester.

Paxton R(1990)*100 Years of theForth Bridge*. Thomas Telford.

Peeters B(2000)*System identification and Damage Detection in Civil Engineering*. PhD thesis, Katholieke Universiteit Leuven.

Peeters B, Maeck J and De Roeck G(2001)Vibration-based damage detention in civil engineering: Excitation sources and temperature effects. *Smart Materials and Structures* **10,518-527**.

Petersen N(**1980**)*Design of Large Scale Tuned Mass Dampers - Structural Control*. North-Holland.

Plate E(ed.)(**1982**)*Engineering Meteorology*. Elsevier Scientific, Amsterdam.

Poulsen N, Damsgaard A and Reinhold T(**1991**)Determination of flutter derivatives for the Great Belt Bridge. *Proceedings of the 8th International Conference on Wind Engineering*, London, Ontario, Vol. 2, pp. 153-164.

Price S and Paidoussis M(1984)The aerodynamic forces acting on groups of two and three circular cylinders when subject to a cross-flow. *Journal of Wind Engineering and Industrial Aerodynamics* **17**, 329-347.

Reda Tana NM, Nouraldin A, Osman A and El-Sheimy N(2004) Introduction to the use of wavelet multi-resolutions analysis for intelligent structural health monitoring. *Can. Journal of Civil Engineering* **31**, 719-731.

Rice S(1954) Mathematical analysis of random noise. In *Selected Papers on Noise and Stochastic Processes*, Dover, 133-294.

Richards D(1963) Aerodynamic properties of the Severn Crossing conductor. *Proceedings of the 1st International Conference on Wind Engineering*, pp. 699-765, Teddington.

Richart F, Hall J and Woods R(1970) *Vibrations of Soils and Foundations*. Prentice-Hall.

Roger K(1977) *Airplane Math Modeling Methods for Active Control Design*. AGARD-CP-228, NASA.

Ruscheweyh H(1982) *Dynamische Windwirkung an Bauwerken*. Bauverlag (2 Vol).

Ruscheweyh H(1994) Vortex excited vibrations, In *Wind-Excited Vibrations of Structures*, pp. 51-84. Springer-Verlag.

Ruscheweyh H(1999) The mechanism of rain-wind-induced vibration, In *Wind Engineering into the 21st Century*, pp. 1041-1047. Balkema.

Ruscheweyh H and Hirsch G(1974) *Vibration Measurements at the Cable of Koehlbrand Bridge in Hamburg*. Technical Report, Institute for Lightweight Structures, RTWH Aachen. (In German.)

Ruscheweyh H and Verwiebe C(1995) Rain-wind-induced vibrations of steel bars. *Proceedings of the 1st International Symposium on Cable Dynamics*, pp. 469-472, Liege.

Rychlik I(1987) A new definition of the rainflow cycle counting method. *International Journal on Fatigue* **9(2)**, **119-121**.

Saito T, Matsumoto M and Kitazawa M(**1994**) Rain-wind excitation of cables on cable-stayed Higashi-Kobe Bridge and cable vibration control. *Proceedings of the International Conference on Cable-Stayed and Suspension Bridges*, Vol. **2**, pp. **507-514**. Deauville.

Salawu O(**1997**) Detection of structural damage through changes in frequency: a review. *Engineering Structures* **19**(9), 718-723.

Sauter D, Liu Q, Hagedorn P and Rahman A(2001) On the vortex-excited vibrations of stay-cables. *Proceedings on the 4th International Symposium on Cable Dynamics*, pp. 277-284, Montreal.

Scanlan R and Rosenbaum R(1951) *Aircraft Vibration and Flutter*. Macmillan.

Scanlan R and Sabzevari A(1968) Aerodynamic stability of suspension bridges. *Proceedings of the American Society of Civil Engineers*, **94** (EM2), 489-519.

Scanlan R and Simiu E(1999) *Wind Effects on Structures: Fundamentals and Applications to Design*, 3rd edn. Wiley, Chichester.

Scanlan R, Béliveau J and Budlong K(1972) Flutter and aerodynamic response considerations for bluff objects in a smooth flow. *Proceedings of the International Union of Theoretical and Applied Mechanics-International Association for Hydraulic Research*, *Symposium on Flow-Induced Structural Vibrations*, pp. 339-354, Karlsruhe.

Scanlan R, Béliveau J and Budlong K(1974) Indicial aerodynamic fuction for bridge decks. *Proceedings of the American Society of Civil Engineers*, **100** (EM4), 657-672.

Scott R(2001) *In the Wake of Tacoma: Suspension Bridges and the Quest for Aerodynamic Stability*. American Society of Civil Engineers Press.

Scruton C(1981) *An Introduction to Wind Effect on Structures*. Oxford University Press.

Selberg A(1963) Aerodynamic effects on suspension bridges. *Proceedings of the 1st International Conference on Wind Engineering*, *Teddington*, Vol. 2, pp. 462-486, Teddington.

Smith J(1988) *Vibration of Structures. Applications in Civil Engineering Design*. Chapman and Hall.

Soong T(1990) *Active Structural Control: Theory and Practice*. Longman Science and Technical.

Steinman D and Watson S(1957) *Bridges and Their Builders*. Dover Publications.

Stubler J, Ladret P, Domage J and Peltier M(1999) Bridge stay-cable vibration: Phenomena, criteria und damper technology. *Proceedings on the 3rd International Symposium on Cable Dynamics*, pp. 163-170, Trondheim.

Surry D(1982) Consequences of distorsions in the flow including mismatching scales and intensities of turbulence. *Proceed-*

ings International Workshop on Wind Tunnel Modelling Criteria and Techniques in Civil Engineering Applications, pp. 137-185,Gaithersburg,MA.

Tanaka H(1992)Balkema chapter Similitude and modelling in bridge aerodynamics,In *Bridge Aerodynamics*,pp. 83-94.

Tanaka H and Davenport A(1982)Response of taut strip models to turbulent wind. *Proceedings of the American Society of Civil Engineers*,**108**(EM1),33-49.

Tanaka H and Yamada H(1987)Mass and damping simulation for the modelling of aeroelastic responses. *Proceedings International Conference on Flow Induced Vibrations*,pp. 103-110,Bowness-on-Windermere.

Tanaka H,Yamamura N and Tatumi M(1992)Coupled mode flutter analysis using flutter derivatives. *Journal of Wind Engineering and Industrial Aerodynamics* **42**,1279-1290.

Tanaka H et al. (1996)*Modelling of Wind Action on Bridges*. Research Report 94869,Danish Maritime Institute.

Tewari A and Brink-Spulink J(1992)Multiple-pole rational function approximations for unsteady aerodynamics. *Journal: Aerocraft* **30**(3),426-428.

Theodorsen T(1935)*General Theory of Aerodynamic Instability and the Mechanism of Flutter*. Technical Report No. 496,National Advisory Committee for Aeronautics.

Theodorsen T and Garrick I(1940)*Mechanism of Flutter: a Theoretical and Experimental Investigation of the Flutter Problem*. TR685,National Advisory Committee for Aeronautics.

Tiffany S and Adams W(1988)Non-linear programming extensions to rational function approximation methods for unsteady aerodynamic forces. Technical Paper 2776,NASA.

Toriumi R,Furuya N,Takeguchi M,Miyazaki M and Saito Z(1999)A study on wind-induced vibration of parallel suspenders observed at the Akashi-Kaikyou Bridge. *Proceedings of the 3rd International Symposium on Cable Dynamics*,pp. 177-182,Trondheim.

Torrence C and Compo G (1998) A practical guide to wavelet analysis. *Bulletin of the American Meteorological Society* **79**(1),61-78.

Townsend A(1976)*The Structure of Turbulent Shear Flow*,2nd edn. Cambridge University Press.

Ueda T,Fujiwara T and Nakagaki R(1991)Suppression of wind induced oscillation by tuned sloshing dampers in the freestanding tower of a cable-stayed bridge. *Proceedings of the International Symposium for Innovation in Cable-Stayed Bridges*,pp. 207-216,Fukuoka.

Ukeguchi N,Sakata H and Nishitani H(1966)An investigation of aeroelastic instability of suspension bridges. *Proceedings of the International Symposium on Suspension Bridges*,Lisbon,pp. 273-284.

Van Koten H(1974)*Damping of building structures*. Technical Report No. BI-74-64,Institute TNO voor Bouwmaterialen en Bouwconstructies,Delft.

Veit R and Wenzel H(2004)Measurement data based lifetime estimation of the Europabrücke due to traffic load-a three level aproach. *Proceedings of the 11th International EG-ICE Workshop*,Weimar.

Verwiebe C(1998)Rain-wind-induced vibrations of cables and bars. In *Bridge Aerodynamics*,pp. 255-263. Balkema.

Verwiebe C and Ruscheweyh H(1998)Recent research results concerning the excitation mechanisms of rain-windinduced vibrations. *Journal of Wind Engineering and Industrial Aerodynamics* **74/76**,1005-1013.

Vickery B(1965)*On the Flow Behind a Coarse Grid and its Use as a Model of Atmospheric Turbulence in Studies Related to Wind Loads in Buildings*. US National Physics Laboratory Aerodynamics Report 1143.

Vickery B(1994)The response of chimneys and tower-like structures to wind loathing. In *Recent Advances in Wind Engineering*,pp. 205-233. Wiley Eastern.

Virlogeux M(1998)Cable vibrations in cable-stayed bridges. In *Bridge Aerodynamics*,pp. 213-233,Balkema.

Von Kármán T(1948)Progress in the statical theory of turbulence. *Proceedings of the National Academy of Science*,**34**,530-539.

Wardlaw R(1992)The improvement of aerodynamic performance. In *Aerodynamics of Large Bridges*,pp. 59-70. Balkema.

Wardlaw R(1994)Interference and proximity effects. In *Wind-Excited Vibrations of Structures*,pp. 321-363. Springer-

Verlag.

Wardlaw R and Cooper K(1974)Mechanisms and alleviation of wind-induced structural vibrations. *Proceedigs 2nd symposium on Applications of Solid Mechanics*, pp. 369-399, Hamilton, Ontario.

Wenzel H and Pichler D(2005)*Ambient Vibration Monitoring*. Wiley Chichester.

Wianecki J(1979)Cables wind excited vibrations of cable-stayed bridges. *Proceedings of the 5th International Conference of Wind Engineering*, pp. 1381-1393, Colorado.

Wirsching P, Paez T and Ortiz H(1995)*Random Vibrations: Theory and Practice*. Wiley, Chichester.

Wiss F and Parmelee R(1974)Human perception of transient vibrations *Proceedings of the American Society of Civil Engineers*, **100**(ST4), 773-787.

Wu Z and Abe M(ed.)(2003)*Proceedings of the 1st International Conference on Structural Health Monitoring and Intelligent Infrastructure*, Tokyo.

Wyatt T and Scruton C(1981)*Bridge Aerodynamics*. Thomas Telford.

Xiang H, Liu C and Gu M(1995)Time domain analysis for coupled buffeting response of long span bridges. *Proceedings of the 9th International Conference on Wind Engineering*, Vol. 2, pp. 881-892.

Xie J(1985)*Bridge flutter theory and research of flutter characteristics of cable-stayed bridges*. PhD thesis, Tongji University, Shanghai. (In Chinese.)

Xu Y and Wang L(2001)Analytical study of wind-rain-induced cable vibration. *Proceedings of the 5th Asia-Pacific Conference on wind Engineering*, pp. 109-112, Kyoto.

Yagi T(1997)*Wind-induced instabilities of structures*. PhD thesis, Kungl Tekniska Høgskolan, Department of Structural Engineering, Stockholm.

Yamada Y, Shiraishi N, Toki K, Matsumoto M, Matsuhashi K, Kitazawa Mand Ishizaki H(1991)Earthquake-resistant and wind-resistant design of the Higashi-Kobe Bridge. In *Cable-Stayed Bridges: Recent Development and their Future*, pp. 397-416. Elsevier.

Yamaguchi H(1990)Analytical study on growth mechanism of rain vibration of cables. *Journal of Wind Engineering and Industrial aerodynamics* **33**, 73-80.

Yang C(1986)*Random Vibration of Structures*. Wiley, Chichester.

Yoshimura T, Inoue A, Kaji K and Savage M(1989)A study on the aerodynamic stability of theAratsu Bridge. *Proceedings of the Japan-Canada Workshop on Bridge Aerodynamics*, pp. 41-50, Ottawa.

Yoshimura T, Savage M and Tanaka H(1995)Wind-induced vibrations of bridge stay-cables. *Proceedings of the 1st International Symposium on Cable Dynamics*, pp. 437-444, Liege, Belgium.

Zasso A, Bocciolone M and Brownjohn J(1992)Rain-wind aeroelastic instability of the inclined hangers of a suspension bridge. *Proceedings of the Inaugural Conference on Engineering Society*, Cambridge.

Zdravkovich M(1997)*Flow Around Circular Cylinders*, Vol. 1. Oxford University Press, New York.